21世纪法学系列教材

国际法系列

国际私法学
（第三版）

主　编	李双元　欧福永
副主编	李玉泉　吕国民
撰稿人	蒋新苗　屈广清　郑远民　郭玉军
	邓　杰　张　茂　李先波　李新天
	许光耀　赵　健　熊之才　李良才

图书在版编目(CIP)数据

国际私法学/李双元,欧福永主编. —3 版. —北京:北京大学出版社,2015.1
(21 世纪法学系列教材·国际法系列)
ISBN 978 - 7 - 301 - 25090 - 7

Ⅰ. ①国… Ⅱ. ①李… ②欧… Ⅲ. ①国际私法—法的理论—高等学校—教材 Ⅳ. ①D997

中国版本图书馆 CIP 数据核字(2014)第 272086 号

书　　　名:	国际私法学(第三版)
著作责任者:	李双元　欧福永　主编
责 任 编 辑:	冯益娜
标 准 书 号:	ISBN 978 - 7 - 301 - 25090 - 7/D · 3715
出 版 发 行:	北京大学出版社
地　　　址:	北京市海淀区成府路 205 号　100871
网　　　址:	http://www.pup.cn
新 浪 微 博:	@北京大学出版社　@北大出版社法律图书
电 子 信 箱:	law@pup.pku.edu.cn
电　　　话:	邮购部 62752015　发行部 62750672　编辑部 62752027 出版部 62754962
印 刷 者:	三河市北燕印装有限公司
经 销 者:	新华书店
	730 毫米×980 毫米　16 开本　33 印张　630 千字 2000 年 11 月第 1 版　2011 年 3 月第 2 版 2015 年 1 月第 3 版　2020 年 9 月第 6 次印刷
定　　价:	59.00 元

未经许可,不得以任何方式复制或抄袭本书之部分或全部内容。
版权所有,侵权必究
举报电话: 010 - 62752024　电子信箱: fd@pup.pku.edu.cn

内 容 简 介

　　本教材采用了国际上普遍接受的国际私法学体系,深入系统地介绍了国际私法的基本理论。其主要内容包括:国际私法的调整对象、定义、性质和基本原则;国际私法的历史发展;冲突规范;法律选择的基本方法;外国法的适用和排除;国际私法关系的主体;亲属法;财产法;合同法;国际商事关系;法定之债;继承和遗嘱;国际民事诉讼程序以及国际商事仲裁等。

　　作者精到自如地运用比较法学的方法,对上述主要内容进行了深入透彻、多层面、多角度的对比评析和详尽的阐述,并提出若干立法和司法的合理化建议,反映了国内外国际私法教学与研究的最新成果,这是本教材成书的一大特色。此外,概念明确,法律释义精当,重点突出,理论上有突破,文字表述自然流畅等,也是本教材的基本特点。

主编简介

李双元,1927 年生。武汉大学教授,湖南师范大学终身教授,博士生导师,中国国际私法学会名誉会长,曾先后任中国国际私法学会副会长、国务院学位委员会学科评议组(第三届)法学组成员等学术职务。主要著作有:《国际私法(冲突法篇)》《国际民事诉讼法概论》《中国与国际私法统一化进程》(第 1、2 版)、《市场经济与当代国际私法趋同化问题研究》《国际私法》(第 1、2、3 版)(全国高等教育自学考试指导委员会组编的指定教材)、《中国国际私法通论》(第 1、2、3 版)、《国际民商新秩序的理论建构》《21 世纪法学大视野——国际经济一体化进程中的国内法与国际规则》《走向 21 世纪的国际私法——国际私法与法律趋同化》(中国法学家自选集)和《法学概论》(已出至第 11 版)等十余种。主要学术论文有:《应当重视对冲突法的研究》《论国际私法关系的法律选择方法》《中国与当代国际社会法律趋同化的哲学考察》《21 世纪国际社会法律发展基本走势的展望》《重构国际民商新秩序中的国际私法》《中国法律理念的现代化》《关于国际私法的几个理论问题》等数十篇。还译有德国萨维尼的《现代罗马法体系》(第 8 卷)及英国戴西和莫里斯的《冲突法》等世界法学经典著作。近年,曾就我国《涉外民事关系法律适用法》的起草,先后向全国人大常委会法工委提交并公开发表过见解精湛的多部立法建议稿。

欧福永,1975 年生。湖南师范大学法学院副院长、教授、博士生导师,法学博士、博士后,中国国际经济贸易仲裁委员会和长沙仲裁委员会仲裁员、湖南省律协涉外法律事务专业委员会副主任、湖南省新世纪 121 人才工程入选者、湖南青年社科研究"百人工程"学者,中国国际私法学会常务理事,中国国际经济法学会和中国仲裁法学会理事,英国 Essex 大学客座研究员和加拿大 Dalhousie 大学访问学者。独著、第一作者、主编的著作有:《英国民商事管辖权制度研究》《国际民事诉讼中的禁诉令》《国际民商事诉讼程序导论》《国际私法教学案例》《国际私法》("十一五"国家级规划教材)、《国际私法教学参考资料选编》《国际补贴与反补贴立法与实践比较研究》《加拿大反补贴立法与实践研究》《美国反补贴立法与实践研究》《欧盟反补贴立法与实践研究》等。在《中国法学》等刊物发表《论外国法无法查明时的法律适用问题》等论文、译文 60 余篇,其中 8 篇被人大复印资料《国际法学》全文转载或被《中国社会科学文摘》《高等学校文科学术文摘》转摘。曾获湖南省教学成果一等奖、教育部精品教材奖、司法部二等奖、湖南省哲学社科优秀成果三等奖、商务部全国商务发展研究成果奖、中国WTO法研究会优秀论文奖（3次）和"湖南青年五四奖章"提名奖等荣誉。

第三版前言

本书第二版自 2011 年出版以来,国内外国际私法理论与规范有了新发展;同时,由于使用过程中发现的问题和作者观点的变化,有的地方需要进一步完善。因此,我们进行了第二次修订。

这次修订的主要内容有:(1) 采纳国际上主流的观点,把统一实体法排除出国际私法的范围,修改了国际私法的定义。(2) 全面更新了资料,主要补充了如下新规则:我国 2012 年修订的《民事诉讼法》,我国最高人民法院 2012 年《关于适用〈涉外民事关系法律适用法〉若干问题的解释(一)》、2010 年《关于人民法院办理海峡两岸送达文书和调查取证司法互助案件的规定》、2010 年《关于审理涉台民商事案件法律适用问题的规定》、2010 年《关于进一步做好边境地区涉外民商事案件审判工作的指导意见》、2013 年《关于依据国际公约和双边司法协助条约办理民商事案件司法文书送达和调查取证司法协助请求的规定》,欧盟 2010 年《关于在离婚和分居准据法领域实施业已加强的合作的条例》、2012 年《关于继承问题的管辖权、法律适用、判决的承认与执行和公文书的接受与执行以及创建欧洲继承证书的条例》、2012 年《关于民商事案件管辖权和判决承认与执行的条例》、2010 年《联合国国际贸易法委员会仲裁规则》、2012 年《中国国际经济贸易仲裁委员会仲裁规则》、2012 年《国际商会仲裁规则》、2013 年《美国仲裁协会国际仲裁规则》、2013 年《香港国际仲裁中心机构仲裁规则》。(3) 删除了部分理论性太强的内容,增补了若干知识点:国际私法的体系及研究方法、《涉外民事关系法律适用法》的优点和特色、间接持有证券的准据法、瑞士商会仲裁院、部分仲裁机构受案数量表、仲裁中的第三人、国际商事仲裁程序开始的时间、紧急仲裁员等。(4) 对我国《涉外民事关系法律适用法》中难理解的条文作了说明。

读者可参考蒋新苗教授主持的国家精品资源共享课程国际私法(http://www.icourses.cn/coursestatic/course_4067.html)上的课程知识点、技能点、学习指南、教学设计和课件与录像、习题作业等教学资料。由于教材修订周期较长,而国际私法理论与规则变化较快,与教材配套的、定期更新的教学设计和课件可在公共邮箱(guojisifaou@126.com,密码 guojisifa)下载。

本次修订由我和欧福永教授完成。由于我们水平和资料有限,修订时间仓促,书中难免有疏漏甚至错误之处,敬请读者批评指正,意见或建议可以发送至 oufuyong@163.com.

李双元

2014 年 8 月

第二版说明

本书自 2000 年于北京大学出版社出版,至今已十年,但一直受到学界的关爱,且被多所法学院采用。这次修订主要是因为 2010 年 10 月 28 日第十一届全国人大常委会第十七次会议通过了《中华人民共和国涉外民事关系法律适用法》,并将于 2011 年 4 月 1 日起施行,因而本书必须在内容上对新近制定的法律有所反映。

本书第一版是完全按照国内国际私法学界自 20 世纪 80 年代初以来一直采用的体系安排的。这次修订,对此作了一些重大的调整,使内容更集中在阐释国际私法的基本理论、冲突法的基本制度、国际民事诉讼与商事仲裁程序三大板块之内,并且,将亲属法调至国际私法基本理论之后,使结构更为科学严谨。此外,增加了 2000 年以来欧盟、俄罗斯、日本、土耳其、阿尔及利亚、卡塔尔等国家和地区最新国际私法立法、有关国际公约和惯例、国内外仲裁法和仲裁规则以及中国的法律、法规和司法解释的内容,增加了若干知识点,但较大地压缩了全书篇幅,所以第二版应将更有利于教学上使用。本书可与李双元、欧福永和熊之才编的《国际私法教学参考资料选编》(上、中、下册,北京大学出版社 2002 年版)和李双元、欧福永主编的《国际私法教学案例》(北京大学出版社 2007 年版)配套使用。同时,可参考湖南师范大学精品课程网(http://jpkc.hunnu.edu.cn)上的国家精品课程国际私法和李双元国际私法网(http://lsypil.hunnu.edu.cn)上的教学资料。

鉴于本书第一版的副主编和其他作者多已是所在单位的学术骨干或学术带头人,工作繁忙,因而整个修订工作全由李双元教授、蒋新苗教授、欧福永教授、熊之才老师和李良才博士承担。错误与不当之处,敬请广大读者批评指正。

李双元
2011 年 2 月

第一版前言

随着国际社会交往的不断扩大与深化及我国加入 WTO 的日程日趋临近，国际私法的地位必将进一步得到提升。为了更好地适应 21 世纪国际私法教学的需要，应北京大学出版社之邀，我们约请了十几位具有法学博士学位或高级职称的同志撰写了这本国际私法教材。本教材采用国际上得到普遍接受的体系，详细阐述了国际私法的各项基本理论和基本制度，并对我国已有的国际私法教材中尚未涉及的国际私法领域的许多前沿问题，如国际电子商务法律问题等，作了相当深入的探讨。

本教材各章节的撰写人员及分工如下：

第一章：李双元（教授、博士生导师）、屈广清（教授、博士生导师）；
第二章：李双元、李玉泉（法学博士）；
第三章：李双元、郑远民（法学博士、副教授）；
第四章：李双元、郭玉军（法学博士、副教授）；
第五章：李双元、邓杰（法学博士生）；
第六章：李双元、郭玉军；
第七章：吕国民（法学博士）；
第八章：李玉泉、郑远民；
第九章：李双元、张茂（法学博士）；
第十章：李先波（法学博士、副教授）；
第十一章：李双元、吕岩峰（法学博士、教授）；
第十二章：吕国民；
第十三章：屈广清；
第十四章：韩汉卿（副教授）；
第十五章：李新天（法学博士生、副教授）、许光耀（法学博士）；
第十六章第一、二、三、五节：吕国民，第四节：张茂；
第十七章第一、二、六节：张茂，第三、四、五节：吕国民；
第十八章第一、二、三节：吕国民，第四节：郭玉军，第五、六、八节：赵健（法学博士），第七节：邓杰。

本教材的写作与出版得到了北京大学出版社张晓秦、刘延寿同志以及其他许多同志的大力支持和帮助。在此，我们一并表示衷心的感谢。

李双元

2000 年 7 月 2 日

目　　录

第一章　绪论 …………………………………………………………… (1)
　　第一节　涉外民事关系与法律冲突 …………………………………… (1)
　　第二节　国际私法的名称、范围、定义和渊源 ……………………… (12)
　　第三节　国际私法的性质 ……………………………………………… (24)
　　第四节　国际私法与邻近几个法律部门的关系 ……………………… (30)
　　第五节　国际私法的基本原则 ………………………………………… (34)
　　第六节　国际私法的体系及研究方法 ………………………………… (38)

第二章　国际私法的历史 ……………………………………………… (41)
　　第一节　萌芽阶段的国际私法 ………………………………………… (41)
　　第二节　早期的国际私法 ……………………………………………… (43)
　　第三节　近代国际私法 ………………………………………………… (50)
　　第四节　当代国际私法 ………………………………………………… (57)
　　第五节　统一国际私法立法史 ………………………………………… (67)
　　第六节　我国国际私法的历史 ………………………………………… (88)

第三章　冲突规范的几个基本问题 …………………………………… (99)
　　第一节　冲突规范的概念、性质、类型与作用 ……………………… (99)
　　第二节　系属公式和连结点 …………………………………………… (110)
　　第三节　识别 …………………………………………………………… (117)
　　第四节　先决问题 ……………………………………………………… (126)
　　第五节　区际、人际与时际法律冲突 ………………………………… (128)
　　第六节　法律选择的基本方法 ………………………………………… (136)

第四章　外国法的适用和排除 ………………………………………… (145)
　　第一节　反致 …………………………………………………………… (145)
　　第二节　公共秩序 ……………………………………………………… (151)
　　第三节　法律规避 ……………………………………………………… (160)
　　第四节　外国法的查明 ………………………………………………… (164)

第五章　国际私法关系的主体 ………………………………………… (169)
　　第一节　外国人民事法律地位 ………………………………………… (169)
　　第二节　自然人 ………………………………………………………… (177)
　　第三节　法人 …………………………………………………………… (183)

第六章　民事能力、法律行为和代理 ……………………………… (190)
- 第一节　民事能力 …………………………………………………… (190)
- 第二节　法律行为 …………………………………………………… (200)
- 第三节　代理 ………………………………………………………… (203)

第七章　亲属法 …………………………………………………………… (210)
- 第一节　结婚 ………………………………………………………… (211)
- 第二节　离婚 ………………………………………………………… (220)
- 第三节　夫妻关系 …………………………………………………… (225)
- 第四节　亲子关系 …………………………………………………… (229)
- 第五节　收养 ………………………………………………………… (234)
- 第六节　监护 ………………………………………………………… (238)
- 第七节　扶养 ………………………………………………………… (242)

第八章　财产法 …………………………………………………………… (244)
- 第一节　"物之所在地法"原则 …………………………………… (244)
- 第二节　国有化及其补偿问题 ……………………………………… (251)
- 第三节　知识产权 …………………………………………………… (253)

第九章　合同 ……………………………………………………………… (260)
- 第一节　国际社会解决合同法律适用的方法的多样化 …………… (260)
- 第二节　合同准据法选择方法发展的三个阶段及当前流行的理论 … (264)
- 第三节　意思自治原则 ……………………………………………… (268)
- 第四节　合同各种问题的法律适用 ………………………………… (273)
- 第五节　电子合同的法律适用 ……………………………………… (278)
- 第六节　我国涉外合同法律适用的立法和实践 …………………… (281)

第十章　国际商事关系 …………………………………………………… (285)
- 第一节　信托 ………………………………………………………… (285)
- 第二节　国际破产 …………………………………………………… (290)
- 第三节　票据 ………………………………………………………… (296)
- 第四节　信用证 ……………………………………………………… (301)

第十一章　法定之债 ……………………………………………………… (304)
- 第一节　侵权行为 …………………………………………………… (304)
- 第二节　几种特殊的侵权行为 ……………………………………… (310)
- 第三节　不当得利和无因管理 ……………………………………… (321)

第十二章 继承和遗嘱 (325)
第一节 法定继承的法律适用 (325)
第二节 无人继承财产 (330)
第三节 遗嘱 (331)
第四节 关于遗嘱和继承的海牙公约 (335)

第十三章 国际民事诉讼程序（上） (339)
第一节 国际民事诉讼的概念 (339)
第二节 外国人民事诉讼地位 (340)
第三节 管辖豁免 (350)
第四节 国际民事管辖权 (357)

第十四章 国际民事诉讼程序（下） (371)
第一节 平行诉讼问题 (371)
第二节 期间、诉讼保全、证据和诉讼时效 (385)
第三节 海事诉讼特别程序 (391)
第四节 国际司法协助 (396)
第五节 外国法院判决的承认与执行 (414)

第十五章 国际商事仲裁 (433)
第一节 概述 (434)
第二节 主要的国际商事仲裁机构 (442)
第三节 国际商事仲裁的准据法 (448)
第四节 仲裁协议 (452)
第五节 仲裁程序 (468)
第六节 外国仲裁裁决的承认与执行 (487)
第七节 中国内地与中国香港、澳门和台湾地区仲裁裁决的相互认可与执行 (496)

主要参考书目和学习资料 (501)

第一章 绪 论

国际关系日益全面的发展,标志着人类社会的更为进步。而国际关系的发展,主要是在三个层面上进行的,即国际政治关系、国际经济关系和国际民商关系。前二者属于公法调整的对象,后者则主要由私法来调整,从而在国际法律体系中形成了国际公法、国际经济法和国际私法三足鼎立的局面。在整个国际法律环境中,这三者虽是相辅相成、相互影响的,但由于民(商)事生活关系是人类社会最基本的生活关系,在全球化的时代,国际政治和国际经济关系的开展,其落脚点还是在于推动国际民商事关系更能在平等、自由、互利的基础上进行。换句话说,国际政治新秩序和国际经济新秩序的建立,在很大程度上是为构筑新的国际民商秩序创造条件的。从这个根本的意义上看,国际私法在整个法学学科或在国际法学科体系中的重要地位和作用,就是毋庸置疑的了。

在这三个国际法律部门中,应该说国际私法是历史更为悠久的。14世纪时,在意大利的波伦亚、比萨等大学任教的巴托鲁斯(Bartolus,1314—1357年)便集注释法学派研究如何解决意大利北部各城邦"法则"的相互冲突所提出的各种学说之大成,以"法则区别说"(Theory of Statuta)的理论形式,率先系统地阐述了国际私法最基本的理论,从而被后世誉为"国际私法之父"。而国际公法的理论形成,是到1625年由荷兰的伟大法学家胡果·格老秀斯(Hugo Grotius,1583—1645年)发表的《战争与和平法》所肇始。至于国际经济法更主要是第二次世界大战后出现的一个新兴的法律部门。这三个法律部门随着现代国际关系的不断拓展而迅速地向前发展着。

第一节 涉外民事关系与法律冲突

一、涉外民事关系

在法学或立法司法实践中,总是把法的调整对象作为划分不同法律部门的主要依据,这是因为每个部门法都是借自己的调整对象的特殊性,或借自己调整的社会关系的特殊性来相互区别的。如果从国际私法的产生和它所发挥的最具本质意义的作用等方面来看①,国际私法与其他法的根本区别就在于它调整的对象是涉外民事关系,或称国际民事关系,或称国际私法关系。

涉外民事关系(civil relations involving foreign elements)是指在民事关系的主体、客体和内容等因素中至少有一个含有外国因素的民事关系。具体来说,就是指:第一,作为民事关系主体的一方或双方是外国公民、外国法人或无国籍人,有时,外国国家和国际组织也可能成为这种民事关系的主体;或者作为民事关系主体的一方或者双方的住所、居所、经常居所或者营业所位于外国。例如,中国公民李某和英国公民乔治在中国登记结婚,中国公民拥有德国政府发行的债券。第二,作为民事关系的客体是位于外国的物、财产或需要在外国实施或完成的行为。例如,中国公民甲继承其父遗留在印度的遗产,中国某建筑公司承包沙特阿拉伯的一个体育馆的基建工程。第三,作为民事法律关系的内容(即权利义务)据以产生、变更或消灭的法律事实发生于外国。例如,婚姻或收养的成立在外国,引起损害赔偿责任的侵权行为发生在外国,合同的缔结或履行在外国,一个判决在外国取得。2012年我国最高人民法院《关于适用〈中华人民共和国涉外民事关系法律适用法〉若干问题的解释(一)》第1条对何为涉外民事关系作了解释,它规定:"民事关系具有下列情形之一的,人民法院可以认定为涉外民事关系:(1)当事人一方或双方是外国公民、外国法人或者其他组织、无国籍人;(2)当事人一方或双方的经常居所地在中华人民共和国领域外;(3)标的物在中华人民共和国领域外;(4)产生、变更或者消灭民事关系的法律事实发生在中华人民共和国领域外;(5)可以认定为涉外民事关系的其他情形。"②另外,根据最高人民法院2005年《第二次全国涉外商事海事审判工作会议纪要》第1条,人民法院在审理国内商事纠纷案件过程中,因追加当事人而使得案件具有涉外因素的,属于涉外商事纠纷案件。

以上几种情况,都只是就民事关系三因素中的其中一个因素跟外国发生联系而言的,而在实际生活中,一个民事关系可能不仅仅只有一个因素跟外国有联系。比如说,中国某公司和一家美国公司在英国伦敦缔结一项买卖标的在澳大利亚悉尼港待装货物的合同,在该涉外合同关系中,主体一方是美国人,产生合

---

① 之所以在国际私法调整对象的说明上加上这样的限定,而不同于传统国际私法著作那样径直说"国际私法是以涉外民商关系为调整对象的独立的法的部门",乃鉴于当代国际私法所涵盖的内容确实已超出这一范围,因而有必要反映这一现实,使读者不至于对这里所说的"调整对象"和后面阐释的超出这一调整对象的内容和规范产生相互矛盾的疑问。

② 1988年最高人民法院《关于贯彻执行〈中华人民共和国民法通则〉若干问题的意见(试行)》第178条对此的规定为:"凡民事关系的一方或者双方当事人是外国人、无国籍人、外国法人的;民事关系的标的物在外国领域内的;产生、变更或者消灭民事权利义务关系的法律事实发生在外国的,均为涉外民事关系。"

同权利义务的法律事实即合同缔结地在英国,而客体又在澳大利亚,便有三个因素涉及外国。对于法院或其他解决民事争议的机构来说,这种含有涉外因素的民事案件就是与国内民事案件相对应的国际私法案件。但是如果两个中国人在国外旅游过程中,签订了一份一方将其位于北京的房产出卖给另一方的合同,后来在中国法院诉讼,尽管他们的签约行为发生在国外,但中国法院是不会将其视为涉外合同纠纷的。但如在外国法院诉讼,就成了涉外民事关系了。又如一个中国人在国外依当地的法律成立了一份将其位于国内的财产于死后遗赠给另一中国人,不论后来在何国涉讼,无疑都是一份涉外遗嘱了,因为它在遗嘱执行过程中,必得考虑作为遗嘱成立地以及中国法的有关规定的效力问题。这些案例则进一步告诉我们,虽然在上述三种因素中出现了某种外国因素,如果并不因此而涉及外国法的效力或需要适用外国法的问题,对特定法院来说,也并不一定就成为国际私法的调整对象。涉外案件的判断标准问题在国际上也长期陷入争议,当前的趋势是逐渐淡化国内案件与涉外案件的区别。越来越多的国家对"涉外因素"都作较为广义的理解。只要案件涉及外国法律就可以了,无需事先界定案件是否为涉外案件。例如,在德国,国际私法中的涉外因素就是指"与外国法律有联系"[①]。

这里还需要注意的是,在国际私法上讲的涉外因素的"外国"(foreign),应该作广义的理解,有时候是把一个国家中的不同"法域"(territorial legal unit)也包括在内的。例如英国的国际私法所称 foreign,就把苏格兰和北爱尔兰也当作德国、法国等外国一样看待的[②]。所以,国际私法所称的"含有外国因素"实际上有时也包括"含有其他法域的因素"的意思。在中国,现阶段对于涉及台湾地区、香港地区和澳门地区的私法关系,也都主张准予适用国际私法上的有关制度。

此外,尚需说明的是,国际私法调整的涉外民事关系是广泛意义上的民事关系。在某些民商分立的国家,其所指的民事关系往往只包括物权关系、知识产权关系、债权关系、婚姻家庭关系及继承关系等,而把公司法关系、票据法关系、海商法关系、保险法关系、破产法关系归入商事法律关系领域,认为它们不属于一般民事关系。但当今许多国家的国际私法立法所指的涉外民事关系,既包括涉外物权关系、涉外债权关系、涉外知识产权关系、涉外继承关系、涉外婚姻家庭关系,也包括涉外公司法关系、涉外票据法关系、涉外海商法关系、涉外保险法关系、涉外破产法关系,甚至还包括涉外劳动法关系,等等。

---

① 参见杜涛:《国际私法原理》,复旦大学出版社2014年版,第5页。
② 〔英〕莫里斯主编:《戴西和莫里斯论冲突法》(1980年英文第10版)上册,李双元等译,中国大百科全书出版社1998年版,第3页。

二、法律冲突的本质及其产生的条件

法律冲突,在国际私法上具有独特的含义,它是指涉及两个或两个以上国家的民事法律对同一民事关系的规定各不相同,却又竞相要求适用于该民事关系,从而造成的该民事关系在法律适用上的相互抵触的现象。简言之,法律冲突就是对同一民事关系因所涉各国民事法律规定不同而发生的法律适用上的冲突。

法院在审理一个含有涉外因素的民事案件时,如果所涉及的有关国家的民事法律制度上的规定完全相同,适用其中任何一个国家的法律,都会得出同样的判决结果,那当然谈不上要进行法律选择了。而实际情况却是各国民法千差万别,常常在处理同一个民事法律关系时,依据所涉一国的法律,它已有效成立或已有效解除,而依据所涉另一国的法律,它却尚未有效成立或有效解除;或依据一国的法律,当事人之间具有这样的民事权利和义务,而依据另一国法律,他们之间却具有另一样的民事权利和义务。在遇有上述情况时,究竟应该适用哪一个国家的法律来作出判决呢?这就提出了法律选择的问题,也就是上面讲的法律冲突的问题。正是因为这个原因,国际私法在许多国家又被称为"法律冲突法"或"冲突法"。

在处理涉外民事关系时,在许多问题上都会因所涉各国均认为含有自己国家的因素而主张对它行使立法管辖权,而它们的立法又各不相同而发生法律冲突,从而需要作出法律的选择。例如,在英国剑桥大学就读的20岁的中国留学生王某和年仅18岁的英国姑娘琳达在伦敦登记结婚。婚后一年,二人回到中国定居并发生离婚诉讼,那么他们的婚姻关系已合法成立了吗?如果不考虑其他因素,只就婚龄而言,依据中国婚姻法或依据英国婚姻法就会得出两种截然相反的结果:(1)适用中国法。我国婚姻法规定的法定婚龄是男22周岁,女20周岁,男女双方都未到达法定婚龄,他们的婚姻得宣告无效。(2)适用英国法。英国规定的法定婚龄男女都是18岁,王某夫妇结婚时男女双方均已达到法定婚龄,他们的婚姻已有效成立。这样,就发生了到底是适用中国法抑或适用英国法判定王某夫妇的婚姻关系合法性的问题了。又如,历史上一个有名的案例,就是一刚年满22岁的墨西哥青年李查蒂在法国签发了一张期票,向巴黎商人购买珠宝,后被诉请付款,该青年便以墨西哥法规定23岁为成年,他缔约时尚无行为能力为由提出应宣告该合同无效。双方当事人就该合同是否有效成立发生了争执,而争执的焦点是该墨西哥青年究竟有无签订合同的行为能力。这也需要在法国法和墨西哥法之间作出法律选择。[①]

一般地讲,涉外民事关系之所以会产生法律冲突,主要是因为以下诸因素作

---

① 〔德〕沃尔夫:《国际私法》,李浩培等译,法律出版社1988年版,第411页。

用的结果,这些因素同时存在,同起作用,缺一不可:

一是各国民事法律制度互不相同。由于世界各个国家的阶级性质、社会制度、经济发展状况以及历史文化传统的不同,其法律制度千差万别。在民事法律制度方面,这种差别尤为突出。这便提出应适用何国法律来确定当事人的权利和义务问题。由此可见,各国民事法律制度不同,是民事法律冲突产生的内在原因。

二是各国之间存在着大量的民事交往,出现大量的国际民事关系。尽管各国民事法律制度互不一样,但如果各国没有往来或往来很少,民事法律冲突也无从产生。由此可见,各国民间民事交往的大量发生是民事法律冲突产生的客观基础。[1]

三是各国承认外国人在内国享有平等的民事法律地位。实践表明,赋予外国人平等的民事法律地位是国际民事交往和国际私法得以发生的重要条件。这有着两个方面的含义。首先,在实际生活中,凡内国法不允许外国人享有民事权利时,也就不会出现外国人作为主体的民事法律关系,当然不会产生民事法律冲突;其次,如果外国人在内国居于凌驾内国主权管辖之上的特权地位,例如,在旧中国,一些帝国主义国家在中国取得了领事裁判权,这些国家的公民在中国处于特权地位,如在中国发生民事纠纷,对他们如何处理由他们的领事裁判并适用他们本国的法律,当然不会发生民事法律冲突。

四是各国出于公正、合理地处理相互间民商关系的实际需要,都承认外国民事法律在内国的域外效力或承认内外国家法律的平等。任何法律都有一定的效力范围,一般地说,公法常被认为只有域内效力[2],而民商法则往往因国际民商交往的需要而同时具有域外效力。而且随着国际经济联系的加强和全球化的到

---

[1] 截至2012年4月,全国累计批准设立外商投资企业74.5万家。2013年,我国境内投资者共对全球156个国家和地区的5090家境外企业进行了直接投资,累计实现非金融类直接投资901.7亿美元,全国进出口总值为4.16万亿美元。截至2012年6月末,我国在外各类劳务人员84.3万人,已累计派出各类劳务人员609万人次,遍及160多个国家和地区。2013年,我国入境旅游人数为12908万人次,我国公民出境总人数为9819万人次。上述行为基本上都是通过涉外合同关系来实现的。2001年1月至2005年6月,全国各级人民法院共受理一审涉外商事海事案件63765件,比1979年至2001年受理案件数增加40425件;2006年1月至2009年12月,全国各级人民法院共审结一审涉外商事案件38220件,涉港澳台案件42064件;共审结二审涉外商事案件4718件,涉港澳台案件8502件,共受理一审海事案件44584件,二审海事案仵4716件。2012年,全国法院新受理涉外、涉港澳台一审、二审和执行案件40191件,其中,涉外案件19979件;涉港案件10599件,涉澳案件987件,涉台案件8626件。如果加上我国受理的涉外商事仲裁案件,更大大超过这一数字:仅中国国际经济贸易仲裁委员会从2000年至2013年,共受理6456件涉外案件。参见http://www.cietac.org.cn/AboutUS/AboutUS4Read.asp.最后访问时间:2014年4月。另外,各地新组建的仲裁委员会也受理了不少涉外案件。

[2] 但目前,在涉外民商关系中,适用外国公法的情况也已常见,并在一些国家新近颁布的国际私法或冲突法典中有明确规定。关于公法冲突问题,本章下文将予论及。

来,各国都会承认外国民商法的域外效力或承认内外国家法律的平等。如一国承认某人根据外国法律而取得对物的所有权,承认根据外国法律而确定的婚姻、继承关系等。正是因为各国对彼此民事法律效力的相互承认,才使民商事的法律冲突成为现实。

三、几种不同性质的法律冲突

国际私法上的法律冲突,主要是指不同国家的法律在空间上或地域上的冲突问题,即一个民事关系涉及几个国家的法律从而造成的应受哪一个国家法律支配的问题。除此以外,国际私法有时还需要解决民事法律的区际冲突、人际冲突和时际冲突问题。调整这三种冲突的法律,分别被称为区际私法、人际私法和时际私法。

1. 国际法律冲突和区际私法

区际法律冲突(interregional conflict of laws)是一国内部不同地区的法律制度之间的冲突。解决区际法律冲突的法律制度为区际私法(private interregional law)。区际法律冲突在联邦制国家或存在复合法域的国家,即一国之内具有不同法律制度的地区(由具有不同法律制度的若干地区组成的国家亦可称为复合法域或多元法域国家),同国际法律冲突一样,也具有十分重要的意义。

例如,美国是个联邦制国家,由五十个州和哥伦比亚特区及六个准州(类似州地位的关岛等六个美国的海外属地)组成,而且美国各州都保留有相对独立的立法权,因而在美国每个州都有自己的私法或民法,因此,在美国,冲突规范(conflict rules)首先是要用来调整美国国内不同州之间的私法之间的州际冲突,同时也用来处理国家之间的法律冲突,而且,美国的国际私法正是在解决这种大量存在、每时每刻都在发生的州际法律冲突的基础上发展完备起来的。

不仅是联邦制国家会发生区际法律冲突,存在着复合法域的单一制国家也会产生区际法律冲突。比如英国虽是单一制国家,但在英国并存着几个不同的法域,也需要区际私法来调整这种不同地区私法相互歧异造成的区际法律冲突。

根据中英、中葡两国政府关于香港、澳门问题的联合声明,我国已于1997年7月1日对香港、1999年12月20日对澳门恢复行使主权,分别成立了"特别行政区",并允许港、澳自我国政府恢复行使主权之日起五十年内原有的法律基本不变。这就意味着,我国内地、香港和澳门各自构成独立的法域,施行不同的民法。不同地区之间的私法冲突随之而来,也需要区际私法来调整。

但是,顾名思义,区际私法是解决一个国家内部不同法域的民法或私法冲突的,而国际私法所要解决的是不同国家之间的民法或私法冲突。譬如说,一个在纽约州有住所的人跟一个住所在加利福尼亚州的人结婚,其结婚实质要件是依照纽约州法律还是加利福尼亚州的法律,便是区际法律冲突,需要区际私法来调整。而一个住所在加利福尼亚州的美国人和一个住所在东京的日本人结婚,其婚姻实质要件是适用美国法抑或适用日本法,对美国法院而言,便是国际私法上的法律冲突,需要由国际私法来调整了。国际私法调整不同国家之间的民法冲突,区际私法调整一个国家内部不同地区之间的民法冲突,这是两者根本区别所在。但是,因为在 19 世纪以前,国际私法主要是作为区际私法发展起来的,因而直到现在,两者在大多数原则与制度上都是相通甚至相同的。① 因而有的学者把区际私法称为准国际私法,并给了它如下的定义:"准国际私法者,谓虽非国际私法而可准用国际私法的原则之法则也。换言之,即同一国家内解决法律冲突之规则也。"② 此外,就国际私法而言,它与区际私法还是有着密切关系的。这主要表现在,在解决国际的民法冲突时,如指定应适用其本国存在多个法域的当事人的本国法时,还常借助于该国的区际冲突法的有关规定,来确定该国哪一法域的法律可作为当事人的本国法来加以适用。在这个意义上讲,它们二者又是处于不同的层面而有密切联系的法律制度。

2. 人际法律冲突和人际私法

人际法律冲突(interpersonal conflict of laws)是指一国之内适用于不同宗教、种族和阶级的人的法律之间的冲突。解决人际法律冲突的法律制度叫人际私法(private interpersonal law)。因为在有些国家,不同的种族、宗教或阶级的人要分别适用于不同的民法。这种情况,在亚洲和非洲的一些国家可见到。比如说,在印度,关于人的身份的法律、亲属法和继承法等方面,信仰印度教的人受印度教法支配,信仰波斯教的人受波斯教法支配。如果不同宗教信仰的人因继承关系发生诉讼,印度法院就要适用印度的人际私法来确定用哪一宗教的法作为判案的根据。又如摩洛哥的《个人身份法》第 30 条第 1 款规定,信奉伊斯兰教的男人可娶四个妻子,而在摩洛哥的犹太人则受犹太法支配。所以,在摩洛哥不同宗教信仰的人之间通婚,也需适用人际私法。

人际私法跟国际私法有本质的区别:国际私法解决不同国家法律的空间冲突问题,而人际私法所要解决的是在一个国家内部哪一部分人应适用哪一个民法的问题(即法律的人际冲突,interpersonal conflict of laws)。人际私法所调整的并不是两个国家或两个法域的法律冲突问题,因而它所调整的民事关系不含有外国因素。当然,人际私法和国际私法都采用间接调整方法,仅仅指出应适用哪一个法律来调整当事人间的民事权利义务关系,这又是两者的相同之处。

3. 时际法律冲突和时际私法

时际法律冲突(intertemporal conflict of laws)是指可能影响同一涉外民事关

---

① 现在见到的对解决国际法律冲突和区际法律冲突分别制定法律的仅有波兰和前南斯拉夫。
② 陈顾远:《国际私法总论》(上册),上海法学编译社 1933 年版,第 37—39 页。

系的新旧、前后法律之间的冲突。解决时际法律冲突的法律制度叫时际私法（private intertemporal law）。时际私法也是国际私法上的一个重要问题。在萨维尼的《现代罗马法体系》（第8卷）中就同时讨论了法律规则的地域效力和时间效力问题。荷兰学者康—弗鲁恩德（O. Kahn-Freund）也曾说过，国际私法中"where"这个词固然十分重要，但"when"这个词也不容忽视。这句话的意思是说，国际私法固然主要是解决某民事关系适用"什么地方"的法律这个问题，但有时也会提出某民事关系应适用什么地方的"什么时候"的法律的问题[①]。比如说，我国于1950年和1980年分别公布施行了两个《婚姻法》，前者规定五代以内的旁系血亲间的结婚可从习惯，后者则严禁三代以内的旁系血亲结婚，例如，在1979年有一对三代以内的表兄妹依习惯结了婚，其后表兄加入了美国籍并双方在纽约定居，1987年5月表兄向我国法院请求以违反婚姻法的禁止规定为理由要求宣告该婚姻无效，这时，我国法院不仅首先要考虑美国纽约的法律和中国法之间的冲突（法律的场所或空间冲突）；而且在确定了该涉外离婚诉讼如应适用中国法后，还要考虑我国1950年《婚姻法》和1980年《婚姻法》中不同规定之间的冲突（时际冲突），并从中作出选择适用。

在法律的时际冲突中，还有一种被称为"动态冲突"（conflicts mobiles）。例如，对于某种文物，在其原所在国，是禁止上市交易的，而在被其所有人带到的第二国所在地，却并无这种限制，在确定以该文物为买卖标的合同的合法性时，究竟是适用其现在所在地法，还是应该适用其原来的所在地法，这就是时际法律冲突中的"动态冲突"。它也是时际私法常需解决的一个问题。

概而言之，区际私法、人际私法和时际私法，尽管跟国际私法有相似之处（主要是间接调整方法），都属于国际私法中可能涉及的问题。但需要明确的是，在国际私法中，它们所要解决的已经不是跟国际私法处于同一平面上的问题了，而是在首先确定了应适用哪一个国家的法律作准据法之后才会提出来的。

四、涉外民事关系的调整方法

涉外民事关系的调整方法有间接调整方法和直接调整方法。对于直接调整方法是否属于国际私法的方法，国内外存在分歧，本书持否定态度，具体将在本章第二节阐述。

（一）间接调整的方法

综观各国的实践与立法，对于涉外民事关系的调整，最早便开始采用而一直沿袭至今的，是运用冲突规范来指定应适用的法律的间接调整方法。

所谓间接调整方法，即指在解决涉外民事关系中的法律适用冲突问题时，通

---

① 〔荷兰〕康—弗鲁恩德：《国际私法的一般问题》，1971年英文版，第七章。

过冲突规范指出适用所涉及的哪个国家的法律来调整该涉外民事关系当事人间的权利义务,而不直接规定当事人的权利义务关系。例如,无论是见于公元652年完成的《唐律疏议》中的"诸化外人,同类自相犯者,各依本俗法;异类相犯者,以法律论"这一兼用于民刑事的冲突规则,还是由14世纪意大利"法则区别说"之集大成者巴托鲁斯在他的学说中提出的,如契约方式依行为地法,契约的预期效果依缔约地法,而契约的不履行依履行地法等冲突规则,或者在1804年《拿破仑法典》中的冲突规则,都只起指定有关涉外民事关系应适用的某国实体法作准据法之间接调整的作用。这种通过冲突规范的间接调整方法,判定当事人的实体权利义务,都必须经过两个步骤:第一步骤是适用冲突规范,找出某个涉外民事关系应以何国法作准据法;第二个步骤才是适用该准据法来确定该涉外民事关系当事人之间的权利义务。

　　鉴于这些冲突规范,在早先,纯属各个国家自己的规定,彼此各不相同自不待言,而各国冲突规则的不同,必定导致同一涉外民事法律关系,在不同国家涉讼,可能适用不同的冲突规范,得出结果也自然不同,等于"法律的冲突丝毫也未得到解决"。于是从20世纪中叶经意大利孟西尼(Mancini)及后来荷兰学者阿瑟(Asser)等人的倡导,逐渐有统一冲突规则的出现。由于在缔约国之间根据这种统一冲突规则,对同一涉外民事法律关系,无论在其中哪一国处理,均会指定适用同一国家的法律,判决结果自然地也就可以一致起来。因此,统一冲突法的活动已日趋发展。但是,细究起来,这种统一的冲突规范指引的某个国家的法律,仍只是该国的国内法,它们并不是针对国际民事关系制定的,显然不一定符合涉外民事案件的实际情况。

　　冲突规范作为一种间接规范,与实体规范相比较,因其不直接规范当事人的权利义务,还难以使当事人预见法律行为的后果。而且由于受国家主权观念、案件结果与法院国的利害关系以及调查和适用法律上的司法便利等因素的影响,在长期的国际私法实践中,逐渐形成了跟适用冲突规范相联系的一整套法律制度,诸如反致、转致、法律规避、公共秩序保留、外国法内容的查明等,从各个不同的侧面来限制冲突规范的效力,使冲突规范最初指引的法律同法院最终用来调整某涉外民事关系当事人权利义务的法律也往往不相一致。比如说,有一中国人死亡时在日本东京设有经常居所,并在东京留下若干动产,未立遗嘱,其继承人因析产不均诉诸日本法院。日本法院受理该涉外继承案件后,便要适用日本2006年《法律适用通则法》第36条关于"继承依继承人本国法"的规定,从而认定应适用中国法律处理该涉外继承案件。但日本法院在案件审理过程中,查明中国《涉外民事关系法律适用法》第31条规定,法定继承,适用被继承人死亡时经常居所地法律,把应适用的法律指回日本。这时,日本法院究竟应依被继承人的本国法(中国法)还是他的住所地法(日本法)来处理这个继承案件呢?其判决的结果,是否能为中国继承人所接受? 符合不符合公正原则? 如此等等,常常在一个涉外民事案件中发生。因此,在采用以冲突规范作间接调整时,其司法程序也相对复杂。所以,从19世纪末以来,人们便开始探寻解决法律冲突的其他途径。这便产生了统一实体法规范的直接调整方法。但是,只要世界上还存在着众多的国家,只要各个国家的法律还没有完全统一,那么,冲突规范就还将发挥其他法律规范所无法替代的重要作用。

(二) 直接调整的方法

1. 国际统一实体法的方法

直接调整方法,主要是指有关国家间通过双边或多边国际条约制定,或借助于经广泛实践形成的国际惯例确定统一的实体法,用以直接支配涉外民事关系当事人的权利义务关系,从而避免或消除法律冲突和法律选择。由于适用统一实体法规范避免了在国际民事交往中可能发生的法律冲突,有的学者称其为"避免法律冲突的规范",而冲突规范则是"解决法律冲突的规范"。从这个角度讲,用统一实体法规范调整涉外民事关系较之适用冲突规范确实前进了一步。但是,这并不意味着统一实体法规范可以起完全取代冲突规范的作用,因为直接调整方法也有其自身的局限性:

第一,这种方法的适用领域比较有限。如在继承、婚姻等带有人身性质的法律制度方面,因不同民族和不同国家的历史传统与风俗习惯均不相同,且已渗透到每一个法律条文,在这些领域,尽管人们作了许多努力,至今尚未能制定出统一实体法。因此,在涉外婚姻和继承领域,仍然需要依靠冲突规范这种古老而又特有的间接调整方法。

统一实体法适用的领域比较有限,还表现在一个实体法公约常只适用于某种法律关系的某一方面,因而在其他方面,仍得采用冲突规范的间接调整方法。如1980年通过的《联合国国际货物销售合同公约》第2条、第3条就明确规定了它不适用于所列举的多种合同,而对它所适用的合同,也只限于合同的形式、成立和因合同而产生的买卖双方的权利和义务(其中又将产品责任排除在外);1883年签订的《保护工业产权巴黎公约》也仅规定了工业产权国际保护的四项基本原则和制度。因此,在这两个领域中的其他许多问题的解决,仍得适用有关的冲突规范来指引应适用的法律。

第二,即使在已经制定并适用统一实体法规范的那部分涉外民事领域,冲突规范的间接调整方法仍将起作用。统一实体法主要见之于国际条约,但国际条约原则上只对条约的缔结国或参加国有约束力,如果涉外民事关系有一方当事人不是该条约缔结国或参加国的法人或自然人,那么条约中的统一实体法就不一定能用来调整该涉外民事关系当事人的权利和义务了。更何况有些统一实体法公约并不排除当事人另行选择法律的权利。① 而且国际经济贸易方面的国际惯例更因为多是任意性的,需要当事人选择后才得以适用,且当事人在选择适用这种统一实体法条约或国际商事惯例时还有权加以减损②,因此,统一实体法规范仍不能取代冲突规范在调整涉外民事法律关系方面的重要作用。

2. 直接适用的法的方法

在讨论涉外民事关系的直接调整方法时,还有必要进一步探讨各国国内法中那些直接适用于涉外民商关系的实体规范,即所谓的"直接适用的法"。法国国际私法学家弗朗西斯卡基斯(Phocion Francescakis)在其1958年发表的《反致理论和国际私法的体系冲突》一文中,首次提出了"直接适用的法"这一术语,并在以后的著作中阐述了法律直接适用的理论,成为这一理论的主要代表人物。其他关注它的学者们根据自己的认识和理解,先后也提出了许多不同的称谓和概念,如"限定自身适用范围的规范""专属规范""必须适用的法"以及"强制性法律"(mandatory rules)等,但对"直接适用的法"的认同者较多。弗朗西斯卡基斯认为,随着国家职能的改变及其在经济生活中作用的增加,国家对经济的干预与日俱增。为了使法律在国际经济和民商事交往中更好地维护国家利益和社会经济利益,国家制定了一系列具有强制力的法律规范,用以调整某些特殊的法律关系。这些具有强制力的法律规范在调整涉外民事关系中,可以撇开传统冲突规范的援引,而直接适用于涉外民事法律关系。如1987年《瑞士联邦国际私法法规》第18条规定:"不论本法所指的法律为何,因其特殊目的应予适用的瑞士法律的强制性规定,应予以保留。"关于社会保障的某些瑞士法规定就是此类强制性规定。在日本,卡特尔法、外汇法、劳动标准法、工会法、最低劳动工资法、因公事故保险法、利息限制法、承租人保护法和关于消费者保护的特别法属于此类强制性规定。

我国2010年《涉外民事关系法律适用法》第4条规定,中华人民共和国法律对涉外民事关系有强制性规定的,直接适用该强制性规定。2012年最高人民法院《关于适用〈中华人民共和国涉外民事关系法律适用法〉若干问题的解释(一)》第10条规定:有下列情形之一,涉及中华人民共和国社会公共利益、当事人不能通过约定排除适用、无需通过冲突规范指引而直接适用于涉外民事关系的法律、行政法规的规定,人民法院应当认定为涉外民事关系法律适用法第4条规定的强制性规定:(1)涉及劳动者权益保护的;(2)涉及食品或公共卫生安全的;(3)涉及环境安全的;(4)涉及外汇管制等金融安全的;(5)涉及反垄断、反

---

① 参见我国最高人民法院于1987年转发的对外经济贸易部《关于执行〈联合国国际货物销售合同公约〉注意的几个问题》,载《最高人民法院公报》1988年第1期。

② 如1980年《联合国国际货物销售合同公约》第12条的规定。

倾销的;(6)应当认定为强制性规定的其他情形。

对于这一类规范,早先只是把它作为公共秩序制度的一部分,而且主要仅涉及法院国自己的这种实体规范。但现在随着本应适用的"外国公法"不得借冲突规范而加以排除的观念与立法的逐渐推广,把各国国内法中的"直接适用的法"纳入国际私法范畴的观点常有所见,其争论也就多了起来。但是,必须注意,这种"直接适用的法"(不论是法院国的,还是外国的)在目前还没有足够的证据证明它们完全不受国际私法上公共秩序制度的制约。这是因为这类规定在制定国看来,虽有其政治、经济、社会、道德上的种种根据,但它不一定与适用国的政治、经济、社会、道德上的要求相一致(如美国的《赫尔姆斯—伯顿法》就是这样)。其次,还要注意的是,这种"直接适用的法"的适用至少不至于破坏当今国际社会所追求的内外国法律平等和法律适用上的国际协调原则。否则,由于这种"法"的大量"直接适用","单边主义"与"属地主义"倾向就必定会重新滋长起来,法律冲突不但不会受到制约、减少与化解,反而将重新加剧并阻碍国际民商事交往的进一步发展。

第二节 国际私法的名称、范围、定义和渊源

一、国际私法的名称

国际私法(private international law)这一称谓,在全世界已被普遍接受,但不能说在理论与立法上就没有分歧了。所以人们曾说,国际私法"是从书名页起就有争论的一个法律学科"[①],至于在历史上,其名称就更多了。

(一)法则区别说(traite de statuts,theory of statutes)

由于在历史上,13、14 世纪意大利国际私法学创始人巴托鲁斯从区别"法则"(statuta)的性质着手来定位它们是否可以在域外适用,故当时的国际私法就被称为"法则区别说"。这一名称延续使用到 18 世纪,流行了四百余年。因为法则区别说所要解决的仅是当时意大利半岛上各城邦法则之间法律适用问题,并非 19 世纪以来频繁发生的内外国私法的冲突问题,所以在 19 世纪以后这一名称再无学者使用了。

(二)冲突法(conflict of laws,或译为法律冲突法)

1653 年,荷兰法学家罗登堡(Christian Rodenburg,1618—1668 年)在其所著的《关于婚姻的法则或因习惯冲突而产生的法律问题》一书中,首次使用了冲突法这一名称。另一位荷兰著名的国际私法学者胡伯(Huber)也于 1684 年使用

---

① 〔荷兰〕康—弗鲁恩德:《国际私法的一般问题》,1971 年英文版,第一章第一节。

过这一名称。美国国际私法学的奠基者斯托雷在他的著作中也使用了"冲突法"这个名称。对斯托雷倍加推崇的"近代国际私法之父",德国著名法学家萨维尼(Savigny)于 1849 年发表的《现代罗马法体系》(第 8 卷)一书①亦未对这一名称提出异议。

(三) 外国法适用论(application of foreign laws)

德国国际私法学者奥斯塔特(Oerstadt)于 1822 年著有论述国际私法的专著,其书名就为"外国法适用论"。他的立意在于认为国际私法无非规定对于涉外民事关系在何种情况下可以适用外国法的。当然这一名称也遭非议。学者认为国际私法是规定内外国法律的适用问题,而不是仅仅规定外国法在什么情况下得以适用的②。

(四) 涉外私法(foreign private law)

日本有的学者认为,国际私法既然是规定内外国交往的私法关系,就应该称之为涉外私法。瑞士学者曼利(Meili)附和该说,把他所写的国际私法著作取名为"涉外私法或对外私法"。我国国际私法前辈学者陈顾远也认为把国际私法这一法律部门称为涉外私法是较为适宜的③。

(五) 私国际法(private international law)

"private international law"这个英文名称,第一次是出现在美国大法官斯托雷于 1834 年发表的《冲突法论》一书中,其直译应为"私国际法"。但斯托雷本人并未用它来给其著作命名。首先用"私国际法"这个名称的是法国国际私法学者弗利克斯(Foelix),他正式使用"droit international prive"来称谓这一法律部门。现在这个名称在法国和其他一些拉丁语系的国家较流行,英美有些学者也采用它。但在中、日文著作中,已将上述称谓译为"国际私法"。

(六) 国际私法(internationales Privatrecht)

真正称"国际私法"的倒是德国的学者谢夫纳(Schaeffner),1841 年他发表了《国际私法发展史》一书,在该著作中他把这一法律部门称为"internationales Privatrecht",如直译成英文,便成了"international private law"。现在德国学者都沿用这一名称。但他却认为,国际私法全然是国内法。这一名称也未被现代国际社会所接受。

私国际法和国际私法,二者名称虽然极其相似,但在实际上却反映了不同学者对国际私法这一法律部门性质的不同看法。凡是认为国际法可分为公私两

---

① 《现代罗马法体系》(第 8 卷)已由李双元等根据英文译本译成中文,英译本是由格拉斯哥(Glasgow)于 1880 年出版的。该中文译本由法律出版社 1999 年出版。
② 唐纪翔:《国际私法总论》,1934 年版,第 12 页。
③ 陈顾远:《国际私法总论》(上册),上海法学编译社 1933 年版,第 103—104 页。

种,其规定公益关系者为公国际法,那么,规定私益关系者即称私国际法。相反,如果认为国际私法不是国际法而是国内的私法,只是这种国内私法不适用于纯粹国内的私法关系,而仅适用于国际的私法关系,便命名为国际私法。

除上述较普遍使用的名称以外,还有称国际私法为"私法关系的国际处理法""私间法""界限法""体系间法",以及"国际民法""国际商法"等的。

就国际私法的立法名称来说,德国最早称之为"民法施行法"(1896年),旧中国称为"法律适用条例"(1918年),泰国称"国际私法"(1938年),波兰也称"国际私法"(1966年和2011年),我国台湾地区则沿袭旧中国的立法,仍称为"涉外民事法律适用法"(1953年)。近来也有直接称为"冲突法"的,如1982年南斯拉夫的立法即称为"法律冲突法"。韩国称"国际私法"(2001年修订),日本原称"法例"(1898年),现改称"法律适用通则法"。我国1986年《民法通则》第八章则冠以"涉外民事关系的法律适用"的名称,2010年10月全国人大常委会通过了名称为"涉外民事关系法律适用法"的法律。

二、国际私法的范围

国际私法的范围有两种含义:一是指对象范围,即国际私法所调整的社会关系的范围。由于现在大陆法国家、普通法国家和社会主义法国家都承认国际私法还包含有国际民事诉讼法方面的内容,再说国际私法调整的对象只是涉外民事关系,这个问题已远远落后于发展了的现实,那么国际私法范围的另一种含义,即本目专门要讲的内容——国际私法应当包括哪些法律规范(即所包括的规范种类),就是题中应有之义了。关于这个问题,同样应根据变化发展了的现实来回答。

(一)国外学者的观点

英美法系国家的国际私法学者认为国际私法就是冲突法,但他们也认为关于民事案件管辖权的规范和外国民、商事判决的相互承认与执行的规范,应该包括在国际私法之中。

而大陆法系一些国家特别是法国,则对国际私法作更广义的理解,认为它除了冲突规范外,还应该包括外国人民事法律地位规范、国籍问题和管辖权规范。近年来,法国有些国际私法学家也已主张国际私法还应包括统一实体私法。

德国的国际私法学说一直认为,国际私法的内容范围仅限于冲突规范,而把国籍问题归入宪法,外国人民事法律地位规范归入专门的外国人法,同时也反对把国际民事诉讼规范归入国际私法。日本的大部分学者也持这种观点。

原苏联和东欧国家学者比较一致的观点则是,认为国际私法至少应包括冲突规范、外国人民事法律地位规范、调整涉外民商关系的统一实体规范和国际民事诉讼程序规范。

（二）中国学者的观点

中国学者对国际私法的范围也有不同的主张：(1)"小国际私法"观点，认为国际私法只是冲突规范；(2)"中国际私法"观点，认为国际私法包括外国人民事法律地位的规范、冲突规范、国际民事诉讼与国际商事仲裁程序规范；(3)"大国际私法"的观点，认为国际私法除包括上述三类规范外，还应包括国际统一实体规范，甚至认为还包括国内法中那些直接为调整涉外民事关系而制定的实体规范（或称国内法中的专用实体规范、直接适用的法），这是国内主流的观点。

我们认为，关于调整外国人法律地位的规范，有属于公法范畴的，如外国人的出入境、居留等，这些当然与私法冲突无关。但关于外国人民事法律地位的实体规范，却是发生法律冲突的前提条件之一，故不少国家也在国际私法中一并加以规定。

关于国籍和住所，本属国籍法和国内民法的研究对象，但是国际私法在解决自然人（法人）的本国法或住所地法时，需要确定他的国籍与住所。因而在确定适用当事人的属人法时，关于如何解决自然人的国籍冲突和住所冲突，都必须由国际私法来解决，这是国籍法和其他国内法一般不加规定的。

此外，尽管程序法所调整的社会关系带有公法性质不属于民事关系，在国内法中，民法与民事诉讼和商事仲裁程序的规范，也分属两个不同的独立法律部门，但是由于调整涉外民事诉讼和商事仲裁程序的规范，不但直接与实体关系的法律冲突的解决有关，而且它本身也有许多法律冲突问题需要解决，因此，将它们归入国际私法的范围也是顺理成章的。

中国国际私法学界在这一问题上分歧的焦点，在于是否应将国际统一实体法规范和直接适用的法纳入国际私法的范围。国际私法意义上的法律冲突产生的一个前提条件是"涉外民事关系所涉各国民事法律存在差异"，这也是国际私法赖以存在的前提条件。那么，既然某一类涉外民事领域有了统一实体法，即意味着在该统一实体法的效力范围之内，不再存在涉外民事关系法律适用上的冲突，自然也就失去了国际私法存在的前提条件。所以，在这一意义上说，如果将统一实体法纳入国际私法的范围，无异于否定了国际私法存在的前提条件，也就无异于否定了国际私法本身。

至于"直接适用的法"，也不宜纳入国际私法的范围。这是因为，国际私法意义上的法律冲突产生的另一个前提条件是"承认内外国法律的平等，亦即在一定范围内承认所涉外国法的域外效力"。也就是说，只有在承认所涉外国法的域外效力的范围内，才存在法律冲突和法律选择，才有国际私法存在的空间。而"直接适用的法"恰恰是在一定范围内"不承认内外国法律的平等，亦即在一定范围内不承认所涉外国法的域外效力"，所以也不应该纳入国际私法的范围。

应该指出的是,不主张统一实体法纳入国际私法的范围,并不意味着否认统一实体法在调整涉外民事关系,构建国际民商新秩序①中的重要地位。恰恰相反,从长远来看,在推动全球经济一体化和市场经济全球化方面,较之于冲突规范,统一实体法的作用和地位显然还是一个上升的趋势。同时,尽管统一实体法不应该纳入国际私法的范围,也并不妨碍国际私法学者对统一实体法进行研究。② 其实,就涉外民事关系的调整,乃至国际民事新秩序的构建来说,冲突规范和统一实体规范恰如一枚硬币的两面,缺一不可。就国际私法学说来说,如果不关注和研究统一实体法,就难以支撑起构建国际民商新秩序的理论大厦;就涉外民事争议解决的实践来说,如果不关注和研究统一实体法,就有可能导致法律适用的错误。正因为如此,当存在调整某一涉外民事关系的统一实体法时,本书作了简单说明。

(三) 国际私法的规范种类

国际私法的规范种类和国际私法的范围是两个有紧密联系的问题,或者说是同一个问题的两个侧面。既然不同学者对国际私法范围理解不一致,自然,对于国际私法规范种类问题也会有不同主张。我们认为,国际私法应包括以下几种规范:

(1) 外国人民事法律地位的规范。所谓外国人民事法律地位规范,是指规定在内国的外国自然人和法人在什么范围内享有民事权利,承担民事义务的法律规范。外国人在内国依据此类规范的规定取得民事法律地位,从而得享有民事权利和承担民事义务,所以是外国人在内国从事民事活动的法律前提。关于外国人的民事法律地位的规范,各国根据本国的国情、利益和政策,多在内国立法中作出规定,但也出现在国际条约中。不过,对这类规范,多数国家的做法不是把它们集中起来规定在一个法律中,而是分散规定在各种法律中,诸如宪法、民法、商法、经济法、民事诉讼法及有关单行法规中。例如,我国《民法通则》第8条第2款"本法关于公民的规定,适用于在中华人民共和国领域内的外国人、无国籍人,法律另有规定的除外",就是一条关于外国人民事法律地位的规范。它表明了外国人在中国享受国民待遇,在民事权利义务方面,在中国的外国人跟中国人一样,凡是《民法通则》中赋予中国公民的民事权利,外国人在中国也同样可以享有;凡是《民法通则》规定的中国公民应当承担的民事义务,在中国的外国人也应当承担。但详细讨论这方面制度的,却多见于国际公法方面的著作,在国际私法学中,大都并不详及。

---

① 关于国际民商新秩序的构建,可参见李双元:《国际民商新秩序的理论建构》,武汉大学出版社1998年版。

② 参见杜涛、陈力:《国际私法》,复旦大学出版社2008年版,第7—8页。

（2）冲突规范。冲突规范，是指在调整涉外民事关系时，指定应该适用哪一法律作为准据法的各种规范的总称。冲突规范是国际私法特有的规范。传统的国际私法甚至只包括冲突规范。国际私法学最初就是从研究冲突规范发展起来的，在今天，各国的国际私法也仍以冲突规范为核心和最基本、最主要的组成部分。

（3）国际民事诉讼程序规范和国际商事仲裁规范。国际民事诉讼程序规范，是指规定司法机关在审理涉外民事案件时专门适用的程序规范。尽管从法律性质而言，国际民事诉讼程序规范属于程序法，但管辖权规范、外国人民事诉讼地位规范、外国法院判决的承认与执行规范更是与法律冲突直接有关，这就有必要把国际民事诉讼程序规范纳入国际私法规范序列之中。至于国际经济贸易和海事仲裁程序规则有的是由民间团体性质的仲裁机构制定的，有的规定在有关的国际条约中，也跟涉外民事纠纷的解决有着密切关系，因而同国际民事诉讼程序规范一样也应包括在国际私法之中。

三、国际私法的定义

由于中外各国的国际私法学者对国际私法的对象、功能、调整方法以及范围理解的不同，从而从不同侧面对国际私法作了种种不同的定义。美国第一次《冲突法重述》的报告人比尔（Beale）在其所著《冲突法专论》（1935年）一书中，曾罗列了此前不同学者给国际私法下的许多定义。不过归纳起来，最主要的还是以下几种：

（1）根据国际私法的调整对象，把国际私法定义为调整涉外民事关系的法律部门。[①] 这一定义，实际上是主张把所有调整涉外民法和商法关系的法律，全部囊括在国际私法里面。这一定义，实来源于原苏联等社会主义国家的学说，如原苏联权威国际私法学家隆茨曾反复表明国际私法是"规制产生于诸国的斗争与合作环境中的民法关系"的法律部门。[②]

（2）从解决涉外民事关系法律冲突的角度，把国际私法定义为提供调整不同国家私法之间冲突的规范的总和。与此相似，有的学者从划分不同国家法律适用范围的角度把国际私法定义为"在世界各国民法和商法互相歧异的情况下，对含有涉外因素的民法关系、解决应当适用哪国法律的法律"[③]。台湾大学马汉宝教授也把国际私法定义为"对于涉外案件，就内外国法律，决定其适用何

---

① 姚壮、任继圣：《国际私法基础》，中国社会科学出版社1981年版，第8页。
② 〔苏联〕隆茨：《国际私法》，顾世荣译，人民出版社1950年版，第1页。
③ 《中国大百科全书·法学》，中国大百科全书出版社1984年版，第228页。

国法律之法则也"①。就传统的国际私法来说,这样下定义的方法是比较切合国际私法的本意的。

(3)从有关涉外民事关系应服从外国法的效力的角度下定义,如比尔主持编纂的1934年美国第一次《冲突法重述》就把国际私法定义为"每一国家在处理某一法律问题时,决定是否应该承认某一外国法律的效力这样一个法律部门"。

(4)用列举国际私法的范围的方式下定义。英国的戴西(Dicey)和戚希尔(Cheshire)等都认为国际私法是处理涉外民事案件时解决管辖权、法律适用和外国判决的承认与执行的规范的总和。我国有些国际私法学者也试图用列举方式给国际私法下定义。例如,我国改革开放后的第一部《国际私法》统编教材在国际私法的性质与范围上因受原苏东学派的影响,曾将国际私法定义为"调整涉外民事法律关系的法的部门"的同时,指出"它主要是由冲突规范和一定范围内的实体规范组成的一个独立的法律部门"②。

归纳起来,给国际私法下的定义有三种方式,即一是单纯从其调整的对象(社会关系)上来给出定义;二是从它只解决法律冲突或法律适用问题来给出定义;三是通过列举其所应包含的内容或规范种类来给出定义。但无论如何,以上种种定义,都不足以反映我国目前较为通行的观点。因此,我们主张把上述几种定义方式结合起来对国际私法作如下界定:

国际私法主要是以涉外民事关系为调整对象,以解决法律适用上的冲突为中心任务,以冲突规范为最基本的规范,同时包括外国人民事法律地位规范,以及国际民事诉讼与仲裁程序规范在内的一个独立的法律部门。

这个定义,一是强调了国际私法主要调整对象的特殊性,而主要调整对象的不同,正是区别不同法律部门的出发点;二是突出了国际私法的本质特性,即它的中心任务是解决因各国民、商法规定不同而产生的法律冲突;三是这个定义也反映了国际私法最基本的规范或者调整方法的特殊性;但是为了解决好法律冲突问题,还必须同时兼有其他几类规范。

四、国际私法的渊源

作为行为规范的国际私法,必须由国家以一定的形式表现出来,才能为人们所了解,也才具有法律上的效力。这些用以表现国际私法规范的各种具体形式,就是国际私法的渊源。

由于国际私法的调整对象是超出一国领域的含有外国因素的民事关系,在其发展的过程中,逐渐产生了国际统一规范,从而决定了国际私法在渊源上具有

---

① 马汉宝:《国际私法总论》,台湾汉林出版社1982年版,第1页。
② 韩德培主编:《国际私法》,武汉大学出版社1983年版,第7页。

两重性,即除了国内成文法和判例这两个主要渊源外,国际条约和国际惯例也可能成为国际私法的渊源。这是国际私法在渊源上不同于一般国内民法的最重要的特点。

（一）国内成文法

国际私法规范最早是在国内立法中出现的,而且直到今天,国内立法仍是国际私法最主要的渊源。国际私法所包括的规定外国人民事法律地位的规范、冲突规范和国际民事诉讼程序规范,在一些国家中,集中表现在单行的冲突法或国际私法法中,而多数国家,则分别在宪法、民法、经济法、劳动法、民事诉讼法等部门法中加以规定。我国也采取后一种方式。如我国《宪法》《民法通则》,以及《中外合资经营企业法》《中外合资经营企业法实施条例》《外资企业法》《对外合作开采海洋石油资源条例》《专利法》《商标法》《公司法》等各种立法中,都有这方面的重要规定。

其中有关国际民事诉讼的国内立法,在许多国家,都是在民事诉讼法中加以规定的。在我国,取代1982年《民事诉讼法(试行)》的1991年《民事诉讼法》第四编及其他有关规定,以及1994年《仲裁法》都是这方面的重要立法。此外,1986年《外交特权与豁免条例》、1990年《领事特权与豁免条例》、1999年《海事诉讼特别程序法》,也都是我国国际民事诉讼法的重要渊源。

至于有关冲突法的国内立法,目前大多数国家按照以下四种不同的立法方式,在国内法中加以规定:第一,将冲突规范分散规定在民法典的有关章节中。1804年的《拿破仑法典》是这一类型的代表。第二,以专门法典或单行法规的形式制定系统的冲突法规范。最早采用这种做法的是1896年公布的德国《民法施行法》和1898年的日本《法例》。第三,在民法典或其他法典中以专篇或专章,比较系统地规定国际私法规范。1966年的《葡萄牙民法典》及1984年的《秘鲁民法典》、1998年《吉尔吉斯共和国民法典》、1999年《哈萨克斯坦共和国民法典》、2001年《俄罗斯联邦民法典》和2004年《卡塔尔国民法典》等采用这种做法。第四,在不同单行法规中,就有关方面的涉外民事关系制定法律适用规范。英国的有关成文国际私法是此一立法类型的代表。此外,还有2001年荷兰王国关于因侵权行为引起的债务关系的冲突法及2002年荷兰解决有关亲子关系的法律冲突的法律和2003年德国重新规定国际破产法的法律等。

就立法技术和实际运用的方便而言,冲突法的国内立法,应该说以第二种立法形式最为可取。根据近几年的立法进展情况看,以专门法典或单行法规形式制定系统的冲突规范和国际民事诉讼法规范,将是今后各国冲突立法的主要趋势和方法。

但我国目前主要采取第二、三种立法方式。如2010年《涉外民事关系法律适用法》、《民法通则》第8章、《合同法》第126条、2011年修订后的《中外合资经营企业法实施条例》第12条以及《海商法》第270—272条、《民用航空法》第185—188条、《继承法》第36条、《票据法》第95、97、98条及第100—102条等规定,都是我国冲突法的重要国内渊源。

(二) 国内判例

所谓判例,是指法院的某判决具有法律约束力,可以成为以后审判同类案件的依据。一国法院的判例是否可以成为该国国际私法的渊源,在国际私法实践中是有分歧的。大陆法系国家早先一般不承认判例是法律的渊源,而英、美等国却是一直以判例法为主的国家。但是,由于判例繁多,且十分零乱,互相抵触,因而这些国家的国际私法学者在整理编纂判例方面,有着杰出的贡献。其中如英国学者戴西于1896年编著出版的《冲突法论》,该书从1949年起由莫里斯(Morris)等人相继予以修订,到2012年已出到第15版;在美国,1971年由哥伦比亚大学法学院里斯(Reese)任报告员,出版的《第二次冲突法重述》(Restatement, Second, Conflict of Laws),便都是这方面的名著。目前,学界又有编纂第三次重述的萌动。

我国一般不承认判例可以作为法的渊源,但在国际私法中,我们却应充分认识判例的作用。这首先是因为在国际私法领域,情况错综复杂,光依靠成文法是不足以应付司法实践的需要的,在必要时,应该允许法院通过判例来弥补成文法的缺漏;其次,在案件或判决涉及普通法国家的法律时,更需直接援用它们的判例作为判决的根据或承认它们依判例作出的判决;最后,国际私法的原则与制度,也需要通过判例来加以发展。

为了总结审判经验、统一法律适用,提高审判质量,维护司法公正,最高人民法院于2010年11月发布了《关于案例指导工作的规定》。据此,最高人民法院将设立案例指导工作办公室,定期遴选对全国法院审判、执行工作具有指导作用的指导性案例并统一发布,这些案例对各级人民法院具有重要的参照指导意义。这意味着,判例在国际私法中的地位将会进一步提高。

(三) 国际条约

从19世纪起,国际社会便已开始从事统一冲突法、统一程序法和统一实体法的工作。目前,包含有国际私法规范的国际条约很多,大致可归纳成以下几个大类[①]:

(1) 关于外国人法律地位的条约。诸如1928年《关于外国人地位的公约》,1951年《关于难民地位公约》,1954年订于纽约的《关于无国籍人地位的公约》,1956年《承认外国公司、社团和财团法律人格的公约》,1966年订于纽约的

---

① 这里只择一些主要的加以介绍,下列国际条约的中译本及本书所引用的国内外立法,大都可参见李双元、欧福永、熊之才编:《国际私法教学参考资料选编》,北京大学出版社2002年版。

《经济、社会、文化权利国际盟约》等。

（2）关于国际贸易和投资的条约。如1974年的《联合国国际货物买卖时效期限公约》、1966年的《解决国家和他国国民间投资争端公约》、1988年1月1日起生效的《联合国国际货物销售合同公约》以及1986年的海牙《关于国际货物销售合同法律适用公约》等。

（3）关于海事的条约。诸如1910年《统一船舶碰撞若干法律规定的国际公约》和《海上救助公约》以及1969年《国际油污损害民事责任公约》等。

（4）关于国际支付的条约。诸如1930年订于日内瓦的《解决汇票、本票若干法律冲突公约》、《解决支票若干法律冲突公约》等。

（5）关于婚姻、家庭和继承方面的冲突法与管辖权方面的公约。诸如1902年海牙的《婚姻法律冲突公约》《离婚及别居法律冲突与管辖冲突公约》，1978年的《夫妻财产制法律适用公约》，1961年《收养管辖权、法律适用和判决承认公约》，1973年《扶养义务法律适用公约》，1961年的《遗嘱处分方式法律冲突公约》，1989年订于海牙的《死者遗产继承法律适用公约》和1996年《关于父母责任和保护儿童措施的管辖权、法律适用、承认与执行和合作公约》等。

（6）关于国际民事诉讼的条约。诸如1954年的《民事诉讼程序公约》、1965年订于海牙的《协议选择法院公约》、1965年订于海牙的《关于民商事件国外调取证据公约》、1971年订于海牙的《民商事件外国判决的承认和执行公约》以及2005年《协议选择法院公约》等。

（7）关于国际商事仲裁的条约。诸如1923年日内瓦《仲裁条款议定书》和1958年《承认与执行外国仲裁裁决公约》等。

在我国，2012年最高人民法院《关于适用〈中华人民共和国涉外民事关系法律适用法〉若干问题的解释（一）》第4条规定，涉外民事关系的法律适用涉及适用国际条约的，人民法院应当根据《民法通则》第142条第2款以及《票据法》第95条第1款、《海商法》第268条第1款、《民用航空法》第184条第1款等法律规定予以适用，但知识产权领域的国际条约已经转化或者需要转化为国内法律的除外。《民法通则》第142条第2款规定："中华人民共和国缔结或者参加的国际条约同中华人民共和国的民事法律有不同规定的，适用国际条约的规定，但中华人民共和国声明保留的条款除外。"

（四）国际惯例

在讲到国际惯例作为它的渊源时，必须首先注意，持"大国际私法"观点的学者认为，国际私法中的国际惯例是由两部分组成的。其中一部分是如《国际法院规约》所称的"作为通例"（general practice）并"经接受为法律"的那些国际习惯（international custom）。而另一部分则是国际贸易惯例（international trade usage）。国际贸易惯例只具有任意法的性质，而且严格地说，它们只有经当事人接受于合同中,才具有法律上的约束力。

就前一种国际惯例来看,在国际私法中,在管辖权与法律适用方面,对于什么案件可以行使管辖权和应适用什么法律,并没有直接的肯定性的冲突规则,而只有一些限制性的国际习惯,如国家及其财产豁免、不允许违反国际法而行使一国的立法、司法管辖权等。因此,尽管一些对国际私法持"普遍主义"或"国际主义"观点的学者认为,像"不动产的法律的属地原则""个人身份的法律的域外原则""场所支配行为原则""尊重既得权原则""国家公共秩序原则""适用于契约关系中的意思自治原则""程序问题适用法院地法"等,已是一些"具有普遍约束力的惯例法",但是更多的学者(包括本书作者在内)认为,这些法律适用上的"普遍"规则或"共同"规则尚未成为"国际惯例法"。这是因为,任何国家的法官在处理上述几个方面的问题时,如不受条约的约束,尽管也常会考虑到这些原则,但主要还是根据他的国内法的指示行事的。

国际私法的后一种国际惯例,是在长期商业实践的基础上产生的,后来又经过统一编纂和解释而变得更为准确,从而在国际上起着统一实体私法的重要作用。起着统一实体私法作用的国际惯例中调整国际贸易条件的有1932年《华沙—牛津规则》、1953年国际商会《国际贸易术语解释通则》(现已有2010年的新文本),调整共同海损理算的有1974年《约克—安特卫普规则》(已有2004年版本),调整国际贸易支付的有1967年《商业单据托收统一规则》(已有1995年版本)以及1953年施行的《跟单信用证统一惯例》(现为第600号出版物)、1990年《国际保理业务惯例规则》等。这类国际惯例,大多为我国实践所接受。

在德国国际私法中,在成文法没有明文规定时,可以依据习惯法规则进行审判;日本国际私法也普遍将习惯法作为国际私法的渊源。2012年中国最高人民法院《关于适用〈中华人民共和国涉外民事关系法律适用法〉若干问题的解释(一)》第5条规定,涉外民事关系的法律适用涉及适用国际惯例的,人民法院应当根据《民法通则》第142条第3款以及《票据法》第95条第2款、《海商法》第268条第2款、《民用航空法》第184条第2款等法律规定予以适用。《民法通则》第142条第3款规定:中华人民共和国法律和中华人民共和国缔结或者参加的国际条约没有规定的,可以适用国际惯例。这就表明,国际惯例在我国可以作为涉外民事关系的准据法。但对于国际惯例是否是我国国际私法的渊源,学者们存在截然相反的观点。[①]

---

① 韩德培教授主编的《国际私法》(高等教育出版社和北京大学出版社2007年版,第32页)和章尚锦、徐青森教授主编的《国际私法》(中国人民大学大学出版社2011年版,第23页)等书认为我国国际私法的渊源包括冲突法上和实体法上的国际惯例。杜涛、陈力著的《国际私法》(复旦大学出版社2008年版,第45页)认为,法院所适用的规则与法律渊源是不同的概念,国际惯例既不是国际法的渊源,也不是国内法的渊源。

（五）一般法理、国际私法之原则及学说

除上述几种国际私法的渊源外，根据一些国家的传统或立法以及若干国际条约的规定，一般法理（或一般法律原则）、国际私法之原则以及特定学者（或学派）的学说等，在法无明文规定时，亦可作为解决国际私法实体问题争议的依据。

早在1939年的泰国国际私法中就规定：在法无规定时，允许适用国际私法的一般原理。1982年前南斯拉夫的国际私法也允许在法无规定时，参照南斯拉夫法律的原则和它的国际私法原则裁判案件。1984年的《秘鲁民法典》也允许在其缺乏相应的冲突规则时，以国际私法的原则及公认的准则作补充的适用。1987年《约旦民法典》规定，其国际私法若无规定，可依穆斯林法律的原则，以及在无此种原则时，依公平原则裁判国际私法案件。阿拉伯联合酋长国的国际私法甚至允许在该法无规定时，依穆斯林法，但最好应按照其所指定的两个学派的解决方法判决案件。1971年的美国《第二次冲突法重述》第6条"法律选择的原则"也允许在宪法和本州成文法没有规定时，可根据该条提出的七项因素（亦多为国际私法的一般原则）来决定应适用的法律。1999年《斯洛文尼亚关于国际私法与诉讼的法律》在其第3条概括规定："本法对法律适用未作规定的，参照适用本法的规定与原则、斯洛文尼亚共和国法制原则及国际私法原则"；2007年《马其顿关于国际私法的法律》第4条有关"法律遗漏的填补"也类似地规定，如果本法对第1条第1款所指关系的准据法未作任何规定，则类推适用本法的规定和原则、马其顿共和国的法律原则以及国际私法原理，等等。

当然，也有国家的国际私法专章专条规定了法律原则，如1995年《朝鲜涉外民事关系法》就在其第一章专门规定了涉外民事关系的基本法律原则（共15条），概括起来包括当事人意思自治原则、平等互利原则、遵守国家基本法律制度原则（国家主权原则）、最密切联系原则、国际条约优先原则等；2005年《保加利亚关于国际私法的法典》在第2条专门规定了"最密切联系原则"，即具有国际因素的私法关系，由与其有最密切联系的国家的法律支配，本法典有关确定准据法的条款均为该原则之体现，若依照本法典第三编（准据法）各条款不能确定应予适用之法律，则适用依其他标准与该私法关系有最密切联系的国家之法律。

至于在仲裁中，允许友好仲裁和依公平原则仲裁就更属常见了。如1987年颁布的《瑞士国际私法》就在其第187条中规定，在国际商事仲裁中，允许当事人授权依公平原则裁决实质问题。2010年《联合国国际贸易法委员会仲裁规则》第35条也规定，如仲裁庭有当事人双方的明白授权时，亦可运用友好仲裁和按公平与善良的原则就实质问题作出裁决。

尽管中国不把抽象的一般法理和学说作为国际私法渊源，但既然普通法国家常引用学者的学说或著作作为判案的根据，我们就应该高度重视并加强对外国国际私法学者著作和学说的研究工作。对于国际私法原则是否是我国国际私法的渊源,我国无明文规定,但是从法理上来说,国际私法原则在实践中应该有一定的参考和指导作用。

第三节　国际私法的性质

自从 19 世纪中叶以来,各国学者对国际私法性质问题便有尖锐的论争,至今仍见仁见智,多有分歧。争论的问题主要集中在三个方面:国际私法究竟是国际法还是国内法？国际私法究竟是程序法还是实体法？国际私法究竟是公法还是私法？对于这三个问题,应该认为能符合今日国际私法的实际情况的、客观的、科学的回答只能分别是:

一、国际私法已兼具国际法和国内法的性质

对于国际私法到底是国内法还是国际法的问题,无论历史上还是在今天,国内外学者都有不同的观点。这些观点大致可以划分为以下三种:

(1)国际法论。持这种观点的学者认为国际私法是国际法。其代表人物主要有德国的萨维尼、巴尔(Von Bar)、弗兰根斯坦(Frankenstein)等,法国的魏斯(Weiss)和毕耶(Pillet)等,意大利的孟西尼以及荷兰的杰特(Jitta)等。这些学者从不同角度论证国际私法属于国际法性质,其主要论据可归纳如下:

第一,从国际私法调整的社会关系的性质来说,已经超出一国范围而具有国际性,并且这种社会关系跟国际公法所调整的社会关系在本质上并无区别。苏联学者克雷洛夫认为,"在国际交往中,在每一个具体的公司,每一个人背后……都有它自己的国家,而在这民事法律关系中发生的任何争议,甚至有关离婚的家庭纠纷,最终都可能转变为国家之间的冲突。"[①]

第二,从国际私法的渊源而言,国际条约和国际惯例已成为它的重要渊源,并有趋势表明国际私法的这种渊源将占越来越多的比重。这在目前的欧盟,表现更为明显。

第三,国际私法的作用同国际法一样亦在于划分国家之间主权的效力范围,或认为冲突法既然只规定何种民事法律关系应适用哪国的法律,所以它只能以国家适用或不适用特定的法律权利与义务为出发点。毕耶认为,国际私法和国际公法一样,都是解决主权冲突的,国际私法是一个从调整各个主权国家关系的国际公法规则中获取调整个人关系的规则的法律部门。他甚至认为,如果国际

[①] 转引〔苏联〕隆茨等:《国际私法》,吴云琪等译,法律出版社 1986 年版,第 9 页。

私法在国际范围内得不到统一,就等于法律不存在。[①]

第四,从国际私法本身所包括的原则、制度来说,其中不少是与国际公法一致的,诸如条约必须信守、主权原则、内外国公民平等的内外法律平等原则、互惠原则等。

根据以上列举的论据及其他一些理由,持国际私法属于国际法的观点的学者认为,国际法分为国际公法和国际私法两个平行的部门,恰如同一树干上长出来的两个分支,在一定意义上,也确实如此。

(2) 国内法论。这一学派主要代表人物包括:德国的科恩(Franz Kahn)、纽梅耶(Neumeyer)、沃尔夫(Wolff)、梅尔基奥尔(Melchior)、利瓦德(Lewald)、努斯鲍姆(Nausbaum),法国的巴丁(E. Bartin)、尼波耶(J. P. Niboyet)、莫利(J. Maury)、巴迪福(Batiffol),英国的戴西(Dicey)、戚希尔(Cheshire),美国的比尔(Beale)、库克(Cook)、劳伦森(Lorenzen)等。该学派认为每个国家都有权制定本国的国际私法,各国国际私法只是本国国内法的一个分支,断然否认有一种凌驾于一切国家之上的"超国家的国际私法"的存在。该学派主张国际私法是国内法的主要依据,可归纳如下:

第一,国际私法调整的是非主权者的民法关系;

第二,国际私法的主要渊源是国内法;

第三,国际私法上的争议一般由一国的法院处理;

第四,国际私法规范的制定和适用,都取决于一国自身的意志,等等。

(3) 二元论或综合论。二元论者认为国际私法是介于国际法与国内法之间的一个独立的法律部门。其主要代表人物有德国的齐特尔曼(Zitelmann)和捷克的贝斯特里斯基(R. Bystricky)等人。持这种观点的学者认为,国际私法的基本原则既有属于国际法方面的,也有属于国内法方面的;国际私法规范既有国际条约与国际惯例方面的渊源,也有国内法律上的渊源。这种观点较前之二者各执一端的主张,是更可接受的。因为在考察一个法律部门具有什么性质,属于哪一法律体系时,不应该从不是国际法就是国内法或者相反的这种绝对的僵化的观点出发,而应该从生动的现实社会生活和实践出发。随着国际联系的加强,国际关系丰富多样,已经在国际法与国内法之间产生了许多跨几个领域的综合性法律部门。而国际私法发展到今天正已成为这样一个综合性独立法律部门。尽管从渊源上看,目前它仍主要由国内法构成,但它的国际法因素正在日益增加;许多新的国际私法立法已明确规定在受条约约束的情况下,应优先适用条约中的冲突规范(如 1986 年原联邦德国《民法施行法》、1982 年与 2007 年土耳其《国际私法与国际民事诉讼程序法》、1984 年秘鲁《民法典》、1974 年阿根廷《国际私

[①] 参见李双元:《国际私法(冲突法篇)》,武汉大学出版社 1987 年版,第 100 页。

法（草案）》、1979年前南斯拉夫《区际私法》和1982年前南斯拉夫《国际私法》、1979年前匈牙利《国际私法》、1995年意大利《国际私法》、1992年罗马尼亚《国际私法》、1996年列支敦士登《国际私法》、2002年蒙古国《民法典》、1986年中国《民法通则》和1993年中国《海商法》等）。因此，它所应担负的功能，在21世纪，肯定将在建立国际民商新秩序方面，发挥重大的作用，而这无论如何是不能把国际私法仅定位为国内法所能涵盖的。

其实，与这个问题直接相关的是，自国际私法产生以来，便一直存在着三大理论派别：

（1）普遍主义—国际主义学派（universalism-internationalism）。

这个学派的主要代表人物在德国有萨维尼、巴尔、齐特尔曼（Zitelmann）、弗兰根斯坦等，在法国有魏斯和毕耶等，在意大利有孟西尼，在荷兰有杰特（Jitta）等。这一学派把国际私法看做国际法，并且或者认为国际私法的目的是为了给不同国家国内法创造有利的共存条件，在国际私法中起决定作用的应该平等地适用内外国法律（巴尔）；或者认为国际私法是用来帮助个人在普遍的环境中（universal surroundings）作为"人类共同体"的成员生活的一种法律（杰特）；或者认为国际私法存在的必要性能从许多国家同时并存以及许多不同法律制度同时并存这个事实产生出来的，因而这许多不同的法律制度的效力，它们的适用就应该由一个更为广泛的制度来规定，亦即一国的国际私法要得到实施，就必须为国际的国际私法所承认（齐特尔曼）。所以这一学派所追求的，是实现冲突规则方面的国际统一（杰特甚至鼓吹应该提出一些调整"人类共同体"及"人类生活国际化"的统一实体法）。这一学派中的大多数学者几乎都从"国家共同体"（community of nations）的观念出发，试图证明在客观上存在着或应该存在约束各国的统一的、普遍的规则。

巴尔是萨维尼的追随者，他从国际私法的目的是为了给不同国家国内法创造有利的共存（co-existence）的条件出发，主张在国际私法中起决定作用的应该是平等地适用内外国法。他在国际私法和国际公法二者的关系上抱一元论观点，认为二者乃属一个更为广义的国际法的两个分支。他反对把礼让作为适用外国法的根据，而认为适用外国法是一种国际义务，并且这种义务是一种强行性的国际习惯法所加予的。他认为在立法领域，各个国家虽都有权制定国际私法规则，但是这种国内法制度是受国际共同体这一事实所决定的，这种国际共同体（international community）赋予国际私法以国际法的特性。因此，他断然反对把国际私法归入各国国内法之中。由于巴尔的理论形成是在德国《民法施行法》以前，所以他在论述自己的观点和自己提出的冲突原则时，在论理上常常需要借助自然法（natural law），而在方法上则主张借助比较的方法。

但是也有一些普遍主义者并不从一元论的观点来论述国际私法和国际公法

同属一个法律部门,而是采取二元论观点,认为国际私法是和国际公法完全不同的另一个独立的国际法部门。例如荷兰的杰特就是这样一位学者。他并不把自己的普遍主义—国际主义观点建立在国际私法和国际公法的联系上,而是认为国际私法是用来帮助个人在普遍的环境中作为"人类共同体"的成员而生活的一种法律。杰特不但试图提出一些调整法律冲突的普遍适用的冲突规范,还试图提出一些调整人类共同体及人类生活的国际化的实体法规范。因此,认为可以把统一实体法规范也包括进国际私法的观点,甚至可以追溯到杰特的学说。

(2) 特殊主义—国家主义学派(particularism-nationalism)。

这个学派的代表人物有德国的科恩(Franz Kahn)、纽梅耶(Neumeyer)、沃尔夫(也有将此人归入比较学派的,他是柏林大学教授,专长国际私法与民法,因遭希特勒迫害而流亡英国)、梅希奥(Melchior)、利瓦德(Lewald)、努斯鲍姆,在法国有巴丁(E. Bartin)、尼波耶(J. P. Niboyet)、梅利(J. Maury)、巴迪福(Buttifol)以及巴迪福的学生弗朗西斯卡基斯(Franceskakis),在英国有戴西、戚希尔,在美国有比尔(Beale)、库克(Cook)、劳伦森(Lorenzen)等。

这一派学者认为国际私法不是普遍的而是特殊的,不是国际的而是国内的;各国国际私法只是自己的国内法的一个分支。它与国际公法的区别既表现在渊源上,也表现在法律关系的性质和主体上。他们中有些人特别强调国际私法与各国国内法之间的联系,并且认为没有这种联系,便没有现代国际私法。他们中甚至有人认为,国际私法不可能也不应该因有关国家违背国际公法上的某些原则而转变为国际法上的问题。例如,科恩就认为,各个国家在国际私法这个领域固然也有必要考虑到其他国家,但这种考虑并不是一种法律上的义务,而是一种从道义上加强法律的感服力的考虑。梅希奥更认为不存在以适用国内冲突规则不当而进行外交干预的可能(通常我们也只讲到适用法律不当或管辖不当的直接后果是外国法院的判决的拒绝承认与执行)。巴丁也认为国际私法是国内法,因为在法律方面适用外国法的义务只是一种 natural obligation(自然义务),而不是国际法上的义务。

不过,这并不是说所有的特殊主义者都根本否定各国国际私法中所存在的共同一致的东西,否定国际私法应该追求各国处理有关关系上的协调性和一致性。科恩甚至认为:"如果各国国际私法是互不相同的,则每因法院地国的不同而所选择的准据法也各异,作出的判决也就各不相同,从实质上看……法律的冲突仍然没有得到解决。"为了解决这个问题,他们也有很多人主张运用比较的方法。他们中还有人甚至主张,应该把外国法也看做法律,而不应仅仅看做事实。

(3) 比较学派(comparative school)。

有人认为这一学派是由德国学者拉贝尔(Rabel)创立的。其代表人物可包括特殊主义学派中那些比较抱现实主义态度的人,如沃尔夫、康—弗鲁恩德、克格尔(Kegel)、汪格尔(Wengler)、巴迪福等。比较学派又称未来学派,在原苏东社会主义国家中也颇有影响。他们的出发点是,国际私法这个法律部门每天要处理的都是涉及各国法律制度的一些问题,因而各国不但要适用自己的内国法(local law),也要适用外国的内国法;它们在考虑自己的冲突法制时,也不能不考虑有关国家的冲突法制度,甚至在许多情况下(如反致、先决问题)还要适用别国的冲突规则;在考虑自己的主权利益时,还要尊重别国的主权利益,以追求公正合理的国际民事法律关系的发展。因此,在他们看来,在普遍主义与特殊主义之间并不存在某种不可逾越的鸿沟。他们特别强调通过寻求发展各国国际私法中的"共同因子"去形成一些能为国际接受的新的冲突规则,并尽可能减少"冲突的因子"。

二、国际私法已兼具实体法和程序法的性质

国际私法究竟是实体法还是程序法,学者之间也是有争论的。最初,争论的目的只在于如果认为国际私法只是程序法,那么根据当时"程序问题只适用法院地法"的观点,当然也就只应该由法院适用自己的国际私法规则了。但现在,对这个问题的争论已具有更新的意义了。尽管仍有一些学者倾向于认为国际私法是程序法,其理由是它只指示法院如何解决这种民事关系的管辖权和法律适用问题,而另一部分学者却认为国际私法首先是起着实体法作用的法律部门。这是因为,当一国法院接受某一涉外民事案件后,在确定管辖权和适用什么法律作准据法后,最终还得用该准据法去解决涉外民事关系当事人具体的权利义务关系。也还有学者认为,无论哪一个国家的国际私法在立法体例上作何种安排,都不能改变它首先是起规范人们在涉外民事活动中的行为和关系的作用。从这个意义上讲,它与其他实体法并无本质的不同。只是在当事人发生涉外民事争议求助于司法或仲裁解决时,法院或仲裁机构才会运用国际私法中那些规范国际民事诉讼或国际商事仲裁程序的规范,并且根据国际私法中起着指定实体民商法的间接行为规范的冲突规则来最终判决案件。据此,当然不能认为国际私法只是"法官的法"。

对于把国际私法纯粹当作指导法院如何解决案件的管辖权和法律适用问题的程序性的观点,在19世纪中叶沃尔夫撰写的著名的著作《国际私法》一书便已发觉,并认为有必要予以澄清。他说,尽管所有的英美国际私法著作都是从阐述法院的管辖权开始的,他在该书中也将遵循这一传统,但是还须强调的是,决定应适用法律的必要却不仅在诉讼中产生。他指出,一个可能毫无提起诉讼的想法的人,仅是为了知道他自己的法律地位;或者双方只欲将他们的争议提交仲裁;或是一个婚姻登记官需要决定是否允许两个不同国家有住所或国籍的人进行结婚登记;或者一个土地登记官需要知道是否应依照死者住所地法为有效的遗嘱进行土地登记,都会提出法律适用的问题。① 当然,沃尔夫这里举的例子,除第一个外,其他几个仍都与进入特定的程序有关,但是,在人们的生活与活动日益国际化的时代,在进入包括诉讼、仲裁、登记等程序之前,如在进行投资,签订各种民商事合同;成立婚姻或收养关系;或为在国外保护自己的知识产权,提前了解和咨询有关国家的法律适用规则,已是常见的事了。因为随着国际交往的发展,人们的防范发生法律上的风险的观念,已大大加强了。

正是根据这种观点,我国学者在中国国际私法学会决定起草学者法(或示范法)时,力主改变目前为大陆法和英美法许多国家所奉行的国际私法的第一板块为"国际民事管辖权",第二板块才是"法律适用"的体例,而建议把"法律适用"放在第一板块,从而体现出国际私法仍然是首先是规范人们的实体行为和实体关系,其次在发生争议时才导致法院或仲裁机关对种种冲突规则和程序规则的适用。应该说,这种观点是有利于帮助人们对国际私法的性质和作用作出正确的理解的。

不管怎样,依照我们现在的观点看,国际私法既然除了解决法律适用的冲突法外,还包括有国家的外国人法(既含有一般意义上的实体法,又含有间接规范人的行为和关系的冲突法)以及解决涉外民事争议的程序法在内,它明显地既包含实体法,又包含程序法。因此,在这个问题上,大体亦可区分出三大理论派别:(1)程序法学派。这个学派把国际私法或者完全视为"法官的法",或者认为它是指示法官的"路标法"或"桥梁法"。(2)实体法学派。这个学派的主要观点是它虽在争议发生后起指示法官如何适用法律的作用,但它首先还是以实体涉外民事关系为规范对象的,只是在这种关系发生争议时,才发挥其"路标法"的作用。此外,也有人认为,它既是实体民法的适用法,说它不是实体法,是讲不过去的。(3)基本上支持第二派的观点,但因当代国际私法已纳入许多程序法的内容,故认为其性质应如前述。这便是本书所采取的第三派的观点。

三、国际私法已兼具公法和私法的性质

这是与上面两个问题有着密切关系的正确全面认识国际私法的性质的另一重要问题。对于它的回答,过去有的学者把国际私法完全归入私法范围,有的则认为国际私法属于公法的范畴,也有的学者,比如德国的科恩则认为国际私法既不属于公法,也不属于私法,而是自成一类的法律。② 主张将国际私法定性为私法的基本理由就是它能调整民商事私法关系(只不过它们含有涉外或跨国的因素)。但是这个观点已因国际私法现在还包含了国际民事诉讼等公法规范,以

---

① 〔德〕沃尔夫:《国际私法》,1945年英文版,第8—9页。
② 转引自陆东亚:《国际私法》,台湾正中书局1979年版,第13页。

及现在已有越来越多的国际私法国内立法已明确规定,在冲突规范指定应适用外国法时,不得以该外国法具有"公法"性质而加以排除等事实的存在,已不能被认为是正确的了。而主张将国际私法定性为兼具公法私法二重性的基本理由,主要是认为国际私法上的法律适用规范在指示法官如何适用法律(故当属"公法",似无疑义),但这只是问题的一个方面,问题的另一方面是,既然国际私法能对涉外案件所可适用的实体法予以"决定",据此乃得间接确定实体法上的权利义务,而此处的实体法即指一国的"私法",则国际私法,谓其系私法,自亦非妄言。故有的学者的最后的结论乃是:国际私法"非仅为'法官之法律',同时亦当'当事人之法律'而具有私法的性质"[①]。

我国学者中还有人主张国际私法不仅当为公法,而且还是一种"国内公法"的观点。其理由是:"严格说来,'国际私法'中包含的法律规范,通常既不是'国际'的,也不是'私法'。它只是间接地调整跨越一国国界的私人间关系,即通过解决不同国家对同一私人关系具有不同法律规定而引起的冲突,包括管辖权上的冲突,来解决上述私人关系;而且主要依靠各国自己的国内立法来解决。因此,在这个意义上,国际私法既是国内法,又属于西方传统分科中公法的范畴。"[②]这种看法,在国际私法学界是不会有支持者的。

我们的观点大体与上述德国科恩的观点相近似,即主张国际私法既不完全属于公法,也不完全属于私法;亦即既包含有公法的性质,也包含有私法的性质。而且它所包含的公法与私法性质,都不能仅用某一种规范、某一方面的性质或作用加以论证,而是必须从多角度来加以全面、客观、科学的考察的。

因此,在这个问题上,实际上也存在三大基本派别:即(1)公法学派;(2)私法学派;(3)二元论学派。其中二元论学派也是本书所支持的。其理由,将在以下一目中加以进一步的论证与阐述。

第四节 国际私法与邻近几个法律部门的关系

一、国际私法与国际公法的关系

对于这个问题,除需要明确国际私法和国际公法的区别之外,关键还在于要回答国际私法究竟与国际公法存在着怎样的联系。

国际私法和国际公法在主要调整对象、法律关系的主体、法律渊源以及法律

---

① 马汉宝:《国际私法总论》,台湾汉林出版社1982年版。
② 参见陈安主编:《国际经济法论》第1卷,法律出版社1998年版,第27页。

规范的形式、内容和效力范围等方面，都有着重大的或本质的差别，这是毫无疑问的。但是由于在传统上，一直认为只有规范国际社会中以国家为主体的国家间的法才是国际法，从而一些学者根本否定国际私法也包含有国际法的内容和兼具国际法的性质，认为"国际私法"根本就不是"国际"的①。这种看法今天已是不能成立的。必须认识到，国际私法与国际公法虽是两个不同的法律部门，但二者之间同样存在着十分密切而重要的联系。

首先，在国际私法的渊源和基本原则甚至具体规定上，同样有属于国际公法的内容。这是因为，国际私法所调整的社会关系，既然也是一种超出一国管辖范围的关系，具有多国的甚至国际的因素，当然也不可能完全脱离开国际法的一般原则，如国际法确认的主权原则、内外国人平等以及内外国法律平等原则、国家及其财产豁免原则、条约必须信守原则等，国际私法也是必须遵守的。在国际私法上，如果违反上述这些国际私法原则，有关国家有权拒绝承认和执行另一国法院在违反上述各项原则的情况下作出的判决或裁决②。而且从现在的发展趋势来看，在国际私法的国内立法中，明确规定有国际私法条约的，必须优先适用这些条约的国家已越来越多③。这是在过去把国际私法只当作国内法的立法中所从未见到的。

其次，当然在国际私法学界，从来认为在 14 世纪时最早的以"法则区别说"形态出现的理论，就是站在普遍主义—国际主义立场，试图探寻解决法律适用的普遍原则或规则。也就是说，国际私法在最初也与后来的国际公法一样，是以追求建立起国际社会共同遵守的"超国家"的冲突法规则体系为目标的。④ 只是后来因特殊主义—国家主义的兴起和欧洲大陆代表这种思想的几部大法典的产生后才开始把国际私法完全视为各个主权国家自己的国内法。但在比较法学派的眼光中（虽然他们中仍有只认为国际私法为国内法的），国际私法却是不能脱离国际思想的，如沃尔夫所指出的："虽然既没有一个国际法的规则，也没有一个假定的礼让原则禁止国家采用它认为适宜的任何国际私法规则，但是公道要求每个国家在制定这些规则时都要考虑到这些规则将会怎样影响任何人与人——不论是本国人或者外国人——之间的社会和经济往来。国际私法的立法者必须

---

① 原苏联学者彼列切尔斯基与隆茨等都曾认为："'国际私法'实质上既非国际法，又非私法"。上面已经讲到，我国著名国际公法学家王铁崖教授也明确指出："严格地说，国际私法既不是'国际'，也不是'私法'。"

② 参见李双元：《国际私法（冲突法篇）》，武汉大学出版社 1987 年版，第 19 页。

③ 如 1986 年联邦德国的《民法施行法》第 3 条第 2 款；阿根廷《国际私法》的第 1 条；秘鲁《民法典》的第 2047 条；南斯拉夫《法律冲突法》的第 3 条等。参见李双元主编：《中国与国际私法统一化进程》，武汉大学出版社 1990 年版，第 178—179 页。此外我国的《民法通则》及《涉外经济合同法》等法律中，亦有此类条文的规定。

④ 参见〔德〕沃尔夫：《国际私法》，李浩培等译，法律出版社 1988 年版，第 35—36 页。

记住一个社会的利益,而那个社会既不是他本国人的社会,也不是各个国家或民族的社会,而是全体个人、人类的社会……一个冲突规则的体系,如果忽略了这个超国家的见解,是会违反公道的。特别是,只由于希望增加它本国法律体系的势力而采取的规则,是不会同国际私法立法者的目的相符合的,他们的目标必须是制定他们可以合理地期望其他国家的立法者或者法院加以采用的那些原则。国际私法本身并不是国际的,但是,毫无疑问,它不能脱离国际思想而拟订。"①

正如本书在最前面所说的那样,在国际政治、经济和民商关系的广泛发展和全球化时代到来的今天,国际私法同国际公法、国际经济法一样,也需要去解决人类社会共同面对的许多新的国际问题。② 在这一前提下,国际私法与国际公法的相互渗透与"分工合作"关系无疑更会大大增强。

二、国际私法与国际经济法的关系

国际私法与国际经济法的关系,也因对国际私法和国际经济法各自所调整的社会关系的性质、内容和规范的形式的理解不同,存在着分歧观点。例如,在我国,有的学者认为国际私法纯粹是由指引法律选择的冲突规范所构成,而国际经济法却是泛指调整国际经济交往中发生的一切关系的法律,因而其范围包括:关于外国人在国际经济关系中法律地位或待遇的国内立法和国际立法;关于国际商业交易的私法方面的法律规范和制度(如调整各种国际货物买卖的合同法、海商法、保险法、公司法等);关于国际商业交易的公法方面的法律规范和制度(如关于各种涉外税法、外汇管制法、进出口管制法等);关于外国人投资的国内立法和国际立法;关于调整国际贸易制度、国际货币金融制度、国际组织投资制度的国际法和国际经济组织法,如关税与贸易总协定、国际货币基金组织、世界银行、区域性国际开发银行的法律,以及国际商业协定等;关于区域经济一体化的法律;关于解决双重课税的国际税法以及关于解决国际投资争端和国际经贸合同争议的司法与仲裁法等。从这种观点出发,国际私法中调整发生在国际经济、贸易和海事、运输过程中的许多私法制度以及国际民事诉讼和商事仲裁的法律制度,当然也被包括进了国际经济法的范围。这样就至少在两个方面——在间接调整发生于国际经济贸易过程中的各种私法关系以及在国际商事仲裁和诉讼方面——与国际私法在内容上发生了重叠。

持"大国际私法"观点的学者认为,国际经济法和国际私法的划分正如同国内经济法和国内民法的划分一样,国际经济法应主要由实现国家或国际组织对发生在国际经济贸易过程中的各种法律关系的管理和干预的公法性质的规范构

---

① 参见〔德〕沃尔夫:《国际私法》,李浩培等译,法律出版社 1988 年版,第 35—36 页。
② 参见李双元主编:《国际民商新秩序的理论建构》,武汉大学出版社 1998 年版,第 2—3 章。

成，而国际私法主要是由调整平等主体之间的各种民法关系或私法关系以及规定国际民事诉讼和国际商事仲裁的一般制度的法律规范所构成。这种对国际经济法内容的界定，在国外也是被人承认的，例如，日本的《国际法辞典》在"国际经济法"的条目中，就直接指出它是"指约束国家之间经济关系的法律"。它虽在把国际经济法所包含的内容划分为八个甚至八个以上的法律部门中，也包含了国际贸易法和国际投资法①，但它认为这些主要部门的划分，主要是考虑到在国际经济关系中合作的重要职能，国际经济法主要是指"约束国家之间经济关系的法律"，起"在国际范围内组织经济的法律"的作用②。或者说，它是为国际间处于商事主体地位的个人与个人、个人与法人（包括放弃了主权豁免的国家）、法人与法人之间创造在自由、平等、互利基础上进行商事或私法交往的法律，至于这些商事主体之间具体的商事或私法交往，便应属国际私法调整的对象了。

据此，目前国内有学者主张国际经济法的"内涵和外延，早已大大地突破了国际公法单一门类或单一学科的局限，而扩及于涉及国际私法、国际商法以及各国的民法、经济法等，形成了一种多门类、跨学科的边缘性综合体"，并认为，作为法律冲突规范的国际私法，可以进一步划分为用以调整国际（涉外）私人间经济关系的法律冲突规范以及用以调整国际（涉外）私人间人身关系的法律冲突规范。前一类冲突规范用以间接地调整跨越一国国界的私人之间的经济关系，因此，理应属于国际经济法的范畴，只有后一类调整私人间人身关系的冲突规范，由于其并非调整经济关系，才"不应纳入国际经济法的范畴"③。这一观点，且不说它忽视了国际经济法应负起构筑国家间经济新秩序的最本质的作用，不必要地扩大了国际经济法的范围，至少它把国际私法和国际经济法的关系作了不科学的解释，阉割了当代国际私法的许多重要组成部分，而且对于冲突法，也人为地加以"肢解"，使国际私法在与国际经济法的关系中成了只能具有调整国际（涉外）的人身关系的一个法律部门。这种观点既不能为国际经济法学界所接受，也不能为稍具国际私法知识的人所认同。

无论持哪种观点，两个学科有如下联系：（1）二者的产生都是国际关系发展到一定阶段的产物；（2）调整对象都具有涉外因素，最终都会涉及不同国家之

---

① 其余依次为"国际货币法""国际资源法""国际劳动法（包括国际移民法）""国际援助法""国际交通法（国际运输法、国际通讯法）"和"国际经济机构法"等。见该书第526页，法律出版社1985年版。当然我们不认为这一划分是最科学的观点，但结合该词条对这样划分主要应实现的十项目标来看，应是颇为正确而全面地界定了国际经济法的重要内容和目的。

② 同上。

③ 参见陈安：《论国际经济法学科的边缘性、综合性和独立性》一文，载陈安主编：《国际经济法论丛》（第1卷），法律出版社1998年版，第12页、第27—28页。

间的利益;(3)都需要适用主权原则、平等互利原则、遵守国际条约原则和尊重国际惯例原则;(4)可能都涉及用国际商事诉讼或仲裁方式解决争议。

三、国际私法与国内民法的关系

国际私法之所以产生,就是在发生涉外民事关系或民事诉讼关系时,为确定当事人之间实体民事权利义务,要解决到底应依内国民法还是应依外国民法的问题。所以从传统上讲,二者之间联系的密切程度可以说是一目了然的。这个法律部门之所以叫做私法,也是因为当初它所调整的全属民、商法关系,而这些关系,自古罗马时代起,就被认为属于私法的范畴,至今也一直沿用,并认为凡以保护私人利益为目的的法律,或凡调整主体双方均为私人或私人团体的关系的法律均属私法。国际私法与国内民法的联系还表现在它最早是作为国内民法的适用法而诞生的,因此每一国家民法的基本原则与制度都对它的国际私法有着直接的影响,国际私法中的许多制度(如识别、公共秩序保留、法律规避等制度),也是为了保证国内民法基本原则的不被违背而产生的。

但二者的区别也是很明显的。第一,国际私法所调整的民法关系都是含有涉外因素的民法关系,而民法调整的主要是完全不包含外国因素的纯国内民法关系。第二,国际私法既然是国内民法的适用法或施行法,主要由间接性质的冲突规范所构成,而民法几乎全为直接的实体规范。第三,国内民事争议中,程序问题的解决只适用一般民事诉讼法,而国际私法争议程序问题的解决,许多还要适用国家关于国际或涉外民事诉讼程序的规定。而且正因为如此,一个国家的民法和它的民事诉讼法是分属两个相对独立的法律部门的,而为了在解决涉外民事争议时,把实体问题和程序问题的法律适用从国际私法的统一立场上去加以解决,关于涉外民事诉讼的种种特别规定,虽也有在国家的民事诉讼中加以规定的,但现在已不断出现把这部分内容一并归入国际私法法中的立法模式(这一点,在一些从事统一国际私法工作的国际组织所制定的统一程序法公约中也可看到)。第四,在渊源上,国际私法还有国际条约这一方面,而民法的渊源全为国内立法。第五,国际私法既然调整的是涉外民法关系,因而除了坚持民法的一些基本原则外,还特别需要强调主权原则与内外国人和内外国法律平等等国际法原则。

第五节 国际私法的基本原则

一、概述

西方国际私法学很少有专门讨论国际私法的基本原则的,因为他们认为适用外国法的理论或指导法律选择的原则,已经起了国际私法基本原则的作用。在西方国家的传统国际私法中,不同的适用外国法的理论,也就是国际私法的基本原则或指导思想。但是,在现代国际私法中,由于它的范围已超出传统的冲突法的范围,而同时涉及的还有外国人的民事法律地位问题、统一实体法的适用问题、国际民事诉讼与仲裁程序的问题,要解决的已非仅只一个适用外国法或进行法律选择的问题了,因而需要有自己的基本原则,作为立法机关或司法(仲裁)机关解决上述四个方面问题时的指导。

原苏东国家的国际私法学曾就国际私法的基本原则作过广泛的探讨。例如,原苏联学者隆茨就曾把苏联的国际私法的基本原则归纳为"严守各国平等和独立的原则""国家及其财产豁免原则"和"互惠原则"等三项。此外,其他一些学者还认为"管辖权合理划分""适用法律的同一(即按法律所属国适用自己的法律一样去适用该外国法)""外国人民事权利平等"等也是这些国家的国际私法的基本原则。

应该指出,作为国际私法的基本原则应是贯穿于国际私法各项制度中的共同的指导思想或理论原则,而不应包括那些只在某一方面制度中起指导作用的东西。因此,国际私法的基本原则主要应是主权原则和平等互利原则。

如前所述,国际私法是国际经济关系发展到一定历史时期,国家间商业贸易的交往已在国家经济生活中占有重要地位的时代的产物,它是整个法律制度中一个重要组成部分,其首要的任务既是在国际民事活动中,维护自己国家和人民利益的有效的法律工具,又是促进国家间平等互利交往和保障全人类福祉的有利的法律手段。因此,应该指出,主权原则、平等互利原则、国际协调与合作原则以及保护弱方当事人合法利益的原则,应是当今时代国际私法的几项最基本的原则。

二、主权原则

主权原则本是调整国际关系的最基本原则,但由于国际私法所调整的也是一种涉及不同国家立法、司法管辖权的关系,因此,主权原则也是国际私法的一项基本原则。主权原则要求我们在处理涉外经济、民事关系时,必须贯彻独立自主的方针。

根据这一原则,任何主权国家都有权通过国内立法或参加国际立法,规定自己的冲突法制度。当然各国亦应遵守国际习惯法的一些基本限制。在民事法律地位方面,国家固应赋予外国人以国民待遇,但主权原则也允许各国根据自己的具体情况,在某些领域中,对外国人的民事权利作出限制;内国公民如在外国受到歧视,内国也完全有权对对方公民依对等原则采取限制措施。

根据这一原则,主权国家在遵守国际习惯法的一些基本限制的前提下,有权通过国内立法或参加国际立法,规定自己的国际民事诉讼制度。在国家没有通过明示或默示的方式放弃国家及其财产的豁免权时,如果这种豁免权被侵犯,完全有权拒绝参加诉讼或拒绝有关判决的承认与执行,甚至可以采取报复措施,等等。

不少学者曾阐述过,国际私法是在坚持国家主权原则的基础上发展起来的。国际私法的发展史表明,只有在所涉国家之间具有主权上完全平等的地位,并彼此具有独立的立法和司法管辖权的情况下,才会发生法律适用上的冲突,才有进行法律选择的必要。国际私法许多冲突原则与制度的产生和确立,也都直接受主权原则的制约。例如,物之所在地法用来解决物权关系,行为地法用来解决行为方式问题,属人法用来解决人的身份与能力方面的问题,以及法院地法大都用来解决程序问题等,无一不是来源于国家主权原则或与国家主权原则存在着密切的关系。当前,随着第三世界国家的兴起,国家主权概念有了新的发展,因而国际私法中也相应出现了一些新的原则与理论,如第三世界国家在国际法问题上的观点,以及对引进外资和技术的法律关系多主张适用东道国的法律等,便都是这种新发展的表现。正是基于国家主权原则,我国宪法规定:"在中国境内的外国企业和其他外国经济组织以及中外合资经营的企业,都必须遵守中华人民共和国的法律。"(当然也包括中华人民共和国的国际私法——引注)我国《民法通则》也规定:"在中华人民共和国领域内的民事活动,适用中华人民共和国法律,法律另有规定的除外。"这里无疑就是指我国的关于涉外民事关系法律适用方面的特别规定。

三、平等互利原则

国际私法中的平等互利原则,要求在处理涉外民事关系时,应从有利于发展国家间平等互利的经济交往关系出发。根据这一原则,首先,要求各国民商法处于平等的地位,在可以而且需要适用外国法时就予以适用;其次,要求承认外国当事人平等的地位,他们的合法权益受到同等保护。我国通过宪法及其他法律,明文规定保护外国人、外国企业与经济组织在我国的合法权益,并对他们实行合理待遇。在我国《涉外民事关系法律适用法》中,也根据平等互利原则,通过双边冲突规范,允许在特定连结因素存在的情况下,应该承认外国法的效力和外国法的适用。在解决国际民事诉讼方面的问题时,我国《民事诉讼法》也赋予外国人(包括外国公司和其他经济组织)以平等的诉讼地位。这都是因为在涉外民事关系中,既然自己国家的公民依内国已经合法取得的权益希望能在外国得到承认与保护,对于外国人已依外国法取得的某些权利,如果承认与保护这种权利是当事人的正当期望,并不与内国公共秩序抵触,也应该予以承认和保护。

随着国际经济联系规模的不断扩大和科技合作的全面发展,国际私法关系将越来越成为国际社会中的一种重要法律关系。在处理这种法律关系时,贯彻平等互利的原则,也将日益显得突出和重要。这是因为在当前,一个统一的世界市场正在形成,各国在经济、贸易、资金、技术、原料和销售方面,都处在一种息息相关、相互联系、相互补充的关系之中。任何国家要求得到经济、技术上的迅速发展,就必须诚恳地同别国合作,因而也必须在处理发生于经济、技术和人员交往过程中的各种国际私法关系时,自觉地贯彻平等互利的原则。

四、国际协调与合作原则

根据该原则,我国在处理涉外民商关系时,便应兼顾我国国情及民商法的基本制度和国际上的普遍实践或习惯做法。这一点,在进入全球化的时代,在我国加入 WTO 以后,是尤显重要的。萨维尼早在 1849 年出版他的《现代罗马法体系》(第 8 卷)中便写下了这样的思想:绝对主权原则要求该国法官只根据本国法律来判决案件,而不管与此案相关的外国法的不同规定。然而这种规则(要求法官只适用自己国家的法律的规则——引注)无法在任何国家的立法中(国际私法中——引注)找到。它之所以缺乏,是由于随着国际交往关系愈趋频繁活跃,人们会愈加坚信这种严格的规则并不适宜,故而应代之以相反的原则,即世界各国和整个人类的共同利益决定了各国在处理(国际私法)案件时,最好采取互惠原则,并坚持内外国人之间的平等。他还指出,过去那种国与国之间的彼此隔绝已逐渐变为国与国之间的交流和接触。据此,他甚至认为在国际交往的国家之间存在一个跨国性普遍法的观点,将随着时间的推移必然得到更广泛的共识。① 沃尔夫也曾指出:虽然既没有一个国际法规则,也没有一个假定的礼让原则禁止国家采用它认为适宜的任何国际私法规则,但是公道要求每个国家在制定这些规则时,都要考虑到它们将怎样影响任何人与人(不论是本国人或外国人)之间的社会和经济往来。国际私法的立法者必须记住一个社会的利益,而那个社会既不是他本国人的社会,也不是每个国家或每个民族的社会,而是全体个人和整个人类的社会。因此,沃尔夫认为:"国际私法本身并不是国际的,但是,毫无疑问,它不应该脱离国际思想而拟订。"他还在多处提出了国际私法应追求"法律的协调"的观点。②

在这全球化的时代,很难设想,任何一个国家根据自己的法律赋予当事人的权益,可以在其他国家被任意否定或取消,同样很难设想,任何一个国家的法院作出的国际私法判决或裁决都可以不需要其他国家的承认与协助执行。因此,

---

① 参见〔德〕萨维尼:《现代罗马法体系》(第 8 卷),李双元等译,法律出版社 1999 年版,第 13—17 页。

② 参见〔德〕沃尔夫:《国际私法》,李浩培等译,法律出版社 1988 年版,第 21、25—26 页等。

在 21 世纪的国际私法关系中,国际社会本位的理念,或者说国际协调与合作的原则,必然会大大提升其地位。

五、保护弱方当事人合法权益的原则

人类社会虽将进入知识经济的时代,但发达国家和发展中国家贫富的差距,资本和技术输出国与输入国经济实力的差距,每个国家的人口中富人和穷人的差距,雇主与劳动者的差距,以及企业与消费者、男人与妇女、父母与子女之间的利益上的一切对立都还存在,因此,在国际私法处理上述种种跨国性的私法问题时,强调保护弱方当事人的合法权益的原则,不应该被视为一个无关紧要的问题。事实上,许多新近的国际私法的国内和国际立法,都力求在有关制度中贯彻这一原则,它们很多都把适用"有利于弱方当事人的法律"作为"内容导向"附于"管辖权选择规则"之后。值得注意的是,《也门人民民主共和国民法典》第 27 条关于人的"能力"的规定中,甚至纳入了保护人权的原则,其第 3 款规定:"若外国法的适用会明显损害人权,则应适用也门人民民主共和国的法律。"与此相得益彰的是,在国际民事司法协助领域,因有关的涉外司法程序或判决明显违反人权而被其他国家以违反公共秩序为由而拒绝承认与执行的例证也日益增多起来。

第六节 国际私法的体系及研究方法

一、国际私法的体系

国际私法的体系可以从两种意义上来理解:一是国际私法的立法体系,二是国际私法的理论体系或学说体系。两者之间既有区别的一面,更有相互联系、相互作用的一面。就其区别而论,前者是一个国家国际私法立法的规范体系,而后者只是学者对国际私法的理解和主张。但是,更有意义的是如何正确认识两者之间的相互联系和作用。一方面,从国际私法历史看,国际私法学说(学说法)先于国际私法立法,直到今天,它作为国际私法的渊源的地位仍然没有疑义,它在国际私法的形成和发展中,始终起到了巨大的先行、指引和推动作用。另一方面,国际私法立法和司法实践的不断发展,又推动了国际私法理论的繁荣,这是一个永不停息的互动过程。

(一)国际私法的立法体系

国际私法的立法体系可以理解为一个国家国际私法立法的规范体系及立法模式。由于各国对国际私法范围认识的不一致,在国际私法的规范体系方面,大致可归纳为以下几类:一是按照本国的民法体系制定相应的法律适用法,如

1978年《奥地利联邦国际私法法规》等;二是既包括冲突规范又包括国际民事诉讼法规范,如2007年《土耳其国际私法和国际民事诉讼程序法》等;三是包括外国人的法律地位规范、冲突规范以及国际民事诉讼法规范三大部分,如1992年《罗马尼亚国际私法》。

至于各国国际私法的立法模式,已在本章第二节"国际私法的渊源"中作了详细阐述。

(二) 国际私法的理论体系

国际私法的理论体系,实际上就是各国的国际私法学者基于对国际私法的不同认识而建立的自成一体的学说体系。相对于国际私法的立法体系,国际私法的理论体系更是显得五花八门,但是,正是这些五花八门的学说之间的相互碰撞,才使得我们对国际私法的认识一步一步接近全面、真切和透彻。根据各国学者对国际私法范围的不同理解,国际私法的理论体系大致可分为以下三类:

一是"小"国际私法体系。持这种观点的学者依据传统的国际私法就是冲突法的观点,只探讨涉外民事关系的法律适用问题。此类著述亦主要只对冲突规范及相关制度和各种涉外民事关系的法律适用两方面的问题展开讨论。

二是"中"国际私法体系。认为国际私法包括外国人的民事法律地位、冲突规范和国际民事诉讼(含国际商事仲裁)三大块,并在此基础上建立国际私法的理论体系。

三是"大"国际私法体系。这是目前中国国际私法学界的主流观点。认为国际私法应该包括外国人的民事法律地位、冲突规范、统一实体法规范以及国际民事诉讼和国际商事仲裁四大部分,并在此基础上建立理论体系(此外,更有将各国"直接适用的法"也包括在内的观点)。但此类著述,仍以冲突规范及其相关制度作基本理论部分。其各论中几乎仍以论述各种涉外民商事关系的冲突法制度为主线,必要时,或多或少地介绍有关的统一实体法,但均不占主要地位。

二、国际私法的研究方法[①]

传统的国际私法学理论主要分为英美法系和大陆法系两大派别。在研究方法上,大陆学派趋向于从法理学的一些基本原理出发,通过演绎法,试图推导出各种普遍适用的冲突法规则。其代表人物有德国的萨维尼和法国的毕耶。英美学派则注重本国的成案研究,通过归纳法寻求法律适用的各种共同原则,以美国的斯托雷和英国的戴西为代表。这种研究方法上的差异至今仍未完全消失。其实,它们各有千秋,若能兼取二者之长,则可收到相辅相成之效。

在国际私法的研究工作中,历史的方法无疑是十分重要的方法。这一方法

---

① 详见李双元、欧福永:《国际私法研究方法之我见》,载《法学论坛》2003年第3期。

能够使我们通过对国际私法产生和发展的历史条件的准确把握,揭示出不同制度与理论产生的社会背景和历史作用,从而使我们能够透过似乎是纯粹抽象的理论或者纷繁复杂的法律条文的背后,解读其所具有的特定的生活内容和社会职能。历史的研究方法,要求我们必须对国际私法的各种学说和制度,到当时特定的社会生活条件中去探源。它还有助于我们通过了解国际私法的过去,更好地把握国际私法的现在,预见它的未来。

比较的研究方法,在国际私法当中具有特别重要的意义,一些西方学者甚至将比较的研究方法称为"国际私法之母"。进入20世纪后,欧洲大陆国家出现了以德裔美籍学者拉贝尔(Rabel)为代表人物的国际私法中的比较法学派,他们对各国的冲突法进行比较研究,以寻求统一各国冲突法的途径。对于国际私法学来说,比较的研究方法之所以具有与生俱来的特殊意义,从根本上讲,在于涉外民事关系涉及诸多平行的而又互不相同的法律制度,只有通过对有关国家的民商法进行比较研究,才能找出它们之间的差异和法律冲突之所在;也只有比较研究有关各国的国际私法学说、理念和制度,才能判定采用什么制度方可达到国际私法所追求的"判决一致"。而就立法工作而言,也只有通过比较研究各国国际私法立法,方能博采众长,为我所用。而在这种比较中,探讨它们产生的经济、社会和文化的历史背景,分析它们所追求的功能或价值取向,讨论各自为实现这种取向所采取的不同方法与制度,然后结合当今国际社会与中国目前所处的时代,提出我们自己的更符合实际情况的理念与制度设计,当是比较研究的根本目的。

第二章 国际私法的历史

从国际私法的历史看,大体上在 18 世纪上半叶以前,除了在中国唐朝《永徽律》等立法中有冲突规范的成文法规定外,在西方还只处在"法理学与科学的国际私法"阶段,亦即仅只表现为各种学说的或学理的形态。到了 18 世纪下半叶以后,才开始进入"立法的国际私法"阶段。因此,可以说,国际私法是从学说法逐渐发展成为制定法的。而且,即使在今天,国际私法的理论对其立法、司法实践的影响力也是其他法律部门所不可比拟的。为此,我们在本章追溯国际私法的历史时把其立法史和学说史二者结合起来加以探讨,并将分别讨论以下问题:萌芽阶段的国际私法(13 世纪以前);早期的国际私法(13—18 世纪);近代国际私法(19—20 世纪中叶);当代国际私法(20 世纪中叶以后)。

第一节 萌芽阶段的国际私法

一、罗马法时代

自远古至 13 世纪,在欧洲大陆一些国家中已有不少的对外交往。不过古代外国的侨民不得成为法律关系的主体。例如,在古希腊时代,各城邦的法律并不保护外国人的婚姻和财产,甚至对海盗抢劫外国人的财产,也不认为是违法行为。① 古罗马建国初期也是同古希腊一样轻视外国人的。罗马法只承认罗马市民是权利主体,外国人被视同敌人。因为古罗马建国之初,疆域之外,莫不认为是敌国,而敌国人民的权利是不受法律保护的。② 后来由于它征服了大片领土,以及发展对外商业贸易的需要,才逐渐给予非罗马市民一定的法律地位,开始用"万民法"(jus gentium)来调整罗马市民与非罗马市民间以及非罗马市民之间的民事关系。不过,万民法属于罗马内国法,而不是法律的适用法则,仍不适用外国法。西塞罗在他的讲演集中论及他把罗马法同其他一些法律相比较后所得出的结论是:"除了我们的民法外,其他国家的民法是如此的粗制滥造以至到了可笑的程度,简直是难以想象的。"③ 可见,在当时要承认内外国法律的平等,也是

---

① 何适:《国际私法释义》,台湾三民书局 1983 年版,第 13 页。
② 梅仲协:《国际私法新论》,台湾三民书局 1980 年版,第 23 页。
③ 参见[德]沃尔夫:《国际私法》,1945 年英文版,第 17 节。

不可能的。故当时并无冲突法产生的条件。

二、种族法时代

公元 476 年,西罗马帝国寿终正寝以后,欧洲大陆各民族迁徙频繁,形成了各民族杂居的格局,从而进入了种族法时代,即日耳曼民族遵守日耳曼法,法兰克民族遵守法兰克法,罗马人仍适用罗马法等。这是因为当时的法律概念是根据日耳曼法上所谓的"族裔和平秩序"而建立的。依照此一原则,只有本族人才能参与族法的制定并受族法的保护,族法不适用于异族人[①]。另一方面,由于上述部落民族喜欢游移生活而不习惯于定居,一个民族于迁居后仍保持原有的法律习惯,亦即族法永远只支配本族人民,而不以领土来划分法律的效力范围。因而各民族来往杂居而产生的"涉及外族"民事关系,在当时是适用各族当事人的族法。这一时期大约自西罗马帝国灭亡后经历了四百余年,后世学者常称之为种族法时代(period of racial laws)或属人法时代(period of personal laws)。又因为每一民族的人,无论居住何地,永远受其民族固有法律和习惯支配,因此又可以称之为"极端属人法时代"。据说,那时在审判程序中,审判员都可能会向原告被告询问各自隶属的法律。[②] 种族法或极端属人法,与后来国际私法上的属人法风马牛不相及,它不是发生法律冲突时选择法律的属人法,而是各种族的人之间发生法律行为时各受本族法的支配。尽管种族法还不是国际私法的雏形,但种族法中的某些规范诸如"继承依被继承人的血统法""契约关系当事人的能力依各该当事人的种族法"等,在形式上跟后世的冲突规范相类似,对国际私法的产生也不是没有影响的。

三、属地法时代

自公元 10 世纪后,欧洲社会震荡,在阿尔卑斯山以北广袤土地上,由于群雄割据,封君建国,逐渐进入了君主封建社会。这个时期领土的观念渐次加强,上自王公下至平民,概依土地占有的多少决定其法律地位的高低。且凡在领土内居住的所有人,不论其属什么民族,一律不得适用本族法律,而必须受当地法律与习惯的支配。由于这个时期法律与领土关系密切不可分,法律的适用范围也是以领土界限为划分标准的,因此这种极端的属地法时代,也可称为"领土法时代"。这种极端的属地法甚至存在于同一城市的不同区域中。如在布雷斯劳(Breslau),直到 1840 年 1 月 1 日,在继承人、配偶财产制等方面共存五种不同的

---

① 刘甲一:《国际私法》,台湾三民书局 1984 年版,第 99 页。
② 参见〔德〕沃尔夫:《国际私法》,1945 年英文版,第 18 节。

制定法和习惯法,它们各自的适用都只限制在特定的地域范围之中,不但处于邻接地区的邻居之间会适用不同的法律,甚至一座房子位于不同法律范围的交界处,房子的一部分要适用一种法律,而房子的另一部分,却要适用另一种法律。①一人从此领地移居彼领土,即可能丧失原来的财产甚至自由。在这种封建制度下,断无国际私法生存之余地。而在阿尔卑斯山以南地区,属人法之所以也渐渐为属地法所取代,究其原因倒不是因为封建制度,而是在于意大利半岛各城市国家的次第兴起②。各城市国家都有自己的法则并且也只在各自领域内有效(因为在当时,即任何国王或城市颁布的法律都只能约束该国王或城市的臣民,从13世纪之初开始被广泛接受)。这样,为了各城市国家之间的互通有无和人员往来的方便,人们渐渐认识到有必要限制法则的严格属地性。于是13世纪的意大利半岛成了国际私法的发祥地。

第二节 早期的国际私法

这一时期,大体包括从14纪初起到19世纪中叶近代国际私法的诞生前后近五个世纪的国际私法的发展历程。13世纪后,"法则区别说"的出现,标志着又一个新的部门法学——国际私法学终于诞生。法则区别说发祥于意大利半岛,在16世纪传入法国,在17世纪又流行于荷兰。这一时期的国际私法理论最初都是完全建立在法则区别说基础之上,后来虽有荷兰国际礼让学派的崛起,但直到1804年《法国民法典》的问世,法则区别说仍保留有一定的影响。

一、意大利的法则区别说

当时在意大利各个城邦有两种法律同时有效:一是作为普通法的罗马法适用于所有的城邦,二是诸城邦主要汇集本城邦和它的商业界的较古老的习惯法所各自制定的"法则"(statute)③。法则是特别法,仅仅在各城邦境内有效。但由于法则与罗马法相异,各法则之间也各不相同,因而法律冲突不免时常产生。一般地说,如果这种冲突发生在罗马法和城邦的法则之间,依据罗马法固有的原则——"特别法优于普通法",就可适用城邦自己的法则。但是假如冲突发生在不同城邦的法则之间,又如何解决法律适用问题呢?如果根据原来的封建法的

---

① 〔德〕萨维尼:《现代罗马法体系》(第8卷),李双元等译,法律出版社1999年版,第11页注1。
② 马汉宝:《国际私法总论》,台湾汉林出版社1982年版,第245—246页。
③ 按照冇昂康巴尼(Buoncampagni)大约于1215年所给的定义,"法则是产生于人民的习惯而经自愿接受的规范。"参见〔德〕沃尔夫:《国际私法》,1945年英文版,第19节。

极端属地主义来对待这个问题,就会出现甲城邦的居民在甲城邦内签订的契约、取得的判决、既得的权利,一旦涉足乙城邦,便都有完全失去效力的可能。这显然是不利于各城邦之间日见频繁的商业贸易的。为此,最初曾在一个时期,法律的适用完全交给审判员决定,遇有争议发生时,当事人选择了哪一个审判员,也就表明他同时选择了该审判员所使用的法律。而审判员起初似乎都只适用他们自己城邦的法律,于是在12世纪末期阿尔德里古(Aldricus)率先提出了审判员应适用哪个较好的并较为有用的法律的观点。但这两个标准都是模糊不清的。[①] 于是,当时各城邦大学里的法学家开始寻求解决这种法则之间冲突的方法。

当时的法学家试图从罗马法中找到解决现存的法则之间的冲突的方法,因而兴起了一个研究罗马法的热潮。在12世纪初,法学家伊纳利古(Irnerius,1055—1130年)率先在波伦亚(Bologna)大学建立了一个法学院,从事罗马法的研究工作。到公元1200年前后,法学院竟拥有学生万余人。德国、法国和英国等地学者也纷纷慕名前来学习,而后将罗马法传播到本国。[②] 由于他们研究罗马法主要是对查士丁尼《民法大全》进行注释,这便形成了早期注释法学派。该学派的主要代表人物有两个,一个便是注释法学派的创始人伊纳利古,另一个是阿克尔修斯(Accursius,1182—1260年)。后者在公元1250年前后将该派法学家的注释、选辑汇编成卷,名为《通用注释》,被认为是早期注释法学派的集大成者。

早期注释法学派尽管对复兴罗马法作出了一定的贡献,但由于他们的出发点不正确,把法看做是超时间和超国家的永恒的东西,天真地认为仅仅通过注释后,几个世纪以前制定的罗马法便能用来解决新形势下出现的新问题,因而不可能对当时城邦间法则的冲突问题提出符合客观需要的解决方法,于是很快为后期注释法学派(post-glossators)所取代。在后期注释法学派的努力下,开始探讨外国法适用的理论,而且逐渐形成了一些类似于后来的冲突原则的东西。巴托鲁斯(Bartolus,1314—1357年)的法则区别说正是集后期注释法学派研究成果的大成。

巴托鲁斯也是波伦亚、比萨各大学的著名法学教授。他在前人研究的基础上,也把法则分为物法(statuta realia)和人法(statuta personal)两大类,并且进一

---

① 参见〔德〕沃尔夫:《国际私法》,1945年英文版,第19节。
② 《罗马法要义》,郑玉波编译,台湾汉林出版社1985年版,第163页。

步区分了"混合法"(statuta mixta)。① 巴氏据此提出了许多重要的冲突原则,诸如:关于人的权利能力和行为能力,不必依行为地法(这是人的能力应依其属人法的最初思想);侵权行为适用场所支配行为的原则,即依侵权行为地法;关于合同的成立也应根据"场所支配行为"原则适用合同缔结地法,但对合同的效力,他主张对当事人预期的效力和因法律发生的效力,分别选择准据法;对于遗嘱的成立,他主张适用立遗嘱地法;但立遗嘱人的能力应依其属人法;不动产适用其所在地法;而动产则接受了法兰西学者提出的"动产附骨",即依其所有人的属人法,等等。② 他还提出,城邦自己的人法能否适用于城邦之外,还要视是否对本可适用该法律的当事人有利而定(这可以说是公共秩序保留制度的最初思想)。

由于巴托鲁斯的法则区别说是建立在把法则区分为物法和人法的划分基础上,而在现实生活中却并不存在这种纯粹是关于物或纯粹是关于人的法则,于是他便借助法则的词语结构的不同来实现这种区分。例如,要处理一个英国死者遗留在意大利的土地的无遗嘱继承,英国习惯法上的长子继承制能否适用于采用罗马法诸子平分制的意大利境内的土地,则全取决于英国习惯法上的该项规定词语结构如何:如果英国习惯法的规定为"不动产应归于长子"(immovables fall to the first-born),因其主词是"不动产",所以这一规定是属于物法,它只能严格地适用于死者在英国的财产,因而在意大利的土地就应由死者诸子平分;但是,如果英国习惯法的规定为"长子应继承财产"(the first-born shall succeed),因其主词是"长子",所以这一规定属于人法,而人法是有域外效力的,便可适用于意大利,从而死者的长子就可以完全取得在意大利境内的土地。

这种以法则的词语先后来判断一法则是人法抑或物法,从而决定法则适用的做法,无疑是缺乏客观依据的(后来法国的一位法则区别学者达让特莱甚至讥笑用这样的思想来教育别人,别人也会觉得可耻的)。尽管巴托鲁斯提出的法则区别说是从法则条文本身的词语结构分类着手的,而不是以各种法律关系

---

① 法则区别说最初把实体法和程序法加以区别,并主张程序问题依法院地法决定,而实体问题,如契约则依契约订立地法决定,从而使"场所支配行为"(locus regit actum)最早得而确立。这个规则在那时并不像今天这样只能用来决定行为的方式,而是同时也适用于行为有效成立的实质要件及行为的效果。较狭义的"场所支配行为的方式"(locus regit forman actus)则是由法兰西学者所创始的。后来伯里帕奇(Belleperche,约1285年,法国人)提出应进一步把实体法区分为"人法"和"物法",并认为物法的适用要受地域限制的。从此,国际私法中人法、物法和程序法三分法的理论才得以初步形成。但在萨维尼的《现代罗马法体系》(第8卷)的第18节(总第361节)中,萨氏指出巴托鲁斯是最早把实体法分为人法、物法和混合法的,并且认为,巴氏提出的混合法,其调整对象有人理解既非人,也不是物,而是行为,而另一些人理解为既涉及人又涉及物的法律,萨氏认为,这两种观点虽相互矛盾,但并不相互排斥。参见〔德〕萨维尼:《现代罗马法体系》(第8卷),李双元等译,法律出版社1999年版,第68页。

② 〔德〕沃尔夫:《国际私法》,1945年英文版,第20节。

的性质为根据的,在后人看来也许是可笑的,然而瑕不掩瑜,这并不足以抹杀巴托鲁斯作为国际私法开拓者的成就。因为正是他首先抓住了法律的域内域外效力这个法律冲突的根本点;也正是他第一个把解决法律冲突的问题分为两个主要的相互联系的侧面来进行探讨的,这就是:城邦国家的法则能否适用于在领域内的一切人包括非城邦居民;城邦国家的法则能否适用于域外。对于这样两个问题的探讨,以后一直是国际私法学研究的中心。其次,他是站在普遍主义立场来探讨法律冲突问题的解决的(尽管他的法学研究是自然法派的)。另外,他还提出了一些至今仍有影响的冲突规则。[①]

二、法国的法则区别说

意大利法则区别说诞生以后,又经过文艺复兴运动的洗礼,终于到16世纪初在法国有了新的发展。这时法国的杜摩兰(Charles Dumoulin,1500—1566年)进一步继承和发扬了意大利的法则区别说,杜摩兰在《巴黎习惯法评述》一书中,顺应时代潮流,力主限制封建属地主义,削减宗教法庭权力,加强中央王权,统一全国法律。其最具里程碑性质的贡献就在于他主张在契约关系中,应该适用当事人自主选择的那一习惯法。他的这一主张,标志着"从身份到契约"的历史转变,把人的自主意思提高到了新的高度。后来人们把这种思想加以理论化而称之为"意思自治"原则。杜摩兰甚至认为,即使当事人在契约中没有明确地表示选择适用什么法律,法院也应该根据整个案件的各种情况来推定当事人意欲适用哪一习惯法以支配契约的实质要件和效力。杜摩兰的意思自治学说代表新兴商人阶级的利益,在客观上有利于促进贸易的发展和统一市场的形成。因为,按照意思自治原则,双方当事人可以自由选择一个习惯法作为契约的准据法,从而可以摆脱本地区法律的束缚,冲破属地原则的禁锢。这样一来,先进的法国商业中心巴黎的习惯法,就可以名正言顺、自然而然地适用于法国全境,甚至包括当时在经济上落后的封建势力强大的布列塔尼和诺曼底等省份,从而有利于实现法国全境的法律统一。这显然促进了当时法国资本主义的发展。杜摩兰的"意思自治"原则,后来渐渐成为选择契约准据法的一项普遍接受的首要原则。但杜摩兰承袭巴托鲁斯的法则区别说,也把法律区分为"物法"和"人法",只是他极力主张扩大"人法"适用的范围,而缩小"物法"的适用范围。

与杜摩兰处于同一时代的法国著名的历史学家达让特莱(D'Argentre,1519—1590年)却站在杜摩兰的对立面,并出于封建主把领域内一切人、物、行为都置于当地习惯法控制之下的愿望,极力推崇一种具有封建割据法的地方自治。他的主要观点如下:

[①] 参见李双元:《国际私法(冲突法篇)》,武汉大学出版社2001年修订版,第105—106页。

（1）"一切习惯都是物的"，而物法适用的范围与主权管辖的界线是完全一致的。这样，便使一切法律都依附于制定者的领土。由于主权只能而且必须在境内行使，因而法律也只能而且必须在境内行使。

（2）"人法"是作为"物法"的例外出现的，只有那些纯粹是关于个人的权利、身份及行为能力的习惯法才可能赋予它以"人法"的效力，才可随人所至而及于域外。

（3）为了限制"人法"的范围，他还尽力扩大"物法"的范围，如他主张凡兼及人与物的法则（即所谓"混合法则"）以及对该法则究竟是人法或物法有疑义的，均应视为物法[①]，亦必须而且只能在法则制定者域内适用。例如，关于未成年人处分不动产法律行为的能力，本依法则区别说的理论，应属"人法"，但他认为这一习惯法应属于"混合法"，并必须在制定者领域内实施，这是因为从表面上看它似乎是关于人的习惯法，但实际上仍与财产有关，故应属于"混合法"，而混合法是只具有属地性质的。

三、荷兰的国际礼让说

1577 年法国的博丹（Bodin, 1540—1599 年）发表了《论共和》（De Republique），1625 年，被誉为"国际公法之父"的荷兰学者格老秀斯（Grotius, 1583—1645 年）发表了《战争与和平法》之后，奠定"国家主权"这个现代国际公法上的基本概念终于产生，于是，建立在国家主权观念之上的荷兰法则区别说——国家礼让说就应运而生了。[②]

荷兰学派的主要代表人物有巴根多斯（Burgundus, 1586—1649 年）、罗登堡（Rodenburg, 1618—1668 年）、保罗·伏特（Paul Voet, 1619—1677 年）与约翰·伏特（John Voet, 1647—1714 年）父子，以及优利克·胡伯（Ulricus Huber, 1636—1694 年）等人。该派学者因袭达让特莱的学说，也主张在解决法律冲突时主要应依属地原则，不过他们认为出于一种"礼让"也可以承认外国法的域外效力的。真正全面奠定国际礼让说的胡伯曾任大学教授和最高法院法官，著有《各国不同的法律之冲突》论文[③]，提出了可以概括荷兰学派国际礼让说基本内容的三项原则：

（1）任何主权者的法律必须在其境内行使并且约束其臣民，在境外则无效；

（2）凡发现在其境内的人，包括常住的与临时出现的，都可视为主权者的

[①] 〔德〕沃尔夫：《国际私法》，1945 年英文版，第 26 页，即"Omnia statuta in dubio realia"（"一切有疑义的法则都是物法"）。

[②] 李双元：《国际私法（冲突法篇）》，武汉大学出版社 1987 年版，第 81 页。

[③] 原文题为 De Conflitu Legum Diversarumin Diversis Imperiis。见〔德〕沃尔夫：《国际私法》，1945 年英文版，第 24 节。

臣民;

（3）每一国家的法律已在其本国的领域内实施，根据礼让（comitas gentium），行使主权权力者也应让它在自己境内保持其效力，只要这样做不致损害自己的主权权力及臣民的利益。①

上述三项原则，就是国际私法上有名的"胡伯三原则"。前两项其实是国际公法上的原则，其根据是主权者管辖权的划分，它们是为论证第三项原则服务的。只有第三项原则阐述了适用外国法的根据和条件，才是国际私法原则。这一原则，首次表明了在16、17世纪国际公法上的主权观念的影响下加上当时荷兰对外需要维护自己的独立对内需要控制地方封建势力的分裂倾向的特殊历史背景②，国际私法在性质上出现了从普遍主义到特殊主义——国家主义的倒退，从而使国际私法只具有国内法性质的观点占据了统治地位。因为，荷兰学派在这里提出了一项重大原则，就是承认不承认外国法的域外效力，适用不适用外国法，完全取决于各国的主权考虑；任何一国的法律，都不像意大利法则区别说学者们所持的那种自然法观点，认为是因为法则本身具有的性质而理所当然地具有域外适用的普遍效力。但荷兰学派也反对国家可以不顾及礼让而一概拒绝赋予外国法的域外效力。这就把适用外国法的问题置于国家关系和国家利益的基础上来以加以考察了。而这是巴托鲁斯和杜摩兰的思想中所未包含的进步的因素。

胡伯的第三项原则，还包含了另一个后来对英美学派发生了重大影响的观点，即既得权的观点。这种思想后来为英国的戴西所继承并发扬，而胡伯的"国际礼让"思想则为19世纪上半叶的美国法学家斯托雷所因袭。

四、新法兰西学派与《法国民法典》

国际私法的中心自意大利经法国而后到了荷兰。但在17、18世纪，法则区别说在法国仍在发展，形成了史称的新法兰西学派。佛罗兰（Froland，卒于1746年）、波利诺（Louis Boullenois，1680—1762年）和波依尔（Jonh Bouhier，1673—1746年）便是当时法国的三大法学家。他们虽然仍坚持法则区别说，但均力主扩大"人之法则"的适用范围，赞成法律应具有域外效力。佛罗兰和波利诺一反

---

① 〔德〕沃尔夫：《国际私法》，1945年英文版，第27页。第三项原则的英译文为："The sovereigns of the state act by comity to the effect that the law of every people after having been applied within the limits of their own country retain their force everywhere, provided that the powers or right of another sovereign of his citizens are not there by prejudiced."所以亦可表达为："各国的君主都根据礼让行事，意思就是，任一国家的法律在其自己的境内已对其人民适用，那么它也可在任何地方保持其效力，只要这样做不致使另一君主或人民的权力与权利受到损害。"

② 参见李双元：《国际私法（冲突法篇）》，武汉大学出版社1987年版，第81—83页。

达让莱特的观点,力主混合法则基本上是人法,"人远比物高贵,物是为人而存在的,人可以制约物"。波依尔主张,一个法则是人法或物法发生疑问时,应视为人法。他们的见解,后经鲍蒂埃(Pothier,1694—1772年)等人发扬光大,对1804年的《法国民法典》的编纂产生了积极的影响。立法者吸收了新法兰西学派的诸家学说,在民法典第3条对国际私法问题作了规定,该条共3款,包含了三项原则:

(1)"凡居住在法国领土上的居民均应遵守警察与治安之法律"(第1款)。强调有关"警察与治安法律"具有强行力,绝对适用于在法国境内的一切人。这是该法典最早用间接限制外国法适用的方式来规定公共秩序保留的制度。

(2)"不动产,即使属外国人所有,仍适用法国法律"(第2款)。采用了自巴托鲁斯以来法则区别说奉行的"物法"适用原则,使一切有关位于法国的不动产的法律关系,一概应依物之所在地法的法国法,继续排斥不动产受属人法支配的可能。

(3)"有关个人身份及享受权利的能力的法律,适用于全体法国人,即使其居住于国外时亦同"(第3款),明确规定有关个人身份和能力的法律属于"人法",不但适用于法国境内的法国人,而且具有域外效力,在法国境外的法国人亦得受其支配,则是对自巴托鲁斯以来法则区别说主张的"人法"适用原则的继承。

1804年《法国民法典》的编纂,特别是该法典第3条所确定的三大原则①,对后世国际私法产生了深远的影响,在国际私法的发展史上有着划时代的重大意义,主要表现在:

第一,国际私法空间领域的扩大。自巴托鲁斯以来法则区别说的研究,主要侧重于一国内部各城邦或地区之间的法律冲突,但《法国民法典》施行后,法国各地方法律得以统一,达让特莱时代所谓的地方间法律冲突问题已不存在,需解决的已是内国法律与外国法律之间的冲突,于是近现代意义上的国际私法从此建立,国际私法的"国际"性从此而更突出了。

第二,本国法主义的诞生。自巴托鲁斯以来的法则区别说所指的属人法实际上仅仅是当事人的住所地法。因为在当时,各个城邦之间以及一个国家内部的各地区之间的法律都是各不相同的,没有一个可以支配所有国民的统一的法律存在。但自《法国民法典》施行后,法国全境的法律既已统一,适用全国统一的当事人的本国法也得以实现,全新的本国法主义应运而生。从此,属人法有两

---

① 《法国民法典》当然在国际私法方面不止这一条三款。如它的第6条还有关于直接限制外国法适用的公共秩序保留的规定。它的第11、14、15、999、1000、2123、2128条规定,也都是关于国际私法且常被引用于讨论的条文。

重含义:一指当事人的住所地法,二指当事人的本国法。

第三,成文的国际私法规范的确立。自巴托鲁斯创立法则区别说以来,国际私法的渊源主要是建立在学说法基础上的习惯法。尽管早在1756年的巴伐利亚法典中已有了成文的冲突规范,但影响甚微。而1804年《法国民法典》中用较多条文规定了成文的国际私法规范后,标明从此国际私法由学说法和习惯法进入了制定法的阶段。

《法国民法典》第3条所确立的三项原则,既是自巴托鲁斯起五百年法则区别说研究成果的立法表现,同时也宣告国际私法从此进入了新的历史发展时期。[①]

第三节 近代国际私法

在19世纪30年代起,相继出现了许多杰出的国际私法学家,他们都以自己突出的成就大大丰富和发展了国际私法的理论和方法,标志着近代国际私法终于完全摆脱了"法则区别说"的桎梏。在这一历史阶段,如斯托雷的判例分析法(那个时代的大陆法学家是不习惯用这种方法的)、萨维尼的法律关系本座说、孟西尼的倡导统一国际私法、戴西的既得权说,无不对后世产生了很大影响。

一、斯托雷

斯托雷(Joseph Story,1779—1845年)是美国最高法院的法官,哈佛大学教授,是英、美国际私法学的奠基人,他的《冲突法评论》一书至今仍是英、美国际私法的经典著作之一。

美国是联邦制国家,每个州都因有自己的立法权而成为相对独立的法域,因此,各州之间以及美国与外国之间,法律冲突不免时时发生。自19世纪以来,欧洲大陆各国人民怀着美好的愿望纷纷投奔新大陆,故在美国的不同国籍居民间的民事纠纷也与日俱增。斯托雷继承荷兰学派的国际礼让说,在1834年发表了《冲突法评论》一书,名噪一时。根据胡伯三原则,斯托雷在自己的学说中也包含有三项类似的原则。这就是:

(1)每个国家在其领土内享有一种专属的主权和管辖权,因而每一国家的法律直接对位于其领域内的财产、所有居住在其领域内的居民以及所有在其领域内缔结的契约和所有的行为,都具有约束力和效力。

(2)每一国家的法律都不能直接对在其境外的财产发生效力或约束力,也不能约束不在其境内的国民,一个国家的法律能自由地去约束不在其境内的人

[①] 梅仲协:《国际私法》,台湾三民书局1982年版,第31、33页。

或事物,那是与所有国家的主权不相容的。

(3) 从以上的两项原则,得出第三个原则,即一个国家的法律能在另一个国家发生效力,完全取决于另一国家法律上的明示或默示的同意。

斯托雷的学说尽管与胡伯三原则有雷同之处,但并非是胡伯学说的简单翻版,斯托雷根据美国的实际情况把荷兰学派的属地主义路线作了进一步发展,这表现在他的第一、二项原则中。他的第三项原则明确地把"国际礼让"表述为一种国内法上的规定,从而完全否认国际礼让是习惯国际法加给国家的一种义务。① 这就把国际私法完全看做是一种国内法了。不过斯托雷比前人进步的地方在于,他认为,为了发展和促进国家间的贸易交往,只要外国法与内国的政策和利益不相抵触,就应该推定这个外国法已被法院国所默示接受,亦即只要在国内法没有特别明文禁止适用外国法的场合,根据国际礼让,法院便可以适用外国法。② 斯托雷的学说在理论体系上,给欧洲的影响是不大的,但在方法论上,却与欧洲大陆的法则区别说学者们的思辨方法迥然不同,用归纳法取代演绎法,并把学说建立在分析美国州际法律冲突的丰富的判例基础之上的这种判例分析法给了欧洲很大的影响。斯托雷的功绩还在于抛弃了法则区别说把法律分为物法、人法、混合法的三分法的传统做法,而是根据不同法律关系的性质,去分析法律适用问题,并且通过把法律关系分为人的能力、婚姻、离婚、合同、动产、不动产、遗嘱、继承、监护、审判权、证据、外国判决等事项来建立自己的学说体系的(从他的书名的全称 Commentaries on the Conflict of Laws, Foreign and Domestic, in Regard to Contracts, Rights and Remedies, and Especially in Regard to Marriages, Divorces, Wills, Successions and Judgements, 便可看出其所涉及内容之广泛)。③

斯托雷的著作因其实证的方法曾得到萨维尼的高度赞赏和评价。

二、萨维尼

萨维尼(Savigny,1779—1861 年)是 19 世纪德国最著名的私法学家,柏林大学的教授,德国历史法学派的泰斗,曾任普鲁士立法大臣等要职。萨维尼的主要著作为《现代罗马法体系》。该书共八卷,最后一卷专论国际私法(其时他已 70 高龄),并创立了著名的"法律体系本座说"。

萨维尼从普遍主义—国际主义的立场出发,认为应适用的法律,只应是各该

---

① Alan Watson, Joseph Story and the Comity of Errors: A Case Study in Conflict of Laws, The University of Georgia Press, 1992, pp.18—20.
② [苏联]乌·姆·柯列斯基:《英美国际私法的理论与实践概论》,刘文宗等译,中国人民大学出版社 1957 年版,第 7 页。
③ 李双元:《国际私法(冲突法篇)》,武汉大学出版社 1987 年版,第 84—85 页;刘甲一:《国际私法》,台湾三民书局 1979 年版,第 101—102 页。

涉外民事关系依其本身性质的固有的"本座"所在地方的法律。他绕过法则区别说学者们喋喋不休地谈论的法律的域内域外效力问题,而主张平等地看待内外国法律,以便达到以下目的,即不管案件在什么地方受理,均能适用同一个法律,得到一致的判决。萨维尼建立这一理论的根据是,他认为应该承认存在着一个"相互交往的国家的国际社会",并且存在着世界各国普遍通用的各种冲突规范。因为在他看来,内外国法律既然是平等的,而每一法律关系按其本身的性质必定有其本座,只要找出法律关系的本座在哪个国家,就可径自适用这个国家的法律,大可不必计较这个法律是内国法还是外国法。

萨维尼按照这个观点,分别就人的身份法、物权法、债权法、继承法、家庭法及法律行为的形式等的本座法,依次作了详尽的探讨,并指出:

(1) 关于人的身份,他从"市民负担"、"法院管辖"以及作为属人法的城邦的法律三个方面指出人与其住所地的密切的联系,因而毫无疑问,在现代法中,应以其住所地法作为判定人的身份的本座法。

(2) 对于特定物上的权利或物权的本座法,萨氏主张要根据物权客体的真正性质来确定它的地域。因物权客体是由感觉来感知的并占有一定的空间。一个人为了取得、拥有或行使对物的权利,他必须到物所在的场所去。因此物权的本座法必定是物之所在地法。而且他认为这不光适用于不动产,也应适用于动产。

(3) 对于债的本座的探讨,他认为,由于作为一种法律关系的债的本身是无形的,无场所的,因而必须从它发展的自然轨迹中寻找一个有形的现象,并将债的本质附属其上,以便赋予它一个实体。这种"有形的现象"是存在的,其一是债都产生于有形的事实,其二还必须通过有形的事实来实现(或履行)——这就分别是债的发生地与债的履行地。但债的发生地常带有偶然性和临时性,故不应以该地为其本座所在地,只是债的履行地,由于履行是债的本质,且当事人的所有预期均集中于此,故应以履行地法作为它的本座法。

(4) 继承的本质在于在财产所有者去世时,将财产转移给他人。这意味着人的权利的扩张,也意味着他超越人的生命极限的意志的扩张。这种意志可以表现为一个明示的意图(如遗嘱继承),也可能是一种默示的意图(如无遗嘱继承)。所以萨氏认为从总体上讲,遗产继承的本座法应是被继承人死亡时的住所地法。而且他反对对不动产与动产的继承采用区别制。

(5) 关于家庭法,他主张婚姻的本座法应是作为一家之长的夫之住所地法。即使有人主张婚姻也是一种合同关系,他也认为适用作为合同之债的履行地的丈夫住所地法,因为在那里才是婚姻所产生的婚姻义务之履行地。对于亲权,他主张以子女出生时父的住所地法为本座法。对于监护,则主张对监护的设立以监护人的住所地法(一般是与亡父的最后住所地一致的)为本座法;而对于监护的管理,应以有权管辖该监护人的职责的设立与执行的法院地法为其本座法。

萨维尼在讨论上述种种问题之后,又专门研究了法律行为方式的本座法。他认为这个问题的重要性在于它涉及上面讲到的种种法律关系。基于行为的发生(或完成)和行为预先安排可能分别在不同的地方,要求行为人确切知道行为预先安排地的法律并在实际中去依照该地法律规定的方式既不可能,也不合理,因而只应适用"场所支配行为"的原则,以行为完成或实施地法为本座法。

然后,他转而研究"法律规则的时间效力"问题。他认为这个问题与前一问题(即空间效力)同样具有重要性,因为新旧前后法律的抵触与冲突也是经常发生的。对此,他提出了两项基本原则,即一是"新法不应具有溯及力",一是"新法不得影响既得权"。他综合这两项基本原则,提出了一个与"场所支配行为"(locus regit actum)相对应的公式:"时间支配行为"(tempus regit actum)。接着他仍按以上人的身份法、物权法、债权法、继承法、家庭法的顺序依次讨论各种法律关系所涉及的法律规则的时间效力问题。

但萨维尼对于上述本座说,也指出在具体运用时的种种例外。此外,他还提出了与公共秩序保留有关的观点,但他把"公共秩序保留制度"只看作是一种极有限的例外。即如:

第一,如果依照法律关系的本座指示适用的某一外国法违背了内国具有绝对强制性的法律,例如内国禁止一夫多妻的规定,则在任何情况下都不得适用允许一夫多妻婚姻的外国法。

第二,对于内国不承认的外国制度,诸如对于存在于当时法国和俄国的"民事死亡"及其他国家的黑人奴隶制度,内国也不得予以适用。①

根据萨维尼的这种本座说,人们只要通过对各种法律关系性质的分析,就可以制定出各种双边冲突规范去指导法律的选择。因而,他的学说对制定冲突法典起了积极的推动作用。而且萨维尼的学说确实开创了一条解决法律冲突、进行法律选择的新路子,以后许多国际私法学家虽然又相继提出了"法律关系重心说""连结关系聚集地说""最密切联系说"等种种理论,但在实际上,均未完全脱离萨维尼方法论的影响。甚至英国国际私法学家戚希尔和诺思也认为,尽管英、美法的基础是经验的,而不是逻辑的,但是它们的法院在实践中所采用的选择准据法的方法,在客观上是与萨维尼的方法一致的,二者是依据有关的全部因素,力求在各个案件中找出与它们最相适合的,或最有密切联系的法律。②

萨维尼给国际私法留下的更为宝贵的遗产还在于他要求从有利于国际社会的交往出发,平等地对待内外国人和平等地对待内外国法律,以及他对国际私法

---

① 参见〔德〕萨维尼:《现代罗马法体系》(第8卷),李双元等译,法律出版社1999年版。
② 〔英〕戚希尔、诺思:《国际私法》,1979年英文第10版,第23—24页。

走向趋同化的预言。

他在《现代罗马法体系》(第8卷)第5节(总第348节)中有一段极精辟的论述:"绝对主权原则要求该国法官只根据本国法律来判决案件,而不管此案相关的外国法的不同规定。然而这种规则无法在任何国家立法中找到。它之所以缺乏,是由下列因素决定的,即随着国际关系愈趋频繁活跃,人们愈加确信坚持这一严格原则并不适宜,故而应代之以相反的原则。总的说来,世界各国和整个人类的共同利益决定了各国在处理案件时最好采取互惠原则,并坚持本国国民和外国人之间的平等原则。这一平等原则的充分发挥,不仅会使外国人在每一特定国家都跟其本国国民一样,而且对于存在法律冲突的案件,不管在这一国家还是在那一国家提起,其判决结果都应该一样。"他甚至进一步提出:"这一考虑就使我们提出这样的观点,即在国际交往的国家之间存在一个跨国性的普遍法……这一观点随着时间的推移必然会得到更广泛的认识。"他说:"对于罗马人来说,对不同的实在法之间的冲突的大致相同的处理方式,导致在主权国家之间存在一个共同法这样的观点,是不可能知道的。而在现代,我们注意到,由于国家间关系的蓬勃发展,对这种原则的需要会使其得到承认和发展。"

萨维尼从国际私法的历史发展的考察中早已得出了国际私法趋同化趋势必会出现的结论。他指出:"如果我们从一般的观点来考虑摆在我们面前的这个问题,亦即从几个世纪以来不同学者的理论、不同国家的立法与司法实践上来考虑这个问题,我们可以发现一个明显的变化,而且这种变化确实在同一方向得到了发展。国与国之间的彼此隔离逐渐变为国与国之间的交流和接触,相应地,不同国家的学者们从前所存在的不同观点也在很大程度上一致起来。我们已经注意到两个事实可以证实这种变化的倾向:普遍承认内外国人之间法律地位平等,以及在处理这一问题的过程中形成了一般习惯法规则。如果法律的发展不受不可预见的外部因素的影响,对于国家间法律冲突的解决,可能会导致一致的做法。这种一致做法乃是以法律科学指导的审判实践的结果。"[①]

萨维尼的学说可以说是全面地奠定了近代国际私法的基础,使原有的国际私法理论发生了180度的大转变,极大地影响了19世纪后半叶的各国国际私法的立法和学说,而他也被誉为"近代国际法之父"。总而言之,萨维尼在国际私法上的重大贡献主要表现在三个方面:第一,在法则区别说统治国际私法理论界达五百年之久以后,在国际私法方法论上实现了根本的变革;第二,在荷兰礼让学派之后,又在新的基础上复归到国际私法的普遍主义路线;第三,大大地推动

[①] 〔德〕萨维尼:《现代罗马法律系》(第8卷),李双元等译,法律出版社1999年版,第14—16页、第63—64页。

了欧洲国际私法成文立法的发展。①

三、孟西尼

孟西尼(Mancini,1817—1888 年)是 19 世纪中期意大利的一位大政治家,也是著名的国际法和国际私法学家。他所处的时代还是意大利被分割为若干领土单元的时代。因此早在 16 世纪的文艺复兴运动时期,便揭开了争取民族独立统一运动的序幕。随着资本主义经济的发展,统一意大利的思潮在 19 世纪中期更达到高潮。孟西尼也是这一运动的鼓吹者,他的国际私法理论也正好顺应了意大利这一时期政治经济形势的要求。

孟西尼在意大利民族统一的斗争中,于 1851 年 1 月 22 日在都灵(Turno)大学发表了题为《国籍乃国际法的基础》(Nationality as the Foundation of the Law of Nations)②的著名演说。依据他的观点,构成法律选择基础的应该是国籍、当事人和主权三种因素在起作用,而其中尤以国籍起决定作用,不论何种法律关系,其应适用的法律,原则上都应以国籍作连结因素(这样他就把国籍因素提高到了国际私法指导原则的高度,推翻了自荷兰学派以来强调的属地主义和萨维尼鼓吹的以住所地法作为属人法的主张),以当事人的本国法作为准据法。只有在当事人另有意思表示(孟西尼赞同意思自治原则,认为契约关系因当事人的意思表示而指定适用当事人本国法以外的法律时,作为一种例外,可以用当事人指定的法律作为契约准据法),以及只有在适用外国法会与自己的公共秩序(主权)发生抵触时,才可以适用国籍以外的其他连结因素来指引法律的适用。

孟西尼的学说,后人曾概括为三个原则,即国籍原则——本国法原则;主权原则——公共秩序保留原则;自由原则——契约当事人意思自治原则。以国籍原则为核心的孟西尼学说对 19 世纪后期的国际私法立法与学说都产生了深远的影响。1865 年的《意大利民法典》(该法典自第 6 条至第 12 条系有关国际私法规定),1898 年的《日本法例》,乃至 1918 年我国北洋政府颁布的《法律适用条例》等都采用了本国法原则,而后许多国际公约也采用了这个原则。无怪有的学者甚至认为,尽管本国法原则早在 1804 年的《法国民法典》中便已提出,但那还是以一种以种族法属人主义理论作基础的;只是到了孟西尼,才真正以"国籍主义"作为论证"本国法原则"的根据,这就把他所鼓吹的普遍主义建立在现代

---

① 李双元:《国际私法(冲突法篇)》,武汉大学出版社 1987 年版,第 84 页。
② 亦有译为《民族性乃国际法的基础》的。见〔德〕沃尔夫:《国际私法》,李浩培等译,法律出版社 1988 年版。

国际法的基础上了。① 其次,当然也是更为重要的是,孟西尼也是国际私法统一化运动的最早倡导者。

由于孟西尼把国籍当作属人法的最重要的连结点,当事人的本国法就有可能大量适用,于是孟西尼不得不把公共秩序保留制度也提到了基本原则的高度。这就使孟西尼一方面虽然积极倡导国际私法的统一,而另一方面他却不像萨维尼那样断然摆脱特殊主义—国家主义的羁绊。

四、戴西

戴西(Dicey,1835—1922 年)是英国牛津大学的法学教授,他在 1896 年问世的《冲突法论》一书②中虽比美国的斯托雷的上述论著晚了半个世纪,但他们同是国际私法英美学派的奠基人。他在坚持法律的严格属地性前提下,认为为了保障合法法律关系的稳定性,对于依本国法有效设定的权利,应该坚决加以保护;文明国家的全部冲突法,正是建立在根据一国法律正当取得的权利也必须被其他任何国家承认和保护的基础上。这就是由他奠定的国际私法有名的"既得权说"(doctrine of vested rights)的核心观点。

戴西在批判国际礼让学说时,曾经指出,如果认为承认或适用外国法是出于礼让,是一国的法官或法院出于对另一国的"礼貌",那不过是表明思想混乱而已。戴西认为,承认或适用外国法只是为了给本国的或外国的当事人在诉讼中提供方便和避免不公正的结果。戴西的"既得权说"的主要内容可概括如下:

第一,解决涉外民事争议时,首先应该解决英国法院是否有管辖权。只有在有管辖权的前提下,才能进一步谈得上法律适用问题,并且,英国法院也只对能作出有效判决的事和自愿服从其管辖的人才行使管辖权。

第二,凡是依据他国法律有效取得的任何权利,一般都应该为英国法院所承认和执行,而非有效取得的权利,英国法院则不应承认和执行。

第三,如果承认与执行这种依据外国法律合法取得的权利,同英国成文法的规定和英国的公共政策、道德原则以及国家主权相抵触,则可例外地不予承认和执行。

第四,为了确定某种既得权利的性质,只应该依据产生此种权利的该外国的法律为准。

第五,依照意思自治原则,当事人协议选择的法律具有决定他们之间的法律

---

① 李双元:《国际私法(冲突法篇)》,武汉大学出版社 1987 年版,第 87 页。
② 该书全名为 A Digest on the Law of England with Reference to the Conflict of Laws。现有李双元等根据该书第 10 版翻译的中文本,中国大百科全书出版社 1998 年版。该书英文版 2012 年已出版了第 15 版。其观点与内容较之 1896 年的第 1 版已有很大的不同了。

关系的效力。

总而言之,这种既得权理论的核心是认为,法官只负有适用内国法的任务,他既不能直接承认或适用外国法,也不能直接执行外国的判决,而在上述情况下,法官所作的既不是适用外国法,也不是承认外国法在自己国家的效力,而仅仅是保护诉讼当事人根据外国法或外国判决所已经取得的权利。因此,域外效力不是给予外国法,而只是给予它所创设的权利。

戴西的既得权保护说曾得到很多国际私法学家的赞同。1934年由哈佛大学法学院教授比尔任报告员由美国法学会编纂的美国第一次《冲突法重述》,就把既得权观点作为该《重述》的理论基础。比尔也认为,当法律产生一个权利时,这个权利本身就成了一个事实,除非被自己的法律所改变,它应该在任何地方都得到承认。①

戴西的这一学说,显然是为了调和适用外国法和国家主权原则之间的矛盾而设想出来的,但遗憾的是他的上述理论使他自己陷入了更大的矛盾中。许多学者都曾一针见血地指出,一方面坚持法院不能适用外国法的前提,一方面又要求承认与执行在外国创设的权利,这二者是自相矛盾的。因为权利是依据法律产生的,保护某一权利,无非就是承认赋予该权利的外国法的域外效力。②

第四节 当代国际私法

一、当代国际私法理论

当代国际私法主要是指第二次世界大战以后特别是20世纪70年代以来的国际私法。这一时期,国际社会国际私法发展的最显著特点大体表现在以下几个方面:一是国际私法法典化的趋势大为加强;二是国际私法的趋同化趋向日益明显;三是对国际私法从求得个案法律冲突的解决转变为构筑国际民商新秩序的观念也已越来越成为国际社会的共识。但是在论析当代国际私法的新发展时,我们还得涉及19世纪末叶至20世纪上半叶的一些学说和学派。

(一) 美国

戴西的既得权说,于20世纪上半叶为美国学者比尔(Beale)所承继。由哈佛大学法学院教授比尔作报告人,于1934年编纂完成的美国第一次《冲突法重述》的理论根据便是戴西的既得权说。比尔认为:"当法律产生一个权利时,这

---

① 〔美〕比尔:《冲突法专论》,1935年英文版,第1969页。
② 对既得权学说的其他批评意见,还可参见由外交学院国际法教研室组织翻译的日本《国际法辞典》,法律出版社1985年版,第694—695页及李双元:《国际私法(冲突法篇)》,武汉大学出版社1987年版,第96—97页。

个权利本身就是一个事实,除非它被自己的法律所改变,它应该在任何地方得到承认。"[①]但是非常不幸的是,第一次《冲突法重述》自其问世时起,就受到了美国其他一些学者的尖锐批判。也正是在批判第一次《冲突法重述》的同时,形成了美国当代冲突法的革新运动。

1942年美国法学教授库克(Cook,1873—1943年)在以往一些论文的基础上,写成了题名为《冲突法的逻辑学与法律基础》一书,提出了"本地法说"(local law theory)。库克比戴西的"既得权说"走得更远,认为内国法院承认与执行的,不但不是外国的法律,而且也不是外国法创设的权利,而只是一个由它自己的法律所创设的权利,亦即一个内国的权利,一个地方的权利。因为在他看来,法院在处理含外因素的案件时,它经常适用的,只是它自己的州或国家的法律,这个法律尽管正是案件与之相涉的另一个州或法院在判决该案时所运用的规则,但这个外州或外国的规则,一是已被法院将其合并入了法院州(或国)的法律了。所以法院州(或国)所适用的既不是外州(外国)的法律,所执行的也不是依外州(或外国)法律所创设的权利,而只是由它自己的法律所创设的权利。库克曾用一段十分艰涩难懂的话来阐述这个思想。甚至他自己也承认,他的这个看法较传统的理论,似有一种"毫无必要的复杂性",但他说:"对于坚持传统观点的人来说,地球应该是平的,而太阳应该是围绕着地球打转的。"[②]

库克之所以提出这样的理论,表明他已深刻地看到了那时盛行于英国和美国的"既得权说"的不可解脱的矛盾,但不幸的是他为了否定普遍主义理论,否定萨维尼的平等地看待内外国法律的主张上走到更为极端的程度。但是库克推动国际私法进一步发展还是作出过一些重要的贡献的。主要表现在:首先是他对既得权说的有力批判;其次他主张不要从哲学家或法理学家的逻辑推理中去获取应适用的冲突原则,而应该通过考察,总结法院在处理法律冲突时实际上是怎样做的,来得出应适用的规则。这对在美国开辟以实用主义理论研究国际私法的道路是不无推动作用的。[③]

美国法学教授凯弗斯(Cavers,1902—1986年)在《哈佛法学评论》上发表一篇题为《法律选择过程批判》的文章,把批判的矛头直指向传统的冲突规范和编纂工作已近尾声的美国第一次《冲突法重述》,他更指责传统的冲突规范只作"管辖权选择",而不问所选法律的具体内容是否符合案件的实际情况与公正合理的解决,因而他主张改变这种只作"管辖权选择"的传统制度,而代之以"规则选择"或"结果选择"的方法。凯弗斯为法律适用结果提供了两条应遵循的标

---

① 〔美〕比尔:《冲突法专论》,1935年英文版,第1969页。
② 参见李双元:《国际私法(冲突法篇)》,武汉大学出版社1987年版,第95—96页。
③ 同上书,第97页。

准,一是要对当事人公正,二是符合一定的社会目的。为了符合以上的标准,他建议法院在决定是适用自己的法律还是外国的法律之前,要认真审查诉讼事件和当事人之间的法律关系,周密分析案件的全部事实,仔细比较适用不同的实体法可能导致的结果;最后衡量这种结果对当事人是否公正以及符合社会的公共政策。

1963年柯里(Brainerd Currie,1912—1963年)教授将以往的一些论文汇编成一本《冲突法论文集》出版,又提出了"政府利益分析说"(governmental interests analysis)。柯里认为,每一个国家的实体法都表现着一定的目的或政策,国家在实现自己法律的目的或政策过程中自然会得到一种利益。在解决法律冲突时,法院首先要查明各有关法律所体现的政策,察看各有关国家运用这些政策维护某种利益是否合理的各种情况。他还与凯弗斯一样,认为法律冲突有"真实冲突"和"虚假冲突"两种情况。其中法律的虚假冲突又包括:(1)两国的法律规定虽不相同,但其中明显地有一个依据其立法旨意并不适用于本案的具体情况;(2)两国法律完全相同,或虽有不同,但无论适用其中任何一个,均会得出同一的判决结果;(3)外国法只是作为判决的资料,而不是作为判决的根据。柯里在分析这两种冲突时指出:如果只有一个州对适用其法律有利益,而其他州并无利益时,他认为这就是一种"虚假冲突",应该适用与案件唯一有利益关系的政府的法律。假如认定有关各国均对案件适用其法律存在"政府利益",这就存在着"真实冲突",便应适用法院地法或那个有更大"政府利益"的国家的法律。柯里的"政府利益分析说"是十分主观复杂的,实践价值不大。在当代许多国家的国际私法中,保护特定当事人的利益都往往作为选择准据法的依据。[①] 但是此后在对利益分析理论进行批判的基础上又形成了由 Lea Brilmayer 提出的"以政治性权利为基础的选法理论"。[②]

尽管在批判第一次《冲突法重述》过程中出现了众多的学者,提出了众多的理论,但在美国当代国际私法学界最有影响的还是数哥伦比亚大学教授里斯。他在改造传统冲突法体系的基础上,竭力标榜最密切联系说,并主持编纂了以最密切联系原则作为理论基础的美国《第二次冲突法重述》(Restatement, Second, Conflict of Laws,1971),从而使第一次《冲突法重述》受到种种责难后美国国际私法界的争论趋向于相对的平静状态。

历经17年的艰辛努力才大功告成的《第二次冲突法重述》是当代美国国际私法理论改革的一面镜子。它总结了自第一次《冲突法重述》问世后四十年来

[①] 参见李双元:《国际私法(冲突法篇)》,武汉大学出版社1987年版,第153—156页。
[②] 详见我国台湾地区赖淳良的博士论文:《Lea Brilmayer 以政治性权利为基础的选法理论之研究》(马汉宝教授指导),2008年打印本。

美国国际私法的司法实践和理论发展,在美国国际私法的历史上具有重要的意义,并对各国国际私法的立法和学说也产生了或多或少的影响。《第二次冲突法重述》与第一次《冲突法重述》相比较,在很多方面都作了重大改进。如首先是变更了《重述》的理论基础,以"最密切联系原则"取代"既得权"学说;其次是抛弃了硬性规则,而以多少可供选择的系属联系代替了不变的单一连结公式。《第二次冲突法重述》的第 6 条是该《重述》的核心条款,它确定了"最密切联系原则"所要求的具体内容,并指出了法律适用的一般原则。《重述》第 6 条要求进行法律选择时应:(1) 法院在服从宪法的限制下,应遵循本州成文法规的指导来选择法律。(2) 在缺乏这种指导时,选择应适用法律规则的因素包括:州际或国际体制的需要;法院州或国的相关政策;其他利益有关的州或国的相关政策;当事人正当期望的保护;特定领域的法律所依据的政策;判决结果的确定性、预见性和一致性;将予适用的法律易于查明和适用。对于第(1)项,该《重述》着重强调的一是指导法律选择的成文法规定,但明确地指导法律规则的成文法规定往往是很难找到的,所以二是要去探寻成文法适用的意向安排。对于第(2)项,该《重述》指出第一是要考虑合理性的问题;第二是州际和国际体制的需要(冲突规则的最重要的功能就是使州际和国际体制正常运行,而法律选择规范应该以进一步推进国家间的协调关系和促进它们之间的商事交往);第三是法院地国的相关政策;第四是其他有利益关系的国家的相关政策;第五是公正预期的保护;第六是构成特定法律基础的基本政策;第七是结果的可预见性和一致性;第八是查明和适用这个将予适用的法律的简易性;第九是互惠。

此外,艾伦茨威格的"法院地法优先说",冯梅伦(Von Mehren)和特劳特曼(Trautman)在其《多州法律问题》一书提出的"功用分析说",巴克斯特(Baxter)所倡导的"比较损害说",以及波斯纳(Posner)的"经济分析学说",也都在当代英美国际私法理论中占有一席之地。

(二) 英国

英国对当代国际私法的最主要贡献还在于戴西和莫里斯先后就合同的法律适用提出了"合同自体法"(proper law of contract)和就侵权行为提出的"侵权行为自体法"(proper law of torts)的理论。这种自体法理论的提出和不断发展与丰富,拓宽了法律选择的思想。其次,英国国际私法学最早把国际民事管辖权和外国判决的承认与执行纳入国际私法的范围,打破了国际私法只解决法律适用的欧洲大陆的传统模式,现在已得到国际社会的公认。这一贡献,也是具有重大的理论与实践意义的。

(三) 欧洲大陆法国家

在欧洲大陆法国家,19 世纪末、20 世纪初以来也出现了不少卓有成效的国际私法学者。

在法国,毕耶(Antoine Pillet,1857—1926年)是20世纪初法国普遍主义的代表人物,他的学说是20世纪形成的,主要著作有《国际私法原理》(1903年)、《实用国际私法专论》(两卷本,1923年、1924年)。毕耶曾作为巴黎大学国际私法教授而闻名,对冲突法的基础理论贡献颇大。他的国际私法的理论的出发点和他所提出的国际私法问题的解决方法,都是反对把国际私法划分为各个国家的国际私法的,强调如果"国际私法在国际范围内得不到统一,就等于法律不存在"。他认为国际私法和国际公法一样,同是解决主权冲突的,所有国际私法中的冲突规范,都反映主权冲突,而国际私法正是一个从调整各个主权国家关系的国际公法规则中获取调整个人关系的规则的法律部门。

不过,自20世纪以来,法国国际私法学者中,最出色的当推巴迪福(Henri Batiffol,1905—1989年)。巴迪福曾任里尔大学教授,1940年后又任巴黎大学国际私法教授,同时也是有声望的国际法学会和海牙国际法学院的会员。巴迪福是20世纪30年代后法国特殊主义的代表人物,他从国家主义立场出发,认为冲突法的使命在于尊重各国实体法体系的独立性,并在国际上充当不同法律制度的协调人。在方法论上,他不仅重视法理学的探讨,而且也注重司法判例的研究,以系统地考察法律作为基础,并采用经验的、实证的和对比的方法。巴迪福著述甚丰,计有《关于合同的法律冲突》(1938年)、《国际私法基础》(1949年)、《国际私法之哲学》(1956年)、《国际私法原则》(1959年)等多种。

在当今欧洲国际私法领域中,还出现了一个较有争议的学说,即"法律直接适用说"。法国国际私法学家弗朗西斯卡基斯在其1958年发表的《反致理论和国际私法的体系冲突》一文中,首次提出了"直接适用的法"这一术语,并且成为这一理论的主要代表人物。他的基本主张为,随着国家对社会经济的干预不断增强,国家制订了一系列具有强制性的法律规范,用以调整某些特殊的法律关系,以维护本国在国际民商事交往中的利益。此类具有强制性的法律规范在调整涉及民事关系时,可以撇开传统冲突规范的援用,而直接适用于涉外民事关系。这一学说已为某些国家的国内立法和有关国际条约所采用。

齐特尔曼(Ernst Zitelmann,1852—1923年)是德国有代表性的国际私法学家,他的学说体现在1912年完成的《国际私法》巨著中。齐特尔曼国际私法学说最显著之处是他主张应该区分国际的国际私法和国内的国际私法,极力主张建立"国际的国际私法",以补济现行各国"国内国际私法"的不足。

欧洲大陆法国家的当代国际私法学中还出现了令人注目的比较国际私法学派(comparative private international law school),主要代表人物是德国学者拉贝尔(Ernst Rabel,1874—1955年)。其他还包括沃尔夫(Martin Wolff)、康—弗鲁恩德(O. Kahn-Freund)、凯格尔(Kegel)、汪格尔(Wengler)等。比较国际私法学派的理论出发点是,国际私法这个法律部门所要解决的都是涉及不同法律制度的一些问题,因而各国不但要适用自己的内国法,也要适用外国的内国法;各国在考虑本国的冲突法制度时,也不能不考虑相关国家的冲突法制度,甚至在许多场合下(如反致、先决问题)还要适用别国的冲突规范;在保护自己的主权利益时,也得尊重别国的主权利益,以追求公正合理的国际民事关系的发展。他们特别强调采用比较方法进行研究,以期发现各国冲突法制度的异同,并从中抽象出一些能为国际社会普遍接受的新的冲突规则,从而达到各国冲突法的统一。故该派又称"未来的普遍主义学派"。在国际私法统一化运动中,如在海牙国际私法会议制定的一些条约中,该派取得了令人瞩目的成就。拉贝尔在晚年完成的4卷本《冲突法:比较研究》(*The Conflict of Laws: A Comparative Study*, 4 vols, 1945—1958年)是比较国际法学派迄今为止最重要的代表作。

(四)原苏东国家

原苏东国家的国际私法学界尽管多数人都主张把阶级斗争系统引入国际私法,但如原苏联的隆茨、匈牙利的萨瑟、捷克斯洛伐克的卡兰斯基等都对国际私法作出过自己的重要贡献。如隆茨等,鉴于资本主义国家的法院对适用苏联无产阶级专政国家的法律往往采取歧视态度(特别在国有化问题上)乃一直主张对法律冲突的解决,除了通过冲突规范指定应适用的法律这种间接方法以外,还应该有直接调整的这种方法。现在这种主张已为中国国际私法的主流学派所接受。萨瑟对国际民事诉讼法学的杰出贡献,以及卡兰斯基的普遍主义思想,都构成当代国际私法的宝贵的组成部分。

最后,值得注意的是,在20世纪最后一次(亦即第15次)比较法国际大会上,由美国Willamette大学塞缪尼德斯(Symeon C. Symeonides)教授所作的总报告,从五个方面归纳了20世纪末国际社会国际私法的重要发展:(1)出现了多边的、单边的和实体法的方法之间协调并存的局面;(2)解决法律的确定性与灵活性之间以及法律选择规则与法律选择方法之间的矛盾有了新的进展;(3)采用"管辖权选择规则"和"内容导向"(content oriented)或"结果导向"(result oriented)规则或方法之间的结合以便克服传统的硬性冲突规范的缺陷的方法已被大量采用;(4)"冲突正义"(conflicts justice)和"实体正义"(material justice)之间的两难问题的解决更加受到关注;(5)国际统一的目标和保护国家权益的需要之间的冲突的妥善解决,也成了国际私法追求的重要价值目标。①

---

① See Symeon C. Symeonides, Private International Law at the End of the 20th Century: Progress or Regress? Kluwer Law International, 2000. 对书中总报告的评价可参见李双元:《国际私法正在发生质的飞跃——试评〈20世纪末的国际私法:进步抑或倒退?〉一书的总报告》,载李双元主编:《国际法与比较法论丛》第5辑,中国方正出版社2003年版,第369—456页。

二、当代国际私法立法

在国际私法的成文立法方面,最早当推 1756 年的《巴伐利亚法典》、1794 年的《普鲁士法典》和 19 世纪的《法国民法典》(1804 年)、《奥地利民法典》(1811 年)以及《西班牙民法典》(1889 年)。但是大都分散规定于各该法典的相关部分。

20 世纪以来,特别是第二次世界大战后,随着国际民商事关系的迅猛发展,国际私法的国内立法有了长足的进步,许多国家相继颁布了新的国际私法法规,通过单行法规形式来规定冲突法成了普遍的发展趋势。在欧洲,先后有数十个国家出台了新的单行国际私法,如 1963 年捷克斯洛伐克公布了《国际私法与国际民事诉讼程序法》,捷克 2012 年制定了新的国际私法法规,波兰于 1965 年和 2011 年分别制定了新的国际私法典,奥地利与匈牙利都于 1979 年公布了新的《国际私法法规》,土耳其于 1982 年和 2007 年分别制定了《国际私法与国际民事诉讼程序法》,前南斯拉夫于 1982 年颁布了一个很详细的冲突法规,原联邦德国于 1986 年全面修订了其《民法施行法》,1987 年的瑞士联邦《国际私法法规》更是迄今为止最具广泛影响的一部国际私法立法,1992 年罗马尼亚也颁布了一部长达 183 条的国际私法法规,1995 年意大利也改变了长期在民法典中规定国际私法的做法而公布了单行国际私法,斯洛文尼亚 1999 年制定了《关于国际私法与程序的法律》,保加利亚于 2005 年制定了《国际私法》,马其顿于 2007 年制定了《国际私法》。在美洲,委内瑞拉的《国际私法法典》也已于 1999 年正式实施。在亚洲,科威特于 1961 年制定了《涉外法律关系规范》;韩国于 1962 年制定了《关于涉外民事关系的法令》,并于 2001 年进行了修订;日本先后多次对《日本法例》予以了修订,而 2006 年又制定了《法律适用通则法》以取代《法例》;阿塞拜疆于 2000 年制定了《国际私法》;卡塔尔于 2004 年制定了包含冲突规范的《民法典》。在非洲,尽管很少出台单行国际私法,但非洲许多国家的民法典都包含有国际私法规范,如 1948 年的《埃及民法典》、1956 年的《中非民法典》、1972 年的《加蓬民法典》、1975 年的《阿尔及利亚民法典》(2005 年作了修订)等。①

(一)瑞士

瑞士原来国际私法的立法,是 19 世纪末的产物,只包括涉外民事关系的一部分,完全没有涉及物权、债权、侵权行为等涉外法律问题。后来尽管不断修改和补充,仍远远赶不上社会的发展。为此,瑞士律师协会在 1971 年专门召开了编纂瑞士国际私法问题的讨论会,后来成立了一个专家委员会,经过 16 年的努力,于 1987 年 6 月 30 日完成了一部崭新的内容广泛的瑞士联邦国际私法草案,

---

① 上述新立法可参见邹国勇译注:《外国国际私法立法精选》,中国政法大学出版社 2011 年版。

后经修改,终于在 1987 年 12 月 18 日通过,并自 1989 年起生效。瑞士这部新国际私法在立法方面的开创性意义和深远的影响,甚至可以与萨维尼的学说相提并论。尽管在它之前,这部立法的某些内容与制度,已在若干欧陆国家的相关立法中出现,但真正能成为当代里程碑标志的只有瑞士这部立法。这主要表现在以下一些方面:(1) 它开始完全抛弃了欧洲国家甚至国际社会传统国际私法立法只包含法律适用单独一块的做法,大胆而自然地接受了英美普通法国家认为国际私法应依次包括管辖权、法律适用和判决的承认与执行三大板块的学说,并将其在一部成文法中完整地有机地反映出来。而在它之前,尽管已有少数立法把国际民事诉讼法的有关内容涵纳进去,但如 1982 年的土耳其和 1964 年的原捷克斯洛伐克,却仍将它们的法典称为"国际私法与国际民事诉讼程序法",从而反映出立法者对国际私法的内容应该包括国际民事诉讼法中的有关制度,并不认同;而如 1979 年的匈牙利国际私法尽管在它关于法律适用的全部规定之后,也在末尾加上了管辖权与诉讼程序、司法协助、判决的承认与执行等内容,仍不免使人继续产生这些东西本不属国际私法的不可分割的有机组成部分的错觉。当然,应该承认,这些在瑞士新法出台以前问世的法典涵纳这些内容,已表明欧洲大陆认为国际私法仅限于法律适用的传统观点,已经开始有所动摇。(2) 瑞士的这部新法典同时还集中了当代国际私法理论研究与司法实践的许多最新最重要的成果。这首先便是对最密切联系原则与特征履行学说的采用。尽管在法条中明确规定适用这一原则和学说的主要限于合同的法律适用,但正如 1978 年奥地利新国际私法在它的最前面的条文中所说的"与外国相连结的事实,在私法上,应依与该事实有密切联系的法律裁判","本法规所包括的适用法律的具体规则,应认为(均)体现了这一原则"。瑞士的这部法典在法律适用上也是在许多方面贯彻最密切联系原则的(虽然在文字上没有表明)。(3) 在它贯彻最密切联系原则的同时,又尽其可能增加了管辖权和应用法律的多选性。人们只要稍加注意,就可以发现,该法典规定管辖权和法律适用的条文中,其中绝大多数都几乎提供了两种以至三种可变通处理的情况。而且在这方面更值得注意的是它不仅在合同的法律适用上把当事人的意思自治列为首要原则,而且对继承关系(第 90 条)、动产物权的取得和丧失(第 104 条)、不动产物权或其使用合同(第 119 条)、不当得利(第 128 条)、侵权行为(第 132 条)等,都在一定的条件下,允许有关当事人自主(协议)选择应适用的法律。这一点更是过去的法典所未曾见到的。(4) 它顺应时代的潮流,尽管在其第 17、18 条中也规定外国法的适用不得导致与瑞士公共秩序不相容的结果以及该法的适用不影响瑞士法律中强制性规定(或"直接适用的法")的适用,但它同时也十分强调:"本法对外国法的指定,包括所有依该外国法适用于该案件的法律规定,而不得仅以该外国法律规定被认为具有公法的性质而排除其适用"(第 13 条);且规定如依瑞士的法律观念为合法并显然有特别重要的利益需要且与案件有密切联系时,它所指定的外国法中的强行法的规定也应考虑予以适用,从而突破了不适用外国公法的传统。

瑞士新国际私法立法还有其他许多值得研究以至借鉴的开创性规定。正因为这样,我们完全可以说,如果说当代国际私法学说上的革新肇始于美国,则当代国际私法立法的革新,当首先集中体现于1987年获得通过的经过瑞士国际私法学家16载努力编纂而成的这部瑞士联邦国际私法法规。

(二) 奥地利

在奥地利,其国会于1978年6月15日通过了奥地利联邦《国际私法法规》,并于1979年1月1日生效。该法规共分7章54条,分为总则、属人法、亲属法、继承法、物权法、无形财产权和债权。该法规最令人注目的特点是单行国际私法典中率先确立了最密切联系原则,将它当作法律选择的总的最高指导原则。这部法典在1980年被译为中文在中国刊出后,对扩大中国国际私法学界的视野、促进研究20世纪70年代以后国际社会冲突法的新发展,起了十分积极的作用。

(三) 德国

德国于1896年制定了《民法施行法》,1986年7月25日,原联邦德国对该法进行了彻底修订。然而该法并不完备,因为它只包括了人身权、婚姻家庭关系和合同之债权关系的法律适用问题,而在非合同之债和物权方面则付诸阙如,1993年德国联邦司法部起草了一部关于非合同债权和物权的国际私法法案。内阁于1998年8月24日通过的一项政府草案吸收了上述司法部草案的精华,并作了更明确的规定。1999年3月24日议会法律委员会一致向联邦议院建议通过该草案。议院接受了该建议,未经过二读和三读程序便原文通过了该草案。新的法规于1999年6月1日起正式生效。

1986年修订后的德国《民法施行法》共38条。此次新的国际私法法规对第38条作了修改,又增加了8条,即第39—46条。其中第38—42条为非合同债务关系的法律适用,第43—46条涉及物权关系的法律适用。之后,根据2006年《户籍法改革法》第2条第15款b项之规定,在德国《民法施行法》第一编第三章又增加了第47条,自2009年1月1日起施行。

(四) 意大利

意大利是现代国际私法的发源地。但直到1995年之前,意大利并没有一部专门的国际私法法规,其国际私法规定散见于《民法典》、《民事诉讼法典》及其他单行法律之中。长期以来,许多人一直在为制定一部国际私法法规而努力。经过几十年的努力,意大利在1995年5月17日正式通过了一部新的国际私法法规。新法规共74条,其中第1—63条于1995年9月1日起生效,第64—71条从1996年12月31日起生效。

新立法在结构上分为五篇,包括总则、意大利法院的管辖权、法律适用、外国判决和法律文书的效力、过渡条款与最后条款。第一篇总则部分只有两条,规定了该法的适用范围和国际条约的效力。第二篇内容涉及确立意大利法院国际管辖权的基本规则,如被告住所地原则、主观管辖权、自愿管辖案件以及外国未决诉讼等。第三篇规定了法律适用,分为十一章。其中第一章规定了反致、公共秩序、外国法的查明、区际法律冲突等问题。其他几章分别规定了人法、家庭法、继承法、物权法、债权法、公司法等问题的法律适用。第四篇内容涉及外国判决及其他司法文书的承认与执行、外国法院的取证以及外国法院的送达等问题。

(五)罗马尼亚

1992年9月22日,罗马尼亚颁布了《关于调整国际私法法律关系的第105号法》(本书简称《第105号法》),从而结束了罗马尼亚没有一部统一的国际私法法典的历史。在此之前,罗马尼亚的国际私法法规只有寥寥几条,且散见于1865年的《民法典》和《民事诉讼条例》及其他单行法律中。在罗马尼亚历史上,也曾有几次关于国际私法的立法活动,但却不了了之。直到1989年以后,立法活动才真正有效地开展起来,最终通过了现在的《第105号法》。该法令共分为13章。内容上包括三大部分:总则、法律适用和国际民事程序法。总则部分主要包括外国人的民事法律地位、外国法的证明与适用、识别、反致、准据法的变更等问题。第二部分法律适用规范是该法的主体,这一部分内容与原有立法相比,有了非常大的创新,设置了许多新的冲突规则。第三部分国际民事程序法,内容包括罗马尼亚法院的国际管辖权、民事程序的法律适用、外国法院判决的效力以及国际仲裁管辖权等。

2009年罗马尼亚制定了新民法典,于2011年10月1日起生效,其第七卷取代了1992年国际私法典。第七卷分为总则和冲突法(分人、家庭、物权、继承、法律行为、债权、本票和汇票与支票、信托、诉讼时效等九章)两篇。

值得强调指出的是,这些新的国际私法的国内立法,不但指导思想上均广泛地接受了"最密切联系"的原则,扩大了当事人的"意思自治"的权利。而且在结构上大都抛弃了大陆法国家传统上在国际私法中只规定法律适用(即冲突规范)的观点,转而接受了英美普通法国家把国际私法划分为"国际民事管辖权"、"法律适用"和"外国判决的承认与执行"等三大块的做法。如此等等,都表明在国际私法的国内立法方面,趋同化走势正在不断加强。这当然都是各国为了营造一个更有利于国际民商事交往的国际法律环境所采取的重要步骤。

第五节　统一国际私法立法史

一、国际私法统一化的含义

对国际私法的统一化工作,实际上是在三种不同的理念指导之下进行的,但其共同的结果,是产生了统一的冲突法、统一的程序法和统一的实体(私)法。

这三种不同的理念不是互相抵触或互相排斥的,而是互为补充,相辅相成的。

第一,是把统一国际私法的工作,只放在法律适用、管辖权和判决的相互承认与执行方面。

第二,是把统一国际私法的工作放在对"私法"的国际统一上,而这里所谓的私法及指作为实体的民法、商法等法律部门,并不包括冲突法。故这样来理解统一国际私法,又可把"统一国际私法"称为"私法的国际统一"(international unification of private law)。在实践中,罗马统一私法协会(UNIDROIT)以及联合国国际贸易法委员会(UNCITRAL)便主要是进行这一意义上的国际私法的统一工作的国际组织。

第三,认为统一国际私法是一个广泛的概念,它不仅包括对传统的国际私法(冲突法)的国际统一,而且包括对民法、商法甚至劳动法等的国际统一。这一意义上的统一国际私法,在德语的一些文献中往往被称为"国际统一法"(internationales einheitsrecht)或"统一私法"(einheits privatrecht)。美洲国家组织(Organization of American States)在实践中便是进行这一意义上的地区性的统一国际私法的活动的。本书取第一种理解。但是由于就涉外民事争议解决来说,如果不关注和研究统一实体法,就有可能导致法律适用的错误。因此,本节也对私法国际统一的成果进行简述。

二、从事国际私法统一工作的组织及其成就

(一) 普遍性的政府间国际组织

1. 国际联盟(League of Nations)

第一次世界大战结束后,在1919年的巴黎和会上,成立了国际联盟。国际联盟的存在尽管已成为历史,然而它作为世界上第一个一般政治性的国际组织,从法律国际统一化运动的角度来看,还是具有一定意义的。它虽主要是进行国际公法领域的法律统一的活动,但在其所进行的私法的国际统一活动还是有几个方面的成就的。

(1) 关于自然人身份与能力问题。在这方面国际联盟曾缔结了《关于俄国

和亚美尼亚难民法律地位的协定》(1928年)、《难民国际地位公约》(1933年,日内瓦)、《关于德国难民地位公约》(1933年,日内瓦)等。

(2) 关于票据法问题。在这方面,国际联盟曾成功地制定了《统一汇票本票法公约》(1930年,日内瓦)和《统一支票法公约》(1931年,日内瓦)。这两个公约从其生效一直适用至今,并成为统一票据法的重要的法律渊源。可以说,票据法的统一是国际联盟从事私法国际统一最成功的一个领域。

(3) 关于仲裁问题。在这方面国际联盟制定了《关于仲裁条款的议定书》(于1923年9月24日在日内瓦签署)和《关于执行外国仲裁裁决的公约》(于1927年9月26日在日内瓦签署)。

2. 联合国(United Nations)

(1) 联合国从事私法国际统一活动的法律依据

第二次世界大战以后于1945年成立的联合国(网址:www.un.org),是迄今为止人类历史上最有影响的一个国际组织。《联合国宪章》第13条第1款子项和第55条规定了联合国"……提倡国际法之逐渐发展与编纂"和促进国际经济、社会、卫生及其他有关问题的解决的任务。此处"国际法"尽管主要是指传统的国际公法,但它也是进行私法的国际统一的法律依据。

(2) 联合国直属机构中从事私法国际统一的机构

A. 联合国国际法委员会

为了实现《联合国宪章》第13条规定之任务,1947年,第二届联合国大会通过了《国际法委员会规约》,成立了联合国国际法委员会。联合国国际法委员会在其成立早期所进行的工作主要属于国际公法范畴,对私法国际统一化仅仅作了一些间接的工作。但是委员会后来和正在从事的一些统一法律的工作,实质上也已直接涉及私法领域。这方面如关于"国籍包括无国籍""国家及其财产的管辖豁免""外国人的待遇"等问题,以及其所拟就的《消除未来无国籍公约草案》《仲裁程序示范规则》等,都直接与私法有关,是对私法的国际统一。

B. 联合国国际贸易法委员会

为了更好地消除国际贸易中的法律障碍,联合国大会于1966年12月决议成立了贸易法委员会。该委员会旨在促进国际贸易法的逐渐协调和统一,中国现为会员国之一。联合国国际贸易法委员会为实现其宗旨,与其他从事国际私法统一工作的国际组织进行工作方面的协调,并推动这些组织间的合作,促进更多的国家加入既存之国际协定,准备和起草新的国际公约以及示范法(model law)和统一法(uniform law),促进这些公约、法律的采纳,以及促进国际公约和统一法的统一解释。

该委员会从1968年第一届年会以后,便主要致力于国际贸易法以下领域的法律统一工作:

第一,国际货物买卖领域。在该领域,委员会主要就几个问题展开工作,即国际货物买卖合同的法律问题、国际货物买卖时效以及国际货物买卖的一般条件和标准合同。在委员会第二届年会上设立了一个工作小组,审查如何对1964年海牙会议所通过的《国际货物买卖统一法》进行修改,以使该公约能够为更多国家所采纳,或确定是否有必要重新起草一个公约草案。后来工作小组起草了一个新的关于国际货物销售合同的公约草案,以取代上述《国际货物买卖统一法》。委员会于1977年6月采纳了该公约草案。工作小组还在1962年海牙会议通过的《国际货物销售合同形式统一法》基础上,起草了一个新的公约。委员会于其第十一届例会上决定将上述两个新的公约草案合而为一,为此目的,成立了一个起草委员会专门从事此项工作。1980年在维也纳召开的会议,会上通过了《联合国国际货物销售合同公约》。该公约已于1988年1月1日起生效。我国是该公约的原始缔约国之一。1992年还通过了《关于国际补偿交易的法律指南》。

关于国际货物买卖的时效问题,由委员会设立的另一个工作小组负责起草一个公约草案。1972年委员会批准了工作小组起草的公约草案。1974年6月由联大发起召开的联合国外交会议上通过了《国际货物买卖时效期限公约》。该公约已于1988年8月1日起生效。

第二,国际贸易支付领域。1968年贸易法委员会第一届会议决定,国际支付应与国际货物销售和国际商业仲裁一起,成为委员会今后工作的重点。经过多年的不懈努力,贸易法委员会制订了《联合国国际汇票和国际本票公约》,1988年12月9日,根据第六(法律)委员会的建议,该《公约》由联合国大会通过。《公约》为国际交易中符合其规定形式的国际汇票和国际本票提供了一套全面的法律规则体系。它吸收了两大法系中有关规定的一致部分,并根据现代商业需要,制订了一些新的规定,使之更为符合金融市场的惯例。除此之外,委员会还与国际商会进行合作,对信用证的统一以及各种银行担保问题展开工作。此外,1992年和1995年分别通过了联合国贸易法委员会《国际贷记划拨示范法》和《联合国独立担保和备用信用证公约》。为了抵制欺诈行为,2013年贸易法委员会还制定了《认识和预防商业欺诈:商业欺诈的标志》,确定了商业欺诈的常见征兆迹象和标志。

第三,国际商事仲裁和调解领域。1973年,该委员会提请秘书长与其他有关国际商事仲裁的组织进行协商后,起草一个供国际贸易临时仲裁所选择适用的程序规则。其后,委员会秘书处草拟了一个规则草案,委员会于1976年5月通过了以该草案为基础写成的仲裁规则,即《联合国国际贸易法委员会仲裁规则》(2010年修订)。联合国大会确认该规则对协调国际关系会起到重大的作用,并推荐以该规则来解决国际贸易中所产生的种种争议。1986年召开的委员会第十九届会议上决定,由委员会秘书处对国际商事仲裁程序中的取证问题以及多数当事人的仲裁进行深入研究。此外,委员会还先后通过了1958年《承认及执行外国仲裁裁决公约》、1980年《联合国国际贸易法委员会调解规则》、1982年《关于协助仲裁庭和其他有关机构根据联合国国际贸易法委员会仲裁规则进行仲裁的建议》、1985年《国际商事仲裁示范法》(2006年修订)、1996年《关于安排仲裁程序的说明》、2002年《国际商事调解示范法》和2006年《〈承认及执行外国仲裁裁决公约〉(1958年,纽约)第2(2)条和第7(1)条的解释的建议》以及2014年《贸易法委员会投资人与国家间基于条约仲裁透明度规则》等文件。

第四,国际海运法领域。委员会于1976年通过了一个关于海上货物运输的公约草案。1978年联合国大会召集在原联邦德国的汉堡召开了外交会议,会上通过了该公约,定名为《联合国海上货物运输公约》(1978年3月31日,简称《汉堡规则》)。此外,委员会还先后通过了1982年《记账单位条款和关于国际运输和赔偿责任公约中赔偿责任限额调整的条款》、1991年《联合国国际贸易运输港站经营人赔偿责任公约》和2008年《联合国全程或部分海上国际货物运输合同公约》(简称《鹿特丹规则》)。

第五,其他领域。在担保权益领域,委员会先后通过了2001年《联合国国际贸易应收款转让公约》、2010年《联合国国际贸易法委员会立法指南:知识产权担保权益的补编》和2007年《担保交易立法指南》。在破产领域,先后通过了1997年《跨国界破产示范法》、2004年《破产法立法指南》和2009年《跨国界破产合作实务指南》、2010年《联合国国际贸易法委员会破产法立法指南,第三部分:破产企业集团对待办法》和2013年《联合国国际贸易法委员会破产法立法指南,第四部分:临近破产期间董事的义务》。在电子商务领域,先后通过了1985年《关于电脑记录法律价值的建议》、1996年《电子商务示范法及立法指南》、2001年《电子签名示范法及立法指南》和2005年《联合国国际合同使用电子通信公约》以及2007年《增进对电子商务的信心:国际使用电子认证和签名方法的法律问题》。在采购和基础设施发展领域,先后通过了1987年《关于起草建造工厂国际合同的法律指南》、1993年《货物和工程采购示范法》、1994年《货物、工程和服务采购示范法》、2000年《私人融资基础设施项目立法指南》和2003年《私人融资基础设施项目示范立法条文》、2011年《联合国国际贸易法委员会公共采购示范法》及其2012年《颁布指南》、2013年《公共采购条例指导意见术语表》。

(3) 联合国专门机构中从事私法国际统一的机构

A. 国际劳工组织(The International Labour Organization, ILO)

国际劳工组织从事私法国际统一活动的特征可归纳如下:

第一,该组织从性质上来看,是一个从事社会和人文问题工作的国际组织。

尽管它也对私法的国际统一作了不少工作,取得了很大的成果,但是,这项工作并不是它的主要任务。该组织从事劳动法方面的国际统一,目的在于更好地保护劳工,从而实现该组织的宗旨。对该组织来说,实现法律的国际统一并不是一个目的,而仅为一种手段。它并不希望各国劳动法获得统一,恰恰相反,它希望各国立法继续存在差异,以便各国根据其不同的情况寻求对劳工利益更为有利的保护途径。而这并不应由国际劳工组织统一规定下来。

第二,该组织统一私法的方法是通过公约和建议的形式,制定国际最低劳工标准,供各国采用。对于公约,若组织成员国批准,则对其生效。而对于公约会员国执行公约的情况,该组织也有一套措施。这主要表现在,各国应向该组织提出年度报告,以介绍该国执行它所批准的公约的情况,供组织审查。该组织也召开一种特别会议,以此督促公约成员国执行公约。此外,该组织还通过公约一成员国对另一成员国的起诉或控诉,来审查公约是否获得适当的执行。在这方面,加纳曾于1961年起诉葡萄牙未遵守1957年《关于强迫劳动公约》(Convention on Forced Labour)。至于组织所起草的建议,它并不具有国际公约的特征,而只是一种供各国选择适用的示范规则。

B. 国际民航组织(The International Civil Aviation Organization)

1947年4月在美国芝加哥召开的国际民航会议上,26个国家签署了《国际民航公约》(The Convention International Civil Aviation)。国际民航组织便是根据该公约于1947年4月4日成立的一个政府间的国际组织,总部设在加拿大的蒙特利尔。1947年10月该组织成为联合国的一个专门机构。

1947年以后,国际民航组织已通过了五十多个关于国际航空法的公约和议定书。[①] 其中包括:《关于飞行器的财产权和其他权利的国际承认的公约》(1948年,日内瓦)、《关于外国航空器在地面对第三人造成损害的公约》(1952年,罗马)、《关于修订1929年华沙公约的议定书》(1955年海牙公约)和《统一国际航空运输某些规则的公约》(简称1999年《蒙特利尔公约》)。

C. 国际海事组织(The International Maritime Organization)

政府间海事协商组织在其成立之初期的行动并不涉及私法问题。但是,1967年后,它也开始致力于私法的统一工作。该组织曾促使于1969年11月在布鲁塞尔签署了两个关于海事方面的公约,其中之一是《关于公海油污损害民事责任的公约》,于1975年6月生效。该公约规定了船主对受害者的赔偿及其他民事责任。

1971年,该组织召集会议,并在会上通过了《建立油污损害赔偿国际基金公

---

① 国际民航组织通过的其他公约和议定书可参见 http://www.icao.int/cgi/airlaw.pl,最后访问时间:2014年8月。

约》。该公约于 1978 年 10 月生效。而且,在该组织的促使下,于 1973 年通过了《防止船舶污染公约》(MARPOL)。该公约不仅规定油污而且还规定垃圾、化学品等其他有害物质对海洋的污染。该组织通过的其他重要公约有:1965 年《国际便利海上运输公约》、1966 年《国际载重线公约》、1969 年《国际船舶吨位丈量公约》、1969 年《国际干预公海油污事件公约》、1971 年《特种业务客船协定》、1971 年《核材料运输民事责任公约》、1971 年《关于设立国际油污损害赔偿基金国际公约》、1972 年《国际集装箱安全公约》、1972 年《国际海上避碰规则公约》、1972 年《防止倾倒废料及其他物质污染海洋公约》、1974 年《海运旅客及行李雅典公约》、1974 年《国际海上人命安全公约》、1976 年《海事索赔责任限制公约》、1977 年《国际捕鱼船安全公约》、1978 年《海员培训、发证和值班标准国际公约》、1979 年《国际海上搜寻救助公约》、1979 年《国际海事卫星组织公约》、1988 年《制止危及海上航行安全非法行为公约》、1989 年《国际救助公约》、1990 年《国际油污防备、反应和合作公约》、1993 年《海上留置权和抵押权国际公约》、1995 年《捕鱼船职员培训、发证和值班标准国际公约》和 1996 年《关于与危险品及有毒物品海上运输相关的责任及损害赔偿国际公约》。

D. 世界知识产权组织(The World Intellectual Property Organization)与知识产权保护联合国际署

1883 年《巴黎公约》成员国组成了保护工业产权同盟,1887 年《伯尔尼公约》成员国组成了保护文学和艺术作品的伯尔尼同盟。1893 年两个同盟合二为一,成立了保护知识产权联合国际局。在该联合国际局的提议下,1967 年 7 月 14 日召开了斯德哥尔摩外交会议,缔结了《成立世界知识产权组织公约》。根据该《公约》的规定,成立了世界知识产权组织(网址:www.wipo.int),其常务机构世界知识产权组织国际局设在日内瓦。1974 年,世界知识产权组织正式成为联合国的专门机构之一。截至 2014 年 6 月,该组织已有 187 个成员。中国于 1980 年 3 月 3 日递交了加入书,该《公约》于同年 6 月 3 日对中国生效。该组织目前管理着知识产权领域的 26 项条约,其中包括《专利法条约》《保护工业产权巴黎公约》《保护文学艺术作品伯尔尼公约》《保护表演者、音像制品制作者和广播组织罗马公约》《保护录音制品制作者防止未经许可复制其录音制品日内瓦公约》《保护奥林匹克会徽内罗毕条约》《制止商品产地虚假或欺骗性标记马德里协定》《商标法条约》《发送卫星传输节目信号布鲁塞尔公约》《世界知识产权组织版权条约》《世界知识产权组织表演和录音制品条约》《专利合作条约》《专利合作条约实施细则》《商标国际注册马德里协定》《商标国际注册马德里协定有关议定书》《工业品外观设计国际保存海牙协定》《建立工业品外观设计国际分类洛迦诺协定》《商标注册用商品和服务国际分类尼斯协定》《国际专利分类斯特拉斯堡协定》《建立商标图形要素国际分类维也纳协定》和《视听表演北京条约》等。

3. 国际统一私法学会(International Institute for the Unification of Private Law)

国际统一私法学会(又译"国际统一私法协会"等,网址:www.unidroit.org),成立于1926年。其宗旨在于统一和协调不同国家或不同的国际区域间的私法规则,以促进逐渐地采纳统一的私法制度。成立该学会的建议是由意大利比较法学者西雅洛加(Scialioja)提出的,意大利政府采纳了该提议,并与当时的国际联盟订立协议,在罗马成立该组织,其经费由意大利政府负责,而其权利和作用则由国联理事会确定。国际联盟解体后,该协会于1940年根据多边协议——《国际统一私法协会章程》重新设立,并成为一个独立的政府间国际组织。国际统一私法学会现有(截至2014年6月)会员63个。我国于1985年7月23日正式接受该学会章程,并从1986年1月1日起正式成为该组织的成员国。

在当今私法统一化进程中,海牙国际私法会议与罗马国际统一私法学会,无疑是联合国组织之外,最为重要的两个广泛性的国际组织。然而,该两组织统一私法活动的范围差别是很明显的。法国法学家达维教授非常简明扼要地归纳这种差别为:"学会致力于那种可以实现统一的领域的实体法规则的起草,而把法律冲突和管辖权冲突的解决留给海牙国际私法会议。它们间的这种合作使得它们两者在行动方面互不干涉,即一方寻求那些有必要而且也有可能实现法律统一的领域的法律的统一;而一方则负责那些并不可能实现统一的领域的工作,以填补统一法律中可能出现的缺陷。"国际统一私法协会的宗旨是促进各国和各多国集团之间实体私法规则的统一和协调,并制定可能会逐步被各个不同国家接受的私法统一规则。协会工作涉及的领域主要有:有关货物买卖的法律、信贷法、货物运输法、与民事责任有关的法律、程序法和旅游法。

(1)国际货物买卖法律统一领域。该领域是该组织几十年工作的中心,而且,由该组织准备的、于1964年在海牙获得通过的关于国际货物买卖统一法的两个公约,即《国际货物买卖统一法公约》和《国际货物买卖合同成立统一法公约》,是该组织几十年私法国际统一工作所获得的最大成果。

罗马国际统一私法学会在20世纪20年代成立时,国际上已有不少组织从事冲突法以及运输、版权、工业产权等私法领域的法律统一工作,但是在国际货物买卖法领域,尤其是国际货物买卖合同的法律规范的国际统一,尚未有人问津,而这些领域的法律统一又无疑具有非常重大的意义。在这种情况下,该学会便选择该领域开始工作。

1930年4月该学会执行理事会指派一个七人委员会起草国际货物买卖统一法。荷兰政府邀请于1964年4月在海牙召开了一次外交会议,28个国家的代表出席了该会议。会上正式通过了《国际货物买卖统一法公约》,该公约于

1972 年 8 月 18 日生效。

1964 年海牙《国际货物买卖统一法公约》由于只涉及此种合同的内容问题，而对国际货物买卖合同中当事人的责任问题、合同不履行的补救问题置之不顾。而这无疑是不完善的。因此，在上述 1964 年海牙会议上又通过了《国际货物买卖合同成立统一法公约》。该公约于 1972 年 8 月 23 日生效。这两项公约分别为 1980 年《联合国国际货物买卖合同公约》的第三部分（货物买卖）与第二部分（合同的订立）所取代而自动失效。

为了进一步推动合同法的国际统一，国际统一私法学会历经十余年的努力，于 1994 年 5 月理事会第 73 届会议上制订并通过了《国际商事合同通则》（已有 2010 年版本）。《通则》旨在为国际商事合同确定一般规则，可用于解释或补充国际统一法律文件，可作为国内或国际合同立法的范本。《通则》吸收了当今国际社会合同法律与实践中带有共同性的一般原则，而且其适用范围比《联合国国际货物买卖合同公约》更为广泛，即不仅仅适用于国际货物买卖合同，还适用于诸如特许经营协议、技术许可协议、专业服务合同等其他种类的国际商事合同。《通则》的内容也更为全面、具体，包括合同的成立、合同的有效性、合同的解释、合同的内容、合同的履行及不履行。《通则》在本质上并不是一项具有强制性的国际公约，而是可以完全由当事人任意选择适用的一般法律原则，具有更大的灵活性。

在此领域，罗马国际统一私法学会还制订了《国际货物买卖代理公约》（1983 年）、《国际保付代理公约》（1988 年）等一系列与国际货物买卖有关的公约。

(2) 国际运输法领域。鉴于世界上已有不少专门性的国际组织从事国际运输法律的统一，国际统一私法学会便选择公路、铁路以及内河运输方面法律规范的国际合作为其重点，学会在这一方面所起草的公约草案大多并入一些有关的地区性的公约中。例如，于 1961 年生效的《陆路国际货物运输合同公约》及关于内陆水路船只物权的两个议定书，在联合国欧洲经济委员会负责下由各国政府签字。学会制定的关于陆路旅客运输公约草案，也已由意大利政府发给各国政府，征求意见。此外，学会还准备了两个公约草案，分别规定国际运输公司和国际货物联运合同。

(3) 国际仲裁领域。国际统一私法学会在该领域曾起草了《关于国际私法关系仲裁统一法初步草案》(Preliminary Draft of a Uniform Law on Arbitration in Respect to International Relations of Private Law)，此项工作成为国联制定 1923 年日内瓦《仲裁议定书》和 1927 年日内瓦《关于执行外国仲裁裁决公约》的基础。学会的此项工作后来实际上也成为联合国制定 1958 年《承认及执行外国仲裁裁决公约》的基础，并由此在广泛的国际范围内产生影响，而且，此项工作也在地区范围内对欧洲经济委员会制定1961年《欧洲国际商事仲裁公约》和欧洲理事会起草《关于仲裁统一法的欧洲公约》都产生了深刻的影响。

(4) 民事责任领域。在该领域,学会起草了两个公约草案,即《关于汽车司机民事责任统一法公约草案》和《关于旅馆主民事责任统一法公约草案》。该两公约草案均被并入关于汽车司机对第三人造成伤害的民事责任和关于旅馆主对游客行李责任的两个欧洲公约中,即欧洲理事会1959年《关于强制投保机动车民事责任欧洲公约》和1962年《关于旅馆经营者对其住客财产的责任公约》。

此外,罗马国际统一私法学会还制订有《关于旅游合同国际公约》(1970年)、《国际遗嘱形式的统一法公约》(1973年)、《国际金融租赁公约》(1988年)、《被盗或被非法出口文物公约》(1995年)、《关于移动设备的国际利益公约》(2001年)、《特许经营信息披露示范法》(2002年)、《国际特许经营指南》(2002年第1版,2007年第2版)、《跨国民事诉讼程序原则》(2004年)、《租赁示范法》(2008年)和《间接持有证券的实体规则的公约》(2009年)等。

4. 海牙国际私法会议(Hague Conference on Private International Law)

在从事统一国际私法工作的国际组织当中,最有成效、最富影响的当首推海牙国际私法会议(网址:www.hcch.net)。海牙国际私法会议的发展可分为两个阶段:从1893年第1届会议到1951年第7届会议为第一阶段。这时的会员国主要是欧洲大陆国家,先后有21个。日本于1904年成为会员国,是唯一的一个非欧洲国家的会员国。海牙国际私法会议这时没有固定的组织,参加会议凭荷兰政府的邀请。在第一阶段,海牙国际私法会议先后召开了6届会议,在民事诉讼、结婚、离婚、婚姻效力、监护、禁治产及类似保护措施等方面制订了7个国际私法公约。从1951年后为第二阶段。第二阶段的最大变化是在第7届会议上制订了《海牙国际私法会议章程》。在该规约于1955年7月15日生效后,海牙国际私法会议成为一个以逐渐统一国际私法规范为目的的永久性政府间组织。海牙国际私法会议的组织机构有4个,即大会、荷兰国家委员会、常设事务局和特别委员会。常设机构的设立保证了海牙国际私法会议工作的正常进行。在第二阶段,海牙国际私法会议的会员国大大扩大,到2014年6月,它已有76个会员。一百多年来,海牙国际私法会议为国际私法的国际统一化运动作出了巨大的贡献,先后缔结与讨论了40多个国际私法公约或草案。这些公约或草案包括:

(1) 1902年的《关于解决婚姻问题法律冲突的公约》;

(2) 1902年的《关于离婚与别居的法律冲突及管辖权冲突公约》;

(3) 1902年的《关于未成年人监护的公约》;

(4) 1904年的《关于继承和遗嘱的法律冲突公约草案》;

(5) 1905年的《关于婚姻对夫妻身份和财产的效力的法律冲突公约》;

（6）1905 年的《关于禁治产及与此相类似的保护措施的公约》；

（7）1905 年的《关于民事诉讼程序公约》；

（8）1925 年的《关于破产的公约草案》；

（9）1925 年的《关于承认和执行外国判决的公约草案》；

（10）1928 年的《关于继承和遗嘱的法律冲突及管辖权的公约草案》；

（11）1954 年的《民事诉讼程序公约》（部分取代了前面 1905 年的同名公约的内容）；

（12）1955 年的《关于解决本国法和住所地法冲突的公约》；

（13）1955 年的《关于有体动产国际买卖的准据法公约》；

（14）1956 年的《关于扶养儿童义务的准据法公约》；

（15）1956 年的《关于承认外国公司、社团和财团法律人格的公约》；

（16）1958 年的《关于承认和执行子女扶养义务判决的公约》；

（17）1958 年的《关于国际有体动产买卖协议管辖权公约》；

（18）1958 年的《关于国际有体动产买卖所有权转移的法律适用公约》；

（19）1961 年的《关于行政机关对未成年人保护的管辖权及准据法公约》；

（20）1961 年的《关于遗嘱方式法律冲突公约》；

（21）1961 年的《关于取消要求外国公文书认证的公约》；

（22）1965 年的《关于收养的管辖权、法律适用和判决承认的公约》；

（23）1965 年的《关于协议选择法院的公约》；

（24）1965 年的《关于民商事件司法文书和司法外文书的国外送达公约》（简称为《域外送达公约》）；

（25）1970 年的《关于从国外调取民事或商事证据的公约》（简称为《域外取证公约》）；

（26）1970 年的《关于承认离婚和别居的公约》；

（27）1971 年的《关于民商事件外国判决的承认和执行公约》；

（28）1971 年的《关于民商事件外国判决的承认和执行的附加议定书》；

（29）1971 年的《关于公路交通事故法律适用公约》；

（30）1973 年的《关于遗产国际管理公约》；

（31）1973 年的《关于扶养义务判决的承认和执行公约》；

（32）1973 年的《关于扶养义务法律适用公约》；

（33）1973 年的《关于产品责任法律适用公约》；

（34）1978 年的《关于夫妻财产制法律适用公约》；

（35）1978 年的《关于代理法律适用公约》；

（36）1980 年的《关于国际司法救助公约》；

（37）1980 年的《关于国际性非法诱拐儿童民事方面的公约》；

（38）1980 年的《关于结婚仪式和承认婚姻有效公约》；

（39）1984 年的《关于信托的法律适用及其承认的公约》；

（40）1986 年的《关于国际货物销售合同法律适用公约》；

（41）1989 年的《关于死者遗产继承的法律适用公约》；

（42）1993 年《跨国收养保护儿童及合作公约》；

（43）1996 年《关于父母责任和保护儿童措施的管辖权、法律适用、承认、执行和合作公约》；

（44）2000 年《关于成年人国际保护公约》；

（45）2002 年《关于经由中间人持有的证券的某些权利的法律适用公约》；

（46）2005 年《协议选择法院公约》；

（47）2007 年《关于儿童抚养费用和其他形式的家庭扶养费用的国际追索公约》；

（48）2007 年《关于儿童扶养义务的准据法的议定书》。

（二）地区性政府间国际组织

1. 拉美从事私法统一的国际组织

（1）巴黎大会和以后若干次拉美私法统一会议

1826 年由拉美民族英雄西蒙·波利瓦尔（Simoj Bolivar）发起召开的"巴拿马大会"（The Congress of Panama）上，有人提出进行拉美公法编纂和制定"美洲人民国际法典"（Code of International Law of American People）的建议，得到一些拉美国家的支持和拥护，从而使这次会议实际上成为从西班牙和葡萄牙等殖民统治下独立起来的拉美国家联合起来进行法律（包括私法）统一化运动的开端。

巴拿马会议以后，拉美一些国家于 19 世纪中叶召开了几次进行法律统一的国际会议。就私法而言，这些会议研究和涉及的问题包括航海与通商、国际互惠待遇、司法及其他公文的相互承认、外国判决的承认等。到 1864 年 11 月在利马召开的美洲会议（The American Congress）上，厄瓜多尔全权代表皮德拉塔（Pon-Vicente Piedrahita）提出的"旨在确定涉外公法，包括国际私法若干原则"的建议，委内瑞拉代表葛蒋曼（Don Antonio Leocadio Guzman）也提出了一个涉及国际私法统一的建议。但这两项建议当时均未获得大会讨论。

1875 年 12 月 1 日秘鲁政府呼吁拉美国家努力实现私法的地区性统一，并邀请拉美国家召开一次统一国际私法的会议。拉美一些国家响应了秘鲁政府的倡议，并接受邀请，参加 1877 年在利马召开的统一私法大会，即美洲的法学家大会，通常人们所说的"利马会议"，围绕着私法统一的原则问题，在利马会议上持"属人主义"观点和持"属地主义"观点的两派进行了激烈的争辩。经过十个多月的工作，会议最后起草出《关于建立国际私法统一规则的公约》，该公约共 60 条，规定了人的民事地位和能力、财产、婚姻、国际管辖权问题，以及他国判决的执行问题等。据说该公约之内容深受意大利孟西尼属人法学派观点的影响,以至于公约不大受广大拉美国家的欢迎,而只有秘鲁一国批准,因而未获得成功。

利马公约的失败并未使拉美国家中止进行私法统一化运动的努力。1888年2月阿根廷和乌拉圭两国达成协议,决定由它们分别向一些拉美国家发出邀请,召开一次"南美国际法律大会"(The South American International Juridical Congress),并在大会上制定一个关于国际私法的公约。该大会于1888年8月25日在蒙得维的亚召开,因此,它通常被称为"蒙得维的亚会议"。这次大会成功起草和制定了关于国际诉讼法、文学艺术产权、版权、商标专利、国际刑法、自由职业、国际民法、国际商法方面的八个国际公约和《关于国际私法若干公约的附加议定书》。上述各项公约不久便获得了绝大多数会议出席国的批准。

中美洲四国哥斯达黎加、危地马拉、洪都拉斯及萨尔瓦多早在1872年便签署了一个协定,并在该协定中尝试对民事、刑事和诉讼法进行一定程度的统一。1897年中美洲一些国家在危地马拉召开了所谓的"危地马拉大会"(即第一届中美洲法律大会),会上除签署了有关中美洲联盟的条约外,尚通过了有关国际私法、商法、诉讼法、知识产权法、刑法以及经济等方面的若干公约。其中关于国际私法的公约,是以住所地原则为基础的。而且,这些公约均深受1889年蒙得维的亚公约的影响。但这些公约均未生效。中美洲国家又于1901年在圣·萨尔瓦多召开了一次法律大会,签署了七个公约,也只有萨尔瓦多一国全部批准。

(2)泛美会议(Pan-American Conference)

在美国政府的邀请下,于1889年至1900年在华盛顿召开了第一届美洲国家国际会议。第一次泛美会议也对国际私法的统一进行了讨论。至1914年泛美会议共召开了六次。就泛美范围内对私法的统一化来看,这些会议并未取得实质性的成果。而且,住所地原则与国籍原则依然是泛美会议上争论的焦点。最值得提及的是1923年在智利圣地亚哥与1928年在古巴召开的第五、六届泛美会议。在前一次会上成立了一个国际法学家委员会(Commission International de Juris Consultos Americans)。会上就协调住所地原则与国籍原则的各种建议进行讨论,并最后决定在考虑这些建议的情况下,制定一个内容广泛的国际私法典。1928年在哈瓦那召开了第六届泛美会议,会上通过了由古巴法学家布斯塔曼特起草的一个法典草案,即著名的《布斯塔曼特法典》(Codigo Bustamante)。

此后至第二次世界大战爆发,虽分别于1933年和1938年召开了第七、八届泛美会议,其间还于1936年召开了泛美会议特别会议,但均未取得成果。

(3)美洲国家组织(Organization of American States)

1938年于波哥大(Bogota)召开的第九届泛美会议上,成立了美洲国家组织。该组织宪章明确规定,"发展与编纂国际公法与国际私法"是其任务之一。因此,它的成立,成了美洲尤其是拉美私法国际统一化运动的一件大事。

美洲国家组织从事国际私法统一化运动,主要是通过美洲法学家理事会,尤其是常设机构美洲法学家委员会的活动进行的。1950—1965年,美洲法学家理事会共召开了五次大会,就国际私法范围内的货物买卖、司法协助等领域的法律统一问题进行了研究和讨论。特别应予指出的是,美洲法学家委员会在这一段时间里,一直致力于《布斯塔曼特法典》的研究和修订工作,并最终于1966年完成了一个以住所地为基本原则的修订草案。

为了加强国际私法的编纂工作,并使国际私法的统一跟上美洲经济一体化的进程,美洲国家会议于1971年4月23日在哥斯达黎加召开的大会上决定召开国际私法特别会议。美洲国家组织国际私法特别会议的召开,开始了美洲国际私法统一的新阶段。

第一届美洲国家私法特别会议(Inter-American Specialized Conference on Private International Law)于1975年1月在巴拿马城召开,美洲国家组织的大多数会员国出席了会议。会议最后通过了两项决议和六个条约。这六个条约分别是:《关于汇票、本票和发票法律冲突的美洲公约》、《关于支票法律冲突的美洲公约》、《美洲国际商事仲裁公约》、《关于司法互助请求(Letters Rogatory)的美洲公约》、《美洲外国取证公约》和《关于在外国代理权力的法律制度的美洲公约》。第一届美洲国际私法特别会议获得了广泛的高度评价,这不仅是因为它所取得的上述多项统一私法的成果,而且,会议本身无疑使具有高深学术造诣的专家们能够直接交换意见;而且,正如经验所示,这种直接的接触也形成推动国际私法编纂的强大动力。

第二届美洲国际私法特别会议于1979年4月23日至5月8日在蒙得维的亚召开。早在1975年12月美洲国家组织理事会便通过了第二届美洲国际私法特别会议的议程,根据该议程,会议应讨论以下八个方面的问题:外国判决的承认与执行、民商事诉讼中保全措施的采用、美洲国家间彼此法律和法规的证明、国际支付中支票的法律冲突和统一、关于在拉美施行的公司领域冲突法规范的更新、国际私法的一般规则、国际货物买卖和国际水路运输及提单。会议最后分别就上述前六项决议以及关于自然人的住所问题和关于司法互助请求达成了八个公约。

第三届美洲国际私法特别会议于1984年5月在玻利维亚的拉巴斯召开。本届会议起草了《关于未成年人收养的国际法公约》《法人权利能力与行为能力公约》《关于在外国取证公约的附加议定书》以及《国际管辖权作为承认外国判决先决条件的公约》。

1989年7月9—15日在乌拉圭首都蒙得维的亚召开了第四届美洲国际私法特别会议。会上通过了《国际交还[被拐卖]儿童的美洲公约》《关于抚养之债的美洲公约》《陆地国际货物运输的美洲公约》。此外,本届会议上还通过了与国际合同有关的三项决议,大会建议美洲国家组织的成员国考虑签署、批准或加入以下几个国际公约:《国际债权转让和国际融资租赁公约》(1988年,渥太华);《联合国国际货物买卖合同公约》(1980年,维也纳);《联合国国际货物买卖时效期限公约》(1974年,纽约)及其修改议定书(1980年,维也纳);《国际货物买卖合同法律适用公约》(1986年,海牙)。

1994年3月,美洲国家组织第五届国际私法特别会议在墨西哥城召开。本届会议上通过了《关于国际合同法律适用的美洲国家间公约》和《关于国际拐卖未成年人的美洲国家间公约》,并确定了第六届国际私法特别会议的议题。

2002年,美洲国家组织第六届国际私法特别会议在华盛顿召开。本届会议通过了一个示范法和两个公约:《泛美担保交易示范法》《泛美统一国际陆路货物运输联运提单公约》和《非合同民事责任的国际管辖权和法律适用公约》。

2009年10月,美洲国家组织第七届国际私法特别会议召开。会议讨论的主题是有担保的交易以及消费者保护的管辖权、法律适用和金钱赔偿。

拉美国家从事私法统一化运动有约一个世纪的历史,尽管其中多有曲折,但这一运动在不断发展着,而且,也取得了很大的成果。美洲国家组织国际私法会议从1975年至今通过了20个国际私法公约、3个议定书、1个示范法和2个统一文件。① 尤其是《布斯塔曼特法典》可以称为是世界上统一私法的伟大杰作。近几年来,随着拉美一体化进程的发展,统一私法运动也随之发展壮大,这不仅表现在越来越多的拉美国家积极加入这一运动——如1989年召开的第四届美洲国际私法特别会议就有很多国家参加,而这也被认为是此届会议取得重大成功的主要标志之一——而且,统一私法的范围也越来越宽。但它到底不像海牙国际私法会议那样后来演变成世界性的统一国际私法组织。

2. 欧洲从事私法统一的国际组织

(1) 欧洲联盟(European Union,网址:www.europ.eu)

欧洲联盟的前身是欧洲共同体。欧洲共同体实际上由三个共同体②构成。就私法的国际统一而言,在原欧洲三个共同体中,以欧洲经济共同体最为重要,因而,我们这里主要介绍作为区域政府间国际组织的欧洲经济共同体和欧盟进行私法统一的情况。

欧洲经济共同体或欧盟进行法律的协调和统一,采用了一些不同的方法。

首先,制定"得予一般适用,具有实质约束力,且对每一成员国直接适用的""条例"(regulation)。由于这种"条例"约束所有成员国,而且具有一般地和直接

---

① 这些文件的文本可参见美洲国家组织国际私法会议官方网站:http://www.oas.org/DIL/privateintlaw_interamericanconferences.htm,最后访问时间:2014年8月。

② 即欧洲煤钢共同体、欧洲经济共同体和欧洲原子能共同体。

适用的特点,因而,它是实现共同体法律一体化最为有效的一种法律文件。例如,2000年《破产程序条例》、2001年《关于民商事案件域外取证协助的条例》、取代1968年《布鲁塞尔公约》的2001年《关于民商事管辖权和判决承认与执行的条例》、2003年《关于婚姻案件和亲子责任案件管辖权及判决承认与执行的条例》、2007年《关于非合同之债法律适用的条例》、2007年《成员国间民商事司法文书及司法外文书域外送达的条例》、取代1980年罗马《关于合同义务法律适用的公约》的2008年《关于合同之债法律适用的条例》、2008年《关于扶养义务方面的管辖权、准据法、判决的承认与执行以及合作的条例》、2010年《关于在离婚和分居准据法领域实施业已加强的合作的条例》、2012年《关于继承问题的管辖权、法律适用、判决的承认与执行和公文书的接受与执行以及创建欧洲继承证书的条例》、2012年《关于民商事案件管辖权和判决承认与执行的条例》。

其次,制定"指令"。根据《罗马公约》第189条第3款的规定,成员国可以采取不同的形式和方法执行这种法律文件。欧洲共同体理事会根据《罗马公约》,尤其是第100条的规定,于1985年7月25日公布的《关于调整成员国有关瑕疵产品责任的法律规定和行政规则的指令》和2008年《关于民商事调解某些方面的指令》就属这种法律文件。

再次,《罗马公约》第220条还规定,在一些情况下,共同体成员国间可以签署国际条约,而有关私法的条约也就成为欧洲经济共同体实现私法协调与统一的法律文件。在这方面,有欧洲经济共同体的六个原始成员国,即比利时、原联邦德国、法国、意大利、卢森堡以及荷兰于1968年9月27日在布鲁塞尔签署了《关于民商事管辖权和判决执行的公约》(1973年2月1日生效);1971年6月3日在卢森堡签署了关于法院解释上述公约的议定书(1975年9月1日生效);1988年,为将《布鲁塞尔公约》扩大适用于欧洲自由贸易联盟国家,有关国家又签署了《洛迦诺公约》。1980年欧洲经济共同体制定了一个很有影响的《关于合同义务法律适用的公约》,并于同年6月19日在罗马对成员国开放签字。欧洲经济共同体的上述六个原始成员还于1968年2月19日签署了《关于相互承认公司和企业实体的公约》。此外,在欧洲经济共同体于1982年草拟出《关于破产、结业、整理、债务了结以及类似程序的公约草案》之后,欧盟理事会于1995年9月12日在布鲁塞尔通过了《破产程序公约》。根据该公约第48条的规定,就该公约所及事项,它取代了其成员国之间原有的有关破产的双边或多边条约。

(2) 欧洲理事会(Council of Europe)

欧洲理事会(网址:www.coe.int)是于1949年成立的一个欧洲地区性国际组织,会址设在法国的斯特拉斯堡。根据该组织章程第1条的规定,它的目标是"为达到保卫和实现作为成员国共同遗产的理想和原则,并促进它们的经济和社会的发展的目的,实现其成员国间更大的联系"。该章程还规定了实现这一目标的途径,即"通过在经济、社会、文化、科学、法律和行政事务方面缔结协定和采取共同行动,以及维护和进一步实现人权和基本自由"。进行私法的统一尽管不是欧洲理事会的任务,但也是它实现该组织的目标的手段之一。从该组织成立至今的历史来看,它在私法统一化进程方面,也取得了一些成就。

欧洲理事会成立后共签署了 200 多个公约和协定,其中主要涉及公法问题,涉及私法问题的有以下几个方面:

第一,专利法。这方面包括《关于专利申请形式要件的欧洲公约》(1953年);《关于专利国际分类的欧洲公约(包括修订后的附件)》(1954—1961 年);《关于统一发明专利实体法律若干问题的公约》(1963 年)。

第二,民、商事仲裁。这方面包括《关于适用欧洲国际商事仲裁公约的协定》(1962 年)以及《关于仲裁统一法的欧洲公约》(1966 年)。

第三,民事义务。在这方面,欧洲理事会签署了以下几个公约,即《关于旅店主对顾客的财产责任的公约》(1962 年)、《关于机动车民事责任强制投保的欧洲公约》(1967 年)。

第四,家庭法方面。欧洲理事会起草了《关于儿童收养的欧洲公约》。该公约于 1967 年 4 月 24 日向成员国开放签字。

第五,公司法方面。1966 年 1 月 20 日欧洲理事会签署了《关于建立公司的欧洲公约》。

第六,破产法方面。欧洲理事会于 1990 年在伊斯坦布尔通过了《关于特定国际性破产的欧洲公约》。

第七,国际司法协助方面。这方面欧洲理事会签署了《关于外国法证明的公约》,该公约于 1969 年 12 月 17 日生效。

(3) 比、荷、卢统一国际私法组织

比利时、荷兰和卢森堡是西欧三个紧密相连的邻国,各国间人员来往非常频繁,进行彼此间的私法的协调与统一,成为这些国家相互交往的一种迫切需要;而且,它们间密切的地理联系,类似的文化和法律传统,也自然成为这些国家进行私法统一化运动的有利条件。比、荷、卢统一私法的运动开始于 20 世纪初,从事这种运动的地区性国际组织有以下两个:

第一,比利时、荷兰、卢森堡统一法研究委员会。

1948 年比、荷、卢三国成立了"比利时、荷兰、卢森堡统一法研究委员会",秘书处设于比利时首都布鲁塞尔。根据该委员会章程的规定,它的首要任务是起草包括刑法领域问题以及私法问题的统一法草案。委员会的代表都是由各国司法部任命的法学专家和其他领域的一些专家。委员会分为两个分委员会,分别负责刑法和私法方面的问题。该委员会起草的法律草案首先提交给三国司法部,然后由各国称为"司法部工作小组"的机构对该草案进行审查并提出修改建议。一项法律草案在最终获得通过之前还得经过"议会联合咨询委员会"审查。

与统一法研究委员会进行法律统一活动有关的尚有一个地区性国际组织的机构,即比、荷、卢经济联盟的"司法互助工作小组"。比、荷、卢经济联盟根据1958年2月3日三国签署的条约成立,其宗旨在于努力实现比、荷、卢国家内商品、服务、资本以及人员流通自由。如果一项法律的统一与该联盟直接有关,则它便可以提议进行有关的法律的统一,并从而由统一法研究委员会在该经济联盟司法互助工作组的领导下进行法律的起草工作。

第二,议会联合咨询委员会。

该委员会成立于1955年,由三国49位议员组成,其中比利时21人,荷兰21人,卢森堡7人。根据委员会章程的规定,其目的在于统一关于经济、文化问题的意见,协调外交政策以及统一法律制度。该咨询委员会审议由上述统一法研究委员会准备的法律草案。一项法律草案只有获得该咨询委员会三分之二多数通过后,方能由该咨询委员会提交给各国议会审议批准。由咨询委员会通过并提交给各国议会的法律,通常由该三国签署条约,规定该统一法在三国适用,然后,由三国议会批准该条约。如果咨询委员会通过后提交给各国议会的是示范法,则各国可以进行修改。

比、荷、卢议会联合咨询委员会已在冲突法、行政与司法协助、民事责任等私法领域进行了大量的法律统一工作。若干统一私法公约已获得成员国的签署,它们包括:《关于国际私法的公约》(1951年5月2日与1986年11月3日);《关于机动车民事责任强制保险公约》(1955年1月7日与1966年5月24日);《关于破产管辖权以及司法判决、仲裁裁决以及一些公事效力及其执行的公约》(1961年9月24日);《关于商标的公约》(1962年3月19日)等。1966年6月比、荷、卢议会联合咨询委员会还批准关于设计与图样的公约。此外,还有关于司法互助、律师职业的公约被提交该委员会批准。而且,该委员会还建议制定有关代理合同与代理权的示范法律。

(4) 民事身份国际委员会(Commission internationale de L'etat Civil)

该委员会是根据1950年9月25日签署伯尔尼的一项议定书而成立的一个地区性的政府间国际组织,其成员国包括比利时、原联邦德国、法国、希腊、意大利、卢森堡、荷兰、奥地利、土耳其以及瑞士。该委员会的任务在于整理、收集立法及司法判决中有关人的地位方面的资料,通过法律和技术方面的努力以改善自然人的民事地位。为实现后一任务,该委员会积极制定一些有关的国际公约,从而实现该方面的法律统一工作。

民事身份国际委员会主要制定了以下公约:1956年9月27日《关于从外国获得自然人户口簿的巴黎公约》;1957年9月26日《关于免费提供自然人身份证和免除法律认可的卢森堡公约》;1958年9月4日《关于自然人身份事务信息

国际交流的伊斯坦布尔公约》；1958年9月4日《关于姓名更改的伊斯坦布尔公约》；1961年9月14日《关于扩大承认非婚生子女之官员管辖权的罗马公约》；1962年9月12日《关于确认非婚生子女的亲子关系的布鲁塞尔公约》；1964年9月10日《关于简化在外国结婚手续的巴黎公约》；1964年9月10日《关于对加入国籍相互通知的巴黎公约》；1964年9月10日《对民事身份证修改决定的巴黎公约》；1966年9月18日《关于在一些情况下确认自然人死亡的雅典公约》；1967年9月8日《关于对婚姻问题判决承认的卢森堡公约》；1970年9月10日《关于通过婚姻使非婚生子女准正的罗马公约》；1973年9月13日《关于减少自然人无国籍状况的伯尔尼公约》；1973年9月13日《关于通报自然人户口簿上姓名的巴黎公约》；1974年9月12日《关于建立一个国际户籍簿的巴黎公约》；1976年9月8日《关于多种语言户口簿的维也纳公约》；1977年9月15日《关于免除对一些文件和公文效力认可手续的雅典公约》；1980年9月5日《关于自愿承认非婚能力证明的慕尼黑公约》；1980年9月5日《关于姓名法律适用的慕尼黑公约》；1980年9月5日《关于出具结婚能力证明的慕尼黑公约》；1982年9月8日《关于出具不同姓氏证明的海牙公约》。

（5）斯堪的纳维亚国家统一国际私法组织

北欧的斯堪的纳维亚国家，包括丹麦、挪威、瑞典、芬兰和冰岛，在文化方面存在着诸多的相似之处：它们具有相同的宗教、相似的语言、类似的社会结构以及相同形式的民主理想。诸多的共性成为这些国家几十年来进行彼此间法律协调与统一的推动力量。就地区性私法统一而言，北欧斯堪的纳维亚国家取得了很大的成就。斯堪的纳维亚国家在私法统一化运动的最初，即19世纪末，主要是在商法领域进行法律的统一工作，且第一个获得统一的法律是，瑞典、挪威和丹麦三国在1880年5月制定的统一的汇票和支票法。其后，制定了有关商标、公司登记、商事代理等方面的共同立法。而且，1891年至1893年间上述三国制定了一个共同的海事法典。此外，这三国在19世纪末还曾尝试就自然人的入籍问题制定统一的立法，但未取得圆满的成功。20世纪初，北欧国家间进一步加强统一私法工作。丹麦学者朱利尤斯·拉生(Julius Lassen)曾建议制定一个北欧统一的私法典，但此建议未能付诸实行。然而20世纪初北欧国家成功地进行了货物买卖法、合同法的共同立法；而且，还在1915—1927年间就夫妻财产问题、儿童抚养、收养、继承等家庭法问题进行了共同的立法工作。在冲突法领域，北欧国家也进行了统一的立法工作，但这都是以实体法附录的形式进行各种冲突法领域的统一，而不是单独制定统一的冲突法典。第二次世界大战中断了北欧私法统一化运动，二战结束以后，北欧国家又重新开始私法统一工作，而且范围扩大到包括民事侵权责任、国家责任、分期付款买卖、时效期限、破产、自然人国籍、版权、专利等领域。

（6）原东欧从事私法统一的国际组织——经济互助委员会

在原东欧社会主义国家中，进行私法统一的国际组织是经济互助委员会（Council for Mutual Economic Assistance），简称经互会。经互会成立于1949年。1959年12月14日在保加利亚首都索菲亚召开的经互会大会上，以公约形式签署了经互会章程，于1960年4月13日生效。经互会成员国包括阿尔巴尼亚、保加利亚、原民主德国、波兰、罗马尼亚、原捷克斯洛伐克、原苏联、匈牙利以及亚洲的蒙古和美洲的古巴（1972年以后）。

根据经互会章程第1条第1项的规定，经互会的宗旨在于"通过成员国的积极的联合与协调，以促进国民经济有计划地发展，加速这些国家经济和技术的进步，提高工业欠发达国家工业化程度，不断提高生产率的程度以及繁荣成员国人民的生活"。经互会成员国在进行经济、技术和科学合作中遵循自愿平等、互相尊重主权和彼此国家利益、互利及友好互助的原则（章程第2条第2项）。

经互会为实现其经济和社会目的，也进行成员国间的私法统一工作，它主要通过协定、决定和建议形式进行。

经互会在1991年6月28日布达佩斯最后一次成员国代表会议上，宣布正式解散。

（三）非政府间国际组织

在私法的国际统一化运动中，非政府间的国际组织也起着非常重要的作用。这主要表现在一些非政府间的组织，对国际范围内既存的一些私法方面的惯例进行统一工作，从而使得国际惯例在实践中得以一致地适用。

1. 国际商会（International Chamber of Commerce, ICC）

国际商会（网址：www.iccwbo.org）在统一私法方面的成就主要有以下一些：

（1）国际商事仲裁领域。国际商会非常重视国际商事仲裁事务，于1951年开始准备关于外国仲裁裁决的承认与执行方面的公约草案；经过7年的工作，完成了草案起草工作，并提交给联合国经社理事会。联合国召开会议讨论该公约草案时，国际商会又派代表参加并进一步提出一些意见，阐明国际商会对该问题的观点。1958年6月联合国会议所通过的《承认及执行外国仲裁裁决公约》（《纽约公约》）实际上是国际商会从事该法律问题统一的一项成果。此外，国际商会还汇集出版各国仲裁法律的资料，作为进行该领域统一化工作的基础。

（2）国际商事惯例。在国际商会成立后，把进行国际商事惯例的标准化与统一化作为其重要工作之一。1936年国际商会制定了一个《贸易价格条件国际解释通则》，1953年根据国际买卖关系的发展，对该通则进行了修改，定名为1953年《贸易价格条件国际解释通则》，简称《1953年通则》（INCOTERMS 1953）。后来以此为基础，分别在1967年、1976年、1980年、1989年、1999年和2010年进行了增补和修订。目前最新的版本为2010年《国际贸易术语解释通则》。在国际贸易实践中,国际商会制定的《国际贸易术语解释通则》经常为当事人引用来作为确定其合同中权利与义务关系的依据,适用最为广泛普遍。

(3)国际货物买卖统一法。20世纪30年代罗马国际统一私法学会开始进行国际货物买卖法的统一工作,并于1951年制定出国际货物买卖法公约草案。对此草案,国际商会,尤其是它下设的"国际商事实践委员会",进行了大量的研究工作,并于1958年就该公约草案的二十几个对国际贸易至关重要的条款提出了意见和建议。该委员会特别强调国际贸易中的当事人应该以该统一法公约草案的规定,作为它们之间的合同的标准条款。

(4)统一跟单信用证规则。国际商会为适应国际贸易实践的发展,明确国际贸易支付中各方当事人间权利与义务关系,以保护银行的利益,在其成立后不久便着手进行跟单信用证惯例的统一工作,并于1930年5月5日公布了《跟单信用证统一惯例》。该惯例在颁布后经过了7次修改,现行的是2006年修订的,2007年生效的国际商会第600号出版物。国际商会制定的该项统一惯例,在实践中也获得了各国当事人的广泛采用。我国金融机构尽管未正式宣布采用该文件,但是,考虑到它正在国际范围内长期地广泛地被采用,因而,为便于对外贸易交往,实际上是采用该统一惯例的。

2. 国际法律协会(International Law Association)与国际法学会(Institut De Droit International)

这是两个民间性国际组织(网址分别为 www.ila-hq.org、www.idi-iil.org),皆成立于1873年,且具有相同的宗旨——促进国际法的发展。为实现这一宗旨,它们也进行法律的统一工作。

该两个民间国际组织具有诸多的相似之处。首先,在活动范围方面,国际法学会的重点是国际公法领域,只是稍微涉及国际私法领域;但是,国际法律协会则主要是在国际贸易、运输法以及仲裁领域进行活动。其次,在会员构成方面,尽管两者都具有国际范围内的广泛性,但是,国际法律协会的成员不只限于法学家,而且,还包括商人以及其他一些个人和组织;然而,国际法学会只是一个法学家学术组织。

国际法律协会在其成立后,就私法的统一进行了很多工作,这主要集中表现在国际海商法领域。首先,该协会曾就海损问题进行法律规范的统一工作,并试图通过该方面规则的统一,避免由于各国海商法对一般海损问题规定不一"所产生的极为麻烦的法律冲突问题"。这一努力于1921年诞生了《关于一般海损的约克—安特卫普规则》。最新的《约克—安特卫普规则》是第六次修改后的2004年文本。该规则在实践中广泛为当事人用于他们的海运提单和租船合同。其次,国际法律协会于1921年9月在海牙召开了一次旨在促进各国采纳一个有关海运提单统一规则的会议。该规则以公约形式——《统一提单若干法律规则的国际公约》(简称《海牙规则》),于 1924 年 8 月 25 日在布鲁塞尔签订,1931 年 6 月 2 日生效。该规则规定了在国际海上货物运输中用提单所证明的运输合同中,承运人和托运人的权利和义务,在实践中获得了广泛的采用。我国远洋运输公司的提单也是参照该规则制定的,而且,按该规则来确定承托双方的权利与义务。此外,国际法律协会还与海牙国际私法会议合作进行国际私法的统一工作。这方面最重要的是该协会参与了 1955 年 6 月 15 日《关于动产国际买卖法律适用公约》的制定。

国际法学会作为一个更多偏重于国际法学术研究的民间国际组织,就私法的国际统一而言,主要在于为私法的国际统一作学术方面的研究和准备工作,造成一个对法律统一"有利的氛围"。意大利国际私法学家孟西尼和荷兰国际私法学家阿塞尔都是该学会的创始会员,因此,在他们的推动下,该学会对海牙国际私法会议最初的一些国际私法公约的制定产生了很大的影响。特别值得指出的是,学会曾就国际私法中的"反致"问题进行过专门研究。

3. 国际海事委员会和波罗的海国际海事理事会

海商法是国际社会最早努力实现法律统一的领域之一,在该领域有若干个民间国际组织从事法律统一工作。这里只介绍"国际海事委员会"和"波罗的海国际航运公会"。

(1) 国际海事委员会(The International Maritime Committee, CMI,网址:www.comitemaritime.org)。该委员会成立于 1897 年,会址设在比利时安特卫普,宗旨在于进行海事私法的统一工作。该委员会作为一个民间的国际组织,会员包括若干国家的"海商法协会"及一些个人与团体。

该委员会为实现上述宗旨,成立后积极进行工作,并在海事法律的几乎所有方面制定了统一法律公约草案。它所从事统一工作的海事法包括海上碰撞(1901 年)、船主责任(1924 年和 1957 年)、关于海运提单的若干规则(1924 年)、租赁和抵押(1926 年)、国有船舶的豁免(1926 年)及其附加议定书(1934 年)、船舶碰撞民事管辖权问题(1952 年)、旅客行李海上运输(1967 年)、海事实践中使用之租赁的若干规则的统一(1967 年)、建造中的船舶的注册权问题(1967 年)、修改 1924 年货物海运公约若干规则的议定书(1968 年)以及 1989 年《国际救助公约》等。此外,国际海事委员会还从事了《海牙规则》和《约克—安特卫普规则》的修订工作。

(2) 波罗的海国际航运公会(The Baltic and International Maritime Council, BIMCO,网址:www.bimco.org)。1905 年成立于哥本哈根,其最初名称为"波罗的海与白海会议"(The Baltic and White Sea Conference),1926 年改为现名。其成员是世界范围内,包括东欧国家从事海运业务的船主、船舶经纪人以及船运联合会。

就进行海商法统一而言,该组织的一项重要活动在于起草和制定租船运输合同及海运提单的条件。它所制定的最为重要的租船运输格式合同有 Baltime Charter(1939 年,2001 年最后修订)、Linertime Charter(1968 年公布)、Gencon Charter(1922 年,1994 年最后修订),最著名的海运提单有 Congen Bill(2007 年)和 Conline Bill(2000 年)。这些格式合同和提单实际上也是统一海事私法的组成部分。

4. 国际航空运输协会(International Air Transport Association,IATA)

该协会(网址:www.iata.org)于 1945 年成立于哈瓦那,其前身是 1919 年成立于海牙的"国际航空交通协会"(International Air Traffic Association)。该协会的宗旨主要是加强国际航空运输的安全和经营。就进行国际航空私法的统一而言,该协会为实现上述宗旨,积极与国际民航组织(ICAO)进行合作,实现国际航空私法规范的统一化工作。

该协会的法律委员会就既存国际航空领域的一些公约之修改提出意见,并建议制定一些新公约。而且,它还制定了国际航空运输的统一交易条款,从而补充了国际条约和国内立法中的一些空缺。它所制定的第一个这种交易条款颁布于 1927 年,并于 1931 年修改,1933 年 2 月生效。第二次世界大战后,它所制定的新的交易条款于 1949 年 3 月 29 日生效,并获修改。这些交易条款的目的是作为规范成员国航空运输合同的规则,适用于包括国内和国际航空运输的合同。

第六节 我国国际私法的历史

一、我国国际私法立法史

我国封建社会鼎盛时期的唐代(618—907 年),国力强盛,经济发达,文化繁荣,西经"丝绸之路",与中亚和地中海各国有着频繁的商业交往,东渡海洋与日本有着直接的贸易文化交流,故当时唐朝京城长安,堪称亚洲乃至世界的大都市。为调整各种具有涉外因素的法律关系,唐《永徽律·名例章》中便作了如何适用法律的立法规定,即"诸化外人同类自相犯者,各依本俗法;异类相犯者,以法律论。"这就是说,具有同一国籍的外国人在中国境内发生相互侵犯的案件,适用当事人的本国法;不同国籍的外国人之间在中国发生相互侵犯的案件,按照唐朝的法律处理。尽管我国古代法律(包括唐律)是诸法合一、民刑不分,但应认为,唐律中的上述规定主要应是针对涉外刑事案件的。

然而,随后长达一千年的封建专制统治,却窒息了对外经济、文化交往的发展,使得我国国际私法立法与理论一直落伍于世界先进国家。宋、元、明、清各朝,国际私法领域一般都沿用旧制,没有发展。直至北洋军阀统治时期,迫于人民的反帝斗争和爱国人士的呼吁,北洋军政府才于 1918 年颁布了中国历史上第一部国际私法立法——《法律适用条例》。该条例尽管是北洋政府在日本人主持下抄袭德、日的国际私法立法而出笼的,但在客观上却也不能不说是反映了中国人民反对帝国主义对华侵略、要求主权独立与平等的愿望。《条例》分总则、关于人之法律、关于亲属之法律、关于继承之法律、关于财产之法律、关于法律行为方式之法律和附则,共 7 章 27 条,与同期资本主义国家的国际私法单行法规相比,是条文最多、内容最详尽的立法之一。[①]

南京国民政府于 1927 年 3 月 12 日令暂准援用 1918 年的《法律适用条例》,但其时主权仍不完整,真正适用该条例来裁判涉外民商事案件的案例仍是寥寥可数的。

中华人民共和国成立后,人民政府废除了包括《法律适用条例》在内整个旧中国的法律体系。但是,后来由于极左思想和"法律虚无主义"的冲击,只是到了中国共产党十一届三中全会以后,才开始着手立法工作。经过三十多年的努力,就国内立法和司法解释等国内渊源而言,目前我国国际私法已形成一个多层次的法律体系,下面择要介绍[②]:

(1) 规定外国人民事法律地位方面。此类规范主要有 1982 年《宪法》第 18 条关于允许外国法人和个人来华投资的规定和第 32 条关于保护在华外国人合法权益的规定;1979 年颁布、2001 年修订的《中外合资经营企业法》第 1、2 条;1983 年颁布、2014 年修订的《中外合资经营企业法实施条例》第 2 条;1982 年颁布、2013 年修订的《对外合作开采海洋石油资源条例》第 3、4 条等;1984 年颁布、2008 年修订的《专利法》第 18、19 条等;1982 年颁布、2013 年修订的《商标法》第 17、18 条等;1993 年颁布、2013 年修订的《公司法》第 11 章的有关规定。

(2) 冲突法方面。在《民法通则》颁布前,中国的冲突法立法屈指可数,只

[①] 尽管中国国际私法成文法典始于 1918 年《法律适用条例》,但是根据我国台湾地区刘正中先生在武汉大学攻读博士学位时撰写的博士论文《中国国际私法史(1648—1918)——继受现象分析》一文考证,在 1911—1912 年期间,却出现四个大理院国际私法判例:(1) 1912 年大理院就上告人刘巨川与被上告人美商胜家缝衣机器公司因欠款涉讼,不服天津高等审判厅所作二审判决上告至大理院被驳回上告的判决;(2) 1912 年大理院所作的该年上字第 281 号判决;(3) 1912 年大理院就上告人莫礼德(英国人)就同年 4 月京师高等审判厅对双方因债务涉讼所作的二审判决上告至该院所作的终审判决;(4) 1912 年大理院就上告人何云轩等二人对被上告人捷成洋行因损害赔偿涉讼由直隶高等审判厅作出的二审判决所作的撤销原判并发回更为审判的判决。这四个大理院判决,由于当时并无法律适用的成文法,故在判决中将它们认定为涉外民事诉讼,而判决的法律依据则都是援用当时国际社会解决法律适用的"国际私法一般原理、原则"论证应该适用中国的法律,而中国的民法允许于法无明文规定时"依法理"或依"至当之条理"或"习惯法则"及"条理之公例",且阐述论析颇为严谨详细。

[②] 下述国内立法中有关国际私法的规定,多数可参见李双元、欧福永、熊之才编:《国际私法教学参考资料选编》(上册),北京大学出版社 2002 年版。

有1983年民政部发布的《中国公民同外国人办理婚姻登记的几项办法》中关于此种结婚必须遵守中国婚姻法的规定;1983年颁布、2014年修订的《中外合资经营企业法实施条例》第12条;1985年颁布的《继承法》第36条和《涉外经济合同法》第5条等。1986年《民法通则》中的冲突规范规定在第8章自第142条至第150条之中。此外,最高人民法院1988年《关于贯彻执行〈中华人民共和国民法通则〉若干问题的意见(试行)》、2005年《第二次全国涉外商事海事审判工作会议纪要》和2007年《关于审理涉外民事或商事合同纠纷案件法律适用若干问题的规定》(已于2013年2月被废止)就涉外民事关系的法律适用作了规定。① 此外,在1992年颁布的《海商法》(第14章)、1995年颁布的《票据法》(第5章)和《民用航空法》(第14章)及1999年颁布的《合同法》(第126条)中,均有关于冲突规范的规定。

值得注意的是,2010年10月我国全国人大常委会通过了《涉外民事关系法律适用法》。该法是一部比较完善和先进的国际私法典,共8章52条,自2011年4月1日起施行。该法具有如下优点和特色:

第一,该法在结构上将"人法"部分即"民事主体""婚姻家庭"和"继承"等三章置于"物法""债法"之前,体现该法坚持以人为本,强化人的主体性和权利,且优化了立法体系结构。

第二,第一次将大部分冲突规则集中规定在同一部单行法律中,顺应了当代国际私法的发展潮流,基本完成了我国冲突规则的系统化和现代化。

第三,采用最密切联系原则作为对法律未作规定的所有涉外民事关系法律适用的"兜底原则",避免了在涉外民事关系法律适用方面留下漏洞。

第四,赋予了当事人意思自治原则突出地位。除了传统的合同领域(第41条)外,该法允许当事人选择法律的领域包括:委托代理(第16条)、信托(第17条)、仲裁协议(第18条)、夫妻财产关系(第24条)、协议离婚(第26条)、动产物权(第37、38条)、侵权责任(第44条)、不当得利和无因管理(第47条)、知识产权转让、许可使用和知识产权侵权(第49、50条)。

第五,经常居所取代住所成为主要属人法连结点,以国籍国连结点辅之。

第六,注重保护弱方当事人的利益。在没有共同经常居所地的情形下,父母

---

① 最高人民法院发布的公文中只有司法解释才具有法律效力,才能作为判案的依据。较早的时候曾有最高人民法院的"会议纪要"作为司法解释使用的情况,但1997年7月1日最高人民法院出台的《关于司法解释工作的若干规定》把司法解释分为"解释""规定""批复"三种形式,"会议纪要"便不得再作为司法解释了。2007年7月1日发布的《关于司法解释工作的规定》增加了"决定"的形式。因此,1997年7月1日以后,虽然最高人民法院在印发纪要时,仍然经常使用"现将《……纪要》印发给你们,请/望结合审判工作实际,贯彻/遵照/参照执行"的措辞,"会议纪要"没有正式法律效力,仅供法院内部参考。但是由于我国国际私法立法和司法解释不完善,本书仍对它们进行阐述。

子女关系"适用一方当事人经常居所地法律或者国籍国法律中有利于保护弱者权益的法律"（第25条）；扶养"适用一方当事人经常居所地法律、国籍国法律或者主要财产所在地法律中有利于保护被扶养人权益的法律"（第29条）；监护"适用一方当事人经常居所地法律或者国籍国法律中有利于保护被监护人权益的法律"（第30条）。此外，第42条的"消费者经常居所地法律"、第43条的"劳动者工作地法律"、第45条和第46条的"被侵权人经常居所地法律"通常有利于保护较弱方当事人的权益，因为经常居所地法律往往是他们最熟悉、也最便于他们据以主张其权利的法律。

第七，第一次规定了国家对涉外民事关系所作的强制性规定直接适用，这是根据中国改革开放实际，对国际上"直接适用的法律"理论的吸纳和扬弃。

但是我国《涉外民事关系法律适用法》也存在一些不足①：

第一，该法还不是一部真正统一、系统、全面和完善的涉外民事关系法律适用法，没有把《海商法》《民用航空法》《票据法》等三部商事法律有关法律适用的规定和《民事诉讼法》中的涉外篇修改后纳入，也没有把部分司法解释中成熟的规定纳入其中。

第二，该法在处理新法和旧法的关系上，虽然有第2条"其他法律对涉外民事关系法律适用另有特别规定的，依照其规定"和第51条的规定，但实际上没有明确除《海商法》《民用航空法》《票据法》三法和《民法通则》第146条、第147条以及《继承法》第36条之外的其他法律中的法律适用规定同新法是什么样的关系。如果按该法第2条解释它们的关系，那等于新法的改进规定毫无意义。

第三，该法对一些理应规定的内容，如涉外民事关系的界定、法律规避、先决问题等等，没有加以规定。

第四，在结构体系和逻辑顺序方面有不当之处，如"知识产权"一章不应放在"债权"之后，而应放在"物权"一章之后，"债权"一章之前。又如，将仲裁协议的法律适用放在"民事主体"一章内规定也是不恰当的。而且，章内条文顺序安排、逻辑结构也有问题。

2012年我国最高人民法院《关于适用〈中华人民共和国涉外民事关系法律适用法〉若干问题的解释（一）》第2条规定：《涉外民事关系法律适用法》实施以前发生的涉外民事关系，人民法院应当根据该涉外民事关系发生时的有关法律规定确定应当适用的法律；当时法律没有规定的，可以参照《涉外民事关系法律适用法》的规定确定。其第3条规定，《涉外民事关系法律适用法》与其他法律对同一涉外民事关系法律适用规定不一致的，适用《涉外民事关系法律适用法》

---

① 该法的不足可详见李双元：《涉外民事关系法律适用法的制定研究》，湖南人民出版社2013年版。

的规定,但我国《票据法》《海商法》《民用航空法》等商事领域法律的特别规定以及知识产权领域法律的特别规定除外。《涉外民事关系法律适用法》对涉外民事关系的法律适用没有规定而其他法律有规定的,适用其他法律的规定。

(3) 国际民事诉讼方面,中国的制度日臻完善。这方面最主要的文件有:1982年《民事诉讼法(试行)》第五编,1991年《民事诉讼法》第四编,1992年最高人民法院《关于适用〈中华人民共和国民事诉讼法〉若干问题的意见》,1999年《海事诉讼特别程序法》,2002年最高人民法院《关于涉外民商事案件诉讼管辖若干问题的规定》,1986年最高人民法院、外交部、司法部《关于中国法院和外国法院通过外交途径相互委托送达法律文书若干问题的通知》,1992年最高人民法院、外交部、司法部《关于执行〈海牙送达公约〉有关程序的通知》和1992年司法部、最高人民法院、外交部《关于执行〈海牙送达公约〉的实施办法》,2006年最高人民法院《关于涉外民事或商事案件司法文书送达问题若干规定》,1991年最高人民法院《关于中国公民申请承认外国法院离婚判决程序问题的规定》,1999年最高人民法院《关于人民法院受理申请承认外国法院离婚判决案件几个问题的规定》。

此外,在区际司法协助方面,最高人民法院还通过了下列司法解释:1998年《关于内地与香港特别行政区法院相互委托送达民商事司法文书的安排》、1998年《关于人民法院认可台湾地区有关法院民事判决的规定》以及2009年的补充规定、2001年《关于内地与澳门特别行政区法院就民商事案件相互委托送达司法文书和调取证据的安排》、2006年《关于内地与澳门特别行政区法院相互认可和执行民商事判决的安排》和2006年《关于内地与香港特别行政区法院相互认可和执行当事人协议管辖的民商事案件的判决的安排》以及《关于内地与澳门特别行政区相互认可和执行仲裁裁决的安排》等。

(4) 国际商事仲裁制度方面。主要的文件有:1982年《民事诉讼法(试行)》、1991年《民事诉讼法》和1992年最高人民法院《关于适用〈中华人民共和国民事诉讼法〉若干问题的意见》(对中国涉外仲裁裁决和外国仲裁裁决的承认与执行作了特别规定)以及1994年《仲裁法》第7章(规定了"关于涉外仲裁的特别规定")。此外,最高人民法院还发布了一系列有关国际商事仲裁的司法解释,最新的如2006年最高人民法院《关于适用〈中华人民共和国仲裁法〉若干问题的解释》。

进入20世纪80年代以来,在国际私法的国际法源方面,我国缔结或加入的有关国际私法的条约逐年增多。在外国人民事法律地位方面,缔结或参加的公约有:1925年《本国工人与外国工人关于事故赔偿的同等待遇公约》、1951年《关于难民地位的公约》及1967年《关于难民地位的议定书》、1979年《关于消除对妇女一切形式歧视的公约》等。在冲突法方面,我国加入了1993年《跨国收养方面保护儿童及合作公约》。在实体法方面,我国参加的国际条约较多,主要集中在国际货物买卖、国际货物运输、知识产权的国际保护等方面,如 1980 年《联合国国际货物买卖合同公约》、1966 年《国际船舶载重线条约》、1972 年《国际海上避碰规则公约》、1974 年《联合国班轮公会行动守则公约》、1929 年《关于统一国际航空运输某些规则的公约》和 1999 年《统一国际航空运输某些规则的公约》及 1955 年《关于修订统一国际航空运输某些规则的公约的议定书》、1883 年《保护工业产权巴黎公约》、1886 年《保护文学艺术作品伯尔尼公约》、1891 年《商标国际注册马德里协定》、1952 年《世界版权公约》、1967 年《成立世界知识产权组织公约》、1970 年《专利合作公约》、1994 年《与贸易有关的知识产权协定》、1996 年《世界知识产权组织表演与录音制品条约》、1996 年《世界知识产权组织版权条约》等。此外,我国还同许多国家签订了双边投资保护协定、贸易协定等,其中也包含了大量的调整涉外民事关系的实体法规范。在程序法方面,1986 年我国加入了 1958 年《承认及执行外国仲裁裁决公约》,1991 年加入了 1965 年《关于向国外送达民商事司法文书与司法外文书公约》,1997 年加入了 1970 年海牙《关于从国外获取民事或商事证据公约》。

从 1987 年起,我国又加快了与有关国家谈判签订司法协助协定的步伐。截至 2014 年 6 月,中国已同法国、波兰、蒙古、比利时、罗马尼亚、意大利、西班牙、俄罗斯、土耳其、古巴、泰国、埃及、保加利亚、白俄罗斯、哈萨克斯坦、乌克兰、匈牙利、希腊、塞浦路斯、摩洛哥、吉尔吉斯斯坦、塔吉克斯坦、新加坡、乌兹别克斯坦、越南、老挝、突尼斯、立陶宛、阿根廷、韩国、阿联酋、朝鲜、科威特、秘鲁、巴西、阿尔及利亚、波斯尼亚和黑塞哥维那约 37 个国家签订了民(商)事或者民(商)刑事司法协助协定①,除与比利时、阿根廷、波斯尼亚和黑塞哥维那签订的协定尚未生效以外,其他均已生效。

二、我国国际私法学说史

我国虽然早在唐朝就已有了冲突规范的雏形,但随后却停滞不前,国际私法的立法与学说均落伍于世界先进国家。在我国,国际私法学和国际私法的立法一样,真正的发展是在中共十一届三中全会以后的事情了。

从古代直至清咸丰年间,我国没有真正的国际私法著作。对唐律中有关冲突规定,《唐律疏义》中虽有解释,但远非系统的理论研究。宋朝的汪大犹对涉外法律关系的法律适用曾发表过自己的主张,认为"既入吾境,当依吾俗,安用

---

① 2009 年 6 月前的条约名单可参见 http://www.moj.gov.cn/sfxzws/content/2009-08/26/content_1144120.htm? node=7382,最后访问时间:2014 年 7 月。

岛夷俗哉"①,也是一种绝对的属地主义观点。

根据现有史料,直至清末光绪年间我国才出现国际私法书籍。如出版于光绪二十九年(1903年)的李叔同、范吉迪各自翻译的《国际私法》,出版于光绪三十一年(1905年)的曹履贞、夏同和和郭斌各自编纂的《国际私法》,出版于光绪三十二年(1906年)的冯闾模译的《国际私法图解》,出版于光绪三十三年(1907年)的张仁静编纂的《国际私法》。同年出版的尚有袁希濂译的《国际私法》、傅疆编的《国际私法》、刘庚先和萧鸿钧合编的《国际私法》。此外,还有宣统三年(1911年)出版的李倬译的《国际私法》、熊元楷等编的《国际私法——京师法律学堂笔记》等。上述各书多取法于日文原著,或直接从日文原著译出。②

民国时期我国出版的国际私法书籍,据不完全统计,主要有1930年唐纪翔著的《中国国际私法论》,1931年周敦礼著的《国际私法新论》,于能模著的《国际私法大纲》,程树德著的《比较国际私法》,1933年阮毅成著的《国际私法》,1934年陈顾远著的《国际私法总论》,1935年翟楚编著的《国际私法纲要》,1937年卢峻著的《国际私法之实际》,1948年郭宏观撰的《中国国际私法沿革概况》,李浩培著的《国际私法总论》,另外尚有王毓英编的《国际私法》等。

总的来看,民国时期的国际私法著作有以下特点:(1)独创性不足。上述著作多属于介绍性质,承袭德、日、法等国家的国际私法理论与学说,很少有自己独立的见解;(2)各书的内容与体系大同小异,一般都认为国际私法的基本内容包括三大块:国籍与住所、外国人的民事法律地位、法律适用(这一部分的内容都十分单薄);(3)认为国际私法是冲突法,且具国内法性质的传统观点占统治地位。尽管民国时代的国际私法著作因袭他国学说,缺乏独创性,但就学术角度而言,还是有一定的学习和研究价值的,在我国的国际私法说史上也是占有一定地位的。

新中国国际私法学的发展,同国际私法立法一样,经历了一个漫长而曲折的历程。新中国成立后,人民政府力图完全以苏联法学为范本,建立我国的法律科学。1951年,中国人民大学外交系虽设置了国际法教研室,先后聘请了三位苏联专家给教师和研究生讲授国际私法,我国学者也陆续翻译出版了几本苏联学者的国际私法著作,如隆茨的《国际私法》,柯列茨基的《英美国际私法的理论与实践概论》、《国际私法论文集》等,但他(它)们都特别强调社会制度和意识形态的对立对国际私法的影响,因而不免存在有简单化和"左"的倾向。不过总算还在新中国法学园地中保留了国际私法这个学科。

---

① 见《宋史·汪大猷传》。
② 参见刘正中:《晚清中国国际私法与日本》,载李双元主编:《国际法与比较法论丛》第9辑,中国方正出版社2004年版,第567—580页。

到 1957 年,因极"左"路线的干扰日益严重,法律虚无主义泛滥成灾,及至十年"文革"的灾难性破坏,整个法学界都受到极大的冲击,加上以后又长期走上闭关自守的道路,国际私法作为调整涉外民事关系而且要涉及外国法的适用问题的法律部门,几乎视为"邪说"而被取缔。尽管在 20 世纪 60 年代还先后有倪征燠教授翻译的英国托马斯的《国际私法》和由他撰写的《国际私法中的司法管辖问题》于 1963 年、1964 年出版,到"文化大革命"时,国际私法的理论研究已完全中断,在全国仅剩的三个法律专业中,国际私法的教学也被取消了。

直到党的十一届三中全会后,为了适应改革开放政策的需要,国际私法学才受到了党和国家的高度重视。这时,对外开放中发生的种种国际私法问题迫切需要研究解决,中国国际私法学因而重新获得了发展的契机。经过三十余年的努力,不但我国国际私法立法取得了长足的进步,国际私法理论研究也步入了一个初步繁荣的阶段。

在这一时期,我国国际私法理论研究工作在配合立法和涉外司法实践方面也成就卓著。主要表现在以下一些方面:

(1) 在 1985 年召开的第一次全国性国际私法研究学术讨论会上,与会学者便积极投入到对《民法通则》第八章"关于涉外民事关系的法律适用"的立法指导思想、基本原则和应包括的内容和相应的具体规定的研究和讨论中去。1985 年底在当时全国人大常委会委员长直接主持下全国人大常委会法工委召开了《民法通则》通过前的最后一次全国性研讨会上,其第八组便主要由国际私法方面的学者专家组成,他们也以研究、讨论、修改草案第八章为主要任务。

(2) 20 世纪 80 年代初以来,国际私法学界一些学者专家还就国家的几个重大的涉外民事争议案件或向国家有关主管部门提供了极有价值的法律咨询意见,或发表了一些重要学术论文,阐述中国政府应当采取的立场,很好地发挥了法学理论研究为国家现代化建设服务的作用。①

(3) 在这一时期,不同风格、不同观点、不同体例的国际私法教材、专著、译著和资料集不断问世,公开发表的论文也日益增多。在译著方面最重要的有李浩培、汤宗舜教授翻译的沃尔夫《国际私法》、李东来等翻译的莫里斯《冲突法》、陈洪武等翻译的巴迪福《国际私法总论》以及李双元与杨国华、胡振杰、张茂三位国际私法博士合译的戴西和莫里斯《冲突法论》(第 10 版),李双元与张茂、吕国民、程卫东、郑远民等根据 William Guthrie 英译本合作翻译的萨维尼《现代罗

---

① 可参见法律出版社为纪念新中国成立 35 周年而出版的《法学文集》中韩德培、周子亚、李双元合著的《关于终止几个成套设备进口合同若干法律问题的意见》一文及 20 世纪 80 年代早期围绕湖广铁路债券案,若干学者分别撰写发表在《中国国际法年刊》、《法学评论》等刊物上有关国家及其财产豁免权的论文等。

马法体系》(第8卷)和刘兴莉译、黄进校的威廉·泰特雷《国际冲突法——普通法、大陆法及海事法》等。①

(4)这一时期,不同的学术观点和理论体系通过磋商和讨论,形成了中国国际私法学理论的不同学派,国际私法研究呈现出百家争鸣的局面。同时陆续出现了具有原创性的理论和学术观点,表明中国国际私法学已从着重介绍外国的学说跨进了学科创新的阶段,以对国际社会国际私法的发展作出自己独立的贡献。其中,国际私法趋同化走势正在不断加强和全球化时代国际私法应以构建国际民商新秩序为己任的理论,当是重要的体现。②李双元教授更将其思想概括为:当代国际私法趋同化走势的不断加强是该理论的起点;构建全球化时代的国际民商新秩序是该理论追求的目标;而他从1995年起便不断倡导的"国际社会本位理念"是该理论的支撑或基础。③

(5)《中国国际私法示范法》的拟定和公开出版等立法建议稿的拟定,表明中国对国际私法立法的探讨跨出了重要的一步。为了推动国际私法学的研究,全国性的国际私法学术交流活动也于1980年肇始。1987年10月全国国际私法教学研讨会和国际经济法教学研讨会同时在武汉大学召开,会上正式成立了中国国际私法研究会(后改名为学会)。目前,中国国际私法学会已先后召开了三十多次年会和一些专题讨论会。这些会议都是围绕中国国际私法的立法以及实行对外开放所面临的一些重要国际私法问题的解决而举行的。中国学者在每次年会上提交的论文,中国国际私法学会基本上都编辑出版了论文集,自1998年起改为每年编辑出版一部《中国国际私法与比较法年刊》。中国国际私法学会经过近七年的努力,几易其稿,2000年终于拟定了《中华人民共和国国际私法示范法》(第六稿,汉英对照文本,并且每条附有带学理说明的"立法"理由,已由法律出版社出版)。它是中国第一部完全由学术研究团体起草的学术性示范法典,仅供立法、司法机关及科研机构等参考使用。该示范法共分为五章,分别为总则、管辖权、法律适用、司法协助和附则,共166条。

(6)为《涉外民事关系法律适用法》的制定提供理论支持。在立法机关

---

① 读者可以通过中国国家图书馆网站(http://www.nlc.gov.cn/)的馆藏目录检索已经出版和发表的绝大部分教材、专著和译著的题名、作者、内容提要和出版者与出版时间等信息,通过中国知网(http://www.cnki.net/)检索和下载已发表的大部分期刊论文和硕士、博士论文。

② 详见李双元主编:《市场经济与当代国际私法趋同化问题研究》,武汉大学出版社1994年版;李双元、徐国建主编:《国际民商新秩序的理论建构》,武汉大学出版社1998年版;李双元主编:《中国与国际私法统一化进程》,武汉大学出版社1998年版。

③ 详见李双元、李赞:《构建国际和谐社会的法学新视野——全球化进程中国际社会本位理念论析》,载《法制与社会发展》2005年第5期。关于李双元教授的理论和思想,可参见李双元:《法律趋同化问题的哲学考察及其他》,湖南人民出版社2006年版;李双元:《李双元法学文集》(上下册),中国法制出版社2009年版。

2002年起草"民法草案"第九编"涉外民事关系的法律适用法"和《涉外民事关系法律适用法》2008年被列入第十一届全国人大常委会立法规划的前后,中国国际私法学会、武汉大学法学院、中国政法大学国际法学院、湖南师范大学法学院等学术团体和机构都起草了立法建议稿,供立法机关参考。中国国际私法学会还在数次年会与专门会议上研讨《涉外民事关系法律适用法》的起草和条文设计问题。

三、我国国际私法学的未来发展取向

我国国际私法学的起步,本来就是国家实行改革开放政策的结果,因而其时代感和实践性是相当突出的两个特点。它在新世纪的进一步发展,毫无疑问当继续在这两个方面保持其特色。

我国国际私法学将在及时并广泛总结国际社会普遍实践的基础上,以知识经济和全球化的崭新理念为指导,在进一步推动我国国际私法的法制建设向构筑国际民商新秩序的方向的发展上发挥自己的重要作用。国际私法目前主要还是作为各个国家的国内法而存在,这是毋庸置疑的,因此,我国国际私法学亦当首先着重研究如何更充分地发挥这一法律部门为国家的改革开放服务的作用。这应该是我国国际私法学赖以生存和发展的基础。但是包括我们国家在内,全球的战略重点既已全面转向经济领域,并致力于使本国经济融入国际经济的大循环圈内,世界市场一体化进程正日益加速,一切国家、一切地区、一切经济部门、一切企业和商品、货币、资本、技术、信息与劳动都会自觉地或被迫纳入全球规模的市场体系之中,"国家的经济发展"与"国际的经济发展"将越来越密不可分。这就要求甚至迫使世界各国必须采取各种新的法律措施来处理彼此之间的民商经贸关系,以谋求全人类的共同的可持续发展。因而在国际私法中,国际社会本位的理念,也是必须加以贯彻的。

这就有极大的可能,在国际私法的这种功能转换过程中,使它的许多基本制度和价值将发生根本性的变化。比如说,人们将很难设想,在全球化的时代,国际私法上的识别与公共秩序保留制度,仍会完全依国内法的概念作出,而可以不顾国际社会的共同标准和诚信与善意原则;在知识经济与信息时代,对外国法的查明或证明责任仍会拘泥于把外国法视为"法律"或"事实"的区分,并将这种举证责任继续交由主张该外国法的当事人来承担;而对外国法的解释或适用错误终于导致判决的误差,有关国家的上诉审或最高法院仍旧可以借口它们的任务仅在于纠正适用国内法的错误,不接受当事人提起的上诉或再审;加之,在法律的选择方法上,由于内外法律平等与国际社会本位的理念进一步成为国际私法上的共识,而外国法的资料的获取又极为简便,直接就所涉国家的有关实体法规范进行选择的"规则选择方法"必将在相当大的程度上取代目前的"管辖权选择

方法"。这种直接就实体规则进行选择的方法的扩大采用,必将使反致、转致制度大大丧失其存在的价值;法律规避行为也必然会受到各国一致的反对。过去人们就说过,马车时代的冲突法则,是不会适合于火车、飞机为主要交通工具的国际社会的需要的;同样可以预言当今那些认为哪怕是非常合理的冲突法制度,也不一定适合知识经济与全球化为特征的21世纪的需要。中国国际私法学未来发展,必须有这种迫切的时代感为支撑,否则,将始终摆脱不了"步人后尘"的局面。

而中国国际私法学研究中这种时代感的加强,同时也就意味着中国国际私法国际的实践性的加强。国际私法不是一门抽象化的纯理论学科,它是一个实践性很强的法律部门。在21世纪,随着国际经济贸易关系的广泛发展,在冲突法领域,在统一私法领域,在国际民事诉讼法领域以及在国际商事仲裁领域,它必将面对更多迫切需要解决的实践与基础理论问题。中国国际私法的理论研究之所以在20世纪80年代初以来取得如此大的进步,就在于它一直关注国家对外开放中产生的种种涉外法律问题,关注国际关系的发展对国际私法提出来的种种新的问题。它的未来的繁荣,也将在极大的程度上取决于对21世纪国内、国际民商事生活的密切关注。

第三章 冲突规范的几个基本问题

第一节 冲突规范的概念、性质、类型与作用

一、冲突规范的概念和性质

冲突规范(conflict rules)是处理涉外民事关系时,指定应该适用哪一法律作为准据法(applicable law, lex causae)的各种规范。

由于在发生法律冲突的情况下,需要首先解决应该适用哪一法律作为判定当事人之间实体权利义务关系的根据,因此,在国际私法上,把指定应适用哪一法律的这种规范叫做冲突规范,或法律选择规范(choice of law rules)[①],或法律适用规范(rules of applicable law),而把被指定用来判定当事人之间具体权利义务关系的那个法律叫做准据法。例如,我国《涉外民事关系法律适用法》第21条规定的"结婚条件,适用当事人共同经常居所地法律",便是一条冲突规范。"共同经常居所地法律"即为准据法。正是由于冲突规范只具有指引准据法的作用,所以它是一种调整涉外民事关系的间接规范。

本来,一般的法律规范,其逻辑结构都包括假定、指引(或命令)和制裁三个部分。其中假定部分表明该行为规则适用的对象或范围;指引部分表明该行为规则的本身,即允许怎么做,不允许怎么做;制裁部分则表明违反该行为规则的后果。例如,我国2001年修订后的《中外合资经营企业法》第5条第2款规定:"外国合营者作为投资的技术和设备,必须确实是适合我国需要的先进的技术和设备,如果有意以落后的技术和设备进行欺骗,造成损失的,应当赔偿损失",便是一条在结构上十分完整的法律规范。它有假定部分——外国合营者以技术和设备作为投资,有指引部分——这些技术和设备必须是适合我国需要的先进技术和设备,并不允许有意用落后的技术和设备进行欺骗,也有制裁部分——违反上述规定并造成损失的,应当赔偿损失。可是冲突法规范,一般像"人的能力依其本国法"、"物权依物之所在地法"、"法律行为的方式依行为地法"等这样的结构,其中只有假定部分是直接规定清楚了的,其余便只规定了处理"范围"所列的法律关系或法律问题应该适用哪一国的法律(即准据法)。因此,从规范的

[①] 直到目前,由于一些国家或国际私法学家或国际组织仍保留国际私法就是冲突法的观点,所以也还有直称冲突规范为"国际私法规范"(rules of international private law)的。

结构上看，可以表明它是一种间接规范。正因为它不直接规定当事人间的权利义务，而只指出解决某一问题应由哪一国的法律提供具体的实体规则，因此也有些学者认为它只是一种关于技术上的制度，而不是实体法制度。冲突规范的这种间接的性质，决定了它具有许多直接规范所没有的优点与缺点，从而使它在运用过程中，还必须伴随其他一些有关的制度（包括反致、公共秩序保留等）。

值得注意的是，一般来说，冲突规范具有强制性，法院在审理涉外民事纠纷时，必须依照职权主动先适用本国的冲突规范来确定案件应当根据哪国法律审判。这一点得到大多数国家的承认。20世纪70年代以后，某些大陆法国家学者受英美法影响，开始主张接受"任意性冲突法"理论（facultative choice of law），将冲突规范的适用与当事人"意思自治"结合起来，主张只有当事人要求适用冲突规范并且能够像对待事实问题一样证明它们时，才能适用。否则，法院将一律适用法院地法判案。法国和斯堪的纳维亚国家的司法实践倾向于这种做法。我国《涉外民事关系法律适用法》第2条规定，涉外民事关系适用的法律，依照本法确定，也把冲突法视为强制性规范。最高人民法院也多次要求各级法院必须按照冲突法来确定涉外案件的准据法。然而，我国法院（包括高级人民法院和最高人民法院）在许多涉外案件的审判中，有意无意地采用了类似于"任意性冲突法理论"的做法，即只要当事人不主动提出适用外国法律，就自然地依照我国民事实体法进行审判。在某些案件中，甚至在当事人已经事先在合同中约定了适用外国法，也以当事人在庭审中未提出适用外国法为由而直接适用我国法律。①

二、冲突规范的结构和类型

"人的能力依（或适用）其属人法""物权依物之所在地""法律行为的方式依行为地法"以及"继承依死者的最后本国法"，等等，都是冲突规范。从这几条冲突规范来看，在它们的结构形式上，都有一个共同的特点，就是它们都只包括两个部分，其前面部分是"人的能力""物权""法律行为的方式"及"继承"等，国际私法学上把这一部分叫做"范围"（category）。"范围"又有称为"指定原因"或"连结对象"的，并且认为指定原因可能有三种不同性质：一为法律关系，一为事实，一为法律问题。如这里讲到的"物权"与"继承"便都是指法律关系；但也有人认为在有关事实尚未被法律所确认之前，还未成立为法律关系，因而"范围"中所指定的还只具有事实的性质（或起因事实——operative facts），即虽可引起法律效果，但尚未具备法律效果的事实。从另一角度看，也可以把它说成是"法律问题"，因为这种事实究竟有何种法律上的效果，尚待解决。但总的来看，"范

---

① 参见杜涛：《国际私法原理》，复旦大学出版社2014年版，第62—65页。

围"所指,确可能有上述三种不同情况。冲突规则的后面部分是"依其属人法""依物之所在地法""依行为地法"及"依死者最后的本国法"等,在国际私法上把这一部分叫做"准据法"。它就是解决范围中待定的法律关系中当事人之间权利义务,或解决范围中待定事实的法律性质,或解决的法律问题所应该依的法律。

经冲突规范指定的准据法主要是一国的国内法,但也可以是国际条约或者国际惯例。过去我国台湾地区的法律能否作为准据法被中国人民法院适用不明确。根据2010年最高人民法院《关于审理涉台民商事案件法律适用问题的规定》,人民法院审理涉台民商事案件,应当适用法律和司法解释的有关规定。根据法律和司法解释中选择适用法律的规则,确定适用台湾地区民事法律的,人民法院予以适用。

准据法部分包括连结点及它所指向的法律,过去我国通常称为"系属",它在冲突规范中的作用,就在于指明"范围"中所表示的法律关系或(法律)事实或法律问题应该适用哪一个国家的法律作准据法。冲突规范之所以是间接规范就在于它是通过连结点或连结因素指定另一系统的法律来规定自己的内容的。因此,它实际上是由两个规范所组成的,其中一个是指定规范,它规定该冲突规范应该如何适用;而另一个则是那个被指定的规范,二者结合起来才能决定或得出"范围"所列的有关法律关系或(法律)事实或法律问题的内容和结论。

在国际私法学中,根据冲突规则对应适用法律的指定的不同,可以把所有的冲突规范划分为四种最基本的类型:单边冲突规范、双边冲突规范、重叠适用准据法的冲突规范与选择适用准据法的冲突规范。

(1)单边冲突规范(unilateral conflict rules),德国法又叫"不完全冲突规范"(unvollkommene Kollionsnormen)。这种类型的冲突规范主要是用来直接规定只适用内国法的各种情况。单边冲突规范多为一种附条件的指定,如1896年的德国《民法施行法》第15条规定:"夫妻财产制,在结婚时夫为德国人,则依德国法"(即如不为德国人,就不能适用这条)。其所附条件多为:当事人的国籍或住所、标的物的所在地等。这种规范最早以成文法形式规定在1804年《法国民法典》第3条第2、3款中,即"不动产,即使属于外国人所有,仍适用于法国法"与"关于个人身份与法律上的能力的法律,适用于全体法国人,即使其居住于国外时亦然"。《法国民法典》的这一规定曾为比利时、罗马尼亚、西班牙、智利、秘鲁、加拿大魁北克等民法典所模仿。但大量采用这种单边冲突规范的是1896年德国《民法施行法》,如它的第8条规定,在德国有住所或居所的外国人,依德国法为禁治产之宣告。

单边冲突规则使用起来,虽然不需要再去对一个隐含有双边意义的连结点进行确定,比较直截了当,但它也包含有另一缺陷,那就是对于需要适用外国法的各种场合,并未作出规定,这就会给法院在适用法律上留下空缺。例如,尽管德国《民法施行法》明确规定了"德国人的继承,虽于外国有住所,仍适用德国法",但它却没有规定德国法院如果受理一件在德国有住所的外国人的继承案件应适用什么法律。对于这种情况,大陆法一些国家便常常需要通过最高法院的判例,根据已有的一个单边冲突规则推引出另一个单边冲突规则(如"外国人的继承,虽于德国有住所,仍适用其人的本国法"),或者干脆推出一个双边冲突规范(如"继承依被继承人的本国法")。

推崇这种冲突规范的人们认为,尽管这种类型的规范有如上缺陷,但立法者的任务只是给他们自己的法律划定适用的界限,如果对那些不应适用自己法律的场合竟去规定应适用哪一外国国家的法律,无异侵犯他国的立法权限。但是,批评者们却指出,立法者的任务是要告诉自己国家的法官,在他们受理的任何案件中应该适用何种法律,而现在只规定一个单边规范,指出了内国法适用的各种情况,却留下适用外国法的情况未作规定,其背后就可能隐藏着扩大自己内国法(即法院地法)适用的范围的意图。人们认为,这一点还有一个证明,就是在1896年德国《民法施行法》中除大量采用单边冲突规范外,对仅有的几条双边冲突规范,它也在第27条中又明确规定,如果所指引的外国法认为应依德国法时,仍应适用德国法——接受外国法的反致。

单边冲突规范尽管有上述缺陷,但在各国冲突法中,却常常不可缺少。随着国际经济关系的发展和国际私法的进步,大量运用单边冲突规范来指引内国法作准据法的现象固已减少,但终究不能说它已完全丧失在冲突法中存在的价值。如我国《合同法》就继1985年的《涉外经济合同法》之后再次明确规定在中国履行的三种外商投资企业合同只允许适用中国的法律。

单边冲突规范有时也可以用来规定只适用外国法的场合。例如,苏联《婚姻家庭法典》第162条第4款规定:"外国人在苏联境外按照有关国家的法律结婚,在苏联承认有效",以及1926年英国《(非婚生子)准正法》第8条规定,子女是否因双亲的后为婚姻而准正,如结婚时生父的住所不在英格兰或威尔士,适用该生父的住所地法,都是只指定适用外国法的单边冲突规范。

(2) 双边冲突规范(bilateral conflict rules, all-sided conflict rules),德国法又称为"完全冲突规范"(vollkommene Kollisionsonormen)。这种类型的冲突规范与前者不同,它并不是规定对什么问题在什么条件下适用内国法(或适用外国法),而是抽象地规定一个待确定的连结点,表明什么问题应适用什么地方的法律,这一法律有时是内国法,有时是外国法,全取决于连结点之所在。例如,关于人的能力规定"适用其人的本国法",这就用"国籍"作连结点,然后考察该人如具有法院国国籍,则其本国法当为法院国法;如其国籍为某一外国,则其本国法当为该外国法。前面讲到的其他一些冲突规范如"物权依物之所在地法""行为方式依行为地法"等,便都是这种双边冲突规范。

双边冲突规范所指引的既可能是内国法,也可能是外国法,全看其连结点(如"国籍""住所""物之所在地""行为地""法院地"等)导向何处。这种双边冲突规范特别为萨维尼的理论所提倡,因为萨维尼认为法律关系的"本座"在什么地方就适用什么地方的法律,而不用区别它是内国法或外国法。应该说,双边冲突规范是一种比较完备、比较方便的冲突规范。所以,大多数国家的成文的冲突法一般都采取这种形式。

双边冲突规范和单边冲突规范的区别,可以举《意大利民法典》与德国《民法施行法》中的关于夫妻财产关系的相应规定来加以说明。

1942年《意大利民法典》第19条第1款规定:"夫妻之间的财产关系,依结婚时夫的本国法";而1896年德国《民法施行法》第15条则规定:"夫妻财产制,在结婚时夫为德国人者,则依德国法。"

前者显然是一条双边规范,它回答了一个普遍性的问题,即夫妻财产关系应以什么法律作准据法;而后者却是一条单边规范,它只回答了夫妻中夫于结婚时为德国人的财产关系应适用什么法律作准据法。可见,在完备性与普遍适用性上,后者不如前者——后者留下了"结婚时夫不为德国人的夫妻财产关系应适用什么法律"的问题未作解答。

但是应该看到,由于双边冲突规范对外国法律平等对待,如果在实践中发现此种冲突规则指定应适用的某外国法不符合内国的政策或需要,有时也会给法院造成被动。于是,在采用双边冲突规范的同时,往往也允许采用"反致"或"转致"的制度,采用"公共秩序保留"的制度,来限制不合自己需要的外国法的适用。正因为双边冲突规则有这种缺陷,因此,美国一些学者曾坚决主张废弃这种"抽象的""神秘主义的"冲突法制度。

单边冲突规则与双边冲突规则,既有区别又有联系,这主要表现在:在具体案件中援用双边冲突规则时,需要从中分离出一个单边冲突规则来。因为尽管双边冲突规范指引的法律既可以是内国法,也可以是外国法,但在具体案件中,由于它的连结点只有一个,它终究或是指向内国法,或是指向某一外国法,而不能同时适用这两个法律。这就发生了双边冲突规范向单边冲突规范的推移过程。

反之,在运用单边冲突规范的时候,如果需要并允许据而推引出另一个相应的单边冲突规范,那么把二者结合起来,它们又可以构成一个双边冲突规范。例如上文讲到,德国《民法施行法》只规定"德国人的继承,虽于外国有住所,依德国法",现在处理一个于德国有住所的外国人的继承案,因而推导出另一个单边冲突规范:"外国人的继承,虽于德国有住所,依外国法",把这两个单边规范结合起来,便可以构成一个"继承,即令被继承人于外国有住所,亦适用其本国法"

的双边冲突规范。

在双边冲突规范中，还有一种不完全的双边冲突规范，它既不像单边冲突规范中只规定内国法的适用范围，也不像完全的双边冲突规范那样以广泛的涉外民事关系为对象，而是只限于与内国有某种联系的案件，却规定内外国法律均可适用。例如，我国《继承法》第 36 条第 1、2 款的规定，就属于这种不完全的双边冲突规范，因为该两款尽管均规定动产适用死者住所地法，不动产适用所在地法，但是以继承人、被继承人及遗产所在地三个因素中至少有一个是中国因素为适用条件的，因此它并不适用于含有任何国际因素的继承关系。

(3) 重叠适用准据法的冲突规范。这种规范要求同时适用两个国家的法律作准据法。例如，1902 年海牙《关于离婚及分居法律冲突与管辖冲突公约》第 1 条规定："夫妇非依其本国法及法院地法均允许离婚时，不得为离婚之请求"，就要求同时适用夫妇的本国法和法院地法。

在许多情况下，在冲突规范中要求重叠适用的两个准据法中，必有一个是法院地法。其所以如此，主要是从法院地的公共秩序不至于被破坏着眼的。当然，也有不要求重叠适用法院地法的情况，如 1926 年的《波兰国际私法典》第 28 条规定，继承依被继承人死亡时的本国法；但继承人必须依继承的准据法及其本国法，均有取得遗产的能力。其第 2 款就对继承人的能力作了需要重叠适用两个准据法的限制，但它并不一定要重叠适用波兰法。

在重叠适用准据法时，有时还规定以哪一法律为主要的情况。例如，英国法院过去在受理发生于外国的侵权行为案件时，对于什么构成侵权行为，便要求首先适用英国法，即只有在此种行为发生于英国会被认为是侵权行为，然后再重叠适用该侵权行为地法，但只要求行为地法认为该行为为不法，英国法院便可当作侵权行为案件予以受理，并且在确定其责任范围时只适用英国法。

但对下例，不应视为重叠适用准据法的冲突规范。如 1902 年海牙《婚姻法律冲突公约》第 1 条规定："缔结婚姻之权利，依当事人各该本国法"，这虽然也要求适用两个国家的法律，但它们是分别或并行对男方和女方加以适用的，而不是要求同时适用两个国家的法律于男方和女方的婚姻权利。因此，它不属于重叠性冲突规范。

重叠适用准据法的规范是在法院国认为某种法律行为或法律关系的成立或解除需要从严掌握时，才会采用的。

(4) 选择适用准据法的冲突规范。这种规范规定，法院可以从该规范指定的几个可以适用的准据法中选择一个加以适用。这种指定准据法的方式，又叫"选择指定"(alternative reference)。这种规范又有两种不同情况：

一种是允许任意选择(即无条件选择)。如奥地利联邦 1978 年《国际私法法规》第 16 条第 2 款规定："在国外举行的婚姻，其方式依结婚各方的属人法；但已符合婚姻举行地法关于方式的规定者亦属有效",便是这样。被这种冲突规范指定可从中选择的几个地方的法律,基本上具有同等价值,并无主次轻重之分。

另一种是只允许作依次选择(即有条件的选择)。如奥地利上述法规第19条规定:"夫妻财产,依当事人明示选择的法律,无此协议选择的法律时,依结婚时支配婚姻人身效力的法律",便是这样。这样的冲突规范指定的几种法律有主次轻重之分,必须先选择前一种,在前一种法律不存在或不符合立法者追求的目的时才能选择下一种法律。我国《涉外民事关系法律适用法》第41条规定:"当事人可以协议选择合同适用的法律。""当事人没有选择的,适用履行义务最能体现该合同特征的一方当事人经常居所地法律或者其他与该合同有最密切联系的法律",也是只允许作依次选择的。此外还有另一种有条件的选择方式,如前南斯拉夫1982年《法律冲突法》第28条第1款规定:"除对个别情况另有规定者外,民事侵权责任,依行为实施地法或结果发生地法,其适用视何种法律对受侵害人最为有利"。

选择适用准据法的冲突规范多用于法院国认为某种法律行为或法律关系应尽可能使其有效成立或解除的场合。目前一些新的法典在采用选择指定规范时,还允许用"利益分析"作为选择的根据。如上述前南斯拉夫法的规定及欧洲其他一些新法典允许选择对弱方当事人、对子女、对妇女等更为有利的法律。

在所有各种形式的冲突规范中,双边冲突规范应该是最基本的形式,其他各种形式的冲突规范都是它的发展或变形。这是因为所有的冲突规范,都是以在一定条件下,某种法律关系也可以适用外国法为前提的,并且整个国际私法也是在肯定这一前提的基础上发展起来的。

为了适应国家处理不同性质法律关系的政策需要,有时还可把两种基本类型的冲突规范结合在一个法律条文之中。例如,我国原《涉外经济合同法》第5条及现在的《合同法》第126条一方面对一般的涉外经济、贸易合同用一条双边冲突规范指定应适用的法律,同时又对在中国履行的几种重要外商投资合同,通过一条单边冲突规范指定只能适用中国的法律。

三、冲突规范的"软化"处理

(一)传统冲突规范的严重缺陷

传统的冲突规范所采用的法律选择方法,基本上是通过连结点来实现的。但现实中的涉外民事关系,其连结点可能是十分复杂而繁多的,究竟某一种类的涉外民事关系应以其中哪一个连结点来指引其应适用的准据法,不同学者,不同的法官,不同国家的立法,却往往不同。为了求得法律适用上的统一或一致,德国学者萨维尼提出了法律关系"本座说"。他认为,法律关系的本座构成了国际私法的全部要素,人们所需要的仅仅只是对这个本座进行形式上的表述,以便使国际社会依据它确定应适用的法律。这个本座就是我们现在所称的连结点,而通过对连结点进行表述所形成的指导法律选择的规范,就是冲突规范。但是由于萨维尼认为,凡涉及人、财产、合同、侵权、继承的法律关系等,都可归属于"一个本座",而以这个本座作连结点构成的冲突规范又具有普遍适用性,所以这种传统的冲突规范具有两个最显著的特征就是:

(1)强调法律适用的一致性和稳定性。著名的比较国际私法学者拉贝尔(Rabel)认为,自从萨维尼起,人们就习惯地把现实判决结果的一致当作国际私法的首要目标。人们所追求的是,同一个案件,不论在哪国法院提起诉讼,都应当只受同一个实体法支配。因此,法律选择长期以来形成了许多基本不变的公式,如"侵权由侵权行为地法支配""合同由合同订立地法支配"等。

(2)主要是一种立法管辖权的选择方法。在传统的法律选择规范中,连结点如同"路标",立法者就是通过连结点这种"路标"把不同的案件分配给不同国家的法律管辖,法官只需沿着相关的"路标"前进,就能迅速、准确地找到应适用的法律。至于这个法律的内容如何,法官在作出选择时并不一定知晓。因此,法官事实上选择的不是某个具体的规则,而是一个具有立法管辖权的国家的法律。

传统的冲突规范既具有上述两个特征,它不可避免地带有僵固性和呆板性。因为,为了追求结果的一致,立法者就不得不放弃法律关系的其他的众多的连结因素,而选择其中所谓"最能体现法律关系本座"的连结因素作为法律选择的指示器。但实际情况是,除非国家之间存在统一冲突法的公约,各个国家的立法很可能对同一法律关系的本座所在认识不同,从而在冲突规范中采用了不同的硬性连结点,或所采用的连结点虽然相同,而对连结点的解释不同,并不能达到适用法律的合理和一致。更为重要的是,在纷繁复杂的现实生活中,同一类法律关系,或同一类国际私法案件,必然存在着种种差别,从而要求选择应适用的法律的方法也应是相当灵活的,应随案件的不同而变化的。传统冲突规范依靠某一种连结点来指定应适用法律的僵固性和呆板性,便越来越受到人们的批判。

尽管如此,利用连结点作出法律选择的方法依然是大多数国家所采取的最基本的法律选择方法。这不仅仅是因为目前还没有更好的方法可完全取代它,更主要的还是这种方法本身也具有一些不可抹杀的优点。按照这个方法创立者的设想,连结点反映了法律关系与一定地域的法律之间的内在的、实质的联系,立法者把这种联系用法律规范的形式表述出来,以指导法院在同类案件中作出相同的选择,在正常情况下,总是任何国家司法活动中所要求的。冲突规范既然也是一种行为规范,它就要求人们遵守和执行,它就不允许离开它而把每一个案件都交由法院依照各自的裁量去进行解决,否则,就不会有冲突法的存在。但是,在指引准据法的连结点上采取僵化的绝对的立场,则肯定是不能实现法律适用上的一致和判决结果上的一致这一目的的。冲突法与任何其他理论与方法一样,都必须反映客观世界,反映社会生活的变化和发展。随着科学技术的进步及国际贸易和人员流动空前规模的高涨,传统的法律选择方法也必须有所发展。传统的冲突规则面对新形势所暴露出来的一种缺陷,虽不表明它已到了穷途末路,但是表明这种方法需要改造,需要加工,需要注入更多的灵活性,以适应迅速变化的社会现象。为了实现这个目标,国际上逐渐形成了一种对冲突规范进行软化处理的共同潮流。

(二) 当代国际私法立法对传统冲突规范采用的"软化处理"方法

在运用传统的冲突规范进行法律选择的过程中所形成的识别、反致、外国法内容查明、公共秩序保留制度等,都在一定程度上起着克服传统的冲突规则所具有的僵硬性和呆板性的作用,因而亦未尝不可说是一些从消极方面对冲突规范进行"软化处理"的最初形式。但除这几种旨在弥补或校正冲突规范的僵化性的制度外,下列各种软化处理的方式或途径已越来越多地为各国所共同采用。目前常见到的是:

(1) 用灵活的开放型的系属公式代替僵硬的封闭型的系属公式。正如本书后面讨论到合同的法律适用时所指出的,在早先,合同的成立和效力本认为是应受合同缔结地法支配的,后来由于交通和通讯工具的发展,使隔地合同和其他各种缔结地不好确定,或虽能确定但合同与缔结地的联系纯属偶然的情况大量发生,加上自由贸易的需要,产生了"意思自治"原则,主张合同准据法应由双方当事人自主选择。这是在合同的准据法选择上,由僵固的封闭型的系属公式向灵活的开放型的系属公式转变的第一步。在此基础上,在对合同法律适用,目前又进一步发展到普遍以意思自治为主,而辅之最密切联系的第三个阶段。合同法上的这种趋同性可以说在整个国际私法中表现得尤为明显的。在合同领域采用这种灵活的系属公式的同时,其他各个领域则亦相继抛弃沿袭传统的指定单一连结点的僵硬方法,纷纷主张各种法律关系适用与之有密切联系的国家的法律时,这种软化处理的方法又进入了一个新的更高的阶段。目前,更有用"利益分析"和"政策导向"的方法来构成开放型的冲突规范的。

采用灵活的、开放型的连结点的做法,虽然始于合同法领域,现在却已远远超过了这个范围。如在早先,对所有的侵权都是适用侵权行为地法的,但20世纪中叶以后,美国的一些法院便开始抛开传统的硬性连结点,主张适用与侵权有最密切联系的法律。英国的学者更是比照合同自体法的理论,提出了"侵权行为自体法"(proper law of torts)的主张,即在决定侵权的法律适用方面,不再完全求助于侵权行为地这样的封闭的连结点,而是由法院根据案件的具体情况,选择适用与案件有最密切、最真实联系的法律。以最密切联系作连结点,在合同、侵权以外的其他领域也是存在的。如1977年11月25日葡萄牙关于修改1967年民法典的法令中规定,有关配偶、父权和亲权的确定,适用长期共同居住地法,在无此法时,适用与其家庭生活有着较为密切联系的国家的法律。1987年的瑞士国际私法更将意思自治扩大适用于侵权和继承准据法的选择。1989年关于死者遗产继承法律适用的海牙公约也允许在继承准据法方面由被继承人生前通过遗嘱加以指定(尽管当事人的自主选择还受到严格的限制)。

在保护消费者、劳动者和妇女与儿童的利益方面,由于国际社会普遍以此作为国家的重要政策,并且尽管许多国家在这些领域的法律适用已有很大的改进,增加了适用消费者、劳动者和妇女与儿童的属人法的机会,但现在则更出现一种明确要求在有几个法律可以适用时应适用对他们更为有利的法律。这方面的典型例证可数1978年的奥地利联邦《国际私法法规》。如它的第44条关于雇佣契约的规定指出,雇佣契约依受雇人通常进行工作的地点的国家的法律;受雇人如被派往他国工作地点,仍受该法支配。如受雇人通常得在一个以上国家进行工作,或他无惯常工作地点,依其惯常居所地的国家的法律。它还规定,在雇佣契约中,只有双方明示选择的法律才能考虑其适用,而且在涉及上述两地的法律中的强制性规定时,"对受雇人不利的法律的协议选择无效"。这表明,"直接适用的法"在这些领域的出现,也开始呈现出明显趋同的倾向。

当然,这里需要指出的是,采用灵活的开放型的系属公式代替传统的僵硬的封闭型的系属公式来对连结点作软化处理是有限度的,否则,整个国际私法都可归结为一句话:"涉外法律关系由与该法律关系具有密切联系的法律支配",这样就会否定国际私法的存在。在我们看来,封闭型的连结点和开放性的连结点代表着两种不同的法律价值观:前者代表稳定性,后者则代表灵活性;而法律必须是既应具有稳定性又具有灵活性,前者追求某种制度体系的结构,而后者侧重于各种具体功能的实现。我们既要重视制度体系的结构,又要重视社会功能的实现。因此,人们必须把那些在一般情况下反映某种法律关系与该地法律确然存在内在隶属关系的有确定空间场所意义的连结点与赋予法官一定自由裁量权的开放性的连结点有机地结合起来。对这个问题,目前国际社会的国际私法也已形成共识。

(2)增加连结点的数量从而增加可供选择的法律。在冲突规范中规定两个或两个以上的连结点,以增加准据法在更大范围内的可选性,也是软化连结点的一种在目前越来越被更多的国家采用的简单而有效的方法。

例如,从法则区别说起,法律行为方式的有效,都是依照"场所支配行为原则"解决的,即法律行为的方式如果依行为地法为有效则到处有效;法律行为的方式如依行为地法无效则到处无效。然而,受目前国际上简式主义这个实体法上的政策的影响,各国在实践中越来越多地认为它只是一种任意性原则。如1982年和2007年的土耳其《国际私法与国际民事诉讼程序法》第7条便规定,法律行为的方式适用行为实施地法,但同时也可以适用调整该行为实体效力的法律。

像这样允许对法律行为的方式规定多种连结点的,几乎为绝大多数国家冲突法所采用。

(3) 对同类法律关系进行划分,依其不同性质规定不同连结点,也已成为当今各国国际私法采取的方法。传统的冲突法规范的僵化性,常常表现在对同一类法律关系中规定一个冲突规则。第二次世界大战以后,由于科学技术的新发展,法律关系逐渐向复杂和多样化发展,从宏观上讲,一些新的法律部门不断涌现;从微观上讲,同一类法律关系中也出现越来越多的不同种属的法律关系,如在侵权领域,除传统类型的侵权行为外,其他如产品责任、不当竞争、妨碍竞争、交通事故、环境污染、国际诽谤等也已频频发生。需要对它们分别作出法律适用上的不同规定,才更切合实际。在合同法方面亦复如此,因而像新的瑞士国际私法已分别不同合同来确定各自应适用的法律。在合同领域,许多国家也已着手对不同合同划分,并规定不同的法律选择原则。如前南斯拉夫将合同划分成21种,在当事人未选择适用的法律,而案件的具体情况也未指向其他法律时,对不同的合同规定了不同指导法律选择的连结点。

把同一类法律关系再加区分,规定不同的连结点,已为许多国家的国际私法法规所接受。连结点的这种从简到繁、从单一到多样的发展,无疑应看做是国际私法上的一种重大进步,因为它能使准据法的选择更符合于日趋复杂的法律关系的各种具体情况,从而使案件得到更公正、更合理的解决。

(4) 对于一个法律关系的不同方面进行分割,分别采用不同的连结点的方法,也在理论与实践上有了共识。早在中世纪时,有些学者就主张有关违反合同的问题由履行地法支配,有关合同的其他问题由合同订立地法支配。这种对法律关系自身的不同方面进行分割,对其不同方面适用不同法律的做法,被称为depecage(分割)规则。传入美国后,它曾受到许多批评,第一,对同一法律关系的不同方面进行区分是困难的,会使法律适用更加麻烦;第二,会破坏法律适用的稳定性;第三,无论从经济和法律的观点看,合同都是一个整体,因此,关于合同的订立、解释和解除等,都应由一个法律支配。但美国新的冲突法理论却接受了 depecage 的实践。美国《第二次冲突法重述》(1971 年)第 188 条就规定,在缺乏当事人的法律选择时,合同某个具体问题上的当事人的权利和义务,由在这个问题上根据其第 6 条规定的几种指导因素所确定的同该交易和当事人有最重大联系的州的法律支配。这些可以分割的具体问题包括:缔约能力、合法、高利贷、合同是否应为书面、诈欺、胁迫、不正当影响、错误、赔偿标准等。该重述在侵权问题上,也有类似的规定。

其实,由于法律关系或法律行为往往由不同的方面构成,并且部分与部分之间难免不具有相对的独立性,它们常常各有自己的重心,一概要求所有的方面受同一个连结点指引的法律支配,已越来越不切合时宜。因而,对同一个法律关系的不同方面进行划分,对不同的方面在法律适用上规定不同的连结点,并相对地增加连结点的数量,也是一种对传统冲突规范进行软化处理的重要方法,这种方法虽在过去便已出现,但现在已有了进一步发展的趋势。

第二节 系属公式和连结点

一、准据法表述公式

在单边冲突规范中,对准据法已作了具体的指定,因而并不需要通过某种公式来加以表述。但在双边冲突规范中,对指定的准据法则全是通过一些含有特定内容的公式来加以表述的。对于这种表述公式,一般可以称为"准据法表述公式",国内一些书籍也称之为"系属公式"或"冲突原则"。所谓"系属",就是"隶属"或"归属"的意思,就是什么样的法律关系在什么情况下应"隶属"什么法律支配的意思;或者用类似于萨维尼的观点说,就是什么样的法律关系应与哪一法域相连结或相联系的意思。所以,如果直白地说,"系属公式"也就是"准据法的表述公式"。

最常见的准据法表述公式有:属人法(lex personalis)、行为地法(lex lociactus)、物之所在地法(lex rei sitae 或 lex situse)、法院地法(lex fori)、旗国法(the law of the flag)、当事人自主选择的法律(lex voluntatis)以及与案件和当事人有最密切联系的法律等。

(1)属人法。这是解决人的身份、能力及亲属、继承关系方面的问题常用的准据法表述公式,又分"本国法"即"国籍国法"(lex patriae 或 lex nationalis)和"住所地法"(lex domicilii)。

在欧洲,自巴托鲁斯以后至1804年《法国民法典》公布以前,本一直以住所地法作属人法。自《法国民法典》公布后,特别是经意大利政治家兼法学家孟西尼鼓吹,大陆法国家便广为采用本国法,而英国、美国、加拿大、澳大利亚及南美一些国家仍坚持住所地法。但欧洲一些更新的法典,多兼采本国法与住所地法而为选择的适用。如1978年奥地利《国际私法法规》便规定,"自然人的属人法应是该人所属国家的法律",但它同时也允许对不能或不应适用其人(如无国籍或国籍不明与政治难民等)的本国法时,改为适用其居所或住所地法。但目前,"惯常居所地法"已成为解决"本国法"与"住所地法"之间的对立而被大量采用的属人法表述公式了。

在属人法中还有一种法人属人法(personal law of legal person),它一般也是法人的国籍国法,常用来解决法人的成立、解散及权利能力与行为能力方面的一些问题。

(2) 行为地法。它起源于"场所支配行为"(locus regit actum)这一法律原则。罗马法和英美法都认为应该把行为的"方式"与"实质"分开对待,而对行为方式的有效性适用行为地法。巴托鲁斯也主张,行为方式以及它们的不被遵守的后果,应由行为作出的地方的法律支配。

在适用行为地法这个冲突原则时,在当事人于隔地为法律行为或侵权行为的情况下,还需要解决何为行为地的问题。

行为地法包括缔约地法(lex loci contractus)、履行地法(lex loci solutiois)、侵权行为地法(lex loci delictus)、婚姻举行地法(lex loci celebrationis)等。

(3) 物之所在地法。这是解决物权关系,特别是不动产物权关系常用的准据法。其适用范围包括动产与不动产的识别与划分、物权的客体范围与内容、物权的行使以及取得、变更或消灭的条件、物权的保护方法等方面。

(4) 法院地法。这是解决诉讼程序方面问题常用的准据法,但是并不能说法院地法只是解决程序问题唯一的法律(这在本书第十四章"国际民事诉讼程序(下)"一章中会进一步讨论),也不能说法院地法只能用来解决程序问题,对各种实体问题尽可能适用法院地的实体法,这是几乎自国际私法产生以来,一直存在的一种重要倾向。

(5) 旗国法。旗国法是指船舶所悬挂的旗帜所属国家的法律。它常用于解决船舶在运输过程中发生涉外民商事纠纷时的法律冲突问题。现在航空器所属国的法律也称作航空器的旗国法,并用于解决航空运输中发生的涉外民商事纠纷的法律冲突问题。

(6) 当事人自主选择的法律。这本是16世纪以来在指引合同准据法时常用的一个表述公式,但现在在侵权法、继承法等一些新领域也已开始采用。不过在当事人协议选择法律时,大多数国家规定只能选择与当事人或合同有重要联系的法律,大都也不外乎在当事人的本国法或住所地法、物之所在地法、行为地法及法院地法中间进行选择。所以,本国法或住所地法、物之所在地法、行为地法及法院地法等乃最基本的准据法表述公式。

(7) 目前,更大量出现一种新的准据法表述公式,即"与案件(或当事人)有最密切联系的法律"。例如,1978年奥地利《国际私法法规》第1条便明确规定:"与外国有连结的事实,在私法上,应依与该事实有最强联系的法律裁判"。1971年美国《第二次冲突法重述》第145条关于侵权行为之债的准据法也表述为:侵权行为当事人之间的权利与义务适用与案件有最重要联系的州的法律。由于目前各国在法律选择方面的灵活性得到加强,因而在许多双边冲突规范中,都运用这一方式来指引应适用的准据法。这是因为在实践中,有时单用当事人的国籍或住所,或用物之所在地,或用行为地,或用法院地作连结点,并不能使法院选择出最适合于案件的法律,于是便提出了这一更为灵活的准据法表述公式,赋予法院在处理涉外案件时选择法律的更大的自由裁量权。但是国内有些学者认为这并不是一个"系属公式",而只是一个法律选择的指导原则。这种看法只看到了问题的这一方面,却忽视了这种准据法表述公式已大量出现于各种双边冲突规范之中的事实。既然在立法中已经运用这一表述公式来构成开放性的双边冲突规范,那就不能把它只当作一个抽象的原则对待。目前国外一些学者也承认"与案件或当事人有最密切联系的法律"已经成为一个新的更为灵活的连结因素。他们甚至认为像美国1971年《第二次冲突法重述》第6条所提出供法官选择法律时考虑的七个方面的因素也是一种与传统冲突规范中连结因素相似的东西,也可以用它们分别构成一些准据法的表述公式。

最后,值得注意的是,从20世纪后半叶兴起的冲突法改革运动起,因为冲突法增强了对"实体正义"的追求,准据法表述公式也随之出现了许多新的重要的变化,同时也变得越来越复杂,如在具有空间场所意义的连结点后附加上"结果导向"和"利益导向"或"例外条款"(又可称"免予适用条款"、"修正条款")的准据法表述公式、"(法律选择的)规则"与"(法律选择的)方法"结合起来的准据法表述公式等等①,从而使法律选择方法对全球化背景下国际民商事交往关系的适用性大大增强,进而有力推动了国际私法的功能从单纯追求法律冲突的解决到构建国际民商新秩序的转换。

二、连结点

(一) 连结点的法律意义

在准据法的表述公式中,连结点(又称"连结因素")起着决定性的作用。在制定冲突规则或解决法律选择问题时,都要把一定的民事法律关系和某一特定国家的法律联系起来,才能确定应该适用的准据法,而要体现这种联系,就只有运用连结点或连结因素。

任何一个博学多闻的立法者或法官,都不可能熟悉所有国家的民、商法的内容和具体的规定。因此,在一般场合下,在他们解决法律选择问题时,只能首先从原则上规定用什么地方的法律来调整这一或那一法律关系最为合适的问题,而不可能解决什么样的具体民法规则解决有关的法律关系最为合适的问题(这个问题有待依已确定了连结点并依连结点的指引援用有关国家的具体民法规则后才能解决的)。因此,从这个意义上来讲,法律选择的过程也就是把不同的法律关系和不同法律制度联系起来的过程。而这种联系,正是通过连结点的选择

---

① 详见李双元:《国际私法正在发生质的飞跃——试评〈20世纪末的国际私法:进步抑或倒退?〉一书的总报告》,载李双元主编:《国际法与比较法论丛》第5辑,中国方正出版社2003年版,第369—456页。

与确定来实现的。

所以,连结点(connecting points)或连结因素(connecting factors)就是指冲突规范就范围中所指法律关系或法律问题指定应适用何地法律所依据的一种场所化或可场所化的事实因素。[①] 通常这些事实因素是用"国籍""住所""惯常居所""缔约地""履行地""侵权行为地""婚姻举行地""遗嘱作成地""物之所在地"这样一些含有场所意义的概念来加以表示的。但是,如果认为能作连结点的只是一些含有空间场所意义的事实因素,那么"当事人的自主选择"或"当事人意思自治"就不能作为连结因素,这就过于片面了。"当事人的自主选择",在实质上也正是把特定法律关系应适用的法律场所化,交由当事人自主选择法律的过程。与此相同,目前把"与案件和当事人具有最密切的联系"作为一种连结点,也就是让法官根据这一原则把应适用的法律场所化的过程。

在冲突规范中,连结点的意义表现在两个方面:

从形式上看,连结点是一种把冲突规范中"范围"所指的法律关系与一定地域的法律联系起来的纽带或媒介;从实质上看,这种纽带或媒介又反映了该法律关系与一定地域的法律之间存在着内在实质的联系或隶属的关系。[②] 例如,"物权依物之所在地法"这一冲突规范中的"物之所在地"就具有这方面的含义,而其中,后一种含义是起着决定作用的,这一冲突规则表明物权关系应隶属于物之所在地的立法管辖。

正因为这样,在准据法的表述中,连结点的选择就不应该是任意的,更不应该是虚构的,而是必须在客观上确实能体现这种内在的联系。国际私法中的适用(或选择)法律不当,法院管辖不当,反致、转致的发生,法律规避的出现等,都

[①] 国内有学者把"连结点"或"连结因素"定义为"乃是从法律关系的构成要素中选择其一来作为选择准据法的媒介"(见肖永平:《冲突法专论》,武汉大学出版社1999年版,第35、169等页)。这一理解似可商榷。法律关系的构成要素为主体、客体和内容三项,而连结点或连接因素大都为一些具有场所意义或可场所化的事实因素,如国籍、住所、习惯居所、主营业所、行为地、物之所在地、法院地等,这些事实因素虽与上述法律关系的三要素有关(如国籍、住所与法律关系的主体有关,物之所在地与法律关系的客体有关,行为地与法律关系的发生或进行有关),但无论怎样,把它们归入"法律关系的构成要素"很难说通。这一点,如果借用萨维尼的"法律关系本座说"作一形象说明,也许就更好理解了:这些连结点或连接因素只是用来标示各种法律关系的"本座"所在,而它自身并不是法律关系的构成要素。《戴西和莫里斯论冲突法》也只是说"冲突规则是用法学上的概念或范围和场所化的因素或连结因素来表述的",参见〔英〕莫里斯主编:《戴西和莫里斯论冲突法》,李双元等译,中国大百科全书出版社1998年版,第23页。

[②] 戚希尔、诺思在其《国际私法》一书中也指出,所谓"连结点"或"连结因素",就是指那些能在法院需要处理的事实情况和某一特定法域之间建立起"自然联系"(natural connexion)的"明显事实"。例如一个法国住所者的英国人未留遗嘱而死亡,留下动产在英格兰,不动产(土地)在苏格兰,则其英格兰的动产将依法国法处理,而其在苏格兰的不动产(土地)将依苏格兰法处理,这是因为法国法为其住所地法,而苏格兰法为不动产所在地法。见该书1979年英文第10版,第41—42页。

与连结点有着直接的关系。

(二) 连结点的选择

连结点的选择是在国际私法的长期实践的基础上形成并发展的,它不是一成不变的。例如,前面已经讲到,在《法国民法典》于 1804 年颁布采用本国法作属人法之前,欧洲国家自"法则区别说"产生时起,一直采用住所作属人法的连结点的。这是因为当时许多欧洲国家还处于封建分裂状态,没有形成后来统一的民族国家,内部法律很不统一,只有根据一个人的住所地法来确定其身份、能力方面的问题才是最合适的。可是后来许多欧洲国家的内部政治形势发生了根本改变,而且还因此成了大量向外殖民的国家,也需要从法律上继续对这些移民进行控制,于是便使适用当事人本国法有了可能和必要,从而相率改革用国籍作属人法的连结点了。但是随着资本主义经济的进一步发展,资产阶级追逐利润的活动遍及全世界,在这个客观条件下,如果有一种法律,不管一个人出现在哪里和从事什么法律行为,始终要对他进行支配,显然是很不利于商业交往的。这时又出现了对适用本国法的批判。因而自第二次世界大战后,欧洲又出现了一种恢复住所这一属人法连结点的趋势。这种趋势在 1955 年关于调整本国法和住所地法冲突的海牙公约中已得到肯定的评价。而且目前在欧、美更出现了以"惯常居所"来代替国籍与住所的主张。一些学者认为,住所与惯常居所一个重要区别在就在于后者更利于依据外部现象客观地加以认定,而前者却部分地尚须依靠对当事人心理状态(长久居住的意思)的分析。① 因此,从商业行为的方便出发,运用惯常居所作属人法的连结点,显然是更为有利的。不过这里也必须同时指出,究竟采用什么作属人法的连结点,既然要受到各国具体政治、经济情况的制约,因此,在目前,试图在属人法的连结点上取得一致,还非易事。正如 1979 年美洲国家国际私法第二届会议关于国际私法上身份与能力的决议中所指出,尽管考虑到自然人和法人的身份与能力问题是冲突法中的一个重要问题,并值得努力以取得一致,但是在工作小组中出现了严重的分歧,不仅有的国家坚持住所地法,有的国家坚持国籍国法与法院地法,不可能在所有国家之间求得满意的解决,因此,只得决定把问题留待今后继续讨论。

在这里有必要特别提及的是,在属人法连结点上,通常使用的有国籍、住所、惯常居所、现居所(或居住地)、现在地(即在应适用当事人住所地法时,依前述顺序均不能确定时,即以当事人的"现在地"为其住所地法),而法人多以其成立地或主营业所所在地为其住所,从而亦当以其定其属人法。但是我国《涉外民

---

① 例如,H. H. 凯(Herma Hill Kay)在《吉尔伯特法律简介·冲突法》(Gilbert Capsule Summary, Conflict of Laws,1980 年英文第 13 版)中就指出:确定一个人的住所,通常既要求其身居于此,又要求其有常住于此的意向;而确定一个人的居所,只要求其身居于此即可。

事关系法律适用法》,除在十个条文中使用国籍或共同国籍作属人法的连结点外,并无一条使用住所作属人法连结点。其中乃至自然人的民事权利能力一般均主张首先应由其国籍国来作基本连结点的,都几乎全部改为经常居所地。而且还在第 14 条提到"法人的经常居所地"。

一个新的连结点的形成与发展是有客观的根据的,这一点还可以用当事人"意思自治"原则的提出来加以论证。在 16 世纪以前,合同关系和其他法律关系一样,都不允许当事人自主选择准据法,但此后商业发展的迫切需要,终于产生了这个新的连结点。当前由于各国对国际经济贸易的依赖性日益增加,更需要求得涉外民法关系的稳定性,加上涉外民法关系日趋复杂,因而对于同一性质的法律关系,已不像过去那样,只用一个连结点,而是允许选择适用许多不同的连结点。

由于法律关系的日趋复杂化,这样把同一类法律关系依各自性质加以区分,并规定不同的指引法律选择的连结点,连结点的这种从简到繁、从单一到多样的发展,无疑应该看做是国际私法上的一种重大进步。

(三) 互联网的应用对传统连结点提出的挑战

通过互联网或因特网进行的涉外民事关系是在一种与地理空间完全不一样的网络空间中进行的。在传统冲突规范中扮演着十分重要角色的与地域因素和空间场所有关的连结点,在网络空间中并无太大的实际意义。以网上侵权为例,只要某个用户在网上实施侵权行为,其影响有可能延伸至世界任何地方,从而使这些地方都可能成为侵权行为地,但对于受害者而言,这些地方绝非都有着同样的意义。更何况有时要在网上确定一个地点,即使并非不可能,至少也是相当困难的。如在网上缔结合同,就难以确定合同缔结地位于何处。因此,基于地缘因素选择的连结点很难套用于互联网交易中。至于国籍和住所这种连结因素更不易利用来指定支配互联网交易的准据法。因为在很多情况下,当事人的国籍与住所往往与互联网交易本身的关系是相当松散的。因特网是面向全世界所有的人开放的一种独立的自主的网络,任何国家都难以有效、独立地对网上活动进行监管。拥有任何一个国籍或住所的人随便可到任何一台联网的计算机上从事网上活动。甚至可以这么说,只要拥有一台卫星电话和一台可以上网的手机,就可以在地球的任何一个角落进行涉外的民事活动。

对于如何确定互联网案件的准据法,一些学者曾试图提出解决方案。例如,主张继续采用传统的冲突法方法,将具体的互联网案件通过识别归入既有法律体系中,如确定为合同案件、侵权案件和著作权案件等,并根据各自现有的冲突规范来寻找应予适用的法律;或主张归纳出一种崭新的法律关系,即网络空间法律关系,并由各国通过国内立法与判例以及国际条约制定"网络空间法",形成一个独立的法律部门,专门适用于发生在网络空间中的案件。例如,美国乔治城大学法学教授帕斯特就提出了一个叫做"电子邦联制"的网络空间立法和法律适用体制理论。但总的来说,这还是一个正在探索的领域。

（四）连结点的冲突

对于同一性质的法律关系,各国有时会规定同一个指引准据法的连结点,但它们赋予该连结点的含义却可能是很不相同的,因而需要提出究竟应该依哪一国的法律观点和法律概念,来进行识别[①]的问题。例如,有关两个国家都规定,合同方式有效性适用缔约地法,但其中一国对隔地合同把承诺发出地作缔约地,而另一国把承诺收到地作缔约地；或者有关两国都规定,不法行为的民事损害责任适用不法行为地法,但一国把加害行为地作不法行为地,而另一国把损害发生地作不法行为地,这就产生了连结点的冲突问题。在运用国籍或住所作连结点时,有时也会发生这种冲突。例如,有时尽管规定了人的能力依其属人法（本国法或住所地法）,但如遇上一人同时有两个以上国籍或两个以上住所,或无一国籍、无一住所,应如何定其属人法的连结点？在适用物之所在地法时,动产中尤其是一些权利财产（或诉讼产）的所在地应如何确定？这些都是在确定指引法律的连结点时必须解决的问题。

一般来说,只有对某人是否具有某国国籍必须依其国籍发生争议的该国国籍法上的概念进行识别外,其他所有连结点究在何处,原则上都是依法院地法的概念来加以判定的。对于住所的认识也是如此,但英国允许有一个例外,即1971年《离婚及司法别居承认条例》规定,如果配偶中一方在判决作出国有一该国法律意义上的住所,并且该国法院对案件的管辖权正是建立在这一住所基础上的,则当事人的此一住所只能依该国法律概念作出认定。

此外,如特定案件需用外国冲突规则（反致）时,此外国冲突规则中所使用的连结点也应依该国法律概念进行识别。如特定案件需要适用条约中的冲突规则,而条约又对冲突规则中所使用的连结点作了定义,则应依条约中的定义（如《布斯达曼特法典》第22条就对"住所"作了定义）。

荷兰法学家弗鲁恩德曾强调指出："在许多可能的连结因素中进行选择,乃是处理法律冲突的国际私法的本体或国际私法的本质所在。"这一观点是有一定道理的。这也就是如弗鲁恩斯所说的,国际私法的全部思想都是建立在法律和领土之间的联系上；国际私法要回答的问题就是如一个人、一件事、一个行为究竟和哪一个地方的法律有关联。因此,我们认为,在探讨指引法律选择的冲突规范的时候,应该对连结点的有关问题作专门研究。

一个连结点可不可以用作确定准据法的空间场所的因素,我们认为像下面

[①] 识别制度的内容详见本章第三节。但如从狭义上讲,识别的对象只限于"范围"中所指法律关系或法律问题。如这样理解,便只能对连结点进行解释或认定,而不是"识别"了。

这些标准似乎都是应该考虑的：第一，有关的连结点是否与特定的法律关系具有较本质的联系；第二，它是否经常成为各国立法者当作行使自己立法管辖权的根据；第三，它是否便于认定；第四，内国的处理国际民事关系的政策。

第三节 识 别

一、识别的概念

识别并非是国际私法的特有概念，任何国家的法院在处理纯国内案件时，首先也要对案件的事实进行识别，判断事实的性质，进而决定应适用的法律，我国法院将这一过程称为"案由"①的确定，其认识过程为：事实→分类→法律适用→法律后果。但是对国内案件而言，法官只依本国的法律观念和制度进行识别，不会产生识别冲突问题，因而不需要专门研究识别的依据问题。② 但对国际私法而言，识别就成为一个基本的法律问题。

国际私法中的识别（qualification）或定性，是指依据一定的法律观点或法律概念，对案件有关事实的性质作出"定性"或"分类"（characterization/classification）③，把它归入特定的法律范畴，从而确定应援用哪一冲突规则的法律认识过程。这一法律认识过程，包含两个相互制约的方面：一是依据一定的法律正确地解释某一法律概念或法律范畴，一是依据这一法律概念或法律范畴正确地解释特定事实的法律性质。

在一般意义上讲，识别乃是人类思维活动通常的和不可缺少的思维过程。人们常常需要凭借在实践基础上形成的一定的思维模式和分类标准，对眼前的现象或事实加以鉴别和分析归纳，使它们归入一定的范畴，以便更好地理解它们。在处理一般的国内法律问题时，识别也是很重要的（不过它不存在识别的冲突问题）。在国际私法中，识别的必要性就更为突出了。戚希尔和诺思的《国际私法》指出，对英国法院来说，它的第一个任务固然是确定对案件有无管辖权，但在一旦确定了管辖权后，就必须进一步解决争议问题的法律性质，这就需要对事实进行识别。离开这一过程，该书认为便根本谈不上选择合适的准据法。弗鲁恩德则更认为，法院在受理一件国际私法案件时，第一步就需要对事实性质作出识别，才能解决管辖的问题，才能进一步选择连结点或决定应适用的冲突规则。他认为识别问题是国际私法中的一个基本问题。

识别的过程，从适用法律的角度来看，便是判定事实性质，确定它是不是一

---

① 参见肖永平：《肖永平论冲突法》，武汉大学出版社2002年版，第62—63页。
② 我国最高人民法院2011年对2007年《民事案件案由规定》作了修订。
③ 在大陆法学家中多用qualification，而在英国法学家中多用classification。

个法律问题,是一个什么性质的法律问题的过程:是属于人的能力问题还是行为方式有效性问题？是物权问题还是债权问题？是继承关系还是夫妻共同财产制问题？如果确定该案件含有涉外因素,是一个国际私法上的问题,并且对事实的性质作出了法律分类,例如认为它属于"人的能力"方面的问题,这就应该根据有关"人的能力"的冲突规则——例如"人的能力依其本国法"——去援用有关国家的这方面的实体法来最后给案件作出裁判。

因此,在国际私法中,识别是解决援用哪一冲突规则的前提。识别的过程,既包含有正确的解释法律概念的一个方面,又包含有依据此种对法律概念的解释去判定有关事实应归入哪一法律范畴的另一个方面。这两个方面是密切地交织在一起的。

这里还有必要指出,国内某些学者由于认为识别在国际私法上只是或主要是一种限制外国法适用的手段,因而在国际私法学的体系安排上,他们主张把识别和反致、公共秩序保留及外国法的适用等项制度集中在一起,专从限制外国法适用的角度去加以论述,这种观点是不全面的。

作为限制外国法适用的反致、公共秩序保留、外国法的查明等手段,一般在各国冲突法中均有单独的明确的规定,并且已经形成制度,而识别主要表现的法官运用自己的法律意识于具体思辨与论证过程。而且尽管资产阶级国家的法院常常借"不诚实的识别"以达到排除外国法适用的目的,但他们终究还没有把识别完全看做是与反致和公序保留等制度一样,都是一种限制外国法适用的合法的手段和制度。

最后必须指出,如果说把识别完全看做是限制外国法的手段,那就完全没有研究识别的依据的必要,这样就会在国际私法中贯彻一条彻底的实用主义路线。

二、识别的提出

认为在国际私法的实践中,需要依据一定的法律观点或概念对有关事实的法律性质作出识别,是德国法学家卡恩(Kahn)与法国法学家巴丁(Bartin)相继于 1891 年、1897 年提出的。他们认为,有时即使两个国家规定了相同的冲突规则,但是如果两国法律赋予相同概念以不同的内涵,也会对同一事实的法律性质作出不同的分类,从而导致适用不同的冲突规则。这种冲突,卡恩叫"隐存的冲突"(latent conflict),巴丁叫"识别冲突"。在《戴西和莫里斯论冲突法》一书中,则直接把它叫做"冲突规则的冲突"(conflict between conflict of laws),并且认为,即令在全世界各国都适用统一的冲突规则,但是只要他们的法律观点或法律概念不同,在包括同一事实构成的案件中,他们对事实法律性质仍会认识不同,这种冲突还是发生的。

但巴丁认为识别只限于对法律关系(范围)的解释,而不包括对连结因素的解释。此说被称为限制说。沃尔夫也支持这种观点。而卡恩则认为识别既需要对法律关系(范围)的性质作出,也需要对连结因素作出。贝克特(Bechett)与弗尔康布里奇(Falconbridge)支持此说。

在国际私法中,之所以会发生这种识别冲突,是由于下述各种情况的存在:

(1)对于同一事实,不同的国家的法律赋予它以不同的法律性质,从而导致适用不同的冲突规则,得出相互抵触的判决结果。这方面一个广为人知的案例便是1908年英国法院受理的奥格登诉奥格登一案(Ogden v. Ogden)。该案事实为一个住所在法国的19岁的法国人,未得其父母同意,去英国与一住所在英国的妇女结婚,后来丈夫以未得其父母同意为理由认为他无结婚能力而经法国法院判决婚姻无效(法国判决认为"未满25岁的子女未得到父母同意不得结婚"),此后妻子又去英国与一英国住所的英国人结婚。在本案中,该英国原告以他与该妇女结婚时,她还有合法婚姻存在而请求英国法院宣告他们的婚姻无效。结果英国上诉法院依英国法将此种"同意"识别为婚姻形式要件,而婚姻形式要件是应该适用婚姻举行地法即英国法的,而英国法并无此种限制,故该妇女前婚为有效,满足了原告的请求。可是如依法国法却应识别为婚姻能力问题,而婚姻能力则应适用英国法的另一条冲突规则,即"婚姻能力适用当事人住所地法"即法国法的,那就要承认法国法院的离婚判决,则应驳回原告的请求。

这种赋予同一事实以不同法律性质的情况在各国实体法中可以说是比比皆是。如在科尔文信托人(Korvine Trusts)一案中,住所在俄国的某人未留遗嘱而死亡,死前他在英国把英国的一份动产赠送给他人,为此动产而生争议,法院就需要首先判定他死前的这一行为究属遗赠还是动产转让;如属遗赠,则依英国冲突法,应适用死者死亡时住所地法即俄罗斯的法律;如属动产转让,应适用动产所在地或行为地法(后识别为转让)。

(2)不同国家的法律还往往把具有共同内容的法律问题分为实体法和程序法不同的法律部门,由于程序法一般只适用法院地法,而实体法问题需依各种不同性质的法律关系另行加以确定,因而作不同识别也往往导致适用不同的冲突规则,得出相互抵触的判决结果。

这方面一个典型的案例可举英国法院受理的1933年的普拉扬诉柯伯(Socetede Prayon v. Koppel)案加以说明。该案为一个以德国法作准据法的合同,已过德国法所规定的时效期限,在英国法院起诉。如依德国法进行识别,时效问题属实体法范畴,时效已过,引起实体权利的消灭,而合同的实体问题应适用合同准据法即德国法,判被告胜诉;但如依英国法识别,时效属程序问题,应适用作为法院地法的英国法。结果英国法院依英国法识别。

(3)由于社会制度或历史传统的不同,还会出现一个国家所使用的法律概念是另一个国家法律所没有的情况。例如,在英美普通法中,只有 real property

和 personal property 之分,而无不动产(immovable property)和动产(movable property)之分,且两种不同制度的区分标准也不尽相同。① 在许多国家中有占时有效的制度,而我国目前则只有诉讼时效制度。许多国家在国内法中只有一夫一妻婚姻关系的规定,可是在有些国家却承认一夫多妻或一妻多夫也是合法婚姻。在一个涉外民事案件中,如果有关国家之间的法律出现这种差异,也需要进行识别,从而确定应适用的准据法。

不过,戴西和莫里斯则认为,需要加以识别的对象是多种多样的,举凡行为、事实、由事实而引起的法律问题、要求法院解决的问题的性质、诉因、请求或答辩、一种法律关系、一项法律规则等,都可构成识别对象。当然这是广义上使用识别这个概念了。

三、识别的依据

对同一事实构成的性质之所以会作出不同的识别,既然是因进行识别所依据的法律概念或法律观点的不同而造成的,因此,为了解决识别冲突,国际私法学家对识别的依据曾提出几种不同的学说:法院地法说、准据法说、分析法学与比较法学说,等等。

(1)法院地法说。主张以法院地法作为识别的依据来解决识别冲突问题,是德国法学家科恩与法国法学家巴丁的主张。他们认为,法律冲突的最后消除是根本不可能的,重要的是要对法律关系的性质作出识别,而这种识别是只应该依法院地法的概念和观点进行的。科恩认为一个国家的国际私法既然是它的国内法的一部分,一切国际私法的规定都是立于该国国内法的同一意义和性质的基础之上的,因此,受理案件的法院当然只应该依自己国家国内法的同一概念与观点去进行识别,否则,显然是有损于自己国家的立法、司法主权的。巴丁也认为,法官本是只应执行自己国家的法律的,因而也不应该要求他们去根据外国的法律概念来对事实进行定性或分类,并作出判决。他还认为,法院适用外国法是对国家主权的一种自愿的"自我限制",只有在法院依自己的法律来识别各种事实构成的性质,这种"自我限制"才是可以保持的,否则就会丧失自己国家的自主性。日本的一些学者也认为,既然国际私法是国内法,那么在解释时,对于同样的名称、文字,只要未作相反的特殊规定,以及如果作相反的解释在法理上没有根据,就只应该依解释国内法律的一般原则进行,运用统一的解释。此外,还有人指出,主张依法院地法进行识别的主要根据是,如果允许用外国法进行识别,就等于用外国法来决定自己的冲突规则在什么情况下才能适用,这样法院就会失去对适用自己的冲突法的控制。

---

① 但它们在国际私法关系中,还是承认不动产、动产这两个概念的。

当然,依法院地法进行识别的人也认为,对下述问题或在下述情况下,还是应该依有关外国法的概念进行识别的:第一,对财产的性质为动产或不动产,应依物之所在地法进行识别;第二,在适用"当事人法"(law of the parties)时,当事人所用的概念,其意义只能依当事人的意思进行解释。

但反对此说的人认为:首先,如果概依法院地法进行识别,则有可能导致有关的法律关系本应适用外国法的却终于得不到适用,而本不应适用外国法的却适用了外国法;其次,如果一概要求依法院地法进行识别,在法院地法无类似于外国法概念的情况下(如别居制度,在许多国家就不存在),更会出现麻烦;最后,即使在国内冲突法中出现的术语和别的国内法中的术语完全相同,但是由于作为国际私法对象的事实本来具有广泛的世界性,其内容与含义也可能比其他国内法中的同一术语更为广泛,例如在冲突法中,其婚姻的概念就比其他国内法中婚姻的概念含义广泛,因此,也不应该只依法院地的国内法概念进行识别。

法院地法说目前仍在理论与实践上占主导地位。但也有人指出,今天的法院地法说和早先的法院地法说相比,其内容已有很大的不同。因为早先的法院地法说是主张只能依法院地的实体法中的概念进行识别的,而今天的法院地法说则主张也应考虑依法院地的国际私法中的概念,故可称之为"新法院地法说"。这种新法院地法主义已获得很多人的拥护。例如,在诺思修订的戚希尔《国际私法》第 10 版中,就明确提出应依英国国际私法进行识别。该书认为,对于含有涉外因素的事实情况的识别与纯国内案件应有不同,因为后者只是对纯国内法的解释问题,而前者是解释国际私法的问题,英国的法官当然不应局限于英国国内法的概念或范畴,否则,在国内法无对应概念的情况下,法官便会束手无策。因此,在英国法院识别财产的性质时,它应该采取放弃国内法上 real property 和 personal property 的概念,而采用国际私法上的 immovable property 和 movable property 的概念。日本学者也持此说,并把它称为"国际私法独自立场说"。

(2)准据法说。此说为法国法学家德波涅(Despagent)和英国学者沃尔夫(Wolff)等所主张。他们认为,用来解决争讼问题的准据法,同时也是对事实构成的性质进行识别的依据。持这种主张的人显然是从萨维尼的理论出发的。例如,沃尔夫就提出,对每种法律关系性质的识别,都应该依据其所属的法律制度进行。依他们的观点,如果不依该法律关系的准据法去识别,有时虽说应该适用外国法,结果也等于完全不适用一样。例如一荷兰人在巴黎遵照法国法所规定的遗嘱方式成立了一亲笔遗嘱,从而违反了荷兰《民法》第 992 条的禁止条款,依荷兰法的观点,这种对自书遗嘱的禁止属立遗嘱人的能力问题(荷兰法的目的在于限制立遗嘱人处理其遗产的能力,以扩大法定继承的范围);而法国却认为此种禁止规定纯属行为方式问题。因此,现在即使法国冲突法规定立遗嘱能力依死者本国法,但由于用法国法上述观点去对这种违反荷兰法禁止条款的性质进行识别,其结果就会改变应适用的准据法,而用法国法(作为行为地法)来处理这个问题。日本一些主张此说的学者也认为,就国际私法的各种法律关系而言,在分别指定了各自准据法的场合,既然该法律关系的一切方面都依准据法,那么对有关事实构成的性质的识别,当然也应依据该法。

英国一直在实践中采法院地法说,但于 1954 年裁判莫登娜达(Re Maldonado)遗产案时,却采用了准据法说。该案为一住所在西班牙的西班牙妇女未留遗嘱而死亡,留下 2.6 万镑财产在英国,由于她没有任何有继承权的亲属,西班牙政府要求以继承人资格取得这笔遗产。英国法院本可依作为法院地法的英国法把这种关系识别为无人继承财产(bona vacantia),英国国家即可依先占(occupation)原则取得该项财产。但当时一位叫巴纳德(Barnard)的法官采用了准据法说,接受了西班牙法关于继承权的概念,认定西班牙政府有资格作为继承人取得这笔无人继承财产。

当然,德波涅也认为,在关系到内国公共秩序时,则可不依作为准据法的外国法,而改依法院地法进行识别。

但反对此说的人认为,要不先进行识别,决定了有关事实构成的性质,就无从确定适用哪一种冲突规则,也无从选取出准据法来。而且,在实践中往往会遇上两个甚至两个以上国家的法律均有可能作为准据法,究应依其中哪一国的法律来作出识别,准据法说也解决不了这个问题。有时,有关两国之间对同一生活关系的性质的确定,一国认为应属离婚的效力,一国认为应属父母子女关系,究竟以哪个国家的法律作准据法,也有待首先解决好识别的问题才能确定。因此,一般均认为,此说似乎是站在公平地对待内外国法律的立场上,但在理论上不能自圆其说,在实践中也难做到。值得提到的是,1974 年提出的《阿根廷国际私法草案》却明文规定,该法所使用的术语,均依准据法作出解释,只有在它不能获致合理解决时,才依阿根廷法,已采取和目前一般实践完全相反的观点。

(3) 分析法学与比较法学说(the theory of analytical jurisprudence and comparative law)。此说为德国拉贝尔(Rabel)和英国的贝克特(Beckett)等所主张。他们认为,识别应依建立在比较法研究结果之上的一般法理或共同概念与原则进行。因为冲突规则是使法官得就涉及不同法律制度之间的问题的准据法作出选择的规则,故必须依所有法律制度对该规则"范围"所涉及的事实构成的性质的共同认识来作出定性或分类。例如,拉贝尔就曾指出,冲突法应从各国实体私法中分离出来,并且不应受任何国家或法院地实体法的约束,而只应遵循自己的精神来进行解释。国际私法也是以生活关系(或事实关系)作为调整对象的,因而对于法律关系性质的确定,只不过是对把生活关系当作自己调整对象的各种冲突规则的解释而已,它当然就不应该只依法院国的实体法进行。反过来看,拉贝尔认为，国际私法不仅与特定国家的实体私法相关联，而且与一切国家的实体私法相关联，因此，它的概念构成完全应该独立于特定国家实体私法之外而应具有普遍性。所以对冲突规则的解释（识别）也应该依比较法进行。比如他认为，德国《民法施行法》第23条所说的监护，就不只是德国民法，而是一切国家民法所认为的监护的法律关系，那就是在不成立父权或亲权的情况下，代理无完全行为能力人为法律行为或为照料此种人而设立的一种法律制度。日本有些学者也认为，国际私法上的概念，从理论上讲，是超然于各国实体法之上的世界性的概念。因而识别问题的解决，有待于世界法学对世界法中概念的确定，而这只有通过国际协定才能实现。

反对此说的人指出，此说正确的地方在于它强调了在冲突法领域中，许多问题，许多概念，都带有世界性，绝非仅限于各国国内法上相同概念的含义，因此在识别时是不能不考虑这一特点的。但直到目前，能建立在分析法学比较法基础上的共同概念还不是很多的，要求这样进行识别，目前各国法官的水平也难达到。有时，即使揭示出有关国家的相应法律概念之间的区别，也很难加以解决。例如，通过比较研究，揭示出未达一定年龄的青年人应有双亲的同意才能结婚，一些国家认为属婚姻形式要求，一些国家认为属结婚能力；时效期限，一些国家认为属实体法，一些国家认为属程序法，等等，可究竟如何解决？在一个具体案件中究应如何识别？还常常需要考虑其他方面的因素。

不过这里需要指出的是，对"分析法学与比较法学说"的缺陷的分析，似有过于夸大的地方。这主要是因为，首先，今天各国的比较法学都已有很大的发展，法官在裁判涉外民事案件时，在许多问题上已有比较法的研究成果可资采用；其次，在国际私法上识别时，即使主要采用其他学说，仍离不开在许多问题上和环节上，需要运用比较法的方法。

（4）纽毫斯（Neuhaus）的功能定性说（Funktionel le Qualifikation）。纽氏认为，以前提出的关于识别依据的种种学说，只着眼于"从法律结构上的完善性"，是不合理的，应以功能定性说来取代。即"按各个制度在法律生活中的功能来定性"，使之易于超越各个法律规范的界限而达到解决问题的目的。但从他举的几个例证来看，他之所以提出依法律功能定性，目的无非在于使依别的方法作出识别不能存在的法律关系得以有效成立，使依别的方法定性对当事人得出不利的结果转变成对当事人更有利的结果。例如，他举的第一例是一希腊人在德国结婚的"效力"问题。希腊法规定希腊人即使在外地结婚也得遵守东正教的宗教仪式，在牧师面前举行。因而除了双方当事人互结婚姻的同意之外，牧师的在场及祝词，如果从法律结构的观点看，也构成了该婚姻有效的第三个"实质要件"，否则在德国的结婚便会无效。他认为，如果将牧师的在场与祝词依法律功能来看，便可定性为"形式要件"，那么在德国结婚时既然也有"身份官员"在场，该婚姻就自然有效。

还有一些学者认为，并不存在什么识别的普遍的一般依据，一切全取决于案件的具体情况。如苏联学者隆茨就认为：在有些案件中，冲突规范的目的要求依法院地法来识别，而在另一些案件中，法律事实和连结点则不能依法院地法来识别。

上述各说，虽均有可取之处，但在实践中，大都以法院地法作为识别的主要依据，同时于必要时兼顾其他有关国家的解释。显然，这是由国际私法案例目前主要还是由各国内法院或仲裁机构来处理的，只能从这里入手，以下的诉讼或仲裁程序才能进行。例如，奥地利法院在处理国际私法案件时，其识别便是按下述步骤进行的，即首先依奥地利法对事实进行定性或分类，如果这一步骤导致某一外国法的适用，则再参考该外国法对事实的识别。在1978年奥地利《国际私法法规》的司法部草案说明中，曾举了这样一个假想的案例来加以说明：一个妇女要求继承其瑞典籍丈夫的遗产，依奥地利法识别为继承问题，应适用死者的本国法，从而导致瑞典法的适用；然后再进一步考虑瑞典法中有关规定的性质。如果瑞典法把这一关系识别为婚姻财产制，则再考察瑞典冲突法中关于夫妻财产制的准据法（因为奥地利是把自己冲突法规所指定的外国法理解为包括它的冲突法的），如果瑞典的冲突法把这一问题指定适用奥地利法，则奥地利法官将接受这种反致，适用奥地利的继承法，而不适用瑞典法关于夫妻财产制的实体法规定。① 1928年《布斯塔曼特法典》第6条、1971年《美国第二次冲突法重述》第7条、1979年《匈牙利国际私法》第3条、1991年《加拿大魁北克民法典》第3078条、1998年《突尼斯国际私法》第23条和1999年《白俄罗斯民法典》第1094条规定等，均主张以法院地法为主进行识别。1979年匈牙利《国际私法》第3条也规定："如果在诉讼中对事实或关系的性质有争议，应根据匈牙利法律规则和概念确定适用的法律；如果匈牙利法未规定某种法律制度，或者以另一种形式或名称承认该法律制度，并且不能仅从解释匈牙利法律规则予以确定，在决定它的法律性质时，也应斟酌规定这种法律制度的合适的外国法律规则。"

我国《涉外民事关系法律适用法》第8条规定，涉外民事关系的定性，适用法院地法律。但如依此不能获得合理的解决时，应作如何变通的处理，则未提及。

四、二级识别问题

为了解决识别依据，戚希尔曾于1938年，罗伯逊（Robertson）曾于1940年先

---

① 参见〔奥地利〕帕尔默（Edith Palmer）：《奥地利冲突法的编纂》，载《美国比较法杂志》1980年第28卷第2期。

后提出初级识别(primary characterization)和二级识别(secondary characterization)分别依据不同法律进行的理论。① 他们认为,在初级识别阶段,识别的任务只在于"把问题归入它所属于的恰当的法律范畴",或者"把事实归入到适当的法律部类";在二级识别阶段,则是给"准据法定界或定其适用"。其区别在于前者发生于准据法选出之前,后者发生在准据法选出以后,因此前者应依法院地法的概念进行,而后者应依已选出的准据法进行。

但是,许多学者对这种"二级识别"理论持批判或反对的态度,认为它往往会导致专断的后果,而且甚至在哪里划下一条初级识别和二级识别的界线,都没有一个明确的标准。例如,努斯鲍姆就指出,在解决了法律选择问题以后,如果导致了外国法的适用,在需要作进一步的解释时,也只应该依该外国法作出,把这一过程专门叫做"二级识别",只会增加混乱,因为这种依该外国法对该外国法的概念进行的解释已完全不同于法律选择的识别。应该认为,在这个阶段,已经不存在识别冲突了。

五、"不诚实识别"的防止

由于对"范围"中的问题作出某种识别,不但能直接导致法院取得对案件的司法管辖权,而且还能直接导致法院国法律对争议问题的适用,因而国内国外学者均有将"识别"理解为保证内国法院管辖权行使和内国实体法适用的手段,而不将其当作正确援用冲突规范的前提(或至少不承认它在这方面的主要作用)。这就往往导致"不诚实识别"的发生。这在资本主义国家里早期的许多案件中均可见到。

而要防止"不诚实识别"的发生,绝非仅仅依据上面提到的有关识别依据和识别阶段的各种理论便能达到的。"不诚实识别"的难于防止,还有一个重要的原因就是识别多属于法官的自由裁量范围之内的问题。因此,关键还在于不断提高审理涉外案件的法院法官对"诚实信用"原则的确信,不断培养提高他们内外国法律平等的观念和构筑国际民商新秩序进程中"国际社会本位"的观念。

此外,在国内和国际的国际私法立法中,在必要与可能的情况下,适当增加对重要法律范畴、法律概念的定义,也是防止"不诚实识别"发生的有效方法。

由于全球化和人类共存关系的不断推进,以及国际社会法律趋同化走势的不断加强,各国国内立法中的共同因子的增加,在21世纪的国际私法的进一步发展中,至少就解决一些重大法律问题的识别达成共识的可能性,肯定也是会增加的。

---

① 参见〔英〕戚希尔:《国际私法》第2版;〔英〕罗伯逊:《冲突法中的识别》。

第四节 先决问题

一、先决问题的概念

"先决问题"在英语中称为"preliminary question"或"incidental question"（直译为"附带问题"），法语称"question prealable"。这个问题最早为德国法学家梅希奥（Melchior）和汪格尔（Wengler）在1932年至1934年间提出，它是指，在国际私法中有的争讼问题的解决需要以首先解决另外一个问题为条件，这时，便可以把争讼问题称为"本问题"或"主要问题"，而把首先要解决的另一问题称为"先决问题"。沃尔夫曾举了这样一个例子来说明这个问题：一个住所在希腊的希腊公民未留遗嘱而死亡，留下动产在英国，其"妻"主张继承此项动产。本来，无论依英国的有关冲突规则（"继承依死者住所地法"）或希腊的有关冲突规则（"继承依死者的本国法"），都应适用希腊的继承法，其财产的一部分应归属于死者的妻子。但现在需要首先确定她是不是死者的妻子。由于他们是在英国按民事方式而不是按希腊法所要求的宗教仪式结的婚，因而对于她们之间是否存在夫妻关系，如依作为法院地法的英国法的冲突规则（婚姻方式依婚姻举行地法）指定的准据法（即英国法），他们的婚姻是有效的，她可以取得这部分遗产；但依"主要问题"准据法所属国（即希腊）的冲突规则（婚姻方式依当事人本国法）指定的准据法（即希腊法），他们的婚姻是无效的，她就不能取得这部分遗产。这个关于"妻子"与死者之间是否存在合法夫妻关系的问题，便叫做本案继承问题的"先决问题"。

在理论上，存在"广义先决问题"和"狭义先决问题"的区分，两者的定义和特征各有不同。[①] 我国大部分学者采狭义说。根据狭义说，构成一个冲突法中的先决问题，必须具备以下三个条件：首先，主要问题依法院国的冲突规则，应适用外国法作准据法（如上例中英国法院解决该继承问题便是以希腊法作准据法的）；其次，该问题对主要问题来说，本身就有相对的独立性，可以作为一个单独的问题向法院提出，并且它有自己的冲突规则可以援用；最后，但是依主要问题准据法所属国适用于先决问题的冲突规则和依法院国适用于先决问题的冲突规则，会选择出不同国家的法律作准据法，并且会得出完全相反的结论，从而使主要问题的判决结果也会不同。这三个条件缺一不可，否则便不会构成一个"先决问题"，也没有必要单独研究它的准据法选择问题了。

---

① 有关广义先决问题理论，参见王葆莳：《国际私法中的先决问题研究》，法律出版社2007年版。

二、先决问题的准据法

对于"先决问题"究竟应援用主要问题准据法所属国的冲突规则,还是仍依法院国的冲突规则来选择它应适用的法律,目前在各国实践中,并无一致的做法,在学说上也分成尖锐对立的两派。

一派以梅希奥、汪格尔、罗伯逊(Robertson)、沃尔夫、安东(Anto)等为代表,主张依主要问题准据法所属国冲突规则来选择先决问题的准据法,并认为只有这样才可求得与主要问题协调一致的判决结果。但人们指出,这种协调一致有时是需要用牺牲法院国冲突法的一致换来的。例如,一个住所在英国的西班牙公民,在英国取得了与他的妻子离婚判决后,又在英国与第二个妻子结了婚,后来未留遗嘱而死于他的西班牙住所地,留下动产在英国。依英国的冲突规则应适用西班牙法来解决此项动产继承问题(主要问题)。但是,究竟谁是他的合法妻子,由于西班牙也不承认以离婚方式解除婚姻,而且西班牙适用于离婚的准据法是当事人的本国法,因此如果用主要问题准据法所属国(即西班牙)的冲突规则来解决先决问题,应认为他的第一个妻子有继承权,而第二次婚姻应属无效。因此,英国法只有在先决问题上放弃自己的冲突规则,才能保证先决问题的解决,与依西班牙法解决的主要问题取得协调一致的结果。在本案情况下,英国法院显然是不愿意推翻过去已作出的离婚判决的。

另一派则以拉贝尔、梅利、努斯鲍姆为代表,主张以法院地国家的冲突规范来选择先决问题的准据法。美洲国家组织1979年国际私法会议通过的《关于国际私法一般规定的公约》第8条,也认为"因主要问题而提出的先决问题,不一定按适用于主要问题的法律解决"。

先决问题同样可能发生于国际民事诉讼法中。例如,当对某一行为的决定性效力(conclusive force of a deed)发生争议时,就可能分别适用不同的法律于行为的此种效力(主要问题)和它的形式效力(formal validity)(先决问题)的情况,即在决定性效力方面适用可适用的实体法,而在形式效力方面适用行为地法。这时需要决定,行为的形式效力是由可适用于决定性效力的法律的冲突规范来支配,还是由法院地国际私法的冲突规范来支配。另一个实例是,当某一外国法人实施某一诉讼行为时,需要对它的代理权的有效性(主要问题)进行裁决,这时,反过来就要对外国法人是否具有起诉和被诉的能力问题(先决问题)作出判断。在这里可能提出同样的问题,即外国法人的起诉和被诉的能力是应该依法院地法的冲突规范来裁决,还是应该依支配诉讼行为效力的行为地诉讼法来裁决。不过,在实践中,国际民事诉讼法中这些方面的先决问题不像在国际私法中那样关系重大,因为外国诉讼法的适用与国际私法中外国民法的适用相比较是被限制在一个更狭小的范围内的。

2012年最高人民法院《关于适用〈中华人民共和国涉外民事关系法律适用法〉若干问题的解释(一)》第12条规定:涉外民事争议的解决须以另一涉外民事关系的确认为前提时,人民法院应当根据该先决问题自身的性质确定其应当适用的法律。这显然采纳了第二派学者的观点。

需要注意的是,该解释第13条又规定"案件涉及两个或者两个以上的涉外民事关系时,人民法院应当分别确定应当适用的法律"。这主要是指案件中出现多个涉外民事关系、但相互之间没有先后依附关系的情况。例如在离婚案件中,涉及当事人的婚姻财产制问题,此时法院不能根据《涉外民事关系法律适用法》第27条直接用法院地法解决所有涉案问题,而应当对多个涉外民事关系分别确认其准据法。

第五节 区际、人际与时际法律冲突

在确定了一个涉外民事案件由某一国法律调整之后,还有可能遇到以下两个问题:第一,该国内部不同地区存在不同的法律制度;第二,该国适用于不同宗教、种族、阶级的人的法律之间存在冲突。这些问题都可能影响到案件的判决,因而都需要妥善解决。而对这些问题的解决就形成了国际私法上所谓的区际、人际与时际私法。

一、区际法律冲突

(一)区际法律冲突的含义、产生和特征

区际法律冲突(interregional conflict of laws)是一国内部不同地区的法律制度之间的冲突。区际法律冲突是在一国内部不同地区人民进行交往的过程中产生的。历史上,法律适用上的冲突首先是以区际法律冲突的形式开始发展起来的。随着法律属人主义向法律属地主义的转变,在12、13世纪,意大利各城邦开始承认其他城市的"法则"(statute)的域外效力,在一定程度上适用其他城邦的法则来解决各城邦间的民商事纠纷,真正意义的区际法律冲突便产生了。随后,15、16世纪的法国以及17世纪的荷兰出现的引人注目的法律冲突,都主要为这种区际法律冲突。

区际法律冲突的特征有:(1)它是在一个主权国家领土范围内发生的法律冲突。(2)它是在一个主权国家领土范围内具有独特法律制度的不同地区之间的法律冲突。(3)它是一个主权国家领土范围内不同地区之间的民商事法律冲突,即区际法律冲突是一种私法方面的冲突。(4)它是一个主权国家领土范围内不同地区的法律制度之间的横向冲突(horizontal conflict)。非横向的冲突,如中央法律与地方法律之间的法律冲突,不属于区际法律冲突的范畴。

(二) 区际法律冲突的解决

区际法律冲突包含两个不同的内容:(1) 一国内部跨法域的民商事交往中产生的法律适用上的冲突如何解决①;(2) 在国际法律冲突中,经冲突规范指引当事人本国法后,而该当事人的本国却是一个多法域国家,这时究竟应以其中哪一法域的法律作为他的本国法而加以适用的问题。

1. 一国内部跨法域的民商事法律冲突的解决

对这种区际法律冲突,历史上也产生了用区际私法来解决和用统一实体法来解决这两类不同的实践。

(1) 用区际私法来解决。具体方式大致有以下几种:第一,制定全国统一的区际私法。如1926年波兰《区际私法典》。第二,各法域分别制定各自的区际私法。如在1926年波兰《区际私法典》颁布之前,国内的区际冲突是依靠各法域各自的区际私法解决的。第三,类推适用国际私法解决区际法律冲突。这种方式一般在多法域国家既无统一的区际私法,各法域也无区际冲突规范或中央立法机关不允许这种规范存在的情况下采用。如1948年捷克斯洛伐克《国际私法和区际私法典》第5条规定,区际冲突通过类推适用国际私法规则加以解决。第四,对区际冲突和国际冲突不加区分,适用相同的规则。在普通法系国家中,没有国际私法与区际私法之分,在冲突法意义上,法院将本国内的其他法域视同与其他主权国家一样的"外国",因而某一法院在解决本法域与其他法域的区际冲突时,适用的是与解决国际冲突基本相同的规则。如1971年美国《第二次冲突法重述》既是用来解决国际冲突的指导性规则,也是用来解决美国州际冲突的规则。

(2) 用统一实体法来解决。第一,制定全国统一的实体法。如1907年《瑞士民法典》和1877年美国《州际商法》。第二,制定仅适用于部分法域的统一实体法来解决它们之间的法律冲突。如英国有英格兰、苏格兰、北爱尔兰、海峡群岛和马恩岛五个法域,英国1963年《遗嘱法》及1958年《收养法》就只适用于英格兰和苏格兰,而不适用于其他法域。第三,制定特定领域的统一实体法作为示范法,供所属各法域采用。如美国的全国统一州法委员会和美国法学会拟定的《美国统一商法典》除路易斯安那州部分采用外,已为其他各州采用,从而美国各州在商品买卖、银行交易、投资证券、产权证和商业票据等方面的法律基本实现了统一。第四,一些复合法域国家的最高法院在审判实践中确立统一规则,促进内部各法域法律冲突的解决。这种情况在加拿大和澳大利亚等普通法系国家表现得较为明显。第五,将在一个法域适用的实体法扩大适用于其他法域。这

---

① 本来,"一国内部跨法域的民商法律冲突的解决"不宜放在本章中讨论,但出于方便,本书把它与"多法域国家当事人本国法的确定"一并进行阐述。

种做法多出现在因国家的兼并、国家领土的割让、国家领土的回归或国家的殖民等原因而形成的复合法域国家中。①

2. 多法域国家当事人本国法的确定

（1）在应适用当事人的本国法而其本国各地法律不同时，以当事人所属地法为其本国法，即以当事人的住所地法或居所地法为其本国法。如经1964年修改的《日本法例》第27条规定，在适用当事人的本国法时，如当事人本国各地法律不同时，依其所属地方的法律。我国台湾地区1953年"涉外民事法律适用法"第28条规定："依本法适用当事人的本国法时，如其国内各地方法律不同时，依其国内住所地法，国内住所不明者，依其首都所在地法。"

（2）依当事人本国的"区际私法"的规定来解决。但如果当事人本国无区际私法时，晚近国际私法立法的趋势是，适用与当事人或与案件有最密切联系的那一法域的法律。如1995年《意大利国际私法制度改革法》第18条规定，如果所指定的法律所属国就地域或人而言，存在非统一的法律制度时，则应当根据该国的规定来确定准据法。如经证实确无此种规定，则应适用与特定案件有最密切联系的法律制度。2002年《俄罗斯联邦民法典》第1188条（多法律体系国家法律的适用）规定，若要适用具有多个法律体系的国家的法律，则适用按照该国法律所确定的法律体系。如果不能按照该国法律确定适用何种法律体系，则适用与该法律关系有最密切联系的法律体系。

（3）依最密切联系原则确定适用的法律。2010年我国《涉外民事关系法律适用法》第6条规定，涉外民事关系适用外国法律，该国不同区域实施不同法律的，适用与该涉外民事关系有最密切联系区域的法律。

（三）中国的区际法律冲突问题

随着中国"一国两制"伟大构想的付诸实现，中国已出现"一国两制四法域"的局面，即在统一的中华人民共和国内，在同一中央政府之下，在内地实行社会主义制度，在香港、澳门和台湾地区实行资本主义制度，并构成了四个法律制度互不相同的独立法域。中国也因此成为多法域国家，自然也就产生了区际法律冲突。值得注意的是，内地与香港、澳门和台湾地区的法律之间的冲突，根据"一国两制"的精神和有关的法律文件，是平等地位的法域之间的法律冲突，而不是简单的中央和地方之间的法律制度冲突。

中国的区际法律冲突与世界上其他一些多法域国家内的区际法律冲突相比，具有自己的特点：(1) 中国的区际法律冲突是一种特殊的单一制国家内的区际法律冲突。(2) 中国的区际法律冲突既有属于同一社会制度的法域之间的法律冲突，如香港、澳门和台湾地区之间的法律冲突，又有社会制度根本不同的法

---

① 以上参见黄进主编：《中国的区际法律问题研究》，法律出版社2001年版，第31—33页。

域之间的法律冲突,如内地法律与香港、澳门和台湾地区法律之间的法律冲突。(3) 中国的区际法律冲突既有属于同一个法系的法域之间的法律冲突,如台湾地区和澳门地区法律同属于大陆法系;同时又有分属不同法系的法域之间的法律冲突,如属普通法系的香港地区法律与属大陆法系的澳门地区法律之间的冲突。(4) 中国的区际法律冲突不仅表现为各地区本地法之间的冲突,而且有时表现为各地区的本地法和其他地区适用的国际条约之间以及各地区适用的国际条约相互之间的冲突。这是因为,根据《香港特别行政区基本法》与《澳门特别行政区基本法》的有关规定,香港特别行政区或澳门特别行政区可在经济、贸易、金融、航运、通讯、旅游、文化、体育等领域以"中国香港"或"中国澳门"的名义,单独地同世界各国、各地区及有关国际组织保持和发展关系,签订和履行有关协议。中华人民共和国缔结的国际协议,中央人民政府可根据香港特别行政区或澳门特别行政区的情况和需要,在征询香港特别行政区或澳门特别行政区政府的意见后,决定是否适用于香港特别行政区或澳门特别行政区。中华人民共和国尚未参加但已适用于香港地区或澳门地区的国际协议仍可继续适用。因此,一些国际协议会适用于某地区而不适用于其他地区,这就使各地区的本地法和其他地区适用的国际条约之间以及各地区适用的国际条约相互之间的冲突成为可能。(5) 由于各法域都有自己的终审法院,而在各法域之上无最高司法机关,因此在解决区际法律冲突方面,无最高司法机关加以协调。(6) 在立法管辖权方面,无中央立法管辖权和各法域立法管辖权的划分。实际上,在民商事领域,各法域享有完全的立法管辖权。①

  解决中国的区际法律冲突,必须在促进和维护国家统一的前提下,采取比解决国际法律冲突更优惠的立法原则。为此,既要坚持"一国",又得彼此尊重法律与司法的特殊性,并且在解决彼此法律冲突与相互提供司法协助等方面提供更多的方便与优惠。这方面的先例,有如美国在调整其内部各州法律冲突与判决相互承认与执行上,就得受其联邦宪法上"充分诚实和信任条款""优惠和豁免条款""平等保护条款"等的约束;在法律选择上既要考虑法院州的利益,也要考虑其他州的利益;在公共秩序的运用上,也受到更严格的限制等等。其目的应在于大力保障跨区域民商事交往的安全,促进各区域经济与社会的共同繁荣与发展。美国的上述做法,很值得我们借鉴。中国区际法律冲突的解决,必须坚持以下四项基本原则:(1) 促进和维护国家统一原则;(2) "一国两制"原则;(3) 平等互利原则;(4) 促进和保障正常的区际民商事交往原则。

  在我国,根据《香港特别行政区基本法》和《澳门特别行政区基本法》,中央政府没有制定全国统一的民商事实体法和全国统一的区际私法的权限,目前内

---

① 参见黄进主编:《中国的区际法律问题研究》,法律出版社2001年版,第59页。

地、香港地区、澳门地区均是类推适用自己的国际私法来解决区际法律冲突①，而台湾地区已于1992年公布了"台湾地区与大陆地区人民关系条例"（2010年进行了修正），同年发布了该条例的施行细则（2003年进行了修正）。条例的民事部分（第41条至第74条）对两岸"法律"冲突的解决作了详细规定。② 此外，台湾地区还于1997年公布了"香港澳门关系条例"（2006年作了增订和修正），并发布了实施细则（2000年进行了修正）。③ 对于台湾、香港和澳门之间法律冲突的解决，其第38条规定："民事事件，涉及香港或澳门者，类推适用涉外民事法律适用法。涉外民事法律适用法未规定者，适用与民事法律关系有重要牵连关系地法律。"

二、人际法律冲突

人际法律冲突是指一国之内适用于不同宗教、种族和阶级的人的法律之间的冲突。因为在有些国家，往往无统一适用于该国全体公民、不同种族、宗教或阶级的人的民法。中国也存在人际法律冲突。例如，经2001年修正的《婚姻法》第5条规定，结婚年龄，男不得早于22周岁，女不得早于20周岁。其第50条又规定："民族自治地方的人民代表大会有权结合当地民族婚姻家庭的具体情况，制定变通规定。自治州、自治县制定的变通规定，报省、自治区、直辖市人民代表大会常务委员会批准后生效。自治区制定的变通规定，报全国人民代表大会常务委员会批准后生效。"为此，我国民族自治地方的人民代表大会结合当地民族婚姻家庭的具体情况，制定了某些变通的或补充的规定。例如，1981年《内蒙古自治区执行〈中华人民共和国婚姻法〉的补充规定》（2003年修正）规定，结婚年龄，男不得早于20周岁，女不得早于18周岁。而该补充规定只适用于居住在内蒙古自治区的蒙古族和其他少数民族。汉族男女同蒙古族和其他少数民族男女结婚的，汉族一方年龄按《中华人民共和国婚姻法》的规定执行。这样，在结婚年龄上，就会产生人际法律冲突。

对于国际私法中人际法律冲突的解决，在理论与实践中多主张由该外国的

---

① 2012年最高人民法院《关于适用〈中华人民共和国涉外民事关系法律适用法〉若干问题的解释（一）》第19条规定：涉及香港特别行政区、澳门特别行政区的民事关系的法律适用问题，参照适用本规定。2008年最高人民法院《全国法院涉港澳商事审判工作座谈会纪要》第1条指出：人民法院受理涉港澳商事案件，应当参照我国《民事诉讼法》第四编和最高人民法院《关于涉外民商事案件诉讼管辖若干问题的规定》确定案件的管辖。可通过如下网址分别检索香港、澳门和台湾法律：http://www.legislation.gov.hk/index.htm；http://legismac.safp.gov.mo/legismac；http://www.lawbank.com.tw.

② 参见李双元、欧福永、熊之才编：《国际私法教学参考资料选编》（上册），北京大学出版社2002年版，第107—111页。

③ "台湾地区与大陆地区人民关系条例"和"香港澳门关系条例"等中国台湾地区法律可以通过台湾法源法律网检索最新文本：http://db.lawbank.com.tw.

人际私法来解决。例如,1966年《葡萄牙民法典》第20条第3款规定,如被指定国法律秩序内有适用于不同类别的人的不同法制,则必须遵守该法就该法律冲突而作的规定。此外,1999年《白俄罗斯民法典》第1101条也规定,如果应适用的是一个具有多法域或在其他方面有各不相同的法律制度的国家的法律时,其应适用的法律,依该国法律确定。其中所称"在其他方面有各不相同的法律制度"似应理解为包括适用于不同人的法律。

1986年德国《民法施行法》第4条第3款规定则又有所不同,它规定:"如果指定需适用多种法制并存国家的法律,但没有指明应适用何种法制的法律的,应依该国法律确定适用何种法制的法律;如果该国法律并无适用何种法制的规定,则适用与案件有最密切联系的法制的法律。"

三、时际法律冲突

(一) 时际法律冲突的产生

人们曾经指出,国际私法的法律选择固然主要是从应适用什么地方的法律——一个人的国籍在什么地方?住所或居所在什么地方设立?一个契约或遗嘱在什么地方成立?一项侵权行为发生于什么地方?一件婚姻在什么地方举行?等等——出发的,但时间方面的因素(适用什么时间的法律)也往往在法律选择中具有十分重要的意义。因此有人认为,进行法律选择需要一并考虑where(何处?)和when(何时?)两个方面的因素。

在一般情况下,适用什么时候的法律这个问题是比较好解决的。例如,甲、乙在过去成立了婚姻,现在一方死亡,他方要求继承其财产,为此,需要首先判定他们过去是否已成立有效婚姻,这当然只能依据婚姻成立时的法律。据此,凡要求确认一人发生在过去的法律关系,显然只应适用法律关系成立当时有效的法律,就是说,对权利的取得,一般应采取"法律不溯及既往"与"既得权保护"的原则。根据这一原则,不少的冲突规则中都明确地表示了时间因素(即适用什么时候的法律)。如继承适用被继承人死亡时的住所地法,其中"住所地"指示场所,"死亡时"指示时间;"夫妻身份关系适用结婚时夫的本国法",其中"夫的本国法"指示场所,"结婚时"指示时间。

1979年匈牙利《国际私法》便大量采用这种规定方式。例如,它规定:非契约而产生的责任,应适用损害行为地于行为发生时有效的法律;继承法律关系,应适用死者死亡时的属人法;遗嘱成立及遗嘱撤销的方式应适用成立或撤销之时与地的法律。

但是有时,冲突规则却并不采取这种规定方式。这是因为就某些法律关系的性质而言,在法律适用上并非不可以采取可变原则。例如,有的国家从有利于保护婚姻或亲属关系的正常进行出发,在当事人改变国籍或住所之后,就允许依新的属人法来调整当事人之间的权利义务关系;有的国家从保护动产交易的安全出发,也允许在把动产从不允许作某种处分的所在地移至允许作某种处分的所在地之后,适用新的所在地法。这种因连结点的改变而导致前后两个法律的冲突,法国学说称为"动态冲突"(conflicts mobiles)。

在国际私法中,法律的时际冲突除可因连结点的改变而发生外,还可因其他两种情况而发生:(1)法院地的冲突规则发生了改变;(2)准据法发生了改变。这三种改变都可能影响当事人之间的权利义务关系,因此在理论上加以研究,探讨在什么条件下可以适用改变后的法律,在什么条件下不允许适用改变后的法律,在国际私法上是有重要意义的。

(二)国际私法中时际冲突的解决

上述三种情况下提出的时际法问题究竟应如何解决,就目前各国国际私法的理论与实践来看,除了一些比较简单的问题外,尚不能说已形成统一的解决原则,而且也似乎不可能形成某种固定的截然划一的规则。

1. 准据法发生了改变的解决

1971年英国法院曾受理过一个这样的案件(Hornett v. Hornett),一个住所在英国的男子于1919年与一婚前住所在法国的妇女结婚,并一直在英国与法国共同生活到1924年妻子在法国取得一离婚判决,但丈夫闻知此事已是1925年了,此后他又与妻子同居到1936年才分手。

在他们后来这一段同居的时间未生育小孩。1969年丈夫诉请英国法院宣布承认该离婚判决的效力。本来依英国1967年以前的法律,英国法院是只承认配偶住所地法院所作离婚判决的效力的,并且依英国法关于妻子的住所随夫的规定,他们的住所应认为在英国,法国法院这一判决是不能为英国所承认的。但是由于1969年英国法院在另一案件中,已确定了一个新的判例,允许承认这种离婚判决有效,结果上议院根据这个新判例(适用新法),同意了原告的请求。戴西和莫里斯的《冲突法》一书在讨论此一案例时,曾经假定,如果在1925年后他们同居期间生有子女,那么适用1969年前的旧法,这些子女全是婚生子,而适用1969年的新法将使他们全部变为非婚生子。可见在解决这类问题时,应该依据不同的具体情况,灵活掌握,以案件的合理妥善的解决为原则。

在合同关系中,由于实行当事人"意思自治",允许当事人协议选择应适用的法律,到合同履行或发生争议时,如果准据法发生改变,这时究竟应适用什么时候的法律,这是一个极为复杂的问题。对于这个问题,一种观点认为,应该适用旧法,理由是双方当事人协议选择的准据法一旦订入合同,就成了合同的一项具体条件,不应随被选择法律的改变而改变,否则就等于变更了当事人的权利义务关系,成立了一个新的合同;但另一种观点认为,应该适用变更后的新法,理由是,当事人既然选择了某国法律作合同的准据法,就表明他们已同意将整个合同的命运系之于该国的整个法律制度,包括该国法律制度的变化。

2. 法院国冲突规则的改变的解决

例如,在一国冲突规则改变以前的规定是某种社会生活关系适用当事人本国法,而改变后的冲突规则却要求适用当事人住所地法。一般认为,在国家改变冲突规则时,应在有关的法规中明确规定它是否具有溯及力,以及如有溯及力其溯及的范围如何。例如,英国关于承认外国离婚判决法令曾经历过1953年、1967年、1972年三次重大的修改,在第三次修改后的《承认离婚与合法别居条例》就规定它对于承认外国离婚判决的冲突规则具有溯及力。这是讲的成文法。在英国的判例法中冲突规则的改变有时也可具有溯及力,前面举到的1969年的Hornett诉Hornett案便是这方面的例证。匈牙利1979年公布的《国际私法》第15条也规定,它适用于在该法令生效前所发生而尚未经裁判的一切案件,并且认为,这种溯及力,在涉及匈牙利人在国外完成的结婚和离婚的无效方面,"本法也适用于施行本法之前所立的遗嘱,但遗嘱人在本法施行之前死亡的,其遗嘱仍依从前的规定"。

3. 连结点的改变的解决

在国际私法关系中还常常可见这种情况,即对某种法律关系所应适用的冲突规则未变,但当事人的国籍或住所或物的所在地发生了改变,依同一冲突规则的连结点本来是指示甲国法的,现在却指示乙国法了,在理论与实践中,允不允许作这种改变呢? 对于这个问题,也并不可能形成统一的原则。例如,就英国来说,允许改变的连结点有动产的所在地、船主、法人的经营或管理中心,个人的国籍、住所或居所;不允许改变的连结点有不动产所在地、婚姻举行地、遗嘱作成地、侵权行为地、法人的住所。

总之,对于国际私法上时际冲突的解决,首先应区分上述三种不同的情况。大体上说,对于"动态冲突"(即因连结点的改变而发生的时际冲突)的解决,最好应在冲突规则中通过"时间因素"的明确规定而给法院提供具体的提示(如前引匈牙利法中的有关规定方式);因而凡未在冲突规则中明确指定应适用何时的法律时,则可以认为是允许采取变更主义的;对于冲突规则中明确指定应适用何时的法律时,则可以认为是不允许采取变更主义的。对于冲突规则的改变是否有溯及力的问题,则最好应在有关立法中加以规定。对于作为准据法的实体法的改变,究竟应适用旧法或新法,首先需看有关新法是否调整双方合意的法律行为,而新法的适用是否会严重改变双方当事人的权利义务关系,除非涉及国家的重大利益和法律的基本原则,其是否适用,还应以通过双方当事人的协议解决为好,以维护平等互利的国际民事关系的稳定和安全。正是基于此种考虑,并有利于我国引进外资的工作,我国于 1985 年颁布的《涉外经济合同法》[①]在第 40、41 条就规定,在中华人民共和国境内履行的几种重要经济合同,如我国法律将来有新的规定,仍可按照合同原来的约定执行;而对本法施行日之前成立的合同,经当事人协商同意,也可适用本法。

第六节 法律选择的基本方法

国际私法既然是在解决法律适用冲突的基础上发展起来的,并且主要是解决内外国法律选择适用问题的,因此,一谈到国际私法,就会把注意力放在研究法律选择的方法问题上。专门研究法律选择的方法,不但成了美国当代国际私法学的热门,而且英国著名国际私法学家莫里斯在其所著《冲突法》一书中,率先把冲突法的"理论"与"方法"分开来加以论述,并且把讨论的重点放在评介美国的学者们提出的各种法律选择方法上。[②]

根据国际私法的不同学说、实践与判例,可以把指导法律选择的方法作以下不同分类:

一、依法律的性质决定法律的选择

在本书第二章中已经讲过,早在 14 世纪初,巴托鲁斯(Bartolus)创立"法则区别说"之前,意大利的一些法学家便率先主张依法则的性质把它们区分为实体法与程序法两大部门,对于程序问题,法院只适用自己的程序法。到巴托鲁斯,则进一步提出了应把实体法再区分为物法、人法和混合法,分别定其域内域外适用的效力。例如,他认为如果某一法则是着眼于物的,它就属于"物法",其效力就只能限于制定者的管辖的领域之内,而不能在域外适用;但如某一法则是着眼于人的,它就属于"人法",其效力不但可及于在制定者管辖领域内有住所的一切人,而且可以随这些人之所至而及于域外,在域外也应适用。他认为法院在处理涉外案件时,是否应适用外国的法律,主要应该从分析所涉国家有关实体法规定的上述性质入手。可见,"法则区别说"是一种就内外国实体法直接进行选择的方法。

巴托鲁斯这种通过语言结构的分析来判定法律的性质虽属悖谬,但在实际生活中,有些法律侧重于保护位于制定者领域内的物权关系,有些法律侧重于保护自己领属的公民和住所者,这种情况却是存在的。例如,在国际私法中"物权

---

① 本法已于 1999 年 10 月 1 日起依法废止。
② 见〔英〕莫里斯:《冲突法》,1980 年英文第 2 版。

依物之所在地法"这一规定,就是基于各国法律都严格保护位于各自领域内的物这种情况而规定的;而"人的能力依其属人法"这一规定,则在于保护人依其属人法已取得的权利与能力。所以,根据不同法律规则的性质来决定其域内或域外的适用,是一贯为国际私法的理论与实践所承认的。

在国际私法学史中,尽管萨维尼和孟西尼这些学者都把国际私法视为国际法,但是他们也都承认,任何一个国家的强行性法律,按其性质都可以划分为两大部分——在涉外关系中具有绝对强制性的法律(即基于政治上、经济上或道德上的理由,应无条件地适用于在国内的一切人,从而具有排除外国法的效力)和在国内关系中具有强制性的法律(在依冲突规则应适用外国法时,这一类法律就应让位给外国法)。目前在各国的实践中,也都坚持凡属公法性质或公共秩序的法律,具有绝对的域内效力,但不得适用于国外。因此,在处理涉外民事关系时,首先考虑它所涉及的内国法的有关规定究属强行法或任意法;如果是强行法,则是什么意义上的强行法;是属地法或属人法,是实体法还是程序法;然后进而选择哪一国的法律,仍是一个很有价值很重要的方法。说这个方法很有价值,是因为这一方法的实用性很强,便于判定;说这一方法很重要,是因为这涉及国家的立法主权,涉及国家的公共秩序的维护。

所以,尽管巴托鲁斯的语言分析方法应该彻底否定,但区别法律的性质以决定法律的选择,却不可否定。故凡在涉外案件中,涉及国家的刑法、行政法、税法、金融法、海关法等过去被称为"公法"的部门,根据主权原则,根据这些法律部门具有绝对的域内效力,各国一般均不考虑选择适用外国法的问题。即使在民商法领域内,也有许多规定关系到我们国家的政治、经济、社会的重大利益和法律与道德的基本准则,它们属于民法中的公共秩序的范围(或属于"直接适用的法"),因而,凡有涉及,法院显然也不一定去选择外国法。

二、依法律关系的性质决定法律的选择

这是萨维尼首先提出的理论。他认为,法律的选择应该从探寻各该法律关系的"本座"出发,法律关系的性质不同,它们的"本座"也会不同,其"本座"所在,也就是最适合于适用各该法律关系的准据法之所在。他曾分析了大量法律关系的性质,并且确定了它们各自的"本座",从而对推动冲突法的立法起了很大的作用。①

对于萨维尼的这种法律关系"本座"说的批判,主要是认为他对法律关系本座的分析,完全是一种虚构或拟制。在国际私法关系中,常常会遇见这样的情

---

① 萨维尼的"法律关系本座说"的主要内容,可直接参见《现代罗马法体系》(第 8 卷),李双元等译,法律出版社 1999 年版。

况,例如一个人违背了与另一个人结婚的约定,一些国家认为是违反了契约,一些国家认为构成了侵权行为,而另一些国家则认为根本不产生法律上的责任,这能说它只有一个"自然本座"吗?如果有,那这个"自然本座"又在哪一个国家,应该适用哪一法律来作出判断呢?

萨维尼关于法律选择的新路子对国际私法理论与实践都发生了重大的影响,直到目前,大陆法系各国在制定冲突法法典时,基本上仍然是遵循他的理论与方法,只是为了克服他的学说中显然不科学的成分,许多国际私法学家又在他的学说的基础上提出了"法律关系重心说"、"最密切联系说"等种种指导法律选择的方法。目前,"最密切联系说"更被广泛采用。

三、依最密切联系原则决定法律的选择

必须看到,这一方法,从一方面来看,可以说它是萨维尼方法的发展,因为依这种方法,应适用的虽不是所谓法律关系"本座"所在地的法律,却仍然是根据多方面的因素来选择那个与各该法律关系有最密切联系的法律。但是,从另一方面看,这一方法又是对萨维尼理论的否定,因为,依萨维尼的观点,每一法律关系必然有,而且只能有一个"本座",因此,可以而且必须建立起一整套封闭的、机械的法律选择规范的体系。而依最密切联系原则,则恰恰反对去建立这种封闭的、机械的法律选择规范,一切应该由法院依据具体情况,或在立法者提供的某些标志的指导下去作出选择法律的判断。

依最密切联系原则指导法律选择的这种方法,在新近的理论与实践中越来越得到肯定。

1978 年奥地利《国际私法法规》在第 1 条便开宗明义地规定:"与外国有连结的事实,在私法上,应依与该事实有最强联系(the strongest connection)的法律裁判",并且声明,该法规"所包括的适用法律的具体规则",都是"体现了这一原则"的。据说,该法规在草拟阶段,曾试图用"最密切联系"来表述这个原则,但后来嫌这个概念与萨维尼的古典理论中关于法律关系的"自然本座"过于相似,为了减少该法规与这种古典理论的类似或雷同之处,以便让新概念得到发展,最后终于采用了现在这个概念。依据这一原则,在判定是否具有最强联系时,甚至允许进行目前美国流行的"利益分析"(interest analysis)。不过,在一般情况下,仍取决于对各种连结因素的估量。草稿的起草人施温德(Schwind)在对此进行解释时,曾举个人身份问题为例来加以说明。他认为凡如文化纽带、种族背景、语言、教育、职业及经济状况等,都是探求一个人是否与某一国法律存在最强联系应该考虑的各种因素。而在考察契约的最强联系时,作成地、履行地、支付的

货币、文字、特别是契约中使用的法律术语,都具有重要的甚至决定的意义。①

1971年美国《第二次冲突法重述》也认为,美国法院应该根据"最重要联系"原则来决定法律的适用。它甚至在第2条明确指出:"冲突法就是规定与两个以上国家有重要联系的案件应适用什么法律的一个法律部门。"它在第188条中对适用于契约的准据法的选择原则也规定,在缺乏当事人有效的法律选择时,法院应该根据《重述》第6条所列的七个方面的因素和该节所列的五种连结因素,来选择那个具有最重要联系的法律。这七个方面的因素就是:州际或国际体制的需要;法院州(或国)的相关政策;其他利益有关的州(或国)的相关政策;当事人正当期望的保护;特定领域的法律所依据的政策;(判决)结果的确定性、预见性和一致性;将予适用的法律易于查明和适用。五种连结因素则包括:契约缔结地;履行地;标的物所在地;当事人的住所、居所或国籍;公司所在地。该《重述》在其他法律关系中,也主张在无硬性规定时,应适用与案件和当事人有最重要联系的法律。

在美国的司法实践中,更早就有过适用最重要联系理论解决法律选择问题的判例。1954年纽约上诉法院审理奥汀(Autin v. Autin)一案,法官富特(Fuld)就曾对此原则作过精辟的论述。在1963年的巴蓓科克诉杰克逊(Babcock v. Jackson)一案中,富特更把这个选择法律的方法和"利益分析说"结合起来进行论述。②

瑞士联邦1987年的《国际私法法规》第14条也规定:"根据所有情况,当案件的事实与本法典所指定的法律联系并不密切,而与另一法律有更密切联系时,则可作为例外,不适用本法典所指定的法律。"该草案起草人认为,在制定冲突法典时,不可能预见,因而也不可能事先提出一切可能发生的情况。为了避免古典冲突法的过于机械的缺陷,应该允许在不符合成文法规则所规定的非典型情况下,给法官提供行使自由裁量权所应遵循的原则,这个原则便是最密切的联系原则。而且,在欧洲方面,主张接受这个灵活方法的国家已经越来越多。

此外,如2000年阿塞拜疆共和国《关于国际私法的立法》、2001年美国俄勒冈州《合同冲突法》、2001年俄罗斯联邦《民法典》、2001年修订的韩国《涉外私法》、2001年立陶宛共和国《民法典》、2004年比利时《国际私法典》、2005年乌克兰《国际私法》、2006年日本《法律适用通则法》、2007年马其顿共和国《关于国际私法的法律》、2007年土耳其《关于国际私法与国际民事诉讼程序法的第5718号法令》和现行德国《民法施行法》等有关国际私法立法都对此原则有所贯彻。此处尤其要指出的是,2005年保加利亚共和国《关于国际私法的法典》第2

---

① 〔奥地利〕帕尔默:《奥地利冲突法的编纂》,载《美国比较法杂志》1980年第28卷第2期。
② 见〔美〕里斯:《冲突法——案例与资料》,1971年英文版,第536—545页。

条还专门就"最密切联系原则"加以规定,即具有国际因素的私法关系,由与其有最密切联系的国家的法律支配,本法典有关确定准据法的条款均为该原则之体现,若依照本法典第三编(准据法)各条款不能确定应予适用之法律,则适用依其他标准与该私法关系有最密切联系的国家之法律。

这种方法在许多国际条约中也得到了广泛的反映。例如,1979年经欧洲共同体国际私法专家委员会通过的关于契约的法律适用公约就规定:契约适用当事人选择的法律;如果当事人未作法律的选择,则应适用"与之有最密切联系的"国家的法律。1969年的比利时、荷兰、卢森堡三国国际私法统一条约草案也试图规定,契约受当事人选择的法律支配,而在无此种选择的法律时,适用与契约有最密切联系的法律。

由于依据最密切联系原则去选择法律,能够适应当前随着国际经济关系的发展和涉外民事关系复杂多变的客观形势的需要,可以避免用某一种固定的连结点指引准据法的不切合案件实际情况和不符合案件公正合理解决的缺陷。因而这种方法确实具有明显的优越性。

但是对于依这一原则选择法律的方法,在欧洲方面,誉者虽居多数,但毁者亦有之。毁者主要认为这会赋予法官过大的自由裁量权,而给国际私法所一直追求的适用法律的确定性、可预见性和一致性带来威胁。而誉者认为,用这一原则构成冲突规范可以称之为"开放性的冲突规范"(open-ended conflict norms),它较之过去用固定的表示空间场所意义的连结点构成的"硬性的冲突规范"(black-letter conflict norms),显然更有利于实现案件公正合理的解决。

在我国国际私法立法中,采取这种方法来解决涉外民事关系的法律选择问题,也是得到肯定的。我国《涉外民事关系法律适用法》第2条第2款明确将最密切联系原则规定为兜底条款:"……本法和其他法律对涉外民事关系法律适用没有规定的,适用与该涉外民事关系有最密切联系的法律。"另外,该法第6条指定多法域国家的法律为准据法时的法律适用、第19条处理国籍积极冲突的规定、第41条涉外合同的法律适用和第39条有价证券的法律适用等也采用了该原则。

四、依"利益分析"决定法律的选择

"利益分析"又称"政府利益分析"。这一方法为美国法学家布朗勒德·柯里(Brainerd Currie)所提出。① 他在自己的著作中,对传统的选择法律的方法与冲突法制度深恶痛绝,认为"最好是抛掉冲突法规则"而采用他的"利益分析"的方法去就有关国家的实体法规则直接作出选择。他还认为,依利益分析的方法

---

① 参见〔美〕柯里:《冲突法论文选》(Selected Essays on the Conflict of Laws),1963年英文版。

选择法律,传统冲突法中的公共秩序保留、反致等一系列制度,也就成为毫无必要的东西了。

本来依利害关系之有无和大小来决定法律的选择,在传统的冲突法制度中也是存在的。例如,依下述各种不同情况决定应适用的法律,实际上也就是一种利益分析的方法:首先,依涉外案件的不同性质判断利害之大小而决定应适用的法律,如同一涉及土地契约的争议,一种情况是因违反该契约而给他方造成损害,他方当事人请求赔偿损害,在这种情况下,缔约地国或履行地国就可能与案件有更大更直接的利害关系,故宜适用它们的法律;一种情况是争议集中在土地的交付上,那就应该认为土地所在国与案件具有更大更直接的利害关系,这时便应适用土地所在地国法了。其次,涉外案件的重心不同,也是影响法律选择的重要因素,例如夫妻之间的伤害赔偿案件,既涉及夫妻身份关系,又涉及所造成的财产损害,未尝不可选择其中任何一方的法律;但也可着眼于其中哪一国法律更有利于保护女方或受损害人的利益。最后,在所有涉外关系的构成因素相对集中于某一国时,显然案件与该国利害关系更为密切,应选择适用它的法律。

柯里的利益分析说本源之于美国最高法院早先处理工人伤害赔偿案件的实践。在 1935 年,美国最高法院曾受理一件阿拉斯加包装工人协会诉加利福尼亚工业事故委员会的案件,在审理中,法官斯通(Stone)就没有适用事故发生地的阿拉斯加州法,而适用了作为雇佣契约缔结地的加州法律。斯通认为,"冲突的解决,……应通过对各州的政府利益作出评价,并且依政府利益的大小来作出决定。"

1958 年新泽西州法院在判决威尔金斯诉泽利乔乌斯基案(Wilkins v. Zelichowski)时,也提出过利益分析的观点。该案双方当事人都在新泽西州设有住所,因他们想要结婚而未达该州规定的婚龄,便前往印第安纳州结婚,婚后立即回到新泽西州,并生有一小孩。后因丈夫偷窃判罪,妻子要求新泽西州法院宣告原来婚姻无效,州法院适用婚姻举行地法驳回了原告的请求,但新泽西州最高法院却认为本案与印第安纳州无利害关系,唯一有利害关系的是新泽西州,因为承认这一婚姻有效会危害新泽西州的公共政策,最后适用了新泽西州实体法而同意了原告的请求。

五、依案件应取得的结果采用规则的选择方法

在传统的方法中,冲突规则的作用只在于指定一个立法管辖权,然后再由法官依据这一指定去援用该管辖权国家的实体法来解决整个争议问题,所以一般均把这种传统上大都采用的方法叫做"管辖权选择方法"。这种方法的优点是简单易行,而且结果比较确定,所以一般的冲突法典,多采用这种选择方法。但是,这种方法的最大缺陷首先表现在,因对被指定的国家的实体法内容缺乏了解，而在发现它的结果不能为法院所接受时，往往需要借助公共秩序保留、反致等方法来加以排除。其次，由于在现实生活中，涉外民事关系的内容日趋复杂，过去采用对某一"类"性质的法律关系只指定一个立法管辖权的方法，已不能满足需要；同时，对一些本来可以而且应该分割为不同方面的法律关系，为了追求法律适用上的方便或结论的一致而一概不允许分割，以避免分别适用不同国家的法律，也并不一定是有利的。于是人们又提出了另外的法律选择方法，即"规则选择方法"或"结果选择方法"。

"规则选择方法"为美国法学家凯弗斯（Cavers）所倡导。凯弗斯认为，在依规则选择方法直接就该案所涉国家的实体法规定进行选择时，如经查明其内容，认为某国（州）法律的适用能使案件得到公正的解决，即可适用；反之，如发现其适用会违反自己的社会政策，即可由法院地的法律来决定如何解决，在这种场合，即使改为适用法院地实体法，也是规则选择的结果，而不必根据什么反致或公共政策制度来机械地排除外国法的适用。① 由于这种选择方法要求从案件取得公正的结果出发，因而又被称为"结果选择方法"。

凯弗斯在提出"规则选择方法"的同时，试图否定冲突规范和整个冲突法制度的作用，这也是不能为人们所接受的。凯弗斯自己在事过 32 年之后，于 1965 年发表他的《法律选择过程》（The Choice of Law Process）一书时，也已从这种过激的立场大大地后退了。这时，他承认，如果要在两个不同的法律之间进行选择而不提供指导选择的原则，就会出现谁都会主张自己所选择的是"更好的法律"的危险。不过，他仍然主张，应该对传统的呆板的法律选择规范加以分析，以赋予它们以特征和生命，以便其适用起来更能切合实际情况。例如，"婚姻方式的有效性依婚姻举行地法"这一冲突规则，如果把它分解为不同的组合，即依内国法规定的方式在内国举行的结婚，其方式有效；非依内国法规定的方式在内国举行的结婚，其方式为无效；依（非在内国的）举行地法规定的方式举行的结婚，其方式未必一定有效；而未依（非在内国的）举行地法规定的方式举行的结婚，其方式也未必一定无效，这样便会使这条原本十分机械呆板的冲突规则有了差别，有了生命，有了各种各样具体的内容。人们在这种分析中就会发现，在前两种情况下，这个冲突规则应该是具有强行性的，而在后两种情况下，就不一定也是强行性的了。这样来适用传统的冲突规则，就有了灵活性，显然也是有助于求得案件的公正合理的解决的。②

我国也采纳了这种法律选择方法，如《涉外民事关系法律适用法》第 29 条规定："扶养，适用一方当事人经常居所地法律、国籍国法律或者主要财产所在

---

① 参见〔美〕凯弗斯：《法律选择过程批判》（A Critique of the Choice of Law Process），1933 年英文版。
② 参见〔英〕莫里斯：《冲突法》，1980 年英文第 2 版，第 520—511 页。

地法律中有利于保护被扶养人权益的法律。"

六、依有利于判决在外国得到承认与执行和有利于求得判决一致决定法律的选择

国际私法的一个重要目的在于求得涉外民事法律关系的稳定,因而在选择法律时,如果该案的判决需要在国外发生效力,或需要在外国执行,不能不考虑有关国家在这个问题上的国际私法规则。许多国家对此都有明文规定。例如,1982年颁布的前南斯拉夫冲突法就明确规定,对于南斯拉夫自己有专属管辖权的案件的外国判决是不予承认的;如果依前南斯拉夫冲突法规定对有关的南斯拉夫公民的个人身份问题应适用南斯拉夫法,而外国法院在判决有关问题时却适用了与南斯拉夫实体法有重大不同的外国法,这种判决也不会为南斯拉夫法院所承认。法国的实践也认为,如果外国法院作出的判决,在法律适用上不符合法国冲突法的规定,是不能得到法国法院的执行的。原德意志联邦共和国民事诉讼法也有类似规定,只不过它只适用于外国法院因适用了与德国不同的冲突规则而给德国当事人的利益造成损失这种特定情况。

此外,即使在没有作这种限制的国家里,如果外国法院的判决据以作出的法律规定,其内容与自己的公共秩序严重抵触,也得不到它们的承认与执行。

因此,在选择法律时,依是否有利于判决在外国得到承认与执行作出判断,也是一个十分重要的方法。

许多国际私法学者还认为,追求对同一争议的判决的一致,乃国际私法得以发展起来并走向趋同化的根本动力,因此主张法院在处理涉外案件时,应从这方面着眼去进行法律的选择。做到了这一点,不但涉外民事法律关系的稳定性能得到保证,而判决也肯定能得到有关国家的承认与执行。

七、依当事人的自主意思决定法律的选择

对契约关系的法律适用,16世纪法国学者杜摩兰提倡"意思自治"说,主张契约应该受双方当事人协议自主选择的习惯支配。17世纪荷兰学派中最有影响的人物胡伯也认为,契约关系无论就形式或实质来看,虽原则上都应适用缔约地法,但是,如果契约当事人在心目中已有其他考虑时,则缔约地法就不应适用,而应适用当事人另有考虑的法律。18世纪英国国际私法的奠基人曼斯菲尔德在判决鲁滨逊(Robinson)诉布朗德(Bland)一案时,也主张在一般情况下,合同固然受缔约地法的支配,但当事人在缔约时曾考虑另一国的法律,则应属例外而适用这另一由当事人选择的法律。1856年《意大利民法典》更在孟西尼的思想直接影响下明确规定,契约之债如当事人国籍相同,适用他们的共同本国法,否则,适用缔约地法;但在任何情况下,当事人协议选择的法律应该起决定的作用。

目前合同准据法的选择主要依"意思自治"原则,已成为全世界通行的制度。我国在解决涉外合同的法律选择问题时,也是接受这一原则的。但是,适用这一原则,是否意味着完全听从当事人的自由选择而可不受任何限制,在这一点上,却是有不同的理论和实践的。

我国《涉外民事关系法律适用法》第3条规定:"当事人依照法律规定可以明示选择涉外民事关系适用的法律。"就是把意思自治原则作为我国法律适用的一项重要原则。同时在第16条(代理)、第17条(信托)、第18条(仲裁协议)、第24条(夫妻财产关系)、第26条(协议离婚)、第37条(动产物权)、第38条(运输中的动产物权)、第41条(合同)、第44条(侵权)、第45条(产品责任)、第47条(不当得利和无因管理)和第49条(知识产权)中对意思自治作了具体规定。当事人选择法律的方式有明示选择和默示选择两种方式。默示选择是指当事人没有明确选择涉外民事关系适用的法律,法院根据当事人的行为、案件事实等因素推定当事人选择某一特定国家的法律支配其权利义务关系,从而确定涉外民事关系的准据法。推定默示选择了法律的因素有:合同明确提到了某国法律条文,或者合同引用了依照某国法律制定的某种格式合同;当事人约定用某一第三国货币结算;合同用某国文字写成,等等。

2012年最高人民法院《关于适用〈中华人民共和国涉外民事关系法律适用法〉若干问题的解释(一)》第6条规定:中华人民共和国法律没有明确规定当事人可以选择涉外民事关系适用的法律,当事人选择适用法律的,人民法院应认定该选择无效。其第7条规定:一方当事人以双方协议选择的法律与系争的涉外民事关系没有实际联系为由主张选择无效的,人民法院不予支持。其第8条规定:当事人在一审法庭辩论终结前协议选择或者变更选择适用的法律的,人民法院应予准许。各方当事人援引相同国家的法律且未提出法律适用异议的,人民法院可以认定当事人已经就涉外民事关系适用的法律作出了选择。也就是说我国也承认默示方式选择法律。其第9条规定:当事人在合同中援引尚未对中华人民共和国生效的国际条约的,人民法院可以根据该国际条约的内容确定当事人之间的权利义务,但违反中华人民共和国社会公共利益或中华人民共和国法律、行政法规强制性规定的除外。

这里有必要指出,一些国内学者在采纳上述七种法律选择方法的同时,又补充了另外几种方法,如"依比较损害方法决定法律的选择""依肯塔基(Kentucky)方法决定法律的选择""依功能分析方法决定法律的选择"①,但根据这些方法的内容来看,它们只是上述七种方法的变形或补充,似乎还不能构成基本的法律选择方法。

---

① 参见黄进主编:《国际私法》,法律出版社2005年版,第170—172页。

第四章 外国法的适用和排除

第一节 反　　致

从国际私法的角度看,一国国内法可分为内国法(domestic law, local law, internal law)和冲突法两大部分。① 当冲突规范指定外国法作准据法时,究竟应如何理解该冲突规范所指定的外国法的范围?冲突规范指定的外国法是仅仅指该外国的除冲突法以外的那部分法律(即该外国的内国法),还是指包括该外国冲突法在内的外国法的全部?这一问题在国际私法的理论与实践中向来存在争议,有两种截然不同的意见:一种主张是,本国冲突规范指定的外国法仅限于外国除冲突法以外的那部分法律,这称为"单纯指定"或"实体法指定";另一种主张是本国冲突法指定的外国法,应是包括该外国冲突法在内的外国法的全部,这称为"总括指定"或"全体法指定"。如果采用后一种主张就会产生国际私法上的反致问题。广义的反致包括反致、转致、间接反致和双重反致。

一、反致、转致、间接反致和双重反致的概念

(一) 反致(renvoi, remission)

对于某一涉外民事关系,甲国(法院国)根据本国的冲突规范指引乙国的法律作准据法时,认为应包括乙国的冲突法,而依乙国冲突规范的规定却应适用甲国的法律作准据法,结果甲国法院根据本国的法律判决案件,这种情况在国际私法中称为反致。例如,一个在日本有经常居所的中国公民,未留遗嘱而死亡,在中国遗留有动产。为此动产的继承,其亲属在日本国法院起诉。根据日本的冲突规则,继承本应适用被继承人的本国法,即中国法,但中国的冲突规则却规定动产继承适用被继承人死亡时的经常居所地法,即日本法。如果日本法院适用了自己本国继承法判决了案件,就构成了反致。法国学者称这种反致为"一级反致"。

(二) 转致(transmission)

对于某一涉外民事关系,依甲国(法院国)的冲突规范本应适用乙国法,但它认为指定的乙国法应包括乙国的冲突法,而乙国的冲突规范又规定此种民事

---

① 在国际私法上,"国内法"和"内国法"是两个既有联系又有区别的概念。"国内法"通常是把一国的冲突法也包括在内的,但"内国法"则仅指除开冲突法的那部分国内法。

关系应适用丙国法,最后甲国法院适用丙国法作出了判决,这称为转致。例如,一中国公民,在德国有住所,未留遗嘱而死亡,在英国遗留有动产,其亲属为此项动产的继承而在英国法院起诉。依英国的冲突规范,动产的继承应适用死者的住所地法即德国法,但依德国冲突规范,继承应适用死者死亡时的本国法,即中国法,如果英国法院最终适用了中国继承法判案,就构成了转致。法国学者称此种转致为"二级反致"。

（三）间接反致（indirect remission）

对于某一涉外民事关系,甲国（法院国）冲突规范指定适用乙国法,但乙国冲突规范又指定适用丙国法,丙国冲突规范却指定适用甲国法作准据法,最后如果甲国法院适用本国的实体法来判决案件,就构成了间接反致。例如,一住所在中国的秘鲁人,死于中国,在日本留有不动产,其亲属就该不动产的继承在日本法院提起诉讼。依日本冲突规范的规定,应适用死者的本国法即秘鲁法,但秘鲁冲突规范规定适用死者最后的住所地法即中国法,但中国的冲突规范却规定不动产适用不动产所在地法即日本法,如果日本法院最后适用了日本的继承法,就构成了间接反致。

（四）双重反致（double renvoi）

双重反致又称"二重反致"、"外国法院说"（foreign court theory）和"完全反致"（total renvoi）,而我们通常所称的反致,又称为"单一反致"（single renvoi）或"部分反致"（partial renvoi）。双重反致主要是英国法中特有的一项制度。它是指英国法官在处理特定范围（如遗嘱有效性）的涉外民事案件时,如果依英国的冲突规则应适用某一外国法作准据法,则英国法官应将自己视为在外国审判案件,采取该外国法院处理此案时会采取的做法。即适用该国的冲突规范,并根据该国对反致的态度,决定应适用的法律。例如,在安利斯案中,一原始住所在英国的英国妇女,按照英国法的规定,其死亡时的住所是在法国,但按法国法的规定,她尚未取得法国法意义上的住所。她留下一份处置其全部遗产的遗嘱,但按法国法她只能处分其三分之一的财产,因为她死后还留下了两个孩子。本案中遗嘱的有效性成为焦点。英国法院认为,遗嘱有效性应适用死者死亡时的住所地法,由于有证据表明法国法院会适用立遗嘱人的本国法即英国法,并接受英国法向法国法的反致,所以英国法院最终适用了法国法,该妇女的遗嘱只限于在处置其三分之一的财产的范围内有效。[①] 双重反致的适用范围很窄,一般仅限于身份及死后财产的处理,如婚姻的形式有效性和遗赠的有效性问题,此外,还可

---

① 参见〔英〕莫里斯:《法律冲突法》,李东来等译,中国对外翻译出版公司1990年版,第469页。

能适用于位于国外的土地所有权和位于国外的动产所有权等问题。①

反致理论最早出现在哪个国家的判例中,学者们有不同意见。但一般认为,促使反致问题在国际私法中得到广泛讨论并在立法中开始采用的是法国的福果案(Forgo's case)。

福果是一个于1801年出生在巴伐利亚的非婚生子,从5岁时起随其母亲移居法国,直到68岁时未留遗嘱而死亡。但他一直未取得法国法意义上的住所。其时,他的母亲和妻子均已死亡,他也没有子女,因此其旁系亲属向法国法院对福果在法国银行的一笔存款提出继承要求。根据法国的冲突法,继承本应适用死者的本国法,即巴伐利亚法,按巴伐利亚继承法规定,其旁系亲属是有权继承该笔存款的。但法国法院认为,本国冲突法指定的巴伐利亚法包括巴伐利亚的冲突法,而巴伐利亚的冲突法却规定继承适用死者死亡时的住所地法,且不分事实上的住所和法律上的住所,于是法国法院认为,福果的住所已在法国,故应适用法国法。依法国继承法规定,福果既无直系亲属,又无兄弟姐妹,其他的旁系亲属是无继承权的。因而判定该笔存款系无人继承财产,收归了法国国库所有。法国法院在此案中采取反致的动机有两个:一是适用法官熟悉的法国法,二是借此将该笔存款收归法国国库。

二、反致产生的原因

导致反致产生的原因或条件有两个:一是因各国对本国冲突规范指引的外国法的范围理解不同,一些国家认为被指定的外国法包括该外国的冲突法,而另一些国家则不这样认为;二是由于对同一涉外民事关系各国规定了不同的连结点指引准据法,当然有时即使有关国家对于同一法律关系规定了相同的连结点,但如果对连结点的解释不同,也可能会产生反致。

另外,在具体案件中,即使有关国家认为冲突规范指引的外国法包括该外国的冲突法,并且冲突规范中规定了不同的连结点也不一定会发生反致。例如,依法国冲突法规定,"不动产继承适用不动产所在地法",而德国冲突法规定,"继承(包括动产和不动产)适用被继承人的本国法",并且两国都认为自己冲突规范指定的外国法包括外国的冲突法。现一德国公民死于法国并在法国留有不动产,其亲属因该项不动产的继承发生争议,如在法国法院提起诉讼,法国法院只会适用法国法。如在德国法院提起诉讼,德国法院也只会适用德国法。因而无论在法国还是德国起诉都不会发生反致的情况。这是因为根据该案的具体情况冲突规范指定的法律是法院地国法,而根本未指向外国法。也就是说如果冲突

---

① See Peter North, Fawcett and Carruthers, Cheshire, North & Fawcett Private International Law, 14th ed., Oxford: Oxford University Press, 2008, pp.71-73.

规范未指向外国法,就根本无法产生致送关系,反致的产生也就无从谈起了。这种缺乏致送关系的情况,被称为冲突规范的"积极冲突"。如果将案件的事实稍做更改,假设一法国公民死于德国并在德国留有不动产,则无论是在德国还是在法国起诉,都有可能发生反致的问题。这种情况,被称为冲突规范的"消极冲突"。故在具备前面讲到的两个基本条件的前提下,两国冲突规范还必须在具体案件中有致送关系存在,而反致也只发生在冲突规范的"消极冲突"之中。

三、关于反致理论上的分歧

对于在国际私法中是否应采用反致制度,学者们的观点素有争论,褒贬不一。持反对意见者主要有以下理由:

(1)采用反致显然违背了本国冲突法的宗旨。反致与国际私法的真正性质相抵触。因为,既然本国冲突法已指定某一涉外民商事关系应由外国法调整,就表明该法律关系与该外国有更密切的联系,如果接受反致就会有违本国冲突法的初衷。

(2)采用反致有损内国的立法权。因为,承认反致就是将法律冲突的解决交由外国冲突法决定,等于是放弃了本国对涉外民商事关系加以调整的立法权。

(3)采用反致于实际不便。采用反致会大大增加法官和当事人证明或调查外国法的任务。

(4)采用反致会导致恶性循环。如果所有国家都接受反致,会出现相互指定法律,循环不已的"乒乓球游戏",使准据法无法得到确定,法律适用的可预见性和稳定性得不到保证。

赞成反致的学者认为:

(1)采用反致可以维护外国法律的完整性。外国冲突法与实体法是一个不可分割的整体,在根据本国的冲突规范应适用外国法时,如果只考虑适用其实体法的规定,忽视其相关的冲突法的规定,有时会产生曲解该外国法宗旨的结果。例如,甲国法院要确定一在乙国有住所的本国青年是否已成年的问题。根据甲国的冲突规范应依住所地法加以判断。乙国民法规定21岁为成年,但根据其相关的冲突规范的规定,在乙国有住所的外国人的成年问题应由当事人本国法加以判定。从其立法政策来看,乙国并没有将本国有关成年问题的实体法规定适用于外国人的意图。如果法院不考虑外国立法的完整精神,执意适用该外国的实体法规定,是不合理的。而且,如果外国法已规定某些实体法不适用于某些情况,法院国从尊重他国主权出发,也应接受来自外国法的反致。

(2)接受反致无损于本国主权,反而可扩大内国法的适用。除反致外,转致和间接反致最后都将导致本国法的适用。

（3）采用反致有利于实现国际私法所追求的判决结果一致的目标。因为采用反致可使同一案件无论在哪一个国家起诉都会适用相同的法律。

（4）采用反致可得到更合理的判决结果。反致可增加法律选择的灵活性，达到适用"较好的法律"的目的。例如，英国法官最初采用反致的目的是，旨在避开英国支配遗嘱有效性的刻板的冲突规则（只规定适用遗嘱人最后住所地法），利用其他国家的灵活冲突规则（可选择适用遗嘱人属人法或立遗嘱地法），维护遗嘱的有效性，保护遗嘱人的真实意愿[①]。

四、反致制度综述

（一）国际条约、国内立法和司法实践中的反致制度

目前，反致在多数国家的冲突法学说、判例和立法，特别是新近立法中得到了采纳，虽然在具体程度和方法上存在着差异。[②] 例如，1995年意大利《国际私法制度改革法》，一改本国学说和判例对反致所采取的否定态度，以1条4款的规定对在什么情况下、如何采用反致作了较详细的规定。[③] 2007年土耳其《国际私法与国际民事诉讼程序法》之第2条第3款中明文规定："如果应适用的外国法的冲突规范指引另一法律，则仅在人法、家庭法方面的争议中遵守该指引，并适用该另一法律中的实体规范。"此外，2004年比利时《国际私法典》第一章第五节之第16条、2005年保加利亚《国际私法典》第三编第40条、2005年乌克兰《国际私法》第一编总则之第9条、2005年修订的阿尔及利亚《民法典》第一编第23条和2006年日本《法律适用通则法》第七节第41条等均有类似规定。国际条约中也有一些采纳了反致制度，如1902年海牙《婚姻法律冲突公约》允许反致（第1条），1989年海牙《死者遗产继承法律适用公约》接受转致（第4条），但也有排除反致的，如1996年海牙《关于父母责任和保护儿童措施的管辖权、法律适用、承认、执行和合作公约》（第20条）和2000年海牙《关于成年人国际保护公约》（第19条）等。

---

① 〔德〕沃尔夫：《国际私法》，李浩培等译，法律出版社1988年版，第298页。
② 采用反致的国家主要有：法国、英国、德国、日本、奥地利、波兰、匈牙利等。在立法上对反致抱否定态度的主要有：巴西、埃及、伊拉克和秘鲁以及卡塔尔等。另外，在采用反致的国家中，有的仅采用反致，有的除采用反致外，还采用转致。
③ 该法第13条规定如下：1. 在以下条文中指向外国法时，对外国国际私法指向另一国家现行法律的反致应予考虑，如果：（1）依据该国法律接受反致；（2）反致指向意大利法。2. 第1款应不适用于：（1）本法规定根据有关当事人的法律选择而适用外国法的情况；（2）行为的法定形式；（3）与本篇第十一章（法定之债）规定有关的情况。3. 对于第33、34和35条中提到的情况，只有当所指向的法律允许确定父母子女关系时，才应考虑反致。4. 在本法规定可以适用国际公约的任何情况下，公约中采用的关于反致问题的解决方式应予适用。

（二）反致制度的发展趋势

（1）普遍采纳的趋势。其根本原因是：反致制度具有增加法律选择灵活性、求得判决一致和获得合理判决结果等方面的功用。它作为传统硬性规则的调节工具，有其存在的必要性和价值。但基于适用反致所带来的理论和实践上的困难，一般是作为例外而予以适用的。即反致只是一种辅助性的调节措施。

（2）适用领域的趋同性。虽然各国对于在什么领域可适用反致，在什么领域不可适用反致存在着差异，但目前各国在实际适用反致时，其适用领域通常限于：身份能力、婚姻家庭和继承领域。而在合同、侵权行为、法律行为有效性的事项等领域一般不采用反致。

（3）在现代冲突法体系中反致发展和作用的空间将不断地受到限制。这是因为：在现代冲突法体系中，与机械性传统规则相并列的灵活性现代规则，如意思自治原则、最密切联系原则和大量选择适用准据法冲突规范的产生、发展和普及，将会使反致的重要性降低，在上述原则或规范发挥作用的领域，没有适用反致的必要和可能。而在国际私法的统一化运动中，各国相互协调性的增强，也将弱化反致技巧的作用。例如，著名的本国法主义和住所地法主义的激烈对峙，曾是反致产生的一个基础，但近年来，各国在这一问题上已日趋协调与缓和，如一些欧洲大陆国家逐渐出现了以住所代替国籍作连结点的趋势，"惯常居所地"或"习惯居所"的概念也已成为海牙国际私法会议喜欢采用的术语。英国著名国际私法学者莫里斯认为，如果国籍与住所之冲突不若以前激烈，反致技巧之重要性亦随之减少。①

五、我国有关反致的规定

在我国，《民法通则》及最高人民法院有关《民法通则》的司法解释对是否采用反致未作明确规定。最高人民法院在原《关于适用〈中华人民共和国涉外经济合同法〉若干问题的解答》中曾明确规定在合同领域不采纳反致制度，这与国际上的普遍实践是一致的。2007年最高人民法院《关于审理涉外民事或商事合同纠纷案件法律适用若干问题的规定》第1条规定："涉外民事或商事合同应适用的法律，是指有关国家或地区的实体法，不包括冲突法和程序法。"可见，在合同领域，中国的司法实践对反致的态度保持了连续性。2010年《涉外民事关系法律适用法》第9条规定："涉外民事关系适用的外国法律，不包括该国的法律适用法。"因此，中国不承认反致。

---

① 参见李双元、徐国建主编：《国际民商新秩序的理论建构》，武汉大学出版社1998年版，第233—241页。

第二节 公共秩序

一、公共秩序的概念与作用

国际私法上的公共秩序(public order),主要是指法院在依自己的冲突规范本应适用某一外国法作准据法时,因其适用的结果与法院国的重大利益、基本政策、基本道德观念或法律的基本原则相抵触,而拒绝或排除适用该外国法的一种保留制度。[①] 因此,它有时又被称为"公共秩序保留"(reservation of public order)。公共秩序是一些大陆法国家的称谓,在英美法中它被称作公共政策(public policy),在德国则被称为"保留条款"。

公共秩序制度是目前国际私法上得到各国立法和司法实践以及国际条约最广泛肯定的一项制度。它具有两方面的作用:一是当外国法的适用与本国公共秩序相抵触时,排除或拒绝适用外国法的作用,即否定适用外国法的作用;二是由于涉及国家或社会的重大利益、道德和法律的基本原则,对特定的法律关系必须直接适用内国法的某些规定,而根本不考虑援引冲突规范确定准据法,从而排除了外国法的适用,即肯定适用内国法的作用。总之,国际私法中的公共秩序是限制外国法适用的一种制度。有学者将其形象地称为保护本国公共秩序不受侵犯的"安全阀"。应该承认,由于各国法律规定存在差异,外国法的适用结果有时会违背内国利益或社会公共秩序,如果不对外国法的适用加以必要的限制,势必会对内国造成极大的损害,因此借公共秩序保留制度排除外国法的适用是十分必要的,且已得到国际社会的共识。但由于公共秩序是一个相对抽象和极其富于弹性的概念,如何认定公共秩序便成为运用该制度的关键。

二、有关公共秩序的理论

关于公共秩序制度的核心问题——什么是公共秩序——是适用该制度排除外国法的关键。关于这一问题许多学者提出了种种观点。

(一)大陆法国家学者的理论

德国学者萨维尼认为,对于涉外民事关系应适用其"本座"所在的地方的法律,如该法律关系的"本座"在外国,就应该适用该外国法。但他同时又认为,被指定的外国法的适用不是绝对的,在一定条件下应排除外国法的适用。他将任何国家的强行法分为两类:一类是纯粹为保护个人利益而制定的,如那些根据年

[①] 国际私法中的公共秩序问题不仅仅限于适用外国法方面,外国判决或仲裁裁决承认与执行方面也会涉及,参见本书后面有关章节。

龄或性别限制当事人行为能力的规定;另一类则不仅是为了保护个人利益,而且是为了保护社会道德或公共利益或公共幸福而制定的,如有关禁止一夫多妻的规定。对于前一类规定,虽然不能因当事人的约定而放弃,但当冲突规范指向外国法时,得让位于外国法;而后一类规定,则在制定该法律的国家内具有绝对适用的效力,具有排除外国法在内国适用的作用。可见萨维尼是把后一类规范视为公共秩序法的。不过,萨维尼认为,公共秩序是国际私法基本原则的例外。

意大利政治学家及法学家孟西尼认为国际私法有三个基本原则,即国籍原则、公共秩序原则和意思自治原则。这样他就将限制外国法适用的公共秩序原则提升到了国际私法基本原则的高度。这是他的理论与萨维尼理论的不同之处。但和萨维尼一样,他也是从分析法律的性质入手来阐释什么是公共秩序的。他也将法律分为两类:一类是为个人利益而制定的,应以国籍为标准适用于其所有公民,不管他们出现在哪个国家;另一类是为保护公共秩序而制定的,必须依属地原则适用于其所属国家领域内的一切人,包括内国人和外国人,即属于这类法律范畴的事项根本不适用外国法。孟西尼及其学派列举下列法律为公共秩序法律:宪法、财政法、行政法、刑法、警察和安全法、物权法、强制执行法、道德法和秩序法等。

瑞士法学家布鲁歇从萨维尼的理论出发,明确提出了国内公共秩序法和国际公共秩序法的概念。他认为,当内国冲突规范指定应适用外国法时,国内公共秩序法应让位于外国法;而国际公共秩序法则绝对要求在国际私法领域内适用,即使内国冲突规范指定适用外国法,即国际公共秩序法可以排除外国法的适用。例如,一国关于婚龄的规定虽属于强行法,但它只是国内公共秩序法;而婚姻领域中关于禁止重婚、禁止一夫多妻和直系亲属间结婚的规定即属国际公共秩序法。

(二) 英美法国家学者的理论

与大陆法国家学者从分析法律性质、对法律进行分类的理论不同,英美法国家学者主要从探讨在什么场合应适用公共秩序出发,来回答什么是公共秩序。

《戴西和莫里斯论冲突法》一书指出,英格兰法院将不执行或承认一项依据一个外国法产生的权利、权利能力或无行为能力或法律关系,如果这种权利、权力能力、无行为能力或法律关系的执行或承认,会与英格兰法的基本公共政策不一致。公共政策学说仅应在那些对于社会造成了实质性的确凿的伤害的案件中援引,而不依赖于几个司法者的特殊推断。在冲突法案件中保留公共政策是必要的,但应保留在适当的限度内。至于适当的范围如何界定,该书援引了英国另一学者韦斯特莱克的一句话,即"界定这种保留的范围的尝试从未成功过",以说明界定公共政策范围的难度。该书总结英国拒绝承认与执行外国法的具体案例后认为,公共政策学说主要在两类案例中得到实行:一类是合同案件,英国法院已拒绝执行帮诉合同、限制贸易的合同、在胁迫和强制下签订的合同、涉及有欺诈和败坏因素的离婚合同、与敌人贸易的合同或者违反友好国家法律的合同,尽管这类合同依其准据法是有效的。另一类是有关身份的案件,即因刑罚性法律而产生的身份关系的案件,如因宗教或宗教使命、敌国国籍、种族、离婚或浪费而被强加的无行为能力。例如,丈夫住所在南非,以妻子通奸为由在南非法院获得了离婚判决,且于此后保持独身。依南非法令,不允许通奸妇女在其丈夫再婚前缔结另一个婚姻。妻子在英格兰取得住所并在英格兰与第二个丈夫缔结了婚姻。该婚姻是有效的,尽管该妻子的结婚能力取决于上述南非法令,但该南非法令是惩罚性的,所以不予以适用。①

英国另一学者戚希尔提出了"特殊政策"的概念,并认为只有英国的特殊政策才是必须优先于外国法的。他认为,英国的特殊政策包括下列几种情况:(1)与英国基本的公平正义观念不相容;(2)与英国的道德观念相抵触;(3)损害了英联邦及其友好国家的利益;(4)某一外国法侵犯了英国关于人的行动自由的观念。

美国学者库恩认为应在以下四种场合适用公共政策:(1)外国法的适用违背文明国家的道德;(2)外国法的适用违反法院地的禁止性规定;(3)外国法的适用违反法院地的重要的政策;(4)外国法中禁止性规定未获得法院地的确认。

随着时代的发展和观念的更新,部分国家不再以公共秩序为由不予承认他国的一夫多妻制度、同性婚姻和赌博之债。②

(三)适用公共秩序保留中的主观说和客观说

主观说认为,只要外国法本身之规定违背法院地国的公共秩序,即可排除该外国法的适用,而不管适用的结果是否会对法院地国的公共秩序造成实质性损害。它强调外国法本身的可厌恶性、有害性或邪恶性。

客观说认为,不应仅凭外国法本身规定的内容违反法院地国公共秩序就排除外国法的适用。在援引公共秩序保留时,应注重外国法适用的结果是否违反法院地国的公共秩序,因为外国法的内容与法院地国公共秩序相抵触并不一定导致适用该外国法的结果也与内国的公共秩序相抵触。例如,某一外国法承认一夫多妻制,而内国法律则主张一夫一妻制,该案件涉及一个丈夫数个妻子中的一个妻子的子女继承父亲财产的问题。尽管外国法中的一夫多妻制与内国的公共秩序相抵触,但在该案中,重婚并非诉争的问题,适用该外国法承认死者与其妻子婚姻为有效婚姻,反而是有利于子女继承财产的,所以适用该表面规定违反

---

① 〔英〕莫里斯主编:《戴西和莫里斯论冲突法》,李双元等译,中国大百科全书出版社1998年版,第116—119页。

② 参见杜涛:《国际私法原理》,复旦大学出版社2014年版,第106—109页。

内国公共秩序的外国法并不会产生损害内国公共秩序的结果。因此,问题的关键不是抽象的外国法,而是在具体的案件中承认与执行外国法的结果如何。客观说又可称为结果说。较之主观说,其合理性是显而易见的。它既可以维护法院地国的公共秩序,又有利于个案合理公正的解决,因而为大多数国家所采用。

三、有关公共秩序的立法方式

各国有关公共秩序立法的方式主要有三种:

(1) 间接限制的立法方式。这种立法方式明确规定内国某些法律具有绝对强行性或必须直接适用于有关涉外民商事关系,从而表明它具有当然排除外国法适用的效力。例如,1804年《法国民法典》第3条第1款规定:"有关警察与公共治安的法律,对于居住在法国境内的居民均有强行力。"在采取这种立法方式时,有关规定往往是采用单边冲突规范的形式。并且某一具体规定在国际私法中是否具有直接适用的效力,尚常需有关机构的进一步解释才能确定。

(2) 直接限制的立法方式。这种方式是在国际私法中明确规定,外国法的适用不得违背内国公共秩序,如有违背即不得适用。例如,我国《涉外民事关系法律适用法》第5条规定:"外国法律的适用将损害中华人民共和国社会公共利益的,适用中华人民共和国法律。"这种立法方式并未明确何谓公共秩序,需要法官在具体案件中根据实际情况作出适当裁量,因而具有较大的灵活性或弹性。世界上许多国家的立法都采取了这种立法方式。例如,2006年日本《法律适用通则法》第42条规定:"应予适用的外国法,若违反日本国之公共秩序和善良风俗,则不予适用。"2007年土耳其《国际私法与国际民事诉讼程序法》也在其第5条"违反公共秩序"中明确"如果适用于特定案件的外国法规定,明显违背土耳其的公共秩序,则不予适用",并且还进一步规定"此时,如有必要,适用土耳其法律"。

(3) 合并限制的立法方式。这种立法方式就是在国内立法中兼采间接限制和直接限制两种立法方式。如1978年《意大利民法典》第28条规定刑法、警察法和公共安全法,对在意大利领土上的一切人均有强行力。同时又于第31条规定,外国的法律和法规,一个组织或法人的章程和规定,以及私人间的规定和协议,如果违反公共秩序和善良风俗,在意大利领土上无效①。《西班牙民法典》第8条和第11条、《刚果民法典》第14条和第15条都是合并限制的立法方式。

---

① 这两条规定已被1995年5月31日第218号法令第73条废除。1995年意大利《国际私法制度改革法》第16条规定,不得适用违反意大利公共秩序的外国法。第17条又规定,尽管根据意大利冲突法规定已指定外国法,但这并不得排斥由于其宗旨和目的而应予以适用的意大利的强制性规定。

四、排除适用外国法后的法律适用

在外国法因其适用结果会违背法院国的公共秩序而被排除适用后,究竟应依何国法律来裁决案件呢?

许多学者主张,在作为准据法的外国法被排除后,就应依法院地法(内国法)来处理有关案件。许多国家的国际私法立法也明确采用了这种做法。其中又可分为两种做法:一是直接规定适用内国法,而未作什么限制,如匈牙利、原联邦德国、秘鲁和卡塔尔等;另一种虽然也规定了适用内国法,但对适用内国法附加了一定的限制。如 1995 年意大利《国际私法制度改革法》第 16 条规定:违反公共秩序的外国法不予适用。在此种情况下,准据法应根据就同一问题可能提供的其他连结因素来确定,如无其他连结因素,才适用意大利的法律。① 这种立法反映了在外国法被排除后,不能一概以内国法取而代之的主张。持这种主张的学者认为,如果在外国法被排除后,不分具体情况如何而一概以内国法取而代之的话,会助长滥用公共秩序的错误倾向,而且也违背了本国冲突法的本意。因为既然本国冲突法规定了应适用外国法,就表明该法律关系与外国法有更密切的联系,适用外国法会更为合理。因而在外国法被排除后,不可以一概以内国法取代外国法,而是应根据案件的实际情况,妥善加以处理。如运用分割的方法,仅排除外国法适用中与内国公共秩序相抵触的部分,而仍适用外国法中的其他有关规定。②

另外,也有学者主张,在本应适用的外国法被排除后,可拒绝审理案件。理由是:既然冲突法规定应适用某一外国法,就表明不允许用其他国家的法律来代替,因而可视为外国法的内容不能证明一样,由法院拒绝审理案件是恰当的。

五、运用公共秩序制度时应注意的问题

(一) 必须注意区分国内公共秩序和国际公共秩序

如前所述,德国萨维尼按法律的性质将强行法分为两类,而瑞士学者布鲁歇则明确提出了国内公共秩序法和国际公共秩序法的概念。③ 国际私法中的公共秩序仅指属于"国际公共秩序法"的后一类强行法。在运用国际私法中的公共秩序制度时,作这种区分是合理的。因为尽管国内民法上的公共秩序是包括前

---

① 2007 年土耳其《国际私法与国际民事诉讼程序法》第 5 条规定,应适用外国法时,如外国法的规定违反土耳其的公共秩序,则不得适用该外国法的规定。必要时可适用土耳其法律。"必要时"三个字也说明了土耳其法律对适用内国法也加以了一定的限制。

② 参见李双元主编:《国际私法》,北京大学出版社 1991 年版,第 151 页。

③ 1928 年的《布斯塔曼特法典》也明确使用了国内公共秩序和国际公共秩序的概念,其第 3 条将法律分为三类:属人法或国内公共秩序法;属地法或国际公共秩序法;任意法或私的秩序法。

述两类强行法的,但涉外民商事关系毕竟不同于纯国内民商事关系,如果将国内公共秩序和国际公共秩序完全等同起来,就可能否定许多依外国法已成立的涉外民商事法律关系的成立,从而妨碍国际民商事交往的发展。因此,在国际私法中运用公共秩序制度排除外国法的适用时,应严格适用的条件和范围,以利于国际民商事关系的发展。可以说,第二次世界大战以后,特别是近年来,随着国际经济和政治形势的发展和变化,限制适用或严格适用公共秩序制度已成为许多国家的共识。

但在判断外国法适用结果是否违反本国公共秩序时,普遍的看法是目前国际私法上并无为所有或多数国家所承认的国际统一的标准或国际公共秩序标准(虽然如前所述一些学者及一些国家的司法实践主张应区分国内公共秩序与国际公共秩序),即各国只是在按自己本国的标准在阐释公共秩序的内涵,因而公共秩序保留制度具有相当的灵活性或弹性。这种自行其是的状况常常会破坏国际民商事关系的正常进行。有鉴于此,目前我国有学者提倡应在国际私法中导入国际社会本位的观念,这必将使是否违反公共秩序的衡量标准注入许多国际公认的因素,减少援引公共秩序保留这一限制外国法适用的工具,并逐步产生一些国际社会必须一致遵守的国际标准,从而建立起真正意义上的国际公共秩序。[①] 同时提倡这一观念还将使国际私法在保障人类总体利益上也发挥其作用。因为无论是在国际政治还是在国际民商事领域,褊狭地理解国家主权原则,忽视全人类的总体利益,可能会获得一时的小利,但从整体和长远利益来看,可能是得不偿失。

(二) 援引公共秩序制度不应与他国主权行为相抵触,也不应与外国公法的适用相混淆

过去,西方国家的法院常常援引公共秩序,来否认外国国有化法令的域外效力。应该说,一国实行国有化是一国的主权行为,只要不违反国际法,他国就应予以尊重。戴西和莫里斯也认为,承认外国没收私人财产的国有化法令并不违反公共政策,但他们同时还指出,如果该法令是"惩罚性"的,即如果该法令是针对特定的个人,或特定的公司,或特定的种族,或特定的外国国籍的人的财产,或该项财产在国有化开始之前已被带到英国,承认这种没收就会违反公共政策。[②]

一般认为,一国法院不适用外国刑法、行政法和税法等公法几乎是各国一致的立场。理由是公法具有严格的属地性,本身不具有域外效力。根据属地原则,

---

[①] 参见李双元、徐国建主编:《国际民商新秩序的理论建构》,武汉大学出版社1998年版,第11—14、113页。
[②] 〔英〕莫里斯主编:《戴西和莫里斯论冲突法》,李双元等译,中国大百科全书出版社1998年版,第119页。

一国有权在其境内实施刑法、行政法和财政法等公法,但同时也仅限于在其境内实施。一国法院没有直接实施外国公法的义务。而用公共秩序制度排除外国法的适用是法院在根据本国冲突规范指定,本应适用外国法时,因适用的结果会违背本国公共秩序才排除该外国法的适用。由此可见,排除外国公法和用公共秩序排除外国法的适用是两个不同的问题,排除外国公法的适用没有必要借助公共秩序这一工具,一国法院可以基于某一法律具有公法的性质而直接排除适用它。因此,不能混淆两者之间的区别。

但是,从有的国家晚近国际私法立法和司法实践来看,外国公法并非完全不具有域外效力。如原联邦德国法院的一些判决中也有承认外国公法域外效力的倾向,其法院的一些判决表明,如果从法院的观点来看,外国公法服务于合法的利益(legitimate interest),就会承认其域外效力,而不适用属地原则(即不适用外国公法的原则)。①

英国学者曼尼(Mann)认为,应承认外国的外汇管制法具有域外效力,除非该外国立法在性质上或适用时可能是如此暴虐的、如此歧视性的或如此与条约义务不相符合,或如此明显的是非法竞争或贸易战的前奏或产物,或如此违背人的个人自由的基本权利,或如此违背英国法的政策,则可以拒绝承认它。也即是说承认外国公法域外效力以外国公法不违背英国的公共政策为前提。戴西和莫里斯也认为,承认外国的外汇管制法不违反英国的公共政策,但如果该项立法最初被通过时的真正目的是保护该国的经济,而后却变成压制和歧视的工具,承认其就会违反英国的公共政策。② 我国也有学者认为,不适用外国公法这个原则是先验的,没有理论和实际上的基础。③ 另外,根据《国际货币基金组织协定》第8条第2款的有关规定,成员国对其他成员国实施或维持的符合基金协定的外汇管制法,不得再以违反本国公共政策为由不予承认。

(三) 是否可以援引公共秩序制度来限制条约中的统一冲突规范的效力

即当适用条约中统一冲突规范指定的外国法,会与本国的公共秩序或公共政策相抵触时,是否可援引公共秩序制度来限制适用条约中的规定,从而排除该外国法的适用呢?

第二次世界大战以后,许多国际私法公约中都订立了公共秩序保留条款,允许缔约国在根据公约中的规定适用外国法会与自己本国的公共秩序相抵触时,援引公共秩序保留条款排除适用公约中的规定,从而排除被指定的外国法的适

---

① 参见郭玉军:《国际贷款法》,武汉大学出版社 1998 年版,第 298—300 页。
② 〔英〕莫里斯主编:《戴西和莫里斯论冲突法》,李双元等译,中国大百科全书出版社 1998 年版,第 119 页。
③ 参见韩德培:《国际私法的晚近发展趋势》,载《中国国际法年刊》(1988 年卷),法律出版社 1988 年版。

用。因此只要公约中包含有公共秩序保留条款,缔约国就可以援引该条款排除外国法的适用。

但对于早先一些没有明确订立有公共秩序保留条款的国际私法公约,缔约国是否也可以援引公共秩序保留来排除公约中的规定的适用呢?对此有两种不同的意见:过去一般是认为除非条约缔约国在缔结或参加公约时作出了保留,否则不能在公约生效后又援引公共秩序保留来限制公约中的规定的适用。但现在越来越多的学者认为,对此应该解释为这种公约中默示地包含有公共秩序保留条款。例如,著名的国际法学家劳特派特认为,公共秩序保留制度可以说是国际私法方面的一个公认的普遍的原则,可以将其理解为《国际法院规约》第38条所指的一般法律原则。就国际公约而言,如果没有明确的相反的规定的情况下,应认为它本身并不排除公共秩序的运用。应该说这种观点是合理的。因为公共秩序制度的基础是国家主权,国家主权是国家固有的权力,未经其明示同意,就不得认为其放弃了自己的权力。

为了避免公约适用中的含混不清,以及为了在保障各国国内强行法效力的条件下,吸引更多的国家尽快地参加到统一冲突法公约中来,以便在较为广泛的范围内达成国际私法公约,目前出现了几乎所有的统一冲突法公约都规定有公共秩序保留条款的趋势。但应该指出的是,缔结统一冲突法的目的就在于减少缔约国间法律选择的不一致,即使在公约中规定有公共秩序保留条款,仍应严加控制适用,否则便会损害缔结统一冲突法公约的宗旨。

(四)如何对待外国的公共秩序

公共秩序制度旨在保证内国公共秩序不因外国法的适用而受到损害,一般说来,一国法官通常不会考虑有关外国的公共秩序是否会因某一外国法的适用而受到损害的问题。但在接受转致的国家,的确会遇到是否要援引公共秩序保留制度来保护有关外国的公共秩序的问题。例如,一个接受转致国家的法院在处理某一涉外民事案件时,依本国的冲突规范的指定应适用乙国法,而依乙国冲突规范的指定却应适用丙国法,甲国法院本应适用丙国法,但适用丙国法与乙国公共秩序相抵触,这时甲国法院该如何对待乙国的公共秩序?是否也要援引公共秩序制度排除丙国法的适用?沃尔夫曾举例说明这个问题:一个信奉基督教住所在意大利的奥地利男子于1930年与一奥地利犹太女子在英国登记结婚。后来,该男子在英国法院提起确认该婚姻无效的诉讼。按照英国国际私法,婚姻是否有效应依住所地法即意大利法,而依意大利国际私法婚姻是否有效的问题应依夫妻本国法,即奥地利法。当时奥地利民法典规定基督教徒与非基督教徒之间的婚姻无效。但意大利当时的法律则认为,因宗教信仰不同而导致婚姻无效是违背意大利的公共秩序的。在这种情况下,英国法院该怎么办?沃尔夫认为,无论适用奥地利的规定是否会违背英国的公共政策,英国法院大概不会适用奥地利法的规定。尽管上述情况很少会发生,但从理论上讲还是有可能发生的。应该说,如果发生上述情况,不仅应考虑丙国法的适用是否同甲国(法院国)公共秩序相矛盾的问题,而且也应考虑丙国法的适用是否同乙国法相矛盾的问题,以及保护乙国公共秩序是否有损甲国(法院国)公共秩序的问题,同时也只有在不损害甲国(法院国)公共秩序的情况下才能考虑维护乙国公共秩序的问题。

总之,公共秩序制度是国际私法上一项被普遍肯定的制度。并且,由于各国政治、经济、宗教、历史、文化等的不同,其法律和道德的基础也不同,因此公共秩序保留作为一项制度将长期存在。但同时,法律趋同化的倾向在一定程度上削弱了公共秩序制度存在和发挥作用的客观基础。另外,在运用公共秩序保留时应注意避免以狭隘的民族利己主义或狭隘的国家主义歪曲公共秩序的本意,即不得滥用公共秩序保留袒护本国公民或法人而损害他方当事人的正当合法的权利,否则便会破坏国际民商事交往关系在平等互利的基础上和谐稳定地向前发展。正如有些学者所指出的,目光短浅的现代民族主义严重地损害了国际私法作为一个法律体系的价值;如果对什么是公共秩序没有合理的解释,就会在很大程度上等于取消了国际私法的原则。[1]

六、我国有关公共秩序的立法

我国对公共秩序保留一向持肯定态度。早在1950年,中央人民政府法制委员会在《关于中国人与外侨、外侨与外侨婚姻问题的意见》中就指出,对于中国人与外侨,外侨与外侨结婚或离婚问题,如果适用当事人本国婚姻法,应以无损于我国的公共秩序即无损于我国的公共利益,也不违背我国目前的基本政策为限度。我国1954年《宪法》中也曾提到"公共利益"这个概念。特别重要的是,我国1982年《民事诉讼法(试行)》第204条规定:"中华人民共和国人民法院对外国法院委托执行的已经确定的判决、裁决,应当根据中华人民共和国缔结或参加的国际条约,或者按照互惠原则进行审查,认为不违反中华人民共和国法律的基本准则或者我国国家、社会利益的,裁定承认其效力,并且依照本法规定的程序执行。否则,应当退回外国法院。"1991年通过的《民事诉讼法》第268条、2012年修正后的《民事诉讼法》第282条也作了类似规定。不过,这只是在承认和执行外国法院判决和裁决问题中的具体应用。而1986年颁布的《民法通则》第一次在冲突法中全面规定了公共秩序保留制度。该法第150条规定:"依照本章规定适用外国法律或者国际惯例的,不得违背中华人民共和国的社会公共利益。"

---

[1] 参见李双元、徐国建主编:《国际民商新秩序的理论建构》,武汉大学出版社1998年版,第256—257页。

2010年《涉外民事关系法律适用法》第 5 条规定:"外国法律的适用将损害中华人民共和国社会公共利益的,适用中华人民共和国法律。"上述规定表明:(1)我国采取了直接限制的立法方式,适用起来比较灵活。(2)对于确定违反公共秩序的实际标准,我国采取了"结果说",这有利于适当限制公共秩序的运用。因为,有的时候,如果仅仅因为依外国法的规定不符合我国道德的基本观念或法律的基本原则就排除其适用,往往不利于保护弱方当事人的合法权益,相反,如果适用该外国法,不但可以保护当事人的合法权益,事实上也无损于我国的"公共利益"或"公序良俗"。[①]

此外,我国《海商法》第 276 条、《民用航空法》第 190 条和《民事诉讼法》第 260 条也规定了公共秩序保留。同时,在中国法律中起着间接限制外国法适用的积极或肯定作用的法律当然也是存在的,这也有待于法院在处理涉外案件时根据有关法律作出认定。

第三节　法　律　规　避

一、法律规避的概念和构成要件

法律规避(evasion of law)又称法律欺诈(fraudea la loi)等,是指涉外民事关系的当事人为了利用某一冲突规范,故意制造出一种连结点,以避开本应适用的准据法,并使得对自己有利的法律得以适用的一种逃法或脱法行为。1878 年法国最高法院对鲍富莱蒙诉比贝斯柯一案的判决是关于法律规避问题的一个著名的判决。在该案中,法国王子鲍富莱蒙的王妃原系比利时人,因与王子结婚而取得法国国籍,后因夫妻关系不和而别居。由于 1884 年以前的法国法禁止离婚,王妃为了达到与法国王子离婚而与罗马尼亚王子结婚的目的,只身前往允许离婚的德国并归化为德国人,并于取得德国国籍的次日,即在德国法院提出与法国王子离婚的诉讼请求并获得离婚判决。随后在德国柏林与比贝斯柯王子结婚。婚后她以德国人的身份回到法国。鲍富莱蒙王子在法国法院提起诉讼,要求法国法院判决上述离婚和再婚均属无效。法国法院认为,虽然离婚应适用当事人的本国法,但王妃取得德国国籍的目的显然是为了逃避法国法中禁止离婚的规定,所以离婚判决是借法律规避行为取得的,应属无效,其后的再婚也当然无效。

[①] 对国际私法上的"公共秩序"制度,从我国 1986 年《民法通则》的第 150 条开始,一直延续到 2010 年《涉外民事关系法律适用法》第 5 条,均称之为"社会公共利益",这是很不准确的。单从字面上来理解,它就不能完全涵盖国际私法通用的"公共秩序"的全部重要内容,如秩序、善良风俗、法律或法制的基本原则。直白地说,它甚至也与我国目前倡导的以人为本、和谐社会的价值取向不完全一致。参见李双元:《再论起草我国涉外民事关系法律适用法的几个问题》,载《时代法学》2010 年第 4 期。

又如 1985 年法国最高法院维持了下级法院的一个判决。该判决认为,当事人为了规避法国法中应保留子女应继份额的规定适用于其不动产继承,将其在法国的不动产转让与一个他拥有 2/3 股份的美国公司。这些股票又被交给一个美国的信托公司,他仍然享有对该不动产的使用收益权,并享有自由处置权。这样他通过不动产物权向动产物权的转换导致了继承准据法的变更,从而非常巧妙地实现了法律规避。

法律规避行为有四个构成要件:(1) 从主观上讲,当事人规避某种法律必须是出于故意,即是有目的、有意识地要规避该法律;(2) 从规避的对象上讲,当事人规避的法律是本应适用的强行法或禁止性的规定;(3) 从行为方式上讲,当事人规避法律是通过有意改变连结点或制造某种连结点来实现的,如改变国籍、住所或物之所在地等;(4) 从客观结果上讲,当事人已经因该规避行为达到了对自己适用有利的法律的目的。

二、法律规避的性质

所谓法律规避的性质,是指法律规避问题是一个独立的问题还是公共秩序问题的一个部分?对此有两种不同的观点。以克格尔、努斯鲍姆和巴迪福为代表的一派学者认为,它是一个独立的问题,不应与公共秩序问题相混淆。理由是:虽然两者在结果上都是对本应适用的外国法不予适用,但它们的性质却大不相同,因公共秩序排除外国法适用,是着眼于外国法的内容和适用的结果,而因法律规避不适用外国法,是着眼于当事人的虚假行为。以梅希奥、巴丁等为代表的另一派学者则认为,法律规避属于公共秩序问题,是后者的一部分。两者的目的都是为了维护内国法的权威。法律规避只是公共秩序的一种特殊情况,其特殊性在于适用外国法可能导致的"社会混乱"是由当事人通过欺诈行为引起的。

我国许多学者认为,法律规避是一个独立的问题,并指出两者主要不同在于:前者是当事人故意通过改变连结点的行为造成的,后者则是由于冲突规范所指定的外国法的内容及其适用的结果与冲突规范所属国的公共秩序相抵触而引起的。

三、法律规避的效力问题

在国际私法领域内,法律规避现象时有发生,对各国的法律尊严造成了严重的冲击。但对于法律规避的效力问题,早期的一些学者,如华赫特、魏斯等并不认为国际私法上的法律规避是一种无效的行为。他们指出,既然双边冲突规范承认可以适用外国法,也可以适用内国法,全取决于连结点的所在,那么内国人为使依内国实体法上不能成立的法律行为或法律关系得以成立,前往某一允许为此种法律行为或成立此种法律关系的外国,设置一个连结点,以达到适用对自己有利的法律的目的,并未超越冲突法所允许的范围。即使当事人为了某一目的而改变连结点,也并不与冲突法相抵触。

而主张国际私法上的法律规避行为是违法行为的学者则认为,法律规避行为的目的是逃避内国实体法的强制性规定或禁止性规定,是一种违反公共秩序的行为;另外,根据"欺诈使一切归于无效"原则,也应否定法律规避行为的效力。目前越来越多的国家出于对法律正义价值的追求和对本国法律尊严的维护,都通过立法或司法实践对法律规避加以禁止或限制。但在对法律规避行为加以禁止的国家中又可分为两类,一类是认为,规避法律是指规避本国(法院国)的强行法,另一类是认为,规避法律既包括规避本国强行法也包括规避外国强行法。属于前一类国家的前南斯拉夫1982年《法律冲突法》第5条的规定:如适用依本法或其他联邦法可以适用的外国法,是为了规避南斯拉夫法的适用,则该外国法不得适用。1979年匈牙利国际私法、1972年塞内加尔家庭法等也有类似的规定。法国法院早期的判决也持此种观点,并没有认为规避外国法律的离婚判决是无效的。属于后一类国家的《阿根廷民法典》第1207、1208条明确规定,在国外缔结的以规避阿根廷法律为目的的契约是无效的,虽然该契约依契约缔结地法是有效的。在阿根廷缔结的以规避外国法为目的的契约也是无效的。法国后来的司法实践表明,它也认为规避法律不仅指规避本国法也包括规避外国法,并认为在规避外国法情况下订立的合同无效。1929年英国法院的一个判决也认为,规避美国禁止输入酒类的法律的契约是无效的。德国的司法实践中似乎也没有区分规避的法律是内国法还是外国法。1979年美洲国家组织第二次国际私法会议通过的《关于国际私法一般规定的公约》第6条规定,成员国的法律不得在另一成员国的法律基本原则被欺诈规避时作为外国法而适用。这表明它也采取了保护其他国家法律基本原则的立场。

从晚近一些国家的立法和司法实践来看,似乎有越来越重视对规避外国法行为进行否定的倾向。应该说,规避法律毕竟是一种不道德的行为,当事人规避外国法的同时,也可能规避了内国的冲突规范,因为依内国冲突规范被规避的外国法可能就是本应适用的法律。

必须肯定,法律规避现象不但在实体问题的法律适用中存在,在国际民事诉讼中的程序法和法院管辖权领域,同样是存在的。但是对于这个问题,我国国际私法和国际民事诉讼法学界还从未进行过讨论,并且由于在国际私法学的著作中,只讨论实体法的规避,从而使人们产生一种错觉,认为在国际民事诉讼法领域,根本不会发生法律规避的问题。

在规避本应适用的实体法上,事实上常常也同时规避了本应服从的法院管辖。而最可能采取的规避管辖权的手段,则很可能是把合同缔结地或履行地改变为外国,或通过作出一个有关法院管辖权的诈欺性约定,从而达到利用有关法院管辖权的冲突规范,来改变法院的管辖权。匈牙利的学者萨瑟甚至指出,为了使被告因过高的旅行费用不能出席外国法庭而在一个距离很远的国家的法院对被告人起诉,或者当事人有意造成某种事实,完全是为了割断有关案件与本应适用的法律、立法管辖权和法院管辖权之间的联系,并设立一种联系,以达到不同于立法者意欲达到的目的,都属法律规避。①

分析某种行为是不是有意制造一种连结因素或在形式上利用有关的冲突规范(包括法院管辖权规范),而实质上却规避本应适用的实体法或程序法或法院管辖权,首先必须考察当事人的意图。如果行为人有意在国外另设一个住所或营业所,不是为了使该地成为他们生活中心或营业中心,而是意在规避本应服从的法律或法院管辖权,就可以认定其为法律规避行为。因而如果有关当事人有意隐瞒已在一国应诉的事实,又以存在的某种请求权,到别的国家去为申请扣押财产(如船舶)的诉讼行为,既不是为了合理地利用"双重起诉"规则,也不能认定他是为了保证已向其应诉的法院将来可能作出的判决的执行,相反,倒明显具有干扰其应诉的法院的审判活动的正常进行,或向原告造成困扰和压力,这种情况,即令不属于法律规避,也应认为是滥用法律的行为。②

四、我国有关法律规避的规定

最高人民法院《关于贯彻执行〈中华人民共和国民法通则〉若干问题的意见(试行)》第194项明确规定:"当事人规避我国强制性或禁止性法律规范的行为,不发生适用外国法的效力。"最高人民法院2005年《第二次全国涉外商事海事审判工作会议纪要》第50条指出:"当事人规避中华人民共和国法律、行政法规的强制性或禁止性规定的,不发生适用外国法律的效力,人民法院应适用中华人民共和国法律。"但在我国《民法通则》第八章及《涉外民事关系法律适用法》中,均未作规定。2012年最高人民法院《关于适用〈中华人民共和国涉外民事关系法律适用法〉若干问题的解释(一)》第11条规定:一方当事人故意制造涉外民事关系的连结点,规避中华人民共和国法律、行政法规的强制性规定的,人民法院应认定为不发生适用外国法律的效力。我国多数学者认为,规避法律既包括规避本国法也包括规避外国法。首先,规避本国强行法的行为一概无效。其次对规避外国法是否有效的问题,要个案分析,区别对待。如果当事人规避外国法中合理正当的规定,应该认为规避无效;如果规避的是外国法中的不合理的规定则不应否定该规避行为的效力。

---

① 参见李双元、谢石松:《国际民事诉讼法概论》,武汉大学出版社1990年版,第155—158页。
② 参见李双元、林钧鑫、冯立奇等人的有关论文,载《海峡两岸法律冲突及海事法律问题研究》,山东大学出版社1991年版。

第四节 外国法的查明

一、外国法的查明

外国法的查明,在英美法系国家称为外国法的证明(proof of foreign law),是指一国法院根据本国的冲突规范指定应适用外国法时,如何查明该外国法的存在和确定其内容。由于各国法律纷繁复杂,任何法官都不可能通晓世界各国的法律,因此当一国法官在根据本国冲突规范的指引本应适用外国法时,就必须通过一定的方法来确定外国法的内容。

(一)外国法的查明方法

按照一些国家诉讼法的观点,了解法律和查明事实是截然不同的。法官应当知法,至于事实则应由当事人自己举证。由于各国对外国法的性质,即外国法究竟是法律还是事实有不同的主张,所以各国查明外国法的方法也有所不同。

(1)由当事人举证证明。英国、美国等普通法系国家及部分拉丁美洲国家采取这种方法。这类国家不是将外国法看成法律,而是视为当事人用来主张自己权利的事实,因此应适用的外国法内容,就须由当事人举证证明,法官没有依职权查明外国法内容的义务。在英国,如果当事人要援引外国法,他就得像提供其他事实一样提供外国法,否则英国法院就会把含有涉外因素的案件像审理纯粹的内国案件一样看待。证明的方式主要是专家证据,即外国法一般应由专家证据证实。证实外国法不仅仅是将外国的立法条文提交法院,也不仅仅是引用外国的判决或判例集。专家要发挥协助法院对上述证据资料进行评价或解释的作用。[①]

(2)法官依职权查明,无须当事人举证。欧洲大陆一些国家如意大利、荷兰等国采取这种做法。这类国家将外国法视为和内国法一样的法律,并认为法官应该知道法律,所以应由法官负责查明外国法的内容。2002年《蒙古国民法典》第541条也分3款规定:"1. 在适用外国法时,法院及仲裁庭必须依照其官方注释或习惯实践查明该法律规范的内容;2. 为解释外国法律规范之目的,法院和仲裁庭可依照现行规定向司法部、内外国的其他主管机关请求予以协助、答复或诠释以及邀请专家参与解释;3. 当事人有权提交证明该外国法律规范内容的文件。"

(3)法官依职权查明,但当事人亦负有协助的义务。德国、瑞士、土耳其和秘鲁等国家采取这种方法。这类国家主张对外国法内容的查明既不同于查明内

[①] 〔英〕莫里斯主编:《戴西和莫里斯论冲突法》,李双元等译,中国大百科全书出版社1998年版,第1752—1754页。

国法的程序,也不同于查明事实的程序,原则上应由法官调查认定,但当事人也负有协助查明外国法的义务。在这种做法中,更重视法官的调查。如1987年瑞士联邦《国际私法法规》第16条规定,外国法内容的查明由法官依职权查明。为查明外国法的内容,可以要求当事人予以合作。2007年土耳其《国际私法与国际民事诉讼程序法》第2条第2款也规定:"法官依职权适用土耳其的冲突法规则以及根据这些规则所确定的外国法律。为查明所援引的外国法内容,法官可要求当事人给予协助。"应该说这种方法较为合理,原来一些将外国法看成是事实而要求当事人举证的国家也开始采取这种做法。

根据我国最高人民法院《关于贯彻执行〈中华人民共和国民法通则〉若干问题的意见(试行)》第193条的规定,可以通过下列途径查明外国法的内容:第一,由当事人提供;第二,由与我国订立司法协助协定的缔约对方的中央机关提供;第三,由我国驻该国使领馆提供;第四,由该国驻我国使馆提供;第五,由中外法律专家提供。我国《涉外民事关系法律适用法》第10条第1款规定:"涉外民事关系适用的外国法律,由人民法院、仲裁机构或者行政机关查明。当事人选择适用外国法律的,应当提供该国法律。"2005年最高人民法院《第二次全国涉外商事海事审判工作会议纪要》第51条规定:当事人可以通过法律专家、法律服务机构、行业自律性组织、国际组织、互联网等途径提供相关外国法律的成文法或者判例,亦可同时提供相关的法律著述、法律介绍资料、专家意见书等。

(二)外国法不能查明时的法律适用

当经过一切可能的方法或途径,仍不能查明外国法的内容,或外国法中并无可适用的相关的法律规定时,应如何解决法律适用的问题呢?主要有以下几种不同的主张:

(1)直接适用内国法。这是大多数国家采取的做法。如1978年奥地利联邦《国际私法法规》第4条第2款规定:"如经充分努力,在适当时期内外国法仍不能查明时,应适用奥地利法。"1999年斯洛文尼亚共和国《关于国际私法与诉讼的法律》第12条第4款规定:"如果根本不能查明支配具体关系的外国法内容,则适用斯洛文尼亚共和国法律。"2002年蒙古国《民法典》第541条第4款规定:"如果依本条提及的各种方法仍不能查明外国法律规范,适用蒙古国法律。"2007年土耳其《国际私法与国际民事诉讼程序法》第2条第2款也规定:"如果尽了所有努力仍不能查明适用于案件的外国法的相关规定,则适用土耳其法律。"

(2)推定外国法与内国法相同,适用内国法的规定。英国和美国的法院采用这种做法。但美国只在不能证明的外国法为普通法系国家的法律时,如英国、加拿大和澳大利亚等国才作这种推定。这实际上与直接适用内国法并没有什么不同。以至莫里斯也认为,推定外国法与内国法相同,这种推理方法很不自然,最好还是放弃推定这个词,直接说若外国法未被证明,法院即适用英国法。

(3)驳回当事人的诉讼请求或抗辩。有学者主张当外国法不能查明时,就应驳回当事人的诉讼请求或抗辩。理由是:既然内国冲突规范指定应适用外国法,就意味着不允许用其他法律来代替。当外国法不能查明时,就应像对待当事人不能证明其诉讼请求或抗辩一样,法院得以当事人的诉讼请求或抗辩无根据为由,驳回其诉讼请求或抗辩。美国法院在不能查明的外国法为非普通法系国家的法律时,采取这种做法。

(4)适用与本应适用的外国法相似的法律。德国和日本曾有采取此种做法的判例。例如,在第一次世界大战后,德国法院无法得到本应适用的《厄瓜多尔民法典》,但德国法院知道《厄瓜多尔民法典》是以《智利民法典》为蓝本制定的。德国法院认为,适用与《厄瓜多尔民法典》相近似的《智利民法典》比适用法院地法更合适。

(5)适用一般法理。日本的学说和判例有采用此说的。但关于是适用一般原则上的法理,还是适用内国法上的法理或准据法所属国法律中的法理尚有不同意见。①

(6)辅助连结说。此说为日本少数学者所主张。他们提出,在作为准据法的外国法内容不明时,应再次进行法律选择。例如,在家庭法领域,当本国法的内容不明时,可依次用惯常居所地法、居所地法和法院地法来代替本国法。②

(7)适用与当事人有最密切联系的国家的法律。这一方法实际上是对"适用辅助性连结点再次选择准据法"这一方法的一种具体运用。1995年通过、1998年修正的朝鲜《涉外民事关系法》第12条规定:"根据本法被规定为准据法的外国法律不能证实其内容的,适用与当事人关系最密切的国家的法律。若无与当事人关系最密切的国家的法律时,适用朝鲜民主主义人民共和国法律。"最密切联系原则已成为许多国家法律选择的一项总的指导原则,当然可以考虑采用该原则解决外国法无法查明时的法律适用问题。加之,在当事人已经选择准据法的情况下,如果当事人所选择的法律无法查明就简单地适用法院地法,容易造成诸如使当事人尤其是被告在原告起诉前,无法通过预见法律适用的结果来确定自己的诉讼责任,使法律适用的可预见性和确定性遭到破坏的结果。因此,在这时法院尤其应考虑依最密切联系原则进行法律选择,而不是简单地代之以适用法院地法,至少这种选择更贴近争议本身,更能体现对法律的公平

---

① 〔日〕山田镣一、早田芳郎编:《演习国际私法新版》(日文版),日本有斐阁1992年版,第57页。
② 同上书,第58页。

选择。①

我国《涉外民事关系法律适用法》第 10 条第 2 款规定:"不能查明外国法律或者该国法律没有规定的,适用中华人民共和国法律。"最高人民法院《关于适用〈中华人民共和国涉外民事关系法律适用法〉若干问题的解释(一)》第 17 条规定:人民法院通过由当事人提供、已对中华人民共和国生效的国际条约规定的途径、中外法律专家提供等合理途径仍不能获得外国法律的,可以认定为不能查明外国法律。根据《涉外民事关系法律适用法》第 10 条第 1 款的规定,当事人应当提供外国法律,其在人民法院指定的合理期限内无正当理由未提供该外国法律的,可以认定为不能查明外国法律。根据《关于适用〈中华人民共和国涉外民事关系法律适用法〉若干问题的解释(一)》第 18 条的规定,人民法院应当听取各方当事人对应当适用的外国法律的内容及其理解与适用的意见,当事人对该外国法律的内容及其理解与适用均无异议的,人民法院可以予以确认;当事人有异议的,由人民法院审查认定。

(三) 外国法查明制度在信息社会的发展前景

在国际私法还未产生的漫长年代中,各国法院之所以不愿意适用案件所涉及的外国法,或不承认法律冲突的存在,而一律只适用法院自己的法律,其原因当然是有多种的,但由于国际人员和法律文化的交往还很不发达,通讯手段亦极落后,难于了解和查明所涉的外国法,或即使知道了所涉外国法,又难于正确解释它的内容和旨意,当是其重要原因之一。

后来国际私法产生了,仍长期不愿适用外国法,或将查明和正确解释有关外国法的责任诿之于主张该外国法的当事人,最主要的原因是法官并不了解所涉外国法的内容。在这种情况下,外国法的查明成为国际私法中的一项重要法律制度。但是,可以肯定地讲,随着通讯手段的日趋进步和法律文化交流的不断开展,要求一国法官查明和知晓外国法律,将不再是十分困难的事。这样外国法的查明在国际私法中的地位也就会大大削弱。

二、外国法错误适用的救济

外国法的错误适用有两类:一是适用冲突规范的错误,即根据冲突规范本应适用某一外国法,却错误地适用了另一国的法律。二是适用外国法本身的错误,即虽然依内国冲突规范正确地选择了某一外国法为准据法,但对该外国法内容的解释发生错误,并据此作出了错误的判决。

对于适用冲突规范的错误,各国一般认为,它直接违反了内国的冲突规范,

---

① 欧福永:《论外国法无法查明时的法律适用问题》,载《西南政法大学学报》2007 年第 5 期和中国人民大学《复印报刊资料·国际法学》2008 年第 2 期。

具有错误适用内国法的性质。与错误适用内国其他法律规范的性质一样,可以由当事人依法上诉,以纠正这种错误。

至于对外国法内容的错误解释,是否允许当事人上诉予以纠正,各国的做法不一致,有两种不同的做法:

(1) 不允许当事人上诉。这种做法与这些国家的诉讼制度有关。在这些国家,最高法院只是法律审的法院,它必须接受下级法院对事实的认定,其工作只限于审查从事实得出的法律结论是否正确,同时它们又将对外国法的认定视为是对事实的认定。因此,对外国法本身适用的错误便不能上诉到最高法院。另外,即使一些国家将外国法看成是法律,也不允许当事人上诉。其理由主要是:内国最高法院是为了使本国法律得到正确统一的解释而设置的,外国法解释正确与否的问题应由外国最高法院解决;如果内国最高法院对外国法的解释也有错误,会影响自己的声誉。不允许当事人上诉的国家主要有:法国、德国、瑞士、西班牙、希腊、比利时和荷兰等。

(2) 允许当事人上诉。如奥地利、葡萄牙、芬兰、波兰、意大利、美洲国家和原苏联和东欧国家等。这些国家认为,对外国法内容解释的错误,就是对规定适用外国法的内国冲突规范的错误适用;当外国法被指定为准据法时,它与内国法并无区别,应平等对待两者;上级法院比下级法院更容易查明外国法。因此应允许当事人对外国法本身的适用错误进行上诉。另外,虽然英国和美国等国将外国法看成是事实,但它们也允许当事人上诉。这也与其诉讼制度有关。它们在诉讼程序上实行上诉审制度,上诉审法院对下级法院关于事实的认定和法律的适用均有权进行审查,所以对外国法适用的错误是允许当事人上诉的。

我国对适用外国法本身的错误是否允许当事人上诉,无明确规定。但从我国的诉讼制度来看,我国对民事案件实行两审终审制,且无法律审和事实审之分。因此,对外国法的适用无论发生什么性质的错误,单从理论上讲,是应该允许当事人依法上诉并加以纠正的,甚至还可以通过审判监督程序加以纠正。这样才有利于维护涉外民事关系当事人的合法权益。

第五章 国际私法关系的主体

国际私法关系的主体,是指能够在国际民商事法律关系中享有权利和承担义务的法律人格者。一般说来,自然人和法人无疑是国际私法关系的主要主体或基本主体,不过,国家及国际组织在一定条件下也可以成为国际私关系的特殊主体。在国家及国际组织作为国际私法关系的主体时,必须根据有关的国内法和国际法,放弃他们所享有的特权与豁免,而与民事关系的相对人处于平等的法律地位。关于这个问题,将在国际民事管辖权中专门予以讨论。

第一节 外国人民事法律地位

一、外国人民事法律地位的概念及历史变迁

外国人的民事法律地位,是指外国自然人和法人能在内国享有民事权利和承担民事义务的法律状况。对外国人的民事法律地位,各国大都根据本国的国情、政策和利益,以及国际法有关这一问题的基本原则,在国内立法中作出规定,但也常通过国际条约加以规定。因此,在内国的外国人能否成为民事法律关系及民事诉讼关系的主体,都只能依照所在国法律或国际条约解决,本不涉及外国法的适用问题。但当外国人在内国取得了某种民事法律地位以后行使某项具体权利承担某项具体义务的时候,却会往往因为他们的属人法与所在国法律有不同规定而导致法律冲突。因而,尽管一国关于外国人民事法律地位的规范属于实体法范畴,但因为它是涉外民事关系中发生法律冲突的前提,故应属国际私法的重要调整对象之一。

外国人在内国享有一定的民事法律地位,并不是从来就有的,而是国际经济关系和国际交往的发展所要求,且随着这种交往关系的发达而几经变迁。

原始社会不存在国家,当然也不发生有关外国人民事法律地位的问题。奴隶社会的前期,也不赋予外国人民事法律地位,在内国的外国人不得成为法律关系的主体。例如,在古希腊时代,各城邦的法律并不保护外国人的婚姻和财产,甚至海盗抢劫外国人的财产,也不认为是违法行为。古罗马前期也是同古希腊一样。罗马法只承认罗马市民为权利主体,外国人也被视同敌人。但是,随着社会分工的发展带来了商业的发达和生产力的进步,商品交换的规模渐渐超越了一个国家的国界,内外国人的交往增多,因此后期的奴隶制国家已承认外国人一

定的民事法律地位。如古罗马在征服了大片领土后,为了发展商业贸易,从公元前3世纪以后,逐渐给予外国人(外来人,即非罗马市民)一定的法律地位,并开始用不同于市民法(civil law)的"万民法"来调整罗马市民与外国人间以及外国人间的民事关系。

在人类社会进入封建时代时,生产力已进一步发达,尽管封建割据和绝对属地管辖倾向十分严重,但无论是东方国家还是西方国家,外国人经封建君主或国王的恩准或特许,还是可以获得诸如经商、求学等某些民事权利的。如在15、16世纪,英王与亚平宁半岛一君主就对一些有专门工艺技术的工匠颁发过特许状,允许他们在内国享有相应的生产经营权。但由此亦可见在那时的封建国家里,内外国人的民事法律地位是有差别的。

到了资本主义时期,商品经济成了资本主义社会存在的必要条件,而商品不仅要求国内的通商自由,而且也要求国际通商自由。例如,胡伯"国际礼让说"和杜摩兰的"意思自治说"的提出,便是反映了资产阶级要求自由的国际贸易的愿望。在资本主义国家之间,为了便利商品交换的正常进行,势必要求各国相互承认对方国家商人在内国的民事法律地位。这样,资本主义国家在对待外国人民事法律地位问题上便从封建时期的"差别待遇"过渡到了平等待遇。1804年的《法国民法典》是率先以国内法形式规定外国人享有平等民事法律地位的国内立法,其第11条规定:"外国人在法国享有与其本国根据条约给予外国人的同样的民事权利。"

当然,在垄断资本主义初期,资本主义列强凭借"炮舰"政策和经济实力,强迫弱小国家签订丧权辱国的不平等条约,打着"平等待遇""利益均沾"的幌子,曾在许多落后国家攫取了以"领事裁判权"为主要内容的特权地位。

二、国际法关于外国人民事法律地位的规定和实践

虽然根据国家主权原则,外国人的法律地位主要是由一国的国内法决定的,但国家在决定应该给予外国人以何等待遇时,是不能不考虑国际上的普遍实践以及国际法所确立的原则的。

在国际上,曾有一些著名的涉及外国人待遇的案例,通过这些案例,确立了有关的一些国际法原则。如任何国家不得无偿没收本国国民的财产和无偿没收外国人的财产;对外国人的财产进行征用或收归国有应给予适当的补偿;任何国家不得违反其本国法而亏待外国人;以及国家完全有自由,基于主权的行使,依合法程序将特定的外国人驱逐出境等。

在国际上,国家之间还常通过双边或地区条约,相互承担给予缔约他方国民以某种民事法律地位,但这些双边的或地区的条约仅有约束缔约国的效力,不能普遍适用于国际社会。目前,也有一些具有一般性质的国际条约,涉及外国人的民事待遇问题,其中最重要的有 1951 年《联合国关于难民地位的公约》(和 1967 年《联合国关于难民地位的议定书》)、1954 年《联合国关于无国籍人地位的公约》等。

上述关于难民地位的公约主要是一个实体法公约,但也包含有个别法律适用条款。公约首先明确规定,缔约国应对难民不分种族、宗教或国籍,均应适用本公约。公约就难民的法律地位规定:难民的个人身份,应受其住所地国家的法律支配;如无住所,则受其居所地国家法律支配。难民以前由于个人身份而取得的权利,特别是关于婚姻的权利,应受到缔约国的尊重,如必要时,应遵守该国法律所要求的仪式。缔约各国在动产不动产的取得及与此有关的其他权利,以及关于动产不动产的租赁和其他合同方面,应给予难民尽可能优惠的待遇,无论如何,此项待遇不得低于在同样情况下给予一般外国人的待遇。关于工业产权的保护以及对文学、艺术和科学作品的权利,难民在其惯常居所地国家内,应给以他的惯常居所地国家的国民所享有的同等保护。关于非政治性和非营利性的社团以及同业公会组织,缔约各国对合法居留在其领土内的难民,应给以一个外国的国民在同样情况下所享有的最惠国待遇。难民有权向所有缔约各国领土内的法庭提出申诉。难民在其惯常居所的缔约国内,就有关向法院请求的事项,包括诉讼救助和免予提供诉讼担保在内,应享有与本国国民相同的待遇。在关于无国籍人地位的公约中,也大体上作了类似的规定。

在 1948 年通过的《世界人权宣言》中也确认:人人于任何所在地有被承认为法律上主体的权利;在法律上悉属平等,且应一体享受法律的平等保护;并于其宪法或法律所赋予的基本权利被侵害时,有权享受国家法庭的有效救济;任何人的私生活、家庭、住所或通讯不容无理侵犯,其荣誉与信用亦不容侵害,人人为防止此种侵犯或侵害有权受法律保护;成年男女,不受种族、国籍或宗教的任何限制,有权婚嫁及成立家庭;人人有权单独享有或与他人合有财产,任何人之财产不容无理剥夺,等等。

但是,国际法同样确认,个人的民事权利地位在外国受到外国国家的侵害,应根据"用尽当地救济的原则"(exhaustion of local remedies rule),首先寻求所在国的司法保护。只有在所在国拒绝司法保护,或无正当理由故意拖延审理,或对外国人实行歧视不给予充分的司法救济的情况下,所属国才能行使外交保护权。

在一些国际法著作中,曾认为在对待外国人的待遇上,下述几项权利应是受到承认和保护的:(1) 凡是外国人都应被承认为法律主体;(2) 外国人所取得的私权利,应当原则上予以尊重;(3) 对于外国人,应当给予一些基本的自由权利;(4) 对于外国人,诉讼方面应予开放;(5) 应当保护外国人在生命、自由、财产和荣誉上免受犯罪的攻击。①

三、外国人在中国的民事法律地位的变迁

从外国人在中国的民事法律地位的变迁当中,大抵可以看到中国在世界上的历史地位和对外政策的变化。在中国的历史长河中,从封建社会起,可以把外国人在中国的民事法律地位划分为几个不同的时期:(1) 合理待遇时期。这个时期从西汉延续到明末(公元前 206 年至公元 1518 年)。(2) 歧视待遇时期。这个时期从明末倭寇及葡萄牙、荷兰的入侵至鸦片战争爆发为止(公元 1518 年至 1840 年)。在这个时期,对外国人不区分侵略者还是善良商民,都限制他们正常的民事活动。如清初广州曾订过《防患夷人章程》,规定外国人只能居住在指定的"商馆"中,并于指定的商行进行贸易。(3) 特权时期。这个时期,从鸦片战争直至新中国成立(公元 1840 年至 1949 年)。(4) 平等待遇时期。新中国废除了帝国主义列强强迫签订的各种不平等条约,中国人民开始和外国人在平等互利的基础上进行国际经济、民事交往,从而真正进入了平等待遇时期。1982 年《宪法》第 32 条明确规定:"中华人民共和国保护在中国境内的外国人的合法权利和利益……"

目前,外国人在中国能够进行民事活动的范围是十分广泛的,他们依法享有多方面的人身权和财产权。主要有:(1) 人身不可侵犯。(2) 亲属权。外国人与中国公民以及外国人之间都可以在中国登记结婚或解除婚姻关系;外国人符合收养条件的,可以收养中国儿童。(3) 继承权。(4) 劳动权。除少数种类的工作不允许外国人从事外(如国防、机要部门,外国人不得任职),外国人可以在中国从事各种社会劳动。(5) 智力成果权。(6) 经营工商企业、开发自然资源和从事服务贸易的权利。中国加入世界贸易组织后,外国人在中国从事商事活动的领域将更趋扩大。(7) 外国人还可以取得土地的长期租赁使用权。如 1990 年《城镇国有土地使用权出让和转让暂行条例》第 3 条规定:中华人民共和国境内外的公司、企业、其他组织和个人,除法律另有规定者外,均可依照本条例的规定,取得土地使用权,进行土地开发、利用、经营。

四、外国人民事法律地位的几种主要法律制度

在国际私法典中,明确给予外国人平等的法律地位,或平等的民事权利能力,或享受国民待遇原则,应认为是国际法上的一项基本原则。尤其是第二次世界大战以后,在外国人民事法律地位方面,适用国民待遇已属一项普遍制度。此外,还常在国际条约中规定最惠国待遇、互惠待遇、不歧视待遇等制度。

---

① 〔奥地利〕菲德罗斯等:《国际法》(下),李浩培译,商务印书馆 1981 年版。

（一）国民待遇（national treatment）

国民待遇原则，又称平等待遇原则。根据这一原则，所在国应给予外国人以内国公民享有的同等的民事权利地位。但后来又逐渐将这一待遇制度通过缔结国际条约，相互赋予缔约另一方的法人、商船及产品等。如1953年《日美友好通商航海条约》就规定，所谓的国民待遇是在缔约一方领土内所给予的待遇，不低于该方的国民、公司、产品、船舶或其物品在相同情形下所享有的待遇。

国民待遇原则，在国际私法上的意义，在于保证在所在国领域内的外国人之间的民事权利地位的平等，从而排除对外国公民和法人在民事法律地位方面采取低于内国公民和法人的待遇。但另一方面，根据这一原则，外国人也不得要求享有高于内国人的待遇。不过，一些发展中国家，从吸引外国投资、技术与人才的需要出发，倒往往主动在一定时期内或一定条件下，给予外国人某些方面高于内国人的民事待遇。

国民待遇原则，最早是资产阶级国家为追逐全球商业利润而提出来的。自从1804年《法国民法典》率先在国内法中作出规定加以确认后，很多国家相继规定或采用了国民待遇原则。当前，在各国交往中，国民待遇适用的事项是十分广泛的。从各国有关国民待遇的立法和实践来看，当今的国民待遇主要有以下三个特点：

第一，当今的国民待遇原则上是一种互惠的待遇，但并非一定以条约和法律上的规定为条件。因此，为了防止内国公民在外国受到歧视，多同时采取对等原则加以制约，即规定如内国公民在某一外国受到歧视待遇，有权对在内国的该外国公民的民事权利地位亦加以相应的限制。

第二，依照国民待遇原则，外国人与内国人处于相同的民事权利地位，仅就一般原则而言，并非在具体的民事权利的享有上外国人和内国人完全一样。事实上，在采取国民待遇原则的各国，为了自身的利益总要规定某些限制，如规定某些民事权利，不准外国人享有。例如，英国不允许外国人充任英国商船的船长，而日本和美国的许多州都规定外国人不得享有土地所有权等。

第三，当今的国民待遇范围常在条约中作出限制。为了不损害国家主权、独立与安全，各国除公认应赋予外国人在人身权和其他一些必需的民事权利方面的国民待遇外，还常通过双边条约或多边条约，把国民待遇的适用范围加以特别规定。从当前的国际实践来看，各国一般都把国民待遇限制在船舶遇难施救、商品注册、申请发明专利权、版权、社会保险、金融证券、营利服务以及民事诉讼权利方面。例如，我国加入的《保护工业产权巴黎公约》第2条便规定："本联盟任何国家的国民，在保护工业产权方面，在本联盟所有其他国家内应享有各该国法律现在授予或今后可以授予各该国国民的各种利益。"但在过去的各国实践中，在沿海贸易、领水渔业、内水航运、公用事业、自由职业等方面，一般都不给予外国人以国民待遇。

我国在处理外国人民事待遇地位问题时,是一贯对国民待遇原则持肯定态度的。如《民法通则》第 8 条第 2 款就指出,本法关于公民的规定,除法律另有规定的外,同样适用于在我国领域内的外国人。我国现行《民事诉讼法》第 5 条规定:"外国人、无国籍人、外国企业和组织在人民法院起诉、应诉,同中华人民共和国公司、法人和其他组织有同等的诉讼权利和义务。"在我国缔结或参加的双边或多边国际条约中,也不乏此类规定。如《关于中国西藏地方和尼泊尔之间通商和交通协定》第 4 条的规定,"双方对其领土内的对方侨民的正常权益依照侨居国法律予以保护",就是实行国民待遇制度。我国还常通过国际条约就特定事项规定相互赋予国民待遇。我国同朝鲜民主主义人民共和国通商航海条约规定,如果缔约一方的船舶在缔约另一方沿岸遭海难或倾覆时,该船舶及货物应享受缔约另一方在相同情况下给予本国船舶同样的待遇。我国和美国的贸易协定就商标注册规定相互赋予对方法人和自然人以国民待遇。

(二) 最惠国待遇(most-favored-nation treatment)

1. 最惠国待遇的概念

最惠国待遇是指给惠国承担条约义务,将在自己领域内把它已给予或将给予第三国或与之有确定关系的人或事的优惠,同样给予缔约他方(受惠国)或与之有确定关系的人或事。其中给惠国也称优惠授予国,是指承担给予最惠国待遇的国家,它是优惠的给予者;第三国亦称最惠国,是指授予国已向它或将来将向它提供最大优惠待遇的国家,受惠国是已经或将来要以任一第三国所享有的最优惠待遇为标准而享受优惠待遇的国家。条约中规定此种待遇的条款,即为最惠国条款。

在欧洲一些国家,约在 14、15 世纪便开始适用最惠国待遇。在第二次世界大战以后,最惠国待遇被各国广泛采用。为了促进这一法律制度的发展,1964 年联合国国际法委员会主持制定了《关于最惠国条款的条文草案》,并于 1978 年在日内瓦国际法委员会会议上获得通过,并建议各国就此草案缔结一项国际公约。该公约草案共 30 条,就最惠国条款和最惠国待遇的概念、最惠国待遇的分类、最惠国待遇的法律依据、来源和范围、优惠权利的取得、终止和中断以及有关限制或不适用最惠国待遇等方面,都作了相应的规定。

根据以上公约草案,并结合各国缔结的最惠国条款与实践,可以看出,最惠国待遇有以下特点:

第一,最惠国待遇是根据某一项双边或多边条约的规定,授予国给予受惠国约定范围的优惠待遇。

第二,当授予国给予任何第三国最优惠待遇时,受惠国即可根据最惠国待遇条款的规定,取得与该第三国相同的优惠待遇,而无需向授予国履行任何申请手续。

第三,最惠国待遇的目的在于保障在内国缔约他方的自然人、法人、商船、产品等所受的优惠待遇不低于缔约前已给予,而现在仍然存在的,以及将来可能给予第三国的自然人、法人、商船、产品等的最优惠待遇。正如《关于最惠国条款的条文草案》第5条便把最惠国待遇定义为"授予国给予受惠国或与之有确定关系的人或事的待遇不低于授予国给予第三国或与之有同于上述关系的人或事的待遇"。故它与国民待遇不同,后者在于保障在内国的外国人与内国人民事法律地位的平等,而前者可以实现在内国的外国人与外国人之间的民事法律地位的平等。

第四,在最惠国条款中,一般都对最惠国待遇的适用范围作了规定。最惠国待遇一般是在经济贸易的某些事项上适用,诸如关税、航行、旅客、行李和货物过境、铁路、公路的使用等。

2. 最惠国待遇的分类

从缔约双方承担的给惠义务来看,可分为单方面的和相互的最惠国待遇。在19世纪中叶,往往有单方面的最惠国待遇条款,即缔约双方中仅一方承担这种义务。这显然是不平等的,目前已少有采用。

从受惠的条件来看,最惠国待遇可分为有条件的最惠国待遇和无条件的最惠国待遇两种。有条件的最惠国待遇是指在最惠国条款中规定,只要缔约双方未能像第三国那样,在接受某些优惠时,向它提供同等的报偿,它就不把给予第三国的优惠提供给缔约对方。美国在1778年至1922年,长期采此形式,但1923年后,已改采无条件最惠国待遇。而无条件的最惠国待遇则指凡缔约一方无报偿地将新的优惠给予第三国时,也自动而且无报偿地给予缔约他方。由于1883年英意通商航海条约采此种做法,故又曾被称为"英国意大利条款"。目前各国普遍采用的是无条件的最惠国待遇。

3. 最惠国待遇的例外

在某些情况下,也可以例外地不把给予第三国的优惠提供给缔约对方。在缔结最惠国条款时,一般都规定了最惠国待遇的例外条款,指出一些不适用最惠待遇的例外事项。这些例外事项通常包括:

第一,一国给予邻国的特权与优惠。

第二,边境贸易和运输方面的特权与优惠。

第三,有特殊的历史、政治、经济关系的国家形成的特定地区的特权与优惠。例如,欧洲的荷、比、卢集团和斯堪的纳维亚国家间都有一些特权与优惠,也在最惠国待遇的例外之列。

第四,经济集团内部各成员国互相给予对方的特权与优惠。例如欧洲经济共同体成员间互相享有的特权与优惠。

尽管在新中国成立之前,在与其他国家订立的通商航海条约中,已有过最惠国待遇条款的采用,但新中国则最早是在1955年与埃及签订的贸易协定中开始采用最惠国待遇制度的(适用于发给输出、输入许可证和征收关税方面)。目前因对外开放政策的实施,更在与许多国家签订的投资保护和贸易协定中广泛适用这一制度,当然也有例外事项的规定。如我国和法国关于相互鼓励和保护投资的协定中就规定:"(1)缔约各方承诺在其领土和海域内给予缔约另一方的投资者的投资以公正和公平的待遇;(2)缔约各方对于在其领土和海域内的缔约另一方投资者的投资,应给予不低于第三国投资者的待遇(即最惠国待遇条款——引注);(3)上述待遇不涉及缔约一方因加入自由贸易区、关税同盟、共同市场或其他任何形式的地区经济组织而给予第三国投资者的优惠待遇。"

(三)互惠待遇(reciprocal treatment)

当今世界,无论是国民待遇或最惠国待遇,都是建立在互惠的基础之上的。所谓互惠待遇,就是指一国赋予外国人某种优惠待遇,也同时要求它自己的国民能在外国人所属的那个国家享受同样的优惠。互惠既可通过国内法加以规定,即国家在自己的法律中规定,即使没有国际条约存在,只要自己的公民在别的国家能享有优惠(或不歧视)待遇,自己亦同样给予对方国家公民以此种优惠;也可以通过国际条约加以规定。

如果在国内法中有互惠的规定,当这种规定适用于外国人时,便应首先查明,该外国人的所属国家是否也有类似规定或也采取此类措施。如果对方未履行条约义务或无国内法上的这项规定,而对自己的公民实行歧视,便可采取对等措施。

(四)歧视待遇和不歧视待遇(discrimination and non-discrimination treatment)

歧视待遇又叫差别待遇,是指一国把低于内国人或低于其他外国自然人或法人的待遇专门适用于一切外国人或某一特定外国国家的自然人和法人,或者把给予内国或其他外国自然人或法人的某些优惠或权利,不给予特定外国的自然人或法人,从而使其处于或较内国自然人或法人,或较其他外国自然人或法人为低的民事权利地位。为了防止在国际经济民事交往中一国对另一国实行歧视待遇,国家之间常通过条约规定相互不采用歧视待遇。

与上述制度相反的便是不歧视待遇,又叫无差别待遇。例如,1985年《中华人民共和国政府和丹麦王国政府关于鼓励和相互保护投资协定》第3条第4款规定:"缔约任何一方保证,在不损害其法律和法规的情况下,对缔约另一方国民或公司参股的合资经营企业或缔约另一方国民或公司的投资,包括对该投资的管理、维持、使用、享有或处置,不采取歧视措施。"

第二节 自 然 人

尽管当代世界各国普遍给予外国人以国民待遇或最惠国待遇,但毫无疑问,各国对于本国人和外国人以及在本国设有住所与不具住所的人作为国际私法关系的主体的规定并非完全相同的。加之,在处理涉外民事法律关系时对当事人属人法的适用,也仰赖首先确定其国籍或住所之所在,因此,确定自然人的国籍和住所也就显得非常重要了。

一、自然人的国籍冲突

(一) 自然人的国籍在国际私法上的意义

国籍是指自然人属于某一国家的国民或公民的法律资格。在国际公法上,国籍是一个人对国家承担效忠义务的根据,同时也是国家对他实行外交保护的根据;在国际私法上,首先表现在当事人是否具有外国国籍是判断某一民事关系是否是涉外民事关系的根据之一;其次,国籍是指引涉外民事关系准据法的一个重要连结因素,有关身份、能力、亲属和继承等涉外民事关系的准据法,很多国家都以自然人的国籍作为连结因素;再次,自然人国籍的确定也是决定他能享有某种外国人待遇制度的条件;最后,国籍又是国家对于它在外国的侨民当其民事权益受到侵犯时,作为原告而回到祖国来进行诉讼时行使管辖权的一种根据。

(二) 国籍的冲突及其解决

在实际生活中,一个自然人有时可能同时具有两个甚至两个以上的国籍,有时却可能无一国籍。在国际私法中,把一个人同时有两个或两个以上国籍的情况称为国籍的积极冲突,而国籍的消极冲突则是指一个人无任何国籍的情况。国籍的冲突,完全是因各国对国籍的取得和丧失所采取的制度各异而发生的。

国籍的取得,分生来取得与传来取得。对生来取得国籍,有的国家采血统主义,有的国家采出生地主义,有的国家采合并主义。采血统主义的国家中,又有双血统主义和单系血统主义的差别。在采出生地主义国家中,其认定生来取得国籍的标准也不免有差异。如依英国国籍法,凡出生在英国商船上的人,不论该船是否在外国领海或港口,均认为是英国公民;而美国却认为在美国领海或港口内的外国商船上出生的儿童均应取得美国国籍。这就使人出生时便可取得两个甚至两个以上国籍的可能。在国籍的传来取得的情况下,也可能出现国籍的积极冲突。国籍的传来取得也分两种情况,一是根据当事人的自愿申请取得一个新的国籍,一是根据法律的规定在一定情况下(如妇女与他国人结婚,儿童被他国人收养等)当然取得新的国籍。如果他(她)们原来的国籍并不当然丧失时,便也会出现国籍的积极冲突。

由于各国对国籍的取得与丧失的规定互异,还可能出现一人无一国籍的情况。如一国规定凡本国妇女与他国公民结婚,当然丧失内国国籍;而其夫方国籍法规定,外国妇女与本国公民结婚,并不当然取得夫方的国籍,这个妇女就可能成为无国籍人。

在解决自然人国籍的积极冲突和消极冲突时,必须首先明确的是,一个人是否具有某一国家的国籍,当然只能依该国国籍法来决定。这是因为,根据国家主权原则,关于居民是否具有某国国籍的确定,通常是由各该国国内立法加以规定的。这已成为国际法在国籍问题方面的一个公认的基本原则。例如1930年订于海牙的《关于国籍法冲突若干问题的公约》第2条就规定:"关于某人是否具有某一特定国家国籍的问题,应依照该国的法律予以决定。"其次,解决自然人的国籍冲突,在国际公法和国际私法上有着不同的目的:在国际公法上解决国籍冲突,旨在解决他们的效忠义务与对他们行使外交保护等方面的冲突以及尽可能消除多重国籍和无国籍现象;而在国际私法上解决国籍冲突,其目的主要在于在指定应适用当事人的本国法时应以何地的法律作他的本国法(当然在确定其是否应享有某种外国人待遇时,其国籍的确定也是十分必要的),至于当事人实际存在的多重国籍或无国籍如何避免或消除,则不是国际私法上解决国籍冲突的目的。

对于自然人国籍的积极冲突,应分别不同情况采取不同方法加以解决。

首先,如一个人同时既具内国国籍,又具外国国籍时,不问是同时取得或异时取得的,国际上通行的做法是主张以内国国籍优先,以内国法为该人的本国法。如1939年泰国《国际私法》第6条、2007年日本《法律适用通则法》第38条第1款、2011年波兰《国际私法》第2条第1款、1948年埃及《民法典》第25条、1976年约旦《民法典》第26条、1979年匈牙利《国际私法》第11条第2款等,均取此主张。不过,1987年瑞士联邦《国际私法法规》第23条第1款对于一个人兼具内外国国籍时,在管辖权的确定上"只以其瑞士国籍为准,以确定原始法院管辖权",但在法律适用方面则不以此为准,而主张"仅以该人与之有最密切联系的那个国家的国籍为准来确定其本国法"。

如当事人具有的两个或两个以上的国籍均为外国国籍时,则各国的做法不一:

第一是以最后取得的国籍优先。例如,1964年捷克斯洛伐克《国际私法与国际民事诉讼程序法》第33条第2款规定:"当事人同时具有几个外国国籍时,以最后取得国籍为优先。"但在实际生活中,有时一个人有两个以上国籍并非先后取得,而是同时取得的,针对这种情况,该法同条第3款又规定:"不能确定最后取得的国籍时,应视为具有住所地国家之国籍。"

第二是以当事人住所或惯常居所所在地国国籍优先,以该国法律为其本国法。例如,1982年前南斯拉夫《法律冲突法》第11条2款规定:"对于非南斯拉夫公民并具有两个或两个以上外国国籍的人在适用本法时,视其具有他作为公民并有住所的那个国家的国籍。"1979年匈牙利《国际私法》第11条第3款也作了类似的规定。

第三是采用最密切联系为标准,在国籍发生积极冲突时,以与其有最密切联系的国家的法律为其本国法。例如,1978年奥地利联邦《国际私法法规》第9条第1款就规定,一个人同时具有几个外国国籍的,应以与之有最强联系的国家的国籍为准。其他如2011年波兰《国际私法》第2条第2款以及1987年瑞士联邦《国际私法法规》第21条和1986年原联邦德国《民法施行法》第5条也采这种做法。土耳其2007年的《国际私法与国际民事诉讼程序法》第4条第3款也规定:"多重国籍人,不具有土耳其国籍的,则适用与其关系最密切的国家的法律。"从理论上讲,这一主张最为合理,但法院在为判断时,却不似第二种主张那样简便易行。

国籍的消极冲突,可分为三种情况:生来便无国籍(如出生地及生父母均不明确的弃婴);原来有国籍后来因身份变更或政治上的原因而变得无国籍;以及属于何国国籍无法查明。遇有这类情况,一般主张概以当事人住所所在地国家的法律为其本国法;如当事人无住所或住所亦不能确定的,则以其居住地法为其本国法。采用这种立法的有1954年《联合国关于无国籍人地位的公约》第12条以及泰国《国际私法》第6条第4款、日本《法律适用通则法》第38条第2款、捷克《国际私法与国际民事诉讼程序法》第5条第2款等。2007年土耳其《国际私法与国际民事诉讼程序法》第4条第1款也作了类似规定,并且进一步明确,如居所无法确定或没有居所,则适用当事人起诉时的所在地国法律。捷克的做法也很有特色,其法律规定:"如居所不能确定时,应办理加入捷克国籍的手续。"这实际上也是要求适用法院地法。

我国《涉外民事关系法律适用法》第19条规定:"依照本法适用国籍国法律,自然人具有两个以上国籍的,适用有经常居所的国籍国法律;在所有国籍国均无经常居所的,适用与其有最密切联系的国籍国法律。自然人无国籍或者国籍不明的,适用其经常居所地法律。"

二、自然人的住所冲突和居所

(一) 自然人的住所冲突

在国际私法上,住所也表现当事人与特定法域之间的联系。许多国家都用当事人的住所地法作他们的属人法。有些国家甚至把住所作为指定某些财产关系的准据法的连结点。例如,1966年《波兰国际私法》第26条规定,在契约当事人未选择准据法时,依缔结契约时双方当事人的住所地法(但不适用不动产契约)。至于住所对确定国际民事诉讼管辖,就更为重要了。

由于各国对住所的规定不同,也会发生一人同时具有两个或两个以上的住所(住所的积极冲突)或一人无一住所或住所不明(住所的消极冲突)的情况。

住所的冲突,主要是由于各国有关住所的法律规定不同而产生的。如大陆法系各国认为,某人是否在某国取得住所,主要看他是否在某地建立了生活根据地或业务中心(如《日本民法典》规定各人生活的根据所在地为其住所;意大利民法典规定,民事上的住所为各人营利及其他业务上的中心地);而英国则强调住所取得的要件,主要在当事人是否有在某地久住,亦即安一个永久的家(permanent home)的意思。许多国家不允许一个人可以同时具有两个或两个以上的住所,而《德国民法典》第7条第2款却规定,可同时于数地设立住所,也允许无住所。

英国法规定一人必须而且只能有一住所,亦即既不允许无住所,也不允许一人同时有两个以上住所。这是因为英国以住所地法作属人法,如果允许一个人无住所或有两个住所,其属人法就不便确定。因此,英国发展起了一套十分复杂的住所制度。例如,依英国法,住所主要分原始住所(domicile of origin)、选择住所(domicile of choic)和从属住所(domicile of dependency)。原始住所因出生而取得,并在未取得选择住所以前,原始住所始终存在,并不得因当事人的意思而放弃,即令当事人早已离开该地,但只要没有事实证明他已在另一国设立一个永久的家的意思,他的属人法仍然是原始住所地法。选择住所是指独立的人通过居住的事实和久居的意向而获得。一个独立的人在取得了选择住所之后,原始住所即自动禁止;但一旦失去选择住所,原始住所又自动恢复。因此,戚希尔与诺思的《国际私法》一书指出,就英国的国际私法来说,原始住所甚至比国籍这个连结因素更为稳定。① 从属住所在大陆法方面又称法定住所,在英国是指不具独立性的人(dependent person,多指16岁以下的未成年人、精神失常的人以及已婚妇女)的住所。美国关于住所的制度基本上虽与英国相同,但它不承认原始住所因选择住所的放弃而自动恢复的制度;其次,它虽也强调住所取得的意思条件,但并不太注重永久居住的意思。② 大陆法国家认为未成年人的法定住所(statutory domicile)或从属住所应是父的住所,其父亡则为父死时的住所,并不随其母或监护人的住所而变动。但英美判例则认为未成年人的住所,既属从属住所,完全仰赖于各该不具独立性的人在法律上依靠着谁,因而是可以变动的。如在父死之后应为母的住所。

此外,由于事实认定的不同也可能发生住所的冲突。如一弃儿发现于甲乙两国交界之处,两国均可以认为该弃儿的住所在自己国内。

---

① 〔英〕戚希尔、诺思:《国际私法》,1979年英文第10版,第156—192页。
② 可参见美国1971年《第二次冲突法重述》,第11—23条。

对于国际私法上的住所究应怎样认定,曾有各种不同的主张。例如,有人认为,在住所发生冲突时当事人住所究在何处,应依当事人自己的意思认定。此说的反对者认为,这样将让当事人的意思左右其属人法的选择,是很不妥当的。还有人主张应依当事人的本国法来决定其住所在何处。但此说的反对者认为,在当事人发生国籍的积极冲突与消极冲突时,往往还需要借先定其住所而后才能定其本国法,因而实践中会有困难。第三种学说是主张依属地法来认定其住所。但反对者认为,以住所地法作属人法,本为法院国国际私法上的考虑,如果又用外国住所概念去认定当事人的住所,会带来与法院国国际私法的意图相反的结果;而且如果依属地法认定当事人的住所,其住所的冲突更会大大增加,而使准据法的选择增加许多麻烦。因此,更多的人主张主要应依法院国的法律去认定当事人的住所,只有在个别情况下,才能依据有关的外国法。如美国1971年《第二次冲突法重述》第13节便规定,在适用冲突规范时,法院依自己(州)的标准判定住所,只有在争议涉及外州的法院或机关的管辖权,以及它们的这种管辖权正是根据当事人有住所在该州(或国)才行使的时候,才适用外州的住所标准。英国国际私法也认为,一个人的住所的确定,是依据英国法中的住所概念,而不能按外国法概念来决定。因而对一个英国住所者可以认定他已在法国获得一个选择住所,但并不符合法国法关于在法国取得住所所必需的形式要件的规定;反之,对一个法国住所者也可以认定他已在英国取得选择住所,而不管法国法是否这样认为。只有涉及外国作出的离婚或别居的判决需要在英国承认时,英国法院才会去适用该外国法的住所概念。① 显然,依法院国的住所概念去认定当事人的住所在一般的情况下是合理的。

此外,也还有人认为,"住所"这个法律概念的含义,会因所要解决的问题的性质不同而有所区别,因而认定的标准也可各异。如这一学说的拥护者们认为,在适用住所地法去解决个人的身份与能力的问题时,应依当事人的本国法去认定其住所;在解决无遗嘱继承时,应依遗产所在地法或当事人的本国法去认定其住所;在解决破产问题时,应依诉讼地法认定当事人的住所等。

对于住所的积极冲突,其解决原则大体与解决国籍的积极冲突相似。只有在发生两个以上外国住所冲突时,才以最后取得的住所优先(如《布斯塔曼特法典》第25条的规定等)。当然如果当事人具有的两个以上外国住所为同时取得的,则应依其他因素(如居所设立在何国、其父母现在或过去的住所在何国等)考虑决定。

对于住所的消极冲突,除大多同意以其居所地法为属人法的代用这一原则

---

① 〔英〕莫里斯主编:《戴西和莫里斯论冲突法》,李双元等译,中国大百科全书出版社1998年版,第14—19页。

外,1979年美洲国家组织国际私法会议所通过的关于国际私法上自然人住所的公约则试图在缔约国之间达成一项统一规则。该公约主张自然人的住所应依以下顺序判定:(1) 他的惯常居所所在地;(2) 他的主事务所所在地;(3) 在无上述二者时,他的单纯居所地(mere residence);(4) 在无单纯居所时,他的所在地。该公约同时认为,无行为能力人的住所是他的法定代理人的住所;而在他被代理人抛弃时,以其前一住所为住所;婚姻住所是配偶共同生活的地方;一个人于两个缔约国内有住所时,其居所所在地为其住所地;如于该两国均有居所时,其居住地为其住所地。

（二）居所

居所(residence),也是私法上的概念,它是指居民在一定时间内居住的处所。设定居所的条件没有住所严格,不要求居民有久住的意思,只要有一定居住时间的事实即可。居所又分为临时居所和惯常居所(habitual residence)或经常居所、习惯居所。主流观点认为,经常居所就是一个人的生活中心所在地,并从客观上的居住期限和主观上的居住意愿两个方面来判断生活中心所在地。2009年《罗马尼亚民法典》第2570条规定,自然人的经常居所位于其主要家庭所在地,即使登记地法律中的形式要件并未满足。自然人在从事营业活动期间的经常居所是其主要营业地。为证明自然人的主要家庭所在地,应考虑自然人在人身上和职业环境上与该国所具有的持续联系以及建立此种联系的意图。《戴西和莫里斯论冲突法》一书指出:惯常居所意味着"必须持续某段时间的一种经常的身体出现"。①

我国《涉外民事关系法律适用法》的特点之一就是经常住所地取代国籍和住所成为确定人的身份、能力、婚姻家庭、继承等民事关系的准据法时的主要连结点。最高人民法院《关于适用〈中华人民共和国涉外民事关系法律适用法〉若干问题的解释(一)》第15条规定,自然人在涉外民事关系产生或者变更、终止时已经连续居住一年以上且作为其生活中心的地方,人民法院可以认定为涉外民事关系法律适用法规定的自然人的经常居所地,但就医、劳务派遣②、公务等情形除外。我国《涉外民事关系法律适用法》第20条规定,依照本法适用经常

---

① 〔英〕莫里斯主编:《戴西和莫里斯论冲突法》,李双元等译,中国大百科全书出版社1998年版,第187页。

② 劳务派遣,即劳动力租赁,由劳务派遣机构与劳动者订立劳动合同并支付报酬,把劳动者派向其他用工单位,再由其向派遣机构支付一笔服务费用。劳动派遣的最显著特征就是劳动力的雇用和使用分离,用人单位和派遣公司签订劳务租赁(派遣)协议,派遣公司和被聘用人员签订聘用劳动合同。根据我国2012年修正的《劳动合同法》第66条规定,劳动合同用工是我国的企业基本用工形式。劳务派遣用工是补充形式,只能在临时性、辅助性或者替代性的工作岗位上实施。根据我国2013年《劳务派遣暂行规定》第4条规定,用工单位应当严格控制劳务派遣用工数量,使用的被派遣劳动者数量不得超过其用工总量的10%。

居所地法律,自然人经常居所地不明的,适用其现在居所地法律。

三、《解决本国法和住所地法冲突公约》

国际私法在属人法的适用上,本国法主义与住所地法主义的对立是造成冲突规范的冲突的主要根源与表现形式。自巴托鲁斯法则区别说以来直到1804年《法国民法典》颁布,在欧洲,所谓的属人法本只是指当事人的住所地法。后来,随着《法国民法典》的颁布,特别是经过意大利著名政治家兼法学家孟西尼的大力鼓吹,加上欧陆许多国家后来内部均实现了政治上的统一,大陆法系各国便广为采用本国法作为属人法,而英美法系等国仍守成规,坚持住所地法原则。这样,便形成了在属人法方面本国法主义与住所地法主义之间的对立格局。而这二者的对立,严重地阻碍了国际私法的统一化进程。为了解决本国法和住所地法之间的冲突,海牙国际私法会议经过多年努力,终于在1955年6月15日于海牙订立了《解决本国法和住所地法冲突公约》,公约目前只有5个国家签署,还没有生效。

该公约第1条开宗明义规定:"如果当事人的住所地国规定适用当事人本国法,而其本国规定适用住所地法时,凡缔约国均应适用住所地国的内国法。"并且对住所的含义也试图作出新的统一的解释,即规定:"本公约所称住所者,除以他人之住所或以某公共团体(public body)之所在地为住所者外,即为其习惯居所地。"尽管该公约正式签署和批准者甚少,但它到底反映出大陆法系国家与英美法系国家之间在属人法方面本国法主义与住所地法主义由过去的尖锐对立正渐渐趋向当今的调和妥协,而且出现了一定程度的住所地法优先的倾向。这既表现了大陆法系对英美法系在属人法连结点的重大让步,亦即国籍原则对住所原则的重大妥协,而英美法系国家亦同意对"住所"作扩大解释而包括"惯常居所"。应该说,由于在属人法的连结点上提高住所和惯常居所的地位,对于国际贸易与商业行为显然是有利的。正因如此,欧洲一些新颁布的国际私法立法,也相继抛弃了在属人法上绝对的本国法的僵硬的做法,已多兼采本国法与住所地法而为选择的适用。

第三节 法 人

法人(legal person, artificial person)作为民事法律关系的主体,在国际经济交往和合作中发挥着重要的作用。但内国法人作为涉外民事法律关系的主体在外国活动,尚须得到有关外国的认许。未经认许的外国法人在内国不得作为民事主体进行民事活动。不过,各国为了进行国际经济交往和合作,特别对已依他国法律成立的外国商业法人在内国的民事主体的资格,都是可以依据国内法、国际条约或依互惠原则认可的许其在内国仍以法人资格参加有关民事法律关系的。

一、法人的国籍

在法理上讲,一般都认为凡依法定程序成立,具有一定的组织机构,拥有独立的财产,能够以自己的名义享受权利承担义务并能在法院起诉应诉的组织体,都是法人。但亦非无细致的差别。如法国、意大利等国均承认合伙也是法人,而英国、德国、瑞士等国,都不允许把单纯的合伙作为法人实体看待。各国对法人种类的划分也不完全一致,因而导致同类法人可能具有不同的民事权利能力。加之,法人国籍的确定,既是决定其属人法的前提,也是决定其能否享有某种外国人待遇制度的条件。由于国际经济活动范围日见扩大,某一公司为甲国人集资所组成,但其登记注册地在乙国,董事会或管理中心设于丙国,而实际经营的业务却在丁国的情况屡见不鲜,特别是跨国公司的出现,不但确定法人的国籍十分必要,而且确定法人的国籍也很困难。但是与自然人的国籍不一样,法人的国籍是拟制的,因而有些国家和学者(例如凯尔森和德国大部分国际私法学者)否认法人具有国籍。对于如何确定法人的国籍有种种不同的学说。

(1)法人住所地说。这一学说认为法人的住所在哪一国家,便应认为该法人属哪国法人,即住所在内国的就为内国法人,住所在外国的就为外国法人。但对于何处为法人的住所,学者的主张和各国的实践尚未能统一。不过反对者认为,住所是可由法人随意设定的,依法人住所定其国籍还有一个问题,就是可能让法人为了自己的私利而通过虚设住所以达到改变其属人法和规避法律的目的。

(2)组成地说及准据法说。法人无非是模拟自然人而由法院赋予人格的拟制体(fictitious person),因此,法人的国籍应在其取得法律人格的地方即法人的组成国。不过,在实际生活中,有时一个法人的组成需要为多数行为,而这些行为往往并不在同一国家进行,如一个法人其章程订立于甲国,设立的核准在于乙国,则两国都可能视其在本国组成。为了弥补组成地说的不足,学者们又提出了登记国说和准据法说。登记国说主张某一组织在哪一个国家登记注册则为哪一国的法人;准据法说则认为法人依据哪一国法律创立即取得哪国国籍。

(3)法人设立人国籍说。此说认为,法人的国籍应依组成法人的成员或依董事会董事的国籍决定。其理由是法人不能离开设立它们的自然人而独立。加之各国民法对于外国人的权利能力常加一定限制,如果不以其组成人员的国籍定内外国法人的区别,外国人便会通过在内国组成法人,以取得外国自然人所不能享有的权利。

(4)实际控制说。此说主张法人实际上由哪国控制,即应具有哪国国籍。

但在实际生活中,有时一些法人虽被外国控制,却并不是外国法人;反之,有些法人虽为内国人所掌握,也不足以证明它就完全为内国利益服务。不过,此说在战时定敌性法人时还是有价值的。例如,1916 年及 1925 年,瑞典都曾通过有关立法,禁止在瑞典组成而实际上为外国所操纵的公司取得瑞典的土地与矿藏,因为当时德国工业巨头常常躲在瑞典公司的背后,大量购买瑞典的森林及矿产资源,以危害瑞典的民族经济。

(5) 复合标准说。第二次世界大战后,随着法人在国际经济交往中的作用日益加强,出现了一种综合上述法人国籍的多项标准来决定其国籍的实践。如综合法人的住所与登记注册地,或综合法人的住所地或设立地或准据法两项标准定其国籍。例如,根据我国《中外合资经营企业法实施条例》第 2 条的规定,依照中国法律批准并在中国境内设立的合资企业是中国法人。又如日本一般采取准据法主义,但要取得日本内国法人的资格,除依日本法成立外,尚须在日本设有住所,凡不符合这两个条件均被视为外国法人,也采复合标准说。① 1970 年国际法院在审理巴塞罗那公司案时,也指出:对于公司的外交保护权,只能赋予该公司依据其法律成立并在其领土内有注册的事务所的国家。②

总之,到底如何确定法人的国籍,国际上尚无统一的标准,各国在实践中往往是根据其政策利益,并随情势的变化而变化。因此,法人的国籍不能以一成不变的形式主义标准来确定,否则很难圆满解决问题。从实践看,采用登记地主义和住所地主义的国家较多。但为了解决某些具体问题和适应某些合理需要,在登记地主义、住所地主义之外,还可兼采其他学说,如实际控制主义。而采取复合标准不但比较灵活、比较科学,而且有利于防止规避法律的现象发生,而且适用依复合标准所决定的该组织体的国籍国法作它的属人法来裁判它的有关法律问题,也能收到审判程序的实效。

新中国成立初期,为了肃清帝国主义在华特权,曾采用实际控制主义,以法人资本实际控制在何国人手中的情况来确定法人的国籍。例如,上海永安公司在成立时登记为美商;太平洋战争爆发后,为逃避日本帝国主义的迫害,改为华商;抗日战争胜利后,又恢复为美商。但该公司实际上是中国人投资的,且一直为中国人所经营掌握。因此,在新中国成立后,我国政府将该公司定为我国私营企业,而没有当作外国法人对待。

目前,我国对外国法人国籍的确定,采取注册登记主义。最高人民法院《关于贯彻执行〈中华人民共和国民法通则〉若干问题的意见(试行)》第 184 条规定:"外国法人以其注册登记地国家的法律为其本国法。"因此,对于已取得外国

---

① 李双元:《国际私法(冲突法篇)》,武汉大学出版社 1987 年版,第 282—283 页。
② 黄惠康、黄进:《国际公法国际私法成案选》,武汉大学出版社 1987 年版,第 66—71 页。

国籍的法人,我国一般都承认其已取得的国籍,而不问该外国适用何种确定法人国籍的标准。另一方面,我国对于内国法人国籍的确定,则采取设立地主义和准据法的复合标准。我国《民法通则》第41条第2款规定:"在中华人民共和国领域内设立的中外合资经营企业、中外合作经营企业和外资企业,具备法人条件的,依法经工商行政管理机关核准登记,取得中国法人资格。"

二、法人的住所

对于法人是否有住所,国际上也存在分歧。许多大陆法系国家不承认法人具有自然人意义上的住所(domicile)或居所(residence),而只是关注法人的所在地(seat)。通常,法人的所在地就是法人的管理中心或主事务所所在地。认为法人拥有住所的欧洲其他一些国家,如法国、德国、意大利、瑞士等国,都主张依法人的住所地来决定法人的国籍。因此,对法人住所的确定,同样有重要意义。不过,对于何为法人的住所,又有不同主张。

(1) 管理中心所在地说,或主要办事机构所在地说。这种主张认为,法人的管理中心或法人的主事务所所在地是法人首脑机关所在地,以该地为其住所地有诸多方便之处(如征税及监督其活动等)。许多国家的立法采取这种主张。如日本民法规定,法人以其主事务所所在地为住所。我国1986年《民法通则》(第39条)与2013年修订后的《公司法》(第10条)均规定法人和公司的住所在它的主要办事机构所在地。法国、德国民法也认为,法人的住所,就商业法人而言在其商业事务管理中心地;而就非商业法人而言,应是它履行其职能活动所在地。不过,采取此说确定法人的住所,本在内国从事经营活动的法人,如规避内国法律的适用,只要将管理中心或主要办事机构设在国外,即可轻易达到目的。为此,有国际组织曾建议规定:"以无诈欺而设立的主事务所所在地"视为法人之住所。[①]

(2) 营业中心所在地说。即以法人实际从事主要营业活动的所在地为法人的住所。其理由是,一个法人运用自己的资本进行主要营业活动的地方,是该法人实现其经营目的的地方,与该法人的生存有着重要的关系。另外,法人的营业中心地相对来说比较稳定,不可能因当事人意欲规避法律而任意变更。埃及、叙利亚等国便认为法人住所应在其营业中心地。但是,此说也有不便之处,如从事保险、运输或银行业的法人,其营业范围往往跨越数国,很难说有营业中心地。又如,从事建筑等行业的法人的营业中心地也常随地而转移。因此,对于此等法人,以营业中心地决定其住所显然有困难。

(3) 章程规定说。由于法人必经登记,一般应于其章程中明确指明其住所,

---

① 参看苏远成:《国际私法》,台湾五南图书出版公司1984年版,第190页。

故如瑞士民法便规定,法人的住所,依法人章程的规定(而在章程无规定时,则以执行其事务之处所为法人住所)。在实际生活中,不少法人因常规定其营业中心地或管理中心地为住所,但也可能不在这些地方。如1966年法国最高法院受理有关某一银行国籍问题的案件,该银行的章程上便规定了住所在土耳其,而营业中心却在英国。

比较各说,虽各有优劣,但住所乃法人设立或登记的必备要件,法人国籍的确定,常以法人司法或税务管辖权的行使为依据。故在一般情况下,以章程规定的住所为其法定住所似更合乎法理。

此外,法人居所也是影响法人属人法的重要联结因素。[①] 一般而言,法人居所与决定法人纳税义务或诉讼责任、诉讼费用担保、战时敌对外国人身份等有关。在英国,公司的居所在公司事务控制中心所在地,即使该地与成立地不同。但是如果公司的管理控制中心分别在两个主事务所时,一个公司可有两个居所。1999年《罗马尼亚民法典》第2570条第3—4款还规定了法人的经常居所:法人的经常居所位于该法人的主要营业地。法人的主要营业地是该法人的管理中心所在地。

三、外国法人的认许

(一)外国法人认许的概念

外国法人要取得在内国活动的权利,无论大陆法或普通法,都认为必须经过内国的认许。所谓外国法人的认许,即对外国法人以法律人格者在内国从事民事活动的认可,它是外国法人进入内国从事民事活动的前提。对外国法人是否许可其在内国活动,应分别从两个方面加以解决:一是该组织是否已依外国法成立为法人,另一是依外国法已有效成立的外国法人,内国法律是否也承认它作为法人而在内国存在与活动。前者涉及外国法人是否存在的事实,这当然只能依有关外国法人的国籍国法判定;后者涉及内国的法律和利益问题,即内国是否也在法律上承认其法人资格并允许其活动的问题。所以,国际私法上认许外国法人在内国活动,必须同时适用两个法律:一个是外国法人的属人法,另一个是内国的外国人法。

(二)外国法人的认许方式

外国法人的认许主要有以下两种方式:

(1)国际立法认许方式。即有关国家通过制定国际条约保证相互认可对方国家的法人。如1956年6月1日订于海牙的《承认外国公司、社团和财团法律人格的公约》和1968年2月29日订于布鲁塞尔的《关于相互承认公司和法人团

---

① R.H Graveson, The Conflict of Laws, 5th ed., Sweet and Maxwell, 1965, p.181.

体的公约》就是属于这种方式。前一公约第1条明确规定:"凡公司、社团和财团按照缔约国法律在其国内履行登记或公告手续并设有法定所在地而取得法律人格的,其他缔约国当然应予承认,只要其法律人格不仅包含进行诉讼的能力,而且至少还包含拥有财产、订立合同以及进行其他法律行为的能力。""公司、社团或财团的法律人格,如果按照其据以成立的法律规定无需经过登记或公告手续而已取得的,则当然应在前款相同的条件下予以承认。"

(2) 国内立法认许方式。即内国在其法律中规定认可外国法人的条件,然后根据这种条件对具体的外国法人进行审查和认可。国内立法认许又有以下三种程序:

第一,特别认许程序,即内国对外国法人通过特别登记或批准程序加以认可。这种程序有利于控制外国法人在内国的活动;但其不足之处在于逐个认可,程序繁琐,不便于国际经济贸易活动的进行。

第二,概括认许程序,即内国对属于某一外国之特定的法人概括地加以认可。例如,法国曾于1957年5月30日制定一项法律,承认凡经比利时政府许可而成立的法人,均可在法国行使权利;对其他各国法人,只要在有互惠关系的国家成立的法人,也应予以承认。

第三,一般认许程序,即内国对于外国特定种类的法人,不问其属于何国,一般都加以认可。依此种程序,凡依外国法已有效成立的法人均可在内国得到认可。

凡未经认许的外国法人如在内国为法律行为,该外国法人与行为人承担连带责任。

(三) 我国对外国法人认许的有关规定

自实行对外开放政策以来,外国公司、企业、个人来我国进行商贸、投资活动的越来越多。外商的活动主要有三种方式:(1) 临时来华进行经贸活动;(2) 在我国直接投资,主要形式有中外合资经营企业、中外合作经营企业、外资企业等;(3) 在我国为进行连续的生产经营活动,以外国公司名义在我国设立分公司等分支机构。对于采取第一种方式的外国法人,我国立法采取自动承认其在本国的主体资格的政策,在程序上属于一般认许。在第二种方式下,因为"三资"企业均为中国法人,故不存在认许问题。对于第三种方式,则主要体现在1980年国务院《关于管理外国企业常驻代表机构的暂行规定》、2010年国务院《外国企业常驻代表机构登记管理条例》和《公司法》中。

我国《公司法》设专章规定了外国公司的分支机构问题(第11章第191—197条)。根据《公司法》第192条规定的设立程序,外国公司在中国境内设立分支机构,必须向中国主管机关提出申请,并提交其公司章程、所属国的公司登记证书等有关文件,经批准后,向公司登记机关依法进行登记,领取营业执照。外国公司分支机构的审批办法由国务院另行规定。我国政府主管机关受理审查外国公司在我国设立分支机构的申请时,应当遵循三项基本原则:(1)该外国公司必须是在中国境外的某个国家或地区依法正式登记注册并开展营业活动,到我国申请设立分支机构必须提交公司章程和由登记国政府登记机关签发的公司登记证书及有关证明文件;(2)该外国公司设置的分支机构,应当有明确的经营目的和业务范围,并不得违反我国的法律、法规和社会公共利益;(3)分支机构的经营活动应当符合我国的产业政策。《公司法》第193—194条还规定了外国公司在我国申请设立分支机构时必须具备的条件,主要有:(1)外国公司分支机构必须有标明其外国公司国籍和责任形式的名称;(2)外国公司必须指定在中国境内负责该公司分支机构的代表人或代理人,作为其公司总机构在中国境内的代表,代理参加在中国境内发生的诉讼或非诉讼活动;(3)外国公司必须按照规定向其在中国境内的分支机构拨付经营活动或业务活动所需资金,国务院规定了营运资金最低限额的,必须达到最低限额标准;(4)外国公司分支机构必须在本机构中置备所属的外国公司的章程。关于外国公司分支机构的法律地位,我国《公司法》第195条作出了明确规定:"外国公司在中国境内设立的分支机构不具有中国法人资格。外国公司对其分支机构在中国境内进行经营活动承担民事责任。"

从以上可以看出,我国对外国法人在中国设立常驻代表机构,采取的是特别认许程序,即必须先经批准,再行登记,而后才能以外国法人驻中国常驻代表机构的名义在中国境内进行活动。

第六章 民事能力、法律行为和代理

第一节 民事能力

一、自然人的民事能力

(一) 自然人权利能力的法律冲突与法律适用

尽管现代国家都承认人的权利能力"始于出生,终于死亡",但是对于在什么状态下叫"出生"和"死亡",各国民法的规定并不尽相同,这样必然会引起自然人权利能力的冲突。具体说来,这种法律冲突表现在以下两个方面:

(1) 在权利能力开始方面,各国民法对"出生"的理解与规定有很大差异。概括起来有以下几种主张:第一,阵痛说,即在婴儿出生前,在其母亲分娩发生阵痛时取得权利能力;第二,露头说,即婴儿从母体露头时具有权利能力;第三,独立呼吸说,即婴儿脱离母体后,开始独立呼吸时获得权利能力;第四,出生完成说,权利能力产生于婴儿脱离母体完成出生过程之时;第五,存活说,这种主张不仅要求婴儿完成出生过程,而且要求出生后必须成活才能取得权利能力。由于各国法律对于自然人权利能力开始的时间标准规定不同,法律冲突不可避免地产生了,这在继承关系上表现得尤为明显。例如,一个主张胎儿具有民事权利能力的甲国的公民,在不主张胎儿具有民事权利能力的乙国拥有财产,该公民死亡时其子尚在母体中,那么,这个胎儿是否有继承该公民遗产的权利能力即存在法律冲突。

(2) 在民事权利能力终止方面,各国均以自然人的死亡为权利能力的终期,但何时为死亡以及对于生理死亡的标志和宣告死亡的具体规定,各国立法及司法实践有较大分歧。

第一,生理死亡。生理死亡又称自然死亡或绝对死亡,是指自然人的生命最终结束的客观事实。关于公民自然死亡的时间界限,各国采用的标准不尽相同。有些国家主张以人的呼吸停止作为死亡的时间;有些国家主张以脉搏消失、心脏停止跳动作为死亡时间;有些国家则主张以脑电波停止作为死亡标志。

公民自然死亡后,涉及婚姻关系终止、遗产继承开始、债务清偿等一系列问题,尤其是相互有继承关系的若干人在同一事件中死亡,且无法确定其死亡时间,而需推定其死亡的先后时间,这对其继承人取得遗产关系颇大。因此,不少国家规定了"推定存活"(presumption of life)制度。关于该种制度,各国又有不同的立法体例。例如,《法国民法典》第 720 条至第 722 条规定:"互有继承权的数人,如在同一事故中死亡,何人死亡在先无法辨明时,死亡先后的推定,根据事实情况确定,如无此种情况,根据年龄或性别确定,如同时死亡的人不足 15 岁时,年龄最长的人为后死之人;如均在 60 岁以上时,年龄最小的人推定为后死之人;如同时死亡的数人,年龄均在 45 岁以上、60 岁以下年龄相等或相差不超过 1 岁时,男性应被推定为后死之人;如同时死亡之数人为同一性别时,死亡在后的推定,应使继承能按照自然的顺序开始,即年龄较幼者被推定为比年龄较长者死亡在后。"可是,《德国民法典》第 20 条则规定:"数人因共同危难而死亡者推定同时死亡。"我国最高人民法院在《关于贯彻执行〈中华人民共和国继承法〉若干问题的意见》中指出,凡相互有继承权的数人于同一事件中死亡而不能确定其死亡先后时间的,首先可推定无继承人的先死;而在均有继承人者之间,可推定长辈先死;如辈分相同,推定同时死亡,不发生继承关系,他们的财产即由他们各自的继承人继承。由此可见,因推定存活制度的规定不同,也会使自然人的权利能力产生冲突。

第二,宣告失踪(declaration of absence)和宣告死亡(declaration of death)。宣告失踪是指法院依法认定离开自己的住所没有任何消息满法定期间的公民失踪的法律制度。宣告死亡又称推定死亡,是指公民下落不明,超过法律规定的时间,经利害关系人申请,由司法机构依照法定程序和方式宣告该公民死亡的一种法律推定制度。宣告死亡可以引起与生理死亡同样的法律后果。但与生理死亡相比较,各国的法律冲突在这方面表现得更为明显,主要体现在以下几个方面:

一是有的国家同时存在宣告失踪与宣告死亡制度,如中国;有些国家则只有宣告失踪而无宣告死亡,如法国和日本;而原民主德国只存在死亡宣告,不存在失踪宣告。

二是失踪宣告或死亡宣告的时间各异。法国规定,自然人离开其住所下落不明满 4 年即可宣告失踪,日本规定必须满 7 年;原苏联规定满 1 年可宣告失踪,满 3 年可宣告死亡,因意外事故下落不明,从事故发生之日起满 2 年即可宣告死亡。

三是失踪宣告或死亡宣告发生效力不同。有的主张从宣告之日或宣告确定之日发生效力;有的主张从最后消息日发生效力;有的主张依宣告所认定的死亡之日起发生效力;还有的主张以法律规定的从失踪期间届满之日起便发生效力。

四是宣告失踪与宣告死亡的实际法律后果不同。有的国家,如原苏联,在宣告失踪情况下,法院为失踪人的财产设立监护,只有在宣告死亡时才转移财产所有权;而另一些国家,在宣告失踪情况下,失踪人的财产由其继承人假占有,一旦宣告死亡,才完全按继承处理。我国《民法通则》第 21 条规定:"失踪人的财产由他的配偶、父母、成年子女或者关系密切的其他亲属、朋友代管。代管有争议的,没有以上规定的人或者以上规定的人无能力代管的,由人民法院指定的人代管。失踪人所欠税款、债务和应付的其他费用,由代管人从失踪人的财产中支付。"如果失踪人被宣告死亡,则与他有关的法律关系即行解除,失踪人的财产按继承处理。我国《民法通则》第24条、第25条规定,被宣告死亡的人重新出现,经其本人或利害关系人的申请,人民法院应当撤销对他的死亡宣告。有行为能力人在被宣告死亡期间实施的民事法律行为有效。被撤销死亡宣告的人有权请求返还财产。依照继承法取得他的财产的公民或组织,应当返还原物;原物不存在的,给予适当补偿。关于宣告死亡人的婚姻效力,如果被宣告死亡人的妻子已经再婚,那么如何对待其第二婚姻的效力?各国规定不同。《德国民法典》规定,失踪人必须承认其过去的婚姻因其妻第二次结婚而解除。西班牙、葡萄牙、意大利的法律则倾向于保护前一婚姻。瑞士则规定,如果失踪人的配偶在第二次结婚前请求法院判决解除其以前的婚姻,则这个婚姻即已确定解除。如果未经法院明确解除,则失踪人重新出现时,失踪人与其前配偶的婚姻关系可以恢复。我国《民法通则》未对被宣告死亡者重新出现时其以前的婚姻效力问题作出规定。我们认为,如果当事人被宣告死亡,则其婚姻即自行解除。如果其配偶与他人再婚,则这种婚姻关系应受法律保护,失踪人与其配偶以前的婚姻不可恢复。

　　失踪与死亡宣告制度的不同可以引起法律冲突。例如,中国公民定居日本,如果下落不明届满5年,那么根据中国法律他可以被宣告死亡;而根据日本法律他还不够宣告死亡的时间期限。因此,也就产生了自然人的权利能力的法律冲突以及由此而引起的法律适用问题。

　　在自然人权利能力发生法律冲突时,对其应适用的法律,大致有三种不同的做法:

　　(1)适用该法律关系准据法所属国的法律。这种做法是将权利能力附属于特定的涉外民事法律关系,即特定的涉外民事法律关系应适用的准据法,同时又是该法律关系各方当事人权利能力的准据法。因此,如权利能力涉及合同关系,则应适用准据法所属国的法律,如权利能力涉及物权关系,则应适用物权关系准据法所属国的法律。

　　(2)适用法院地法。这种做法的理由是:自然人的权利能力涉及法院地国的公共利益,关系到法院地国法律的基本原则。所以,认定自然人的权利能力应按照法院地法。采用法院地法作为解决自然人权利能力法律冲突的准据法的国家也很少。

　　(3)适用当事人的属人法。大多数国家采用此种做法。其理由是,权利能力是自然人的基本属性,特定人的这种属性是受一国伦理、历史、社会、经济、政治等方面的条件决定的,因而只应适用他的属人法来判定。但是,各国对属人法的理解并不完全一致。目前世界上对此存有三种态度,一是大陆法系国家主张属人法指国籍国法,或称本国法;二是英美法系国家认为属人法系指住所地法;另外还有一些国家主张,对在内国的外国人以住所地法作为其属人法,对在外国的内国人,则以其本国法作为属人法。

这些主张都有一定道理,但不宜绝对化。既然人的权利能力同人本身关系最密切,故适用属人法作为人的权利能力的准据法是最合理的。但因传统的两种属人法原则都有不可克服的弊端,因此对属人法内容作某种补充和改革是完全必要的。如果适用法院地法或法律关系准据法对案件的处理更为公平合理,也不应排除法院地法或有关法律关系准据法所属国法律。只有这样,才有利于自然人权利能力的稳定和国际民事交往的发展。

我国《涉外民事关系法律适用法》第 11 条规定:"自然人的民事权利能力,适用经常居所地法律。"

(二) 涉外失踪和死亡宣告的管辖权与法律适用

如前所述,各国关于失踪宣告和死亡宣告的法律制度有很大差异,而失踪宣告和死亡宣告对当事人的权利能力有很大影响。因此,对于失踪者和死亡宣告本身的管辖权和法律适用的解决,也是国际私法上的一个重要问题。

对于涉外失踪和死亡宣告案件应由何国法院管辖的问题,有三种不同的主张:一是认为应当由失踪人国籍国管辖。这是因为个人的权利能力的开始与终止,只能由他的国籍国法律来决定。但人们也指出,如果该人远离祖国,并在外国设立了住所还发生了许多法律关系,而该外国竟无权宣告,就会使在那里的许多法律关系处于不确定状态。二是主张应由他的住所国宣告。因为这是失踪人的住所地国的公共秩序和利益所需要的。不过,如果此时其人实际上仍生存于其国籍国或第三国,也会给这些国家带来诸多不便。因此,第三种主张是,失踪或死亡宣告的管辖权,原则上还是属于失踪者本国法院,但在一定条件下和一定范围内,也可由其住所地国或居所地国管辖。

许多国家的法律采取第三种观点。例如,1964 年捷克斯洛伐克《国际私法与国际民事诉讼程序法》第 43 条便规定,捷克斯洛伐克公民的死亡宣告为捷克斯洛伐克法院的专属管辖权,但对长期居住在捷克斯洛伐克境内并且适用法律的后果及于捷克斯洛伐克境内有财产的外国人,捷克斯洛伐克法院也可行使管辖权。日本《法律适用通则法》第 6 条、1939 年德国《关于失踪、死亡宣告及确定死亡时间法》第 12 条、1946 年希腊《民法典》第 6 条等,均作了类似规定。

第二次世界大战中,因战乱和种族歧视及政治迫害,曾造成大批人失踪。为在法律上妥善处理这些人的死亡宣告问题,在联合国参与下,1950 年通过了一个《关于失踪人死亡宣告的公约》。该公约认为,凡失踪人的最后住所或居住地、本国财产所在地、死亡地,以及一定的亲属申请人的住所或居所地,都可以行使这些人的死亡宣告管辖权。而且一俟宣告,则有关死亡及死亡日期等,各缔约国均应承认。

对于涉外失踪和死亡宣告的法律适用,各国立法和实践原则上均适用失踪人属人法,但视失踪人国籍、住所、财产情况有以下不同主张:

(1) 适用失踪人的本国法。理由是自然人的权利能力依其本国法,已是国际私法上公认的原则,失踪或死亡宣告自应遵从这一原则。如1978年奥地利联邦《国际私法法规》第14条规定:"死亡宣告及死亡证明程序的要件、效力和撤销,依失踪人最后为人所知的属人法。"但反对意见认为,如该人已远离国籍国而在其他国家生活多年,并在该外国发生许多法律关系,该外国无权宣告就会使在那里的许多法律关系处于不确定状态。

(2) 有些国家主张适用失踪人住所地法,如秘鲁《民法典》第2069条规定,失踪宣告,依失踪人最后住所地法,失踪宣告对失踪财产的后果亦依该法。1950年联合国《关于失踪者死亡宣告的公约》也肯定了这一做法。

(3) 原则上适用失踪人本国法,但内国法院对失踪或死亡宣告有管辖权时适用法院地法。如2011年波兰《国际私法》第14条规定,自然人的死亡宣告或认定,适用其本国法。但由波兰法院宣告或认定时依波兰法。

(4) 原则上适用失踪人本国法,但涉及在内国的不动产时例外。如1939年泰国《国际私法》第11条规定:"对外国人的失踪宣告及宣告的效力,除在泰国的不动产外,依外国人本国法。"

(5) 原则上适用失踪人本国法,但失踪外国人在内国有财产及应依内国法的法律关系,适用内国法。如2007年日本《法律适用通则法》第6条第2款的规定。

一般说来,凡是由内国法院宣告外国人死亡或失踪,必是因为该外国人的死亡或失踪对内国有关系;或者因为该外国人的生存或死亡影响着发生在内国的法律关系,或者因为该外国人的财产在内国。而宣告死亡或宣告失踪的目的,归根到底是要使"宣告"发生法律效力。因此,只有法律关系发生内国,并有财产在内国,内国法院行使管辖权才有实际意义,在此情况下,该宣告当然适用宣告国(法院地国)的法律。总之,对于涉外失踪宣告或死亡宣告案件,管辖权问题与法律适用问题紧密联系在一起,失踪人若是内国人,各国一般主张由内国法院管辖,并适用内国法律对其作死亡或失踪宣告;失踪人若是外国人或无国籍人,各国一般规定,该外国人在内国有住所或惯常居所的,或者在内国有财产,内国法院才予以管辖,并适用内国法作失踪或死亡宣告。可见,从实务上看,各国法院在对外国人作死亡宣告或失踪宣告时,一般都适用内国法。

我国《涉外民事关系法律适用法》第13条规定:"宣告失踪或者宣告死亡,适用自然人经常居所地法律。"

（三）自然人行为能力的法律冲突与法律适用

自然人的民事行为能力，是指法律确认公民通过自己行为参加民事法律关系，取得民事权利和承担民事义务的能力，或者说，是自然人能够独立为有效法律行为的资格。自然人的权利能力始于出生，终于死亡，而行为能力的取得则必须符合一定的条件，不是每一个具有权利能力的人都具有行为能力，但要取得行为能力则首先必须取得权利能力。根据各国的立法，取得行为能力的条件有两个：一是自然人必须达到法定年龄；二是自然人必须心智健全，能够承担自己行为的法律后果。这两个条件必须同时具备，缺一不可。根据这两个条件具备的完全程度，自然人的民事行为能力可分为完全行为能力人、限制行为能力人和无行为能力人。

由于各国民法对成年年龄，构成限制民事行为能力的条件以及禁治产制度的规定不同，在涉外民事交往中，有关行为能力的法律冲突问题便随之产生。

1. 关于法定的成年年龄的规定不同

各国对于成年年龄的规定差异很大。例如，日本、瑞士规定为20岁，中国规定为18岁，意大利为22岁，奥地利为24岁，丹麦、西班牙、智利为25岁；并且近年来一些国家规定的成年年龄有降低趋势，例如，法国原定21岁为成年，现在改为18岁。各国对成年年龄的规定不同，导致了某个人在甲国是完全行为能力人，而在乙国则成为限制行为能力人。这种法律冲突的解决直接关系到自然人是否具有民事主体地位。

2. 关于禁治产制度的规定不同

禁治产（interdiction）制度是各国为了保护虽达到成年年龄，但由于先天或后天原因而造成其能力低下的人的利益而禁止其经营自己的财产的制度。自然人被宣告为禁治产人后，法院为其设置法定代理人（监护人）或保护人，其法律地位与未成年人一样。

禁治产制度的差异主要表现在宣告禁治产的原因和法律效力两个方面。

精神失常不能处理自己的事务是宣告禁治产最主要的原因，这是各国民法规定的共同点。除此以外，各国还规定了宣告禁治产的其他条件。如《德国民法典》第6条规定了具备下列条件的成年人，可宣告为禁治产者：一是因精神病或心神耗弱或低能（feeble mindedness）而不能管理自己财产的人；二是因其挥霍无度致使他自己或他的家庭生活发生困难的人；三是因酗酒成性或吸毒成癖而不能管理自己事务，或因此而使他自己或他的家庭生活发生困难，或危及他人安全的人。英国则只承认因心神失常（mental disordered）而作出禁治产宣告，对以其他原因为由宣告的禁治产概不承认，除非根据国际私法他必须适用外国法作准据法。我国《民法通则》第19条规定："精神病人的利害关系人，可以向人民法院申请宣告精神病人为无行为能力人或者限制民事行为能力人。被人民法院宣告为无民事行为能力人或者限制民事行为能力人的,根据他健康恢复的状况,经本人或者利害关系人申请,人民法院可以宣告他为限制民事行为能力人或者完全民事行为能力人。"可见,我国民法只规定了宣告精神病人为无民事行为能力人或者限制民事行为能力人。但我国未明确采用"禁治产(包括准禁治产)宣告"这一概念。

关于禁治产宣告的效力主要有两种立场。多数国家主张被宣告为禁治产者,其法律行为无效。即使宣告其为禁治产人的原因已消失(如精神病患者病愈),只要其本人或与其有利害关系的人未申请法律撤销其禁治产宣告,则其法律行为始终无效。如《德国民法典》便是这种主张。另一种主张是,被宣告禁治产或准禁治产者的,法律行为只是可撤销行为,并不当然无效。因此,宣告禁治产原因消失后,即便法院未取消对他的禁治产宣告,只要其本人或与其有利害关系的人不要求撤销其法律行为,这种行为就应该认为有效。

对于自然人行为能力的法律适用,远自中世纪意大利的法则区别说开始,属人法就成为解决行为能力的准据法。这在欧洲大陆早已成为国际法中一条公认的法则。不过,在现代国家出现以前,这种属人法是指住所地法。直到1804年《法国民法典》首先确定依国籍来决定属人法这一原则以后,便开始了本国法和住所地法的分歧。目前,大部分大陆法国家规定自然人的行为能力适用其本国法。如波兰、日本、奥地利等国家。而英美法系国家和丹麦、挪威、冰岛以及拉丁美洲的一部分国家,仍以住所地法作为自然人行为能力的准据法。

以属人法作为人的行为能力的准据法,对于保护欠缺行为能力的人来说,是很适合的。但严格贯彻属人法原则,对内国交易的安全有时不利,因为在一国境内与外国人进行交易时,很难了解对方依其属人法是否有行为能力,从而决定其行为是否有效。因此,为了保护内国交易的安全,不少国家对属人法的适用都有一定的限制。这种限制始于1794年的《普鲁士法典》。该法典规定,当事人如依其属人法(当时指住所地法)或依缔约地法有行为能力,便应被认为有行为能力。在这里,适用于民事行为能力的法律,不仅有属人法,还有缔约地法,因此,适用于行为能力的准据法的范围扩大了。1861年,法国最高法院在李查蒂一案中也确认了这一原则。在该案中,一个叫李查蒂的墨西哥人,22岁,在法国签署了8万法郎的期票,向巴黎一位商人购买珠宝。等到要求他付款时,他拒绝了。理由是,他订立合同时,依其属人法即墨西哥法他没有成年(依墨西哥法,25岁为成年)。法国最高法院认为,法国人并无知悉所有外国之不同法律以及有关成年的规定的必要,……只要法国人无轻率或不谨慎,且以善意与之交易者,其所缔结的契约,应属有效。这实际上就是主张:依法国法,李查蒂已经成年(当时法国民法规定21岁成年);法国卖方在缔约合同时,并无轻率或不谨慎,且是善意的,应该予以保护。① 在这个案例中,属人法原则受到了行为地法的限制。到了1896年,德国《民法施行法》第7条第3款明确规定:"外国人依其本国法为无能力或限制能力的人,而依德国法为有能力者,就其在德国所为之法律行为视为有能力。"德国法中的这一规定,很快为其他国家的立法所采用,日本、瑞士、葡萄牙、希腊、泰国、意大利等国家的法律中都有类似规定。20世纪60年代以后,一些国家新制定的国际私法法规,也都有这种限制性规定,如波兰《国际私法》第11条、匈牙利《国际私法》第15条等。这一精神还体现在一些国际公约中,如1930年《解决汇票和本票的某些法律冲突公约》、1931年《解决支票的某些法律冲突公约》,它们除采取本国法原则以外,又规定依本国法为无行为能力的人,而依其签署地国法律为有行为能力者,视为有行为能力。以上国内立法和国际公约都规定行为地法在一定条件下可以成为行为能力的准据法。

不过,上述行为地法对属人法的限制一般不适用于亲属法、继承法以及处理外国不动产的法律行为。如1896年德国《民法施行法》第7条在作了上述限制后又规定:"但关于亲属法与继承法上之法律行为及其在外国不动产之法律行为,不在此限。"1939年泰国《国际私法》第10条也规定:"人的能力依其本国法。外国人在泰国的法律行为,虽依本国法无能力或限制能力,但依泰国法有能力的,即视为有能力。这条规定不适用于亲属法及继承法的法律行为。对于不动产的法律行为的能力,依不动产所在地法。"1979年匈牙利《国际私法》更明确地规定,此种对于人的能力适用属人法所作的限制,只适用于"财产法上的交易",也就是说,在财产交易以外的有关行为能力问题仍适用当事人属人法。在英美法中,自然人的行为能力依属人法原则在适用上所受到的限制就更多。美国有些学者认为,根据美国法院的不少判例,缔结契约的能力除关于不动产应依物之所在地法外,应依契约缔结地法。不但缔结商业性契约的能力如此,就连当事人缔结婚姻的能力也是如此。

总之,关于自然人行为能力的准据法,国际上的通行做法是:原则上依当事人属人法,但有两个例外或限制,一是处理不动产的行为能力适用物之所在地法;二是有关商务活动的当事人的行为能力可以适用行为地法,即只要其属人法或行为地法认为自然人有行为能力,则应认为有行为能力。

我国《涉外民事关系法律适用法》第12条规定:"自然人的民事行为能力,适用经常居所地法律。自然人从事民事活动,依照经常居所地法律为无民事行为能力,依照行为地法律为有民事行为能力的,适用行为地法律,但涉及婚姻家庭、继承的除外。"

---

① 参见韩德培主编:《国际私法(修订本)》,武汉大学出版社1989年版,第117页。

（四）禁治产宣告的管辖权与法律适用

如前所述，各国禁治产宣告制度同样存在较大分歧，而禁治产宣告直接影响到自然人的行为能力，因此，必须解决禁治产宣告本身的管辖权问题和法律适用问题。

对于禁治产宣告的管辖权，主要有两种主张：其一，只能由被宣告禁治产者的本国法院管辖；其二，也可以由被宣告禁治产者的居住地国家的法院管辖。事实上，为了被宣告禁治产者个人的利益和社会交易安全，多数国家的实践倾向于第二种主张，即原则上由本国法院管辖，但为了兼顾住所地或行为地交易的安全，也允许由居住地国法院管辖。1905年订于海牙的《关于禁治产及类似保护处分公约》就规定：(1) 宣布某人为禁治产者的管辖权属于他的国籍国并且不管他的住所或居所，其宣告禁治产的条件，概依他的本国法决定；(2) 但其人所在地国家，为保护其人身和财产，在依其本国法已具备宣告条件时，可以采取一些必要的临时措施，并及时通知其本国的有关方面，一俟其本国采取充分措施如宣告为禁治产后，这种临时措施即行终止；(3) 只有在其本国表示不愿予闻或于6个月内不作答复时，居住国才可以作正式的禁治产宣告。

关于禁治产宣告的准据法，各国立法有以下几种不同做法：

(1) 法院地法。1896年德国《民法施行法》第8条、1975年原民主德国《法律适用条例》第7条均采用法院地法，作为禁治产宣告的准据法。

(2) 被宣告人的属人法。例如，奥地利联邦《国际私法法规》第15条规定："无行为能力宣告的要件、效力及终止，依被监护人的属人法。"

(3) 被宣告人的本国法。如2011年波兰《国际私法》第13条第1款规定："禁治产，依照禁治产人的本国法。"日本《法律适用通则法》第35条也有类似规定。

(4) 被宣告人本国法及法院地法。根据这个制度，须当事人本国法及法院地法都认为具有宣告禁治产的原因，才能宣告禁治产。如泰国《国际私法》第12条也规定："……外国人由泰国法院设定监护或保佐时，其原因依外国人本国法。但泰国法律不承认其为原因时，不得设定监护或保佐。"

我们认为，禁治产宣告同宣告死亡一样，一般都属于本国的公法行为，凡对本国人宣告禁治产，一般都由本国法院依本国法为之；对外国人宣告禁治产，一般因该外国人同内国有法律上的关系或对内国人的利益有重大影响，否则，内国法院不会无故地对外国人为禁治产宣告。在这种情况下，为了维护内国人的利益，各国一般排除外国法的适用或要求重叠适用内国法，因此，关于禁治产宣告的准据法，各国实际上都依内国法（即法院地法）。

二、法人的民事能力

（一）法人权利能力和行为能力的法律冲突

法人的权利能力，是指法人作为民事权利主体，享受民事权利和承担民事义务的资格。法人的行为能力，则是指法人通过自己的行为取得民事权利和承担民事义务的资格。

与自然人的权利能力相比，法人的权利能力与其行为能力的关系有如下特点：首先，两者在时间上是一致的。法人的民事行为能力始于法人成立，终于法人消灭，在法人存续期间始终存在。其次，法人的民事行为能力和其民事权利和承担义务的范围，不能超出它们的民事权利能力所限定的范围。再次，法人的民事行为能力是以其不同于单个自然人意思为前提的。法人的团体意思是一种意思的综合，因而法人实现民事行为能力的方式也不同于公民实现自己民事行为能力的方式。法人的民事行为能力是通过法人的机关来实现的。因此，法人的权利能力的法律冲突及其解决同其行为能力的法律冲突及其解决是完全一致的。

对于法人的权利能力和行为能力，各国民事立法的规定是不尽相同的。例如，有的国家如法国、意大利等承认合伙是法人，而有的国家如英国、德国、瑞士等国则不允许把单纯的合伙作为法人实体看待；有的国家如德国商法认为登记是公司的成立要件，而有的国家如日本商法则认为登记仅为对抗第三人的要件；有的国家笼统规定，除专属自然人的权利义务外，法人的权利能力与自然人完全相同（如瑞士、土耳其）；也有的国家如日本民法规定，法人依其规定的活动目的享有民事权利能力，等等。因此，在国际私法实践中，法人的权利能力也常常发生法律冲突。

（二）法人权利能力和行为能力的法律适用

解决法人权利能力和行为能力的法律冲突问题，国际上通行的做法是依法人属人法的规定，就是依法人的国籍或住所所属国的法律的规定。但是，如前所述，各国对法人的国籍或住所的确定有很大分歧。一般说来，外国法人只有在内国法所许可的范围内，才享有权利能力、行为能力和从事民商事活动的权利。其在内国的权利能力、行为能力的范围，实际上必须重叠适用其本国法和内国法，受到其本国法和内国法的双重限制和制约。

因此，一个外国法人在内国被承认为法人后，虽具有法人的一般权利能力，并不意味着可以自由地在内国享有任何权利或进行任何活动。外国法人在内国享有什么权利和进行什么活动，即它在内国的特定权利能力的范围，除应受它的属人法支配外，还必须同时受内国法支配。除条约另有规定外，每个国家都有权自由规定外国法人在内国享有权利和进行活动的范围。例如，有些国家规定外国法人不得在内国享有土地所有权,不管依其属人法它是否能享有这种所有权。还有些国家严格限制甚至禁止外国法人在内国经营公用事业、金融、保险等企业。一般说来,外国法人被承认后,可以在其章程的范围内,享有内国同类法人所享有的权利,但不能享有较内国同类法人更多的权利。特别是外国法人如要在内国从事营业活动,内国完全可以根据自己的政策,分别按照各类法人的具体情况,加以限制甚至禁止。

在我国,最高人民法院颁布的《关于贯彻执行〈中华人民共和国民法通则〉若干问题的意见(试行)》中有如下规定:"外国法人以其注册登记地国家的法律为其本国法,法人的民事行为能力依其本国法确定。外国法人在我国领域内进行的民事活动,必须符合我国的法律规定。"《涉外民事关系法律适用法》第14条规定:"法人及其分支机构的民事权利能力、民事行为能力、组织机构、股东权利义务等事项,适用登记地法律。法人的主营业地与登记地不一致的,可以适用主营业地法律。法人的经常居所地,为其主营业地。"最高人民法院《关于适用〈中华人民共和国涉外民事关系法律适用法〉若干问题的解释(一)》第16条规定,人民法院应当将法人的设立登记地认定为涉外民事关系法律适用法规定的法人的登记地。我国有些法律还直接规定了外国法人可以享有的具体权利。例如,根据《中外合资经营企业法》第1条的规定,外国公司、企业和其他经济组织,按照平等互利的原则,经中国政府批准,有在中华人民共和国境内同中国的公司、企业或其他经济组织共同举办合营企业的民事权利。《对外合作开采海洋石油资源条例》第1条也规定,外国企业有参与合作开采中华人民共和国海洋石油资源的民事权利。在这些具体权利的范围内,外国法人在我国有权利能力和行为能力。

第二节 法律行为

一、法律行为的法律冲突

法律行为系民事法律行为的简称,它是指民事法律关系主体设立、变更、终止民事权利和民事义务的行为。在国际民商事交往中,涉外民事法律关系大多是涉外法律行为引发的。对于超出一国范围的法律行为,可能会产生法律适用问题。由于各国民商法对法律行为的规定存在很多歧异,它们各自适用必然会带来不同的效果。法律行为的法律冲突,大多表现为其成立要件的法律冲突。

(一)实质要件方面

(1)关于当事人的行为能力。各国对公民享有何种行为能力的年龄限制互有差别,对某些行为能力的主体范围的规定也有所不同。例如,各国一般只规定未成年人、禁治产人无订立合同的能力,而法国却对已婚妇女也作出限制。

（2）关于主体的有效意思表示。世界各国法律对意思表示都作了规定,然而略加考察,仍可以发现它们之间的冲突性规定。举例说来,关于合同的意思表示,即要约与承诺,各国规定就有所不同。一种行为在甲国可能被认可为"要约",而在乙国,却可能被视为"要约邀请";对于承诺的生效,各国更有"投邮生效"、"送达生效"等种种不同的规定。

（3）关于法律行为内容合法性。各国法律对此不仅都有各自严密的具体规定,而且还使用"善良风俗""公共秩序""社会基本利益"等法律原则对此加以弹性补充。由此一来,一项行为怎样才算合法,有时可能要完全依赖于各国根据自身利益来解释,这就很容易产生法律冲突。

（二）形式要件方面

世界各国在形式要件方面法律规定的差异也有多种表现。首先,各国对于要式法律行为与不要式法律行为各自范围的划分有所不同,有些法律行为在甲国被要求采用特定形式,而在乙国则很可能完全由当事人意思自治。其次,虽然各国对同一类法律行为都规定了特定形式,但这些特定形式却可能是互不相同的。如在婚姻成立的形式要件上,英国同时承认宗教仪式方式和民事登记方式,美国除前述两种方式之外,还实行事实婚方式,而其他一些国家或者只承认民事登记方式,或者只承认宗教仪式方式。

二、法律行为的法律适用

涉外法律行为发生法律冲突时,就必须确定某种准据法来解决其法律适用问题。法律行为的准据法,从大的方面看,至少应分为法律行为实质要件的准据法和法律行为形式要件方面的准据法。由于在国际私法的普遍实践中,对于法律行为实质要件的准据法,多依不同法律关系的性质而分别加以规定（如契约行为适用当事人自主选择的法律、物权行为适用物之所在地法等）,因此这里我们着重研究法律行为形式要件的准据法。

一项涉外法律行为究竟是否需要采取特定方式,以及采取何种方式,都关系到一项行为能否有效成立的问题。对此,一般需要确定某种相对独立的准据法加以解决。综观各国的国际私法立法实践,法律行为为形式要件的准据法的选择方法,主要有以下几种：

（1）根据"场所支配行为"原则,适用行为地法。"场所支配行为"(locus regit actum)是最古老也是最常用的原则。自巴托鲁斯创立法则区别说以来,关于法律行为的方式,一直沿用这个原则,各国立法也大都规定行为方式适用行为地法。不过,尽管"场所支配行为原则"被学者们称为各国普遍承认的习惯法或不存在争议的原则,但对其性质的认识却有不同的看法。有的认为它是强制性规范,因而在实践中采取绝对适用主义,即法律行为方式只适用行为地法,如阿根廷、智利、哥伦比亚、古巴、危地马拉、洪都拉斯、荷兰、西班牙等国;另一种主张则认为它是任意规范,因而在实践中采取相对的选择适用主义,即法律行为方式既可适用行为地法,也可在一定条件下选择适用其他法律,如德国、瑞士、比利时、意大利、瑞典、日本等国。从当今的国际立法实践来看,各国大都倾向于认为"场所支配行为原则"是任意性规范,因而多采取相对的选择适用主义。

(2)以适用法律行为本身的准据法为主,适用行为地法为辅;或者以适用行为地法为主,而以适用法律行为本身的准据法为辅的原则。采用这种原则的国家实际上是把法律行为实质要件的准据法同时兼作法律行为形式要件的首要准据法,而把行为地法作为第二准据法,以供选择选用,或与此相反。例如,1978年奥地利联邦《国际私法法规》第 8 条就规定:"法律行为的方式,依支配该法律行为本身的同一法律,但符合该法律行为发生地国对行为方式的要求者亦可。"2001 年修正的韩国《关于涉外民事法律的法令》第 17 条、2011 年波兰《国际私法》第 25 条以及德国《民法施行法》的第 11 条也有类似规定。

但也有采取相反做法的国家,即以适用行为地法为主,适用法律行为本身的准据法为辅。例如,2007 年土耳其《国际私法与国际民事诉讼程序法》第 7 条规定:"法律行为的方式适用行为实施地法,也可适用调整法律行为的准据法中的实体规范。"1982 年南斯拉夫《法律冲突法》第 7 条规定:"除本法或其他联邦另有规定者外,法律行为方式的有效性依该行为成立地法或履行地法,或者依适用于该行为的内容的法律。"

(3)采用多种连接因素,以更为灵活、更富弹性的方法,来确定法律行为方式的准据法。为使法院能依个案具体情况选择法律行为形式要件的准据法,自 20 世纪 30 年代以来,出现了对连结点进行软化处理或规定复数连结点以增加可选性的立法趋势。此类冲突规范允许选择的准据法可以包括法律行为成立和效力的准据法、行为地法、属人法、法院地法等。

值得注意的是,某些特殊的法律行为的方式则不受上述各种一般原则的约束而作出处理。如关于物权行为,特别是不动产物权的行为方式,包括登记或进行处分的法律行为方式,如土地抵押设定方式、房屋让渡方式、财产租赁方式等,一般只允许适用物之所在地法。例如,根据 2007 年日本《法律适用通则法》第 10 条,(1)法律行为的方式,依定其行为效力的法律;(2)不依前款规定,而依行为地法,亦为有效,但设定或处分动产或不动产物权及其他登记之权利的法律行为不在此限。

此外,还需明确以下两个问题:

(1)所谓法律行为本身的准据法,是指该法律行为实质要件的准据法而言。然而,法律行为实质要件的准据法,又可分为成立与效力的准据法,如两者同一,就不会发生问题；但如果两者的准据法不同，究竟应适用行为成立的准据法，还是采用行为效力的准据法，这就让人产生疑问。我们认为，由于法律行为之方式与其成立要件关系密切，似应由行为成立的准据法来解决。

（2）所谓行为地法，究竟指哪国的法律，在隔地法律行为的情况下，尤其会产生问题。因为隔地法律行为很可能是在甲国实施该行为，在乙国完成该行为，而行为结果却在丙国发生。这时就需要根据个案的具体情况，运用最密切联系原则和公共秩序原则等加以综合考虑，以确定适当的行为地法。

我国一些法律对法律行为的法律适用虽然作了规定，但是没有明确这些规定是对法律行为实质要件还是形式要件的规定。例如《涉外民事关系法律适用法》第36条规定，不动产物权，适用不动产所在地法律。从理论和实践来看，我国把这类规定理解为同时适用于法律行为实质要件和形式要件。但是一些单行法规，对法律行为的形式要件的法律适用作了规定，例如《票据法》第97条规定，汇票、本票出票时的记载事项，适用出票地法律；支票出票时的记载事项，适用出票地法律，经当事人协议，也可以适用付款地法律。

第三节 代 理

一、代理的法律冲突与法律适用

（一）代理的法律冲突

代理是指代理人在代理权限内，以被代理人（又称"本人"）的名义，向第三人为意思表示，或接受意思表示，其效力直接及于被代理人的行为。

涉外代理，就是有外国因素的代理，具体指：代理人和被代理人具有不同的国籍或者住所在不同的国家；或代理人和第三人具有不同的国籍或者住所在不同的国家；或代理人根据被代理人的委托，在外国实施代理行为。涉外代理也可分为法定代理、指定代理、意定代理。本书着重讲意定代理。

在代理关系的范围方面，英美法系和大陆法系有着很大的不同。在英美法国家，代理的范围相当大，根据美国《代理法重述》第1条，代理包括：（1）雇主（master）与受雇人（servant）之间的雇佣关系；（2）非雇人的代理人即独立缔约人（independent contractor）与被代理人之间的代理关系。同时，由于英美法的家庭法律制度及信托制度在很大程度上代替了大陆法中法定代理的职能，所以，英美法中的代理，主要是委托代理。而大陆法的代理，包括法定代理和意定代理，雇佣关系则不属代理法的调整范畴。

对于代理的实际内容各国或地区有关代理的规定，区别也很大。例如，德国、瑞士及日本等国，均承认隐名代理，而我国台湾则没有明文规定。《法国民法典》和《日本民法典》设有复代理的规定,《德国民法典》和《瑞士债务法》则没有此规定,我国台湾地区一般禁止复代理。关于狭义无权代理人责任的内容,有的国家允许相对人进行选择,或者请求狭义无权代理人履行债务,或者选择赔偿损失,如《德国民法典》(第179条)和《日本民法》(第117条);有的国家只允许狭义无权代理人承担赔偿责任,《法国民法典》(第1120条)及《瑞士债务法》(第39条)即采这种做法。又如,对于授权不明的责任,英美代理法一般援引"优势责任原则",确定由被代理人承担责任,我国《民法通则》规定由代理人与被代理人承担连带责任。

由于各国代理法间的歧异,在涉外代理中,必然发生法律适用问题。因为代理存在三面法律关系,即:(1)被代理人与代理人的关系(代理的内部关系);(2)被代理人与第三人的关系(代理的外部关系),以及(3)代理人与第三人的关系(代理的外部关系),代理的法律适用就是确定以哪国法律来决定这三面关系当事人间的权利义务,所以,在国际私法上,一般应就上述三面关系分别确定其准据法。

(二)被代理人与代理人关系的准据法

关于被代理人与代理人的关系,一般认为是基于合同关系而建立的,属委托合同关系,因此合同关系的准据法便是确定被代理人与代理人之间权利义务关系的准据法。关于合同的法律适用现今国家多采用当事人意思自治原则,即允许涉外合同当事人按照双方共同的意思表示来选择合同的准据法。故当事人合意选择的法律,即是支配被代理人与代理人间权利义务关系的准据法。

在当事人未选择合同准据法时,关于被代理人与代理人之间权利义务关系应适用什么法律作准据法,各国立法颇不一致,判例与学说也有分歧。归纳起来,主要有以下几种做法:

(1)适用代理关系成立地法。例如,英国判例对于支配被代理人与代理人权利义务关系的法律,原则上是采取代理合同成立地法,一些美国的判例也采此做法。

(2)适用代理人代理行为地法。例如,1978年奥地利联邦《国际私法法规》第49条规定:"如适用的法律(当事人)未予指定,则依代理人按委托人为第三者明显可见的意旨而在其中行事的国家的法律;如果代理人受委托为几种行为,则依代理人在通常情况下按委托人为第三者明显可见的意旨而在其中行事的国家的法律;如果依上款规定仍不能作法律的选择,依代理人在其中为代理行为的国家的法律。"美国一些州的判例也采纳代理人为代理行为地法。在英国,如本人与代理人居住于不同的国家时,有时也适用代理行为地法。

(3)适用代理人营业地法(或住所地法)。例如1982年南斯拉夫《法律冲突法》第20条规定,被代理人与代理人间的代理合同,在当事人未选择应适用的法律时,依代理人承诺时的住所地或其主要事务所所在地法。其他如 1964 年捷克《国际私法及国际民事诉讼法》第 10 条第 2 款第 6 项、2011 年波兰《国际私法》第 23 条第 2 款、1979 年匈牙利《国际私法》第 25 条也作了类似规定。在当事人未选择应适用的法律时,在法国,一般也适用代理人的营业地法。在联邦德国,在当事人未选择时,则适用当事人假设意思所指定的法律,此一法律,即是代理合同的重心地法。而依照联邦德国多数学者的见解,代理合同的重心地法,在无特殊情况下,即视为代理人的营业地法。[①]

但 1975 年的民主德国《法律适用条例》第 12 条规定,如果国际经济合同缔约人之间对于所适用的法律没有作出协议时,对于商务代理人的合同,则适用委托人(被代理人)的主营业所所在地法。

（三）被代理人与第三人关系的准据法

被代理人与第三人的关系问题,实际上就是一个代理人与第三人所为的法律行为是否拘束被代理人的问题。在实体法上,要解决这个问题,一般必须满足两个前提条件:一是代理人有权拘束被代理人(即能证明代理权存在);二是代理人与第三人所为的法律行为系有效。在国际私法上,代理人与第三人所为的法律行为(以下称为主要合同)的准据法,一般根据各国有关合同法律适用的原则加以确定,在此不作讨论。这里仅探讨应适用什么法律作准据法来判定代理人是否有权拘束被代理人。代理人是否有权拘束被代理人所应采用的法律,有时未必是与代理人同第三人订立的合同的准据法相一致的。

关于代理人是否有权拘束被代理人应适用的法律,由于保护的着眼点不同,常采不同的立法主义。

1. 适用被代理人住所地法或调整被代理人与代理人内部关系的法律

代理人是否有权拘束被代理人问题的准据法,最古老的做法是采被代理人的住所地法。此一立法主义显然是着眼于保护被代理人的权益,对被代理人最为有利,因而 19 世纪后期为各国普遍采用。一些学者认为,代理与人的能力密切相关,代理制度的作用在于补充人的法律上的行为能力和扩大人的行为能力。行为能力既然适用当事人的属人法,那么,代理关系应适用被代理人的属人法——尤其是被代理人的住所地法。有的国家还规定,如代理人系在某一企业工作的职工,则代理人的代理权的成立及其范围应适用该企业(被代理人)的本国法。如 1975 年民主德国《法律适用条例》第 15 条第 2 款规定:"关于为德意志民主共和国某一企业工作的代理人的代理权,其成立及其范围应当依照德意志民主共和国的法律确定。"

也有许多学者主张,被代理人与第三人之间的关系,应适用调整被代理人与

[①] 刘铁铮:《国际私法论丛》,台湾三民书局 1984 年版,第 159—156 页。

代理人关系的准据法。此种主张在实践上为卢森堡最高法院所采用。[①]

2. 适用主要合同准据法

代理人与第三人所缔结的主要合同的准据法,为代理人与第三人按照双方共同意思表示选择的法律,或为合同缔结地法,或为合同履行地法,都是第三人事先能预料到的。因此,采主要合同准据法来支配被代理人与第三人之间的关系,被认为是着眼于保护第三人的利益。同时,为了方便起见,也有学者主张代理人是否有权拘束被代理人应视作主要问题(即代理人与第三人缔结的合同)的先决问题,二者应受同一法律支配。[②]

在国际私法实践上,英国法律对被代理人与第三人之间的准据法,一般便采适用主要合同的准据法。在法国,一般也适用主要合同的准据法来支配被代理人与第三人之间的关系。1940 年修改的《蒙得维的亚公约》的《有关国际私法的条约》第 41 条也采主要合同准据法来规范代理的外部关系,即代理人与第三人之间的关系。

3. 适用代理人行为地法

代理人行为地法,也就是代理人与第三人缔结合同的合同缔结地法。采代理人行为地法来规范被代理人与第三人之间的关系,也被认为是一种保护第三人利益的立法主义。在德国,关于被代理人与第三人之间的关系,一般是适用代理权产生效果的地方的法律;如果代理人无固定营业所而偶尔为代理行为的,则适用代理人为代理行为地法,有固定营业的代理人,在其营业所所在地国家为代理行为,则适用代理人营业所所在地法来支配被代理人与第三人之间的关系。[③]在美国,如果被代理人曾授权代理人在某地为代理行为,或导致第三人合理相信代理人有此代理权,则一般也适用代理人的代理行为地法为判定被代理人是否应对代理人的代理行为负责。[④]此外,还有有关代理的国际条约,采代理人行为地法,作为支配被代理人与第三人之间关系的准据法(如荷、比、卢统一国际私法条约第 18 条的规定)。

代理人是否有权拘束被代理人的准据法的适用范围,一般包括:代理人是否有代理权或表见代理权、代理权的范围限制、代理权可否撤销以及是否已被撤销等问题。

(四) 代理人与第三人关系的准据法

在代理关系中,代理人在代理权限内以被代理人的名义所为的代理行为的

---

① 刘铁铮:《国际私法论丛》,台湾三民书局 1984 年版,第 157 页。
② 〔英〕戴西、莫里斯:《冲突法》,1980 年英文第 10 版,第 911 页。
③ 刘铁铮:《国际私法论丛》,台湾三民书局 1984 年版,第 163 页。但 1986 年德国《民法施行法》则无这方面的详细规定。
④ 1971 年美国《第二次冲突法重述》第二章,第 275 页。

法律效果直接归属于被代理人,被代理人是代理人与第三人所成立的法律关系的权利和义务的原始取得人。为此,在通常情形下,就代理人与第三人的关系而言,代理行为的法律后果直接由被代理人承受,代理人并不负责任,但是,如果代理行为构成对第三人的侵权时,则应适用侵权行为地法来判定代理人的侵权责任。另外,对于无权代理或超越代理权的行为,如果依照支配被代理人与第三人关系的准据法,被代理人对第三人不负任何责任时,那么就无权代理人与第三人之间关系而言,应适用什么法律作准据法的问题,有的主张适用无权代理人为代理行为地法,有的赞成适用主要合同的准据法,有的倾向于采支配被代理人与第三人关系的法律为准据法,还有的认为应适用代理人的属人法或主营业所所在地法的。

二、《代理法律适用公约》

海牙国际私法会议起草的《代理法律适用公约》(Convention on the Law Applicable to Agency,以下简称公约),1978年3月14日订于海牙,1992年5月1日生效,截至2014年6月只有4个成员。公约共5章28条,分别为公约的适用范围、被代理人与代理人之间的关系、被代理人与第三人之间的关系、一般条款和最后条款。

(一)公约的适用范围

该公约主要适用于具有国际性质的商行为代理,但也并不排除适用于代理人负责以他人名义接收和传达意思表示,或者与第三人进行谈判等场合。并且,不管是显名代理或隐名代理,也不管是常设代理或临时代理,公约规定均应适用。

公约第2条则明文规定下列事项不在公约适用范围之内:"(1)当事人的行为能力;(2)形式方面的要求;(3)家庭法、夫妻财产制或继承法上的法定代理;(4)根据司法机关或司法机关决定的代理,或在这类当局直接监督下的代理;(5)关于司法程序上的代理;(6)船长执行其职务上的代理。"

(二)被代理人与代理人之间的关系

公约第5条规定,被代理人与代理人之间的关系,适用当事人按照双方共同的意思表示所选择的某国国内法。不过,此种选择必须是明示的,或是从当事人之间的协议以及案件的事实中合理而必然地可以推定的。如果当事人未作选择,则适用代理关系成立时代理人的营业所所在地法;假如代理人没有营业所,则改为适用其惯常居所地法。但是如果被代理人在代理人的代理行为地国家内有营业所或惯常居所,则应适用代理人为代理行为地法。在被代理人或代理人有一个以上的营业所时,上述所谓的营业所则是指与代理关系有最密切联系的营业所。

公约第 8 条规定了被代理人与代理人间关系的准据法的适用范围：代理关系的成立及其效力、双方当事人的义务、履行的条件、不履行的后果以及此项义务的消灭。该条第 2 款进一步强调被代理人与代理人之间关系的准据法特别适用于下列事项："(1) 代理权的存在和范围、变更或终止，代理人逾越权限或滥用代理权的后果；(2) 代理人指定替补代理人、分代理人或增设代理人的权利；(3) 在代理人和被代理人之间存在潜在的利益冲突的场合，代理人以被代理人名义订立合同的权利；(4) 非竞争性营业的条款和信用担保条款；(5) 在顾客中树立的信誉的补偿；(6) 可以获得赔偿的损害的种类。"

公约第 10 条规定，在代理关系是基于雇佣合同而产生的场合，被代理人与代理人之间关系准据法的确定，不适用公约第 2 章的规定。

（三）被代理人与第三人之间的关系

被代理人与第三人之间的关系，亦即代理人与第三人所为的法律行为是否拘束被代理人的问题，在国际私法上，既然常因保护的着眼点不同，各国常采用不同的准据立法主义，而公约却主要适用于国际商行为代理，就得兼顾和并重看待被代理人与第三人的利益，所以，最后采取了折中的做法。

公约第 11 条第 1 款规定，在被代理人与第三人的关系中，代理权的存在与范围，以及代理人行使或意图行使代理权所产生的效力，应适用代理人为有关行为时的营业所所在地法。为了保护第三人的利益，同条第 2 款规定，有下列情形之一的，则改为适用代理人为代理行为地法："(1) 被代理人在代理人为有关代理行为地国家内设有营业所，或虽无营业所，但有惯常居所，并且代理人正是以被代理人名义进行活动的；(2) 第三人在代理人为代理行为地国家内设有营业所的，或虽无营业所但设有惯常居所；(3) 代理人在交易所或拍卖行为代理行为的；(4) 代理人无营业所。"该条第 3 款还明确指出，在当事人一方有数个营业所的场合该条所指的营业所，系指与代理人所为的有关行为有最密切联系的营业所。

根据代理人与被代理人之间的雇佣合同而进行活动的代理人，如果没有营业所，则被代理人的营业所视为代理人的营业所，从而适用被代理人的营业所所在地法来支配被代理人与第三人之间的关系。

公约还规定了第 11 条第 2 款适用代理人为代理行为地法的例外，即如果代理人与第三人在不同国家通过信件、电报、电传打字、电话或其他类似手段进行通讯联系的，不适用代理人为代理行为地法，改为适用代理人营业所所在地法，无营业所的，则适用代理人惯常所在地法。该项例外规定，当然是基于在此种情况形下代理行为地与交易无内在联系的考虑而作出的。如果被代理人或第三人已就第 11 条涉及问题的法律适用作了书面规定，并且此项规定已为另一方当事人所接受时，则该指定法律应适用于此类问题。显然，就被代理人与第三人之间关系的法律适用,公约也是允许按照意思自治原则,由当事人合意选择的。

公约还就代理人与第三人关系规定了准据法。

(四)一般条款和最后条款

为了制约公约第 5 条和第 14 条的意思自治条款,以防止当事人规避有关强制性规范,公约第 16 条规定,在适用该公约时,如果根据与案件有重大联系的任何国家的法律,该国强制性规范必须适用,则该项强制性规范可以予以实施,而不管该国国际私法规则规定的是应适用何种法律。

为了有利于吸引更多的国家参加公约,公约还规定了公共秩序保留条款。但出于尽量使公共秩序保留条款对公约的普遍效力的限制减少到最低限度的考虑,公约采取了严格的态度。其第 1 条规定:"本公约规定应适用的法律只有在其适用会明显地与公共政策相抵触时才可拒绝适用。"

基于保持公约适用的普遍性的考虑,公约第 18 条规定,除了在银行交易中,为银行或银团进行的代理,保险业务中的代理以及在行使职权时替私人从事这类代理活动的公职人员的行为,缔约国有权保留不适用公约外,不得允许再提出其他保留。

最后,公约倾向于实体法指定说,不接受反致、转致和间接反致。

三、我国有关代理法律适用的规定

我国《民法通则》第 4 章第 2 节以专节形式规定了代理制度。但美中不足的是,有关涉外代理关系的法律适用,却无明文规定。我国《涉外民事关系法律适用法》第 16 条规定:"代理适用代理行为地法律,但被代理人与代理人的民事关系,适用代理关系发生地法律。当事人可以协议选择委托代理适用的法律。"

从该条规定来看,包含几层含义:(1)对委托代理、法定代理和指定代理未作区分,统一规定其法律适用,但是对于委托代理,允许当事人协议选择适用的法律。(2)对代理的内部关系和外部关系作了区分,对被代理人与代理人的内部关系,适用代理关系发生地法律;对被代理人与第三人、代理人与第三人的外部关系,适用代理行为地法律。代理关系发生地,对于委托代理而言,是指委托合同成立地;对于法定代理而言,是指法律规定的能引起代理关系产生的法律事实发生地,例如父母对未成年子女的法定代理关系产生于子女出生时,代理关系发生地即为子女出生地;对指定代理而言,是指有指定权的机关、单位实施指定行为的地点。

第七章 亲 属 法

在我国,无论在民法或国际私法中,均将这一章讨论的问题,冠以"婚姻家庭法"。但最明显地如在"监护"中,它就涉及了婚姻与家庭都不能涵盖的内容。故此,我们改以"亲属法"作标题。

国际私法所调整的亲属关系,可以因外国人在内国结婚或离婚,或者内国人在外国结婚或离婚而发生,或者有关当事人向内国司法机关或公证机关提出确认含有外国因素的夫妻关系、亲子关系、收养关系、监护关系、扶养关系等多种情况而发生。在这些情况发生时,都会提出应适用哪一国家的法律和应由哪国有关机关管辖等问题。在我国,随着对外开放政策的实施,涉外亲属关系已大量发生,从而成为我国国际私法上一个十分重要的问题。仅以韩国为例,2008年就有1.3万名中国女子和2000多名中国男子与韩国人结婚。[①] 上海2010年度就办理了涉外(包括涉港澳台)结婚登记2236对,办理涉外离婚404对,涉及73个国家和地区。[②]

婚姻到底是两性之间的一种结合,父母子女关系也是建立在血缘关系与拟血缘关系的基础上,因而它必然要受到诸多社会因素(如宗教信仰、民族传统、风俗习惯)甚至自然环境(如地理因素)的影响。这就使婚姻家庭制度,不但在处于历史发展的不同阶段和建立在不同经济基础上的国家之间,而且在处于同一历史发展阶段和建立在同一经济基础上的国家之间,都会发生种种差异。因此,法律冲突现象在这一领域是十分常见的,直到目前,尚很难通过国际条约制定统一实体法来加以调整。

由于各个民族、各个国家的风俗习惯、民族传统是较难变化的,因而在实体法中,亲属法的保守性比较突出,在国际私法上亦是如此。在相当长的时期中,处理涉外婚姻家庭关系,一直只强调适用夫的属人法和父的属人法,妻子子女的利益受到歧视。但现在已重视对妻与子女的利益从冲突法制度上加以保护。

---

① 李海鹰:《试论国际婚姻的跨境阶级效果与性别化阶级结构——以韩国的国际婚姻为例》,载《延边大学学报(社会科学版)》2009年第4期。

② 参见杜涛:《国际私法原理》,复旦大学出版社2014年版,第155页。

第一节 结　　婚

一、结婚实质要件的法律适用

在当今社会,事实婚基本被排斥的情况下,结婚乃指男女双方根据法律规定的条件和程序成立夫妻关系的一种法律行为。故其有效成立,必须符合法律规定的实质要件和形式要件。根据我国法律的规定,结婚的实质要件,包括必须具备的条件(又称必备条件或积极条件)和必须排除的条件(又称禁止条件或消极条件)。前者如双方当事人必须达到法定婚龄,必须双方当事人自愿等。而后者有如双方不属禁止结婚的血亲,没有不能结婚的疾病或生理缺陷等。在实行一夫一妻制的国家,还包括任何一方都没有另外的婚姻关系存在。

对于结婚的实质要件,一般主张适用婚姻举行地法,或适用当事人属人法,或适用当事人住所地法,或以采上述各连结点的一种为主同时兼采另一连结点指定准据法的混合制[①]。

(一)适用婚姻举行地法

结婚实质要件依婚姻举行地法,这是最古老甚至在当前仍居主导地位的制度。根据这一原则,凡婚姻举行地法认为有效的婚姻,则到处有效;凡婚姻举行地法认为无效的婚姻,则在其他地方也无效。其理由,有的认为,结婚也是一种契约关系或法律行为,根据"场所支配行为"的原则,其成立的实质要件当然应受婚姻举行地法支配。有的则认为应将当事人依照婚姻举行地法成立的婚姻视为一种既得权,其他国家当然也应予承认和保护。还有些学者认为婚姻的成立,关系到举行地的善良风俗和公共秩序。但最重要的是结婚实质要件依婚姻举行地法,简便易行,能给婚姻登记机关和当事人减少不少麻烦。

反对适用这一原则的人则认为,适用婚姻举行地法,会给当事人提供规避法律的机会,使"移住婚姻"(migratory marriage)大量增加。此外,美国学者在批判传统冲突法制度的僵化性时,不时以此例来加以论证。如他们认为在此一原则转化为以下四个不同的表达时,就可以明显地看出它的不合理的方面:(1)凡依(内国)举行地法成立的婚姻当然有效;(2)凡违反(内国)举行地法的婚姻当然无效;(3)凡依(外国)举行地法成立的婚姻也当然有效吗?如果外国法的这种规定不为内国法所允许呢?(4)凡违反(外国)举行地法的婚姻就当然无效吗?如果他们恰好遵守了内国的规定呢?

---

①　根据沃尔夫的观点,混合制乃指有些国家把婚姻举行地法和当事人的属人法等基本法律适用类型加以混合而运用的一种制度。他还指出,这是由 1905 年《海牙婚姻公约》所创造的。见〔德〕沃尔夫:《国际私法》,1945 年英文版,第 303 节。

采此原则的除英国早期的判例外,还有现在美国许多州(路易斯安那州除外)和大多数拉丁美洲国家(如阿根廷、巴拉圭、危地马拉、秘鲁、哥斯达黎加以及墨西哥等)。1931年缔结的斯堪的纳维亚国家《关于婚姻的国际私法公约》、1940年修订的《蒙特维的亚国际民法条约》和1928年的《布斯塔曼特法典》,也采用这一制度。

(二) 适用当事人属人法

婚姻关系属于身份关系,故许多国家反对举行地法主义,而主张结婚的实质要件适用当事人属人法。不过,奥地利、比利时、法国、德国、希腊、意大利、卢森堡、荷兰、葡萄牙、西班牙、瑞士、土耳其、瑞典等国主张适用当事人本国法,而英国、加拿大、澳大利亚、新西兰等国则主张适用当事人住所地法。

婚姻的实质要件适用当事人属人法,在某种程度上可以减少"移住婚姻"的现象。在一般情况下,当事人与其国籍国或住所所在地国建立了长期的联系,适用当事人属人法对当事人来说也比较合理。

但适用当事人属人法,还有以下几个问题需要解决:

(1) 适用当事人属人法,经常遇到的一个问题是双方当事人因国籍或住所不一致,各自的属人法对婚姻的实质要件规定不同,这时应适用哪一国的法律? 根据各国的立法与实践,大致有以下四种做法:

第一,适用丈夫的属人法。但这一做法已与今天人们主张的男女平等原则相违背,故逐渐为人们所厌恶。

第二,并行适用双方各自的属人法。这一做法又称双重住所(或国籍)学说,即只要求双方当事人符合各自的属人法规定的结婚条件,而不管他们的属人法是否存在抵触。依这种方法,一名18岁的瑞典男子与一名16岁的住所在英国女子在瑞典成立婚姻,虽然瑞典法律规定女子18岁才能结婚,但由于该英国女子符合英国法规定的婚龄,瑞典即应承认该婚姻的效力。奥地利、加蓬、埃及、秘鲁、塞内加尔等国的法律也采这种主张(这种法律适用方法,与前面讲到的重叠适用性冲突规范是不同的)。2005年《阿尔及利亚民法典》第11条规定,结婚的实质有效条件,依夫妻双方各自的本国法。2004年《卡塔尔民法典》第13条第1款也规定,结婚的实质要件,如结婚能力、意思表示的效力以及是否存在禁止结婚的法定情形,适用拟结婚各方在结婚时的国籍国法。

第三,适用法院地法。在当事人中有一方的国籍或住所在法院国时,有的国家主张适用法院地法。如1986年修订的德国《民法施行法》第13条规定,结婚的条件,在一般情况下,依未婚夫妻各自所属国家的法律,但在下述情况下,应适用德国法:未婚夫(妻)在德国有惯常居所,或是德国人,或未婚夫(妻)可望获得上述条件等。2005年《阿尔及利亚民法典》第11条规定,对于结婚的实质有效条件,如果结婚时夫妻一方为阿尔及利亚人,则只能适用阿尔及利亚法律,但涉及结婚能力的除外。2004年《卡塔尔民法典》第13条第2款也规定,如果拟结婚的一方在结婚时为卡塔尔人,只要不涉及婚姻能力要件,仅适用卡塔尔法律。

第四,适用其他的法律。在双方当事人隶属于不同的属人法时,有的国家主张既不适用当事人各自的属人法,也不适用法院地法,而是改用第三国的法律,如适用婚姻举行地法、婚姻住所地法等。

(2)对无国籍人的结婚显然不能适用其本国法,因而一般均以他们的住所地法或惯常居所地法作属人法。当事人如果没有住所或惯常居所,则适用当时的居住地法或法院地法。对政治避难者的结婚问题,也宜适用住所地法或惯常居所地法,而不宜适用其本国法。

(三)混合制

在结婚实质要件的法律适用上,完全采婚姻举行地法,势必助长结婚问题上的法律规避现象大量产生,出现"移住婚姻"问题。而且全然不顾当事人属人法的规定,也不能反映婚姻双方在风俗习惯、宗教信仰、伦理道德等方面的民族传统。反之,如纯粹采当事人属人法,则往往会发生婚姻当事人属人法中的有关规定和婚姻举行地法公共秩序相抵触,从而增加结婚的障碍和困难。尤其在双方当事人的属人法相互矛盾时更不好处理。因此,现在越来越多的国家已抛弃了单纯依婚姻举行地法或当事人属人法的做法,而采用了一种混合制的规定。

在采混合制的国家中,以婚姻举行地、当事人住所地和国籍作连结点,或者说以婚姻举行地法为主兼采当事人住所地法或本国法,或以当事人住所地法或本国法为主兼采婚姻举行地法作选择或重叠适用。

(1)以婚姻举行地法为主,兼采当事人住所地法或本国法。如1987年瑞士联邦《国际私法法规》第44条规定:"在瑞士举行结婚的实质要件由瑞士法律支配。"如果外国人之间结婚不符合瑞士法律规定的要件,"但满足当事人一方本国法规定的要件"时,仍可以举行结婚。第45条则规定:"当事人任何一方为瑞士人或双方在瑞士有住所,其在外国缔结的婚姻予以承认,但在外国结婚显然有意规避瑞士法律规定的无效原因的,则不予承认"。

(2)以当事人住所地法或本国法为主兼采婚姻举行地法。这种法律适用的典型例证可以1979年匈牙利《国际私法》第37条第1款为代表。该条规定:"婚姻有效的实质要件,依双方当事人缔结婚姻时的共同属人法。如果双方当事人的属人法在缔结婚姻时不同,则婚姻只有在满足双方当事人的属人法所要求的实质要件时,才认为有效。"第38条进一步规定:"如果外国人意欲在匈牙利结婚,他必须证明其属人法对其缔结婚姻没有障碍";即使其属人法中没有障碍,如果"依匈牙利法缔结婚姻有不可逾越的障碍",则仍"不能在匈牙利结婚;匈牙利公民在国外结婚,也必须依匈牙利法不存在婚姻障碍"。可见,匈牙利在结婚实质要件方面以采属人法为主,同时对一定问题,兼采婚姻举行地法而为重叠适用。反之，如 1986 年联邦德国《民法施行法》规定，许婚双方当事人各依其国籍国法规定的结婚要件结婚，但如上述法律拒绝他（她）们结婚是违反婚姻自由原则的，尤其是当事人前婚由德国判决解除，或已被承认解除，或当事人配偶一方已被宣告死亡的情况下，则适用德国法，这便是以属人地法为主，兼采举行地法而为选择适用的例证。

混合制的另一种情况是兼采国籍和住所两个连结点的。如依瑞典法律规定，当事人如已在某国居住 2 年以上，他们就可以在瑞典请求按照其居住的国家的法律结婚，而无需依其本国法的规定。这一规定不但适用于在瑞典居住的外国人，也适用于在国外居住的瑞典人。

混合制的作用在于避免单纯适用婚姻举行地法或当事人属人法的过于绝对化的不足，在实践中更为切实可行，已越来越受到各国的重视。

二、结婚形式要件的法律适用

结婚形式，主要存在民事婚姻方式、宗教婚姻方式、民事登记和宗教仪式结合方式以及不要求任何形式即事实婚姻等四种制度。如果许婚双方当事人隶属于上述不同的法律制度，冲突便在所难免。

对于结婚形式要件的法律适用，主要有以下不同实践。

（一）适用婚姻举行地法

对结婚形式要件，长期以来也一直适用"场所支配行为"原则，即适用婚姻举行地法。这也是结婚形式上占主导地位的实践。根据这一原则，按婚姻举行地法规定的方式成立的婚姻，在其他国家也被认为有效。例如英国法，直到 1958 年判决 Brook 一案（即结婚双方在丹麦依丹麦法举行，如依此前英国在不区分结婚实质要件与形式要件，一概适用婚姻举行地法应认为有效的婚姻)，终以他们违反了英国法关于禁止一定亲等内禁止结婚的规定而被认为无效后，才把结婚的实质要件与形式要件区分开来。并且确立了婚姻能力适用婚姻当事人婚前住所地法，只有婚姻形式以遵守婚姻地法为充要条件的分立原则。

（二）适用婚姻当事人本国法

有些国家（如希腊、西班牙、也门等）要求，本国公民或住所在本国的人即使在外国举行结婚，也必须遵守本国法规定的宗教方式，不承认本国公民或在本国有住所者在国外依其他方式成立的婚姻。而另一些国家的立法要求内国人的婚姻必须依民事登记方式，即使在国外举行亦然。如捷克斯洛伐克法就规定，捷克公民非依民事登记方式结婚者无效。

（三）选择适用属人法和行为地法

为了尽可能避免"跛脚婚姻"(limping marriage)现象，根据目前各国的最新立法，我们可以看出，在结婚形式要件问题上已形成兼顾婚姻举行地法和当事人属人法的趋势。这种立法精神,也反映在近来的一些阿拉伯国家的法律中。如于 1977 年生效的《约旦王国民法典》第 13 条规定,外国人与外国人、外国人与约旦人之间的婚姻,如果在形式要件方面符合婚姻缔结地法,或者符合婚姻当事人各自的本国法,均应认为有效。阿拉伯联合酋长国也采此规定。2004 年《卡塔尔民法典》第 14 条规定,结婚的形式要件,如进行登记或者举行宗教仪式,适用婚姻缔结地国法、拟结婚者各自的国籍国法或者其共同的国籍国法。

值得注意的是,20 世纪 70 年代以来,随着社会思想的变化和社会福利制度的进步,西方国家人们的婚姻家庭观念发生了很大的变化。最明显的现象就是结婚率下降,离婚率上升,而非婚同居现象日益增加。非婚同居(nonmarital cohabitation)目前在各国法律体系中的地位不一样,澳大利亚、新西兰和美国一些州已经通过立法承认非婚同居关系,并将其称为家庭伴侣(domestic partners),建立了家庭伴侣登记机构,经登记的同居伴侣享有与已婚夫妻类似的权利。据统计,美国有 750 万对非婚同居者。目前,欧盟成员中已有 14 个国家承认非婚同居关系。非婚同居带来了大量新型的法律纠纷,包括同居伴侣之间的财产分割、抚养费追索、子女抚养等,给传统的婚姻家庭法带来了冲击。目前一些承认非婚同居关系的国家在国际私法方面多适用登记地国家法律,例如 2004 年《比利时国际私法》第 60 条规定。①

三、几种特别形式的结婚

(一) 领事婚姻(consular marriage)

所谓领事婚姻,是指在驻在国不反对的前提下,一国授权其驻外领事或外交代表为本国侨民依本国法律规定的方式办理结婚手续,成立婚姻的制度。19 世纪以后,领事职务范围扩大,民事登记婚姻方式已被欧洲各国普遍采用,而对居住在国外的欧洲人来说,或者由于当地法规定的宗教结婚方式与本国法相违背,或者由于当地没有理想的婚姻登记方式可依,他们的侨民结婚成为难题,于是领事婚姻制度应运而生。在当代,国家之间通过签订领事协定,准许由各自领事办理本国国民的婚姻登记,已很普遍。在 1963 年《维也纳领事关系公约》和 1961 年《维也纳外交关系公约》中,也都肯定了领事婚姻制度。不少国家在立法上明确承认领事婚姻形式上的有效性,如 1966 年《葡萄牙民法典》第 51 条例外条款、1995 年《俄罗斯联邦家庭法典》第 157 条、1992 年《罗马尼亚国际私法》第 19 条的规定。

但是,根据国际公法,驻在国并没有义务允许派遣国大使或领事为其侨民举行婚姻,在驻在国办理一切人的婚姻属于驻在国的主权管辖范围,因此,派遣国

---

① 参见杜涛:《国际私法原理》,复旦大学出版社 2014 年版,第 166—167 页。

领事必须征得驻在国的同意,才能为其侨民举行婚姻。其次,有些国家在领事婚姻问题上要求实行对等原则。如1968年原苏俄《婚姻和家庭法典》第161条第3款规定,外国人之间在驻苏的外国大使馆领事馆结婚,如果他们在结婚时是该国的公民,则根据对等的条件,承认他们的结婚在苏俄有效。再次,结婚当事人必须都是使、领馆所属国公民(如比利时、巴西、德国、日本等);有些国家则只要求当事人一方是使、领馆所属国的公民(如澳大利亚、意大利、保加利亚、葡萄牙等),法国则规定,只要男方是法国公民,即可在法国驻外使、领馆办理结婚登记。最后,经驻在国同意,由一国授权的驻外领事办理的婚姻,在派遣国和驻在国都属有效,在任何第三国,也是有效婚姻,但如驻在国不承认(虽不反对)领事婚姻,则由派遣国使领馆在该国举行的领事婚姻,只在派遣国有效,在驻在国则无效,对第三国来说,该婚姻也有可能会被认为无效。

(二) 兵役婚姻(service marriages)

一国派往外国服役的士兵,在该外国经本国授权的特定人员(如牧师)依本国法在军中为他们举行婚姻仪式而成立的婚姻,就是所谓"兵役婚姻"。英国1947年修订的《涉外婚姻条例》中规定,在外国服务的英国士兵,如果是英国授权的随军牧师或指挥官授权的人在当地主持的结婚,即为有效婚姻。法国、比利时、挪威的民法都有类似的规定。

由于兵役婚姻多为各国单方面立法规定,且只依本国法,而完全不考虑当地法的规定,所以它往往无法得到当地国的承认。如在第二次世界大战期间,侵占比利时的德国士兵依德国法与比利时人结婚,战争结束后,比利时拒绝承认涉及比利时一方当事人与德国士兵的婚姻的效力。比利时法院宣称,根据国际法,德国法对其在外国服务的士兵的婚姻规定,超出了国际法赋予其作为占领军的权力范围。

兵役婚姻在第三国的效力问题,英国学者认为,在互惠基础上,第三国应承认其效力,即使它不符合婚姻举行地法的规定,也不应否认其效力。

(三) 公海婚姻(marriages on the high sea)

当事人在公海的商船或军舰上成立的婚姻,叫公海婚姻。一般来说,这类婚姻由船旗国法律支配。如1982年英国《涉外婚姻条例》规定,婚姻当事人(双方或一方)为英国臣民,在外国领海内的英国军舰上结婚,得依英国法认定的方式缔结婚姻;如果婚姻举行地为不属于任何一国的领土(如在北极或南极),其方式一般依当事人的属人法。如果船旗国是一个由多个法域组成的国家,英国学说认为,适用船舶登记港所在地法较为合适。美国学者则主张或适用船主的住所地法,或适用当事人的住所地法。但是,如果是多个人拥有一条船或双方当事人住所地法不一致,美国《第二次冲突法重述》中则规定,应适用有利于实现婚姻效力的国家的法律来解决这类婚姻。

四、我国处理涉外结婚的法律制度

（一）在中国境内的结婚

我国《民法通则》第 147 条规定，中国公民和外国人结婚适用婚姻缔结地法律。我国《涉外民事关系法律适用法》对此作了新的规定。该法第 21 条规定："结婚条件，适用当事人共同经常居所地法律；没有共同经常居所地的，适用共同国籍国法律；没有共同国籍，在一方当事人经常居所地或者国籍国缔结婚姻的，适用婚姻缔结地法律。"该法第 22 条规定："结婚手续，符合婚姻缔结地法律、一方当事人经常居所地法律或者国籍国法律的，均为有效。"这里的"结婚条件"，是指结婚的实质要件，"结婚手续"是指结婚的形式要件。但在程序上，却区分以下不同情况作不同处理：

（1）中国公民与外国人、内地居民同港、澳、台居民及华侨结婚

过去，中国有关婚姻登记的规定过于分散，除针对内地居民之间的《婚姻登记管理条例》外，针对中国公民同外国人、华侨同国内公民、港澳同胞同内地公民、祖国大陆居民同台湾居民等不同的婚姻登记主体都制定了不同的规定、办法。例如，1983 年民政部《中国公民同外国人办理婚姻登记的几项规定》（已失效）、1983 年民政部《华侨同国内公民、港澳同胞同内地公民之间办理婚姻登记的几项规定》（已失效）和 1998 年民政部《大陆居民与台湾居民婚姻登记管理暂行办法》（已失效）等。2003 年 7 月 30 日国务院通过的《婚姻登记条例》（自 2003 年 10 月 1 日起施行）对这些规定、办法进行了合并而成为在中国办理婚姻登记统一适用的法规。此外，民政部还分别于 2003 年 9 月、2004 年 3 月发布了《婚姻登记工作暂行规范》和《关于贯彻执行〈婚姻登记条例〉若干问题的意见》。

2003 年《婚姻登记条例》的有关内容包括：中国公民同外国人、内地居民同香港特别行政区居民（以下简称香港居民）、澳门特别行政区居民（以下简称澳门居民）、台湾地区居民（以下简称台湾居民）、华侨办理婚姻登记的机关是省、自治区、直辖市人民政府民政部门或者省、自治区、直辖市人民政府民政部门确定的机关。中国公民同外国人在中国内地结婚的，内地居民同香港居民、澳门居民、台湾居民、华侨在中国内地结婚的，男女双方应当共同到内地居民常住户口所在地的婚姻登记机关办理结婚登记。

办理结婚登记的内地居民应当出具下列证件和证明材料：一是本人的户口簿、身份证；二是本人无配偶以及与对方当事人没有血亲和三代以内旁系血亲关系的签字声明。办理结婚登记的香港居民、澳门居民、台湾居民应当出具下列证件和证明材料：一是本人的有效通行证、身份证；二是经居住地公证机构公证的本人无配偶以及与对方当事人没有直系血亲和三代以内旁系血亲关系的声明。

办理结婚登记的华侨应当出具下列证件和证明材料：一是本人的有效护照；二是居住国公证机构或者有权机关出具的、经中华人民共和国驻该国使（领）馆认证的本人无配偶以及与对方当事人没有直系血亲和三代以内旁系血亲关系的证明，或者中华人民共和国驻该国使（领）馆出具的本人无配偶以及与对方当事人没有直系血亲和三代以内旁系血亲关系的证明。办理结婚登记的外国人应当出具下列证件和证明材料：一是本人的有效护照或者其他有效的国际旅行证件；二是所在国公证机构或者有权机关出具的、经中华人民共和国驻该国使（领）馆认证或者该国驻华使（领）馆认证的本人无配偶的证明，或者所在国驻华使（领）馆出具的本人无配偶的证明。

（2）双方均非内地居民在内地的结婚登记

2004年3月民政部《关于贯彻执行〈婚姻登记条例〉若干问题的意见》第8条对双方均非内地居民在内地的结婚登记问题作了如下规定：

双方均为外国人，要求在内地办理结婚登记的，如果当事人能够出具《婚姻登记条例》规定的相应证件和证明材料以及当事人本国承认其居民在国外办理结婚登记效力的证明，当事人工作或生活所在地具有办理涉外婚姻登记权限的登记机关应予受理。

一方为外国人、另一方为港澳台居民或华侨，或者双方均为港澳台居民或华侨，要求在内地办理结婚登记的，如果当事人能够出具《婚姻登记条例》规定的相应证件和证明材料，当事人工作或生活所在地具有相应办理婚姻登记权限的登记机关应予受理。

一方为出国人员、另一方为外国人或港澳台居民，或双方均为出国人员，要求在内地办理结婚登记的，如果当事人能够出具《婚姻登记条例》规定的相应证件和证明材料，出国人员出国前户口所在地具有相应办理婚姻登记权限的登记机关应予受理。

此外，在条约或互惠基础上，中国也承认具有相同国籍的外国人双方在其本国驻华使领馆成立的婚姻为有效。

（3）在中国境内的复婚

2003年《婚姻登记条例》第14条规定，离婚的男女双方自愿恢复夫妻关系的，应当到婚姻登记机关办理复婚登记。复婚登记适用本条例结婚登记的规定。

近年来，海峡两岸的交往日渐频繁，人员往来也由单向逐渐放宽为双向。但是，由于特殊的历史原因，去台人员与大陆原配偶以及来大陆人员与台湾原配偶之间的婚姻关系问题，颇为复杂，根据1988年民政部、司法部《关于去台人员与其留在大陆的配偶之间婚姻关系问题处理意见的通知》，在发生这类婚姻纠纷时，当事人要求人民政府解决时，要根据《中华人民共和国婚姻法》规定的原则，结合实际情况，按照下列精神酌情调解解决或依法处理：第一，双方分离后，未办离婚,且均未再婚的,承认其婚姻关系存续。第二,双方分离后,留在大陆的一方依据法律与去台一方解除了婚姻关系,但双方均未再婚,现双方自愿恢复婚姻关系的,按复婚的有关规定处理。第三,双方分离后,去台一方依照台湾有关法律与留在大陆的一方解除了婚姻关系,但双方均未再婚,现双方自愿恢复婚姻关系的,可承认其婚姻关系存续。第四,双方分离后,一方或双方再婚后的配偶已离异或死亡,现双方自愿恢复婚姻关系的,应重新办理结婚登记。第五,双方分离后,一方或双方再婚后的配偶健在,现双方自愿恢复与原配偶的婚姻关系,应按照一夫一妻制的原则,先与再婚配偶解除婚姻关系,再按结婚的有关规定办理。

此外,在实践中,对于去台人员与其留在大陆的配偶一方已再婚或双方均已再婚,但未通过法定程序解除婚姻,如在事实上形成"一夫二妻"或"一妻二夫"的情况,不宜视为重婚,应采取不告不理的态度,法院不主动干涉这种婚姻关系;如其中一方起诉要求解除婚姻关系,则按离婚诉讼受理。

(二) 在中国境外的结婚

这包括中国公民之间或中国公民与外国人之间(当然主要是华侨之间或华侨与外国人之间)在国外结婚,以及境外婚姻在中国境内效力的承认等情况。

对于中国公民之间或中国公民与外国人之间在外国主管机构申请结婚,双方是否具备结婚的实质要件和形式要件应当由外国主管机关依据该国的冲突规范指引的准据法处理。

2003年《婚姻登记条例》第14条规定:"中华人民共和国驻外使(领)馆可以依照本条例的有关规定,为男女双方均居住于驻在国的中国公民办理婚姻登记。"对此,中国外交部、最高人民法院、民政部、司法部、国务院侨务办公室1983年《关于驻外使领馆处理华侨婚姻问题的若干规定》(已于2013年被废止)中曾对该问题作了规定。依该《规定》,我驻外使领馆在"受理这类案件时,严格按照《中华人民共和国婚姻法》的基本精神,并照顾到他们居住在国外的实际情况,加以妥善处理"。其主要内容有:(1) 为了方便华侨(指双方均为华侨)在居住国结婚,应该鼓励他们按居住国法律在当地办理结婚登记或举行结婚仪式。如当地有关当局为此征求我驻外使领馆的意见,则应分别不同情况作如下处理:第一,如该婚姻符合中国婚姻法的规定,可应其要求,以口头或书面证明其婚姻符合《中华人民共和国婚姻法》关于结婚的规定;第二,如该婚姻除年龄和禁止近亲通婚的规定外,其他符合中国婚姻法的规定,可以口头或书面证明:"鉴于×××与×××已在××国定居,如××国有关当局依照当地法律准许他们结婚,我们不表示异议";第三,如该婚姻违反中国婚姻法关于禁止干涉婚姻自由和禁止重婚的规定,中国当不能承认该婚姻为有效,也不能为其出具任何证明。(2) 凡双方均为华侨,且符合中国婚姻法的规定,要求在驻在国的中国使馆结婚的,只要驻在国法律允许,中国使馆可为他们办理结婚登记,颁发结婚证书。

如驻在国有关当局要求,我使馆也可为此种证书出具译文,并证明其与原本相符,但不得受理华侨与外国人(包括外籍华人)结婚登记的申请。此外,凡驻在国法律不承认外国使馆办理的结婚登记为有效,以及该婚姻不符合中国婚姻法关于结婚的规定的,中国使馆均不宜受理此类申请。

对于境外婚姻在中国境内效力的承认,应当依据中国《涉外民事关系法律适用法》第21、22条规定指引的准据法进行审查,如果依据上述准据法的规定婚姻有效,中国就可承认其效力。

五、无效婚姻与可撤销婚姻

欠缺婚姻成立的法定要件的婚姻即构成无效婚姻。无效婚姻与可撤销的婚姻不同,前者为从一开始即当然无效。后者则需经诉讼程序,从宣告撤销之日起丧失婚姻的效力。但有的国家将可撤销的婚姻包括在无效婚姻之中(如苏联),而法国则把无效婚姻分为绝对无效和相对无效两种,相对无效婚姻就是可撤销的婚姻。

世界各国的法律规定有以下几种情况,如:(1) 婚姻双方乃属禁婚亲属;(2) 结婚的任何一方未达法定婚龄;(3) 结婚时任何一方已受合法婚姻约束;(4) 结婚手段不符合法律规定;(5) 婚姻任何一方非自愿结婚,均构成无效婚姻或可撤销婚姻。此外,多数国家认为,因夫妻一方当事人患有传染性疾病或精神病,也可以成为宣告婚姻无效或可撤销的原因。美国一些州和英国的法律规定,不能完婚也是宣告婚姻无效的理由。日本则规定,离婚女子在待婚期内成立的婚姻为可撤销的婚姻。

一般认为,支配婚姻有效性的法律也可适用于无效婚姻和可撤销婚姻。但在具体执行中,如果某一婚姻属于违反了实质要件,则应适用支配婚姻实质有效性的法律;如果违反形式要件,就适用支配婚姻形式有效性的法律。所以,因各国法律关于结婚的要件,哪些属实质要件,哪些属形式要件,常有不同,问题的关键往往取决于各国的识别而使应适用的法律不同。

第二节 离 婚

一、离婚的管辖权

离婚案件或被认为涉及内国的公共秩序,或被认为直接关系到内国公民及其家庭的利益,所以,一些国家主张对住所设在内国的当事人的离婚行使管辖,而另一些国家则主张对凡具有内国国籍的当事人的离婚行使管辖,并且大都坚持,凡由不符合内国法所承认的管辖权标准而由外国法院作出的离婚判决,均不能得到内国的承认和执行。这就不免使"跛脚婚姻"的现象大量发生,故自20世纪初,即开始谋求离婚管辖权的国际协调。

在依住所(特别是丈夫的住所)定离婚诉讼管辖权的国家中,最典型的可以英、美为例。英国法院自1895年默兹里诉默兹里(Le Mesurier v. Le Mesurier)一案确立只有配偶双方的住所所在地的法院有解除他们的婚姻的管辖权后,长时期内一直沿用这个标准。因为依据当时的英国法丈夫的住所即妻的住所,所以依上述判例确立的原则,便只有丈夫住所地的法院有权受理有关的离婚诉讼。到了1937年的《婚姻诉讼法》才进一步规定,如丈夫住所不在英国而妻被丈夫遗弃,或丈夫被联合王国放逐并于放逐前在英国有住所,则妻子也有权向英国法院提起离婚之诉。这一规定一直延续到1973年。由于1973年的《住所及婚姻诉讼法》确认了妻有于丈夫住所不同的地方独立设立住所的权利,所以现在英国的离婚诉讼管辖权已开始放宽,并且采用了惯常居所作补充定管辖权的连结点,其规定为:只要配偶一方于离婚诉讼提起之日在英国有住所,或于此前在英国设有一年以上的惯常居所,英国法院即享有管辖权。

美国也是把离婚案件的管辖权赋予原告提起诉讼时设有住所的州的,而且只要原告一方在该州有住所即可,哪怕结婚并未在该州举行,且夫妻双方从未以夫妻身份生活在该州,作为离婚的原因也不是发生在该州,配偶他方也未出庭应诉,该州也不具有对配偶他方行使对人管辖权(personam jurisdiction)的根据。但必须已采取合法方式给配偶他方送达了传票并提供了出庭应诉的充分机会[①]。

在采用国籍作离婚诉讼管辖权的根据的国家中,最典型的当首推过去《法国民法典》第14、15条两条的规定。依该两条规定,只要夫妻一方为法国人,而被告在法国有住所且不居住在外国,法国便享有管辖权。在捷克斯洛伐克1964年的《国际私法与国际民事诉讼程序法》中也规定,它的法院要对夫妇一方中为捷克斯洛伐克公民的离婚案件行使专属管辖权。苏联及匈牙利等国过去也采取这种做法。

但是,从目前的发展趋势看,单采住所标准或国籍标准,不利于离婚诉讼的进行,不利于避免"跛脚婚姻"现象的发生,所以现在许多国家的立法都趋向灵活了。如原德意志联邦共和国过去主要以国籍为标准,而1986年修改其民事诉讼法的有关条文规定,夫妻双方或一方的德国国籍或德国的惯常居所都可以成为德国法院受理有关当事人之间离婚诉讼的根据,并且申明:"这种管辖权不是专属管辖权。"

---

① 〔美〕温特劳布:《冲突法评论》,1980年英文第2版,第228—230页。但美国《第二次冲突法重述》关于这个问题的归纳,与温特劳布的介绍略有不同。

这种在管辖权上灵活的做法,较集中地反映在1970年缔结的《关于承认离婚与司法别居海牙公约》之中。依该公约规定,凡符合下述条件的缔约国法院作出的此种判决,均应得到其他缔约国的承认,这些条件就是:在提起诉讼之日,(1)被告在该国有惯常居所;(2)原告在该国有惯常居所,且该居所于诉讼提起前已持续一年以上,或配偶双方的最后惯常居所在该国;(3)配偶双方为该国国民,或原告为该国国民,且有惯常居所在该国,或他(她)的惯常居所于该国已持续一年以上且于诉讼开始时至少已有部分时间进入了第二个年头;(4)原告是该国国民,且他(她)于诉讼提起时正在该国而配偶双方的最后惯常居所地国于诉讼提起时的法律不允许离婚。

二、离婚的法律适用

关于离婚的法律适用,大致有以下几种不同的主张与实践:

(一) 法院地法

此说最早为萨维尼倡导,而且在德国《民法施行法》颁布以前,德国时常有此类判例。到20世纪初,这种主张仍为大陆法系的许多国家的学者所支持。其理由是,离婚涉及一国的公共秩序和善良风俗,因而关于离婚的法律也多为强行法。

采法院地法的有英、美等国,不过它们的法律在离婚案件中不是直接以法院地法出现的,而是以住所地法或惯常居所地法再现的。如1973年英国《住所及婚姻诉讼法》规定英国法院对当事人一方在英国有住所或惯常居所一年以上的离婚诉讼享有管辖权的同时,进一步规定:"在英国法院享有管辖权的任何(离婚)案件中,它们都只适用英国内国法。"由于英国法院对离婚案件的法律适用是以司法管辖权的行使为前提的,而它的司法管辖权的行使又是以在英国的住所或惯常居所为条件,所以严格地说,这种法院地法实际上也就是住所地法。美国也是如此,根据美国《第二次冲突法重述》,其离婚诉讼的管辖权也是建立在住所基础上的,而能决定离婚的权利的法律,就是"(离婚)案件向其提出的住所州的实体法"。

(二) 属人法

此说认为,离婚乃消灭既存婚姻关系的一种方式,它的准据法自不应与婚姻的成立及效力的准据法有所不同,而对婚姻的成立和效力,在许多国家却是适用当事人属人法的。如法国学者巴迪福就明确指出:离婚乃关系人的身份问题,所以在实体法上毫无疑问应受属人法的管辖;且婚姻关系之创设既然依属人法,则婚姻之解除,亦当受同一法律的支配。他还对在离婚的准据法上采法院地法提出批评说,这会导致原告借住所或居所的变更,达到任意规避法律或"挑选法院"的目的①。例如,2005 年《阿尔及利亚民法典》第 12 条第 2 款规定,离婚以及分居,依提起诉讼时丈夫的本国法。在离婚的准据法选择上采属人法的还有土耳其、西班牙、卢森堡等国。

(三) 选择或重叠适用当事人属人法和法院地法

这一学说指出,完全依当事人属人法,如当事人本国法所允许的离婚原因违反法院国公共秩序,相反,完全依当事人本国法不允许离婚而依法院国法却允许离婚,这时当事人的属人法就很难为法院地法所承认和适用。从而,或提出对离婚的准据法应允许就当事人属人法或法院地法选择适用其中之一,或提出应重叠适用当事人属人法和法院地法。持前一观点的理由是,如果允许选择,实现离婚比较容易;持后一观点的理由是,如果要求重叠适用上述两个法律,可以避免"跛脚婚姻"现象发生。

在采重叠适用当事人属人法和法院地法的各国,又可以分为三种情况:(1) 以采当事人属人法为主,兼采法院地法;(2) 以采法院地法为主,兼采当事人属人法;(3) 当事人属人法和法院地法并重。持第一种观点的有德国《民法施行法》;持第二种观点的有旧的《瑞士冲突法》;持第三种观点的有 1902 年的《关于离婚的海牙公约》,它规定:"夫妻非依其本国法和法院地法均允许离婚时,不得为离婚之请求",且"离婚之请求,非依夫妻的本国法和法院地法均有离婚的原因者,不得为之"。②

在采选择适用当事人属人法或法院地法的各国,多首先要求选择双方当事人的共同本国法,而在当事人无此共同本国法时,其解决办法又各有不同。如 2011 年波兰《国际私法》第 54 条第 2 款规定,这时如无共同住所地法时,才允许选择作为法院地法的波兰法。而 1964 年捷克的《国际私法与国际民事诉讼程序法》则规定在无共同本国法时,直接选择适用作为法院地法的捷克法。前南斯拉夫 1982 年的法律要求夫妻在无共同法时,应并行适用当事人各自的本国法,但如依该各自本国法不能解除婚姻时,应允许选择适用南斯拉夫法(即法院地法)。

(四) 适用有利于实现离婚的法律说

这是目前在欧洲许多新立法中出现的趋势,这方面的例子除上述前南斯拉夫 1982 年国际私法的规定外,尚有 1978 年奥地利《国际私法法规》,其规定为:离婚的要件和效力,依离婚时支配婚姻人身效力的法律,如依该法婚姻不能根据所举事实解除,或适用于婚姻人身法律效力的准据法无一存在时(注:这种准据法包括共同属人法、最后共同属人法、共同惯常居所地法、最后共同惯常居所地

---

① 〔法〕巴迪福:《国际私法各论》,曾陈明汝译,台湾正中书局 1979 年版,第 95—96 页。
② 转引自〔德〕拉贝尔:《冲突法比较研究》,1958 年英文版,第 460—461 页。

法、奥地利法或与配偶有最密切联系的法律),则适用离婚时原告的属人法。1964年捷克《国际私法与国际民事诉讼程序法》第22条第2款规定:"前款所规定的外国法(即夫妻共同本国法)不准离婚,或者离婚条件非常严格时,只要夫妻一方长期居住在捷克境内,应适用捷克法。"

三、我国有关涉外离婚的法律规定

(一) 离婚的管辖权

1. 协议离婚

根据我国2003年《婚姻登记条例》的规定,中国公民同外国人在中国内地自愿离婚的,内地居民同香港居民、澳门居民、台湾居民、华侨在中国内地自愿离婚的,男女双方应当共同到内地居民常住户口所在地的婚姻登记机关办理离婚登记。

办理离婚登记的内地居民应当出具下列证件和证明材料:(1) 本人的户口簿、身份证;(2) 本人的结婚证;(3) 双方当事人共同签署的离婚协议书。办理离婚登记的香港居民、澳门居民、台湾居民、华侨、外国人除应当出具前款第(2)项、第(3)项规定的证件、证明材料外,香港居民、澳门居民、台湾居民还应当出具本人的有效通行证、身份证,华侨、外国人还应当出具本人的有效护照或者其他有效国际旅行证件。

2. 诉讼离婚

我国《民事诉讼法》第22条、第23条第1款规定,我国法院在受理涉外离婚案件时,采取原告就被告的原则,只要被告在我国有住所或居所,我国法院就有管辖权。同时,对于被告不在我国境内居住的离婚案件,如原告在我国境内有住所或居所,则原告住所地或居所地法院也有管辖权。

另外,根据最高人民法院《关于适用〈中华人民共和国民事诉讼法〉若干问题的意见》第13—16条的规定,我国法院在以下几种情况下也具有管辖权:(1) 在国内结婚并定居国外的华侨,如定居国法院以离婚诉讼须由婚姻缔结地法院管辖为由不予受理,当事人向人民法院提出离婚诉讼的,由婚姻缔结地或一方在国内的最后住所地人民法院管辖。(2) 在国外结婚并定居国外的华侨,如定居国法院以离婚诉讼须由国籍所属国法院管辖为由不予受理时,当事人向人民法院提出诉讼的,由一方原住所地或在国内的最后住所地人民法院管辖。(3) 中国公民一方居住国外,一方居住在国内不论哪一方向人民法院提起离婚诉讼,国内一方住所地人民法院都有管辖权。如国外一方在居住国法院起诉,国内一方向人民法院起诉的,受诉人民法院有管辖权。(4) 中国公民双方在国外但未定居,一方向人民法院起诉离婚的,应由原告或者被告原住所地人民法院管辖。

(二) 离婚的法律适用

我国《民法通则》第 147 条规定,离婚适用受理案件的法院所在地法律。根据该条的规定,如果我国法院为受理案件的法院,我国法院就只适用中国法。

2010 年我国《涉外民事关系法律适用法》对涉外离婚的法律适用作了新的规定。该法第 26 条规定:"协议离婚,当事人可以协议选择适用一方当事人经常居所地法律或者国籍国法律。当事人没有选择的,适用共同经常居所地法律;没有共同经常居所地的,适用共同国籍国法律;没有共同国籍的,适用办理离婚手续机构所在地法律。"该法第 27 条规定:"诉讼离婚,适用法院地法律。"

第三节 夫妻关系

男女之间因结婚成为夫妻而发生彼此之间的种种权利义务关系。在历史上,相当长的时期内,都实行"夫妻一体主义"(coverture system)的制度,即妻的法律人格为夫所吸收,从而完全丧失独立性(无财产所有能力和行为能力)。16、17 世纪以后,因资本主义的发达,夫妻关系中也渗入了契约观念,认为男女因结婚而结合为婚姻共同体,承认了妻一定的独立人格。但在早期,许多国家仍坚持夫为此种共同体的首长,夫对共同生活事项仍享有决定权,只有在此种决定权滥用时,妻才无服从的义务。随着社会的进一步发展,男女平等已为许多国家确定为宪法原则,才逐渐将此种不平等规定加以修改而确立了夫妻同权的原则,即"夫妻别体主义"(separate system)。这种进步的倾向,在国际私法上已带来许多新的变化。

一、夫妻身份上的效力

婚姻的效力有两个方面,一为夫妻身份上的效力(又称婚姻的普通效力)。它包括夫妻姓氏权、同居义务、忠贞及扶助义务、住所决定权、从事职业和社会活动的权利、夫妻间的日常家务代理权等方面的内容。对这些问题的法律冲突的解决,大致有以下几种不同的理论和实践:

(一) 适用丈夫的本国法

1896 年德国《民法施行法》在其第 14 条中就明确规定,德国人夫妻之间身份上的法律关系,即使在外国有住所,仍依德国法,如夫丧失德国国籍而妻仍保留德国国籍者亦同。法律在夫妻无共同本国法时,也只适用丈夫的本国法。巴迪福指出,这主要是基于"夫为一家之主",适用"一家之主"的法律,最有利于家庭的结合和稳定。

(二) 适用夫妻共同属人法

随着妇女地位的提高,出现了适用夫妻共同本国法或共同住所地法的主张。

这当然是更为合理的了,但实际生活中往往不存在这种共同的本国法或住所地法。尤其是近来,过去一些主张妻无权单独设立选择自己住所权利的国家如英、法等,已改为承认妻有选择住所的权利。这一难题便常有所见了。一些国家认为在这时仍应适用他们的最后共同属人法,只有在无此最后共同属人法时,才适用丈夫的属人法(如《希腊民法典》第 14 条)。1987 年《瑞士国际私法法规》对此却有另一种主张,即婚姻效力要受夫妻共同住所地法支配;无此共同住所时,依与案件有最密切联系的住所地的国家的法律。

1978 年奥地利《国际私法法规》则允许在更广泛的范围内选择这种准据法。例如它的第 18 条规定:(1) 婚姻的人身效力依配偶双方的共同属人法,如无共同属人法,依他们的最后共同属人法,只要还有一方仍保有它;(2) 否则,依配偶双方均有惯常居所的国家的法律,只要一方仍保有它;(3) 如婚姻依上述第 1 款所指定的法律未生效,而在奥地利的管辖范围内为有效,其人身法律效力依奥地利法;但如配偶双方与第三国有较强联系,并且根据它的法律,该婚姻也产生效力,则以该第三国法律取代奥地利法。

(三) 在特定问题上适用行为地法

主张这一见解者主要是认为,既然夫妻身份关系的准据法,一般用来确定夫妻间的同居、忠贞、救助与支援以及夫权和结婚妇女的有无能力等方面的问题,其中一些问题常涉及行为地法的公共秩序和善良风俗,因而一方在原则上主张依属人法,但在特定问题上,应依行为地法。这应该是各国的共识,如 1905 年《关于婚姻效力的海牙公约》第 1 条即规定:"关于夫妻身份上之权利义务,依其本国法定之";但"前项权利义务的行使,非依行为地法所认可的方式,不得为之"。1928 年《布斯塔曼特法典》第 45 条也规定,关于夫妻间保护和服从的相互义务,以及夫如变更居所,妻有无义务随夫等问题,在夫妻双方的属人法不同时,适用夫的属人法,但"关于夫妻共同生活彼此忠贞和相互帮助的义务,均依属地法原则解决"。

(四) 采用结果选择方法

这是本书作者曾提出的观点。因为对于这些问题的解决,如果从维护男女平等和妇女权利出发,显然,通过上述任何一种指定准据法的方法都是不一定能达到目的的。因此,并不能纯粹从某国国际私法是否已从过去单只适用丈夫一方的属人法改变为现在允许适用双方的共同属人法,甚至允许适用妻的属人法,便可以判断它在这个问题上是进步的或落后的。因为,即使在允许适用妻的属人法的场合下,如妻的属人法中的封建的或歧视妇女的规定仍未清除,则对妻在配偶身份关系中的正当权益仍无保障。因此,不妨采用"规则选择"或"结果选择"方法,即在冲突法中明确规定:"夫妻身份关系应适用的法律,应是最有利于维护夫妻平等关系和最有利于保护妇女权利的法律"等。① 随着社会的进步和妇女权益更受到国际社会的普遍关注,这一主张会逐渐为人们所接受。

2010 年我国《涉外民事关系法律适用法》第 23 条规定:"夫妻人身关系,适用共同经常居所地法律;没有共同经常居所地的,适用共同国籍国法律。"如果夫妻没有共同国籍,则根据该法第 2 条第 2 款规定的最密切联系原则确定准据法。

二、夫妻财产关系

婚姻效力的第二个方面即夫妻财产关系的发生,包括婚姻对双方当事人的婚前财产发生什么效力,婚姻存续期间所获财产的归属,以及夫妻对财产的管理、处分和债务承担等方面的制度。夫妻财产制从不同的角度可以作不同种类的划分。故又称"夫妻财产制"。从是否允许成立财产契约来约定夫妻财产关系出发,可划分为约定财产制和法定财产制;从财产关系的内容出发,可划分为夫妻共同财产制和夫妻分别财产制。在夫妻共同财产制中,又可分为完全共同财产制、获得财产共有制、收益及动产共有制以及延迟的共同财产制等。

在解决夫妻财产关系的法律冲突时,主要应分别解决以下三个方面的问题:(1) 夫妻财产制允不允许适用当事人意思自治?(2) 对动产不动产是统一适用一种准据法(单一制)还是分别适用不同的准据法(分割制)?(3) 如何处理时际冲突和动态冲突的问题?现分述如下。

(一) 关于意思自治问题

由于大多数西方国家,如美国、英国、法国、日本和土耳其等,把夫妻关系看做是一种特殊的契约关系,都主张适用解决契约关系的法律冲突原则来处理夫妻财产关系的法律冲突,即实行当事人"意思自治"。但在采用夫妻意思自治原则的国家中,有的对夫妻选择法律的权利和范围作了一些限制,而有的则不加任何限制。如法国、奥地利、美国、卢森堡等对当事人选择法律的范围不加限制,允许当事人广泛的自主选择。而土耳其 2007 年颁布的《国际私法与国际民事诉讼程序法》第 15 条则规定,当事人虽可以选择调整夫妻财产关系的法律,但只应在他们的惯常居所地法律或他们结婚时一方的本国法律中作出选择。1978 年《关于婚姻财产制的海牙公约》也对当事人选择法律加以限制。如该公约在第 3 条中首先规定夫妻财产制受配偶双方婚前所指定的内国法支配,但接着指出,夫妻能选择的法律仅限于:(1) 为选择时,配偶中有一方为其公民的国家的法律;(2) 为选择时,配偶中有一方在其境内有惯常居所的国家的法律;(3) 婚后有一方于其境内设定惯常居所的国家的法律。

---

① 参见李双元:《国际私法(冲突法篇)》,武汉大学出版社 2001 年修订版,第 642 页。

关于当事人订立婚姻财产契约的能力问题，大都认为这种行为能力与一般行为能力并无区别，故应适用一般行为能力的同一冲突原则，即当事人属人法。而英国的戴西和莫里斯认为，婚姻财产契约的缔约能力是一个复杂的问题，但原则上应由这种契约的准据法来决定，而这个准据法在英国，常常就是当事人的婚姻住所地法。在英国，也有主张适用其能力发生争议的一方当事人的属人法的。①

关于订立财产契约的形式有效性应适用的法律，也多主张应把这种法律行为的形式和一般法律行为的形式同样看待，主张适用行为方式的准据法。1978年《关于婚姻财产制的海牙公约》规定："婚姻契约的形式有效性，只要符合适用于婚姻财产制的内国法，或符合缔结地的内国法，就是有效的。但是，这种婚姻契约必须以书面形式，署有日期并经双方签字。"

在夫妻财产关系上采取意思自治原则的国家中，特别应该提到瑞士，它在新的国际私法中规定，夫妻（财产）关系应适用夫妻双方选择的法律，夫妻双方可以选择的法律包括双方共同住所地国家的法律、他们婚后住所地国家的法律、他们中任一方国籍所属国的法律。选择的方式则要求意思表示必须一致，而且协议应以书面作成，或在婚约中加以规定。法律选择或法律选择的变更，可以在任何时间作出。在无相反的意思表示的情况下，婚姻缔结后的法律选择协议的效力，溯及婚姻缔结之时，而且只要双方不变更选择法律的协议，或未对法律选择提出异议，则被选择的法律，应一直予以适用。

但是，也有一些国家在夫妻财产制上，排除当事人的意思自治，不允许自主选择法律，硬性规定应适用的法律。此外，即使在允许意思自治时，如果夫妻未约定应适用的法律，或夫妻约定的法律不被承认时，也需要适用由法律直接规定的准据法。在排除意思自治的国家中，有的规定应适用当事人本国法，如希腊、泰国、约旦、阿拉伯联合酋长国等。捷克、奥地利、南斯拉夫却主张适用夫妻双方的共同本国法。在夫妻未约定应适用的法律时，1978年《关于婚姻财产制的海牙公约》第4条便规定："在婚前，夫妻未指定准据法的，应适用配偶为婚后去建立他们第一个惯常居所的国家的内国法。"但是，在公约规定的其他几种情况下，应适用配偶有共同国籍或共同住所的国家的内国法。

（二）关于分割制和单一制问题

一些国家，特别是英美普通法国家主张区分动产和不动产，分别适用不同的冲突规范。这样做的好处在于使解决夫妻财产关系的准据法与解决物权和继承的准据法保持一致，并且使关于财产（特别是不动产）的处置易于得到物之所在地国的承认和执行。如1971年美国《第二次冲突法重述》第233条规定，婚姻

---

① 〔英〕戴西、莫里斯：《冲突法》，1980年英文第10版，第664页。

对夫妻结婚时配偶一方所有的土地权益的效力以及对婚姻存续期间配偶任何一方所取得的土地权益的效力,依土地所在地法院将予适用的法律;对动产,则不问婚前已有或婚后获得的,一般应适用与配偶及财产有最密切联系的法律规定。英国也主张采用分割制。但是,大多数国家认为采用分割制,会使夫妻财产关系的处理更加复杂化,因而不主张采用这种做法。

（三）关于变更准据法的问题

关于在法律发生变化或连结点发生变化而引起时际冲突或动态冲突时,究竟应适用旧法还是新法来解决夫妻财产关系,即究竟应采取不变更主义还是变更主义,也是很有分歧的。采取不变更主义的有奥地利、波兰、捷克、前南斯拉夫、德国等。赞成不变更主义的人认为,如果允许变更,首先会使规避法律的现象大量发生,从而使妇女一方的利益失去必要的保护,因为在解决夫妻财产关系时,有些国家是以夫的属人法来决定婚姻财产制的;其间,如果允许变更,会使已经确定了的夫妻财产关系发生变化,从而引起混乱和困难。

但赞成变更主义的人却认为,婚姻对夫妻财产上的效力与他们的人身关系的效力一样,是为了使婚姻与家庭关系得以正常进行,不能不受当事人国籍或住所改变的影响,既然当事人已经改变了原来的住所或国籍,就应该适用新法来解决其财产关系。在实践中,1978年《关于婚姻财产制的海牙公约》便是采可变更主义。该公约规定,如果夫妻未指定应适用的法律,也没有缔结财产契约,则应适用双方均有惯常居所的国家的法律,也可代替早先可适用的法律,只要:(1)他们有惯常居所的国家正是他们的共同国籍国;(2)在结婚后,这种惯常居所已持续了10年以上的期限;(3)在建立这种惯常居所之时,婚姻财产制仅因他们婚后一直未在同一国家内设定第一个惯常居所因而只适用他们的共同国籍国法。但该公约同时规定,这种准据法的改变,只能及于未来的效力,在准据法改变以前属于配偶已经取得的财产权不受新法影响。

（四）中国的相关规定

2010年我国《涉外民事关系法律适用法》第24条规定:"夫妻财产关系,当事人可以协议选择适用一方当事人经常居所地法律、国籍国法律或者主要财产所在地法律。当事人没有选择的,适用共同经常居所地法律;没有共同经常居所地的,适用共同国籍国法律。"如果夫妻没有共同国籍,则根据该法第2条第2款规定的最密切联系原则确定准据法。

第四节　亲子关系

亲子关系是指父母和子女之间的一种法律关系。父母子女关系依父母与子女之间是否有血缘关系而划分为亲生父母子女关系和养父母子女关系。亲生父母子女关系是有血缘关系的父母子女关系,养父母子女关系是因收养而成立的父母子女关系。在亲生父母子女关系中,依子女是否为有效婚姻关系所生,又将父母子女关系分为父母与婚生子女的关系和父母与非婚生子女的关系。本节所讨论的亲子关系即指有血缘关系的父母子女关系。

一、婚生子

婚生子是指有效婚姻关系中怀孕所生育的子女,而非婚姻关系(包括无效婚姻)中所生的子女则为非婚生子女。关于子女是否为婚生的准据法,有以下几种主张:

(一)父母属人法

主张适用父母属人法的国家中又分为:

(1) 生母之夫的本国法。德国《民法施行法》(1896年)第18条规定,子女嫡出,如其出生时母之夫为德国人或者母之夫于子出生前死亡时为德国人,依德国法。2005年《阿尔及利亚民法典》第13条规定,出身、对父亲身份的承认和异议,以子女出生时父亲的本国法为准。如果在子女出生前父亲已死亡,则适用该父亲死亡时的本国法。其他如1939年《泰国国际私法》、1946年《希腊民法典》、1978年《意大利民法典》等都有类似的规定。不过,这里的"夫"在生父母根本无婚姻关系或婚姻无效时,应指子女的生父。

(2) 生父的住所地法。英国有些学者和判例主张适用父的住所地法来决定子女是否为婚生子女。据沃尔夫介绍,甲女首先与乙男结婚,乙男死后复与其兄弟乔治结婚。乔治是一个在英格兰有住所的英格兰人。但这第二婚姻是在1917年缔结的,依纽约法承认这种婚姻是有效的,但根据当时的英格兰法却是无效的。在1920年,夫妻二人在纽约取得住所,同年甲生下一个儿子叫理查德。后为继承问题发生理查德是不是他们的婚生子女的问题。该案法官便是依据其生父的住所地法即纽约州法认定他们的婚姻是有效的,其间所生的子女当为婚生子女,有继承的权利。①

(3) 子女出生时生母的属人法。《法国民法典》第311—414条规定,子女是否婚生的问题由子女出生时母的属人法规定。

(4) 父母双方的属人法。1978年奥地利联邦《国际私法法规》第21条规定,子女婚生的要件及因此而发生的争议,依该子女出生时配偶双方的属人法,如子女出生前婚姻已解除,依解除时配偶双方的属人法,配偶双方的属人法不同时,依其中更有利于子女为婚生的一方的法律。

(5) 分别适用父母的各自属人法。美国《冲突法重述》(1934年)则主张由

---

① 参见〔德〕沃尔夫:《国际私法》,1945年英文版,第365页。

父的住所地法决定父与子女的婚生关系,由母的住所地法决定母与子女的婚生关系。卢森堡、比利时、荷兰《统一国际私法典》也以父母中相关一方的本国法决定子女的婚生与否。此种立法的理由是认为子女婚生与相关父母之一方的利益最为密切,故应分别适用相关父母一方的法律。但采用此种立法,在父母属人法不同且规定有差异时,可能会产生这样一种后果,即对父亲而言,一个子女可能为婚生,而对母亲来说却可能是非婚生。

(二) 子女属人法

晚近一些国际私法立法,从保护子女利益出发,相继采用子女的属人法作准据法。如 2011 年《波兰国际私法》第 55 条第 2 款规定,子女出身的否认与承认,依出生时子女的本国法。2007 年《马其顿国际私法》第 47 条规定,对父亲或母亲身份的承认、确定或撤销,依子女的国籍国法。《法国民法典》第 311—414 条同时也规定,如果子女的属人法对子女更为有利,则应适用子女的属人法来决定其是否为婚生的问题。但以子女属人法形成的冲突规则适用起来有些困难,因为,通常在依血统确定国籍的国家中,子女的国籍在没有确定其为婚生之前,是不能确定的。其次,在一些国家未成年子女的住所即其父、母的住所,在这两种情况下,无非又重新回到适用父母属人法的立场上。

(三) 适用决定婚姻有效性的法律

按照英国最初的有关婚生问题的理论,一子女如果(而且只有)在合法婚姻中出生或受胎,即为婚生子女,这就把子女婚生的准据法转换成了支配婚姻有效成立的准据法了。直到 1959 年,一直是英国国内法有关婚生问题的传统标准。

(四) 适用对子女婚生更为有利的法律

由于适用子女的属人法,也不见得对子女就是有利的,故近来更有明确规定适用对子女更为有利的法律的。如 1978 年奥地利联邦《国际私法法规》第 21 条就规定,在适用配偶双方的属人法时,如他们的属人法不同,应依其中更有利于子女为婚生的法律。1964 年捷克法、1979 年匈牙利法、1984 年《秘鲁民法典》第 2803 条、1991 年《加拿大魁北克民法典》第 3091 条、1996 年《列支敦士登国际私法》第 22 条也有相似规定。

二、非婚生子女的准正

非婚生子女法律上的地位,在很长的历史时期中都是很卑下的。如英国在 1926 年准正法颁布之前,认为非婚生子女是不属于任何人的。旧时法国法律也认为非婚生子女既不属于其父也不属于其母。后来,各国为改变非婚生子女的受歧视地位,大都采用了非婚生子女准正(legitimation)制度,但有些国家没有准正制度。意大利、加拿大魁北克虽允许准正,却一般或部分地排除由通奸怀孕而生的子女的准正。或尽管一般允许准正,但继续按封建传统限制已准正子女的继承权。另外,各国法律对准正的方式、条件、效力也有不同规定。

(一) 准正的条件

关于准正的条件,大致有:

(1) 父母事后婚姻。即非婚生子女可因父母事后结婚而取得婚生子女的地位。但在有的国家(日本、法国等)除后为婚姻这一条件外,还要求父母有某些认领行为,如在登记机关前明确或正式地承认该子女为其后代。再次,父母的事后婚姻如是无效婚姻,也可能影响其所生子女的准正。

(2) 认领。认领乃父对其非婚生子女承认为其父而领为自己子女的法律行为。但在某些国家,认领只赋予被认婚生子以有限的权利,并不能完全取得婚生地位。

(3) 国家行为。这种准正形式可追溯到罗马法时代。在那时,罗马皇帝可以敕令宣布非婚生子准正。这种办法目前主要是通过确认亲子关系的诉讼,由法院作出判决来实现的。有了这种方式,可以使子女在父母一方死亡或父母不可能事后结婚,或父不愿认领的情况下,由法院判决宣布准正。这种准正带有某些强制的性质。

(二) 准正的准据法

有些国家并不分别各种不同的准正方式,只是笼统地规定准正应适用的法律。如1982年土耳其《国际私法与国际民事诉讼程序法》第16条规定:非婚生子女准正适用准正时的父亲的本国法;依父亲本国法如无法准正,则适用母亲的本国法或子女的本国法。

但有些国家分别规定了事后结婚、认领及国家行为准据所应适用的法律。如对事后婚姻在准正上的效力,或主张适用父母事后结婚时的住所地法(英国和美国即是如此),或主张适用由事后结婚时的父的本国法,或主张适用父母属人法(如1978年奥地利联邦《国际私法法规》第22条规定:非婚生子女因事后婚姻而准正的要件,依父母属人法;父母属人法不同时,依其中更有利于准正的法律),或主张适用子女属人法,或主张适用支配事后婚姻的效力的法律(如1986年德国《民法施行法》第21条第1款的规定)。

有些国家的法律对通过个人认领的准据法作出了专门规定。在这种情况下,常区分认领的形式要件准据法和实质要件准据法。一般来说,认领的形式只要符合认领行为发生地的要求就足够了。不过,属人法常在这个问题上起制约作用。如法国占主导地的观点是:当一个法国人在国外认领其子女时,他也得像通常的法国认领一样,作一"正式"宣告,而只让国外当地规则决定认领应具备什么"正式"文件。

认领的实质要件的准据法有以下几种:

(1) 父母属人法。一般说来,认领子女的父母的住所地或国籍是具有重要意义的。因为认领人的行为能力应由认领人的属人法决定。如1939年泰国《国际私法》第31条规定:子的认领,依认领时父之本国法;如父已死亡,依父死亡时之本国法。

(2) 分别适用父母和子女的属人法。《布斯塔曼特法典》第60条规定:"认领的能力受父的属人法支配,被认领的能力则受子女的属人法支配。必须两个属人法所规定的条件相符,才能认领。"

(3) 子女属人法。1978年奥地利联邦《国际私法法规》规定,非婚生子女的父子关系的确定与承认的要件,依其出生时的属人法,但也可适用他们最近的属人法,如果依该法确立和承认是可以允许的,而依出生时的属人法却是不允许的。

对国家行为的准正,一般来说,其准据法主要应是准正国家的法律,或法院认为应适用的法律。

三、父母子女关系的准据法

对于此种关系应适用的法律,有的国家采取笼统的规定方式。1965年的波兰法和1964年的捷克法便是如此。对采这种规定方式的国家,应认为它们对亲子关系不再区分婚生子、非婚生子、被收养人和他们养父母的关系。因为,在他们看来,只要任何一种亲子关系成立,亲子间的权利和义务关系应适用的准据法便是同一的。但也有的国家区别亲子关系的内容而分别规定不同的准据法。

对于亲子关系应适用的准据法,有的国家主张适用双亲的属人法,采这种观点的国家大都认为在家庭关系中,父和母是居于主导地位的。有的国家则主张适用子女的属人法,采这种观点的,无疑是侧重于保护子女的利益。但是,在亲子关系中,如对子女的监护、教育,并不能完全理解为谋求亲子的利益,因此,借维护子女的利益而完全排斥双亲的属人法的适用也不见得完全妥当,于是又有第三种主张,即适用亲子双方共同本国法的出现。

采子女本国法的,较早的可以1928年的《布斯塔曼特法典》为例(如该法第69、70条),而在近来,更有捷克、瑞士、匈牙利、奥地利等国的冲突法典。如捷克斯洛伐克1964年《国际私法与国际民事诉讼程序法》规定:"父母子女关系,包括抚养和教育,依子女本国法。"1987年瑞士联邦《国际私法法规》第82条第1款规定:"父母与子女的关系适用子女惯常居所地国家的法律。"不过该条第2款但书又规定:"如果父母任何一方都不在子女之惯常居所地国家有住所,而且如果父母与子女有相同国籍,则适用他们的国籍国法。"

采父母子女双方共同本国法可以前南斯拉夫为例。前南斯拉夫1982年《法律冲突法》第40条就规定:"父母和子女之间的关系依他们的共同本国法"。这就会遇上他们无共同国籍的情况,于是该法进一步规定:"如果父母和子女国籍不同,依他们的住所地法",而在他们无共同住所时,"只要子女或父母中任何一人为南斯拉夫公民则依南斯拉夫法律"。此外,2007年日本《法律适用通则法》第22条规定,亲子间的法律关系,在子女的本国法与父或母的本国法相同,依子女本国法;其他场合则依子女的惯常居所地法。

2010年我国《涉外民事关系法律适用法》第25条规定:"父母子女人身、财产关系,适用共同经常居所地法律;没有共同经常居所地的,适用一方当事人经常居所地法律或者国籍国法律中有利于保护弱者权益的法律。"

第五节 收 养

收养是一种收养人和他人子女(被收养人)之间建立起父母子女关系(即人为的、法律拟制的亲子关系)的法律行为。除某些伊斯兰国家外①,世界上绝大多数国家都承认这一制度,但各国有关收养制度的法律规定却是不同的。例如,有些规定,只有未成年人才能被收为养子女,而收养人则须是成年人,并且二者之间要有合理的年龄差距。而按《法国民法典》第345条和第360条的规定,既可收养未成年人,也可收养成年人,但如果为完全收养则被收养人须不超过15岁,而单纯收养则无年龄限制,不论被收养人年龄多大,都可以被单纯收养。又如,关于收养人与被收养人之间的年龄差距,法国规定为15岁,但如被收养人系其配偶的子女,差10岁即可(《法国民法典》第344条);《罗马尼亚家庭法典》第68条则要求相差18岁。在收养效力方面,有的国家只规定"完全收养",有的国家却只有"单纯收养"制度,有些则二者兼有②。此外,有些国家还规定,收养人在收养子女前,还须对该被收养人已实际抚育了一定时期(《德国民法典》第1744条、《法国民法典》第345条等)③。

一、收养案件的管辖权

英美法系国家一般以住所为行使管辖权的依据。根据1976年英国《收养法》第14、15、62条的规定,如果至少申请人之一的住所在联合王国的一个组成

---

① 在伊斯兰国家,收养是不合法和无效的,因为它引起了血统的混乱。伊斯兰国家也承认别的国家照顾伊斯兰儿童,但前提是不得建立父母子女关系。

② 完全收养是指收养关系成立后,被收养人与其生父母之间的权利义务关系即告消除,而与收养人之间建立起权利义务关系,养子女的法律地位同婚生子女,享有婚生子女的权利,承担婚生子女的义务。单纯收养也称不完全收养,是指收养关系成立后,被收养人与其生父母的权利义务关系并不完全消除,他们之间仍互相享有某种继承权,或者是收养关系成立之后,养子女的法律地位并不完全等同于婚生子女,养子女只是取得某些权利,而无继承权。

③ 关于收养制度的法律歧异情况,可参见李双元主编:《涉外婚姻家庭法》,中国政法大学出版社1989年版,第103—105页。

部分,并且儿童①于申请提出时在英格兰,则英格兰法院有作出收养令的管辖权。1971年美国《第二次冲突法重述》第78条规定,凡收养人或被收养人的住所在该州,以及收养人和被收养人或对被收养儿童有合法保护权的人愿意服从该州的对人管辖,该州便可行使此种管辖权。

大陆法系国家一般以国籍或住所为行使管辖权的依据。如1987年瑞士联邦《国际私法法规》第75条规定,如果收养人或收养人夫妻双方住所在瑞士,瑞士法院对宣告收养有管辖权。如果收养人或收养人夫妻双方在瑞士没有住所,其中一方为瑞士人,并且他们在外国住所地不可能进行收养或不合理地要求依当地收养程序收养时,有瑞士国籍的一方收养人所属地法院或主管机关对宣告收养有管辖权。但在新近一些立法中,惯常居所这一连结点也受到了重视。

1965年海牙《收养管辖权、法律适用和判决承认公约》第3条规定,收养人惯常居所地国,或于夫妻共同收养时他们的惯常居所地国,或收养人国籍国,或于夫妻共同收养时他们的共同国籍国的主管机关均有审批收养的管辖权。

二、涉外收养的法律适用

在国际私法上,对涉外收养的成立的形式要件,诸如是否须经当事人申请,是否须经公证或登记,大都只主张适用收养成立地法。但对涉外收养的实质要件的准据法则有以下几种立法与实践:

(一) 适用法院地法

在适用法院地法时,对有关需要取得特定人同意等问题,也适用当事人的属人法。这可以英国为例。在英国,法院注重的是管辖权,只要英国法院对涉外收养有管辖权,便也只适用英国国内法来判定此一收养的实质要件是否具备。

在美国,收养通常都要经过法院程序才能生效,因而美国跟英国一样首先注重的是收养的管辖权问题。并且一旦确定了有管辖权,法院也只适用法院地法律。当然关于特定人对收养的同意,一般应适用其住所地法。

在国际立法方面,1965年订于海牙的《收养管辖权、法律适用和判决承认公约》也采近似主张。该公约规定,对于收养的条件应适用有管辖权的主管机关的所在地法,但是对于外国收养人还必须同时适用该外国收养人本国法规定的禁止收养条款。关于收养需要特定人或机关同意问题,则应适用被收养人的本国法。1984年的《美洲国家间关于未成年人收养的冲突法公约》也采此主张。

(二) 适用收养人属人法

此说的理由是认为,收养人是成立收养关系的主动的一方,而且收养关系一

---

① 英格兰最近的收养立法中使用了"儿童"(child)一词,而没有使用"幼儿"(infant)或者"未成年人"(minor)一词。这里的儿童必须是18岁以下并且未婚。

经成立后,收养人便负担起抚养的义务和责任,收养的成立对收养人的权利义务影响较大,为了保护收养人的权利,故宜采用收养人的属人法。采此种立法例的国家有 1986 年德国《民法施行法》第 22 条规定,子女的收养适用收养人收养时的国籍所属国法律。1978 年《意大利民法典》第 20 条规定,收养人与被收养人之间的关系,适用收养人收养时的本国法。而 1995 年意大利《国际私法制度改革法》第 38 条规定,收养的条件、成立和撤销可依次选择适用收养人本国法以及在夫妻为收养时夫妻双方共同本国法、共同居住地国法、夫妻婚姻生活主要所在地国法。只是该法指出,如收养是向意大利法院提出并且认为这种给予未成年人以婚生子女地位是适当的,则应适用意大利法。

（三）适用被收养人属人法

持此种主张的出发点是,收养制度的主要目的是为了给孤儿、弃儿或其他境遇较差的儿童一个新的家庭,提供一种较好的生活环境和教养,因此,只有适用被收养人的属人法才能给予收养人完善的保护,他的幸福才能得到保障。原苏联便是此种立法例的典型。1979 年的《苏联和各加盟共和国婚姻家庭立法纲要》第 35 条便规定,在苏联收养儿童,不论收养人的国籍,均适用苏联法律。如果外国公民收养苏联儿童,还必须得到加盟共和国授权机关的批准。收养住在苏联境外的苏联籍的儿童,则应在苏联领事馆依照苏联法律规定的收养规则办理,就是说,只要被收养人是苏联公民,则概依作为被收养人属人法的苏联法办理,而不问被收养人的住所在何国以及收养人的国籍如何。法国国际私法虽无明文规定,但在实践上及一般学者大多认为涉外收养关系是否成立,应该以被收养人的本国法为准,不过,如果收养人系法国公民而被收养人是外国公民,则应适用法国法。然而很多国家只是在某些要件上适用被收养人属人法,如 1978 年奥地利联邦《国际私法法规》第 26 条第 2 款规定,收养适用养父母的各自属人法,如子女的属人法要求取得他的同意或他与之具有亲属关系的第三者的同意,该法则在此限度内起决定作用。

（四）分别适用收养人和被收养人本国法

这种立论的理由是基于属人法应支配有关个人身份的问题,而收养不仅涉及收养人而且也影响到被收养人和被收养人的身份地位,对二者的权利义务都会发生变化,因此宜分别适用收养人和被收养人的本国法。此外,这种立论还考虑到了有利于收养在国外得到承认的问题。采这种立法例的有日本、韩国等。

此外,还有一种主张是对本国人收养他国公民和他国人收养本国公民加以区别,适用不同的冲突规范。如 1979 年匈牙利《国际私法》第 43 条尽管在规定一般的收养成立要件时,指出应适用收养时收养人和被收养人的各自的属人法,但对于匈牙利公民收养外国公民,必须取得匈牙利监护机关的同意;而外国公民收养匈牙利公民,必须取得匈牙利监护机关的批准;而且只有在收养符合匈牙利法律规定的条件下,监护机关才可同意或批准该收养。

三、《跨国收养方面保护儿童及合作公约》

由于对收养活动没有统一的法律文件来调整各国之间的法律差异,大多数国家在跨国收养的原则问题上都本着尽量扩大适用本国法律的原则去处理具体问题,致使这一领域的法律冲突日渐突出,1965年,海牙国际私法会议虽然通过了《关于收养的管辖权、法律适用和判决承认公约》,但其规定不够全面也不具体,奥地利、瑞士、英国签署并批准该公约后又退出了。1993年,海牙国际私法会议第17届大会通过了《跨国收养方面保护儿童及合作公约》,该《公约》主张加强各国的合作机制,最大限度地便利跨国收养程序,为儿童利益提供最佳保护。《公约》包括了实体法、程序法及冲突法三方面的内容,共分7章48条,主要为:

(1) 公约适用范围。《公约》规定只适用产生永久性父母子女关系的收养,从而排除了类似简单收养的其他形式的收养。被收养儿童的年龄应在18岁以下,收养人为夫妻或个人。

(2) 跨国收养的实质要件及法律适用。《公约》规定收养程序的开始须适用收养人所在国和被收养人所在国双方的法律,即对儿童是否适用收养的条件适用儿童原住国法律,而对预期养父母是否适合收养儿童的条件适用收养国的法律。《公约》规定收养进行的条件为:原住国的主管机关必须确认该儿童适用于收养;对在原住国内安置该儿童的可能性作了应有的考虑后,确认跨国收养符合儿童的最佳利益;收养国的主管机关必须确认预期养父母条件合格并适于收养儿童;保证预期养父母得到的必要的商议;确认该儿童已经或被批准进入并长期居住在该国。

(3) 中央机关和委任机构。《公约》规定了中央机关制度,以保证各国间的合作机制。中央机关的职能可通过三种方式来实现:第一,中央机关之间直接进行合作;第二,通过由政府直接控制的公共机构进行合作;第三,通过由政府批准委任的民间机构进行合作。《公约》还进一步规定了中央机关机构的工作范围。

(4) 跨国收养的程序要件。《公约》规定,跨国收养应通过中央机关进行,首先由收养人按规定向本国的中央机关提出申请,然后由收养国的中央机关向原住国的中央机关转交申请。原住国的中央机关收到申请后,应准备一份报告,报告中对儿童的成长、其种族、宗教及文化背景给予适当考虑;根据有关儿童和预期养父母的情况以确认所面临的安置是否符合该儿童的最佳利益等。此外,《公约》还对儿童的交付移送、再收养的程序作了规定,《公约》没有对试养期作出强行规定。

(5) 收养的承认及效力。《公约》规定,对收养的承认即确认了儿童和其养父母之间的父母子女关系,同时儿童和其亲生父母之间的关系即告终止。收养成立后,养父母对儿童负有父母责任,养子女即享有与该国其他被收养人同等的权利,而没有类比亲生子女的权利,这主要是因为一些收养国从自身利益出发,不愿给予养子女和亲生子女同等的权利。《公约》还规定了拒绝承认收养的条件,即当对收养的承认明显违反缔约国的公共政策和儿童的利益时,可予拒绝。

(6)一般规定。《公约》的一般规定部分包括下列内容:移送儿童在原住国或在收养国境内进行的情况;收养未成立之前有关方面之间的接触;有关儿童背景资料的保存,以及跨国收养费用等等。

截至2014年6月,公约有93个成员。《公约》于1995年5月1日正式生效。我国于2005年批准加入《公约》,2006年1月1日《公约》对我国生效。

四、我国关于涉外收养的立法

改革开放以来,随着对外交往的不断扩大,我国涉外收养案件逐年递增。在我国《收养法》未颁布之前,在我国进行涉外收养一般是按照《婚姻法》及有关行政法规来办理的。20世纪80年代末,在制定我国单行的收养法过程中,提交全国人民代表大会审议的收养法草案曾有专门的一章对涉外收养的准据法选择问题单独加以了规定,但是,因为种种原因而未被采纳,在1991年12月29日最后通过的《收养法》中仅第20条笼统地对外国人在中华人民共和国收养子女作了规定,即"外国人依照本法可以在中华人民共和国收养子女"。2010年我国《涉外民事关系法律适用法》第28条规定:"收养的条件和手续,适用收养人和被收养人经常居所地法律。收养的效力,适用收养时收养人经常居所地法律。收养关系的解除,适用收养时被收养人经常居所地法律或者法院地法律。"

第六节 监 护

监护,是对未成年人或禁治产人,在无父母或父母不能行使亲权的情况下,为保护其人身和财产利益而设置的一种法律制度。

监护制度来源于罗马法,当时设立监护的目的是防止未适婚人、女子或精神病人等因不善管理,损害宗族成员的继承权。监护权人代行家长权,监护权是家长权的一种补充和延长。至罗马后期,监护制度才渐渐以保护受监护人的利益为目的。目前各国立法均设立了保护受监护人利益为目的的监护制度。

监护可分为对未成年人和对成年人的监护。未成年人监护一般是在未成年人无父母或父母不能行使亲权时设立。对成年人来说,一般不发生监护问题,但如成年人被宣告禁治产时,也应设立监护。

一、监护案件的管辖权

对于监护案件，各国一般以住所、居所或国籍为依据行使管辖权。例如，在英国，如果儿童是英格兰国民或者出现在法院的管辖区内，英格兰法院有权作出除了有关照顾、教育和交往事项以外的监护和保佐令。在婚姻诉讼中，如果儿童惯常居住在英格兰或者本人在英格兰并且不惯常居住在苏格兰和北爱尔兰①，法院可以为交往、居所或者特定问题作出命令（即交往令、居所令或者特定问题令）。根据1961年海牙《关于未成年人保护的管辖权和法律适用公约》第1条的规定，未成年人的惯常居所地国的司法机关和行政机关和未成年人本国的主管机关，有权采取措施，以保护未成年人的利益。瑞士参加了1961年海牙《关于未成年人保护的管辖权和法律适用公约》，1987年瑞士联邦《国际私法法规》第85条规定，在保护未成年人方面，有关法院的管辖权、法律适用以及承认外国法院判决等问题，适用该《公约》。

二、监护关系的法律适用

监护制度是为保护受监护人的利益而设置的，从此目的出发，大都以被监护人的属人法作为有关监护问题的准据法。但英国是适用法院地法解决有关监护的冲突的。另外，目前一些新冲突法在某些涉及监护人的利益方面（如是否可以拒绝接受担任监护），也允许适用监护人的本国法。

（1）监护人的属人法。1995年意大利《国际私法制度改革法》第43条规定，针对无行为能力的成年人的保护措施的条件和效力，以及无行为能力人与其监护人之间的关系，适用无行为能力人的本国法。日本、泰国、土耳其等国不仅规定了监护应适用被监护人的属人法，而且对在内国有住所或居所的外国人或无国籍人，或在内国有财产的外国人的监护问题作了规定。2007年土耳其《国际私法与国际民事诉讼程序法》第10条第1—2款规定，设立或撤销监护、禁治产的理由，依为之请求设立或撤销监护、禁治产者的本国法。外国人根据其本国法不得被设立监护或被禁治产的，如果该外国人的惯常居所在土耳其境内，则依土耳其有关设立或撤销监护、禁治产的法律作出决定。在当事人被迫居留于土耳其的情况下，也适用土耳其法律。

（2）法院地法。这可以英国为例。英国在监护问题上仍是首先从管辖权入手的。一般说来，如果英国法院对某一涉及监护的案件有管辖权，它便只适用英国法。此外，英国法中有一条重要原则经常被适用于决定有关监护问题，即首先

---

① 并且根据这个理由，法院还有权作出有关照顾、教育和交往事项的命令；如果儿童本人在英格兰并且为了保护儿童有必要立即行使权力，此时法院也被允许作出有关照顾、教育和交往事项的命令。

考虑子女利益的原则。2007年土耳其《国际私法与国际民事诉讼程序法》第10条第3款规定,涉及禁治产、监护以及照管的所有事件,依土耳其法律,但有关设立或撤销监护、禁治产的理由除外。

三、关于监护的国际公约

(一)关于未成年人监护的国际公约

目前已有的关于未成年人监护的国际公约共有三个:(1) 1902年《关于未成年人监护海牙公约》;(2) 1961年《关于未成年人保护的管辖权和法律适用的海牙公约》;(3) 1996年10月19日在海牙国际私法会议上又通过了《关于父母责任和保护儿童措施的管辖权、法律适用、承认、执行和合作公约》(以下简称1996年《海牙公约》)。1996年《海牙公约》明确提出以其取代1902年的《关于未成年人监护海牙公约》和1961年的《关于未成年人保护的管辖权和法律适用的海牙公约》。新公约共7章63条,确定了儿童惯常居所地国行使采取保护儿童措施的管辖权的基本原则,同时允许离婚法院地国的并存管辖权和其他有最密切关系国家的补充管辖权,具有管辖权的机关采取措施时适用本国法。1996年《海牙公约》第3条对父母责任的准据法作了明文规定,即适用儿童惯常居所地法。不仅如此,新公约对涉外监护问题特别强调各缔约国的合作,以便有效地保护未成年人的最大利益。截至2014年7月11日,捷克、摩洛哥、斯洛伐克等41个国家批准或接受了1996年《海牙公约》。该公约已于2002年1月1日生效。

(二)海牙关于成年人国际保护公约

2000年海牙国际私法会议通过了《关于成年人国际保护公约》(以下简称《公约》)。《公约》在缔约国间取代1905年海牙《禁治产及类似保护措施公约》。截至2014年1月31日,只有法国、德国、瑞士和英国等8个国家批准,《公约》已于2009年1月1日生效。其主要内容有:

(1) 适用范围。《公约》适用于对那些心智不健全或精神耗弱,不能保护其自身利益的成年人的国际保护。就《公约》而言,成年人是指已满18岁的人。但《公约》同样适用于对下述成年人采取的保护措施,他们在被采取保护措施时年龄未满18岁。

(2) 管辖权。第一,该成年人惯常居所所在地缔约国的司法或行政当局享有管辖权,并得采取措施保护其人身或财产。第二,如该成年人属难民,或他们的国家发生动乱使之在国外流离失所时,其现所在地的缔约国当局享有上述管辖权。前款同样适用于其惯常居所不能被查明的成年人。第三,如果作为成年人国籍国的缔约国当局认为它们更有利于评估该成年人的利益,在通知依据《公约》第5条、第6条拥有管辖权的当局以后,可行使管辖权,并采取措施保护其人身和财产,但该成年人系难民或其国籍国发生动乱以致在国外流离失所者除外。第四,只要依据第5条或第6条的规定享有管辖权的缔约国当局认为是为成年人的利益着想,即可主动或者根据另一个缔约国当局请求而要求下述缔约国之一的当局采取措施以保护成年人人身或财产:成年人国籍国;成年人惯常居所地国;成年人财产所在地国;经成年人书面选定采取直接指向他或她的保护措施的当局所属国;与准备对他或她采取保护措施的成年人关系密切的人的惯常居所地国;就保护成年人的人身利益而言,成年人的所在国。第五,成年人财产所在地缔约国当局享有管辖权以采取措施保护有关财产,但此种措施应与依第5—8条规定享有管辖权的有关当局采取的措施相协调。第六,情况紧急时,成年人所在之任何缔约国或成年人财产所在地之任何缔约国有权采取任何必要之保护措施。第七,作为例外,成年人所在地之缔约国当局有权采取临时措施以保护成年人之人身权,但此种措施应与依第5—8条规定享有管辖权的有关当局采取的措施相协调。此类措施只在该国境内具有属地效力。

（3）准据法。《公约》规定,为行使上述管辖权,缔约国当局应适用本国法;但因保护成年人人身、财产的需要,有管辖权的当局亦可例外地适用或考虑适用与此有实质联系的另一国法律。在一缔约国采取的措施需要在另一缔约国执行时,其执行条件应适用执行地国法。成年人不能保护其权益而协议委托或通过单方行为而授予的代理权,其存在、范围、变更、终止,适用协议时或行为时成年人惯常居所所在地国法,除非已由书面形式明确规定适用第15条第2款所列之法律(含成年人本国法、成年人先前之惯常居所地法以及成年人财产所在地国法)。上述规定亦适用于所援引的法律为非缔约国法的情形。

上述所指的法律仅指现行有效的实体法而非法律选择规范,且仅当其适用显然违背公共政策才得被拒绝。上述规定并不排除将对成年人予以保护的国家的法律的适用;不管该国适用何种法律,该国强行法应予适用。

（4）承认与执行。缔约国当局所采取的措施应当在所有其他缔约国得到承认。但《公约》还规定了可以拒绝承认的五种情况(第22条第2款)。

（5）合作。缔约国应当指定中央当局以履行《公约》所设立之义务。《公约》还具体规定了合作的事宜及费用。

四、我国关于涉外监护法律适用的规定

最高人民法院发布的《关于贯彻执行〈中华人民共和国民法通则〉若干问题的意见(试行)》第190条对涉外监护法律适用问题作了规定:"监护的设立、变更和终止,适用被监护人的本国法律。但是,被监护人在我国境内有住所的,适用我国的法律。"2010年我国《涉外民事关系法律适用法》第30条对此作了新的规定:"监护,适用一方当事人经常居所地法律或者国籍国法律中有利于保护

被监护人权益的法律。"

第七节 扶 养

一、扶养案件的管辖权

英美法系国家一般以住所为行使管辖权的依据。根据经修改的英国1973年《婚姻诉因法》第27条,如果在提出申请之日,当事人任何一方的住所在英格兰;或者到上述日期为止,当事人任何一方已在英格兰惯常居住有一年;或者在提出申请之日,被告本人在英格兰,英格兰法院有权以未提供合理扶养费为由而发出关于扶助(financial provision)的命令。根据该法第35条,如果当事人任何一方的住所或居所在英格兰,英格兰法院可以改变扶助或扶养(maintenance)命令。此外,如果被告的居所在英格兰,或者在1920年《扶养令(执行便利)法》扩大适用的外国国家,或者被告的居所在1972年《扶养令(相互执行)法》第一部分或者第二部分扩大适用的外国国家,治安法院有权发布扶养令。[①] 1971年美国《第二次冲突法重述》第77条规定,如果一州对配偶另一方有管辖权,该州即有权行使司法管辖权,规定配偶一方由该另一方扶养,或者如果该州对配偶另一方的财产有管辖权,则它在该财产数额内也可以行使这种管辖权。在对配偶另一方不享有管辖权时,一州不能行使司法管辖权以免除配偶一方对该另一方可能负有的扶养义务。而根据该《重述》第27、70、71条的规定,配偶双方或一方住所或居所所在地州的法院对配偶有管辖权。

大陆法系国家一般以国籍或住所为行使管辖权的依据。1964年捷克斯洛伐克《国际私法与国际民事诉讼程序法》第39条规定,对于未成年人的抚养、教育及其他有关事项,只要未成年人是捷克公民,即使生活在外国,也由捷克法院行使审判权。根据1987年瑞士联邦《国际私法法规》第75条规定,子女的惯常居所地或作为被告一方的父或母的住所地或惯常居所地的瑞士法院,或者子女或作为被告一方的父母在瑞士既没有住所,又没有惯常居所,但只要其中一方具有瑞士国籍的,其国籍所在地的瑞士法院,有权受理请求支付扶养费的诉讼和由母亲提出的请求支付生育子女和扶养子女的补偿费的诉讼。

二、扶养关系的准据法

扶养有配偶之间的扶养、亲子之间的扶养以及其他亲属之间的扶养,故在国际私法上,有的国家对上述三类扶养分别规定准据法,如依1979年匈牙利《国际

---

① 参见欧福永:《英国民商事管辖权制度研究》,法律出版社2005年版,第253页。

私法》第 39 条规定,夫妻之间的扶养,应适用起诉时夫妻共同的属人法;如无,则适用其最后的共同属人法;如没有最后的共同属人法,则适用夫妻最后的共同住所地法;如夫妻没有共同住所,适用法院地或其他机构地法。该法第 45 条规定,父母对子女的扶养适用子女属人法,而子女对父母的赡养则除外;此外,亲属之间的扶养的义务、条件、程序与方法,得依扶养权利人的属人法确定。但有不少国家只对其中的一二种扶养规定准据法。

概观各国有关扶养法律适用的立法,可以作如下归纳,即大多数国家规定应适用被扶养人的属人法(如 1979 年匈牙利《国际私法》第 47 条、1986 年德国《民法施行法》第 18 条、1939 年泰国《国际私法》第 36 条、2007 年土耳其《国际私法与国际民事诉讼法》第 19 条)。在特定情况下,也规定可适用双方的共同属人法。如 1986 年德国《民法施行法》第 18 条尽管原则上规定扶养义务适用被扶养人惯常居所地的法律,但该法同时补充规定:"如果被扶养人依照该法无法得到扶养,则应适用扶养人与被扶养人的共同本国法。"目前由于运用"利益导向"方法,也出现有要求适用对被扶养人最为有利的法律的。1998 年突尼斯《国际私法》便采取了这种方法。它的第 51 条规定:"扶养义务由权利人的本国法或住所地法支配,或由义务人的本国法或住所地法支配。法官应适用对权利人最有利的法律。"

此外,有些国家是 1973 年订于海牙的《扶养义务法律适用公约》的成员国,它们的国际私法干脆规定扶养义务适用或类推适用该《公约》,如 1987 年瑞士联邦《国际私法法规》第 83 条规定,父母子女之间的扶养义务,适用 1973 年海牙《扶养义务法律适用公约》。1995 年意大利《国际私法制度改革法》第 45 条也作了类似的规定。

三、我国关于扶养法律适用的规定

在借鉴、吸收外国有关扶养准据法的立法和司法实践的经验的基础上,我国《民法通则》第 148 条规定:"扶养适用与被扶养人有最密切联系的国家的法律。"我国《涉外民事关系法律适用法》第 29 条对此作了新的规定:"扶养,适用一方当事人经常居所地法律、国籍国法律或者主要财产所在地法律中有利于保护被扶养人权益的法律。"

在适用我国《涉外民事关系法律适用法》第 29 条解决涉外扶养问题时,需注意的是对该条的适用范围,根据我国学者的意见和最高人民法院的司法解释,该条中"扶养"一词应作广义的解释,不同于我国《婚姻法》第 4 条中的扶养仅指夫妻之间的扶养,而是包括父母子女之间、夫妻相互之间及其他具有扶养关系人之间的扶养。

第八章 财 产 法

由于本章的内容不但涉及物权,而且也包含了国有化、知识产权等问题,因此,仍像过去一些国际私法著作那样以"物权"或"物权法"作标题已明显不妥,故改用"财产法"来概括,似更妥当一些。

第一节 "物之所在地法"原则

在物权关系的诸要素中只要有一个因素涉及外国立法管辖时,就构成了涉外物权关系,从而需要解决法律选择问题。当今,物权关系适用得最广泛的冲突原则,便是"物之所在地法"原则。

一、"物之所在地法"原则的产生和发展

物之所在地法原则,是13、14世纪巴托鲁斯的法则区别说率先提出来的,不过当时只适用于不动产。对动产物权则是根据"动产随人"或"动产附骨"或"动产无固定场所"的理论适用当事人的住所地法。究其原因,主要是由于在当时动产还不具有不动产那样的重要性,因而允许作为属地主权管辖的例外。到了20世纪,尽管这一古老的原则仍为少数国家的民法典所坚持,但已遭到许多学者的反对与批判。他们认为在国际商业交往中,物的所有人的住所常常有变,购买人或债权人很难知道所有人住所在什么地方,即使知道其住所,也不易了解其住所地物权法的具体内容,倒不如适用物之所在地法易为当事人所掌握。况且,如果对物权发生争议的双方当事人的住所地不同,究竟应适用其中哪一方的住所地法,也不好确定。还有的学者指出,国家对位于其领域内的物的支配权应得到各国的承认,因为物与法律之间,除了空间位置的联系,不存在其他更强的联系。而且适用物之所在地法也是符合尊重物之居地国领土主权的国际法原则的。[①] 国际私法比较学派巨子拉贝尔更认为,物之所在地法不仅应为所有国家所尊重,而且还应适用于所有的财产。[②] 显而易见,财产只有置于它的所在地主权保护之下,其所体现的利益才能确有保障。物权虽是一种对世权,但要对它行使保护,则只有所在地法提供的保护,方为最有力的保护。加之,此种权利往往

---

① 刘甲一:《国际私法》,台湾三民书局1984年版,第282—283页。
② 〔德〕拉贝尔:《冲突法:比较研究》第4卷,1958年英文版,第30—34页。

需要登记或注册,而登记或注册,也只有在物之所在地才是可能的。

此外还有学者指出,动产随人原则在国际商业尚不发达的时代是有其存在的客观根据的,但到国际商业十分发达时仍墨守这一原则,显然不利于商业交往了。沃尔夫就认为,在19世纪上半叶以前,英国海外贸易大量的是殖民贸易,在此种情形下,对英国商人适用其英国住所地法,对保护自己的利益当然是有好处的,可是随着商业的发展,如果在欧洲大陆上进行商业活动的英国人,再提出适用他们的住所地法,就只会削弱自己在国际商业交易中的地位了。①

现今由于资本的国家活动范围更为扩大,一个人的动产往往遍及数国,并涉及这许多国家的经济活动,动产所在地国也不愿适用所有人的属人法来支配位于自己境内的动产物权问题。因此,在现代国际私法中,可以说,无论在立法和实践中,几乎一致地把动产和不动产物权均置于物之所在地法支配之下了。

二、物之所在地的确定

以物之所在地法来调整物权关系,首先需要解决如何确定物之所在地的问题。对此,各国的普遍实践可归纳为以下几点:

就不动产和有体动产而言,物之所在地应为它们物理上的所在地。

但是对于车辆、商船或民用飞机等使用中的交通工具,由于其处于运动之中,难以确定其所在地。尤其是轮船和飞机,经常处于公海或空中,难以确定到底位于何国,因此使用中的交通工具一般以其注册地(港)作为其所在地,但亦有以企业的主营业所所在地为其所在地的。如1978年奥地利联邦《国际私法法规》第33条规定:"经备案或登记于一注册处的水上或空中运输工具的物权,依注册国的法律;铁路车辆依在营业中使用该车辆的铁路企业有其主营业所的国家的法律。"《戴西、莫里斯和科林斯论冲突法》一书也指出,对于商船,有时可以认为其所在地是其注册港,而对民用飞机有时可以认为其所在地是其注册国。②

对于无体动产,总的原则是应认为其所在地是在该项财产能被追索或执行的地方。《戴西、莫里斯和科林斯论冲突法》一书作了详细说明③,现简单说明如下:第一,债,除少数例外,其所在地应被认为在债务人居住国。第二,信用证权益,其所在地在债务可支付的地方,即使债务人不居住在该地。第三,盖印契约(specialties)之债,例如,抵押之债,其所在地为契约所在地,而不是债务人居住地。第四,判决确定之债(judgment debt),其所在地为判决存档地。第五,流通

---

① 〔德〕沃尔夫:《国际私法》,1945年英文版,第518—519页。
② Lawrence Collins and Others, Dicey, Morris and Collins on the Conflict of Laws, 14th ed., Sweet & Maxwell, 2006, pp.1130—1131.
③ Ibid., pp.1117—1129.

票据和可通过交付转让的证券(negotiable instruments and securities transferable by delivery),其所在地为代表这种证券的票据现实所在地。第六,非流通证券(immobilized securities),其所在地为保管人定居地和保管人保管记录着证券存放者所有权的数据库的地方。第七,公司股票(shares in companies),它的所在地应认为是在能根据公司成立国的法律对这种股票作有效处分的国家。因此,如该国法律规定,股票只有经登记才能作有效转让,则登记地为其所在地。第八,因合同或者侵权而产生的诉权,其所在地为可就合同或者侵权提起诉讼的地方。第九,对死者财产的利益,在实行将遗产交付给管理人或执行人管理的制度的国家,其所在地为管理人居住地,而在不实行这种制度的国家,为死者住所地。第十,信托权益(interests under trusts),其所在地为信托财产所在地,或受托人居住地。第十一,合伙中的份额(shares in a partnership business),其所在地为合伙业务执行地;如合伙业务在几个国家进行,则为其业务总部所在地。第十二,商誉(goodwill of a business)①,其所在地为商店所在地。第十三,对于专利权、商标权和版权的所在地,哪一国家的法律支配它们的存在,所在地就在该国。

随着计算机技术的发展和跨国证券交易的迅猛发展,出现了间接持有证券的体制。在间接持有体制下,证券的登记、持有、转让和抵押等都通过位于不同国家的中间人②的电子账户的记载来完成,因此,物之所在地难以确定。2002年海牙《关于经由中间人持有的证券的某些权利的法律适用公约》对间接持有证券的物权的准据法,首先规定了有限制的意思自治原则,即公约中所规定的有关事项所适用的法律为账户持有人与相关中间人在账户协议中明确同意的国家的法律,或者账户协议明确指明的另一国家的法律;但必须满足在签订协议时,相关中间人在该国有符合公约规定条件的分支机构。如果当事人没有作出法律选择,则适用相关中间人营业所所在地法(the place of relevant intermediary approach,简称 PRIMA 规则)。

三、物之所在地法的适用范围

物权关系适用物之所在地法,虽然是各国普遍采用的做法,但从各国的立法与司法实践来看,物之所在地法的适用范围仍有一些限制,并非能绝对地支配所有的物权关系。一般地说,物之所在地法通常适用于下列情形:

---

① 商誉也是一种资产,可以把它连同商店一起出顶,出顶后出顶人不得再使用该商号,受顶人不但享有该商店,而且享有该商号。
② "中间人"是指在交易或其他日常活动中,为他人或同时为他人和自己维持证券账户并以此种身份行事的人。

(1) 对于物为动产或不动产的识别

在通常的意义上讲,所谓动产与不动产的区别,就在于它们是否能从一个地方移至另一个地方。然在现实的经济关系中,各国的法律制度往往并不只作这种简单的划分。例如,在1811年《奥地利民法典》中,就认为房屋上的固定附着物、池塘里的鱼、森林中的走兽都应视作不动产;而联邦德国则把不将其拆毁便不能移动的物,如临时建筑的展览馆作动产对待。① 法国民法认为,尚未收割的收获物及尚未摘取的树上果实,为不动产;但谷物一经收割,果实一经摘取,即使未运走,也成了动产。不动产所有人为使用经营该不动产而设置的物,诸如耕畜、农具、鸽舍中的鸽、养兔园中的兔、蜂巢中的蜂群、池塘中的鱼等,按其用途皆应视为不动产。② 我国最高人民法院《关于贯彻执行〈中华人民共和国民法通则〉若干问题的意见(试行)》第186条认为,土地、附着于土地的建筑物及其他定着物、建筑物的固定附属设备,均为不动产。对于土地利益,法国和英国许多国家的法律均视作不动产。斯托雷曾经指出,尽管依物的自然性质来划分动产和不动产,与依物之所在地法律观点来划分动产和不动产,都会发生许多问题,但是如果某种权利在其所在地被认为是土地的一部分,那么在任何部分,即令对它的特征有不同的看法,也是只能当作土地的一部分来对待。③ 这就为财产或物的性质的识别提出了一项基本原则,即应依物之所在地的法律的观点。这当然是因为识别本身不是目的,识别的目的在于确定对冲突规范范围中所指的法律关系适用应该适用的法律。在物权法律关系中,如果不依物之所在地法的观点进行识别,从而导致适用非物之所在地的法律,其判决无疑是得不到所在地法院的承认与执行的。

把有体物区分为动产和不动产并作出正确的识别,在国际私法上有着重要的法律意义。例如,在许多国家的法律制度中,动产所有权的转移时间或方式以及就动产设定的抵押,均与不动产很不相同。特别是在继承制度中,许多国家采分割制,对动产与不动产继承适用不同的准据法。

(2) 物权客体的范围

在一国境内,诸如土地、矿藏、森林、厂房等等,哪些财产可以成为外国自然人、法人或外国国家所有权的客体,这当然必须由物之所在地法决定。巴迪福就指出,得为所有权的标的物的确定,也与所有权制度不可分割,所以有关可以据为己有的物的确定,皆归入属物法则,受物之所在地法制约。④

---

① 《德国民法典》第95条。
② 《法国民法典》第520、524条。
③ 〔英〕戚希尔、诺思:《国际私法》,1979年英文第10版,第484页。
④ 〔法〕巴迪福:《国际私法各论》,曾陈明汝译,台湾正中书局1979年版,第194页。

（3）物权的内容

什么样的权利才构成物权？占有权、地上权、地役权、永佃权是否都可以作为物权？如果这些权利都属于物权，其内容又如何？这类权利能否转让给第三人，能否继承等问题，也是由物之所在地法来决定的。

（4）物权的取得、变更和消灭的条件

第一，物权的得失或变更，往往由于物权的法律行为而发生，但作为这种物权法律行为的根据可能是债权法律行为，因此，多主张对其中独立的物权行为（如物的交付，权利的登记等），其成立与效力依物之所在地法；而对因转移物权而产生债务的债权行为，则不应受物之所在地法支配。法国的巴迪福就认为，法国的判例明白确定，对于契约，即使在创设物权，一律受当事人自由选择的法律支配；但被创设的物权，由应受物之所在地法支配，包括该契约所产生的物权的内容，物权创设的条件——诸如不动产的登记、动产的交付等。①

第二，关于物权的行为能力，大陆法系各国一般依行为能力解决，即适用当事人属人法。英美则主张按动产不动产个别解决行为能力问题，对不动产行为能力概依物之所在地法，至于动产行为能力，英国主张适用属人法，美国的比尔主张也依物之所在地法。

第三，关于物权行为方式，包括登记或进行处分的法律行为方式，诸如土地抵押设事实上方式、财产租赁方式等，一般均主张应概依行为地法。但也有主张依行为究竟属物权行为或债权行为分别解决准据法的。

第四，物权的取得、变动与消灭还可由法律行为以外的事实（例如果实分割）或事实行为（例如无主物的占有、遗失物的拾得、埋藏物的发现等）而产生。对于这一类问题，一般都主张只适用物之所在地法。例如，对于动产的取得时效，人们认为，即令在原所在地法规定的条件未得到满足的情况下转移到了一个新的地方，也应适用新所在地法的时效制度。

第五，动产物权的变动，还常因动产变更了所在地（即所谓"动态冲突"）而生麻烦。一般认为，如动产已依原所在地甲国法规定的条件作了处分后，其所在地变成乙国，则即使此种处分未满足乙国法的要件，也应认为处分有效；反之，如在甲国的处分不符合甲国法律规定而转至乙国，则即使能满足乙国法律规定的要件，也不应认为已有效转移。但这只涉及物权的取得，至于物权的内容则仍应受新所在地法支配。

第六，物遭灭失的风险承担，由于各国均认为应属所有权人，因而在这里确定所有权转移的时间至关重要。一般均主张依物权准据法（即物之所在地法）而不是依债的准据法来判定所有权转移的时间。不过，1958年订于海牙的《国

---

① 〔法〕巴迪福：《国际私法各论》，曾陈明汝译，台湾正中书局1979年版，第209—210页。

际有体动产买卖所有权移转法律适用公约》第 2 条规定,出卖人对出卖物风险负担的终止应该适用买卖合同准据法。

(5) 物权的保护方法

物之所在地法一般还适用于物权的保护方法。如所有权人对无权占有或侵占其财物者能否请求返还;所有权行使遭到妨碍能否请求排除障碍;对被侵占之物上的孳息,能否请求取得;以及排除他人所有权侵害的请求权行使的方法与手续等问题,概应依物之所在地法。

四、物之所在地法适用的例外

虽然物之所在地法在物权关系的法律上运用得非常广泛,但由于某些物的特殊性或处于某种特殊状态之中,使某些物权关系适用物之所在地法成为不可能或不合理,因而在各国实践中,这一原则并不是解决一切物权关系的唯一原则。归纳起来,物之所在地法适用的例外主要有如下几个方面:

(1) 运送中的物品的物权关系的法律适用

运送中的物品处于经常变换所在地的状态之中,难以确定到底以哪一所在地法来调整有关物权关系。即使能够确定,把偶然与物品发生联系的国家的法律作为支配该物品命运的准据法,也未必合理。而且,运送中的物品有时处于公海或公空,这些地方不受任何国家的法律管辖,并不存在有关的法律制度。因此,运送中物品的物权关系不便适用物之所在地法。在实践中,运送中的物品的物权关系的法律适用问题主要有如下解决办法:一是适用送达地法。如 1987 年瑞士联邦《国际私法法规》第 101 条规定:"对运送中的货物的物权的取得与丧失,由目的地国家的法律支配"。土耳其和南斯拉夫的国际私法也作了类似规定。二是适用发送地法。如 1964 年捷克斯洛伐克《国际私法与国际民事诉讼程序法》第 6 条规定:"依照契约运送的货物,其权利之得失,依该标的物发运地法。"三是适用所有人本国法。如 1939 年《泰国国际私法》第 16 条第 2 款规定:"把动产运出国外时,依起运时其所有人本国法"。在理论上,还有学者主张适用交易时物品实际所在地法或转让契约的准据法。

不过,运送中的物品并不是绝对不适用物之所在地法的。在有些情况下,如运送中物品的所有人的债权人申请扣押了运送中的物品,导致运送暂时停止,或运送中的物品因其他原因长期滞留于某地,该物品的买卖和抵押也可适用该物品的现实所在地法。

(2) 外国法人终止或解散时有关物权关系的法律适用

外国法人在自行终止或被其所属国解散时,其财产的清理和清理后的归属问题不应适用物之所在地法,而应依其属人法解决。不过,外国法人在内国境内因违反内国的法律而被内国撤销时,该外国法人的财产的处理就不一定适用其属人法了。

(3) 与人身关系密切的财产

在涉外遗产继承问题上,有的国家对遗产不分动产与不动产,概依被继承人的属人法处理。如2007年日本《法律适用通则法》第36条规定:"继承依被继承人的本国法。"但有的国家将遗产区分为动产和不动产,分别适用不同的准据法,即动产适用被继承人死亡时的住所地法,不动产适用遗产所在地法。我国的规定即如此。夫妻财产制中的动产以及亲子关系中产生的抚养费等动产物权,一般只适用有关的属人法。

(4) 无主土地上的物的物权

当某物处在不受任何国家的法律管辖的场所,诸如地球的南极、公海或月球等外层空间等,无物之所在地法可言。对此类物权问题,一般主张依占有者属人法处理。

(5) 国家财产

国家及其财产在国际交往中享有豁免权,具有特殊的法律地位,这已成为国际公认的一条原则。因而涉及国家财产所有权问题时,适用该财产所属国家的法律,而排除物之所在地法的适用。

五、我国关于物权法律适用的规定

我国《民法通则》第144条及最高人民法院《关于贯彻执行〈中华人民共和国民法通则〉若干问题的意见(试行)》第186条只规定了对不动产的所有权、买卖、租赁、抵押、使用等民事关系,应适用物之所在地法。此外,它还规定,土地、附着于土地的建筑物及其他定着物、建筑物的固定附属设备,均为不动产。我国《涉外民事关系法律适用法》第36条规定,不动产物权,适用不动产所在地法律。第37条规定,当事人可以协议选择动产物权适用的法律。当事人没有选择的,适用法律事实发生时动产所在地法律。第38条规定,当事人可以协议选择运输中动产物权发生变更适用的法律。当事人没有选择的,适用运输目的地法律。第39条规定,有价证券,适用有价证券权利实现地法律或者其他与该有价证券有最密切联系的法律。第40条规定,权利质权,适用质权设立地法律。

对于我国《涉外民事关系法律适用法》第39条规定的有价证券的法律适用,要注意以下几点:(1) 这里的有价证券应该是指广义的有价证券,包括资本证券(如股票、债券)、货币证券(如票据①)和商品证券(如提单、仓单)。(2) 有价证券权利人享有两种不同的权利:对有价证券本身的物质权利,即证券所有权,它是一种物权;另一种是构成证券内容的权利,即有价证券上所记载的权利

---

① 对于涉外票据的法律适用,依据我国《票据法》的规定。

(通常称证券权利)。证券中的权利属于无形财产权,其中大部分是债权,例如请求支付金钱的债权请求权(如票据)、请求交付货物的请求权(如提单),另一些有价证券本现的是一种社员权或资格权(如股票)。由于第39条出现在该法标题为"物权"的第5章中,因此,它的适用范围应该是证券所涉及的物权。而条文中所称"有价证券权利"应当是指证券上所记载的权利。权利实现地可能是证券所在地、证券发行机构的登记注册地等。至于有价证券权利的准据法,应该按照权利的不同性质,适用与该权利有关的法律关系的准据法。例如,甲在美国购买某美国公司股票,后甲将该批股票带回中国并转让给乙。该股票所有权的转让应依据中国的法律(《涉外民事关系法律适用法》第37条),而乙获得股票后能否享有该美国公司的股东权利则应依据公司准据法:美国法(《涉外民事关系法律适用法》第14条)。

质权是担保的一种方式,权利质权是为了担保债权清偿,就债务人或第三人所享有的权利设定的质权。我国《物权法》第223条规定,债务人或者第三人有权处分的下列权利可以出质:(1)汇票、支票、本票;(2)债券、存款单;(3)仓单、提单;(4)可以转让的基金份额、股权;(5)可以转让的注册商标专用权、专利权、著作权等知识产权中的财产权;(6)应收账款;(7)法律、行政法规规定可以出质的其他财产权利。对于该法第40条提及的质权设立地,根据设质的权利不同,质权设立地也可能不同,例如,在不同的情况下,合同订立地、设质的权利证书交付地、出质登记地等,都可能成为质权设立地。

此外,我国《海商法》第270条规定:"船舶所有权的取得、转让和消灭,适用船旗国法律。"第271条规定:"船舶抵押权适用船旗国法律。船舶在光船租赁以前或者光船租赁期间,设立船舶抵押权的,适用原船舶登记国的法律。"第272条规定:"船舶优先权,适用受理案件的法院所在地法律。"我国《民用航空法》第185条规定:"民用航空器所有权的取得、转让和消灭,适用民用航空器国籍登记国的法律。"第186条规定:"民用航空器抵押权适用民用航空器国籍登记国法律。"第187条规定:"民用航空器优先权适用受理案件的法院所在地法律。"

第二节 国有化及其补偿问题

一、国有化及其域外效力

国有化是指一个国家通过有关法令将属于私人(包括内外国自然人和法人)所有的某类财产或某项财产收归国有的法律措施。实行国有化是一国行使主权的体现,其法律意义是发生改变财产所有权的主体的法律效力,即把在实行国有化之前属于自然人或法人的财产所有权转移给国家。

对国有化的问题,在国际公法、国际经济法和国际私法中,都要讨论。但在国际公法和国际经济法中,主要研究的是国有化涉及外国人的财产权利时,在什么条件下内国政府才能采取国有化措施。而在国际私法中,则主要是研究在采取国有化措施时,这种法令的效力是否能及于外国人在其境内的财产和本国人在外国的财产。

任何国家都有权依一定程序采取国有化措施,而不受他国干涉,这是国际上的一条公认的准则,一般而言,在国有化法令发生效力时,对被国有化的内国人的财产,是具有绝对的效力的,但对于此时位于境内的外国人的财产,以及位于境外属于内国人的财产,在国际私法上却存在分歧。西方国际私法学家在讨论国有化法令的效力问题时,主张依下述两种不同的情况来分别解决,即首先把国有化的属于内国人的位于外国的财产的效力加以区分。他们认为通过没收手段实行国有化是完全没有补偿的,具有刑罚的性质,故对法令生效时位于国内的财产固然有效力,但对位于外国的财产则不生效力。《戴西和莫里斯论冲突法》一书认为,有补偿的征用是一种主权的行为,具有域外效力;而没收则是一种刑罚,不应承认其域外效力。① 还有学者明确主张,对私人财产实行国有化与私有财产神圣不可侵犯原则相矛盾,从而与西方国家的公共秩序相抵触,故应否定其域外效力。另一些学者则主张只有已被实行国有化的国家事实上掌握了财产,才能被视为已国有化了的财产,而在实行国有化国家域外的财产是该国所不能掌握的财产,则应依物之所在地法,来决定该财产的命运。西方国家虽然提出了种种否定国有化法令域外效力的理由,但在实践中,它们基于自己的对外政策和实际利益的需要,又在一定程度上承认国有化法令的域外效力。从根本上看,西方国家倡导的否认国有化效力的主张是为其政治服务的,是冷战对峙时期的产物,其根本目的是要否认社会主义国家国有化法令的域外效力。

我国学者均认为国有化完全是一种主权行为,故而对于其所指向的财产,不论是位于内国而为外国人所有,也不论是属于内国人所有而位于外国,均应发生效力。即使在后一种情况下,也不能适用物之所在地法。

迄今世界各国为了发展国家间的平等互利的投资关系,往往通过有关的国际条约,相互保证在一般情况下不对对方私人投资采取国有化措施。

二、国有化的补偿问题

对被国有化的外国人在本国境内的财产是否应予以补偿,在国际私法上一直存在分歧,主要有如下几种不同的理论和实践:

---

① 参见〔英〕莫里斯主编:《戴西和莫里斯论冲突法》,李双元等译,中国大百科全书出版社1998年版,第569—573页。

（1）不予补偿。这种观点认为，一国对其领域内的任何人和物所为行为，都是该国的主权行为，一国的国有化措施，理应受到各国的尊重。外国人必须无条件地接受所在国的管辖，自觉地服从和遵守所在国的法律规定，如果实行国有化的国家对其本国人不予补偿，则对外国人也可以不给补偿。

（2）予以"充分、有效、及时"的补偿。这是西方资本主义国家基于私有财产神圣不可侵犯原则而提出的主张。这些国家多为资本输出国，其主张旨在保护本国海外投资者利益，"充分"指的是对被国有化的财产予以全额补偿，"有效"要求补偿的是世界硬通货币，"及时"指的是立即兑现。

（3）给予"适当的、合理的"补偿。通过国际条约相互保证在一般情况下不对对方投资采取国有化措施，而在特殊情况下有此必要时，经适当程序给予适当的、合理的补偿，已成为当今国际社会的普遍实践。我国在1990年第七届全国人民代表大会第三次会议通过的关于修改中外合资企业法的决定中，更进一步明确宣布："国家对合营企业不实行国有化和征收，在特殊情况下，根据社会公共利益的需要，对合营企业可以依照法律程序征收，并给予相应的补偿。"[①]

第三节 知 识 产 权[②]

一、知识产权的法律冲突

众所周知，在早期，地域性是知识产权区别于其他财产权的重要特征之一，知识产权的严格属地性决定了根据一国法律取得的知识产权只能在该国有效，原则上不具有域外效力。但是，随着国际技术交流的大规模发展，知识产权逐步突破了传统的地域性。这主要表现在以下三个方面：第一，在一国产生的权利人的智力成果的专有权，迫切需要各国像对待在自己领域以外依他国法律取得的债权和物权那样，加以承认和保护。第二，产生了诸如欧洲专利、比荷卢三国集团专利等跨地域性的知识产权。第三，随着各国之间经济技术上更为突出的相互依赖，从而使一项在甲国开始进行而在乙国完成、在丙国取得知识产权而在丁国使用的智力成果已屡见不鲜，这就使得某一项知识产权常常牵涉到多个国家法律的效力问题。

知识产权法律冲突的产生原因，首先，当然是因为各国有关知识产权的法律对各种知识产权在取得、行使、保护范围和保护期限等方面作了不同的立法规定。如在专利申请程序方面，一些国家以"发明时间为准"，一些国家则以"登记

---

① 参见我国《中外合资经营企业法》第2条第1款。
② 知识产权具有财产权与人身权的双重性质，本书为便于体系上的安排，姑且将其置于财产法中讨论，请读者注意。

时间为准"。在对版权的保护期限方面,一些国家规定为自作品完成时起至作者死后 25 年,而一些国家则规定为 50 年。其次,即使是受国际知识产权条约约束的国家,相互给予对方公民或法人的也都是"有限制的国民待遇",因而在权利的原始国法律与被请求给予属地保护的国家的法律之间,就会因各自的法律规定不同而发生法律冲突。更何况,迄今为止的有关知识产权的国际条约只是对某些问题作了粗线条的统一规定,具体的制度尚有赖于各国国内法的进一步补充,并且这些国际条约的规定也不尽一致。例如,在商标在原始注册国的撤销是否导致国际注册撤销的问题上,《商标国际注册马德里协定》和《商标注册条约》就作了截然相反的规定。再如,在对录音制品的保护方面,《伯尔尼公约》第 18 条规定:对于在作品来源国尚处于专有领域的作品,新参加公约的成员国应给予追溯保护。而《保护录音制品制作者禁止未经许可复制其制品公约》第 7 条则规定:新参加公约的成员国,可以对其原先未加保护的录音制品仍旧不予保护,即使该制品在其来源国尚处于专有领域。这样一来,就产生了法律冲突。

二、知识产权的法律适用

由于知识产权在法律上的特殊性质,冲突法制在这一领域的发展,到目前为止是非常有限的,已有这种立法的国家还不是很多,大多数国家均无这方面的专门规定。但由于科学技术和文学艺术的不断发展与传播媒体的飞速进步,而受知识产权国际条约约束的国家却为数不多,因而研究知识产权的冲突法制度已成为国际私法学的迫切任务。

关于知识产权的法律适用,因为在过去很长时期内只注意到知识产权的地域性,其结果便如著名国际私法学者马丁·沃尔夫所指出的,在这一类权利最早出现时,流行的旧理论认为它仅具有君主或者国家所授予的个人特权或独占权的性质。后来这种理论虽遭抛弃,但其后果之一却被保留下来,即任何国家只保护它自己通过特别法或一般法所赋予的那些专利权、商标权和版权。任何国家都不适用外国的法律,也不承认根据外国法律产生的这一类权利。一个在甲国取得的专利权,只能在甲国受到保护。如果权利享有人想要在乙国求得保护,他必须到乙国并依据乙国法律去申请第二个专利权。这样,同一个发明,虽然可以在不同国家申请几个专利权,但每一个专利权都只能在它取得的国家的领域内有效,从而其准据法当然只能是各该专利权授予国家的法律。这也就是知识产权法律适用上的严格的"属地主义"观点。目前,尽管这种观点仍是知识产权上法律适用的主要原则,但它毕竟随着社会的发展而发生了一些变化。

法国国际私法学者巴迪福指出,由于各国都认为专利权的承认一概得有国家的干预,如法国及多数拉丁语国家,均以专利权的国家授予为权利请求的必要条件,所以,专利权所适用的法律,理所当然应该是专利权授予国的法律。据此理论,法国法院对于由在外国取得专利权的所有人提起的有关伪造的诉讼,是不予受理的。但是,根据法国 1844 年的一项法律的规定,在法国授予的专利权,如果原来也在外国取得了专利权,则在法国的这一专利权,被称为"输入专利权",只是其保护期限不得长于已在外国取得的专利权。因为这种输入专利权,并非授予新的权利,而只是对外国既得权利的承认,因此,即使采取专利独立保护的原则,也不能完全不顾及其在国外取得的原始权利。所以在早先,法国学者巴丁(Bartin)便曾主张,原始权利失效,输入专利也同样失效。法国最高法院在 19 世纪后半叶的几个判例中也采此说,并且认为即使原始专利和输入专利分属于不同的两人,如果这一发明是同一的,也应适用上面的理论。在著作权的保护上,法国虽然一方面仍坚持主要应受著作权被主张的所在地国家的法律管辖,同时在保护期限上,也应适用最初发表地法。

在知识产权的法律适用上,主要有以下几种不同的理论与实践:

(1) 权利原始取得国法律。1928 年《布斯塔曼特法典》第 108 条规定:"工业产权、著作权以及法律所授予并准许进行某种活动的一切其他经济性的类似权利,均以其正式登记地为其所在地。"该《法典》第 115 条规定:"著作权和工业产权应受现行有效的或将来缔结的特别国际公约的规定支配。如无上述国际公约,则此项权利的取得、登记和享有均应依授予此项权利的当地法。"可见对于知识产权,该法典是主张适用其原始取得国法即注册地法的。1967 年法国修改和补充的《法国民法典国际私法法规草案》第 2305 条也试图规定:"……工业产权由注册或登记地法规定。"

但是,许多国家特别是输入知识产权较多的国家在知识产权的法律适用上,一般都不情愿放弃"属地主义"原则,如果不受某种国际条约的约束,无疑是不愿意去适用权利原始取得国法律的。

(2) 适用被请求保护国法律。不少国家的立法以及《保护文学艺术作品伯尔尼公约》和《世界版权公约》均采用或倾向采用这一原则,如 1987 年瑞士联邦《国际私法法规》第 110 条规定:"知识产权由在那里请求保护知识产权的国家的法律支配。"它还规定,侵犯知识产权的请求,可适用意思自治原则,但只限于选择法院地法。《保护文学艺术作品伯尔尼公约》及《世界版权公约》采用"国民待遇"原则亦体现了对适用被请求保护国法律的倾向。再如,1979 年匈牙利《国际私法》第 19 条规定:"著作权的保护,依被请求保护的国家的法律。"但应该注意的是,匈牙利的这一条规定仅是对著作权而言,在它关于工业产权的规定中,却要求适用专利证、商标证发出国或专利或商标申请国的法律,即仍为权利原始取得国法律。这是由于著作权的取得在许多国家均采取"无手续主义",即不在取得程序上作出繁琐的规定,因而适用被请求保护国的法律比较可行,而且有利于被保护国国家和社会的利益。但它不宜适用于解决诸如作者身份、权利能力和行为能力等与国籍联系较密切的问题。如果对专利这种采取申请、审查、批准制度的权利,也一概适用被请求保护国的法律,则在该国没有专利法的立法或该国只保护自己境内取得的专利权时,就不可能求得保护了。

(3) 适用行为地法律。采取这一做法的有 1978 年奥地利联邦《国际私法法规》。该法第 34 条规定:"无形财产权的创立、内容和消灭,依使用行为或侵权行为发生地国家的法律。"1967 年以前的法国也是以商标使用行为地国的法律支配商标权的。不过行为地法律与上述被请求保护国法律在实际生活中往往重叠,尤其在知识产权侵权案件中会如此。在实践中,这一做法也可能遇到第二种做法所可能面临的困难。

(4) 综合适用两个或两个以上的法律。这是当前比较普遍的做法。根据 1984 年《秘鲁民法典》第 10 编第 2039 条规定,对知识产权的存在和效力,若不能适用国际条约或特别法的规定时,应适用权利登记地法律;对承认和实施这些权利的条件,由当地法确定。而"当地法"既可能是被请求保护国的法律,也可能是使用行为或侵权行为地的法律。在国际立法方面,1939 年于蒙得维的亚签订的《关于知识产权的条约》则规定,为了保护著作权目的而成立的实体,经利害关系人授权,可在其他成员国分别为其提起诉讼,但起诉应遵守当地的法律;任何国家赋予著作权的保护期限如超过内国所规定的期限,无必须服从的义务,但如原始国规定的期限为短,则得以原始国规定的期限为准;对著作权的侵权应负责任,应由不法行为发生地国法院依其法律定之,但如侵权行为在成员国内发生,则依在其领土内将受此行为后果之影响的国家的法院依其法律判定。此外,该《条约》还规定了公共秩序保留制度。以上这些规定,在解决知识产权法律适用问题时都应综合加以考虑。这实际上也就是采取"分割法"来解决知识产权中各种具体法律关系的法律适用问题。

还应指出的是,上述法律适用制度,主要是针对知识产权的创立或变更、内容和效力而言,至于知识产权的转让(即知识产权使用权的转让),则因其系通过合同来实现的,除了它要受到有关国家强行性法律的制约外,一般应适用合同准据法的选择规则,按意思自治原则或最密切联系原则来解决。而有关知识产权争议的管辖权通常为专属管辖。

我国《涉外民事关系法律适用法》第 48—50 条规定,知识产权的归属和内容,适用被请求保护地法律。当事人可以协议选择知识产权转让和许可使用适用的法律。当事人没有选择的,适用本法对合同的有关规定。知识产权的侵权责任,适用被请求保护地法律,当事人也可以在侵权行为发生后协议选择适用法院地法律。

上述"知识产权的归属"是指知识产权归谁所有。"知识产权的内容"是指知识产权的权利内容和效力、权利限制和保护期限等。"被请求保护地"是指被请求对知识产权提供保护的国家。值得注意的是,被请求保护地不一定是法院地,而可能是侵权行为地、权利登记地或注册地,特别是在一国法院保护的不是法院地国的知识产权的时候,例如如果来源于日本的知识产权在中国遭到未经授权的使用,但权利人在被告住所地美国提起诉讼,美国法院如果适用被请求保护国法律,则只能适用中国法律来确定侵权是否成立,而中国既不是权利来源国、也不是法院地国,而是被请求保护地国。

三、我国有关知识产权国际保护的立法

(一)国际法源

自20世纪80年代以来,我国相继加入了下列重要的知识产权保护的国际公约:

(1)《保护文学艺术作品伯尔尼公约》。1992年7月1日,第七届全国人大常委会第二十六次会议正式批准我国加入该公约。对我国适用的是该公约的1971年巴黎文本。

(2)《世界版权公约》。1992年7月1日第七届全国人大常委会第二十六次会议批准加入该公约。

(3)《专利合作条约》。我国于1993年8月加入该公约,1994年1月1日起对我国生效。

(4)《商标国际注册马德里协定》。1989年5月25日,我国国务院决定加入该协定,同时还作了两项声明。

(5)《保护工业产权巴黎公约》。我国第六届全国人大常委会第八次会议于1984年11月14日决定我国加入该公约。自1985年3月19日起该公约对我国生效。但是我国在参加该公约时有保留声明,即如果我国对该公约的解释问题或适用问题上与其他国家发生争议,我国将不按照《国际法院规约》将争议提交国际法院解决。

(6)《与贸易有关的知识产权协议》。我国2001年11月11日签署加入世界贸易组织的议定书,2001年12月11日,包括《与贸易有关的知识产权协议》在内的WTO一揽子协议对中国生效。

(7)《世界知识产权组织版权条约》。我国2006年12月29日决定加入条约。同时声明:在中国政府另行通知前,条约不适用于香港特别行政区和澳门特别行政区。条约于2007年6月9日对我国生效。

(8)《世界知识产权组织表演和录音制品条约》。我国2006年12月29日决定加入该条约。同时声明:我国不受《条约》第15条第1款的约束;在中国政府另行通知前,条约不适用于香港特别行政区和澳门特别行政区。条约于2007年6月9日对我国生效。

我国除了已加入上述几个重要的国际公约外，还同许多国家签订了有关知识产权保护的双边协定。

(二) 国内法源

1. 专利权方面

当今许多国家不附加任何条件地赋予外国人在内国申请专利享有与内国人完全同等的待遇，但也有一些国家只在一定条件下赋予外国人以这方面的国民待遇。这些条件包括：按对等原则或互惠原则；按照彼此参加或受约束的多边条约或双边条约；仅对在内国有住所的外国自然人或有营业所的外国法人给予国民待遇。我国现行《专利法》采取的是有条件的国民待遇制度。

我国《专利法》第 18 条规定："在中国没有经常居所或者营业所的外国人、外国企业或者外国其他组织在中国申请专利的，依照其所属国同中国签订的协议或者共同参加的国际条约，或者依照互惠原则，根据本法办理。"第 19 条又规定这类外国人在中国申请专利或办理其他专利事务的，应当委托依法设立的专利代理机构办理。

任何单位或者个人将在中国完成的发明或实用新型向外国申请专利的，按我国《专利法》第 20 条规定，应当事先报经国务院专利行政部门进行保密审查。中国单位或个人可以根据中国参加的有关国际条约提出专利国际申请。我国现行《专利法实施细则》第 10 章专门对专利国际申请作了特别规定。

我国《专利法》第 29 条还对优先权问题作了规定，申请人自发明或者实用新型在外国第一次提出专利申请之日起 12 个月内，或者自外观设计在外国第一次提出专利申请之日起 6 个月内，又在中国就相同主题提出专利申请的，依照该外国同中国签订的协议或者共同参加的国际条约，或者依照相互承认优先权的原则，可以享有优先权。应当指出的是，我国《专利法》不仅允许外国人享有优先权，而且规定了本国优先权，其第 29 条第 2 款规定，申请人自发明或者实用新型在中国第一次提出专利申请之日起 12 个月内，又向国务院专利行政部门就相同主题提出专利申请的，可以享有优先权。

此外，中国专利局于 1993 年还发布了《关于实施〈专利合作条约〉的规定》。

2. 商标权方面

我国在商标权方面也是采取有条件的国民待遇原则，其条件跟《专利法》中的规定相同。2013 年修正的《商标法》沿袭了修改前《商标法》的规定，即外国人或者外国企业在中国申请商标注册的，应当按其所属国和中华人民共和国签订的协议或者共同参加的国际条约办理，或者按对等原则办理。

我国 2014 年修订的《商标法实施条例》第 5 条规定，当事人委托商标代理组织申请商标注册或者办理其他商标事宜的，应当提交代理委托书。代理委托书应当载明代理内容及权限；外国人或者外国企业的代理委托书还应当载明委托人的国籍。外国人或者外国企业的代理委托书及与其有关的证明文件的公证、认证手续,按照对等原则办理。为便于商标的国际注册,国家工商行政管理总局于 2003 年 4 月 17 日发布了《马德里商标国际注册实施办法》。

我国《商标法》第 25 条和第 26 条对优先权作了规定,商标注册申请人自在外国第一次提出商标注册申请之日起 6 个月内,又在中国就相同商品以同一商标提出商标注册申请的,依照该外国同中国签订的协议或者共同参加的国际条约,或者依照相互承认优先权的原则,可以享有优先权。商标在中国政府主办的或者承认的国际展览会展出的商品上首次使用的,自商品展出之日起 6 个月内,该商品的注册申请人可以享有优先权。

3. 著作权方面

(1)《著作权法》。我国 1990 年颁布、2010 年修正的《著作权法》第 2 条第 2、3、4 款明确规定:"外国人、无国籍人的作品根据其作者所属国或者经常居住地国同中国签订的协议或者共同参加的国际条约享有的著作权,受本法保护。""外国人、无国籍人的作品首先在中国境内出版的,依照本法享有著作权。""未与中国签订协议或者共同参加国际条约的国家的作者及无国籍人的作品首次在中国参加的国际条约的成员国出版的,或者在成员国和非成员国同时出版的,受本法保护。"此外,国务院还于 2002 年发布了《著作权法实施条例》,并于 2013 年对它进行了修正。

(2)《实施国际著作权条约的规定》。该规定于 1992 年 9 月发布,同年 9 月 30 日起施行。该规定所称的国际著作权条约,是指中国已经参加的《伯尔尼公约》和与外国签订的有关著作权的双边协定,不包括《世界版权公约》和其他著作权国际条约。该规定第 2 条规定:"对外国作品的保护,适用《中华人民共和国著作权法》、《中华人民共和国著作权法实施条例》、《中华人民共和国计算机软件保护条例》和本规定。"这一规定所保护的外国作品范围包括:第一,作者或作者之一,其他著作权人或者著作权人之一是国际著作权条约成员国的国民或者在该条约的成员国有经常居所的居民的作品;第二,作者不是国际著作权条约成员国的国民或者在该条约的成员国没有经常居所的居民,但是在该条约的成员国首次或同时发表的作品;第三,中外合资经营企业、中外合作经营企业和外资企业按照合同约定是著作权人或者著作权人之一的,其委托他人创作的作品。

此外,国务院于 2001 年和 2002 年分别通过了《集成电路布图设计保护条例》和《奥林匹克标志保护条例》。

第九章 合　　同

第一节　国际社会解决合同法律
适用的方法的多样化

　　签订和履行涉外合同,是我国开展对外技术交流,发展对外经济关系,参加国际经济合作的一种重要形式。涉外合同究竟应受何国法律支配,是一个直接决定双方当事人权利义务的问题,其重要性已越来越受到国际私法学者们的普遍重视,我国在这方面的立法和司法实践(特别在涉外合同的法律适用方面)也已有了长足的发展。

　　合同的法律适用一直是一个非常复杂的问题。这是因为合同的种类日益增加,已不可能只依某一种原则来决定其应适用的法律;同时合同本身具有高度作为的性质,既不像身份关系那样,以自然和血缘关系作基础,又不像物权那样具有对特定的物的直接的、排他的利用和支配关系,往往不容易判定它的哪一个连结因素具有决定的意义,从而给法律的选择和适用带来极大的困难。

　　例如,一项合同可能是由一甲国人和乙国人在丙国订立,约定由丁国的船舶把位于戊国的一宗货物运往己国而以庚国货币付款,在考虑它究竟应适用哪一国家的法律时,不能不在这众多的连结因素中去判定到底分布在哪一国家的因素最具有决定意义。其次,双方当事人之间的协议要成为一种法律上有效的合同关系,必须具备一定的要件,如合同当事人必须具有行为能力,合同必须以符合法律规定的方式签订,合同双方的意思表示必须真实,合同的内容应合法等,这又可能牵涉几个不同的国家,从而又提出的一个问题是,究竟把上述合同关系的几个方面作为一个整体统一只适用一个国家的法律,还是允许将上述几个方面加以分割而适用不同国家的法律?再次,在实体法上,合同乃当事人对权益的自由处分或权利义务的自由设定,那么在法律适用问题上,当事人是否可以像自由约定合同内容那样自由地约定合同应适用的法律呢?如果允许,在当事人未作选择时,又如何解决法律适用问题呢?另外,涉外合同的种类繁多,由于各国在一定历史时期在国际贸易等领域中所处的地位不同,为保护其自身的经济利益,也常对不同种类的合同的法律适用,采取不同的政策和方法,如对某些涉外合同可以放宽自己法律的控制,对某些涉外合同却要求加强自己法律的控制。正因为涉外合同法律适用问题如此复杂,似乎可以说任何一个国家解决它的法律适用问题的方法都是多种多样,而且还在不断发展之中的(当然也包括我国在内,这在本章最后一节中将详细论及)。

从已有的理论和实践看,解决合同的法律适用问题,至少可以划分以下三组对立的方法和实践:(1)主张把合同诸因素加以分割,选择适用不同的法律与主张把合同诸方面不加分割,统一适用一个法律的对立;(2)主张依据当事人的自主选择来决定合同的准据法与主张依客观存在的场所连接因素来决定合同准据法的对立;(3)主张不分合同的性质和种类,统一采用一个冲突规则来指引准据法与主张区分合同的不同性质和种类,分别选定应适用的法律的对立。

一、分割方法仍保持旺盛的生命力

早在法则区别说时代,巴托鲁斯就主张对合同的不同方面适用不同的法律。例如,他认为对于合同的形式及合同的实质有效性,可适用缔约地法;对合同的效力,如当事人一致同意在某地履行,应适用该履行地法;对当事人的能力,则主张应适用当事人住所地法。

在这一学说的基础上,后来许多国家的学说与实践,都主张对合同当事人的缔约能力适用当事人属人法,对合同的形式适用缔约地法,对合同的履行适用履行地法,而对合同的成立及实质效力,适用合同准据法。如美国在司法实践中就接受这类观点。1875年亨特法官在 Scudder v. Union National Bank of Chicago 一案中称:合同的解释及其合法性等问题应由合同订立地法支配,合同的形式应由合同订立地法支配,合同的履行则应由履行地法支配。此后,该案所确立的原则曾长期成为美国法院的指导原则。与此不同的一种做法是把合同的权利和义务加以分割,分别适用不同的法律。例如,萨维尼认为,合同义务是以履行地为其本座的,因此,在双务合同中,每一方当事人的履行义务应分别适用各自的住所地法。这就从合同义务履行的角度,将合同在法律适用上加以分割了。

但是上述分割方法却遭到了近现代一些理论与实践的反对。如瑞士法院在1952年 Chevatley 一案中认为,把合同的形式和合同的效力区分开来以分别适用不同的法律,常常是十分困难的,直到判决最后作出之前,一直是不明确、不肯定的。瑞士法院还认为,一个合同无论从经济的观点看,或者从法律的观点看,都应该是一个整体,因而它的履行、解释、解除都应该只由一个法律支配。萨维尼所主张的双务合同当事人各自的义务分别适用各自住所地法的分解方法,后来也逐渐销声匿迹了。

英国及英联邦国家、法国、比利时、荷兰、卢森堡和斯堪的纳维亚国家以及原东欧社会主义国家,也都反对分割的方法。

然而,分割方法由于能在一定程度上解决复杂的合同法律适用问题,所以至今仍有其生命力,而且也有新的发展。传统的分割方法常是属地主义的反映,在对合同进行分割时,过分注重合同的不同方面与特定场所的机械联系,而不考虑合同的内在因素和争议问题的性质,在今日看来都是过于僵硬而无法接受的了。新的分割方法则是建立在最密切联系或某种利益分析的基础之上的。美国的一些学者就曾提出许多应该考虑的影响合同法律选择的因素。1971年美国《第二次冲突法重述》在第188条中更明确规定,与合同某个问题有关的权利和义务应由有最重大联系的法律支配。1980年欧洲经济共同体《关于合同义务法律适用公约》第3条也规定,双方当事人可自行选择适用于合同全部或部分的法律。有的还认为,允许分割是符合当事人意思自治原则的要求的。但是这种分割应是有一定限制的。如按照前述欧洲经济共同体公约的规定,如果当事人为了使某一个别合同条款有效,而通过分割以避开与之有最密切联系的国家的法律强制性规定,这种强制性规定不因其被当事人的选择而受排斥或失效。这样就限制了对合同的非善意分割。

二、主观论和客观论走向有机结合

在合同的法律适用上,从巴托鲁斯时代起,对于合同的成立与效力,长期由缔约地法支配。这种机械地适用缔约地法的做法,最早为杜摩兰所反对。他认为当事人的意图(哪怕是根据当事人默示的或可能的意图)应对适用的法律起决定作用。这就从一个新的角度提出了以采用何种法律选择方法来解决合同法律适用最为合适的问题。自此,开始形成了在合同准据法上长期对立的两种观点——客观论的观点和主观论的观点。

凡认为合同的成立与效力总是与一定的场所相联系的,因而最适合于合同的法律,应该是合同关系在那里"场所化"了的地方的法律,属于合同准据法选择的客观论的观点。其衡量"场所化"的标准,就是看反映在合同构成及效力条款中的一系列客观因素最集中地与某一国发生联系。这种集中的关系,学者们或用"自然本座",或用"重心",或用"最密切联系"等概念来表述。但历史上的客观论者,也并非大家都主张只适用合同缔约地法的,还有主张或适用债务人住所地法,或当事人本国法,或适用"与合同和当事人有最重要联系的国家的法律"的。

反之,凡主张应适用当事人自主选择的法律的称为"主观论"或"意向论"。这一派认为,在民事法律关系方面,当事人既然有权按照他们自己的意志和协议创设某种权利义务,他们当然也有权来决定适用于他们之间的协议的法律,这两个方面应该是一致地、有机地结合在一个协议或合同中的。在判例中最早适用这一原则的,在英国为1760年曼斯菲尔德大法官审理的Robinson v. Bland一案。他认为在一般情况下,合同虽要受缔约地法而不受履行地法支配,但这个原则有个例外,就是当事人在缔约时曾考虑要适用另一国的法律。这一判例可以说是英国适用意思自治原则选择准据法的第一个案件。但是在以后的年代里，英国法院仍常常适用缔约地法，直到 1865 年法院接连对 Peninsulau and Oriental Steam Navigation Co. v. Shand 案和 Lloyed v. Guibert 案的判决，才放弃适用缔约地法这种一贯的做法转而确立了意思自治原则。此后，许多国家的立法或判例也逐渐接受这一原则，如 1865 年《意大利民法典》明确肯定了"意思自治"。1896 年德国《民法施行法》虽未就合同的法律适用规定冲突法则，并在实践中又曾受萨维尼的影响，对双务合同双方当事人的义务各适用其住所地法，但德国法院也是接受意思自治原则的。

　　从当今的普遍理论及实践来看，尽管必须承认，国际私法上的合同之债，应主要适用当事人自主选择的法律，但不能认为，依客观连结因素确定准据法的方法就可以完全抛弃。这主要是因为当事人在签订合同时，或者根本没有考虑到这一问题，或者当事人在这一问题上未达成一致的意见，或者由于合同的性质不同于一般，法院根本不承认当事人在某种情况下所作的法律选择。比如在各国逐渐兴起的一种保护弱方当事人的趋势，就或多或少地限制了当事人法律选择的自由。英国 1977 年的《不公平合同条款法》(Unfair Contract Term Act, 1977) 是一个强制适用的主要在于保护消费者利益的法律，该法为了防止通过选择外国法作为合同的准据法而间接地抛开这个法律，第 27 条第 2 款规定，不论对合同条款是否有意适用英国以外的其他国家的法律，本法都具有拘束力，只要：(1) 合同条款足以表明其完全或主要是为了避开适用本法的目的而订立的；或 (2) 在订立合同时，当事人中的一方是作为消费者，又惯常居所在英国，并为订立合同在那里实施了必要的行为。英国著名国际私法学家莫里斯甚至认为，像这样的法律就是不受通常的冲突规则影响而直接适用的"超越法"。他是不主张把合同当事人的选法自由夸大到不适当的地步的，因而他不无感慨地认为英国法规不得不对允许当事人几乎有不加限制的选法自由付出沉重的代价，而 1977 年《不公平合同条款法》第 27 条的规定就是这个代价的一部分。在上述几种情况下，都必须在一定程度上依据客观的标准（目前最大量采用的客观标准就是"最密切联系""重心"或"特征履行"等）来解决合同的法律适用问题。

三、区分不同性质的合同决定法律的适用

　　随着经济生活的多样化和国家既欲开放市场而又不愿放弃对市场的干预，合同的种类和性质呈现出愈来愈繁杂的情况。在各国实体法上，在消费合同和劳动合同领域，为确保消费者和受雇人的正当利益，对当事人的合同自由进行了种种限制，而这种实体法上的限制不可能不对涉外合同的法律适用发生影响，最直接的后果就是上述种类的合同当事人的意思自治受到了限制，从而产生了非商业合同和商业合同在选法上的区别。其次，在确定合同重心的时候，有的类型

的合同很容易确定,有的则因其诸因素分布于许多国家而难以确定。前者如不动产租赁合同及劳动合同(工作地为合同重心)等,后者如居住于不同国家的商人通过邮电通讯订立的合同等。这样就形成了在选法上易于场所化的合同和不易场所化的合同的区别。再次,有的合同往往由国际统一实体规范调整,常有统一的格式,而有的类型的合同,如分期付款买卖合同、不动产租赁合同,又很少发生在国际贸易领域,这样就形成了国际贸易合同和非国际贸易合同的区别。最后,有许多国家将引进外资和技术的合同以及各种国际运输合同与一般的国际贸易合同也加以区别。这样就形成了第三种立法的方法,即主张不分合同种类统一采用一个冲突规则来指引准据法与主张区分合同种类分别选定准据法的对立。

但是,必须看到,上述三组相互对立理论并不是互相孤立的,而是交错存在的。比如合同应当进行一定的分割,这常为实践所承认,但任意的或漫无限制的分割又会引起适用法律的不稳定、不统一和不明确性。同样,虽然不存在绝对的客观主义,但毫无限制的意思自治也是行不通的。因而从20世纪下半叶起,利用综合的方法解决合同法律适用的趋势越来越得到加强。

第二节 合同准据法选择方法发展的三个阶段及当前流行的理论

一、合同准据法选择方法发展的三个历史阶段

前面我们对解决合同法律适用的方法进行了简要的分析。这里需要进一步指出的是,在对合同加以分割时,适用于合同的成立和效力的法律,通常称为合同的准据法。对于合同准据法选择,如果从合同法律适用问题的历史发展的角度来看,我们还可以发现,合同准据法的选择方法大体经历了以下三大主要发展阶段:

第一阶段是以缔约地法为主的单纯依空间连结因素决定合同准据法的阶段。自法则区别说产生后直到16世纪杜摩兰提出的意思自治说被实践普遍接受,适用合同缔结地法于合同的成立和效力可以说是一直在合同法上占统治地位。以缔约地确定准据法,在某种意义上反映了中世纪的封建属地主义,这种情况一直持续到19世纪上半叶才结束(当然不是说缔约地法已完全失去其存在价值)。

第二阶段是以意思自治原则为主,强调依当事人主观意向决定合同准据法的阶段。尽管在16世纪杜摩兰就提出了这一学说,后虽又有胡伯的支持,但直到1865年《意大利民法典》的颁布,才有见诸成文法的明确规定。这种从依缔

结地等空间场所因素确定合同准据法向依当事人的自主选择确定准据法的转变，应该说是完全以这个时代的资产阶级极力标榜的"契约自由"为契机的。

第三个阶段是以 proper law 为代表的开放性的灵活的冲突规范指定准据法的阶段。在这一历史阶段，尽管当事人的自主选择仍被视为是一种普遍适用的合同准据法指定公式，但由于国际经济技术关系和通讯交通工具的高度发展，合同关系的内容、性质以及种类日趋复杂多样，各国对不同性质合同采取的政策已常有不同，于是在法律选择的手段和方法上需要进一步向多样化和灵活化的方向发展，产生了最密切联系说、利益分析说和特征性履行说等选择合同准据法的理论。

二、当前较为流行的几种理论

（一）合同自体法或合同特有法（proper law of contract）

proper law of contract 最先为英国国际私法学家们所提出，是英国法学家们对国际私法的一大贡献。

对 proper law of contract，过去，我国的学者多将其译为"合同准据法"。但严格地说，合同准据法在英国法中被称为 applicable law of contract，可见 applicable law 和 proper law 是两个不同的概念，如果把后者也译为"准据法"，不但没有掌握住英国现代国际私法上这一术语的精髓，而且也不可能用它来构成一个冲突规范，或只能构成一个什么也不说明，什么标准也没有提供的非规则的"冲突规则"。有鉴于此，韩德培教授主张把它译为"合同自体法"，这是很符合英国学者提出这一学说的原意的。但因"自体法"这个词仍也含有为"自身所专有的法律"的意思，所以我们认为可译为"合同特有法"。

我们认为，英国的学者之所以专门对合同的法律适用提出自体法或特有法这个概念，主要是因为合同本是一种双方法律行为，在不违反国家强行法的条件下，双方当事人可以自由约定彼此的权利义务，在过去很长的一段时间里，英国学者认为只为合同行为所特有，对别的法律关系并不完全适用。正是基于这种认识，我们认为韦斯特勒克把 proper law 仅解释为与合同有最密切联系的法律，这种纯客观论的观点是不妥当的。也正是基于这种认识，我们认为莫里斯根据合同 proper law 进一步提出侵权特有法的概念也似超出 proper law 的原意。因为，假如把 proper law 仅解释为与合同"有最密切联系的法律"，那么任何其他行为或行为关系就也应有 proper law 了。这不但抹杀了合同这种以双方合意为本质特征的法律行为与其他法律行为的区别，同时也否定了合同 proper law 的特定含义和作用。

至于什么是合同的特有法，即使是在英国的学者之间也存在分歧。前面已经说到，韦斯特勒克在其所著《国际私法》一书中（1925 年英文第 7 版，第 302

页)指出,合同特有法就是支配合同内在有效性和效力的法律,它就是与合同有最真实联系的法律。可是,戴西却认为合同特有法应该由当事人意思自治来决定。他在1896年所著《法律冲突》(第1版)一书中认为,所谓合同特有法,就是合同双方当事人打算,或能合理地认为他们打算使合同受其支配的那一个或那几个法律。直到该书的第9版(1973年),修订者莫里斯教授仍然坚持这种观点。但在1980年该书的第10版中,莫里斯则试图把韦斯特勒克的客观论和戴西的主观论融为一体,把 proper law of contract 解释为"当事人意欲使合同受其支配的法律,而在当事人无此明示选择且不能依情况推定当事人选择的意向时,应是那个与合同有最密切、最真实联系的法律"。莫里斯指出合同自体法可分解为三个规则:(1)当事人已明示选择了法律,该法律一般应被适用;(2)当事人无明示选择,但依情况可以推断出他们所选择的法律时,该法律应被适用;(3)当事人未明示选择,又不能依情况推断他们所选择的法律时,适用与合同有最密切最真实联系的法律。应该认为,莫里斯的这一新的解释更符合合同自体法的真正含义。因而,尽管英国国际私法学家们提出 proper law,仍然未消除主观论和客观论的对立,不过,从整个来看,在当前,英国学者们大多数更倾向于采主观说为主同时兼顾合同的客观情况来定合同的 proper law。

在戚希尔和诺思的《国际私法》第12版中,关于"合同的 proper law of the contract",已有新的认识。该书指出:就英国来说,直到前不久,仍采用这冲突原则,并认为它是用来表述那个可以用来支配影响合同问题的法律的最简洁明了的方式。"合同的 proper law"的理论起源于普通法(common law),并且为了对付合同法律适用问题的困难性而由许多判例法发展起来。它被认为在理论或学说上既是 sophisticated(深奥的),又有 flexible(灵活性)。这一理论的关键特征如下:即当事人可以选择这个 proper law,其选择权仅受到极少的限制。而在当事人未作明示选择时,以及亦未被法院推定其所作的选择时,则将运用一种客观的检定(test)。这就是通过探求那个与交易有密切联系的法律从而把合同场所化或地域化起来。这一以 proper law 作基础的理论于是便把只注意当事人意图(意向)的主观论与探求合同的场所化的客观论构成了一孪生的理论(twin theories)。一些专门的规则则是用来解决各种特别的问题的。proper law 通常是中用的(中肯的、适当的),但却常要求法院在考虑特定问题时,超越 proper law。例如,在关于违法的问题(illegality issue)时,就要求法院不仅关注依 proper law 为违法的,而且要考虑到依履行地法也是违法的问题。此外,一些特殊的合同如保险合同,也存在一些特别的规则。这些规则,不是为 proper law 而作的特别规定,就是完全偏离 proper law 而作出的特别规定。

由于英国接受了1980年欧共体制定的《关于合同义务法律适用公约》(简称《罗马公约》),并在1990年根据该公约颁布了一个《合同法(准据法)》,从而开始把涉外合同准据法的选择建立在成文法的基础之上,并在很大程度上取代了这一领域的普通法和"合同的 proper law"的理论。不过依该成文法,合同当首先适用当事人自主选择的法律,以及在当事人无选择时,合同应适用与之有密切联系的法律,这两个最基本的规则,仍是与"合同的 proper law"理论相一致的①。

(二) 与合同最密切联系的法律

不过 proper law 这一概念,在其他国家却不流行。如在美国,通常只喜欢用"英国合同""马萨诸塞合同"来表示受英国法或麻省法支配的合同。而合同的准据法在过去(如 1934 年《冲突法重述》)则完全是采合同缔结地主义,不承认当事人选择准据法的权利。但现在却已发生了革命性的转变。这种革命性的转变最突出的表现于 1971 年的《第二次冲突法重述》中。它除了把当事人的自主选择作为首要的原则提了出来,同时又采用"最重要联系原则"作为补充。该重述在第 188 条中规定,在缺乏当事人的有效选择时,应依该"重述"第六节所列七个原则,选取那个有最重要联系的州的法律。

在立法中明确采用最密切联系原则作为意思自治原则补充的越来越广泛,其中除上述美国《第二次冲突法重述》外,尚有希腊 1964 年《民法》第 25 条、1979 年匈牙利《国际私法》第 29 条、2007 年土耳其《国际私法与国际民事诉讼程序法》第 24 条等。

对于依最密切联系来选择合同准据法,在一部分学者如韦斯特勒克那里是把它当作一个首要的独立的原则提出的,他完全排除当事人的意思自治。而在戴西等人的学说和英国、美国的实践中,则是作为当事人意思自治原则的补充提出的。就目前各国的实践来看,大都采用后一种观点。

但是,不管是把最密切联系当作首要原则,还是只把它当作补充原则,都需要进一步解决判断最密切联系的标准问题,否则,便无异于给法院和法官提供了一个为自己的主观专断作辩护的遁词。在这种情况下,特征履行说、利益分析说、政策导向说等种种理论和方法便应运而生了。

(三) 特征履行说

特征履行,实际上是推定最密切联系的根据。它要求法院根据合同的性质,以何方的履行最能体现合同的特性而决定合同的法律适用。从一定意义上讲,它很像是"本座说"在当今时代合同法律适用理论的翻版,或者至少可以说,在这种理论中可找到"本座说"的影子。它是为了克服"合同由与其最密切联系的法律支配"这种较为空泛的规则所带来的法律适用的不稳定性和不可预见性等缺陷而诞生的。

---

① 参见〔英〕戚希尔、诺思:《国际私法》,1992 年英文第 12 版,第 458—459 页。

特征履行说早在1902年即由哈伯格(Harburger)在研究双方合同的法律适用问题时便提了出来,到1955年海牙国际私法会议在其关于有体动产的冲突法公约中,正式被采用。① 依据特征履行说,在双方合同中,当事人双方各须向对方履行义务,其中一方的义务通常是交付物品、提供劳务等等,而另一方的义务则通常是支付金钱,通常认为,在这两种履行中,交付物品、提供劳务等等的非金钱履行为特征履行,因为它们体现了各该合同的特征。合同准据法即应是承担特征履行义务的一方当事人的住所地法或惯常居所地法;如果该当事人有营业所,则应是其营业所所在地法。

对特征履行方法的规定主要有两种方式:其一,在当事人没有选择法律的情况下,把合同按其性质和种类加以划分,根据特征履行说分别确定各种合同应适用的法律,1979年匈牙利《国际私法》第25条即是如此。其二,在当事人没有选择法律的情况下,根据最密切联系原则来确定合同准据法,而以特征履行方法确定最密切联系地法。1987年瑞士联邦《国际私法法规》是采取这种方式的典型。该法第117条规定:"对于合同所适用的法律,当事人没有作出选择的,则合同适用依可知的情况中与其有最密切联系的国家的法律。与合同有最密切联系的国家,是指特征性义务履行人的惯常居所地国家,如果合同涉及业务活动或商务活动的,指营业机构所在地国家。"该法还进而对赠与合同、财产使用合同、劳务合同、仓储合同、担保合同中的特征履行分别作了明确规定。我国曾于1985年颁布的《涉外经济合同法》②的有关司法解释也采用这种方式。欧洲议会和(欧盟)理事会《关于合同之债法律适用的第593/2008号(欧共体)条例》第4条第2款也规定:如果合同不在第1款规定之列,或者合同的各组成部分涉及第1款第1项至第8项规定的一种以上的合同,则该合同依提供特征性履行的一方当事人的惯常居所地国法。

第三节　意思自治原则

一、意思自治原则的提出

在法国大革命以前,法律长期处于不统一状态,内容至为分歧,加上各地封建势力在法律适用上均采属地主义,这些对于商业发展都是十分不利的。查里士·杜摩兰(Charles Dumoulin,1500—1566年)为了克服这种弊端而主张在契约

---

① 过去认为此学说为瑞士学者施尼泽(Adolf F. Schnitzer)所创立,我国青年国际私法学家张明杰在瑞士完成的博士论文"Conflict of Laws and International Contracts for the Sale of Goods"中经过考证后,加以更正。见1997年瑞士出版的该论文,第126—128页。

② 此法已于1999年10月1日起依法废止。

关系中适用当事人自己意欲适用的法律。他的这一思想到 17 世纪又为荷兰学派所吸取。尽管在当时,杜摩兰并未用"意思自治"来给他的理论命名,甚至他也许根本未产生过这种观念,但后人却把这种观点命名为"意思自治"说。

对于这种主张在合同准据法的选定上适用当事人意思自治原则,后来一直遭到很多人的批判和反对。其中主要的反对意见就是认为,当事人之间的协议要具有决定应适用法律的效力,首先还必须解决用什么法律来赋予这种协议本身以效力的问题。

但是,由于在实际生活中,意思自治理论符合资本主义追逐贸易自由的需要,因而到 18、19 世纪时,便相继为许多国家所采用。人们认为,允许当事人自己决定合同应适用的法律,并不是因为他们是立法者,或他们享有立法者的权力,而仅仅是因为这是法院地的冲突规则所要求的。

这种意思自治说在 1804 年的《法国民法典》的"契约自由"原则中得到反映;到 1865 年的《意大利民法典》中,更被明确地提到处理合同准据法选择的首要原则的高度,该民法典第 25 条规定:"因契约发生的债,双方当事人有共同国籍者,适用其本国法;否则,适用缔约地法。但在任何情况下,如当事人另有意思表示,从当事人的选择。"这一自治学说,到 1776 年,在 Robinson 诉 Bland 案中,又为曼斯菲尔德大法官引入英国普通法;在 1825 年于 Wayman 诉 Sourtabrd 案中,为法官马歇尔(Marshall)引入美国,并得到斯托雷的肯定。到现在,它已是所有国家在处理国际性合同准据法方面所一致接受的原则。

二、当事人协议选择法律的时间、方式、范围

(一)当事人选择法律的时间

关于当事人选择法律的时间,一般认为既可以在订立合同当时选择,也可以在订立合同之后选择。新近的国际公约和国内立法都表明,多数国家反对对当事人选择法律的时间加以限制,而允许当事人在合同订立后选择法律,甚至以新选择的法律代替原来所作的选择。这是因为:首先,即使当事人未作选择,他们之间的合同关系仍然受支配该合同的法律支配,因此,并不一定要在订立合同前确立支配其权利义务的法律;其次,允许当事人事后选择或事后更改以前所作的选择,是当事人的自由,更符合意思自治原则的本意;再次,允许事后选择及更改既可给当事人一定的补救机会,又可增加当事人对法院的信赖,有利于纠纷的解决。不过,从国内到国际立法的情况看,当事人在合同订立后选择或变更选择的权利也受到一定限制,即不得使合同归于无效或使第三人的合法利益遭受损害。

(二)当事人选择法律的方式

当事人选择法律的方式,即明示或默示选择的问题。以合同中的法律选择条款或在合同之外的专门法律选择协议表达选法意图,因其透明度强,具有稳定

性和可预见性,而为各国普遍肯定。但对于默示选择,各国理论和实践却无定论。其态度大致可分三种：

第一,尼日利亚和秘鲁等少数国家只承认明示选择,不承认任何形式的默示选择。

第二,荷兰、美国 1971 年《第二次冲突法重述》有限度地承认默示选择。

第三,承认默示选择,允许法官在审理时推定当事人的意图。多数国家和国际公约持此种态度,如法国、英国、德国、奥地利、瑞士、1978 年海牙《代理法律适用公约》和 1986 年《国际货物买卖合同法律适用公约》等。默示选择之所以得到承认,其根本的原因在于这些国家的法律传统,它们本来就重视法官在司法过程中的作用,尊重当事人在合同关系中的广泛的自由,而且,早期意思自治学说的支持者就把其理论建立在当事人意图的基础上,如斯托雷在其 1834 年的《冲突法评论》中指出："这一理论的基础是,在一国缔结合同的每个人都被理解为将自己置于该地法律之下,并默示同意其合同上的诉讼。"

(三) 当事人选择法律的范围

当事人根据意思自治原则所选择的法律应是实体法,而不包括该国的冲突法,这是目前多数国家的立法和国际公约所一致认可的。如欧洲议会和(欧盟)理事会《关于合同之债法律适用的第 593/2008 号(欧共体)条例》第 20 条规定,凡适用依本条例确定的任何国家的法律,系指适用该国现行的法律规范而非其国际私法规范,但本条例另有规定者除外。这是因为允许当事人自行选择某一国法律,就在于使当事人能预见到合同的法律后果,使当事人的合法权益得到其所期待的法律保护。如果将冲突规则包括在内,则可能导致不确定。

关于当事人选择法律的空间范围,即当事人能否选择与合同没有客观联系的法律,长期以来就是一个有争议的问题。欧洲大陆的学者多主张,为了避免当事人通过选择规避法律,只能选择与合同有客观联系的法律。一些国家的法律也从连结点的空间范围上对当事人的法律选择作出限制,如波兰国际私法和美国统一商法典。但以英国为代表的大多数国家不要求选择与合同有客观的联系。目前,日本、泰国、奥地利、丹麦、比利时、德国、瑞士等国的立法都没有这种限制。1978 年的海牙《代理法律适用公约》也都没有禁止当事人选择与合同无客观联系的国家的法律。

三、意思自治的限制

(一) 意思自治要受本应支配合同的法律或法院地法律中的强行法的限制

尽管过去也有许多人鼓吹当事人的自主选择是无限制的,但是从杜摩兰提出这一原则时起,包括杜摩兰自己在内,绝大多数法学家都认为当事人自主选择只能在任意性法律范围内进行,而不得违背法律中的强制性规定。此后国际私法更通过立法与判例，把这种限制发展得十分系统、完整和制度化了。

这里首先可以举1804年《法国民法典》第3条的规定为例。根据该条第1款的规定，凡属关于警察与治安的法律，均不得因当事人的意思而加以违背或规避；其次，根据第2款的规定，凡合同的标的涉及位于法国的不动产，也不得适用意思自治而受他国法律支配；最后，根据其第3款的规定，关于法国人的身份与能力，也不得因当事人的自主协议而适用非法国法。可见，自主选择法律首先应受法律性质——为强行性或任意法——所限制。

（二）当事人协议选择的法律必须有合理的根据

在部分大陆国家的法律中，还有另一种限制，就是当事人不得选择与契约毫无实际联系的法律。这表明意思自治原则在空间上也是受限制的。在1971年的《第二次冲突法重述》中，美国学者就强调指出，允许当事人在通常情况下选择准据法，并不等于给他们完全按照自己的意愿去缔结契约的自由。当事人选择法律时，必须有一种合理的根据，而这种合理的根据，该书认为主要表现为当事人或合同与所选法律之间有着重要的联系，即合同或在那里缔结，或合同谈判在那里进行，或合同在那里履行，或合同标的位于该地，或当事人的住所、居所、国籍、营业地在该处，否则，选择应被法院认为无效。

（三）当事人协议选择法律必须"善意""合法"，并不违反公共秩序

在实践中，就连英国，对当事人选择法律的自由也是有严格限制的。在1939年维他食品公司诉乌纳斯轮船公司（Vita Food Products Inc. v. Unus Shipping Co.）一案中，一加拿大公司（被告）与上诉人订立一合同，约定租用被告所有的船只从纽芬兰装运货物去纽约，提单上规定，契约由英国法支配，并约定被告对于他的船员因过失而造成的损害免责。但终于因船长的过失而使货物受损。案件上诉到英国枢密院，赖特法官认为该合同虽与英国毫无关系，而当事人却选择了英国法，而这种选择是符合"善意""合法""无规避公共政策"三种条件的，应予承认，而英国法是承认这种免责约定的。在这三项限制中，除了公共政策这一标准在很大程度上取决于法官的自由裁量外，即令对于"善意"和"合法"两项标准，也是带有很大的主观性的。

（四）意思自治在几种特殊合同的法律适用中的限制

1. 雇佣合同

雇佣合同是雇主与雇员签订的合同，其中，雇员一方通常是合同的弱方，因此，在法律适用问题上应该考虑到他被雇主操纵的可能。对于雇佣合同当事人的意思自治问题，需要作出限制。如欧洲议会和（欧盟）理事会《关于合同之债法律适用的第593/2008号（欧共体）条例》第8条（个人雇佣合同）规定，（1）个人雇佣合同，适用当事人根据第3条规定所选择的法律。但是，当事人的这种法律选择不得剥夺依照本条第2款、第3款和第4款规定未进行法律选择时应适

用的法律中那些不得通过协议加以规避的规定对雇员的保护。(2)如果当事人未选择适用于个人雇佣合同的法律,则该合同依雇员为履行合同而进行惯常工作地国家的法律,若无此种国家,则为雇员为履行合同去进行惯常工作的出发地国法律。即使雇员在另一国家进行临时性工作,进行惯常工作所在地国家并不因此发生变化。(3)如果依照第2款不能确定应适用的法律,则合同由该雇员受雇的营业所所在地国法支配。(4)如果总体情况表明,合同与第2款或第3款所指国家之外的另一国有更密切联系,则适用该另一国的法律。瑞士法律也规定,劳动合同由劳动者惯常完成其工作地国家的法律支配。

2. 消费合同

这种合同的特殊规定是为保护消费者利益的需要。保护消费者利益是当今国际社会的潮流,这一潮流也影响到了消费合同的法律适用。如德国《民法施行法》规定,此类合同当事人选择法律的结果,不得剥夺消费者惯常居所地国法律强制规则所赋予的保护。没有法律选择时,受消费者惯常居所国法支配。1986年的海牙《国际货物买卖合同法律适用公约》也将提供私人消费的合同排除在适用范围之外。而瑞士更将当事人的选择排除在外,主要适用消费者惯常居所地国法。欧洲议会和(欧盟)理事会《关于合同之债法律适用的第593/2008号(欧共体)条例》第6条(各种消费者合同)规定:

(1)在不影响第5条及第7条规定的情况下,自然人非出于职业或商业活动目的(消费者)而与从事职业或商业活动的另一方(企业)签订的合同,依消费者的惯常居所地国法,如果该企业:

(a)在消费者的惯常居所地国开展其职业或商业活动;

(b)以某种方式在该国或者包括该国在内的多个国家开展该项活动并且合同在该活动范围之列。

(2)尽管有第1款的规定,对于满足第1款要求的合同,当事人可以按照第3条规定选择应适用的法律。但该法律选择不得剥夺依照第1款未选择法律时本应适用的法律中不能通过协议规避的强制性规定给予消费者的保护。

(3)不满足第1款第1项或第2项要求的,则适用于消费者和企业之间的合同的法律,依第3条和第4条规定确定。

(4)第1款和第2款不适用于:

(a)有关专门在消费者的惯常居所地国以外的其他国家向消费者提供服务的合同;

(b)除(欧洲经济共同体)理事会1990年6月13日《关于费用统包旅游的第90/314号指令》意义上的费用统包旅游合同以外的运输合同;

(c)有关不动产物权或者不动产租赁的合同,但有关《第94/47号(欧共体)指令》意义上的不动产分时使用权的合同除外;

(d) 与融资手段相关的权利和义务,以及成为确定涉及可转让的有价证券的发行、公开发行或公开收购条件和共同投资企业股份的认购或赎回条件的权利和义务,但以这些活动不得构成提供融资服务为限;

(e) 在第4条第1款第8项所指体系下签订的合同。

3. 有关不动产的合同

关于土地及其附着物、建筑等不动产的合同,一些国家接受这样的规则:即有关不动产的合同受不动产所在地法支配。这主要是因为不动产所在地法与不动产本身的联系更为密切,一般具有较大的利益。不动产的处置甚至与所在地的国计民生有重大关系。例如2007年土耳其《国际私法和国际民事诉讼程序法》第25条规定:有关不动产或者有关不动产使用的合同,依不动产所在地国法。

四、当事人未选择法律时的处理

在完全采用意思自治作为合同准据法的冲突原则时,还可能遇到当事人没有选择法律的协议或者这种选择法律的协议无效的情况。这时,在立法和司法实践中,有三种不同的处理方法:一种是如日本及东欧一些国家明确规定应适用什么地方的法律;一种是主张按最密切联系原则由法律或法院确定应适用的法律;还有一种就是法院应根据各种情况推定当事人如果当时考虑到这个问题时可能选择什么法律(即推定)。由于前一种方法会使合同应适用法律的确定方法又回复到机械的僵固的冲突原则中去,而后一种方法又会使法院或法官的主观臆断发挥作用,因而目前越来越多的实践均主张采用第二种方法,即在立法上,明确地把最密切联系原则作为意思自治原则的补充加以规定。

所以,实际上在解决合同的准据法选择的问题时,光用"意思自治"这个冲突原则,也不能完全适应客观实际的需要。于是历史进入了以"合同自体法(或合同特有法)"为代表的用完全开放的灵活的冲突规范来指定准据法的新阶段。

第四节 合同各种问题的法律适用

前面已经讲到,在解决合同的法律适用时,许多国家的立法和司法实践,常就合同的不同方面加以分割,分别选择应适用的法律。其中最常见的,便是将合同当事人的缔约能力、合同形式和合同的成立与效力三个方面分割开来,使它们受不同的冲突规范的支配。

一、缔约能力

对于当事人缔结合同的能力应适用的法律,主要有以下几种不同主张:

(1) 采当事人属人法。早在巴托鲁斯的法则区别理论中,他便提出关于人的缔结能力不必适用合同缔结地法,而应适用其属人法(即住所地法)。这种观点的根据,当然主要是人的能力本是他的属人法所赋予的。但是,适用当事人属人法来解决其能力问题,在亲属法和继承法领域尚无太大不妥,在商业交易领域,如果当事人属人法与行为地法规定不同,依其中一个为有能力,而依另一个为无能力,则往往会给交易的安全带来麻烦。这方面人所共知的一个案例便是法国法院1861年处理的李查蒂案(Lizardi Case)。李查蒂为一墨西哥22岁的青年,他在法国签发了一张期票,向巴黎商人购买珠宝,后来他被诉请付款时,竟以依其属人法(墨西哥法)为未成年而无行为能力(墨西哥法规定23岁为成年)主张原合同无效。李查蒂的主张被法国法院驳回,并从而否定了缔约能力完全依属人法的制度。①

(2) 选择采用属人法与合同缔结地法。单纯采属人法解决当事人缔约能力的法律冲突,不一定有利于保护在本国发生的合同关系中的本国当事人的利益,因而为了求得商业上法律关系的稳定性,以及保护国籍或住所在合同行为地的当事人的正当权益,对于商业合同,各国多在采用属人法的同时,还允许选择适用合同缔结地法。例如,1984年《秘鲁民法典》第十编国际私法第2070条规定,自然人的能力依其住所地法,但关于债法的法律行为和在秘鲁订立的合同,只要依秘鲁法(即合同缔约地法)当事人有行为能力,就认为有行为能力。其他如日本《法律适用通则法》第4条、泰国《国际私法》第10条、2007年土耳其《国际私法与国际民事诉讼程序法》第9条、1967年法国《补充民法典关于国际私法内容的草案》第2291条,以及东欧国家诸如捷克《国际私法与国际民事诉讼程序法》第3条、波兰《国际私法》第11条等都作了类似规定。我国在实践上也是这样做的,1988年最高人民法院《关于贯彻执行〈中华人民共和国民法通则〉若干问题的意见(试行)》第180条也明确规定:"外国人在我国领域内进行民事活动,如依其本国法律为无民事行为能力,而依我国法律为有民事行为能力,应当认定为有民事行为能力。"

为了保证合同关系的安全,许多国家的理论和实践甚至主张,在选择采用当事人属人法和合同缔结地法时,如果它们都认定一方当事人无行为能力,但对所缔结的合同,其中一个法律认为绝对无效,而另一个法律只认为可以撤销;或者一个法律认为缺陷可以补救(如通过追认等),而另一个法律不允许补救;或一个法律规定可撤销的时间长,而另一个法律规定的时间短,应适用那个更有利于保护合同有效的法律②。

(3) 采合同准据法(即支配合同成立和效力的法律)。此外,也有理论与判

---

① 参见李双元:《国际私法(冲突法篇)》,武汉大学出版社1987年版,第269—271页。
② 参见同上书,第72页。

例支持对缔约能力统一适用合同准据法,只要这个合同准据法是与合同存在着重大联系的。美国1971年《第二次冲突法重述》关于缔约能力,就规定应适用当事人合意选择的法律,以及在无此合意时,依有关原则选择适用与合同具有最重要联系的法律,这显然均是指合同准据法。不过该《重述》同时指出,如果依据当事人的住所地法他有能力,则通常是应该认为他有能力的。戚希尔和诺思在其《国际私法》中也力主适用合同准据法。① 不过也有学者指出,既然合同准据法常常是当事人协议选择的法律,而在缔约能力问题上本是不应让当事人自己的意志发挥作用的,如果认为缔约能力可以适用合同准据法,而合同准据法又由当事人自己选择,这样就会助长他们去规避应该服从的强制性法规。

二、合同形式

自巴托鲁斯以来,无论是罗马法还是普通法,都认为应该把法律行为的形式要件与实质要件加以区分,并且认为,凡合同形式遵守了行为地法的要求就足够了。因而就合同形式而言,"场所支配行为"的原则,过去曾认为是强行性的。现代许多国家如西班牙、葡萄牙、阿根廷等国仍是这样规定的。这种制度源自罗马时代,因为当时商品经济尚不发达,合同种类很少,因而可以要求全部按一定形式进行。但是随着资本主义经济在全球范围的膨胀,为求使得国际商业合同迅速简便地完成,简式合同逐渐取代了要式合同,以至1980年《联合国国际货物销售合同公约》第11条规定:"销售合同无须以书面订立或书面证明,在形式方面也不受任何其他条件的限制。销售合同可以包括人证在内的任何方法证明。"此外,也有学者认为,如果一个合同的缔约地纯属偶然,竟因为它未遵守该地的形式要件而主张无效,也未免不合情理。因而现代国际私法学倾向于认为"场所支配行为"原则并不就是强制性的,并且认为如果合同符合了它的准据法对形式的要求也应是有效的。至于如1978年奥地利联邦《国际私法法规》第8条的规定,"法律行为的方式,依支配该法律行为本身的同一法律,但符合该法律行为发生地国对方式的要求者亦可",更把合同准据法当作确定合同形式有效性的首要的法律。其他如德国《民法施行法》的第11条、2011年波兰《国际私法》第25条、2007年土耳其《国际私法与国际民事诉讼程序法》第7条,也都规定合同形式只要符合合同准据法或行为地法即为有效。

学者们还指出,既然合同的准据法能够支配合同的成立及合同的所有效力,为何又一定要把合同形式割裂出去,非单独适用行为地法不可呢?而且,即使把缔约地的法律当作一个整体,即还包括它的冲突法,如果该地冲突法规定合同形

---

① 参见该书1979年英文第10版,第222—223页。

式应依合同准据法,根据反致原则,也应改为适用合同准据法①。有的国家甚至规定合同形式只受准据法支配,如 1939 年泰国《国际私法》第 13 条第 2 款就规定"契约方式,依支配该契约效力的法律"。

对于有关不动产合同,有些国家法律规定适用不动产所在地法对形式的要求。

总而言之,对于合同的形式要件,当今国际私法立法与学说的主要倾向是兼采合同缔结地法(即行为地法)和合同准据法而为选择适用,并显示出有采用多种连结因素来确定合同形式要件准据法的趋势。

三、合同的成立、效力及其他

在对缔约能力、合同形式、合同的成立和效力采取分割方法,分别确定它们各应适用的法律时,一般把支配后一个问题的法律称为"合同准据法","合同准据法"的选择方式前文已作阐述,这里只讨论合同解释和消灭的法律适用问题。

(一) 合同的解释

毫无疑问,合同的解释,一般应适用合同的准据法,但这并不意味着合同中的一切专门性的法律术语都得用准据法中的相应术语的含义去解释,而只是说应适用准据法中的解释规则来解决解释中遇到的问题。比如说,一个在美国律师协助下缔结于美国的合同的当事人明示合意选择英国法作为合同准据法,在这个合同中,法律术语就很可能是美国含义而不是英国含义,但是合同的解释规则却是必须到准据法(英国法)中去寻找的。因为各国的解释规则很可能是不尽相同的。就英国狭义的解释规则而言,它要求文字应依其普通的和字面的意义去理解,除非能从文件的上下文找到一个确切的含义,才能给有关的特定的术语以比字面含义更为广泛的解释。但这一规则是不能用来解释一个受法国法、德国法或其他国家法律支配的合同的。

1971 年美国《第二次冲突法重述》第 204 条关于合同中文字的解释规则是:在当事人通过文字表述的意义不能弄清楚时,应首先依双方当事人选择的那个州的实体法;在无此种选择时,则适用按照最密切联系原则确定的那个州的实体法来解释。但对转让土地利益的文件的文字的解释,则应依文件为解释目的而指定的州的解释规则进行;如文件中未作此种指定,则适用物之所在地的法院应适用的解释规则(第 224 条)。

总之,关于合同解释问题,既有涉及文字含义的一面,也有涉及其含义的法律效力的一面。因而在解释时,既要弄清楚某一语句文字上的含义,更要弄清楚这种含义在法律上能否产生效力。前者属于认定事实,后者涉及法律的适用。

---

① 〔英〕戚希尔、诺思:《国际私法》,1979 年英文第 10 版,第 220 页。

所以原则上应适用合同准据法中的解释规则。至于某一特定的术语，如当事人在合同中已赋予它以明确的含义，或在第三国法律中已有确定含义的，当作为事实加以认定，并不应要求也一概适用合同准据法。

（二）合同的消灭

合同的消灭是指合同权利义务关系得到完全实现或终止。因而，在大多数情况下，合同是否继续存在或消灭的问题，自当由合同准据法决定。例如，合同因履行而消灭乃是正常的最常见的事实，系双方当事人缔结合同的共同愿望，无疑应适用合同准据法。但是关于履行的方式或履行细节方面的问题，则是应另由履行地法决定的。美国1971年《第二次冲突法重述》第206条便明确规定履行细节（details of performance）应受履行地法支配。英国也主张把履行方式及细节方面的问题分割出去另行适用合同履行地法。

尽管合同准据法一般地适用于合同债务的消灭，但应该看到，债务消灭的方式是多种多样的，涉及的问题也是多种多样的，对于因不同消灭方式而提出的各种法律问题，则并非概可依合同准据法的。例如：

（1）因履行而消灭时，如履行要求转移所有权，则所有权如何转移给债权人，既不是适用合同准据法，也不是适用履行地法，而是适用被转移物的所在地法。

（2）因替代履行而消灭时，如债务人提交一辆汽车来替代支付一笔金钱的履行，这一新的合意是否成立以及在当事人之间的效力应由这一新的合同的准据法解决，而不应适用原始合同的准据法。但原始合同是否消灭、担保是否解除或抵押是否结束，则仍应受原始合同的准据法支配。

（3）因国家机关的提存而消灭时（如存放于法院），合同准据法应决定债务是否因此及在什么条件下解除债务。但提存的方式和存放的机关应由提存地法决定。因债权人的抛弃而消灭时，其是否消灭，尤其是债权人单方面的宣布是否已经足够而不要求债权债务人双方的一致同意，以及抛弃是否需要对价或字据才有效等问题，则均应受合同准据法支配。

（4）因抵消而消灭时，如依英国法观点，这是法院的一种行为，属于程序法性质，当然只能适用法院地法。但其他国家，特别是大陆法系国家要求适用合同准据法。但他方债权不一定基于合同而发生（侵权、不当得利、无因管理均为债权发生的原因），即令因合同而发生，准据法也可能不同，因而如关于抵消的要件、行使的方法以及禁止抵消和抵消的效力等问题只适用一个合同的准据法，并不一定妥当。所以也有学者主张重叠适用两个债权的准据法。

（5）关于诉讼时效已过而消灭债的问题，有两种不同的观点：一是认为在某些情况下法定时效已过，完全消灭实体权利；二是认为只消灭债权人诉讼权或请求强制执行的权利。在前一种情况下，其效力显然是实体法上的，当然应适用合同准据法。而在后一种情况下,则仅属程序法上的效力,当然只能适用法院地法了。

第五节 电子合同的法律适用

电子合同是因互联网的出现和它被用于商事交易而产生的一种新的合同形式。电子合同有广义和狭义之分。广义的电子合同是指一切用现代电子通讯技术手段[包括但不限于电子数据交换(electronic data interchange,EDI)、电子邮件(E-mail)、电报、电传、传真]所达成的合同。狭义的电子合同是指利用不同的电子计算机之间生成、传递、储存信息而达成的合同,包括 EDI 和 E-mail 两种形式,又称无纸合同。本节所称的电子合同是狭义的。

一、电子合同当事人缔约能力及其形式的法律适用

如前所述,合同当事人缔约能力的法律适用,主要有以下几种做法:适用属人法,适用缔约地法,选择适用属人法或缔约地法。对于电子合同当事人缔约能力的法律适用,适用当事人的属人法并兼采合同准据法较好。理由有:(1)用属人法来确定当事人的缔约能力,已经基本上成为冲突法上的习惯法。(2)属人法当中的国籍、住所与当事人的缔约能力有实质性联系。(3)如果当事人的属人法认为电子合同的当事人没有缔约能力,即使其他法院认为有缔约能力,将来所出现的法律后果也可能是判决得不到当事人的国籍国或者住所地国的承认与执行。(4)传统上,各个国家为了保护内国交易的安全都以交易行为地法加以限制,但是,在网络环境下,缔约地和交易行为地很难确定,所以可以考虑以合同的准据法加以限制。(5)对于电子商务来说,由于比较复杂多变,适用合同的准据法,有利于当事人预测交易后果,在发生争议时有利于法院迅速审结案件。[①]

对于合同的形式要件,由于受到国际上简式主义思想和意思自治原则的影响,基于尽量使法律行为有效成立的基本政策,各国普遍放弃了对合同形式的严格要求,在合同形式的法律适用上,规定复数连结点以增加可选性。电子合同形式的法律适用问题有两个障碍:一是在很多情况下,属人、属地性连结点很难确定,即使能够确定,也可能和当事人通过互联网完成的交易没有多大联系;二是许多国家还没有规定数据电文和电子签名的法律效力。所以,从冲突法的角度来看,突破这两个障碍的最佳途径是在合同的法律适用问题上抛弃分割制,采用同一制,即对合同的实质内容和形式要件在法律适用上不加区分,一并采纳当事

---

① 何其生:《电子商务的国际私法问题》,法律出版社 2004 年版,第 212—214 页。

人意思自治原则和最密切联系原则。[1]

二、电子合同成立与效力的法律适用

(一) 意思自治原则的适用

电子商务合同大体上可以分为三类：企业之间的电子合同，即 business to business 模式；用户之间的电子合同，即 consumer to consumer 模式；企业和用户之间的电子合同，即 business to consumer 模式。对于前两种模式，可以适用当事人意思自治，可是对第三种模式，由于涉及消费者权利保护，法律选择条款的法律效力是有争议的。

我国《涉外民事关系法律适用法》第 41 条和《民法通则》第 145 条都规定涉外合同的当事人可以选择处理合同争议所适用的法律。在电子合同中，可以选择电子合同的签订地、履行地、双方的营业地或者经常住所地等法律作为准据法。

确定电子合同的法律适用时同样存在格式合同的问题。一方面，由于格式合同所带来的巨大便利，其适用将是必然的。另一方面，其中又会存在卖方滥用其优势地位的问题，所以，运用意思自治原则的最大问题在于如何加强对格式合同中相对方的保护，这种相对方常常是消费者。目前，国际上的趋向是在放宽意思自治原则的同时加强对消费者的保护。因为电子商务中消费者更加处于弱势地位，其利益更容易受到损害，消费者对电子商务的安全性缺乏信心一直是电子商务发展的主要障碍。

比如，美国全国统一州法委员会在 1999 年通过了《统一计算机信息交易法》(The Uniform Computer Information Transactions Act, UCITA)供各州在立法时参考。根据该法第 109 条，首先适用当事双方协议选择的法律，但为了防止卖方滥用其优势地位，该法对当事人意思自治权利的行使作出了以下限制：(1) 如果在一项消费者合同中作出的此种选择改变了根据"许可方所在地法""交付该拷贝的地方或本应向消费者交付该拷贝的地方的法律"以及"与该交易有最密切联系的法域的法律"当中不得以协议加以改变的规则，则此种选择无效。(2) 当事人的选择权受到以公共秩序和基本政策为依据的更为严格的审查。比如，对消费合同，所选择的法律不得改变有关消费者保护法所规定的不得以协议改变的规则，否则在其改变的范围内法律选择没有执行力。[2] 根据该法第 105

---

[1] 吕国民:《国际贸易中 EDI 法律问题研究》，法律出版社 2001 年版，第 214 页。
[2] 根据该法第 102 条，"消费合同"是指许可商和消费者之间订立的合同，而"消费者"是指一定信息或信息权的被许可方，且该被许可方在订立合同时拟主要为个人或者家庭的目的使用此种信息或信息权。

条和第 111 条的有关规定,合同中的法律选择条款不得违反法院地的基本公共政策和显失公平原则。

(二) 最密切联系原则的适用

在当事方没有选择或者选择无效的情况下,可以根据最密切联系原则来确定应该适用的法律。适用最密切联系原则时可以考虑合同签订地、合同履行地、合同标的物所在地、住所、居所和国籍等。而电子合同的签订地和履行地通常是买方或者卖方的主营业地或者经常居住地。

在当事一方是消费者的情况下,如果根据最密切联系原则确定的准据法是外国法,则消费者有可能根本不了解该国法律。这样就会在将来发生纠纷时,给消费者参与诉讼带来很大障碍。所以,对某些消费合同在法律上加以强制性的规定,将非常有利于保护消费者利益。比如,美国《统一计算机信息交易法》第 109 条规定:(1) 访问合同(access contract)或规定交付电子拷贝的合同应适用缔约时许可方所在地法。一方当事人的所在地,在其只有一个营业地的情况下,为该营业地;在有一个以上的营业地的情况下,为其管理中心所在地;在没有实际的营业地的情况下,为其成立地或主要注册地;在其他情况下,为其主要居所所在地。(2) 要求以有形介质交付拷贝的消费者合同应适用向消费者交付该拷贝的地方或本应向消费者交付该拷贝的地方的法律。起草者认为这一规则对于消费者来说是符合其通常希望的,而对供应商来说也并不是不合理的,因为他们应当知道将要交付拷贝的所在法域。(3) 在其他任何情况下,合同应适用与该交易有最密切联系的法域的法律。在确定最密切联系原则时,起草者列出了所要权衡的标准,以限制法官自由裁量权的滥用。这些标准是:合同缔结地、合同谈判地、合同履行地、合同标的物所在地、当事人的住所、居所、国籍、公司成立地及营业地、州际或国际体制的需要、法院地州和其他州的相关利益、当事人正当期望的保护、结果的一致性、可预见性和确定性的提高等。

在以上三种情况下,如其法律应予适用的法域在美国境外,则该法域的法律只有向没有位于该法域的一方当事人也提供了与本法类似的保护和权利时,才应予以适用。否则应适用美国与该交易有最密切联系的州的法律。起草者认为此种情况下的外国法仅仅指其合同法,并且法院只能在极端的情况下才能不按照以上三方面的规定适用法律。

对于电子合同准据法的选择,可以肯定的两点是:(1) 扩大当事方意思自治原则和最密切联系原则的运用。(2) 强调公共秩序和基本政策对当事方意思自治原则以及最密切联系原则的限制。如果根据意思自治原则或者最密切联系原则所确定适用的准据法会导致回避适用比如更高标准的产品责任、消费者保护法这一类"直接适用的法",这些条款常常会被法院裁定无效。

第六节 我国涉外合同法律适用的立法和实践

一、涉外合同的概念

涉外合同是指合同关系中含有外国因素的合同。在中国，一般说来，涉外合同应是指在合同关系的主体、客体或者内容这三个因素中至少有一个因素与外国有关的合同。

此外，根据我国《民事诉讼法》的规定以及最高人民法院1989年印发的《全国沿海地区涉外、涉港澳经济审判工作座谈会纪要》，对于发生在境外的中国没有管辖权的经济纠纷案件，除涉及不动产物权的纠纷外，只要双方当事人有书面协议，约定到中国法院进行诉讼的，中国人民法院便取得对该项诉讼的管辖权，适用《民事诉讼法》中"涉外民事诉讼程序的特别规定"。我国《海事诉讼特别程序法》第8条也有类似规定。在这种情况下，尽管合同关系与中国未必有实质性的联系，但对中国来说，也是一种涉外合同，即由中国法院行使司法管辖权的涉外合同。

我国1983年《中外合资经营企业法实施条例》第15条率先规定了对中外合资经营企业合同必须适用中国法。我国1986年《民法通则》第145条、1999年《合同法》第126条和2010年《涉外民事关系法律适用法》第41—43条对涉外合同的法律适用原则作了基本相同的规定。最高人民法院1987年发布的《关于适用〈中华人民共和国涉外经济合同法〉若干问题的解答（试行）》（已失效）和2005年12月26日印发的《第二次全国涉外商事海事审判工作会议纪要》（以下简称2005年《纪要》）以及2007年《关于审理涉外民事或商事合同纠纷案件法律适用若干问题的规定》（以下简称2007年《规定》，已被2013年最高人民法院《关于废止1997年7月1日至2011年12月31日期间发布的部分司法解释和司法解释性质文件（第十批）的决定》废止，本书只作为历史资料引用，但是其与《涉外民事关系法律适用法》不抵触的规定仍有参考价值）对涉外合同的法律适用作了解释。此外，在我国1992年《海商法》（第268条、第269条、第276条）、1995年《民用航空法》（第184条、第188条、第190条）等项立法中也有关于涉外合同法律适用的规定。

二、当事人意思自治原则是涉外合同法律适用的首要原则

根据我国《合同法》第126条、《民法通则》第145条和《涉外民事关系法律适用法》第41条的规定，当事人可以协议选择合同适用的法律。我国《海商法》第269条也有基本相同的规定。这说明，我国把当事人意思自治原则作为合同

法律适用的首要原则。但在具体运用上,具有自己的特点:

（1）关于法律选择的方式。根据我国《涉外民事关系法律适用法》第 3 条规定,当事人依照法律规定可以明示选择涉外民事关系适用的法律。根据最高人民法院《关于适用〈中华人民共和国涉外民事关系法律适用法〉若干问题的解释（一）》第 8 条第 2 款规定,各方当事人援引相同国家的法律且未提出法律适用异议的,人民法院可以认定当事人已经就涉外民事关系适用的法律作出了选择。

（2）关于法律选择的时间和范围。根据《关于适用〈中华人民共和国涉外民事关系法律适用法〉若干问题的解释（一）》第 8 条第 1 款规定,当事人在一审法庭辩论终结前协议选择或者变更选择适用的法律的,人民法院应予准许。根据该解释第 7 条规定,一方当事人以双方协议选择的法律与系争的涉外民事关系没有实际联系为由主张选择无效的,人民法院不予支持。根据我国《涉外民事关系法律适用法》第 9 条的规定,涉外民事关系适用的外国法律,不包括该国的法律适用法。因此当事人选择的法律应仅限于实体法。

（3）不适用意思自治的例外方面。根据我国《合同法》第 126 条的有关规定,对于在中国境内履行的中外合资经营企业合同、中外合作经营企业合同、中外合作勘探开发自然资源合同,不允许采用意思自治原则而要求必须适用中国法律。根据我国《外资企业法实施细则》（2014 年修订）第 79 条规定,外资企业与其他公司、企业或者经济组织以及个人签订合同,适用我国《合同法》。2007 年《规定》第 8 条还曾补充规定,在中华人民共和国领域内履行的下列合同,适用中华人民共和国法律:中外合资经营企业、中外合作经营企业、外商独资企业股份转让合同;外国自然人、法人或者其他组织承包经营在中华人民共和国领域内设立的中外合资经营企业、中外合作经营企业的合同;外国自然人、法人或者其他组织购买中华人民共和国领域内的非外商投资企业股东的股权的合同;外国自然人、法人或者其他组织认购中华人民共和国领域内的非外商投资有限责任公司或者股份有限公司增资的合同;外国自然人、法人或者其他组织购买中华人民共和国领域内的非外商投资企业资产的合同;中华人民共和国法律、行政法规规定应适用中华人民共和国法律的其他合同。

我国《涉外民事关系法律适用法》第 42 条规定:"消费者合同,适用消费者经常居所地法律;消费者选择适用商品、服务提供地法律或者经营者在消费者经常居所地没有从事相关经营活动的,适用商品、服务提供地法律。"其第 43 条规定:"劳动合同,适用劳动者工作地法律;难以确定劳动者工作地的,适用用人单位主营业地法律。劳务派遣,可以适用劳务派出地法律。"

2007 年《规定》第 6 条规定,当事人规避中华人民共和国法律、行政法规的强制性规定的行为,不发生适用外国法律的效力,该合同争议应当适用中华人民共和国法律。

(4)对于"合同争议"的范围,依据2007年《规定》第2条规定,本规定所称合同争议包括合同的订立、合同的效力、合同的履行、合同的变更和转让、合同的终止以及违约责任等争议。

(5)关于合同形式问题。我国加入的1980年《联合国国际货物销售合同公约》第11条规定:销售合同无须以书面订立或书面证明,在形式方面也不受任何其他条件的限制,可以用包括人证在内的任何方法证明(中国已经于2013年撤回对《联合国国际货物销售合同公约》所作的书面形式保留声明)。因此,当合同双方当事人的营业地均在缔约国内,且双方并未排除公约的适用,应适用公约的规定。当一方的营业地不在缔约国内的当事人签订国际货物买卖合同,或者双方营业地都在缔约国内但约定排除公约适用时,由于我国没有对涉外合同形式的法律适用作出规定,根据国际上的普遍做法,当事人或法院可选择适用合同缔结地法或者合同准据法,如果准据法为我国法,则双方间订立合同的形式不限于书面形式。

(6)关于缔约能力,依我国《涉外民事关系法律适用法》第12条的规定,作为自然人的涉外合同当事人的缔约能力原则上应适用当事人经常居所地法律,但行为地法认为有行为能力的也应认为有行为能力。依该法第14条规定,作为法人的涉外合同当事人的缔约能力原则上应适用登记地法律或主营业地法律。

三、当事人未选择法律时最密切联系原则的适用

在我国,《合同法》第126条、《民法通则》第145条、《海商法》第269条及《民用航空法》第188条都规定:当事人没有选择(法律)的,适用与合同有最密切联系的国家的法律。《涉外民事关系法律适用法》第41条规定:"当事人可以协议选择合同适用的法律。当事人没有选择的,适用履行义务最能体现该合同特征的一方当事人经常居所地法律或者其他与该合同有最密切联系的法律。"

为了给法院提供一个最密切联系的标准,基本上根据目前国际社会通行的"特征履行说"。为此,2007年《规定》第5条规定,人民法院根据最密切联系原则确定合同争议应适用的法律时,应根据合同的特殊性质,以及某一方当事人履行的义务最能体现合同的本质特性等因素,确定与合同有最密切联系的国家或者地区的法律作为合同的准据法。(1)买卖合同,适用合同订立时卖方住所地法;如果合同是在买方住所地谈判并订立的,或者合同明确规定卖方须在买方住所地履行交货义务的,适用买方住所地法。(2)来料加工、来件装配以及其他各种加工承揽合同,适用加工承揽人住所地法。(3)成套设备供应合同,适用设备安装地法。(4)不动产买卖、租赁或者抵押合同,适用不动产所在地法。(5)动产租赁合同,适用出租人住所地法。(6)动产质押合同,适用质权人住所地法。

(7)借款合同,适用贷款人住所地法。(8)保险合同,适用保险人住所地法。(9)融资租赁合同,适用承租人住所地法。(10)建设工程合同,适用建设工程所在地法。(11)仓储、保管合同,适用仓储、保管人住所地法。(12)保证合同,适用保证人住所地法。(13)委托合同,适用受托人住所地法。(14)债券的发行、销售和转让合同,分别适用债券发行地法、债券销售地法和债券转让地法。(15)拍卖合同,适用拍卖举行地法。(16)行纪合同,适用行纪人住所地法。(17)居间合同,适用居间人住所地法。如果上述合同明显与另一国家或者地区有更密切联系的,适用该另一国家或者地区的法律。

四、国际条约和国际惯例的适用

我国《民法通则》第142条、《海商法》第26条、《民用航空法》第184条及《票据法》第95条等都规定,对相关的涉外民商事关系指定应适用中国法律时,如中国缔结或者参加的国际条约同中华人民共和国民事法律有不同规定的,适用国际条约的规定(中华人民共和国声明保留的条款除外);中华人民共和国法律和中华人民共和国缔结或参加的国际条约未作规定的,可以适用国际惯例。

对此,以下几点应予注意:第一,涉外合同适用中国法作准据法的有以下三种情况:一是某些种类的合同必须适用中国法律(如前面讲到的三种外商投资企业合同);二是合同当事人合意选择了中国法;三是根据"最密切联系原则",法院认为中国是与合同有最密切联系的国家,因而应适用中国法。第二,这里所指的国际条约与国际惯例,从学理解释上讲,均应理解为实体法条约或惯例。

第十章 国际商事关系

第一节 信 托

一、信托概述

信托,是指将自己的财产委托给足以信赖的第三者,使其按照自己的希望和要求,进行管理和运用的法律制度。

信托的历史悠久,早在古埃及和古罗马时期,就已经有了信托的萌芽。① 其正式形式最早起源于 11 世纪英国的"用益权"制度。当时英国的宗教盛行,由于人们普遍相信基督教教义的规定,即人们在活着时多做贡献,死后方可升入天堂。于是,教徒们纷纷将遗产(主要为土地)赠给教会。因为其时统治者不能对教会征税,长此以往就严重地影响了封建郡主和诸侯们的利益。到了 12 世纪,英国国王亨利三世便制定了没收法,禁止教徒将其土地等财产赠给教会,否则予以没收。教会为摆脱这一束缚,即操纵当时的衡平法庭,参照罗马法的有关规定,由上议院大法官颁布了"用益权法",允许教徒委托他人在其死后代管其土地等财产,而把土地财产的收益交给教会给其子女,这样一来就产生了信托的雏形。英国历史上著名的十字军东征和玫瑰战争时期,教士们在出征前,纷纷把他们的土地等财产委托给亲朋或教会代管,以便其家属子女的生活有所保障。这两次战争大大促进了"用益权"制度的传播和发展。

到 16 世纪时,用益权制度逐渐演变为 trust,即信托。以土地为主的信托逐渐发展为财产信托,个人信托也随之发展为专门的法人信托,营利信托逐步取代了无偿信托。

信托与委托和代理等一样,都是一种为他人管理财产为主要内容的法律关系,这些制度具有许多共同之处。然而,信托与委托、代理等又有极其重要的不同点。首先,信托是以财产为中心所构成的法律关系,而在委托和代理的法律关系中,财产因素则并非必要;其次,信托不仅限于财产的管理和处理权,财产的所有权本身也要转让给受托人,而委托则仅将财产的管理和处分权授予受托人;再次,信托是将财产的管理和处分权全部托附受托者,而代理关系中,当本人将代理权授予代理人后,并未失去对财产的管理权和处分权,二者在财产的管理和处

---

① 参见江平、米健:《罗马法基础》,中国政法大学出版社 1987 年版,第 339 页。

理权上是交织在一起的;最后,信托、委托和代理虽然都是建立在当事人相互信任的关系上,但因为在信托法律关系中,财产权本身也转让给受托人,因此,信托关系当事人之间是一种更为可靠的信任关系。

在信托中包含了一系列不同的法律关系,大致可概括为三种:第一种是财产委托人与受托人之间的关系;第二种是受托人与受益人之间的关系;第三种是受托人和第三人的关系。信托的财产可能是动产,也可能是不动产,或二者兼有。信托依据不同的标准,可作多种不同的分类:根据信托意图的不同,可分为公益信托和私益信托,公益信托是指完全以实现慈善事业为信托意图并以全社会或部分社会公众为受益人的信托,也称为慈善信托;私益信托是指仅以特定的自然人或法人为受益人,并为实现特定利益而设立的信托。根据信托设立的时间,可分为生前信托和遗嘱信托;根据信托设立的期限,可分为永久信托和期限信托;根据信托成立的方式,可分为明示信托、默示信托、推定信托。其他的分类还有可撤销的信托和不可撤销的信托、任意性信托和非任意性信托等。

信托从其产生时,主要以民事信托为主,随着商品经济的发展,开始出现了以营利为目的的商事信托,出现了专门办理商事信托的公司,单纯地进行财产管理的英国式信托,已经发展成带有融通资金性质的信托。

二、信托的法律冲突及法律适用

随着国际民商交往的发达,信托制度不仅在普通法系国家广泛传播,而且一些大陆法系国家也在略加修正之后,采用了灵活的信托制度。因此,就很容易出现甲国的委托人将其在乙国的财产委托给在丙国的受托人,而受益人却在丁国的情况。然而,信托制度非各国都有,即使存在信托制度的国家,它们有关信托的法律规定也不尽一致,常常因此而发生法律冲突。首先,对于信托中的财产权转让问题,有的国家法律规定,信托者取得信托财产的完全所有权,成为所有者,而受益者只拥有受托人请求支付债权的权利;另一些国家法律规定,受托者取得的财产权并非完全的所有权,而是对信托财产排他性的管理权,而受益人不仅拥有向受托人请求支付债权的权利,而且拥有对信托财产权的一定限度的直接支配权。

其次,对于信托成立的方式问题,有的国家允许宣言信托,宣布自己为特定信托的受托人,这在英美国家是可以的,而在日本却遭到禁止。

再次,关于信托财产的范围问题,各国对于可以进行信托的财产范围的规定不尽相同。有的国家对信托财产的种类不加以限制,而有些国家则把信托财产限定为金钱、有价证券、金钱债权、动产与不动产、土地使用权和土地租赁权。

最后,对于信托当事人的能力问题,有的国家规定委托人不能同时又是受托人,或者受托人不可同时又是受益人,只有当其为众多受益人之一时方可;有的国家对经营信托业务的人的资格有严格限制,有的国家只允许银行兼营信托业务,有的国家则不允许信托公司兼有银行业务;有的国家只允许法人经营信托业务,有的国家同时也允许自然人经营信托业务。

由上可知,信托不仅仅是一项契约行为,也不仅仅是一项财产转让行为。信托通常要延续很长一段时间,其间产生了一系列的权利、义务关系。尽管信托主要与冲突法中的物权规则相关,但是,他们不仅包括了与物权有关的冲突法问题,也会引起与债务或人的权利有关的冲突法问题。[①]

信托本身是一个较为复杂、带有综合性的法律概念,它所引起的许多问题要受不同的法律支配。关于信托的法律选择问题多产生于受托人和受益人之间的关系中,它常常被称为信托的内部事项。关于信托的法律选择问题也会涉及委托人与受托人之间的关系,因为它与信托的成立相关。在信托关系中,受托人与第三人的关系往往被称为信托的外部事项,法律选择规则支配这类事项,主要是决定受托人是否已取得财产的所有权或是否已有效地取代委托人,以进入第三人有关的债权债务合同。

有关信托的冲突规则经历了一个发展演变过程。由于早期的信托大多是有关土地财产的信托,因此,物之所在地法理所当然地被用来支配信托的主要效力。英国、加拿大的法院在 20 世纪上半期之前往往并不考虑很多的连结点和可供选择的法律。法院往往满足于单纯适用物之所在地法或委托人的住所地法,尤其是当物之所在地法或委托人的住所地法同时也是法院地法时,更是如此。这样一来有时法律冲突完全被忽视。

第二次世界大战以后各国有关信托的法律冲突规则发生了显著的变化。法院开始倾向于采用更多的连结点,准据法的表述公式也因此变得复杂起来,信托自体法理论应运而生。这种理论主张,信托自体法是当事人欲使信托受其支配的法律,若当事人无此明示选择,且不能依情况认定当事人选择的意向时,信托自体法应是那人与信托有最密切、最真实联系的法律。但是,对不动产来讲,物之所在地法乃是主要的冲突规则,因为不动产所在地往往有强制性法律规定。《戴西、莫里斯和科林斯论冲突法》指出,信托的有效性、解释、效力和管理由财产授予人选择的法律支配;在财产授予人未选择信托适用的法律时,适用与信托有最密切联系的法律。[②]

在信托的准据法选择过程中,大多数学者认为应根据分割制原则,对于信托的不同性质的各个方面,分别由不同的法律来支配。信托准据法的适用范围主

[①] See D. W. M. Waters, Law of Trust in Canada, 2nd Edition, The Craswell Company Ltd. ,1984.

[②] See Lawrence Collins and Others, Dicey and Morris on the Conflict of Laws, 14th ed. , Sweet & Maxwell, 2006, p.1302.

要包括:信托的效力、信托的管理、信托的解释等。

首先,人们主张应将信托的效力与信托的管理事项区分开来,分别适用不同的法律。

(1) 关于信托的效力问题

信托的效力往往分为形式效力和实质效力两个大的方面。信托的形式效力主要指信托的成立方式是否有效。对于遗嘱信托来说,就是看遗嘱的成立是否有效;对于设定信托来说,又常常涉及信托合同的形式效力。通常,决定信托形式效力的准据法为信托自体法、合同履行地法或遗嘱人最后居所地法,而且,信托的形式效力只要符合其中之一的规定,均为有效。一般情况下,决定信托形式效力的准据法同样可以用来支配由此而生的信托的实质效力,但是也存在某些例外,如委托人已经明确选择了支配信托实质效力的法律。

设定信托的当事人的能力,对信托效力也有至关重要的影响。如果信托的当事人不具备实施信托的行为能力,则该项信托同样不能有效成立。一般认为,信托当事人的行为能力由其各自的属人法支配,或由信托自体法支配。

(2) 关于信托的管理问题

有关信托管理的法律选择则是非常模糊的,主要原因在于:第一,在信托管理事项和信托效力事项之间并没有十分明确的界限;第二,对于信托管理的准据法存在很大争议,有人主张由信托管理地法支配,而另外有人认为应由信托自体法支配;第三,即使管理地法得以适用,对管理地如何加以确定仍有争议。

对于信托管理事项的范围,人们的认识也不尽一致。英国著名国际私法学家戴西和莫里斯认为,应将下列事项纳入信托管理的范围:信托人的权利义务;受托人违约的责任;何为收益,何为资本;如何确定受托人的投资为正当投资;谁可以任命一个新的受托人;谁不能被任命为受托人;法院对于信托的权力,即指定受托人的权力,给予忠告的权力等等。而他们认为,信托的效力事项主要包括:设定人的行为能力;信托成立的方式;信托是否属公益性质等。

对于指定受托人,一般认为应由法院地法支配,而不管信托自体法或信托管理地法的规定如何。

(3) 关于信托的构成及其解释问题

信托的构成是指构成一项有效的信托必须具备哪些基本要素。这些基本要素一般包括确定的信托财产、确定的受益人、确定的信托意图、信托的受托人。其中,既有客观的要素,如确定的信托财产、受益人和受托人,也有主观的要素,如信托意图。对于信托的客观要素,当事人一般较少发生争议,而对于信托的主观要素进行解释时,往往会发生很大的争议。信托意图具有确定受托信托财产权具体范围和限制受托人财产权行使方式的法律效用。在全部信托条款中,信托意图条款具有核心地位。

一般情况下,信托的构成及解释的法律选择规则对于生前信托、遗嘱信托、动产或不动产信托都是同一的。法院会极力寻求当事人的信托意图,以发现他们想要适用的法律。在缺乏明确的表示时,法院应对当事人的信托意图作出推断。在推断当事人信托意图时,应参考下列因素:原始文件或行为的作成地;信托财产所在地;信托公司的登记地;信托的管理地等。在无法推断信托人意图时,法院应根据信托自体法来解释信托,即在生前信托的情况下,适用与之有最密切和最真实联系的法律;在遗嘱信托的情况下,应适用遗嘱人设立遗嘱时的住所地法。

三、《关于信托的法律适用及承认的公约》

《关于信托的法律适用及承认的公约》是海牙国际私法会议于1985年制订的,公约已于1992年1月1日生效,目前有包括中国香港地区在内的12个成员。该公约共有5章32条,其中第一章规定该公约的适用范围;第二章规定信托的准据法;第三章规定对信托的承认;第四章关于一般条款的规定;第五章则是海牙公约所通用且内容一致的最后条款的规定。

首先,关于公约的适用范围。公约第1条规定,本公约规定适用于信托的准据法的确定及其承认。

关于公约是否只适用普通法上信托制度的问题,公约的规定是否定的。它不仅适用于普通法中的信托制度,而且也适用于符合公约第2条规定标准的其他法系的类似制度,如日本、埃及、波兰、卢森堡和委内瑞拉等国家中存在的类似普通法系信托的法律制度。在起草该公约时,国际清算银行的代表强烈反对公约适用于"商事信托",认为普通法系非常不严格的商事信托会危及大陆法系国家对当事人或第三人的保护。但公约中没有明确规定不适用于商事信托,因为商事信托的概念难以界定,公约采取了一些其他措施将商事信托排除在适用范围之外。

公约仅适用于当事人自愿设立的,且有书面文件为证的信托,但是,公约也允许成员国把公约的适用范围扩大适用于法定信托。

其次,关于信托的准据法及其适用范围问题。对于如何确定信托的准据法,公约首先使用当事人意思自治原则,但如果当事人所选择国家的法律中不存在信托制度,那么这种选择无效。

如果当事人没有选择信托的准据法,或当事人的选择被认为无效时,公约规定应适用与信托有最密切联系的国家的法律。公约还列举了在实践中据以确定与信托有最密切联系法律的几种因素:信托管理地、信托财产所在地、受托人居所或营业所、信托的目的及其目的实现地。

公约第8条规定了信托准据法的适用范围即信托准据法支配信托的有效

性、解释、效力及其管理。公约也承认分割制,即信托的某一可分割事项,特别是管理事项可由不同的法律支配。

由于信托关系可能会延续很长一段时间,在其存续期间,信托准据法可能发生变更,公约规定信托准据法的变更应由支配信托有效性的法律来确定。

再次,关于信托的承认问题。如前所述,信托并非一种各国普遍采用的法律制度,因此,公约各成员国之间,成员国与非成员国之间便会发生对信托的承认问题。公约规定了承认信托的基本原则,即根据公约第二章中关于信托准据法的规定的法律所产生的信托,得被承认为信托。该项承认至少意味着信托财产为独立的资金,受托人能以受托人的身份起诉或应诉。公约还进一步规定了信托承认的内容,即受托人个人的债权人不得请求以受托财产清偿债务;受托财产不构成受托人无力还债或破产时的清算财产,等等。

公约同时规定了不承认信托的情况:如果与信托有最密切联系的国家没有信托制度,对这种信托可不予承认。

最后,公约规定了一些特殊事项,如尊重各国强行法、公共秩序保留、排除反致等等。

四、我国有关信托法律适用的规定

我国《涉外民事关系法律适用法》第17条规定:"当事人可以协议选择信托适用的法律。当事人没有选择的,适用信托财产所在地法律或者信托关系发生地法律。"

对于信托关系发生地,在不同国家可能有不同的理解。从我国《信托法》的规定来看,将信托成立地理解为信托关系发生地比较合理。我国《信托法》第8条规定:"设立信托,应当采取书面形式。书面形式包括信托合同、遗嘱或者法律、行政法规规定的其他书面文件等。采取信托合同形式设立信托的,信托合同签订时,信托成立。采取其他书面形式设立信托的,受托人承诺信托时,信托成立。"因此,信托合同签订地或受托人承诺信托地为信托关系发生地。

第二节　国际破产

一、国际破产概述

国际破产(international bankruptcy),也称"跨国破产"(cross-border insolvency),是指包含有国际因素或涉外因素的破产。随着国际民商事交往日益发达,各国资金、技术、人员的流动性增长,尤其是跨国公司的产生和发展,更加使各国的经济趋于国际化。在这种情况下,就不可避免地产生大量的国际破产案件,它可能是由于债权人和债务人分属不同的国家,也可能是由于破产财团中的财产分散于不同的国家,或是由于破产债权是受外国法支配的一项交易而产生。在国际私法中,国际破产问题素来被认为是一个十分复杂的问题,因为它涉及各国法院的管辖权,也涉及物权法及债权法。① 其问题主要集中在以下两个方面,即第一,当债务人在一国宣告破产,是否便不需在另一国宣告破产,这就涉及所谓单一破产制(unity bankruptcies)和复合破产制(plurality bankruptcies)的问题;第二,一国的破产宣告,究竟是具有普遍的效力(universality),还是具有地域效力(territoriality)。

单一破产制,是指某一债务人在一国宣告破产后就不需在另一国宣告破产,它可影响债务人位于各地的财产,在破产程序中发布的命令以及作出的处分在各地均为有效。单一破产制是一种较为理想的方式,它为债权人和债务人提供了较为方便迅捷的破产模式。采用这一方式的国家有比利时、法国、荷兰、挪威等国。但是这一方式只有通过国际条约才能得以实行,因为一国单方面实行单一破产制,在实践中很难得到有关国家的承认和协助。然而,制定这样一种采用单一破产制而又能为所有国家普遍接受的国际条约,其困难是十分明显的,现阶段的国际破产统一化运动有力地证实了这一点。

复合破产制,是指一国法院已对某一债务人在一国宣告破产的事实,并不能排除另一国法院再对同一债务人宣告破产。破产宣告的效力只能及于破产宣告国域内,对位于其他国家的财产应当由当事人在有关国家提出破产申请,因此,它和地域破产主义密不可分,从而否认了一国破产宣告的域外效力。地域破产主义的主要理由在于,它将破产视为一种强制执行程序,且与一国公共秩序紧密相关,各国为保护本地债权人的权益,当然采用地域破产主义。先前在立法中采用地域破产主义的国家有日本、瑞士、德国及美国等。

与单一破产制和复合破产制直接关联的一个问题便是一国的破产宣告究竟具有普及的效力,还是只具有地域的效力? 在这方面存在着三种理论和实践,即普及破产主义、属地破产主义和折中主义。

采用单一破产制的国家主张普及破产主义。普及破产主义认为,一国的破产宣告具有域外效力,也就是说,当债务人在一国被宣告破产,则其财产不管在哪一个国家或地区,均应归入破产财团,其他国家应帮助破产管理人收集当地的破产财产,制止个别债权人的自行扣押。从理论上看,普及破产主义似乎可以提供较多的便利,比较合理,因为它不允许破产宣告国外的财产的个别扣押或欺诈性转让,以及债权人只需提出一次破产申请等。但从实际情况来看,让债权人参与远离本国所发生的债务人住所地的破产程序,而不允许他们通过扣押或通过

---

① J. H C. Morris,The Conflict of Laws,10th ed.,Stevens and Sons,1980,p.381.

当地破产程序从债务人位于当地的财产中得到弥补，也可能是不公正的。债权人可能对外国发生的破产并不知晓，他们在外国破产程序中也不一定受到公平的对待。而且，如果将当地财产交给外国破产财团，由于法律制度间的差别，还可能导致为其他人的利益而非（依财产所在地法的规定）应得到支付的人的利益使用该财产。

采用复合破产制的国家则主张地域破产主义。地域破产主义认为，一国法院所作的破产宣告，其效力仅及于破产人在该国领域内的财产，对破产人在其他国家的财产不发生影响，除非债权人在其他国家又开始了一次破产程序。地域破产主义否认一国破产宣告的任何域外效力。日本《破产法》从1922年颁布直到2000年，都坚持了绝对的地域破产主义原则。韩国《破产法》也采地域破产主义。地域破产主义有利于实现破产程序的简单、有效和稳定，但它导致破产程序重复以及不同国家的债权人待遇不平等。在经济全球化日益发展的今天，地域破产主义日益遭到人们的批判。例如在日本，不仅理论界对此提出了批判，在司法实践中，日本法院也开始采用了灵活的做法。

目前，许多国家采取所谓折中主义，即兼采普及破产主义和地域破产主义。在实践中，有的国家主张，自己本国的破产宣告具有普及的效力，而外国的破产宣告对内国来说只具有地域的效力。有的国家则视财产的性质区别对待，即主张对属于债务人的动产，无论其位于国内或国外，均归属破产财团，亦即破产宣告对债务人的动产具有普及效力；如果属债务人的财产为不动产，破产宣告仅具有地域效力，以国内财产为限，尤其主张外国的破产宣告对债务人在内国的不动产不具有域外效力。联合国国际贸易法委员会《跨国破产示范法》和2000年欧盟《破产程序条例》也采取了折中主义。欧盟《破产程序条例》首先规定各国应承认在缔约国已开始的破产程序，并在各国产生与其开始国相同的效果。但是如果在债务人财产所在地的其他缔约国也开始了从属破产程序，则可以不予承认，从属破产程序的效力仅及于债务人位于该缔约国境内的财产。

二、国际破产管辖权

国际破产管辖权对于国际破产案件的审理具有十分重要的意义。综观各国的立法及司法实践，在确定国际破产案件管辖权方面，一般考虑以下几种连接因素：

（1）主营业所所在地。现代各国多以债务人的主营业所所在地作为确定国际破产管辖权的首要考虑。这主要是因为：第一，债务人的债权债务多发生于其主营业地，由该营业所所在地法院行使管辖权，便于查清当事人之间的债权债务关系；第二，债务人的财产、账册、文件等多在其主营业所保存，故由主营业所所在法院管辖也便于及时由破产管理人接收有关材料，清理债务人资产；第三，债务人的业务活动往往对其主营业所所在地的社会、经济关系有重要影响。

（2）住所地。在债务人为非营业者时，各国一般以住所地原则来确定对破产案件的管辖权，即对于无营业所的债务人，由其住所地法院对破产案件行使管辖权。然而，各国对于住所的法律含义理解上多有不同，在确定民事管辖权时，一些国家倾向于以居所或惯常居所代替住所。

（3）财产所在地。破产程序的进行，其最后目的在于从债务人财产中获得债权的满足，因此，债务人或破产人的主要财产所在地，即成为次于营业地和住所地的重要连结因素，而且由财产所在地法院管辖，也便利于财产的处分和分配。但是，以财产所在地作为确定破产案件管辖法院的标准，仅适用于大陆法系的一些国家和极少数的英美法系国家。而且在这方面，它不同于国际民事诉讼案件中，多数国家规定以财产所在地作为确定国际民事诉讼案件管辖权的补充原则，即在债务人或破产人无营业所或住所时，对其破产才由其主要财产所在地的法院管辖。

（4）国籍国。以法国为代表的拉丁法系各国一般都依据有关当事人的国籍来确定法院的管辖权。但是，纵观各国的破产立法，在破产事件的管辖中，各国一般把着眼点放在对事和物的管辖上，而并没有放在对人管辖方面。所以，在确定破产事件的管辖方面，国籍并不具有重要的意义。不过，作为确定破产事件管辖权的一种补充手段，有些国家在立法中还是给予了肯定。

（5）进行营业活动(carried on business)地。英国、法国、澳大利亚、加拿大和法国等国在实践中还发展确立了基于业务活动的开展对跨国破产案件行使管辖权的标准。就进行营业活动而言，澳大利亚破产法对此管辖标准的规定呈扩张趋势：尽管表面上已歇业，甚至债务人已离开澳大利亚，只要债务尚未全部清偿完毕，仍可依"进行营业活动地"这一管辖标准而行使管辖权。

（6）债务人的出现地。英国和澳大利亚还存在一种依据债务人的出现(personally present)而行使的管辖权。此管辖标准适用于由债务人本人提出的破产申请。不过，为避免造成不公平的结果，法院也可以拒绝行使此种管辖权，特别是当债务人与该国并无任何其他实质性联系时，行使此种管辖权可能会损害其他债权人的利益。

（7）债务人主要利益(main interests)中心所在地。1997年联合国国际贸易法委员会《跨国破产示范法》和2000年欧盟《破产程序条例》就采用了债务人主要利益中心所在地这个管辖标准。欧盟《破产程序条例》第3条确认了债务人主要利益中心所在地的成员国法院有权管辖国际破产案件，开启主要破产程序。对于公司或法人而言，如无相反证明，债务人的注册事务所(registered office)得被推定为其主要利益中心所在地。此外，债务人有营业所的成员国可以开始从属破产程序。

三、国际破产的法律适用

国际破产案件往往错综复杂，牵涉面较广，因此，各国对国际破产的法律适用多采取分割制，即根据国际破产的不同环节、不同方面分别确定其所应适用的法律。总的说来，国际破产的法律适用问题可分为破产程序、破产债权、破产财团、破产管理等几个主要方面。

（一）破产要件的法律适用

在破产程序的开始阶段，债权人或债务人请求对债务人财务状况进行整顿或对债务人宣告破产，必须具备一定的条件，即要具备破产要件。一般认为破产程序开始的要件属于诉讼权限和诉讼形式问题，属诉讼程序问题，而程序问题应当适用法院地法即破产开始地法。

（二）国际破产程序的法律适用

破产程序以破产宣告为界，分为破产宣告前的程序和破产宣告后的程序，前者指破产申请程序，后者指破产清算程序。整个破产程序可以分为三个阶段，即破产申请、破产宣告和破产清算。在国际私法中，一般认为程序问题依法院地法，故破产程序的法律适用也应依法院地法，也就是破产宣告国法。

（三）国际破产债权的法律适用

国际破产债权是基于破产宣告前的原因成立，依破产程序申请并被确认，且可以从破产财团中受到清偿的无财产担保债权和放弃优先受偿的有财产担保债权及其他债权。由于各国破产法对破产债权的范围以及清偿顺序有不同的规定，在国际破产案件中，在破产债权的范围以及清偿顺序的法律适用问题上，主要有两种主张：一是主张适用破产宣告国法，认为尽管对于某项债权是否存在需要适用原债权自身的准据法，如权利的获得是依合同产生的，则该权利有关的问题应适用合同准据法，但关于破产债权的范围以及债权人的清偿顺序，应适用破产宣告国法。另一主张是适用破产宣告时的财产所在地法。

（四）国际破产财团的法律适用

国际破产财团，是指在国际破产程序中，依照破产法的规定宣告破产时，为清偿破产债权人的需要而组织管理起来的破产人的全部财产。各国破产法对财团的范围、破产财产的识别以及与破产财团有关的否认权、别除权、取回权等作了不同规定。关于破产财团范围的法律适用，一般认为应适用破产宣告国法；而对于破产财产究竟为动产或不动产的识别，应依物之所在地法；至于有关债权人对破产财团的物权，如别除权、取回权，应依物之所在地法，而债务人对抗债权人的抵消权和否认权等，应依破产宣告国法。

（五）国际破产管理的法律适用

国际破产管理主要包括对破产管理人的任命、申报债权的方式、债权人会议的权力、投票方式,对破产财产的清查、估价、变卖和分配等。破产管理涉及许多程序问题和实体问题。对于破产管理的法律适用,一般主张适用管理地法,亦即法院地法或破产宣告国法。《戴西、莫里斯和科林斯论冲突法》一书第193条规则的说明就是如此。[①] 1972年《加蓬民法典》第48条、1948年《秘鲁民法典》第2105条和欧盟《破产程序条例》第4条采用了这样的原则。

四、我国关于国际破产的立法与实践

1986年颁行的《企业破产法(试行)》(已废止)仅适用于国营企业的破产。至于外商投资的企业法人、具有法人资格的集体企业、联营企业、私人企业或个人合伙的破产还债程序则适用《民事诉讼法》第19章的规定。此外,最高人民法院于1991年颁布了《关于贯彻执行〈中华人民共和国企业破产法〉(试行)若干问题的意见》。由于当时破产法律对于解决市场经济中的公司破产清算问题规定不详,1993年颁布、2005年修正的《公司法》在第10章中对于公司解散和清算作出了相应规定。在地方立法中,有1993年《广东省公司破产条例》(已失效)、1993年《深圳经济特区企业破产条例》(已失效)等。但是,上述破产法律对于涉外破产或根本没有涉及,或仅作粗略规定。尤其是对于国际破产的法律适用和我国破产宣告的域外效力和外国破产宣告的域内效力,更是付诸阙如。

为了完善我国的破产法,我国2006年制定了《企业破产法》。对于破产案件的管辖权,该法第3条规定,破产案件由债务人住所地人民法院管辖。对于破产的效力问题,该法第5条规定,依照本法开始的破产程序,对债务人在中华人民共和国领域外的财产发生效力。对外国法院作出的发生法律效力的破产案件的判决、裁定,涉及债务人在中华人民共和国领域内的财产,申请或者请求人民法院承认和执行的,人民法院依照中华人民共和国缔结或者参加的国际条约,或者按照互惠原则进行审查,认为不违反中华人民共和国法律的基本原则,不损害国家主权、安全和社会公共利益,不损害中华人民共和国领域内债权人的合法权益的,裁定承认和执行。可见,该法是采取单一破产制和普及破产主义的,可以说比较符合国际上的趋势,也与我国近年来的司法实践相一致。但其具体操作需要实践中进一步探索。

在2006年制定的《企业破产法》生效前的司法实践中,我国法院倾向于采用地域破产主义原则。涉外破产案件在我国是一种新型案件。例如,深圳市中级人民法院自1992年以来,已先后受理了多起涉外破产案件。涉外破产案件所涉及的法律问题很多,其中以破产宣告的地域效力最为突出。但是,在另外一些

---

① Lawrence Collins and Others, Dicey, Morris and Collins on the Conflict of Laws, 14th ed., Sweet & Maxwell, 2006, p. 1509.

案例中,法院则承认了境外破产程序及破产判决在我国的效力,如 1983 年南洋纺织品商行宣告破产案。而 2001 年广东省佛山市中级人民法院作出的一份民事裁定则根据中国和意大利之间的司法协助协定直接承认了意大利法院作出的破产判决的法律效力。

第三节 票 据

一、概述

现金在国与国之间的频繁流动,耗时费力,又加重了国际贸易的风险性,不利于国际贸易的顺利发展。公元 12 世纪,意大利的商人们开始大量使用票据来替代现金进行国际贸易支付,到 16、17 世纪,在欧洲大陆上票据支付的方式已基本取代了货币支付方式。目前,世界各国之间的贸易支付更是流行票据支付。

票据是指由出票人签发的,约定由出票人自己或者委托其他人,在见票时或者约定的日期,无条件向持票人支付确定金额的有价证券,通常包括汇票、本票和支票等三种。根据我国《票据法》第 94 条第 2 款的规定,涉外票据是指出票、背书、承兑、保证、付款等行为中,既有发生在中华人民共和国境内又有发生在中华人民共和国境外的票据。

票据具有结算作用、信用保证作用、流通作用和融资作用。票据一经开出,便产生票据上的债权债务关系,即票据关系。票据关系的基本当事人有三个:出票人(drawer)、受票人(drawee)、受款人(payee)。出票人是作成票据、在票据上签章并交付票据的人。票据关系因出票人的出票行为而发生。受票人是票据上载明的接受票据并承担付款责任的人,因而也被称为付款人。受款人,亦称收款人,是票据上载明的、有权请求支付票据金额的人,即票据权利人。当票据被背书转让时,还有转让人和受让人,转让人也被称为背书人或者前手,受让人也被称为被背书人或者后手(endorsee),受让人持有票据,成为持票人(bearer)。

汇票(draft)是国际贸易支付中使用最多的票据。汇票是一种由出票人向受票人开出的,要该受票人凭票立即或在某一时期内付给指定人一定金额款项的书面凭证。汇票是一种无条件的命令。凭票即付的汇票通常称为即期汇票(sight bill),相对于即期汇票的是远期汇票(usance bill)。票款应付给特定之人或其指定之人的称为记名汇票;票款应付给来人的称为来人汇票(bearer bill)。

本票(promissory note),又称期票,是一种无条件的书面承诺,由出票人签发,承诺自己在见票时或在将来一定时期内付出一定金额的款项给特定之人或指定之人或来人。我国《票据法》中规定的本票,仅指见票即付的银行本票。在本票中,出票人同时又为付款人。

支票(cheque)是出票人以银行为受票人开出的,要求其向特定人付出一定金额款项的票据。支票实际上是一种即期汇票,只是其受票人一定是银行。

票据行为是使票据法律关系得以发生、变更和消灭的法律行为,可以分为基本行为(或称主票据行为)与附属票据行为(或称从票据行为)。前者指出票行为,即原始的创设票据的行为;后者指背书、承兑和保证等行为。因为后者之行为必须以前者之行为的存在为前提,所以前者称为基本行为,后者称为附属行为。无论何种票据,都有其基本出票行为,而附属行为中,除了背书为各类票据所共通外,承兑与参与承兑行为,仅汇票有之。保证行为也仅汇票与本票有之。至于学者间所称的广义票据行为,则还包括付款、参加付款、见票和保付行为在内。此外,票据保证,是指票据债务人以外的第三人,为保证特定票据债务人票据债务的履行,所为的要式、单独而具有独立性的附属票据行为。我国台湾地区的票据立法规定票据保证仅适用于汇票和本票,不适用于支票,不过支票又有保付制度。日本票据立法则既规定了汇票、本票和支票的保证,又规定了支票的保付。我国《票据法》的票据保证仅适用于汇票和本票,支票既无保证又无保付。

二、票据的法律冲突

由于各国经济、文化和社会背景以及票据法的立法技术和立法体例不同,自19世纪以来至20世纪初,在欧美各国逐渐形成了三大票据法的立法体系,即法国法系、德国法系和英美法系。各国票据立法的不同,对票据的国际交流带来了极大不便,于是从19世纪后半叶起,各国相继开展了票据法的统一运动。尤其是在国际联盟主持下,于1930年召开了有31个国家参加的国际票据法统一会议,并通过了三个公约:(1)《本票、汇票统一法公约》;(2)《解决本票、汇票若干法律冲突公约》;(3)《本票、汇票印花税公约》。1931年又在日内瓦召开了第二次票据法统一会议,制订了关于支票的三个公约:(1)《支票统一法公约》;(2)《解决支票若干法律冲突公约》;(3)《支票印花税公约》。上述日内瓦公约是以大陆法系的有关立法为基础的,其中既有统一实体法公约,也有统一冲突法公约。这些关于票据法的公约,解决了法、德两大法系的冲突。但英国、美国等英美法系国家认为日内瓦公约的规定与英美法系国家的票据传统和实践相矛盾,因而拒绝参加,因此,在国际上形成了关于票据法的两大体系,即日内瓦统一法体系和英美法体系。20世纪70年代以后,联合国国际贸易法委员会为促使各国票据法的协调和统一,着手制定一项国际汇票与本票的统一法草案,最终于1988年12月经联合国大会通过了《联合国国际汇票和本票公约》,但尚未生效。

票据的法律冲突主要表现在:首先,关于票据的种类,各国立法颇不一致。德国、法国的票据法仅将汇票和本票称为票据,而不包括支票。而英美法系的票据法则认为票据应包括汇票、本票和支票三种。

其次,关于票据的形式要件,各国立法也有不同。德国法系多采取严格的形式主义,规定了多种票据的形式要件,而英美法系对票据的形式要求很宽松。

再次,关于票据关系与其发生原因之间的关系,有些国家的法律认为二者彼此独立,有些国家的法律却认为二者彼此关联。例如,采独立主义的德国法系即认为票据为不要因证券;而采关联主义的法国法系即认为票据为要因证券。

此外,关于票据当事人的行为能力、票据行为的方式等许多问题,各国的立法也颇有不同。

三、票据法律冲突的冲突法解决方法

票据在当今国际经济贸易十分发达的社会中广泛流通。在甲国签发票据,于乙国承兑,在丙国转让,而在丁国付款的情况很常见。一旦发生争议,就必须解决因法律冲突而导致的法律适用问题。

票据关系虽然是债权债务关系,但是与一般的债权债务关系相比,涉外票据关系中一般不允许当事人任意选择准据法。英美法上,虽然将票据视为一系列单独的合同,但一般也不承认当事人有选择法律的权利。戴西和莫里斯也认为,用于确定一般合同的准据法理论明显不适用于票据中所包含的合同。[①]

(一)关于票据行为能力的准据法

票据行为的有效性很重要的一个方面取决于票据行为人的能力。对于票据行为能力,英美法系国家主张依行为地法判定,而大陆法系各国却认为应由行为人的本国法判定。如法国法认为,关于法国人的票据行为能力,不论票据的成立地及付款地在何处,应概依法国法。1933年《德国票据法》也规定,外国人的票据能力,依其所属国法;但如依其所属国法为无能力而依德国法为有能力时,就其在德国所为的票据而言,仍认为其有能力。

对于票据行为能力,为了调和英美法与大陆法之间在票据能力问题上的对立,并且为了尽可能使票据行为有效,《解决本票、汇票若干法律冲突公约》和《解决支票若干法律冲突公约》第2条规定:票据当事人的行为能力,依其本国法。如其本国法规定就此事项适用其他法律时,适用其他法律(即允许接受反致,因而如果行为人的本国国际私法规定应适用行为地法或住所地法,就可以不适用其本国法)。

(二)关于票据行为方式的准据法

票据行为都必须具备法定的方式。这种方式因票据种类的不同而有所不同,对于欠缺某一方式要件,其所引起的法律后果也有所不同。在这些问题的准

[①] 转引自杜涛、陈力:《国际私法》(第2版),复旦大学出版社2008年版,第277页。

据法选择上,有些国家采取行为地法原则;有些国家采取行为地法与当事人本国法选择适用原则,即原则上适用行为地法,在当事人具有相同国籍时,适用当事人本国法作为例外;有些国家则采取行为地法与票据行为实质要件准据法选择适用原则,其中对于两种准据法适用上的主次又有所不同。

关于票据的行为方式,上述两个日内瓦公约分别在第 3 条和第 4 条规定了以下三项原则:票据行为的方式,依该行为的签字地国法,但支票行为可采取签字地和付款地法选择适用;如票据行为依前项的规定并非有效,但依后一行为地所属国法为合法的,则后一行为不因前一行为的不合法而致无效;缔约国得规定其本国人在外国所为的票据行为,如系依照本国法律所规定的方式,对其领域内的其他本国人仍为有效。从以上三项原则来看,公约首先把行为地法作为票据行为方式的主要准据法,但也允许在一定情况下适用行为人的本国法。

(三) 关于票据债务的准据法

票据一经开出,即在当事人之间产生一种债权债务关系。其中出票人、受票人和受款人之间的债务为主债务,而背书人、参加承兑人与持票人之间的债务为从债务,它主要是因为主债务人未能履行付款义务而产生。

关于票据主债务的准据法的选择,有付款地法原则和缔约地法原则两种原则。采用付款地法原则的有美国、日本和德国等,而采用缔约地法原则的有英国。比较而言,付款地法支配票据主债务是较为合适的,主要因为票据具有易流转性,一张票据到期日前,可能已经过许多人手中,为保证票据债务关系的确定性和可预见性,所以宜适用付款地法。在票据上未标明付款地时,有些国家规定,不论票据上是否有付款地,均以应付款地的法律作为准据法;另外一些国家规定,此种情况下以票据交付地法为准据法。

关于票据从债务的准据法,在许多方面与主债务准据法相同。有的国家采用签字地法,其理由是此类从债务的发生,多以当事人签名为前提。有些国家规定采取交付地法,有些国家则采取付款地国法。

关于票据债务,上述两个日内瓦公约均规定票据主债务由付款地法支配,《解决本票、汇票若干法律冲突公约》第 4 条规定,票据从债务由签字地法支配。

(四) 有关票据权利取得的准据法

票据权利的取得分原始取得和继受取得。对于票据权利的取得,一般主张应依票据让与时票据所在地法。因为票据权利的移转于票据交付时发生,这与普通债权的转让略有不同。这里是将票据视为一种动产,适用一般动产权利取得的准据法,即物之所在地法。

(五) 关于票据权利的保全与行使行为的准据法

关于票据权利的保全与行使行为,如票据提示的时间与方式、付款日期、拒绝证书的作成与方式等,有主张依付款地法的,其理由是认为付款是票据关系的重心;有主张依行为地法的。

上述两个日内瓦公约均规定,因票据遗失或被窃应采取的手段,依付款地国法定之。拒绝证书的形式和作成证书的期限,以及行使和保全支票权利所需的其他处理形式,依作成拒绝证书或采取此项手段之国家法律定之。各签字人行使追索权的期限,依出票地的法律来决定。

四、我国关于票据法律适用的规定

我国《票据法》中,对涉外票据的法律适用问题设专章予以了规定(第五章)。

在票据行为能力方面,我国《票据法》第96条规定,票据债务人的民事行为能力,适用其本国法;票据债务人的民事行为能力,依照其本国法律为无民事行为能力或者为限制民事行为能力而依照行为地法律为完全民事行为能力的,适用行为地法律。这一规定与前述日内瓦公约的规定是一致的。

关于出票时的记载事项,该法第97条以两个条款对汇票、本票和支票分别予以了规定。汇票、本票出票时的记载事项,适用出票地法律;支票出票时的记载事项,适用出票地法律,经当事人协议,也可以适用付款地法律。票据出票时的记载事项直接关系到票据的形式有效性问题,对此各国立法及有关国际公约大都规定应由出票地法律予以支配,其理由在于把票据视为一种契约关系,出票时的记载事项即票据的形式有效性问题,一般应由契约缔结地法支配,也就是适用出票地的法律。

关于票据的背书、承兑、付款和保证行为,我国《票据法》第98条规定,一律适用行为地法律。

对于票据追索权的行使期限,我国《票据法》第99条规定,对之适用出票地法律;对于票据的提示期限、有关拒绝证明的方式、出具拒绝证明的期限,我国《票据法》第100条规定适用付款地法律;对于票据丧失时失票人请求保全票据权利的程序,我国《票据法》规定也适用付款地法律。

值得一提的是,我国《票据法》在处理该法与有关国际条约和国际惯例的关系问题上,体现了中国的一贯立场,即中国缔结或者参加的国际条约同本法有不同规定的,适用国际条约的规定,但是,中国声明保留的条款除外。本法及中国缔结或参加的国际条约没有规定的,可以适用国际惯例。但中国未加入上述日内瓦公约和《联合国国际汇票和本票公约》。

第四节 信 用 证

一、信用证的概念

根据国际商会《跟单信用证统一惯例》(UCP600,2007年版)第2条,信用证(letter of credit)是指一项不可撤销的安排,无论其名称或描述如何,该项安排构成开证行对相符交单予以兑付的确定承诺。信用证作为国际贸易的一种重要的支付方式,得到国际上的广泛采用。信用证具有三个基本原则:第一,独立性原则,即信用证独立于基础合同或基础交易。第二,抽象性原则,即单据交易原则。信用证为单据交易,信用证项下各方交易的是单据而不是货物或服务,开证行只审查单据和信用证条款是否相符。第三,单证严格相符原则,即只有单据和信用证的条件和条款严格相符,银行才能接受并决定是否付款。很多国家把信用证看作是一种合同,但信用证不是一般的合同,它具有自己独特的性质,需要进行专门探讨。

由于国际贸易发生在不同国家之间,因而相应的信用证交易也不可避免地经常涉及不同的国家,通常的情形是信用证交易的各方当事人位于不同国家。因此一旦信用证项下各方当事人间发生纠纷,就需要确定该纠纷应当在哪一国家进行诉讼或仲裁,应当依照哪一国家的法律进行审理和裁判。

二、信用证的法律适用

(一)信用证的法律冲突

早在1929年,国际商会就起草了《跟单信用证统一惯例》,并且经过多次修改,为世界广泛接受。但是,该惯例毕竟不是法律,只有其被并入信用证条款时,才对当事各方具有约束力。如果当事人没有将该统一惯例并入信用证,也需要根据各国国内法来进行审判。另一方面,该惯例并不试图规定涉及信用证的一切问题。对于这些问题,仍然留待各国国内法处理,比如关于欺诈和伪造单据的认定和法律救济、追索权问题、开证行的合理审单时间问题等。而且当事人也可以在信用证中约定与统一惯例不一致的条款。

各国国内法关于信用证的法律不尽相同。只有少数几个国家有成文的信用证立法,如美国、希腊、意大利(民法典中的条文)、墨西哥、黎巴嫩、洪都拉斯、阿根廷、古巴以及一些阿拉伯国家等。大多数国家都没有专门的信用证立法,主要是根据判例法确定的一些原则来处理信用证纠纷。德国等大陆法国家则主要依据的是《民法典》和《商法典》中的基本原则和判例。美国的情况比较特殊,除了判例之外,还有《统一商法典》第五篇《信用证篇》。由于信用证更具有合同的性质,所以多数国家在对待信用证的法律冲突时,都倾向于依照合同的法律选择理论来处理。

(二) 信用证的法律适用原则

对于信用证纠纷,通常依照下列原则处理:

(1) 信用证与基础合同相独立原则。信用证的准据法独立于基础合同准据法。对二者的法律适用应当分别处理。基础合同中所约定的准据法不能当然地支配信用证纠纷。同时,如果一个案件涉及不同信用证,各个信用证中应当适用各自的准据法,其中一个信用证所约定的法律不一定支配其他信用证关系。

(2) 采用当事人意思自治原则,依照信用证中明确记载的准据法处理,只要该法律不违反有关国家的公共秩序和强行规范。尽管很多学者建议在信用证中加入标准的准据法选择条款,但实践中包含准据法条款的信用证是十分少见的。但是,大多数国家的银行开出的信用证都会将《跟单信用证统一惯例》纳入信用证。① 一旦统一惯例被纳入信用证,该惯例就视为信用证条款的一部分,对所有各方当事人具有约束力。美国《统一商法典》也承认意思自治原则。其第五篇第 5—116 条规定,开证人、被指定人或通知人因其行为或不行为而产生的责任受相关当事人选择的法律约束。而且被选择的法域不需要与交易有任何联系。

对于信用证的法律适用,2005 年我国最高人民法院《关于审理信用证纠纷案件若干问题的规定》作了规定。其第 2 条规定,人民法院审理信用证纠纷案件时,当事人约定适用相关国际惯例或者其他规定的,从其约定;当事人没有约定的,适用国际商会《跟单信用证统一惯例》或者其他相关国际惯例。其第 4 条规定,因申请开立信用证而产生的欠款纠纷、委托开立信用证纠纷和因此产生的担保纠纷以及信用证项下融资产生的纠纷应当适用中华人民共和国相关法律。涉外合同当事人对法律适用另有约定的除外。其第 6 条规定,人民法院在审理信用证纠纷案件中涉及单证审查的,应当根据当事人约定适用的相关国际惯例或者其他规定进行;当事人没有约定的,应当按照国际商会《跟单信用证统一惯例》以及国际商会确定的相关标准,认定单据与信用证条款、单据与单据之间是否在表面上相符。信用证项下单据与信用证条款之间、单据与单据之间在表面上不完全一致,但并不导致相互之间产生歧义的,不应认定为不符点。

(3) 根据最密切联系原则确定信用证的准据法。由于信用证并不等同于一般的合同,依照最密切联系原则选择法律的时候要考虑的因素也不同。在信用证交易中决定最密切联系地的因素主要有保兑地、议付地、提交单据地、付款地以及开证行所在地等。美国《统一商法典》第五篇第 5—116 条规定,如果当事

---

① 据说 95% 的信用证都是根据《跟单信用证统一惯例》开出。参见杨良宜:《信用证》,中国政法大学出版社 1998 年版,第 36 页。

人没有选择,则上述责任人的责任适用该人所在地的法律。该人的所在地以其承诺中表明的地址为准。如果有一个以上的地址,则以该人出具承诺的地址为准。

(4)区分不同信用证确定准据法。对于议付信用证,由于议付行不特定,因此议付行与其他当事人之间的关系一般应适用开证行所在地法律。对于保兑信用证,保兑行与其他当事人之间的关系一般应适用保兑行所在地法律。当然,法院可以根据具体案情,运用自由裁量权确定具体法律关系的最密切联系地。

第十一章 法定之债

第一节 侵权行为

一、侵权行为之债的法律冲突

侵权行为之债系指不法侵害他人人身或财产权利,并造成损失而承担民事赔偿责任所构成的债。各国关于侵权行为之债的法律冲突主要表现在以下几个方面:

(1) 侵权行为的范围不同。

由于各国历史、经济、文化等各方面的差异,导致侵权行为法涉及的领域有所不同。在法制尚不发达的国家,法律所保护的权利不够广泛,侵权行为发生的领域也就小。在一些发达国家被认为是侵权行为而在其他国家则可能不是侵权行为。例如,对家庭关系的干扰、侵犯秘密、毁誉等是法律发达国家所规定的侵权行为,但在法制尚不完善的国家尚未将它们纳入法律保护的侵权范畴。

(2) 侵权行为的构成要件不同。

侵权行为法是法律各部门相当活跃的领域,围绕这一领域,学者们提出了各种各样的学说。各国法律关于侵权行为的构成的规定各有特色,差异颇大。例如,法国法的规定是:过错、损害以及二者之间的因果关系。德国法的规定是:违法性、侵犯权利和错意。而英美法系的侵权行为法则没有一般构成要件的规定,而只是对个别侵权行为规定其构成。

(3) 损害赔偿的数额及计算方法、赔偿的原则、标准和限额不同。

关于损害赔偿的数额,一般说来,发达国家要高于发展中国家。这是由各国的经济条件决定的。在美国,对于交通事故或产品责任等侵权,损害赔偿常常达到数百上万美元,但在发展中国家,赔偿数额远没有这样高。

关于赔偿的原则和标准,基本上有两种:一是英美法系国家的做法,它们在侵权行为的赔偿方面有充分补偿受害人的损失和对存在严重过失的侵权予以严厉的惩罚两个原则。二是一些国家采取全部补偿原则,即损失多少赔偿多少。我国关于赔偿的原则和标准的实践采用三原则,即全面赔偿、考虑当事人经济状况和衡平原则。关于赔偿标准,英美法系采用可预见性标准,但不少大陆法系国家不承认这种标准。

关于赔偿限额,各国法律的差别主要体现在无限额和限额高低两方面,且集中在对人身和人格权的侵害方面。

二、侵权行为之债的法律适用

在含有外国因素的侵权案件中,一个行为是否构成侵权,是否应负赔偿责任,在应负赔偿责任时其责任的范围如何等问题,常要由侵权行为准据法来决定。国际私法上解决侵权行为的准据法,主要有以下几种理论和实践:

(一)炙侵权行为地法

侵权行为适用侵权行为地法,这一原则在过去几乎为各国所普遍采用,只是理由各异。如日本学说认为侵权行为之债适用侵权行为地法,主要基于两大原因:一是侵害发生地国因此种行为而蒙受的损失最大;二是认为侵权法属于社会保护法,故为了加重对侵权案件的加害人对其行为的危险的预测与评价的责任,唯依行为地法最为贴切恰当。法国当代国际私法学家巴迪福则认为,之所以要适用行为地法,首先,由于此种债的发生,是基于法律的权威性,而非债权债务人的意思作用,法律要求行为人应预见其行为的后果。其次,对行为人施以法律责任,旨在保证每个人的权利平衡,而此种平衡之所以被打破,恰恰因责任人在行为地所为的侵权。再次,行为地的公共秩序要求依当地法律追究行为人的责任。最后,适用行为地法,易于查明事实的性质和确定法律上的责任。① 英美国际私法在往昔主张适用行为地法,要么是基于"国际礼让说",要么是基于"既得权说"。如由比尔教授主持编纂的1934年美国第一次《冲突法重述》,就是从既得权说理论出发,认为依行为地法受害人因受行为人的不法侵害而取得的权利,当然也该依此行为地法使其得到实现。比较国际私法派巨子拉贝尔甚至指出,侵权行为之债适用侵权行为地法这个原则,是以13世纪起就由宗教法学者和法则区别说学者们所创立,而且一直沿用到今天。②

尽管侵权行为采侵权行为地法这一冲突法原则为世界各国所采纳,但对于如何判定侵权行为地,却有如下三种不同的观点:

一是主张以加害行为地为侵权行为地。此一观点为德国学者所鼓吹,并为瑞士和斯堪的那维亚国家的实践所接受。1978年《意大利民法典》第25条和1984年《秘鲁民法典》第2097条也采此说。

二是主张以损害发生地为侵权行为地。美国1934年第一次《冲突法重述》(第377条)就持此说。主持该《重述》编纂的比尔教授认为侵权行为地就是"必须使行为人承担责任的事件发生地",或"最后事件地",或"损害地"。根据2007年土耳其《国际私法与国际民事诉讼程序法》第34条第1—2款规定,侵权

---

① 〔法〕巴迪福:《国际私法各论》,曾陈明汝译,台湾正中书局1979年版,第255—265页。
② 参见〔英〕戚希尔、诺思:《国际私法》,1979年英文第10版,第259页。

行为所生之债,依侵权行为实施地国法。当侵权行为的行为地和结果发生地位于不同国家时,适用结果发生地国法。

三是主张凡与侵权事实发生有关的地方,包括行为发生地或损害发生地均可作为侵权行为地,可允许受害人自由选择已发生的整个行为的各项事实的任一项发生地为侵权行为地。德国最高法院便曾采此种主张。[①] 1982 年南斯拉夫《法律冲突法》第 28 条更是明文规定:"除对个别情况另有规定者外,民事侵权责任,依行为实施地法或结果发生地法,其适用视何种法律对受害人最为有利。"

（二）采法院地法

侵权行为适用法院地法,主要是德国学者的主张。如萨维尼在其 1849 年出版的《现代罗马法体系》第八卷中就鼓吹对侵权行为应适用法院地法。其理由就是因为侵权行为责任与法院地的公共秩序有密切关系。德国另一法学家华赫特(Wachter)也认为侵权行为与刑事犯罪行为类似,从而依据刑事法律的属地原则也应适用法院地法。[②] 但是,现在在侵权行为的法律适用上,单采法院地法的已是鲜见,一般都重叠适用侵权行为地法和法院地法。

（三）重叠适用侵权行为地法与法院地法（或行为人的属人法）

目前国际上一些国家采用这种做法。例如,依 1896 年的德国《民法施行法》规定,对于发生在外国的侵权行为,不得对德国公民提起比德国法律规定更高的赔偿请求,就是认为侵权行为责任原则上虽应依行为地法,但如行为人为德国人,则行为地法加于他的责任范围大于德国法所允许的,德国法院是不会同意这种请求的。就是说,加害人是外国人时,以侵权行地法作为支配侵权行为构成及效力的准据法;而当加害人是德国公民时,那么德国加害人的责任范围,要受德国法制约。这时德国加害人的属人法同时也就是法院地法。这一规定,现在仍为德国修改后的《民法施行法》所坚持。

英国法院在 1995 年以前也采此种观点,但把行为地法和法院地法倒过来适用,以法院地法为主,只参考行为地法。其具体做法为:如果一个在外国发生的侵权行为在英国法院起诉,英国法院将首先依自己的法律观点判定行为如果在英国发生也可以提起侵权行为之诉时,然后再参考行为地法,如该行为在当地也是不正当的,才能为英国法院所受理。一旦英国法院认为在外国发生的某种行为可作为诉因在英国法院起诉,英国法院便将只适用作为法院地法的英国法来判定侵权行为人的责任。

对侵权行为的法律适用,2007 年日本《法律适用通则法》第 22 条仍坚持双

---

① 李双元:《国际私法（冲突法篇）》,武汉大学出版社 1987 年版,第 395 页。
② 〔英〕沃尔夫:《国际私法》,1945 年英文版,第 492 页。

重可诉原则:侵权行为应适用外国法时,应适用该外国法的事实依日本法并不构成侵权行为的,不得进行依该外国法的损害赔偿及其他处分之请求。侵权行为应适用外国法时,应适用该外国法的事实依该外国法以及日本法即使均构成侵权行为,除非是日本法律认可的损害赔偿或其他处分,受害人不得请求之。

(四)有条件选择适用侵权行为地法和共同属人法

在侵权行为案件中,有条件选择适用双方当事人共同的属人法,可说是为了克服传统冲突规范缺陷,而从20世纪50年代起对传统冲突规范进行"软化处理"(softening process)的思潮在立法上的表现之一。在采此种立法例时,尽管对于侵权行为通常是适用侵权行为地法,但如果在侵权事件中加害人和被加害人具有共同属人法的,则适用他们共同的属人法。但这些国家在具体立法规定上又有所差别。如1966年《葡萄牙民法典》第45条第3款规定:"如果侵权行为人和受害人具有相同国籍,或拥有共同惯常居所地的,恰好双方都临时在国外,则可适用共同本国法或共同惯常居所地法。"

欧洲议会与理事会《关于非合同之债法律适用的第864/2007号(欧共体)条例》第4条规定:(1)除非本条例另有相反规定,由损害事实引起的非合同之债适用损害结果发生地法,至于导致损害的事实、该事实的非直接后果发生于何国,在所不问。(2)尽管如此,若损害发生时责任人和受害人的惯常居所位于同一国家,则适用该国法律。(3)如果全部情况导致损害事实与第1款或第2款所指以外国家存在明显更加密切的联系,则适用该另外国家的法律。通常,明显更加密切的联系可能基于当事人之间已经存在的关系(如合同)与系争损害事实之间的关联。

(五)适用侵权行为自体法

侵权行为适用侵权行为地法或法院地法,是传统国际私法的做法。但自从20世纪40年代以来,学者们纷纷抨击此种传统做法。首先,在现代科学技术和交通及通讯条件下,侵权行为地往往有极大的偶然性,用此种带有偶然性的连结点所指引的准据法去判定行为人的责任,显然对个案是缺乏针对性的;其次,侵权行为地到底在何处,也不易确定,何况,如果侵权行为发生在公海或公空也无侵权行为地法可以适用;最后,把刑法的不具有域外效力类推及于侵权法这个民事法律也是缺乏说服力的,因在罗马法时代,侵权法已从刑法中逐渐分离出来,至今这两个法是属于完全不同的法律部门。

正是基于对侵权行为地法和法院地法的批评,英国当代著名国际私法学者莫里斯提出了"侵权行为自体法"(proper law of the torts)学说,即侵权行为应适用与侵权案件有最密切联系的法律。此一学说已为很多国家的侵权冲突法所采用。莫里斯指出,这个法律虽在多数情况下仍是侵权行为地法,但"侵权行为自体法"的理论终究是有助于法院去选择一个更适合的法律的①。

在美国,对于侵权行为原先是适用侵权损害地法,但在1963年纽约州法院审理的巴蓓科诉杰克逊(Babcock v. Jackson)一案中就采用了该学说。②总结了自1934年第一次《冲突法重述》问世后近四十年来美国国际私法的司法实践和理论发展的1971年《第二次冲突法重述》第145条明确规定:"1.对有关侵权行为当事人的权利义务,依第6条规定的原则,应适用与侵权行为事件及当事人有最重要(密切)联系的州的实体法。2.在依第6条的原则决定应适用的法律时,应当加以考虑的因素有:(1)损害发生地;(2)加害行为发生地;(3)当事人的住所、居所、国籍、公司成立地和营业地;(4)当事人之间有联系时其联系最集中的地方。上述因素应按其对特定问题的重要程度加以衡量。"

英国传统的国际私法自1870年菲利普斯诉艾利(Phillips v. Eyre)一案后,长期重叠适用法院地法(即英国法)和行为地法(即所谓"双重可诉原则")。但到1971年判决博伊斯诉查普林(Boys v. Chaplin)一案,略有突破,已有例外情况。从而在普通法上形成了下述规则:(1)在英国不能对发生在英国之外的侵权行为起诉,除非:根据英国国内法该行为如发生在英国,是可以作为侵权行为起诉的;该行为在发生地国也是不正当的。(2)但作为(上述)一般规则的例外,就当事人之间的特别问题而言,亦可受该问题与当事人有最密切联系的法律支配。③但英国的双重可诉原则只是针对发生在外国的侵权行为,并不涉及发生在英国的侵权行为;且它过分地强调作为法院地法的英国法的适用,因而自1971年以来,一直受到种种的批评。故英国在1995年制定的《国际私法(杂项规定)法》中,专辟了第三部分,对侵权行为的法律适用作了七条成文法规定,主要内容为:除对诽谤案件仍适用双重可诉原则外,凡属在英国国内(包括英格兰和威尔士、苏格兰、北爱尔兰)及国外发生的国际的或区际的侵权行为的实质问题(或主要事项),概由侵权行为准据法支配(即受"构成侵权行为的事件发生地法律"或"与该发生的事件有最重要的因素或多种因素所在地的法律"支配)。但凡涉及侵权行为程序性问题(如赔偿金之计算)仍应适用法院地法;对行为是否构成侵权的识别也只应依法院地法。1995年上述成文法在侵权行为上还明确排除反致等。④

---

① 李双元主编:《国际私法》,北京大学出版社1991年版,第340—342页。
② 案情可参见李双元:《国际私法(冲突法篇)》,武汉大学出版社1987年版,第398页;杜新丽主编:《国际私法教学案例》,中国政法大学出版社1999年版,第232—233页。
③ 〔英〕莫里斯:《法律冲突法》,李东来等译,中国对外翻译出版公司1990年版,第316—317页。
④ 参见 Morse, Torts in Private International Law: A New Statutory Framework, 1996, International and Comparative Law Quarterly, Vol. 45; Reed, The Private International Law (Miscellaneous Provisions) Act 1995 and the Need for Escape Devices, 1996, Civil Justice Quarterly, Vol. 15 等文。

根据2007年土耳其《国际私法与国际民事诉讼程序法》第34条第1—3款规定,侵权行为所生之债,依侵权行为实施地国法。当侵权行为的行为地和结果发生地位于不同国家时,适用结果发生地国法。如果侵权行为所生之债与另一国具有更密切联系,则适用该另一国法律。2007年日本《法律适用通则法》第20条在侵权行为法律适用中引入了最密切联系原则。根据该条规定,侵权案件中如果存在以下情形,如当事人在同一法域有经常居所、侵权系违反当事人间已有合同义务而实施以及其他情况,则意味着案件与当事人共同常居所地等地方有更密切联系,此时应适用这些更密切联系地法。

(六)适用当事人协议选择的法律

侵权行为法律适用方面一个更令人瞩目的现象是引入了"当事人意思自治"原则。在这方面开风气之先的又是1987年的瑞士联邦《国际私法法规》。如它的第132条规定:"当事人可以在侵权行为出现后的任何时候,协议选择适用法院地的法律。"尽管上述瑞士法赋予当事人的仅是有限制的意思自治,即允许当事人协议选择适用法院地法,但是,这毕竟是一种突破,第一次在侵权行为法律适用领域也采用了当事人意思自治原则。1995年意大利《国际私法制度改革法》则将选择法律的权利只赋予受害方,而且可选择的法律也有限制。它的第62条虽原则上规定:"侵权责任由损害发生地法支配,尽管如此,遭受损害方可以要求适用导致损害结果的事件发生地法"。2007年土耳其《国际私法与国际民事诉讼程序法》第34条第5款规定,在侵权行为发生后,当事人可明示选择侵权行为所生之债应适用的法律。

根据欧洲议会与理事会《关于非合同之债法律适用的第864/2007号(欧共体)条例》第14条规定,对于非合同之债,当事人可以自由选择应适用的法律。《条例》规定的选择时间相对灵活,当事人也可以在导致损害产生的事实出现后通过协议选择;对于从事商业活动的当事人,可以在导致损害产生的事实出现之前,通过可自由转让的协议选择应适用的法律。对于选择的形式,《条例》第14条第1款规定:"该选择应是明示的或者可从既定情势的特定行为中推知,但以不损害第三人权利为限。"当然,当事人选择法律的自由不是无限的。这主要是指当事人选择法律不得减损强行法的规定,根据《条例》第14条第2—3款规定,这包括两种情况:"在导致损害的事实出现时,若案件的全部因素位于被选法律所属国以外的国家,则当事人选择法律不得减损该国家法律不允许通过协议排除的规定;在导致损害的事实出现时,若案件的全部因素位于一个或多个成员国,当事人选择第三国法律不得减损共同体法中不许协议排除、且已在法院地生效的规定。"

三、我国关于涉外侵权行为法律适用的一般规定

我国《民法通则》对有关涉外侵权行为之债的法律适用的规定为："侵权行为的损害赔偿，适用侵权行为地法律。当事人双方国籍相同或者在同一国家有住所的，也可以适用当事人本国法律或者住所地法律。中华人民共和国法律不认为在中华人民共和国领域外发生的行为是侵权行为的，不作为侵权行为处理。"我国《涉外民事关系法律适用法》第44条对此规定："侵权责任，适用侵权行为地法律，但当事人有共同经常居所地的，适用共同经常居所地法律。侵权行为发生后，当事人协议选择适用法律的，按照其协议。"该条文体现了我国处理涉外侵权行为之债法律适用的三个相互制约的原则：

第一，侵权责任，首先应适用侵权行为地法律。这是我国处理涉外侵权行为之债法律适用问题的一般原则，也是为各国普遍采用的一项原则。对于侵权行为地的确定问题，我国最高人民法院《关于贯彻执行〈中华人民共和国民法通则〉若干问题的意见（试行）》第187条规定："侵权行为地的法律包括侵权行为实施地法律和侵权结果发生地法律。如果两者不一致时，人民法院可以选择适用。"

第二，如果当事人双方有共同经常居所地的，适用共同经常居所地法律。这是我国确定涉外侵权行为之债法律适用的补充原则。这一规定显然是从诉讼的便利和判决的有利于国外承认与执行出发来考虑的。需要指出的是，涉外侵权行为之债适用当事人本国法或住所地法的前提固然是加害人和受害人必须在同一国家有共同经常住所。

第三，侵权行为发生后，当事人协议选择适用法律的，按照其协议。这是我国处理涉外侵权行为之债法律适用的特殊原则。该特殊原则的规定与瑞士的立法和实践是很相似的。

第二节 几种特殊的侵权行为

在早先，对侵权行为的法律适用，不区别其种类和性质，只是概括规定一个准据法。但是，自20世纪70年代以来，出现了对侵权行为视其不同性质和种类分别规定准据法的立法例。例如，1971年美国《第二次冲突法重述》对侵权行为的规定达30条之多（自第145条至第174条），不但规定了一般侵权行为的法律适用（即上文提及的第145条），而且，对人身损害、诽谤、隐私权、干涉婚姻关系、对有形物的损害、欺诈及虚假陈述、伤害性虚假陈述、跨州诽谤、对隐私的跨州侵犯和恶意控告及滥用法律程序等10种特殊侵权行为规定了准据法。1979年匈牙利《国际私法》第32条、第33条也区别一般侵权行为、因违反交通或其

他安全规章的侵权行为、对登记的船舶或飞机实行的侵权行为而规定了不同的准据法。1978年奥地利联邦《国际私法法规》第48条也把不正当竞争从一般侵权行为中分离出来而另行规定了准据法,即适用受此不正当竞争影响的市场所在国家的法律。1987年瑞士联邦《国际私法法规》对侵权行为法律适用的规定同样是详备的,它首先把侵权行为区别为一般的和特殊的而分别规定其法律适用;在特殊侵权行为中又细分为公路交通事故、产品责任、不正当竞争、妨碍竞争以及因不动产产生的有害影响和基于传播媒介对个人人格的损害等6种,并分别规定了法律适用。2007年日本《法律适用通则法》也将侵权行为区分为一般侵权行为和特殊侵权行为,其第18条和第19条对产品责任、名誉或信用侵权等特殊侵权行为的法律适用作了特别的规定。

一、海上侵权行为

发生在海上的侵权行为,大致可归结为三种情形:一是船舶相撞,或船舶与海上设施碰撞所发生的侵权行为;二是发生在船舶内部的侵权行为,诸如发生在旅客与海员之间或旅客之间的侵权行为;三是因海上事故致旅客死伤、货物毁损所发生的侵权行为。

如果在公海上发生船舶损害他国海上设施或海底电缆的,因公海自由,而有主张只应适用法院地法的。英美的做法便是如此。

对发生在领海上的侵权行为,或损害其他海上设施,一般是将领海国视作侵权行为地,领海国法即为侵权行为地法。

发生在船舶内部的侵权,无论该船舶是处于公海或某国领海,多主张适用旗国法。其理由是船舶可视为船旗国的浮动领土。但是如果船舶处于他国领海之内,并且该侵权行为影响领海国的利益,有的国家如美国主张适用领海国法。英国则不加区别,对于处于他国领海内的船舶内部侵权行为,不问是否影响到领海国的利益,一律适用领海国法作为此种侵权行为的准据法。①

对于发生船舶碰撞的赔偿问题,1977年订有一个《统一船舶碰撞中有关民事管辖权、法律选择、判决的承认和执行方面若干规则的公约(草案)》,该公约(草案)于1977年9月30日在里约热内卢经国际海事委员会全体会议通过,我国政府曾派观察员参加了这次会议。公约适用于因船舶的灭失或损害以及因船上财产的灭失或损害而提出的碰撞诉讼的管辖权、法律选择和判决的承认与执行。其所指的"碰撞",是指两艘或更多艘船舶(其中至少一艘是远洋船舶)的接触和一些其他事故,包括这些船舶由于操纵或操纵失误,或由于未能遵守适用于

---

① 〔英〕戚希尔、诺思:《国际私法》,1979年英文第10版,第290页。

航行的成文的或不成文的规则而引起的事故(即使并未发生实际的接触),但不适用于军舰或专门用作公共非商业性服务的政府船舶(渡船除外),以及基于合同而提出的请求。

在管辖权方面,公约规定,此种诉讼,除当事人另有协议外,原告只能在公约缔约国的下列法院中提起:(1)被告的习惯住所地、住所地、主要营业所所在地;(2)碰撞发生在其内水或领海内的国家;(3)碰撞所涉及的船舶(原告自己的船舶除外)或属于同一所有人的可依法加以拘留的船舶,已在该地被拘留,或已提供担保以免由于碰撞而被拘留;(4)被告在该地有依照该国法律可供扣押的财产,而且该项财产已被扣留或已提供担保以免由于碰撞而被拘留;(5)被告已在该地根据该国法律就碰撞适当提供了限额基金。

关于法律选择,公约规定,除当事人另有协议外,如碰撞在一国内水或领海内发生的,适用该国法律;如碰撞发生在领海以外的水域,适用案件受理国法律;如有关的船舶都在同一国登记或由它出具证件,或都属于同一国家所有,则不管碰撞发生在何处,均应适用该国的法律;如船舶在不同国家登记或由它们出具证件,或属不同国家所有,则法院应适用对所有这些国家都适用的一些公约。如果经确定所有这些国家的法律与公约的原则相一致,则法院应适用这种相一致的法律。但不管怎样,任何当地的有关航行的成文或不成文的规则,都应得到适用。此外,公约明确排除反致。

在此类判决的承认与执行方面,公约规定,除请求承认或执行判决的一方已提供了第 8 条第 1 项所规定的各种文件,并经法院查明,判决并非由无管辖权的法院作出的,且已给判决中的债务人以适当的通知并已给予他进行申辩的公平机会;判决也不是由于欺诈而获得的;其承认与执行也不违反被请求承认和执行国的公共政策外,还必须以被请求国与判决作出国同为缔约国,并且两国还订有这方面的补充协定,为承认和执行的条件。

关于在海上运送中致旅客人身伤亡或行李毁损,因有运送合同关系存在,所以有的主张依合同准据法来解决运送人的责任问题。但旅客案件常受到许多国家的强制性法律的保护,这种法律不得在合同中运用法律选择条款加以规避。为统一对这种责任的法律规定,1961 年曾订有《统一海上客运若干规则的国际公约》。但它对旅客人身伤亡的赔偿额规定过低,且对行李的损失或损坏的赔偿没有规定,所以在 1974 年又订立了《海上旅客及其行李运输的雅典公约》(简称《雅典公约》)。《雅典公约》对其适用范围、承运人的责任、举证责任、责任限额、诉讼时效和管辖权作了规定。《雅典公约》已经有 1976 年、1990 年、2002 年议定书,截至 2013 年 9 月,有 35 个成员,1976 年议定书有 26 个成员,1990 年议定书和 2002 年议定书分别只有 6 个和 7 个国家接受,尚未生效。① 中国于 1994 年 3 月 5 日经全国人大常委会决定加入《雅典公约》及其 1976 年议定书。

对于海上侵权行为的法律适用,我国《海商法》第 273 条就船舶碰撞的损害赔偿作出了明确规定,船舶碰撞的损害赔偿,适用侵权行为地法律。船舶在公海上发生碰撞的损害赔偿,适用受理案件的法院所在地法律。同国籍的船舶,不论碰撞发生于何地,碰撞船舶之间的损害赔偿适用船旗国法律。此外,我国《海商法》第 274 条规定,共同海损理算,适用理算地法律。其第 275 条规定,海事赔偿责任限制,适用受理案件的法院所在地法律。

二、国际油污损害

油污损害是一种特殊的侵权行为。海上油污是一种潜在的巨大的灾祸。为保证因船舶逸出或排放油类而遭害的有关各方能得到适当的补偿,经各国的共同努力,1969 年国际海事组织在布鲁塞尔订立了《国际油污损害民事责任公约》,该《公约》业已生效,我国于 1980 年 4 月正式加入。该《公约》主要是一个统一实体公约,对其适用范围、油污损害赔偿范围、责任构成和免责事项、责任限额、赔偿基金的设置和分配、船舶所有人的求偿权、管辖权和缔约国判决的承认与执行作了规定。

此外,该《公约》还有几个议定书:1976 年《特别提款权议定书》(1981 年生效,我国 1986 年加入,2003 年退出,目前有 53 个成员)、1984 年《议定书》(已被 1992 年《议定书》替代)、1992 年《议定书》(1996 年 5 月 30 日生效)及 2000 年《修正案》(2003 年 11 月 1 日生效)。经 1992 年议定书修订的 1969 年公约被称为 1992 年《国际油污损害民事责任公约》,于 2000 年 1 月 5 日对中国生效,同时 1969 年公约对中国失效。截至 2013 年 9 月,1969 年公约有 36 个缔约国,1992 年公约有 130 个缔约国。②

我国还于 1990 年 1 月 9 日决定加入 1969 年《国际干预公海油污事故公约》和 1973 年《干预公海非油类物质污染议定书》。此外,我国《海商法》第 265 条还规定了油污损害的诉讼时效:"有关船舶发生油污损害的请求权,时效期间为 3 年,自损害发生之日起计算;但是,在任何情况下时效期间不得超过从造成损害的事故发生之日起 6 年。"

---

① http://comitemaritime.org/Uploads/Publications/Yearbooks/CMI% 20YEARBOOK% 202013.pdf, visited on July 18, 2014.

② 同上。

三、空中侵权行为

发生在空中的侵权行为,不外乎以下三种情形:其一是发生在航空器内部的侵权行为,诸如旅客与乘务人员或旅客间发生的殴打、侮辱、诽谤等;其二是因航空器碰撞或航空器与其他物件碰撞所发生的侵权行为;其三是因航空器事故致旅客死伤或物品毁损的侵权行为。航空器事故致旅客死伤或物品毁损的侵权行为,主要是指旅客或托运人对航空运送人的损害赔偿请求权的问题。

发生在空中的涉外侵权行为,尤其是第一、第二两种类型,应适用何种准据法,即使在英国也很少有法律依据。一般而言,对于第一类侵权行为,多数国家主张适用航空器登记国法。其理由无非是航空器在公空进行活动而没有侵权行为地法可循,或者是强调航空器飞行速度极快实在不易确定侵权行为地,况且航空器内部的侵权行为与航空器航行时地面所属国的关系纯属偶然关系,远不如把航空器登记国法视作侵权行为地法来得合乎情理。对于第二类侵权行为,一般是主张适用被碰或受害方的航空器登记地法。这无非是出于对受害方利益的保护。如碰撞双方皆有过错,也可适用法院地法;同一国家登记的航空器相撞,则可适用它们共同的登记国法。对于第三类侵权行为,目前主要适用有关的国际公约的规定。

随着航空技术和航空事业的飞速发展,航空运送人因对旅客及其行李或其他托运物造成损害而应承担赔偿责任的国际国内法制也相应发展起来。这种损害包括旅客因在航空器内及上下航空器时所致的死亡、伤害而发生的,旅客托运的行李、货物在保管期于机场内、航空器内,以及在机场外降落之时任何地点因灭失、短少、变质、污染、损坏而发生的。对于此种责任的构成,有主张采过失原则的,也有提议采无过失原则的。例如,美国1922年统一航空州法及各州判例认为,航空运送人并不是旅客安全的保险人,所以对于他们的伤亡,运送人如无过错,即不负赔偿责任。而德国1892年《航空交通法》、瑞士1948年《航空交通法》,则均采无过失责任原则。

目前调整这一问题的国际立法主要有:1929年《统一国际航空运输某些规则的公约》(简称《华沙公约》)、1955年《修改1929年10月12日在华沙签订的统一国际航空运输某些规则的公约的议定书》(简称《海牙议定书》)、1961年《统一非缔约承运人所办国际航空运输某些规则以补充华沙公约的公约》(简称《瓜达拉哈拉公约》);此外还有修改1929年《华沙公约》的1971年《危地马拉议定书》及4个蒙特利尔附加议定书,从而形成了包括《华沙公约》在内的8个文件,它们总称为"华沙体系"。值得注意的是,1999年5月28日,国际民航组织缔约国大会在蒙特利尔通过了旨在取代"华沙体系"的、全新的《统一国际航空运输某些规则的公约》(简称1999年《蒙特利尔公约》)。

《华沙公约》1933年2月13日生效,目前已有152个国家和地区加入《华沙公约》。中国于1958年正式加入该《公约》。《海牙议定书》1963年8月1日生效,至今已有137个成员。中国于1975年加入该《议定书》。《瓜达拉哈拉公约》1964年5月1日生效,目前已有86个成员,中国尚未加入该《公约》,但《公约》继续适用于中国香港地区。上述三个主要公约在效力上是各自独立的。就一个国家而言,可以只加入其中一个公约或两个公约,也可以同时加入三个公约。不过,这三个公约在内容上是相互关联的:《华沙公约》是基础,《海牙议定书》是对《华沙公约》的修改,《瓜达拉哈拉公约》则是对《华沙公约》和《海牙议定书》的补充。

1999年的《蒙特利尔公约》不是对1929年《华沙公约》的修订,而是一部全新的条约。其第55条特别说明,《蒙特利尔公约》在适用效力上优先于《华沙公约》及其议定书以及承运人间的特别协定,这意味着它将取代已适用七十多年的《华沙公约》及其系列公约、议定书,从而使规范国际航空运输的法律制度走向完整、统一。《蒙特利尔公约》以中文、英文、阿拉伯文、法文、俄文和西班牙文6种语言为同等生效文本。2003年11月4日,《蒙特利尔公约》正式生效。2005年6月1日,中国交存了批准书。同年7月31日,该《公约》对中国生效并已扩展适用于中国香港和澳门特别行政区。目前,《蒙特利尔公约》已有107个成员。①

我国《民用航空法》第189条规定:"民用航空器对地面第三人损害赔偿,适用侵权行为地法。民用航空器在公海上空对水面第三人损害赔偿,适用受理案件的法院所在地法律。"由此可见,我国《民用航空法》仅仅规定了对地面第三人损害赔偿的法律适用问题,而对于发生在航空器内部的侵权行为,以及因航空器事故致旅客死伤或行李物品毁损的侵权行为的法律适用问题,则没有明确作出规定。在司法实践中,对此类问题,国际公约如《华沙公约》有规定,则适用国际公约的规定,也可遵照国际普遍实践,适用航空器的登记国法律。

四、涉外公路交通事故

1971年订于海牙的《公路交通事故法律适用公约》是规范含有涉外因素的公路交通事故法律适用的统一冲突法公约。该《公约》于1975年6月3日生效,截至2014年6月,《公约》已有21个成员。

《公约》第1条规定了该公约的目的和适用范围。《公约》的目的在于规定由于公路交通事故而引起的非合同性质的民事责任,并且只适用于涉及一辆或

---

① 以上几个公约的成员情况可参见:http://www.icao.int/secretariat/legal/Lists/Current%20lists%20of%20parties/AllItems.aspx, visited on July 18, 2014.

数辆机动或非机动车辆,并与公路、向公众开放的地面,或特定人有权通行的私有地面上的交通有关的事故。

《公约》第3条规定公路交通事故的准据法应该是事故发生国家的内国法,但有下述情形之一的则作为例外处理:其一,如果只有一部车辆卷入事故,且它是非事故发生地登记注册的,在此种情况下,应适用车辆登记国的内国法来决定加强车辆所有人或其他实际控制车辆或对车辆有利害关系的人的责任;其二,如果有两部或两部以上车辆卷入事故且所有车辆均于同一国家登记时,适用该登记国的法律;其三,如果在发生事故地,车外的一人或数人卷入事故并可能负有责任,且他们均于车辆登记国有惯常居所,适用该登记国的法律,即使这些人同时也是事故受害人亦同(第4条)。

《公约》第5条还规定,上述各种应适用于确定对受害的乘客承担责任的法律,同样也应适用于该车辆运载的且属于乘客或委托他照管货物的损害赔偿责任(上述适用于确定车辆所有人责任的法律,也适用于该车辆运载的其他货物的损害赔偿责任)。但车外货物的损害赔偿责任应适用事故发生地国家的内国法。

在应适用车辆的登记国法时,如果车辆未经登记或在几个国家内登记,则以它们停驻的国家的内国法代替适用(第6条)。

《公约》第7条强调,在确定责任时,无论适用什么法律作准据法,都应考虑事故发生时发生地有效的有关交通管理规则和安全规则。

对于准据法的适用范围,《公约》第8条也作了明确规定,它包括:责任的根据及其范围;免除责任以及任何限制责任和划分责任的理由;可能会导致赔偿的侵害或损害是否存在及其种类;损害赔偿的方式及其范围;损害赔偿请求权可否转让或继承问题;遭到损害并能直接请求损害赔偿的人;本人对其代理人的行为或雇主对其雇员的行为应承担的责任;时效规则,包括时效期限开始、中断和中止的规则。

五、涉外产品责任

产品责任是指有瑕疵的产品,或者没有正确说明用途或使用方法的产品,致消费者或使用者人身或财产的损害时,产品的制造者或销售者所应负担赔偿的责任。产品责任,作为一种特殊的侵权行为责任,最初发端于英美国家,20世纪六七十年代以来受到了各国的关注。随着国际经济贸易的迅猛发展,进而出现了涉外产品责任问题。近年来,由于产品责任事件屡屡出现,以及保护消费者利益的社会思潮逐渐加强,国际上特别是西方发达国家均十分注重对产品责任法的研究,相继制定了国内法,并致力于缔结国际公约。我国《民法通则》也在第122条中明确规定:"因产品质量不合格造成他人财产、人身损害的,产品制造者、销售者应当依法承担民事责任。运输者、仓储者对此负责任的,产品制造者、销售者有权要求赔偿损失。"

目前,大多数国家把产品责任视为一般侵权责任,按照解决一般侵权行为法律适用的原则来确定产品责任的准据法。但也有一些国家在新颁布的国际私法中对产品责任的法律适用作了专门规定,如1995年意大利《国际私法制度改革法》第63条第1款规定:"关于产品责任,被损害人可以选择适用制造商所在地法,或者制造商的管理机构所在地法,或者产品销售地法,除非制造商能证明该产品未经其同意而在那个国家上市销售。"2007年土耳其《国际私法与国际民事诉讼程序法》第36条规定,因产品造成损害而产生的责任,依受害人的选择适用施害人的惯常居所地、营业地或者产品获得地国法。施害人不得为了适用产品获得地国法,而指证该产品系在未征得其同意的情况下进入该国。根据2007年日本《法律适用通则法》第18条的规定,产品责任原则上适用被害人接受产品地法,但是出于对生产者的保护,在通常情况下无法预测产品在该地交付的,则适用生产者的主要营业所所在地法。

1973年第十二届海牙国际私法会议通过的《产品责任法律适用公约》,在涉外产品责任准据法的确定以及准据法适用范围的规定上,反映了国际上有关涉外产品责任法律适用的一般做法和发展趋势。该《公约》自1977年10月1日开始生效,截至2014年6月,公约有11个成员。其主要内容如下:

(1)《公约》适用范围。

《公约》规定它适用于产品制造人、成品或部件制造人、天然产品的生产者、产品供应者、在产品的准备或分配等整个商业环节中的其他人员(如修理人员和仓库工作人员)以及上述人员的代理人或雇员等,对产品造成的损害所承担的责任(第1条、第3条)。损害包括因错误的产品说明或没有对产品的质量、特征或使用方法予以适当说明所造成的对人身的伤害、财产损失和经济损失,但产品本身的损失及间接经济损失不包括在内,除非该损害与其他损害相联系。《公约》所指的产品,包括天然产品和工业产品,不问其是加工的或未加工的,也不管其是动产或不动产(第2条)。

《公约》为了避免受诉法院在定性问题上的困扰,明确规定不管诉讼性质如何,本《公约》应予以适用(第1条第3款)。因此,不管原告以侵权行为还是以契约不履行为根据向法院提起损害赔偿之诉,只要符合《公约》规定的适用条件,即可适用该公约。

(2)《公约》关于产品责任准据法的规定。

《公约》对涉外产品责任的准据法,考虑到既需着重保护消费者的利益,又需兼顾诉讼当事人双方权利义务的平等,不厌其烦地规定了三种适用顺序:

第一适用顺序即《公约》第5条规定,关于涉外产品责任的准据法,首先应该适用直接遭受损害的人的惯常居所地国家的内国法,只要该国同时又是被请求承担责任的人的主营业地;或直接遭受损害的人取得产品的地方。

第二适用顺序即如果不存在《公约》第5条规定的情形,则按《公约》第4条的规定适用的应该是侵害地国家的内国法,但也需符合下列条件之一:该国同时又是直接遭受损害的人惯常居所地;或该国同时又是被请求承担责任人的主营业地;或该国同时又是直接遭受损害的人取得产品的地方。

第三适用顺序即《公约》第6条规定,如果第4条和第5条指定适用的法律都不适用,并且原告没有提出主张适用侵害地国家的内国法时,则适用被请求承担责任的人的主营业地国家的内国法。

为了保护被请求承担责任人的利益,使其得以避免适用不能预见的法律所致的损失,《公约》第7条规定,如果被请求承担责任的人证明他不能合理地预见产品或他自己的同类产品会经商业渠道在该国出售,则第4、5、6条规定的侵害地国家和直接遭受损害的人的惯常居所地国家的内国法均不适用,而应适用被请求承担责任的人的主营业地国家的内国法。

此外,《公约》还进而指出,在确定产品责任应予适用的法律时,下面四点都是应当共同遵循的:第一,不论适用何国法作准据法,均须考虑产品销售市场所在国家通行的有关行为规则和安全规则(第9条);第二,根据《公约》规定适用的法律只有在其适用会明显地与公共秩序相抵触时方可拒绝适用(第10条);第三,根据《公约》规定适用的法律,即使是非缔约国的法律,也予以适用(第11条);第四,《公约》规定应适用的法律是指该国的内国法,排除反致的适用。

我国《涉外民事关系法律适用法》第45条规定:"产品责任,适用被侵权人经常居所地法律;被侵权人选择适用侵权人主营业地法律、损害发生地法律的,或者侵权人在被侵权人经常居所地没有从事相关经营活动的,适用侵权人主营业地法律或者损害发生地法律。"

六、侵犯人格权的侵权行为

侵犯名誉权和隐私权等人格权的特殊侵权行为的法律适用也日益受到重视。2007年日本《法律适用通则法》第19条规定:因侵犯他人名誉或者信用的侵权行为而产生的债权的成立与效力,依被害人经常居所地法。被害人为法人及其他社团或财团时,依其主要营业所所在地法。2007年土耳其《国际私法与国际民事诉讼程序法》第35条规定,因通过出版物、无线电广播、电视以及互联网等媒体或者其他大众通讯手段侵害人格权而产生的请求权,依受害人的选择适用:(1)受害人的惯常居所地国法,但必须以施害人能预料损害发生在该国境内为条件;(2)施害人的营业地或惯常居所地国法;(3)损害产生地国法,但必须以施害人能预料损害发生在该国境内为条件。在发生人格权侵害时,对定期出现的媒体所提出的抗辩权,只能适用印刷品出现地或广播发射地国法。因处理个人数据以及由于损害个人数据的知情权致使人格权受到侵害而产生的请求权,亦适用本条第 1 款的规定。

我国《涉外民事关系法律适用法》第 15 条规定:"人格权的内容,适用权利人经常居所地法律。"其第 46 条规定:"通过网络或者采用其他方式侵害姓名权、肖像权、名誉权、隐私权等人格权的,适用被侵权人经常居所地法律。"

七、跨国网络侵权行为

网络侵权是指计算机互联网用户和网络服务提供者通过互联网侵害国家、集体或他人的民事权益而应承担相应民事责任的行为。在这里要强调指出的是,网络中侵权行为的范围有别于传统国际私法中侵权行为的范围。它主要是指侵犯人身权,包括侵犯肖像权、名誉权与隐私权,以及侵犯知识产权,这里的知识产权以著作权和商标权为主,而单独侵犯财产权的行为,在网络侵权的案例中几乎无法找到。[①]

(一)网络对传统涉外侵权法律适用规则的冲击

网络空间的种种特殊性对传统侵权法律适用规则产生了很大的冲击:(1)网络空间使得侵权行为地成为不确定的连结因素。在互联网案件中,由于互联网的全球性特征,加上信息的上传和下载可以在任何地方完成,该侵权信息可能被全世界的人所阅读,给人的感觉就是侵权行为发生地模糊,损害结果地则遍布世界各地。侵权行为发生地还是损害结果发生地都很难确定。(2)如前所述,网络空间使得很难确定当事人的国籍和住所,使得这两个连结点不好利用。(3)网络空间使得侵权行为地和被告住所地等法院行使管辖权的依据难以确定,从而影响法院地法的适用。基于上述,网络对传统涉外侵权法律适用规则的冲击已是客观存在,固守传统的法律适用规则来应对网络空间的新问题已不可能,但这并不意味着可以简单完全抛弃传统的适用规则,而是应当基于网络空间的特点对传统的适用规则进行重新定义和进一步发展。

(二)跨国网络侵权法律适用规则的确定

1. 传统侵权行为地在网络空间的重新定义

传统的"侵权行为地法"仍然可以作为网络侵权领域法律适用规则,但是要对"侵权行为地"基于网络的特点重新定义。传统侵权行为地包括侵权行为实施地及侵权结果发生地,而网络空间是一个整体,相对于地理空间而言,是虚拟的,无法在物理上将侵权行为地定下来。因此,必须为网络侵权行为地的确认规定具体可供操作的标准。

---

① 贺旭红:《跨国网络侵权的法律适用》,载《甘肃政法学院学报》2008 年第 5 期。

在我国，2012年最高人民法院《关于审理侵害信息网络传播权民事纠纷案件适用法律若干问题的规定》第15条规定，侵害信息网络传播权民事纠纷案件由侵权行为地或者被告住所地人民法院管辖。侵权行为地包括实施被诉侵权行为的网络服务器、计算机终端等设备所在地。侵权行为地和被告住所地均难以确定或者在境外的，原告发现侵权内容的计算机终端等设备所在地可以视为侵权行为地。上述原则性的规定虽然是针对管辖权的确定作出的，但其有关在网络环境下确定侵权行为地的规定，同样可以作为跨国网络侵权的法律适用重新定义侵权行为地的参考。

我国的规定与1993年欧盟理事会《关于卫星和电缆传播的著作权及相关权利指令》确定的来源国规则（country of origin regulation）相似。该指令规定，如果卫星传播内容侵犯著作权，应依卫星信号发射地国法律处理，这就是所谓的来源国规则。将此规则推及于网络侵权案件，通常是指上载侵权信息的网络服务器所在地的法律应得到适用，因为侵权信息正是从这里发布出去的，而这从某种意义上讲也符合传统侵权行为实施地的要求或特征。在网络侵权案件的法律适用上，美国尚未正式确立来源国规则，但在其Religious Tech. Ctr. v. Lerma案和Religious Tech. Ctr. v. F. A. C. T. Net, Inc.案的判决中却一再表明了支持来源国规则的立场。采用来源国规则的最大优点就在于简便易行，有利于增强法律适用的明确性和可预见性，因为在全球性、虚拟性的网络侵权案件中，载有侵权信息的网页可为任何人在可进入该网址的任何地方所浏览和访问，但最初发布侵权信息的来源国应该只有一个且易于查明。不过，单一采用来源国规则的缺陷也是十分明显的：首先，根据该规则适用于网络侵权案件的法律仅指最初实施侵权行为所在地的法律，而对于后续相同侵权行为的实施地法及损害结果发生地法却未予考虑或适用，这显然不利于维护受害人的合法权益；其次，试图以"来源国"这一单一、硬性的连结点来应对特殊、复杂的网络侵权案件的法律适用问题，显然太过理想化，在实践中也很难行得通。

2. 有限制的"意思自治原则"的运用

如前所述，意思自治原则已经被引入到侵权行为法律选择的立法中。网络空间的全球性及不确定性，使得"意思自治"原则在网络空间侵权领域的运用更具有合理性。

3. "侵权行为自体法"的运用

网络空间的全球性及不确定性，同样使得比较具有弹性的"侵权行为自体法"较之刚性的"侵权行为地法"，更能符合网络空间侵权领域法律适用的价值追求，它赋予法官较多的自由裁量权，以寻求最公平、合理的准据法。在网络侵权领域运用自体法理论应注意几个问题：首先，可借鉴美国《第二次冲突法重述》第145条的规定，通过立法限制法官裁定最密切联系地所要考虑的要素，即在确定网络侵权行为中的问题应当适用何种法律的时候,应考虑的联系是损害发生地;侵权行为实施地;当事人的住所、居所、国籍;各当事人之间关系集中的地点。以上联系要按与特定问题的相对重要性来估价。其次,损害发生地、侵权行为实施地的认定依前述的标准来确定。

第三节 不当得利和无因管理

因不当得利(unjust enrichment)和无因管理(voluntary service)而所生之债,又称为"准合同之债"。其所以被称为"准合同之债",是因为"无因管理"可以认为类似于委托代理合同,而"不当得利"可以认为类似于借贷合同。它包括那些既不是由于合同,也不是由于侵权而依法律应在特定人之间产生的具有债的特征的法律关系。

一、不当得利

凡是没有法律上的根据致他人遭受损害而自己获得利益的,称为不当得利。这个制度是得到各国承认的。但是在什么情况下成立不当得利以及其效力如何,则各国规定往往并非一致,因而需要选择准据法。

不当得利大多发生于非债清偿的情况下,如对已清偿的债务再为给付;或基于原合同关系而为给付,后来合同被宣告无效;以及如在合同双方当事人之间一方因不可抗力无法履行而在此前已受领的对方的给付;等等。根据《法国民法典》第953条的规定,在为生前赠与时,如因不履行约定的条件可取消此种赠与,这时,已赠与的财产应重归赠与人所有,也属此种情况。《德国民法典》第977条还规定,遗失物的发现者如果在他占有遗失物1年之内仍无人认领,可以成为遗失物的所有人,但在此后3年之内,原所有人仍可以不当得利请求返还。《日本民法典》第706条也规定,债务人因错误而进行了给付,债权人应返还因此而得的利益。

对于不当得利应适用的准据法选择,有以下几种不同的主张:

(1)适用原因事实发生地法。持这一观点的国家认为,不当得利涉及不当得利发生地国的公共秩序、社会道德风尚和法律观念,因而应适用原因事实发生地法。如2007年日本《法律适用通则法》第14条规定:"因无因管理、不当得利而产生的债权成立及效力,依其原因事实发生地法。"匈牙利《国际私法》第35条规定:"不当得利及其法律上的后果,适用利益发生地法。"《秘鲁民法典》第2098条规定:"因法律的实施、无因管理、不当得利和不当交付某物所生之债,依原因事实发生地法或应发生地的法律。"

(2)适用支配原法律义务或关系的法律。许多不当得利行为源于一定的法律关系。此时,应考虑原法律关系的准据法的适用。如奥地利联邦《国际私法法规》第 16 条规定,如果不当得利是在履行法律义务的过程中发生的,应适用支配原法律义务或关系的法律。南斯拉夫《法律冲突法》第 27 条也规定,不当得利适用产生或预料会产生或假设会产生该项得利的法律关系的准据法。

(3) 适用当事人属人法。《布斯塔曼特法典》第 221 条规定:"不当得利依各当事人的共同属人法,如无共同属人法,则依给付地的法律。"

(4) 选择适用多种法律。瑞士联邦《国际私法法规》第 218 条规定:"因不当得利提出的请求,由支配不当得利所由发生的实际的或假定的那种法律关系的法律支配。在没有这种关系时,这种请求由不当得利发生地国家的法律支配。当事人可协商决定适用法院地法。"这样,在这一法定之债的领域内,也引进了意思自治原则。欧洲议会与理事会《关于非合同之债法律适用的第 864/2007 号(欧共体)条例》第 10 条第 1—3 款规定,未经正当授权而在他人事务方面从事某种行为所产生的非合同义务,如涉及当事人既有的诸如由合同或者侵权或过失不法行为导致的某种关系,而此种关系与该非合同义务之间存在密切联系时,该非合同义务应受此关系所适用法律的调整。在根据第 1 款无法确定需适用的法律,而当导致损害的事件发生时,当事人双方在同一国家拥有惯常住所地的,该国的法律应予适用。当根据第 1 款或第 2 款无法确定需适用的法律时,行为实施地国的法律应予适用。当从案件总体情况来看,未经正当授权而在他人事务方面从事某种行为所产生的非合同义务明显地与第 1 款、第 2 款和第 3 款所指以外的某个国家存在更为密切的联系的,该其他国家的法律应予适用。同时,根据条例第 14 条,当事人也可以合意选择适用于不当得利的法律。

不当得利的准据法适用范围包括:何为不当得利?他方是否必须因此种得利而受损害?什么叫损害?损害与得利之间是否必须存在因果关系?根据违反公共秩序的合同而履行的给付,是否可以该合同不具效力为理由要求对方作为不当得利而返还?得利者应承担哪些债务?得利者的善意或恶意是否影响返还的范围?等等。

二、无因管理

无因管理又可称为"无委托的事务管理",是指既未受委托,又无法律上的义务而为他人管理财产或事务,因而支出的劳务或费用,依法有权请求他人支付。其中债权人称为"管理人",债务人称"本人"。一般而言,无因管理的效力,就管理人来说,应完成管理的事务并继续到本人接受为止,在管理中并负普通的注意,否则应对其故意或过失而致本人的损失承担责任,管理结束时应将因管理事务所得的一切权利转给本人并向本人作出结算。而就本人而言,应偿还管理人因管理事务而支出的合理费用并负责清偿管理人因管理事务所发生的债务。

例如,我国《民法通则》第93条就规定:"没有法定的或者约定的义务,为避免他人利益受损失而进行管理或者服务的,有权要求受益人偿付由此而支付的必要费用。"

无因管理的制度尽管为大多数国家所采用,但英国法却不承认它。在采用这一制度的各国中,对于无因管理的成立与效力,其法律规定也可能不尽相同,因而也有选择其准据法的必要。

对于无因管理的准据法选择,一般主张应适用事务管理地法。其所以如此,是认为无因管理制度虽使管理人与本人之间产生一种债权债务关系,但它不是合同关系,不能适用当事人意思自治原则;另一方面,正因为它也是一种债务关系,也不宜适用当事人的属人法;加之,无因管理在构成要件中既然必须有为他人谋利益的意思,故是一种值得提倡和鼓励的行为,因此,适用事务管理地法最为合宜。

但是无因管理适用事务管理地法的做法也遭到一些人的反对。这主要是因为有时管理的客体在一国,而管理行为却在另一国,确定事务管理地并不容易,而且,在对财物为管理时,于管理期间如财产所在地发生变更,也不易确定哪里应是事务管理地,因此,对于无因管理的法律适用,也有以下一些不同做法:

(1) 适用支配原法律义务或关系的法律。例如,奥地利国际私法规定,无因管理依此种管理行为完成地的法律。但是如与另一法律义务或关系有密切联系,则适用支配该义务关系的国家的法律。

(2) 适用本人的住所地法。这主要是认为无因管理制度是为保护本人的利益而设立的,因此应以本人的住所地法作为无因管理之债的准据法。

(3) 在多种法律中选择适用。2007年日本《法律适用通则法》在保留原有规定的前提下,引入了最密切联系原则和意思自治原则。根据该法第14条、第15条和第16条,因无因管理或者不当得利而产生的债权的成立及效力,依其原因事实发生地法,但在该原因事实发生时,如果存在当事人在同一法域有经常居所,或者无因管理或不当得利系基于当事人间已有的合同关系而产生等情况,根据对这些情况的综合判断,相比原因事实发生地与案件的联系,如果存在一个与案件明显有更密切联系的地方,则该更密切联系地法应予适用。另外,无因管理或者不当得利的当事人还可以在原因事实发生后变更无因管理或者不当得利的准据法。对于无因管理,欧洲议会与理事会《关于非合同之债法律适用的第864/2007号(欧共体)条例》第11条和第14条规定了与上述不当得利基本相同的法律适用规则。

无因管理准据法的适用范围及于无因管理的成立和效力的所有问题,如所管理的事务是否能够构成债务关系,是否必须无法律或合同上的原因,是否必须有为他人谋利益的意思,是否应将管理行为通知本人,是否必须不得违反本人的意志,本人是否应负责偿还管理人支出的费用以及在什么范围内偿还,等等。

至于为他人管理的能力,通常则主张另依行为能力的准据法解决。

三、我国的相关规定

我国《涉外民事关系法律适用法》第47条规定:"不当得利、无因管理,适用当事人协议选择适用的法律。当事人没有选择的,适用当事人共同经常居所地法律;没有共同经常居所地的,适用不当得利、无因管理发生地法律。"

第十二章 继承和遗嘱

由于英、美等国认为继承是财产所有权的一种转移方式,在这些国家的国际私法著作中,都是把它放在财产权章节并作为财产的"总括转移"(universal assignment)方式来讨论的。但在罗马法系的许多国家中,虽然也不否认继承是财产的一种转移方式,但更着眼于这种转移是与特定的身份关系相联系的。故它们的国际私法都把它置于物权、债权、亲属家庭等法之后,独立加以规定;而法国则着眼于它与债一样,也是一种取得财产的方式,故法国民法和国际私法都是在分别讨论了"人"或"属人法则"、"财产及对所有权的各种限制"或"属物法则"之后,把它和"债"、"夫妻财产制"等各种取得财产的制度一并列入"取得财产的各种方法"或"法律行为与事实"之中进行讨论。

由此可见,继承制度既是与物权法、债法(如遗赠与继承契约)有密切联系,又与亲属法有密切联系。而遗嘱,则又是一种独立的法律行为。因而在研究国际私法上的财产继承制度时,有必要了解它的这种多元性,亦即国际私法上的属人法则、属物法则和行为法则,都对它有着直接的影响。

第一节 法定继承的法律适用

对于涉外法定继承的法律适用,目前世界上大多数国家要么采纳区别制,要么采用同一制。

一、继承准据法中的区别制与同一制

(一) 区别制

在国际私法上,区别制(scission system)又称分割制,是指在涉外继承中,主张就死者的遗产区分动产与不动产,分别适用不同的准据法,即动产适用死者的属人法,不动产适用物之所在地法。

这一制度,最早是由14世纪意大利法则区别说创始人巴托鲁斯的弟子巴尔特(Bardus,1327—1400年)提出来的。巴尔特根据法则区别说的理论,主张把动产继承归入"人法"范畴,适用死者的属人法,而把不动产继承列入"物法"范畴,适用物之所在地法。

当今仍然有很多国家坚持采用区别制,如英国、美国、法国、比利时、卢森堡、泰国、保加利亚、玻利维亚、智利、加蓬以及一些英联邦国家等。凡是采用区别制

的国家,遗产中不动产的继承都是适用物之所在地法的。究其原因,主要是因为不动产价值较大,跟所在地国家密切相关,适用物之所在地法,可保证有关判决的执行。至于遗产中动产继承的准据法,上述各国的做法又可分为两类:其一是少数国家,如保加利亚、卢森堡和玻利维亚等,采用被继承人死亡时的本国法;其二是大多数国家采用被继承人死亡时的住所地法,如英国、美国、法国、比利时、智利、泰国、加蓬等。

(二) 同一制

国际私法上的同一制(unitary system)又称单一制,是指在涉外继承中,主张对死者的遗产,不问其所在地,也不分动产与不动产,统一由死者的属人法决定。

动产和不动产继承概依死者的属人法这条古老的冲突规范,渊源于古代罗马法的"普遍继承"(unitary system)。按照古代罗马法的观点,继承就是继承人在法律上取得被继承人的地位,是死者人格的延伸。英国著名的法律史学家梅因(Maine)曾指出,古罗马人通常认为"继承权是对于一个死亡者全部法律地位的一种继承",就是说,死亡者的肉体人格虽已死亡,但他的同一性在其继承人身上是延续下去的。还有学者从继承法跟亲属法之间所具有的紧密联系来论证统一适用死者属人法的意义的。因为就各国继承制度而言,继承人顺序以及特留份等都是依与死者亲属关系的远近来确定的,亲属法上的变化,必然直接影响到继承关系,故继承应统一适用死者属人法。

同一制,目前为很多国家的立法与实践所接受,只是有关各国对属人法的理解不同。采同一制的国家又可细分为两类:一是采被继承人的本国法;二是采被继承人的住所地法。德国、意大利、日本、奥地利、荷兰、西班牙、葡萄牙、希腊、瑞典、捷克、斯洛伐克、南斯拉夫、古巴、墨西哥、巴拿马、多米尼加、伊朗、伊拉克、埃及、叙利亚等国家都规定继承关系适用被继续人的本国法。而挪威、丹麦、冰岛、秘鲁、尼加拉瓜、哥伦比亚、危地马拉、哥斯达黎加、委内瑞拉、阿根廷、巴西等国则采用被继承人的住所地法。

继承依被继承人属人法的同一制原则,在一些国际条约中也得到了体现和采用。如1928年《布斯塔曼特法典》对继承准据法就采同一制。该《法典》第144条规定,不论法定继承和遗嘱继承,包括继承顺序和继承权利,以及遗嘱处分的内在效力,不分遗产的性质及其所在地,概受权利所由产生的人的属人法支配。至于该属人法是指被继承人的本国法还是住所地法,法典规定由各缔约国自行确定。在1989年海牙《死者遗产继承的准据法公约》也采用同一制,而且还允许在一定条件下由被继承人指定应适用的法律。

(三) 区别制与同一制之利弊

无论是区别制还是同一制,都有其各自的利弊。实行区别制的最大好处,莫过于判决能在外国得到承认与执行。但是,区别制的缺陷也是显而易见的。那就是一个人的遗产继承可能要分别受几个法律的支配,从而带来种种麻烦和困难。比如说,根据其中一个法律,某人是有继承权的,而按照另一个法律,他却没有继承权;根据其中一个法律,其继承份额多或享有特留份,而根据另一个法律,其继承份额少或不享有特留份等。于是,在19世纪中叶以后,特别是经德国的萨维尼和意大利的孟西尼等的提倡,财产继承上的"同一制"就更多地出现在许多国家的国际私法立法与实践中了。

在继承的准据法上采用同一制有一个最大的优越性,就是简单方便。因为依这种制度,不管死者的遗产分布在多少个国家,也不管他的遗产中既有动产,也有不动产,均构成一个单一的财团,全都一律对待,所有的共同继承人也都是该财团的任何财产的共同所有人,这一财团可以以死者生前一样的方式对其债务人负责。而且在同一制下,一项遗嘱处分的有效或无效,一个人有无继承资格,都将由一个法律作出裁判,这显然可避免在采区别制时常碰到的麻烦与困扰。不过,同一制也存在一定的缺陷,即如果死者遗留的不动产不在其国籍或住所国境内,而且死者国籍或住所国和遗产所在地国关于不动产继承的实体法规定歧异,那么根据死者国籍国法或住所地法作出的判决,便往往不能在不动产所在地国得到承认和执行。反之,对于某外国死者遗留在同一制国家境内的不动产,假如他的国籍国法或住所地法关于不动产继承的规定跟内国法律有重大差异,那么该采同一制的国家也会无视该外国死者属人法中的不同规定,而最终适用其内国法的有关规定。正是因为同一制也有这些不足,所以有些采同一制的国家在特定条件下对区别制作出某些让步,以求得对不动产继承切实可行的处理。比如说,德国的国际私法继承原本只适用被继承人死亡时的本国法,但如遗产位于死者的国籍国境外,并且依该遗产所在地的冲突规范,该项遗产继承应适用遗产所在地的内国法时,则上述原则即可以不予适用;但对于同一制国家境内的不动产继承,则应适用死者的本国法。例如,有一个住所在德国的德国人,未立遗嘱而亡,在英国和意大利都遗留有土地,依上述原则,本应对死者的整个遗产都适用德国法,但由于英国采区别制,对不动产继承要适用英国法,因而得让位于英国的区别制;而对于遗留在意大利的土地,因为意大利也采同一制,故德国法院仍将只适用德国法于该土地的继承。

既然在继承准据法上,无论采区别制还是同一制,都有自身的缺陷和不足,为求二者的适当协调,在涉外继承方面,许多国家都接受反致和转致。例如,日本是采同一制的国家,而且也只适用被继承人的本国法,如一个采区别制国家的公民死后在日本遗留有不动产,对于该不动产继承,日本法院就会根据该外国死者本国的有关不动产继承依物之所在地法的冲突规范而最终适用日本法。又如,英国采区别制,对不动产继承适用不动产所在地法,而意大利采同一制,不论动产不动产继承概依被继承人本国法,现有一英国公民死后遗留在意大利的不动产,英国法院也会接受意大利冲突规范的指定而适用英国法上的有关继承法则。

在继承问题上援用公共秩序保留,也是采上述两种对立制度的,这两种对立制度的国家和其他国家都是允许的。不过,内国法院援用公共秩序发生在限制人的继承能力方面,诸如限制非婚生子女或养子女的继承权或基于政治、宗教理由而剥夺或限制继承权等方面,又暴露出其缺陷和不足。

二、我国关于法定继承法律适用的规定

我国立法对涉外财产继承准据法的选择也是采区别制的。我国《涉外民事关系法律适用法》第31条规定:"法定继承,适用被继承人死亡时经常居所地法律,但不动产法定继承,适用不动产所在地法律。"该法第34条规定:"遗产管理等事项,适用遗产所在地法律。"

对于遗产管理,各国立法规定不一。欧洲国家和中国实行直接遗产转移制度,被继承人死亡以后,由法定继承人或遗嘱执行人直接取得遗产。英美法系国家实行间接遗产转移制度,被继承人死亡以后,遗产由法院或遗嘱登记机关授权选定遗产管理人,由管理人依照颁发的遗产管理证书处理遗产。随着涉外继承案件的增多,对境外遗产进行管理的情况增多,需要确定遗产管理应适用的法律。

三、继承准据法的适用范围

对于继承准据法的适用范围,各国的立法也不尽一致,但一般说来,它应该包括以下几方面的问题:

(一)继承的开始及原因

各国民法通常规定继承自被继承人死亡时开始。如果被继承人是自然死亡,一般不至于产生法律冲突。但在宣告死亡时因死亡时间的确定制度不同而导致法律冲突则是屡见不鲜的。比如说,根据《苏俄民法典》第528条、第21条的规定,在宣告死亡的情况下,一般应为该判决生效之日是被宣告死亡人死亡之时,继承应于此时开始;只有处于有死亡威胁或有根据断定他死于某种不幸事故的情况下宣告失踪的公民死亡时,才以法院于判决中确认他可能死亡的日期为死亡日期。对失踪和死亡宣告的效力,各国立法与实践也并非一致。有的国家认为,在只宣告为失踪的情况下,并不构成继承开始的原因,而只使被宣告失踪人的财产转归财产管理人管理。而有的国家法律则规定宣告失踪即具有宣告死亡的效力,因而构成继承开始的原因。诸如此类问题,一般均应依继承的准据法。

（二）继承人的范围和顺序

继承准据法自应解决什么样的人可以成为继承人，被继承人可否通过遗嘱指定继承人，允不允许通过继承契约(inheritance pact)来处理遗产继承或放弃继承等问题。另外，继承人是否必须在被继承人死亡时已经出生？一个对被继承人犯下谋杀或虐待、遗弃等罪行的人可否成为继承人？在相互有继承权的数人于同一事件中死亡而无法证明谁死于后时，对继承人应作如何推定？继承人的继承顺序如何解决？以及在何等情况下发生代位继承等问题，皆应适用继承法来作出回答。

至于作为继承人的某个人是否为被继承人的子女或配偶等，如在涉外继承中发生争议，因其属于继承的"先决问题"，应适用的法律需另行选择，这个法律既可能就是继承的准据法，也可能是各该先决问题自身的准据法。

（三）继承开始的效力

继承准据法也应支配继承开始的效力。这类问题包括：在继承人有数人时遗产应如何继承？各人应取得多少份额？遗产应如何分割？共同继承人的担保责任（即在遗产分割以后，各继承人按其所得部分，对于其他继承人因分割而得对遗产所负的担保责任）如何？继承人已经开始继承，是不是还可以放弃继承？放弃继承应于何时进行？是否可以进行限制继承（即限制法定人的范围或限制继承财产的范围的继承）？以及在限制继承的情况下，继承人的权利义务又应如何确定？

另外，继承准据法还应支配被继承人可由继承人继承和承担的哪些权利义务，以及继承人应如何继承和承担这些权利义务。至于这些权利义务能否通过继承而转移以及在什么条件下能转移的问题，则应由该权利义务自身的准据法来解决。

（四）被继承人遗嘱处分财产的权利

继承准据法还应支配被继承人以遗嘱处分其财产的权利的有无及大小。这是跟成立遗嘱的能力不同的另一个问题，成立遗嘱的能力，在国际私法上一般是主张适用立遗嘱人的属人法。因此，尽管许多国家的国际私法规定了遗嘱成立及效力的准据法，但被继承人可否不受限制地（如无视继承准据法关于特留份的规定——此种规定在各国继承法中多被认为是属于强行法）处分其财产，这一问题却是要由继承准据法来决定的。因此，关于遗嘱可否剥夺应享有特留份人的继承权？特留份的权利人是应作为一般继承人对待还是应作为继承债权人对待？特留份应如何计算？以及特留份的时效期限如何等问题，均应适用继承准据法来解决。

第二节 无人继承财产

一、概说

在涉外继承关系中,如果出现被继承人没有法定继承人且又未立遗嘱指定何人为受遗赠人,或所立遗嘱和遗赠无效;全体继承人和受遗赠人都放弃或拒绝继承或受遗赠;所有继承人都被剥夺了继承权;继承人或受遗赠人情况不明,经公告仍然无人出面接受继承或受遗赠等情况时,便会出现无人继承财产。

对于无论是本国人还是外国人死后遗留在内国的无人继承财产,各国法律多规定应归国库所有。但是,国家究竟是以什么资格或名义取得这种无人继承的财产,立法实践与学说却有截然对立的两种主张。

其一,继承权主义。

这种主张认为,国家对无人继承财产有继承权,国家可以特殊继承人或最后继承人的资格来取得无人继承财产。这种主张是德国著名国际私法学家萨维尼最早提出来的,他认为国家和地方团体可以假定为最后的法定继承人。① 目前,德国、意大利、西班牙、瑞士等国采用此说。例如,《德国民法典》第 1936 条关于"国库的法定继承权"就明确规定:"(1)如在继承开始时既无被继承人的直系血亲亲属又无被继承人的配偶存在,被继承人在死亡时所属的邦(州)的国库为法定继承人;如被继承人是几个邦(州)的国民,这些邦(州)的国库均享受此遗产的相等份额。(2)如被继承人不属于任何邦(州)的国民,则以德国国库为法定继承人。"《瑞士民法典》第 555 条规定,在规定的公告期限内,无人申请继承,且继承人仍不详时,遗产就归属于有继承资格的国家机关。

其二,先占权主义。

这种主张认为,国家是以先占权取得无人继承财产的。法国学者魏斯就曾指出,为了防止个人先占引起社会混乱而危及公益,对于无人继承财产,国家可以根据领土主权以先占权取得,即应由无人继承财产所在国的国库收取该项绝产。目前采用这种主张的国家有英国、美国、法国、奥地利、土耳其、秘鲁和日本等国。

二、无人继承财产归属的准据法

对于无人继承财产,国家究竟是以什么资格或名义收取,各国的立法与实践或采继承权主义,或采先占权主义,因而,在解决涉外无人继承财产归属问题时

---

① 参见〔德〕萨维尼:《现代罗马法体系》(第 8 卷),李双元等译,法律出版社 1999 年版,第 171 页。

也会产生法律冲突。比如说,一个住所在德国的人,在英国死亡时未留遗嘱而在英国遗留一笔动产。依英国冲突法,动产继承应依死者住所地法,因而该笔动产继承应适用德国法。但该德国人既未立遗嘱,按德国法他又无法定继承人,于是该动产就成了无人继承财产。根据继承的准据法(德国法)该项无人继承财产应由德国国库以最后法定继承人资格"继承取得";而依遗产所在地的英国法,该项无人继承财产,却是应由英国国库以属地先占权"先占取得"。

对于这种法律冲突的解决,有主张适用被继承人属人法,即继承关系准据法的。被继承人属人法作为解决涉外无人继承财产归属准据法的,多是那些主张"继承权主义"的国家。而采用遗产所在地法作为涉外无人继承财产归属准据法的,则往往是那些奉行"先占权主义"的国家。这方面典型的立法例有 1978 年奥地利联邦《国际私法法规》,该法第 29 条规定:如依继承准据法(即被继承人死亡时的本国法)遗产无人继承,或将归于作为法定继承人的领土当局,则在各该情况下,应以被继承人死亡时财产所在地国家的法律,取代该法律。这就清楚地表明,对于涉外无人继承财产的归属问题,奥地利法是主张另应适用财产所在地法,而不适用原继承关系的准据法。又如 1984 年《秘鲁民法典》第 2101 条规定:"位于共和国境内的财产,如根据死者住所地法律必须交给外国国家或机构,则其继承须受秘鲁法律支配。"在法国的司法实践中,对外国人死后留在法国境内的无人继承财产,也是抛开原来的继承关系准据法,而另行适用遗产所在地法(法国法)来判定该无人继承财产的归属,并最终由法国国库先占取得。

在我国,判断某项遗产是否为涉外无人继承财产,自应适用继承关系的准据法。至于涉外无人继承财产的归属,我国《涉外民事关系法律适用法》第 35 条规定:"无人继承遗产的归属,适用被继承人死亡时遗产所在地法律。"

第三节 遗 嘱

遗嘱是一种单方法律行为,并得于立嘱人死后发生效力,故可定义为,立遗嘱人在生前对他们的财产进行处分并于死后发生法律效力的单方法律行为。在遗嘱继承的情况下,需要分别解决立遗嘱能力、遗嘱方式、遗嘱的解释、遗嘱的撤销和遗嘱的实质效力问题的准据法。

一、立嘱能力

一个人是否具备通过遗嘱处分其遗产的能力,属于遗嘱有效成立的实质要件。但这只是指一个人能否成立一个有效的遗嘱(如立嘱人是否成年、是否为精神病患者等),而不包括财产上的能力(如立嘱人能否剥夺他的妻子和儿女的继承权等)。这后一个问题属于遗嘱的实质效力,应另受继承准据法支配。

关于立嘱能力，一般认为应适用当事人的属人法解决。其中，主张采用当事人本国法的国家有日本、韩国、奥地利、捷克、埃及、土耳其等国，而俄罗斯、阿根廷等国则主张主要适用当事人的惯常居所地或住所地法。但是，不管怎样，关于不动产的立嘱能力常要求另适用不动产所在地法。例如，2002 年《俄罗斯民法典》第 1224 条第 2 款规定，个人设立和撤销包括有关不动产在内的遗嘱的能力以及该遗嘱的形式或撤销遗嘱文书的形式，依遗嘱人设立遗嘱或文书时的住所地国法。设立遗嘱或撤销遗嘱，若符合设立遗嘱或撤销文书地法律或俄罗斯法律的要求，则不得因不符合形式规定而认为无效。此外，也有的国家采放宽的态度，对立嘱能力适用多种连结因素指引准据法，例如，1987 年瑞士联邦《国际私法法规》第 94 条规定，根据立遗嘱人的住所地法律或惯常居所地法律或其本国法律的规定，立遗嘱人有立嘱能力的，他即具有成立遗嘱的能力。

在适用当事人的属人法时，如立嘱时与死亡时的属人法连结点发生了改变，究竟是适用前一连结点还是后一连结点指引的属人法，在立法实践和学说上却是有分歧的：有主张应适用新连结点所指引的法律的，也有主张应适用立嘱时的连结点的。采前一种主张的认为，遗嘱是立嘱人死后发生效力的，立嘱人在死前还不能创设一个权利，因此只应适用立嘱人死亡时的属人法。但持后一种主张的则认为，一个有效的法律行为（立嘱）既经完成，就不能因以后属人法连结点的改变而成为无效。英国就是采取这种做法的。《戴西和莫里斯论冲突法》2000 年第 13 版规则 134（第 10 版规则 99）指出，由遗嘱人立遗嘱时的住所地法决定他是否有能力订立遗嘱。但不管持任何主张，都有可能使一个原本有效的遗嘱导致无效的后果。为此，有的国家就采用结果选择方法，规定适用那个能使遗嘱有效成立的属人法。如 1978 年的奥地利联邦《国际私法法规》第 30 条便规定，成立遗嘱的能力依死者为该法律行为时的属人法，但如该法不认为有效而死者死亡时的属人法认为有效时，则以后者为准。

二、遗嘱方式

遗嘱方式包括遗嘱是否必须采用书面形式，是否必须经过公证等问题。至于是否允许为亲笔遗嘱的问题，有些国家认为应属立嘱能力（如荷兰法的观点即是如此），而其他国家（包括我国在内）则认为属遗嘱方式方面的问题。

对遗嘱方式应适用的法律，既有主张区分动产遗嘱和不动产遗嘱而分别选择适用准据法的，也有主张统一适用立嘱人属人法或立嘱行为地法的。主张适用立嘱行为地法的，多认为"场所支配行为"原则属于强行法规范畴，自应严格遵循。而持适用立嘱人属人法主张的，则认为遗嘱制度本身就要求在遗产的处分上充分尊重立嘱人的意思表示，而且遗嘱也是一种准身份行为，并非纯粹是一种财产行为，因而只应适用立嘱人属人法。荷兰法是把遗嘱方式视作遗嘱能力问题的,因而,荷兰法更要求不论动产或不动产遗嘱方式都要受立嘱人本国法支配(荷兰于 1982 年批准了《遗嘱处分方式法律冲突公约》,因而在该公约成员国范围内,荷兰实际上已不再适用这种冲突规范)。而英国、美国、南斯拉夫、匈牙利、德国等则主张区分动产遗嘱和不动产遗嘱各别选择适用遗嘱方式的准据法。这些国家一般都规定,不动产遗嘱方式适用不动产所在地法,动产遗嘱方式则可在立嘱人属人法和立嘱地法之间选择适用。但至今,也还有极少数国家(就是 1940 年《蒙得维的亚公约》的成员国,如阿根廷、巴拉圭、乌拉圭等),不论动产和不动产遗嘱方式均规定适用遗产所在地法。

遗嘱作为一种法律行为,当受"场所支配行为"原则的支配,其方式也要遵守立嘱行为地法。但是,遗嘱作为一种单方法律行为,毕竟和一般的法律行为还是有很大区别的,更何况立遗嘱人处分的遗产也可能位于几个国家境内,因此,目前普遍认为,遗嘱方式准据法不该只囿于行为地法或属人法,而应是可作多种选择的。对于遗嘱方式的准据法选择,当今的发展趋势是越来越放宽,越来越灵活。在这方面,1961 年海牙《遗嘱处分方式法律冲突公约》集中地反映了这种发展趋势。由于许多国家如英国、法国、美国、日本、德国、奥地利、瑞士、比利时、荷兰、波兰、匈牙利等国家都先后批准了该公约,并在国内立法中反映了该公约的有关内容,所以这种灵活性的做法,已得到广泛的承认。

一般而言,设立遗嘱的方式的准据法跟撤销遗嘱的方式的准据法,通常是相同的。如上述《遗嘱处分方式法律冲突公约》第 2 条就明确规定,遗嘱方式的准据法也用于撤销以前所为的遗嘱处分的方式。

三、遗嘱的解释

对于遗嘱的解释,因为各国法律观念的不同有时也会产生法律冲突,从而需要确定遗嘱解释的准据法。比如说,立嘱人设立了一个遗嘱遗赠给他的债权人一笔和他对债权人承担的债务相同或更大数目的款子,对此,根据英国法的观点解释,应认为立嘱人是想要以此偿还其所欠债务;但根据法国法的观点解释,却不能得出上述结论。因为《法国民法典》第 1023 条明确规定:"对债权人所作的遗赠,不应视为抵偿其债务。"

法国当代著名国际私法学家巴迪福认为,在有关遗嘱的解释问题上,法国法院主要是探寻立嘱人的意见,并不考虑其应适用什么法律,只是在立嘱人意见不明时,才有必要确定应适用什么法律。巴迪福还指出,对于遗嘱的解释,如立嘱人未指明应适用的法律,可依其住所地法;如系赠与,其解释则应依一般契约解释的规则。[①] 而法国法有关一般契约的解释规则应依当事人自主选择的法律

[①] 〔法〕巴迪福:《国际私法各论》,曾陈明汝译,台湾正中书局 1979 年版,第 433 页。

确定。

美国1971年《第二次冲突法重述》第240条、第264条则规定,对于动产遗嘱的解释应适用立嘱人自主选择的那个法律,而在无此种选择时,应适用立嘱人死亡时的住所地法;对于处分土地权益的遗嘱的解释,也应适用立嘱人自主选择的那个法律,但在无此种选择时,则应适用土地所在地法院将予适用的法律。

在立法上,许多国家并没有对遗嘱解释单另规定准据法,而是笼统地规定遗嘱成立和效力适用什么法律。在这种情况下,遗嘱解释当受遗嘱实质要件准据法的支配。不过,也有国家,在立法中对遗嘱解释规定了准据法,如1939年泰国《国际私法》第41条就明确规定:"遗嘱的效力与解释以及遗嘱全部或部分无效,依遗嘱人死亡时住所地法。"

四、遗嘱的撤销

一个已经有效成立的遗嘱可否因后一遗嘱而撤销,可否因焚毁或撕毁而撤销等问题要分别予以处理。

对于遗嘱撤销的准据法,很多国家的立法都作了明确规定。例如,泰国《国际私法》第42条第1款就规定:"撤销全部或部分遗嘱,依撤销时遗嘱人住所地法。"2007年日本《法律适用通则法》第37条第2款规定,撤销遗嘱应依撤销遗嘱时遗嘱人本国法。1986年修改的联邦德国《民法施行法》第26条第5款规定,遗嘱的撤销应用立遗嘱时支配继承关系的法律,在一般情况下,这个法律是死者死亡时的本国法。

五、我国的相关规定

我国《涉外民事关系法律适用法》第32条规定:"遗嘱方式,符合遗嘱人立遗嘱时或者死亡时经常居所地法律、国籍国法律或者遗嘱行为地法律的,遗嘱均为成立。"该法第33条规定:"遗嘱效力,适用遗嘱人立遗嘱时或者死亡时经常居所地法律或者国籍国法律。"

该法第33条规定中的"遗嘱效力"应作广义的理解,应包括除立嘱能力以外遗嘱的所有实质要件:遗嘱的内容、撤销和解释等。由于我国立法未专门规定立嘱能力的法律适用,在实践中可参照我国《涉外民事关系法律适用法》第12条关于一般民事行为能力法律适用的规定,立嘱能力适用自然人的经常居所地法律。但是也有学者认为上述"遗嘱效力"也涵盖立嘱能力。立嘱能力究竟是适用该法第33条还是第12条规定,有待立法者的进一步解释。

第四节 关于遗嘱和继承的海牙公约

目前已有三个涉及遗嘱和继承的海牙公约,即1961年的《遗嘱处分方式法律冲突公约》、1973年的《遗产国际管理公约》和1988年的《死者遗产继承的准据法公约》。

一、《遗嘱处分方式法律冲突公约》

该《公约》的最大特点在于它对遗嘱处分方式的法律适用作了相当宽松和灵活的规定,比较全面地总结了当今世界各国关于遗嘱处分方式准据法制度的发展趋势。《公约》第1条明确规定:不动产遗嘱方式,依财产所在地法;动产遗嘱方式,可依下列任一法律:(1)遗嘱人立遗嘱地法;(2)遗嘱人立遗嘱时或死亡时的国籍国法;(3)遗嘱人立遗嘱时或死亡时的住所地法;(4)遗嘱人立遗嘱时或死亡时的惯常居所地法。而且,《公约》不妨碍缔约国现有的或将来制定的法律规则承认上述法律适用规则所指法律以外的法律所规定之遗嘱方式的有效性。《公约》于1964年1月5日生效,截至2014年6月,已有英国等42个成员,从1997年7月1日起,《公约》适用于中国香港地区。

二、《遗产国际管理公约》

由于在普通法系国家,死者遗产管理制度是指由被继承指定并被法院认许的遗产执行人或由法院选定的遗产管理人出面收集死者财产,清理死者债务和遗嘱,然后,将遗产在法院继承人之间进行分配的制度。在这些国家,被继承人死后,遗产并不立即归属于继承人,而是先归属于法院,再由遗产管理人交给继承人所有。但在大陆法系国家,法院通常并不介入继承事务,死者遗产直接归属继承人。因而在涉外继承中,普通法国家法院指定的遗产管理人常不为大陆法系国家所承认。

为了求得一定的协调,海牙国际私法会议于1973年通过了《遗产国际管理公约》,规定了一种并不为大陆法系所熟悉的"国际证书"(international certificate)制度。这种国际证书,凡由死者生前惯常居所地的缔约国的有关机构依公约所附格式及自己的法律(在公约规定的其他情况下,也可依死者国籍国法)作出的,应得到其他缔约国的承认。这时,应由被请求国的有关机关,依据本国法规定的简易程序对这种证书作出承认的决定,也可直接以公告方式予以承认。证书载有遗产证书持有人(遗产管理人)的姓名以及他依据一定的法律,有权对所有遗产中的有体或无体动产为有效的法律行为,并得为这类遗产的利益而从事活动的权利。但公约规定,被请求国得要求证书持有人在行使上述权利时服从地方当局的适用于其本国的遗产代理人同样的监督和管理。被请求国并得占有在其领土内的财产以清偿债务。公约规定,在证书是非正式的或未依其所附格式,或作出机关不具有管辖权,或死亡者在被请求国有惯常居所或该国国籍等情况下,被请求国均可拒绝承认这种证书。

《公约》于 1993 年 7 月 1 日生效,截至 2014 年 6 月,已有捷克、葡萄牙和斯洛伐克 3 个成员。

三、《死者遗产继承的准据法公约》

早在 1969 年,海牙国际私法会议就开始对涉外继承法律适用问题进行研究,并着手准备公约的制订。经过十几年的酝酿,1984 年第十届海牙国际私法会议决定将制订这一公约列入 1986 年至 1987 年的工作计划。根据这一计划,除 1986 年为此召开了一次特别会议外,1987 年召开了两次同样的特别会议,并在 1989 年 8 月 1 日订立《死者遗产继承的准据法公约》。截至 2014 年 6 月,只有 4 国签署了该《公约》,《公约》尚未生效。中国出席了会议并作了重要贡献。

《公约》共有 5 章 31 条。其主要内容为:

(1)《公约》适用范围。

第一,事项范围。《公约》第 1 条将不属于公约调整范围内的事项作了明确规定,这些事项包括遗嘱的方式、遗嘱人的能力、夫妻财产制以及非依继承方式获得财产权益等。除这些事项外,一切遗产继承的法律适用问题,均由公约调整。

第二,空间范围。《公约》第 2 条规定,即使准据法为非缔约国法律,《公约》也应适用。亦即只要受理案件的法院所在地国家参加了《公约》,该法院就要适用《公约》,而不问准据法所属国是否参加《公约》。

(2)采用"同一制"继承制度。

《公约》采用了继承法律适用同一制制度,即把死者的遗产看成一个不可分割的整体,统一适用一个准据法。这不但可以使《公约》参加国在处理涉外继承案件时,统一按该《公约》规定选择准据法,而且还可以使每一个具体的继承案件,不分动产与不动产,统一适用一个准据法。采用同一制,比较有利于从立法上更好地协调同一制与分割制两种不同的制度。当然,由于继承同一制与分割制的确定,关系到各国法律传统和立法政策。因此,《公约》规定的这种同一制能否为各国,尤其是那些本国法律规定采分割继承制度的国家所普遍接受,还有待进一步观察。

(3)《公约》明确规定采用"同一制"。

《公约》采用了继承法律适用的"同一制",但附加了条件。如其第 3 条第 1 款首先规定继承得适用被继承人死亡时惯常居所地国家的法律,但被继承人得具有该国国籍。其次,《公约》第 3 条第 2 款规定,继承也可适用被继承人死亡时惯常居所地国家的法律,如果被继承人在临死前在该国居住过至少不低于 5 年的期限。但是在特殊情况下,如果被继承人在死亡时,与其本国有更密切的联系,则适用其本国的法律。再次,《公约》第 3 条第 3 款规定,在其他情况下,继承适用被继承人死亡时具有该国国籍的国家的法律。但如果被继承人在死亡时与其他国家有更密切联系的,得适用与其有更密切联系的国家的法律。

由此可见,《公约》规定了四个可适用的准据法(被继承人死亡时惯常居所地国家的法律、被继承人本国法、被继承人死亡时的本国法和被继承人死亡时与其有更密切联系的其他国家的法律)。目的似是为了协调各国国际私法在属人法问题上的分歧。它基本上摒弃了"住所"这一连结点,取而代之乃"惯常居所",但该"惯常居所"或应同时在死者的国籍国内,或于被继承人临死前至少已延续了 5 年以上的期限。

(4) 意思自治原则纳入继承领域。

《公约》的先进之处还在于它的第 4 条、第 6 条和第 7 条中都规定允许被继承人生前指定适用于遗产继承和继承协议的法律,即明确承认涉外继承领域里的当事人意思自治原则。这不能不说是其另一大成就。尽管这种意思自治是受严格限制的,即:在选择的形式方面,《公约》要求必须是明示的,而且,必须符合订立遗嘱形式要件。其次,当事人的选择只限于其指定法律时或死亡时的国籍法或惯常居所地法,除此之外的任何法律选择,包括曾经是但他死亡时不再是其国籍国或惯常居所地国法律的选择,都是无效的。最后,法律选择的作出人,对此种法律选择的撤销,也必须符合撤销遗嘱同样的规则。

《公约》还允许选择支配继承协议的法律。当事人在订立继承协议时,可以约定协议的实质有效、撤销和效力,适用协议缔结时取得未来遗产的一方当事人的惯常居所地国家的法律或国籍国法律。所以《公约》允许当事人选择支配继承协议的法律,也是有限制的。

(5) 继承准据法的适用范围。

《公约》第 5 条规定,根据其第 3—4 条确定的法律,适用于死者的所有遗产,不管这些遗产分布于何处。由继承准据法调整的具体事项包括:继承人、遗赠受赠人及其份额;继承权的剥夺和继承资格的取消;有关礼物、遗赠或遗产的归还及清结;对于遗嘱处分财产的限制;遗嘱的实质要件。此外,《公约》还规定,依据《公约》所确立之准据法,还可适用于法院地国法律认为属于继承法部分的其他事项。

(6) 转致制度的肯定。

《公约》接受有限制的反致,即只承认二级反致,即转致。举例说,如果缔约国甲国法律规定适用一个非缔约国乙国的法律(即《公约》第 2 条规定的继承准据法),而该乙国法律却又规定适用另一非缔约国丙国的法律,这种情况下,便应接受此种指定。与以往海牙公约毫无保留地拒绝反致制度的传统态度和做法相比,该继承《公约》能采用转致制度,应该说是一大特色。

(7) 公共秩序保留制度。

关于公共秩序保留问题,《公约》作了明确的规定,即根据《公约》所确定的法律,当其适用与公共政策(公共秩序)明显不相容时方可拒绝其适用。这是第二次世界大战以后海牙公约的传统政策。

(8) 区际与人际法律冲突制度。

《公约》考虑到一些国家存在区际法律冲突或人际法律冲突的情况,专门设立了区际法律冲突和人际法律冲突制度。它规定,如果一国由若干领域组成,且各领域都有本领域的继承法,在按该《公约》指定的死者惯常居所地国法律为该国法律时,便适用死者在该国最后惯常居所所在领域的法律。如果按《公约》指引的死者的国籍国法律是该国法律,则适用由该国现行法律规范确定之领域的法律;在该国没有这种协调其国内区际法律冲突规定的情况下,则适用死者最后惯常居所所在地领域的法律;如果死者在其国籍国从未有过惯常居所,则适用死者与该国有最密切联系领域的法律。

根据《公约》的规定,依本《公约》确定适用一国法律之后,若该国具有两种或两种以上适用于不同种类的人的遗产继承法律制度,则依据该国现行的法律规范解决此种冲突。如果该国无此解决人际法律冲突的法律,则适用与死者有最密切联系的一个法律制度。

第十三章 国际民事诉讼程序(上)

第一节 国际民事诉讼的概念

在民事诉讼中,如果介入了国际因素,或者从某一具体国家来看,涉及了外国的因素,即构成了国际民事诉讼①。国际民事诉讼程序则是指一国法院审理国际民事诉讼案件和当事人及其他诉讼参与人进行此种诉讼行为时所应遵循的专用的特殊程序。国际民事诉讼法便是这些专用的特殊程序规则的总和。

在民事诉讼程序中,既可以因诉讼程序本身包含有国际因素而需要适用国际民事诉讼规范,也可以因实体法关系涉及国际因素而需要适用国际民事诉讼规范。具体说来,民事诉讼中的国际因素主要有:诉讼当事人中有外国人;诉讼客体是涉外民事法律关系;引用的证据具有涉外因素;法院按国际条约或内国冲突法的规定应适用外国法作为案件的准据法;诉讼请求是外国法院或其他机构的判决在内国的承认或执行;诉讼程序涉及的是国际司法协助问题等。

在民事诉讼中如果介入了国际因素,就需要由专门调整包含有国际因素的民事诉讼的国际民事诉讼法来解决以下各个方面的问题,如:

(1)内国法院或其他机构对什么样的案件有管辖权?哪些案件属于内国法院的专属管辖权?哪些案件可由争议的双方当事人协议选择内国或外国法院管辖?等等。

(2)外国人在内国的民事诉讼地位问题,诸如起诉或应诉的能力、诉讼费用担保或免除、法律救助等,应依什么法律来确定?享有外交豁免权的外国人在内国的民事诉讼地位如何?

(3)国际民事诉讼中的取证规则有哪些特殊之处?如是否允许或应遵循什么样的条件下外交和领事人员可以取证?在间接取证时应遵循什么样的特定程序?等等。

(4)外国审判程序和仲裁程序在内国发生什么样的效力(即外国法院的判决和仲裁裁决是否被内国所承认,以及在什么样的条件下内国可以承认或执行

---

① 我国在有关立法中,一般称为"涉外民事诉讼",如1991年《民事诉讼法》第四编。外国也有径称"国际民事诉讼"的,如1964年原捷克斯洛伐克的《国际私法与国际民事诉讼程序法》;在国际私法书籍中多称"国际民事诉讼",但也有把二者等同的,参见姚壮主编:《国际私法理论与实务》,法律出版社1992年版,第178页。

外国的判决和仲裁裁决)?

(5) 在内国法院或其他机构适用外国实体法时,应采用什么样的程序规则?

(6) 在内国法院或其他机构执行外国法院或其他机构的委托,或者委托外国法院或其他机构代为某项行为时,应适用什么程序规则?

解决上述问题,既需要直接调整规范,也需要间接调整规范,所以,国际民事诉讼就由两种不同性质的规范,即直接调整规范和间接调整规范组成。

第二节 外国人民事诉讼地位

外国人的民事诉讼地位,是指根据内国法或国际条约的规定,外国人在内国境内享有什么样的民事诉讼权利,承担什么样的民事诉讼义务,并能在多大程度上通过自己的行为行使民事诉讼权利和承担民事诉讼义务的实际状况。

外国人的民事诉讼地位跟外国人的实体民事法律地位一样,也经历了几个发展时期。在现今,国际社会的普遍实践是给予外国人跟内国人同等的民事诉讼地位。

一、外国人民事诉讼地位的国民待遇原则

国民待遇原则,最早是资本主义国家为追求国际商业自由而提出来的,自从1804年《法国民法典》第11条率先在国内法中作出规定加以确认后,很多国家步之后尘相继规定或采用了国民待遇原则。在对外国人的民事诉讼地位方面,当今世界各国更是普遍采用国民待遇原则。在国际民事诉讼法领域,国民待遇原则则是指一国赋予在本国境内的外国人享有和本国公民同等的民事诉讼权利,它是调整外国人民事诉讼地位的最普遍采用的一般原则。

国际民事诉讼法上所指的外国人,通常是把外国法人也包括在内的。因此,赋予外国人的民事诉讼地位以国民待遇,一般也及于外国法人和其他组织。此外,根据有关国际条约的规定,这种国民待遇制度同样及于难民和无国籍人。

尽管赋予外国自然人和法人跟内国公民或法人平等的民事诉讼地位,是现代国际民事诉讼上的一项重要原则,为国际条约和各国国内法所普遍采用和承认,但是,由于各国的历史文化、风俗习惯、政治制度乃至思想意识形态的差异以及追求的社会经济利益不同,诉讼法律制度的歧异也是不可避免地存在的。因此,为了保证本国国民在国外也能得到所在国的国民待遇,各国的民事诉讼立法一般都在赋予内国的外国人享有国民待遇的同时,也规定要以对等或互惠为条件。对于此种互惠或对等,现今各国一般是采取推定原则,即如果对方国家无相反的法律规定或相反的司法实践,即推定其对本国在该国的国民在民事诉讼地位上是享受平等待遇的;而一旦证实某一外国国家对本国在该国的国民的民事

诉讼地位加以限制,则根据对等原则,亦有权限制对方国家的国民在本国的民事诉讼地位。例如,2003年俄罗斯联邦《民事程序法典》第398条规定,外国人与俄罗斯公民同等地享有程序权利并履行程序义务。如果在一些国家的法院中对俄罗斯公民和组织的程序性权利的限制得以容许,俄罗斯联邦政府可以对这些国家的外国人规定对等的限制。

我国有关立法也对国际民事诉讼中的国民待遇原则予以了明确规定。我国《民事诉讼法》第5条第1款明文规定:"外国人、无国籍人、外国企业和组织在人民法院起诉、应诉,同中华人民共和国公民、法人和其他组织有同等的诉讼权利义务。"此一规定,跟国际社会的普遍实践相同,也是不以有条约存在为前提的,至于互惠问题,从上述我国立法中的有关规定来看,也是采取推定存在的原则的。但为了保证我国公民和法人能在外国享有平等的民事诉讼地位,我国采取的也是有条件的国民待遇原则。对此,我国《民事诉讼法》第5条第2款明确规定:"外国法院对中华人民共和国公民、法人和其他组织的民事诉讼权利加以限制的,中华人民共和国人民法院对该公民、企业和组织的民事诉讼权利,实行对等原则。"

我国除了在《民事诉讼法》中规定外国人享受国民待遇以互惠或对等为条件之外,近年来还跟许多国家相继签署了双边的司法协助条约,通过由缔约各方相互承担条约义务的方式来切实保证民事诉讼中国民待遇原则的贯彻实施。例如,从已经生效的我国跟法国、波兰和蒙古国缔结的三个司法协助条约来看,通常都作以下规定:缔约一方的国民在缔约另一方领域内,享有与另一方国民同等的司法保护,有权在与另一方国民同等的条件下,在另一方法院进行民事诉讼。并且进一步规定,此种国民待遇,也适用于缔约双方的法人。①

二、外国人的民事诉讼权利能力

外国人的民事诉讼权利能力,是指外国人在内国依法行使民事诉讼权利和承担民事诉讼义务的身份或资格。它是外国人的民事权利能力在诉讼领域的必然延伸,是后者的一个组成部分。在解决外国人的民事诉讼权利能力问题时,除了在总体上明确应适用互惠或对等的国民待遇外,还应注意以下几点:

第一,原则上说,外国人的民事诉讼权利能力跟外国人的实体民事权利能力一样,通常是要由他们的属人法来决定的。② 因而,外国人不能根据国民待遇原

---

① 参见中法、中蒙司法协助条约第1条;中波司法协助协定第1、4条。其他如中国与罗马尼亚司法协助条约第1、2条;中国与意大利司法协助条约第2、5条;中国与俄罗斯司法协助条约第1条等也作了类似规定。

② 李双元主编:《国际私法》,北京大学出版社2000年版,第353页。

则而要求在内国享有连自己的本国法也不赋予的民事诉讼权利能力。

第二，凡内国根据自己的法律不赋予自己国家同类当事人的民事诉讼权利，也同样可以拒绝给予外国人。

第三，国际社会的普遍实践还表明，即使内国从法律上对外国人的实体民事权利加以某些限制，但这些限制并不是必然同时要及于外国人的民事诉讼权利能力。

根据最高人民法院 2005 年《第二次全国涉外商事海事审判工作会议纪要》第 13—14 条，外国企业在我国境内依法设立并领取营业执照的分支机构或外国企业、自然人在我国境内设立的"三来一补"企业具有民事诉讼主体资格，可以作为当事人参加诉讼。因它们不能独立承担民事责任，其作为被告时，人民法院可以根据原告的申请追加设立该分支机构的外国企业或设立该"三来一补"企业的外国企业、自然人为共同被告。其第 16—17 条指出，外国当事人作为原告时，应根据中国《民事诉讼法》第 110 条第 1 项的规定，向人民法院提供身份证明，证明材料应符合我国法律要求的形式。拒不提供的，应裁定不予受理。案件已经受理的，可要求原告在指定期限内补充提供相关资料，期满无正当理由仍未提供的，可以裁定驳回起诉。外国当事人作为被告时，应针对不同情况依据《纪要》分别作出处理。

三、外国人的民事诉讼行为能力

对于外国人在内国的民事诉讼权利能力，各国一般都采有条件国民待遇原则，而对于外国人在内国的民事诉讼行为能力，即对于外国自然人能否以及能在多大程度上以自己的行为有效地行使民事权利并承担民事诉讼义务问题，各国的诉讼法一般规定应由其属人法规定。只是由于法律传统的原因，大陆法系国家如德国、日本等规定外国人的民事诉讼行为能力受其本国法支配，而英美法系国家也原则上适用当事人的住所地法去判定外国人的民事诉讼行为能力。

尽管属于自然人行为能力范畴的民事诉讼行为能力，国际社会公认的原则和各国习惯做法是适用其属人法，但是，为了保护善意的对方当事人（尤其是本国公民）的正当权益，各国在规定外国人民事诉讼行为能力适用其属人法的同时，往往补充规定，如果依法院地法，有关的外国人有民事诉讼行为能力，即视为有此能力。如德意志联邦共和国《民事诉讼法》第 55 条就规定，外国人，虽然依其本国法为无诉讼能力人，但依受理诉讼的法院的法律有诉讼能力时，视为有诉讼能力。其他如日本《民事诉讼法》第 51 条、捷克斯洛伐克《国际私法与国际民事诉讼程序法》第 49 条等也作了类似规定。

我国诉讼立法没有对外国人的民事诉讼行为能力问题作明文规定，但根据我国《涉外民事关系法律适用法》第 12 条第 2 款的规定，自然人从事民事活动，依照经常居所地法律为无民事行为能力，依照行为地法律为有民事行为能力的，适用行为地法律，但涉及婚姻家庭、继承的除外。如果有关外国人依其属人法无民事诉讼能力，而依我国法律有此能力时，应认定其在我国有此能力。

四、诉讼费用担保制度

（一）诉讼费用担保的概念和意义

诉讼费用担保制度，是指外国人作为原告在内国法院提起民事诉讼时，应被告的请求或依内国法律的规定，为防止原告滥用其诉讼权利，或防止其败诉后不支付诉讼费用，而由内国法院责令原告提供的担保。需指出的是，这种担保制度中的诉讼费用仅是指除了案件受理费（案件受理费具有国家税收性质，应上缴国库）以外的为进行诉讼所必需而应由当事人负担的实际开支，诸如当事人、证人、鉴定人、翻译人员的差旅费、出庭费等。对民商事案件征收一定的诉讼费用，是世界各国的通例，其立法理由是认为此类诉讼以保护私人权益为目的，理应收取一定费用以补偿胜诉的被告人在诉讼中的实际支出。

各国诉讼立法规定外国原告诉讼担保制度，主要是考虑到在国际民事诉讼中诉讼费用相当昂贵，一个没有事实根据的诉讼很易使被告人遭受重大损害，也给法院国造成经济上的损失，规定此种担保的目的正是在于防止外国原告滥用诉权给被告方及法院国造成不必要的损失。

在当今世界各国中，除了保加利亚、秘鲁、智利、埃及、利比亚、埃塞俄比亚、葡萄牙等少数国家不要求外国原告提供诉讼担保以外，其他很多国家的诉讼立法则都在不同程度上对外国原告规定了该项诉讼义务。如联邦德国《民事诉讼法》第110条、捷克斯洛伐克《国际私法与国际民事诉讼程序法》第51条、2007年土耳其《国际私法与国际民事诉讼程序法》第48条都规定外国人作原告提起诉讼时，因被告人的申请，应向法院提交一笔作为担保的诉讼费用。而且都规定只有存在互惠关系时，即当依照原告人所属国的法律，原告人所属法院在处理同类案件时不要求这些国家的公民提供此项担保时，方可免除这一义务。其他如日本、丹麦、波兰、墨西哥、匈牙利、伊朗、古巴、摩纳哥等国也作了类似规定。但也有些国家，如法国、比利时等国诉讼法规定，即使在同类案件中，有关外国原告人所属国法院不要求这些国家的公民提供担保，该外国原告仍须提供诉讼费用担保，除非该外国原告在法院国有足以支付可能承担的诉讼费用的不动产。而在普通法系各国，如美国的大多数州、英格兰和挪威以及一些中南美洲国家的诉讼法则规定在法院国无住所的原告（不问是否本国公民），均有义务提供诉讼费用担保。更有甚者，如哥斯达黎加等国的法律还规定，所有原告，不问是本国人还是外国人，均须提供诉讼费用担保。

在外国人民事诉讼权利能力方面，诉讼费用担保制度常常成为其行使诉权利的障碍,尤其是在法律对内国人作为原告的案件中不要求其提供担保,或作为原告的外国人在内国无不动产或无能力提供此种担保时。为此,通过国际合作缔结有关条约相互免除对方国家公民的诉讼费用担保,便成为各国努力的方向。1954年订于海牙的《民事诉讼程序公约》第17条就规定,对在其中一国有住所的缔约国国民在另一国法院作为原告或诉讼参加人时,不得以他们是外国人或者在境内没有住所或居所,命令他们提供任何的担保或保证金。其后,1980年在海牙订立的《国际司法救助公约》第14条作了类似规定,并扩大适用于缔约国一方的法人。

（二）我国的实践

对于诉讼费用担保问题,我国经历了从要求外国人提供担保到实行在互惠前提下互免担保的变迁过程。

在20世纪80年代前期,我国曾实行诉讼费用担保制度。最高人民法院于1984年发布的《民事诉讼收费办法（试行）》第14条第2款特别规定:"外国人、无国籍人、外国企业和组织在人民法院进行诉讼,应当对诉讼费用提供担保"。随着我国对外开放的全方位展开,此种要求外国人提供诉讼费用担保的做法已很不适宜。因此,在目前,我国已经改为实行在互惠对等条件下的国民待遇原则。2007年最高人民法院《诉讼费用交纳办法》第35条对此作了规定:"外国人、无国籍人、外国企业和组织在人民法院进行诉讼,适用本办法。但外国法院对我国公民、法人或者其他组织的诉讼费用负担,与其本国公民、法人或者其他组织在诉讼费用交纳上实行差别对待的,按对等原则处理。"这既跟当今各国的普遍实践相趋同,平等地保护了中外当事人的合法诉权,也为我国跟外国缔结的司法协助协定或日后可能加入的相应多边条约中规定的互相免除缔约对方国民诉讼费用担保的条款的实施提供了具体的国内法依据。自1987年以来,我国相继跟外国签署的双边司法协助条约或协定中,一般都包括有互相免除缔约对方国民诉讼费用保证金条款,并规定它也适用于缔约对方国家的法人。例如,《中华人民共和国和法兰西共和国关于民事、商事司法协助的协定》第1条就明确规定:"缔约一方的法院对于另一方国民,不得因为他们是外国人而令其提供诉讼费用保证金",此项规定也"适用于根据缔约任何一方的法律、法规组成的或者准许存在的法人"。

五、司法救助和法律援助

（一）司法救助和法律援助的概念

在当今国际社会,国家一般在民事案件中都不给予私人以免费的诉讼。这是因为立法要确保国家的财政利益并据此以阻止当事人轻率地提起诉讼。然而,作为一种政策却也不能使诉讼行为成为富人独有的特权,不应该使诉讼费用成为一个沉重的负担,因为诉讼程序也具有保护社会利益和维护社会安定的功能。正是为了促成这一政策的实现,产生了司法救助和法律援助制度。这一制度早先的术语称为"穷人规范"(poor persons rules),其基本思想可以追溯到罗马法时期。

在我国,司法救助是指法院对于当事人为维护自己的合法权益,向人民法院提起民事、行政诉讼,但经济确有困难的,实行诉讼费用的缓交、减交、免交。但是,在国际上,司法救助除了包括诉讼费用的减免之外,还可能包括其他费用如执行费用、律师费用的减免等。根据1980年订于海牙的《国际司法救助公约》第2条的规定,司法救助的范围还包括法律咨询。

法律援助是指为了保证公民享有平等、公正的法律保护,完善社会法律保障制度,由法律援助机构组织法律援助人员,为经济困难或特殊案件的人给予减免收费提供法律服务的一项法律保障制度。在我国,司法救助和法律援助的主要区别是:第一,法律援助的主体是律师、公证员、基层法律工作者等法律服务人员,司法救助的主体是人民法院。第二,法律援助发生于刑事、民事、行政诉讼等所有诉讼活动和非诉调解中,司法救助则只发生于民事、行政诉讼中。第三,法律援助减收、免收的是法律服务费用,司法救助减收、免收的是诉讼费,是国家的财产性资金。

不同国家的法律对司法救助和法律援助的资格及条件,以及撤销对司法救助和法律援助的准许等规定是不尽相同的。但一般说来,一国法院在是否作出给予外国当事人以司法救助和法律援助时,通常要考虑下面几方面的因素:(1)当事人确实没有支付诉讼费用的能力;(2)诉讼并非显然无胜诉希望;(3)当事人提出了申请;(4)外国当事人国籍国跟内国的条约关系或互惠关系的存在。

(二)我国的实践

我国《民事诉讼法》第107条第2款规定:"当事人交纳诉讼费用确有困难的,可以按照规定向人民法院申请缓交、减交或者免交。"2006年12月国务院通过的《诉讼费用交纳办法》第44条规定,当事人交纳诉讼费用确有困难的,可以依照本《办法》向人民法院申请缓交、减交或者免交诉讼费用。诉讼费用的免交只适用于自然人。该《办法》第45—47条还规定了人民法院应当准予免交和减交、缓交诉讼费用的情形。我国2003年《法律援助条例》第2条规定,符合本条例规定的公民,可以依照本条例获得法律咨询、代理、刑事辩护等无偿法律服务。根据我国《民事诉讼法》第5条和《诉讼费用交纳办法》第35条的规定,我国对外国当事人实行的是互惠的国民待遇原则,为此,外国当事人可以享有司法救助和法律援助的权利。

此外，我国跟外国缔结的司法协助协定对诉讼费用的减免一般均作了专门规定。例如，我国和蒙古国缔结的司法协助条约第 12 条就规定："关于在缔约一方境内参加诉讼活动的缔约另一方国民在与该缔约一方国民同等的条件下和范围内减免与案件审理有关的诉讼费用问题，应根据其申请，由受理该申请的缔约一方法院依其本国法规定。"我国和意大利缔结的司法协助条约第 4 条既规定了税费及诉讼费用的免除，又规定了司法救助。我国和比利时缔结的司法协助协定第 1 条第 4 款也规定"缔约一方的国民在缔约另一方境内，可在与另一方国民同等的条件下和范围内享受司法救助"。

此外，对于当事人申请减免诉讼费用或获得司法救助的程序，我国与外国缔结的司法协助条约一般也作了规定。如上述中比协定第 1 条第 4 款第 2 项就作了规定："申请司法救助，应由申请人住所所在地的有关当局出具理由证明书，如果该申请人在双方境内均无住所或居所，亦可由其本国的外交或领事机关出具理由证明书。"

六、诉讼代理制度

（一）委托代理

在民事诉讼中，由于诉讼关系的复杂，对法律的生疏，交通的不便，委托代理人帮助为诉讼行为，以期保护自己的民事诉讼权利与民事实体权利，为世界各国诉讼法所认可。更有甚之，采律师诉讼主义的国家如联邦德国、奥地利等更把代理诉讼作为当事人的一种诉讼义务加以规定，如联邦德国《民事诉讼法》第 78 条就明确规定："在州法院及其一切上级审法院，当事人都必须由受诉法院所许可的律师作为诉讼代理人代行诉讼。"

在国际民事诉讼中，委托诉讼代理人则更属重要。但外国当事人可委托什么样的人为其诉讼代理人以及诉讼代理人的法定权限如何，各国的诉讼立法却不尽相同。一般都规定外国当事人只可聘请内国公民、而且是内国律师作为他的诉讼代理人。主要考虑到内国律师通晓法院国法律能更好地维护当事人的权益，允许外国律师参与诉讼也将是有损于内国的司法主权的。但也有些立法规定，在互惠前提下，符合一定条件的外国律师也可在内国执业出庭参与诉讼。如英国伦敦律师公会已接纳十数名法国籍律师，法国巴黎律师公会也接纳了若干外国籍律师。有关诉讼代理人的法定权限问题，采用律师诉讼主义的国家法律规定律师可以基于授权实施所有的诉讼行为，行使任何的诉讼权利，而无需当事人亲自出庭参与诉讼；且即令当事人亲自出庭参与诉讼，也必须委托律师进行诉讼。德国和奥地利等国即采此种做法。如联邦德国《民事诉讼法》第 78 条作了前引规定后，在第 81 条中进一步规定："诉讼代理人有权为一切诉讼行为，包括在反诉、再审、强制执行中的诉讼行为;有权选任代理人以及上诉审的代理人;有权进行和解、舍弃诉讼标的或认诺对方所提出的请求而终结诉讼。"法国,虽然不是采取绝对的律师诉讼主义,但由于法律本身甚为繁难,非一般当事人所能通晓,因而法院也往往期待当事人委托律师代为诉讼。而采取当事人诉讼主义的国家如英美等普通法系国家以及日本等国的立法则规定不论当事人或其法定代理人是否委托了诉讼代理人,当事人都必须亲自出庭参与诉讼。

（二）领事代理

在国际民事诉讼代理制度中,还有一种特殊的制度,这就是领事代理制度。1963 年 4 月 24 日订立的《维也纳领事关系公约》第 5 条第 8 款、第 9 款就规定:领事"在接受国法律规章所规定之限度内,保护为派遣国国民之未成年人及其他无充分行为能力人之利益,尤以须对彼等以监护或托管之情形为然",领事"以不抵触接受国内施行为办法与程序为限,遇派遣国国民因不在当地或由于其他原因不能于适当期间自行辩护其权利与利益时,在接受国法院及其他机关之前担任其代表或为其安排适当之代理,俾依照接受国法律规章取得保全此等国民之权利与利益之临时措施"。领事代理不同于普通的委托代理诉讼,它是领事职务的一项,不需要当事人委托,领事即可在接受国法院或其他当局面前以其派遣国国民和法人的当事人代理人身份保护他们的合法权益。但领事代理具有临时性质,当其所代表的当事人委托了自己的代理人或当事人亲自出庭参与诉讼时,领事代理即告终止。

（三）我国的相关规定

对于诉讼代理制度,我国《民事诉讼法》予以了明确的规定。该法第 263 条规定:"外国人、无国籍人、外国企业和组织在人民法院起诉、应诉,需要委托律师代理诉讼的,必须委托中华人民共和国的律师。"第 264 条还进一步规定:"在中华人民共和国领域内没有住所的外国人、无国籍人、外国企业和组织委托中华人民共和国律师或者其他人代理诉讼,从中华人民共和国外寄交或者托交的授权委托书,应当经所在国公证机关证明,并经中华人民共和国驻该国使领馆认证,或者履行中华人民共和国与该所在国订立的有关条约中规定的证明手续后,才具有效力。"另外,最高人民法院《关于适用〈中华人民共和国民事诉讼法〉若干问题的意见》第 308 条补充规定,涉外民事诉讼中的外籍当事人,可以委托本国人为诉讼代理人,也可以委托本国律师以非律师身份担任诉讼代理人;外国驻华使、领馆官员,受本国公民的委托,可以以个人名义担任诉讼代理人,但在诉讼中不享有外交特权和豁免权。其 309 条规定,涉外民事诉讼中,外国驻华使、领馆授权其本馆官员,在作为当事人的本国国民不在我国领域内的情况下,可以以外交代表身份为其本国国民在我国聘请中国律师或中国公民代理民事诉讼。

此外，最高人民法院 2005 年印发的《第二次全国涉外商事海事审判工作会议纪要》第 19—23 条指出：外国自然人在人民法院办案人员面前签署的授权委托书无需办理公证、认证或者其他证明手续，但在签署授权委托书时应出示身份证明和入境证明，人民法院办案人员应在授权委托书上注明相关情况并要求该外国自然人予以确认。外国自然人在我国境内签署的授权委托书，经我国公证机关公证，证明该委托书是在我国境内签署的，无需在其所在国再办理公证、认证或者其他证明手续。外国法人、其他组织的法定代表人或者负责人代表该法人、其他组织在人民法院办案人员面前签署的授权委托书，无需办理公证、认证或者其他证明手续，但在签署授权委托书时，外国法人、其他组织的法定代表人或者负责人除了向人民法院办案人员出示自然人身份证明和入境证明外，还必须提供该法人或者其他组织出具的能够证明其有权签署授权委托书的证明文件，且该证明文件必须办理公证、认证或者其他证明手续。人民法院办案人员应在授权委托书上注明相关情况并要求该法定代表人或者负责人予以确认。外国法人、其他组织的法定代表人或者负责人代表该法人、其他组织在我国境内签署的授权委托书，经我国公证机关公证，证明该委托书是在我国境内签署，且该法定代表人或者负责人向人民法院提供了外国法人、其他组织出具的办理了公证、认证或者其他证明手续的能够证明其有权签署授权委托书的证明文件的，该授权委托书无需在外国当事人的所在国办理公证、认证或者其他证明手续。外国当事人将其在特定时期内发生的或者将特定范围的案件一次性委托他人代理，人民法院经审查可以予以认可。该一次性委托在一审程序中已办理公证、认证或者其他证明手续的，二审或者再审程序中无需再办理公证、认证或者其他证明手续。

根据最高人民法院《关于适用〈中华人民共和国民事诉讼法〉若干问题的意见》第 69 条的规定，外国当事人委托中国律师或其他人代理诉讼的，应在开庭审理前将授权委托书送交人民法院，且须写明具体的授权内容；如果仅写"全权代理"而无具体授权，则诉讼代理人无权代为承认、放弃、变更诉讼请求，进行和解，提起反诉或者上诉。

根据我国 2008 年《国家司法考试实施办法》第 15 条的规定，外国人不能报名参加国家司法考试。但是中国在加入世界贸易组织时，对服务贸易中的法律服务作了相应承诺。已有 232 家外国/61 家香港律师事务所驻华代表机构通过了中国司法部 2013 年度检验，获准在中国境内/内地执业，提供境外/香港特别行政区及境外法律服务。但是，外国/香港律师仍不得以律师身份在中国/内地法院出庭参与诉讼，不得从事中国/内地法律事务，他们的业务主要在于向当事人提供该律师事务所律师已获准从事律师执业业务的国家或地区法律的咨询，以及有关国际条约、国际惯例的咨询;接受当事人或者中国律师事务所的委托,办理在该律师事务所律师已获准从事律师执业业务的国家或地区的法律事务。[①]

根据我国 2008 年《国家司法考试实施办法》第 15 条的规定,外国人不能报名参加国家司法考试。根据司法部 2008 年《取得国家法律职业资格的台湾居民在大陆从事律师职业管理办法》和 2009 年《取得内地法律职业资格的香港特别行政区和澳门特别行政区居民在内地从事律师职业管理办法》的规定,参加内地举行的国家司法考试合格,取得"法律职业资格证书"的香港、澳门和台湾居民,可以在内地申请律师执业。获准在内地执业的香港、澳门和台湾居民,可以采取担任法律顾问、代理、咨询、代书等方式从事内地非诉讼法律事务,也可以采取担任诉讼代理人的方式从事涉港、澳、台婚姻、继承的诉讼法律事务,享有内地律师的执业权利,履行法定的律师义务。2013 年 8 月司法部《关于修改〈取得内地法律职业资格的香港特别行政区和澳门特别行政区居民在内地从事律师职业管理办法〉的决定》把原管理办法第 4 条修改为:"取得内地律师执业证的香港、澳门居民在内地律师事务所执业,可以从事内地非诉讼法律事务,可以代理涉港澳民事案件,代理涉港澳民事案件的范围由司法部以公告方式作出规定。"同年 8 月司法部《关于取得内地法律职业资格并获得内地律师执业证书的港澳居民可在内地人民法院代理的涉港澳民事案件范围的公告》规定了港澳居民可以代理的 5 类 237 种涉港澳民事案件:婚姻家庭、继承纠纷,合同纠纷,知识产权纠纷,与公司、证券、保险、票据等有关的民事纠纷,与上述案件相关的适用特殊程序案件。

此外,作为《维也纳领事关系公约》的成员国,我国也是承认并采用领事代理这一制度的。例如,1992 年我国和立陶宛签署的《领事条约》第 15 条第 2 款就明确规定:"遇有派遣国国民不在当地或由于其他原因不能及时保护自己的权利和利益时,领事官员可根据接受国法律规章在接受国法院或其他主管当局前代表该国民或为其安排适当代理人,直至该国民指定了自己的代理人或本人能自行保护其权利和利益时为止",并且,上述《领事条约》中的国民也包括派遣国的法人。

[①] 参见中国 2004 年修改的《外国律师事务所驻华代表机构管理条例》和 2006 年修改的《香港、澳门特别行政区律师事务所驻内地代表机构管理办法》以及中国加入世界贸易组织的相关承诺。

第三节 管辖豁免

一、国家豁免和国家行为理论

(一) 国家豁免

1. 国家及其财产豁免权的概念与内容

国家主权原则具体体现在国际民事诉讼法领域就是国家及其财产享有豁免权。国家及其财产享受豁免权是国际公法、也是国际民事诉讼法上的一项重要原则,它是指一个国家及其财产未经该国明确同意不得在另一国家的法院被诉,其财产不得被另一国家扣押或用于强制执行。

根据国际社会的立法与司法实践以及各国学者的普遍理解,国家及其财产豁免权的内容一般包括以下三个方面:

(1) 司法管辖豁免。即未经一国明确同意,任何其他国家的法院都不得受理以该外国国家为被告或者以该外国国家的财产为诉讼标的的案件。不过,与此相反,根据国际社会的一般做法,一国法院却可以受理外国国家作为原告提起的民事诉讼,且该外国法院也可审理该诉讼中被告提起的同该案直接有关的反诉。

(2) 诉讼程序豁免。是指未经一国同意,不得强迫其出庭作证或提供证据,不得对该外国的国家财产采取诉讼保全等诉讼程序上的强制措施。

(3) 强制执行豁免。非经该外国国家明确同意,受诉法院不得依据有关判决对该外国国家财产实行强制执行。

国家及其财产享有豁免权,也及于政府间的国际组织。如1946年2月第1届联合国大会通过的《联合国特权及豁免公约》第2条就明确规定:"联合国及其财产和资产,不论位置何处和由何人保管,享受对任何形式的法律诉讼豁免权,但如遇特殊情况而经联合国明确放弃不能理解为扩及任何执行措施。"1947年联合国大会通过的《联合国专门机关特权及豁免公约》第四节再次重申了上述原则。

国家及其财产的豁免权问题,可以在内国法院于下列各种情况下提出:

在国际民事诉讼中,因国家"直接被诉",即被指控为被告,从而提出它是否应取得豁免权的问题,但更多的是在"间接被诉"的情况下,提出豁免权的问题。例如,对属于一国政府的财产,其他人在外国法院提出权利主张,为了维护其财产权而介入诉讼。有时,国家虽已明示或默示放弃了管辖豁免,但在判决作出前或作出后,因牵涉对它所有的财产的扣押或执行,也会提出豁免的问题。因为依照国际惯例,国家放弃了管辖豁免,并不当然意味着也同时放弃了扣押和执行豁免。有时,一个国家已在他国法院参加了诉讼,但在诉讼进行中,对方向它提出了反诉,这时也可能提出豁免权的问题。因为在诉讼中,自愿接受管辖,虽扩大适用于上诉,但并不是必定适用于反诉,除非反诉是就本诉的同一法律关系或同一事实提出的。此外,国家在有关契约中,同意于发生争议时,提交某种仲裁机关仲裁,但这种同意仲裁也并不必然同时意味着自愿放弃了该仲裁机构所属国的司法管辖豁免,所以,这时也可能提出这个问题。

国家及其财产的豁免权,均可通过国家的自愿放弃而排除。放弃豁免在以下情况下都会发生:一些国家坚持绝对豁免原则,但出于政治上和经济上的考虑而愿意放弃此种豁免权,来协调自己与法院国之间的立场。其次,即使在采取限制豁免原则的国家,在它们认为不应给予豁免的案件中,也会提出外国国家自愿放弃豁免的问题。

放弃豁免,一般认为可以有以下几种方式:(1) 通过条约、契约中的有关条款,明示放弃豁免;(2) 争议发生后,双方通过协议,明示放弃豁免;(3) 主动向他国法院起诉、应诉或提出反诉,即默示放弃豁免;(4) 虽不提出豁免主张,但已就对它的诉讼的实质问题采取了诉讼步骤或行为,即默示放弃豁免(但采取的诉讼步骤或行为是为了提出豁免主张,不得视为放弃豁免)。

2. 绝对豁免说和限制豁免说

在国际上认为应该坚持国家及其财产豁免的原则,是为了保证国家能在国际上独立地、不受干扰地行使其权利和从事必要的民事活动,并且在 19 世纪就已形成了绝对豁免的理论和实践。但是有人认为随着客观情况的发展,经济和商业活动已越来越成为各主权国家的主要活动领域,从而大大地改变了国家这类活动的性质,因而从 20 世纪 30 年代起,限制豁免或职能豁免的理论与实践便逐渐抬头和发展了起来,并且形成了尖锐的对立。

主张绝对豁免的人认为,国家及其财产的豁免来源于主权者平等以及"平等者之间无管辖权"这一习惯国际法原则。这一原则不允许任何国家对他国及其机构和财产行使主权权力。而且国家主权是一个国家统一的不可分割的整体,不可能认为它在从事统治权活动时是一个人格,而在从事事务权活动时又是另一个人格。他们还认为,如果采用限制豁免说,为了判定国家行为的性质,要求其他国家的法院依国内法进行识别,这等于说国家所为的行为要受到外国法院和外国法律的支配。显然,这都是同国家主权原则不相容的。

而限制豁免论者则认为,没有一个国际法原则,没有一个判例,也没有任何一个法官的意见,竟然会同意一个拥有最高权力的国家为了它自己的利益,去作为一个商人,于从事商业活动并且承担了对私人的债务之后,再以国家的面目出现,以自己三权者的地位作辩护,主张它不能接受别国法院的管辖,而使对方当事人失去请求法律救助的可能。或者认为,尽管绝对豁免在过去曾经存在过,但是由于国家直接从事商业与民事活动已日趋频繁,从而改变了过去采用绝对豁免原则的客观根据,改变了国家活动的性质,国家活动已大大超出了"主权行为"或"统治权行为"的范围。在这种新的情况出现以后,国家及其财产的豁免,或者应该完全废除,或者应该作为一种例外,而把国家及其财产不享有豁免作一项原则。①

目前,坚持绝对豁免说的国家虽仍占多数,但主张限制豁免说的已在不断增加,其中最有影响的有1976年美国的《外国主权豁免法》及1972年的《关于国家豁免的欧洲公约》、1978年英国的《国家豁免法》。为了协调和统一各国的立场,联合国国际法委员会自1978年起,即着手编纂一部《国家及其财产管辖豁免公约》。中国政府也十分关注并积极参加该项国际立法活动。2004年第59届联合国大会通过了《联合国国家及其财产管辖豁免公约》。它确定了国家及其财产在外国法院享有管辖豁免的一般原则,并规定了国家在涉及商业交易,雇佣合同,人身伤害和财产损害,财产的所有、占有和使用,知识产权,参加公司和其他机构,国家拥有或经营的船舶,仲裁协定的效果等民商事案件中不能援引豁免的若干情况。该《公约》为统一各国相关立法和实践提供了基础。

3. 我国的理论和实践

我国一向坚持国家及其财产享有豁免权的国际法基本原则。我国《民事诉讼法》对享有司法豁免权的外国人、外国组织和国际组织在民事诉讼中的豁免权作了原则性规定。我国法院尚未审理过涉及外国国家及其财产豁免的案件。但自中华人民共和国成立以来,我国曾在其他一些国家或地区被诉,例如1949年"两航公司案"、1957年"贝克曼诉中华人民共和国案"、1979年"杰克烟火案"、1979年"湖广铁路债券案"②和2003年"仰融诉辽宁省政府案"等。2005年9月14日我国签署了《联合国国家及其财产管辖豁免公约》,这进一步显示了中国对通过法治来促进国际和谐交往的坚定决心。

我国理论界多认为,国家及其财产豁免于他国内国法院的管辖,直接来源于国家是主权者,而主权者是平等的,平等者之间无管辖权这一客观事实。其意义在于防止利用内国法院对其他主权国家滥用自己的司法管辖权,以任意干涉和侵犯他国的主权和权利。这一点,即使在当今国家大量参加经济和民事活动的情况下,也应毫不动摇地加以承认。所以,在国际关系中,国家及其财产豁免于他国内国法院管辖的权利,仍然是国际上一项普遍的原则。

但是,随着国家经济职能的不断增加,国家直接参加国际民事活动日见增

---

① 参见李双元:《国际私法(冲突法篇)》,武汉大学出版社1987年版,第295—299页。
② 这4个案例可参见李双元、欧福永主编:《国际私法教学案例》(第二版),北京大学出版社2012年版,第43—44、50、42—43、9—11页。

多,而民事活动的一个本质特征是双方当事人法律地位的平等,国家一旦进入民事法律关系,它同样应该严格依照民事法律,履行其所承担的民事义务,并在它因自己的过错不履行某种民事义务时承担相应的民事责任。但是,为了追究国家这种民事责任,可供利用的手段是多种多样的,除了对方当事人向特定国家的法院提起诉讼请求司法保护外,还可通过协商、调解、仲裁等方式。此外,在国家违反其契约义务而非法侵犯他国公民或法人的正当权益时,还可能引起他国行使外交保护,或投诉于国际法院。而在运用内国法院对外国国家及其财产行使司法管辖权时,则是必须以取得外国国家的明示或默示放弃上述豁免权为条件的。

限制豁免说尽管在当前已为越来越多的国家所接受,但它还没有形成为一项普遍的国际法原则。这不但是因为许多国家目前仍坚持绝对豁免原则,而且还因为它目前主要以国内法表现在若干国家的立法中,因而对于国家的哪些行为应享有豁免,用什么标准来判断国家的某项行为是统治权行为还是事务权行为(或公法行为还是私法行为),通过内国法院来管辖其他主权国家的行为,怎样做才不致因各国实践的重大分歧,而破坏正常的国际经济和民事生活秩序,如此等等问题都还没有取得比较统一的认识。

2005年10月25日,我国第十届全国人大常委会第十八次会议通过了《中华人民共和国外国中央银行财产司法强制措施豁免法》。该法规定,中华人民共和国对外国中央银行财产给予财产保全和执行的司法强制措施的豁免;但是,外国中央银行或者其所属国政府书面放弃豁免的或者指定用于财产保全和执行的财产除外。本法所称外国中央银行,是指外国的和区域经济一体化组织的中央银行或者履行中央银行职能的金融管理机构。本法所称外国中央银行财产,是指外国中央银行的现金、票据、银行存款、有价证券、外汇储备、黄金储备以及该银行的不动产和其他财产。外国不给予中华人民共和国中央银行或者中华人民共和国特别行政区金融管理机构的财产以豁免,或者所给予的豁免低于本法的规定的,中华人民共和国根据对等原则办理。

(二) 国家行为理论

国家行为理论(act of state doctrine)是指对一国制定的法令或在其领土内实施的官方行为,其他国家的法院不得就其有效性进行审判。根据国际法,各个国家在其领土内得排他性地独立地行使其管辖权。一国制定的国内法令或在本国领土内实施的官方行为,只要不明显地违反国际法,别国法院就不能对其有效与否加以裁判。

国家行为理论与国家主权豁免原则之间,既有联系也有区别。二者的联系在于,它们都产生于国际法上的主权平等观念,都寻求减少由于对外国政府的活动进行司法审查而导致的国际紧张关系,《奥本海国际法》一书认为对外国官方行为的承认是国家平等的重要后果之一。① 二者的区别在于,国家主权豁免是一种对管辖权的抗辩,只能由外国国家提出此类抗辩;而国家行为理论则是一种"可审判性原则"(principle of justifiability),是就一国法院对他国国家行为的合法性进行审判提出的抗辩,既可以由外国国家提出,也可由私方当事人提出。

除美国外,国家行为理论目前也存在于其他一些国家,如英国、意大利、法国等,不过,这些国家奉行的国家行为理论与美国的国家行为理论不尽相同。②

二、外交豁免

(一) 概述

按照国际法或有关协议,在国家间互惠的基础上,为使一国外交代表在驻在国能够有效地执行任务,而在驻在国给予的特别权利和优遇,即称为外交特权与豁免。对于外交特权与豁免(包括外交代表及其他有关人员的特权与豁免)的理论根据,曾有过三种学说。其一是治外法权说,即认为外交代表所在地象征派遣国领土的延长,外交代表尽管身处驻在国,但在法律上假定他们仍然在派遣国境内,因而不可受驻在国法律的管辖。该说在往昔的国际实践中曾占主导地位。但因该说不符合实际情况,理论上也难以自圆其说,因而逐渐遭淘汰,至20世纪初就已无人问津了。其二是代表性质说,这一学说认为外交代表是派遣国的化身或代表,而国家之间是平等的,根据平等者之间无管辖权的国际法原则,驻在国不得对外交代表行使管辖权。其三是职务需要说,根据这一学说,赋予外交代表以特权和豁免,只是因它们是外交代表履行其职务所必不可少的。此种学说认为,外交代表享有特权和豁免可以使外交代表在不受驻在国的干扰和压力的条件下,自由地代表派遣国进行谈判,自由地跟派遣国政府进行联系,是国家之间保持平等的关系所必需的。《维也纳外交关系公约》摒弃了已经落伍的治外法权说,主要采用职务需要说,但同时又结合考虑了代表性质说③,并且把外交代表的权利概括为特权与豁免。

(二) 国际条约的规定

外交特权与豁免,是在各国互派使节、特别是互派常驻使节的实践的基础上产生和发展起来的一般国际法习惯。为了使此种国际法习惯上升到成文的国际法规范而便于各国遵循,根据1958年12月5日联合国大会通过的决议,于1961

---

① 参见〔英〕詹宁斯、瓦茨修订:《奥本海国际法》(第9版),第1卷第1分册,王铁崖等译,中国大百科全书出版社1995年版,第284页。

② 参见张茂:《美国国际民事诉讼法》,中国政法大学出版社1999年版,第176—187页。

③ 该公约序言称:"鉴于各国人民自古即已确认外交代表之地位……深信关于外交往来、特权及豁免之国际公约当能有助于各国间友好关系之发展……确认此等特权与豁免之目的不在于给予个人以利益而在于确保代表国家之使馆能有效执行职务……"

年3月4日在维也纳召开会议通过了《维也纳外交关系公约》。该公约系统地规定了外交代表及外交机构的其他人员的特权和豁免。

根据《维也纳外交关系公约》第31条的规定，外交代表不接受驻在国的刑事管辖、民事管辖和行政管辖，但外交代表在下列民事案件中不享有司法豁免权：

（1）外交代表以私人身份在驻在国境内有关私有不动产物权的诉讼；

（2）外交代表以私人身份为遗嘱执行人、遗产管理人、继承人或受遗赠人的继承事件的诉讼；

（3）外交代表于驻在国境内在公务范围以外所从事的专业或商务活动的诉讼。

《公约》第32条还规定，外交代表及其他依法享有司法豁免权的人，在下列情况下，也不享受司法豁免权：（1）明确表示放弃司法管辖豁免的诉讼。但此种自愿放弃司法豁免权，只能由派遣国作出表示，外交代表自己绝无此项权利，并且这种放弃表示必须是明示的。（2）主动在外国法院以原告身份提起诉讼从而引起的与本诉直接相关的反诉。

《公约》第32条第4款特别强调规定，外交代表以及其他依法享有司法豁免权的人，在民事或行政诉讼程序上放弃管辖豁免，不等于也默示放弃了判决强制执行豁免。对于判决强制执行豁免的放弃，必须单独作出，而且也必须是明示的。此外，根据《公约》第31条第2款的规定，外交代表以及其他依法享有司法豁免权的人，没有以证人身份作证的义务。该条第3款还规定，对外交代表以及其他依法享有豁免权的人，驻在国不得为执行之处分，但是如果属于第31条第1款所列民事案件，并且执行处分又不构成其人身或寓所侵犯的，则不在此限。

根据《维也纳外交关系公约》第37条的规定，除外交代表外，下列人员在不同程度上享有特权与豁免：

（1）外交代表的同户家属，如果不是接受国国民，则享有全部外交特权与豁免。

（2）使馆行政技术人员及其家属，如果不是接受国国民而且不在接受国永久居住的，除民事和行政管辖豁免权不适用于执行职务以外的行为，其他外交人员则享有外交特权与豁免。

（3）使馆服务人员，如果不是接受国国民而且不在接受国永久居住的，就其执行公务的行为享有豁免权。

（4）使馆人员的私人服务人员，如果不是接受国国民而且不在接受国永久居住，也在接受国许可范围内享有特权与豁免。并且，接受国对他们的管辖应妥为行使，以免不当妨碍使馆职务的执行。

本来，领事官员和领事馆的雇佣人员在无国际条约的情况下，是不能基于习惯国际法而享有特权与豁免的。为了有助于各国间友好关系之发展,国际社会通过努力于1963年签订了《维也纳领事关系公约》。根据《公约》第43条规定,领事官员和领事馆雇佣人员只有在与其公务行为有关的案件中才能享受接受国法院或行政机关的管辖豁免。但上述规定不适用于下列民事诉讼:(1)因领事官员或领事馆雇员并未明示或默示以派遣国代表身份而订立的契约所发生的诉讼;(2)第三者因车辆、船只或航空器在接受国内所造成的意外事故而要求赔偿的诉讼。此外,《公约》第45条就特权及豁免的放弃,作了与《维也纳外交关系公约》基本相同的规定。

(三) 我国的法律规定

我国《民事诉讼法》第261条明确规定:"对享有外交特权与豁免的外国人、外国组织或者国际组织提起的民事诉讼,应当依照中华人民共和国有关法律和中华人民共和国缔结或者参加的国际条约的规定办理。"就目前而言,我国缔结或者参加的这方面的国际条约主要就是指《维也纳外交关系公约》和《维也纳领事关系公约》以及大量的双边领事条约中的有关规定。而"中华人民共和国有关法律"则是指1986年《外交特权与豁免条例》和1990年《领事特权与豁免条例》。

根据我国《外交特权与豁免条例》第14条规定,外交代表享有民事管辖豁免和行政管辖豁免,但下列各项除外:(1)依私人身份进行的遗产继承的诉讼;(2)违反本条例第25条第3项规定在中国境内从事公务范围以外的职业或者商业活动的诉讼。此外,外交代表一般免受强制执行,也无以证人身份作证的义务。根据《条例》第15条规定,上述豁免可由派遣国政府明确表示放弃;外交代表和其他依法享有豁免的人,如果主动向我国人民法院起诉,对本诉直接有关的反诉,不得援用管辖豁免;放弃民事或行政管辖豁免的,不包括对判决的执行也放弃豁免,放弃对判决执行的豁免必须另行明确表示。

根据我国《领事特权与豁免条例》第14条规定:领事官员和领馆行政技术人员执行职务的行为享有司法和行政管辖豁免。领事官员执行职务以外的行为的管辖豁免,按照中国与外国签订的双边条约或者根据对等原则办理。但领事官员和领馆行政技术人员享有的司法管辖豁免不适用于下列民事诉讼:(1)涉及未明示以派遣国代表身份所订的契约的诉讼;(2)涉及在中国境内的私有不动产的诉讼;(3)以私人身份进行的遗产继承的诉讼;(4)因车辆、船舶或航空器在中国境内造成的事故涉及损害赔偿的诉讼。

三、国际组织的豁免

这里所讲的国际组织是指在国际范围内从事活动的由若干国家或政府通过条约设立并取得国际法人资格的团体。其中首推联合国专门机构这类政府间组织。在联合国大会第一届会议通过的《联合国特权及豁免公约》中,规定这些组织的资产或财产,无论位于何地,也无论处于何控制下,都是享有绝对豁免的。当然,它可以放弃这种特权与豁免。至于联合国组织享有在各会员国境内为进行其职务和达成其宗旨所必需的法律能力,并享有所必需的特权与豁免,而联合国各专门机构既属政府间组织,根据1947年《关于联合国专门机构的特权与豁免公约》或组成有关专门机构的公约,同样是享有上述豁免权的。

值得注意的是,中国、哈萨克斯坦共和国、吉尔吉斯斯坦共和国、俄罗斯联邦共和国、塔吉克斯坦共和国和乌兹别克斯坦共和国于2004年6月17日签署的《上海合作组织特权与豁免公约》对上海合作组织的国际人格、资产、收入和其他财产的豁免、官员的特权和豁免、为组织执行使命的专家和常驻代表的特权和豁免作了规定。中国全国人大常委会于2005年2月28日通过了《关于批准〈上海合作组织特权与豁免公约〉的决定》。中国目前正在计划起草《国家豁免法》。

第四节 国际民事管辖权

一、国际民事管辖权的概念和意义

(一)国际民事管辖权的概念

国际民事管辖权是一国法院根据本国缔结的或参加的国际条约和国内法对特定的涉外民事案件行使审判权的资格。国际民事管辖权的法律根据是国际条约和国内法。

(二)国际民事管辖权的意义

在国际民事诉讼中,管辖权问题有着十分重要的意义。

首先,正确解决国际民事管辖权,关系到维护国家的主权。根据国家主权原则,每一主权国家都具有属地管辖权和属人管辖权。根据属地管辖权,主权国家有权管辖在其领域内的一切人和物(包括外国人和外国人所有的物)以及在该国境内发生的一切行为;而所谓属人管辖权则是指国家有权管辖在国外的本国公民。因此,国家对涉外民事案件行使管辖权是国家管辖权的一个具体表现,是国家主权在司法领域的必然延伸和表现。当今世界各国都很重视并争夺国际民事管辖权,不但规定凡与本国有某种联系的涉外民事案件具有管辖权,而且还往往规定,即使案件跟本国没有联系,但如果争议双方当事人合意选择本国法院管辖的,本国法院也可以行使管辖权。

其次,正确解决国际民事管辖权,关系到本国公民、法人乃至国家的民事权益得到及时、有效的保护。在国际民事诉讼中,涉外民事案件应适用哪一个国家的民商法作为准据法,是根据受诉法院地国家的冲突法作出的,而各国的冲突法又各不相同。因此,由不同国家的法院审判案件,就会运用不同的冲突规范从而选择出不同国家的法律作为准据法,最终使案件的结果也各不相同。因此,正确地解决并合理争取国际民事管辖权,对保护本国公民、法人和国家的民事权益是有着重要意义的。①

再次,正确解决国际民事管辖权是进行国际民事诉讼程序的前提。只有先确定一国法院具有对某一涉外民事案件的管辖权之后,才能开始国际民事诉讼的其他程序,如诉讼文书的域外送达、域外调查取证等,以及判决的域外承认与执行等。

最后,正确解决国际民事管辖权,不但有利于诉讼当事人双方进行诉讼活动和法院的审判活动,也有利于判决的域外承认与执行。这是因为国际社会普遍认为,如果一国法院的民事判决需要得到外国的承认与执行,受案法院必须具有合法的管辖权。而衡量受案法院是否具有合法的管辖权,不仅要适用法院地法,还必须符合判决承认执行地国家的有关法律规定。

二、各国关于国际民事管辖权的规定

(一) 英美法系国家

英美法系国家一般是区分对人诉讼和对物诉讼,并根据"有效控制"原则分别确定内国法院对此两类诉讼的管辖权的。对人诉讼就是解决诉讼当事人对于所争执的标的物的权利与利益,法院判决的效力也只及于诉讼中的双方当事人,诸如合同不履行或侵权行为等引起的诉讼即是。在对人诉讼中,只要有关案件的被告于诉讼开始时在内国境内且能有效地将传票传送给该被告,内国法院就有权对该案件行使管辖权,而不管该被告具有何国国籍,其住所或惯常居所处在何国境内,也不问有关案件诉因又在哪一国境内发生。对于法人提起的诉讼,则只要该法人是在内国注册的或者在内国有商业活动,内国法院就可对该人行使管辖权。对于当事人是否处于内国境内的问题,英国的判例认为当事人在英国短暂经停就可证明其处于英国境内,甚至在飞机场内对过境的有关当事人进行了送达,英国法院就可对该有关当事人行使管辖权。更有甚者,美国法院有判例认为只要传票是在被告乘坐的飞机飞越法院国所属州上空时于飞机内送达给被告的,就足以使该州法院对被告行使管辖权。② 对物诉讼,是为维护物权而提起的诉讼,其诉讼目的就在于通过法院的判决确定某一特定财产的权利和当事人的权利,该法院的判决的效力不但拘束有关的双方当事人,而且还及于所有跟当

---

① 参见李双元主编:《国际私法》,北京大学出版社1991年版,第451页。
② 参见〔美〕米尔顿·德·格林:《美国民事诉讼程序概论》,上海大学文学院法律系译,法律出版社1988年版,第24页。

事人或该特定财产有法律关系的其他人,诸如有关房地产的诉讼、有关身份问题的诉讼及海商案件的诉讼即是。在对物诉讼中,只要有关财产位于内国境内或有关被告的住所是在内国境内的,内国法院就对该有关争议具有管辖权。而且,英美法把涉及有关身份行为的诉讼,诸如有关婚姻的效力、离婚、婚生子女确认、认领等问题的诉讼都识别为对物诉讼,不管有关当事人是否于诉讼开始时正处于法院地,其住所地法院均有管辖权。

英美法对当事人经过协议选择管辖法院的制度也持肯定的态度,同时还规定法院有权对自愿服从其管辖的有关案件的当事人行使管辖权。[①]

(二) 拉丁法系国家

以法国为代表的属于拉丁法系的法国、意大利、希腊、比利时、荷兰、卢森堡和西班牙等国基本上都是根据有关当事人的国籍来确定内国法院的管辖权,法律规定内国法院对有关内国公民的诉讼概有管辖权,而不问有关内国公民在诉讼中是原告还是被告,即令有关诉讼跟内国并无联系时亦然。《法国民法典》第14条、第15条便明文规定:"不居住在法国的外国人,曾在法国与法国人订立契约者,由此契约所产生的债务履行问题,得由法国法院受理;其曾在外国订约对法国人有债务时,亦得被移送法国法院审理。""法国人在外国订约所负的债务,即使对方为外国人时,得由法国法院受理。"而且,法国法院在司法实践中对上述条文作了扩大的解释,将它们扩大适用于有法国人参加的除了涉及国外不动产案件以外的所有其他诉讼,不论被告在法国有无住所,也不问案件的实质跟法国有无关系,法国法院皆有管辖权。与此相反,对于外国人之间的诉讼,拉丁法系国家的立法与实践一般都原则上排除本国法院的管辖权。如法国法院便只受理被告在法国有住所的外国人之间的诉讼。不过,依意大利1942年《民事诉讼法典》第2条的规定,原则上并不排除意大利法院对外国人之间诉讼的管辖权。另外,拉丁法系各国法律也都在不同程度上承认当事人协议选择管辖法院的权利。

(三) 德国、奥地利、日本等国

与拉丁法系国家形成明显对照的是德国法律以及效仿德国法的奥地利、日本等国的诉讼法律,它们原则上是根据被告的住所地来确定内国法院对有关案件是否具有管辖权的,而把依当事人国籍确定管辖权作为例外。除了不动产诉讼、继承案件、租赁案件、再审案件、特定的婚姻案件、禁治产案件以及某些有关执行的案件和破产案件由内国法院专属管辖以外,其他案件概依被告住所地来确定国际民事案件的管辖权。由当事人的国籍国法院管辖的只有那些有关婚姻的诉讼以及涉及身份地位的诉讼。这些国家也都在较大程度上允许当事人在国

---

① 刘铁铮:《国际私法论丛》,台湾三民书局1984年版,第257—276页。

际民事诉讼中协议选择管辖法院。①

（四）瑞士、土耳其等国

1987年瑞士联邦《国际私法法规》第二节规定："除法律另有规定外,管辖权属于被告住所地或惯常居所地的瑞士法院。"在瑞士法中,住所地国或惯常居所地国法院管辖原则在国际民事诉讼中被平等地适用于无论以本国人或外国人为被告的场合。而且,瑞士法仅是在较小的范围内,主要是在某些涉及身份地位的诉讼（婚姻诉讼除外）和对瑞士境内的不动产诉讼中规定了瑞士法院的专属管辖权。同时,瑞士法也尊重当事人的意思自治,允许当事人在一定范围内的国际民事诉讼中选择管辖法院。瑞士联邦《国际私法法规》第5条就明确规定当事人就遗产继承诉讼可以协议选择瑞士或某一外国法院管辖,其第6条进而规定："如果当事人在瑞士有住所、惯常居所营业所的,或根据本法规定以瑞士法律作为解决争议所应适用的法律的,当事人所选择的瑞士法院不得拒绝管辖。只要诉讼或当事人一方与瑞士有一定联系,则当事人所选择的瑞士法院可以行使管辖权。"

土耳其法是仿效瑞士法制定的。2007年颁布的土耳其《国际私法与国际民事诉讼程序法》第40条也原则规定："土耳其法院的国际管辖权,依国内法中的属地管辖原则确定"。并且土耳其法在依属地管辖原则确定国际民事案件管辖权时,原则上并不区别内国人或外国人而予以差别待遇,也不要求互惠关系的存在。有关涉外合同的争议,在不违反土耳其法院专属管辖权和公共秩序的前提下,允许当事人协议选择外国法院管辖。

（五）原苏联、东欧国家

在确定国际民事案件管辖权问题上,原苏联和东欧各国采取了基本一致的做法,即原则上是以地域管辖原则确定内国法院管辖权的,因而大都规定根据被告的住所或居所、法人的住所、诉讼标的所在地或行为地来确定内国法院的国际民事案件的管辖权。而对于有关不动产或企业财产的诉讼,以及遗产继承的诉讼,则规定由主要财产所在地法院行使专属管辖权。并且,除专属管辖外,原苏联、东欧各国的诉讼立法也允许有些诉讼的当事人双方可以协议选择管辖法院。此外,原苏联、东欧国家之间还缔结了一系列司法协助条约,以统一它们之间在有关领域（尤其是人身家庭和继承法领域）的国际民事案件管辖权。

三、有关国际民事管辖权的国际立法

国际民事案件管辖权的行使关系到国家主权和国家利益以及本国当事人利

---

① 苏远成:《国际私法上之裁判管辖权》,载马汉宝主编:《国际私法论文选辑（上）》,台湾五南图书出版公司1984年版,第244—247页。

益的保护,但是各国的利益是不相同的,为此,至今国际社会仍没有形成一种统一的国际民事案件管辖权制度,从而也就不可避免地产生了各有关国家法院对某一国际民事案件行使管辖权的冲突。如对某一国际民事案件,甲国法院可能会根据国籍原则主张管辖,乙国法院则可能基于地域原则主张管辖,而丙国法院又可能以其本国法规定为理由要求对该案行使专属管辖权。为了解决此种管辖权冲突,国际社会通过努力缔结了许多国际条约,以规定各缔约国法院行使国际民事案件管辖权的原则和依据。这些条约,既有双边的,也有多边的,前者如1957年苏联和匈牙利《关于民事家庭和刑事案件提供司法协助的条约》。而在多边条约中,有仅规定某一类国际民事案件管辖权的,如1952年在布鲁塞尔签订的《关于统一船舶碰撞中民事管辖权若干规则公约》;也有一般性规定国际民事案件管辖权的普遍性公约,只是此种普遍性公约很难缔结,现今有1928年的《布斯塔曼特法典》、1965年的《协议选择法院公约》、1968年的《关于民商事案件管辖权及判决执行的公约》、欧盟1215/2012号《关于民商事案件管辖权及判决承认与执行的条例》以及2005年海牙《协议选择法院公约》,较全面地对各种民商事案件的管辖权作了规定。

(一)《布斯塔曼特法典》

《布斯塔曼特法典》第四卷国际程序法第二编第一章、第二章对民事和商事案件的国际管辖权规定了一般规则及其例外条款。该法典第318条首先原则上肯定了当事人以明示或默示方式合意选择管辖法院的制度;而后规定有关财产诉讼由财产所在地法院管辖,有关遗嘱检证或法定继承的案件以死者最后住所地法院为主管法院,有关破产诉讼一般由债务人住所地法院管辖。有关外国国家元首及外交官员的诉讼管辖权,该法典作了例外的规定,即各缔约国法院无权受理,除非当事人明示合意投诉或者是反诉案件。

(二)1968年《关于民商事案件管辖权及判决执行的公约》

《关于民商事案件管辖权及判决执行的公约》(简称为《布鲁塞尔公约》)是欧洲共同体国家在国际民事诉讼法领域努力合作的结果,是国际社会在国际民商事案件管辖权方面最为详尽完备、适用范围最为广泛的一个地区性国际公约。该《公约》第1条对《公约》的适用范围作了限制,规定《公约》适用于除了自然人的身份或能力,夫妻间的财产制,遗嘱与继承、破产、清偿协议及其他类似程序,以及社会保障和仲裁问题以外的一切民事商事案件。《公约》第二编第一节原则规定以被告的住所作为确定国际民商事案件管辖权的主要基础。而后在第二节至第六节分别就特别管辖权、保险事件的管辖权、有关赊卖和租购的管辖权、专属管辖权和协议管辖权作了详细规定。

（三）欧盟1215/2012号《关于民商事案件管辖权及判决承认与执行的条例》

欧盟第1215/2012号《关于民商事案件管辖权及判决承认与执行的条例》于2012年12月12日制定，它系在欧盟第44/2001号《关于民商事案件管辖权及判决承认与执行的条例》的基础上修订而成。[①] 第44/2001号条例将1968年《布鲁塞尔公约》的内容全部转化为了"条例"，至此，欧盟统一国际私法运动的最主要成果——《布鲁塞尔公约》，已由从前的成员国国际立法（通过谈判缔约的方式），完全转化为欧盟内直接适用的共同体立法（通过条例方式），这标志着欧盟国际私法统一化运动的最新进展。[②]

第1215/2012号条例共8章81条，对条例的范围和定义、一般管辖权、特别管辖权、保险案件的管辖权、消费者合同的管辖权、个人雇佣合同的管辖权、专属管辖权、管辖权协议、对管辖权和可受理性的审查、未决诉讼——关联诉讼、临时措施、承认与执行、拒绝承认与执行、公文书和法院和解书、条例与其他文件的关系等内容作了规定。

（四）2005年海牙《协议选择法院公约》

海牙国际私法会议自1992年便开始酝酿制定关于管辖权及判决承认与执行的全球性混合"大公约"的计划，终因各国对1999年推出的公约临时草案分歧太大而搁浅，代之以制定一个仅规范商事交往中排他选择法院协议的"小公约"的新计划。根据该计划制定出来的《协议选择法院公约》于2005年6月30日在海牙国际私法会议第20届会议上获得通过，使得海牙国际私法会议历经十余年艰辛孜孜以求地制定一部旨在国际范围内统一民商事管辖权和外国法院判决的承认与执行的国际统一法公约的努力最终取得了可喜的成就。截至2014年6月，《公约》只有欧盟、墨西哥和美国签署，尚未生效。

《公约》共5章34条。第一章"范围和定义"共4条，是关于《公约》适用范围和《公约》中所使用的一些概念的解释性规定。第二章"管辖权"共3条，规定被选择法院行使管辖权的义务、未被选择法院不得行使管辖权的义务以及《公约》不适用于临时保护措施的规定。第三章"承认和执行"共8条，是《公约》最核心的部分。第四章"一般条款"共11条，主要是关于《公约》适用中的一些特殊事项的规定。第五章"最后条款"共8条，系海牙国际私法公约通常条款，主要是关于《公约》加入、批准、生效和保存等的公约缔约程序性规定。

---

① 该条例已由杜涛、洪倩汝翻译成中文，发表在李双元主编：《国际法与比较法论丛》第23辑，法律出版社2014年版。

② 参见肖永平主编：《欧盟统一国际私法研究》，武汉大学出版社2002年版，第115页。

《公约》的主要内容如下：

(1)《公约》的适用范围及限制。《公约》适用于民商事事项的国际性案件中所签订的排他性选择法院协议。就民商事案件的国际性而言，除下列案件外所有案件均是国际性案件：当事人在同一个缔约国居住，且当事人间的关系和除被选法院的地点外的与争议相关的所有其他因素都只与该国相联系。就判决的承认和执行而言，只要被寻求承认与执行的是外国的判决，则此种案件便是国际性案件。

《公约》中所称的排他性选择法院协议是指当事人以书面形式或以其他任何提供可获取的信息以备日后援用的通讯方式所达成的为解决与某一特定法律关系有关的业已产生或可能产生的争议目的，而指定一个缔约国法院，或一个缔约国的一个或多个特定法院，以排除其他任何法院管辖权的协议。但是，由于实践中还有非排他性的选择法院协议，为此《公约》规定：对基于非排他性选择法院协议行使管辖权的法院作出的判决，原审法院和被请求法院如相互声明可承认与执行该类判决，则判决可予承认与执行，条件是就相同当事人间相同诉因的案件不存在其他判决也不存在未决诉讼，而且原判决作出地法院是首先受案的法院。该《公约》还确立了排他性选择法院协议有类似于"仲裁条款自治"的效力，即构成合同一部分的排他性选择法院协议应被视为与合同其他条款独立的条款。排他性选择法院协议的有效性不能仅因合同无效而被异议。

根据《公约》第2条第1款，《公约》不适用于下列排他性选择法院协议：一是一方当事人是自然人（消费者），且其行为主要为私人、家庭或居家目的而进行；二是涉及雇佣合同，包括集体协议。《公约》第2条第2款规定它不适用于下列事项：自然人的身份和法律能力；扶养义务；其他家庭法事宜，包括婚姻财产制以及产生于婚姻或类似关系的其他权利和义务；遗嘱和继承；破产、清偿和类似事项；旅客和货物的运输；海洋污染、海商索赔的责任限制、共同海损以及紧急拖救和救助；反托拉斯（竞争）事项；核损害责任；由自然人或代理自然人提起的人身伤害索赔；非产生于合同关系的对有形财产造成损害的侵权或侵害索赔；不动产物权的权利，以及不动产的租赁；法人的有效性、无效性，或解散，以及其机构决定的有效性；版权或相邻权以外的知识产权的有效性；版权或相邻权以外的知识产权的侵权，但不包括当事人间因违反涉及此种权利的合同而提起的，或可能会因为违反该合同而提起的侵权诉讼；公共登记的有效性。但是，缔约国可以通过声明，将除上述《公约》第2条第2款所排除事项外的任何特殊事项排除出《公约》的适用范围。《公约》第21条的这一规定实际上是各国就《公约》的适用范围激烈争论，并最终达成妥协的产物。它是一个安全阀，可以使不愿意将《公约》适用于某些特殊事项的国家，不适用《公约》的规定。《公约》不适于仲裁和相关程序。诉讼不仅仅因为一方当事人是国家，包括政府、政府机构或任何为国家行动的人而被排除出《公约》的范围。《公约》也不得影响国家、国际组织自身及其财产的特权和豁免。

(2) 统一管辖权规定。国际民商事案件的管辖权问题是《公约》的重要内容之一。但是,《公约》在该问题上仅有三条规定。《公约》确立了在国际民商事管辖中排他性选择法院协议具有优先的效力,首先是被当事人选择的法院必须行使管辖权,不应以该争议应由另一国家的法院审理为由拒绝行使管辖权,即原则上排除了不方便法院原则的适用。同时,除被选择法院所在国以外的缔约国法院应拒绝管辖或中止程序,除非:该协议按被选择法院国家的法律是无效的和不能生效的;按照受理案件的法院地法律一方当事人缺乏签订该协议的能力;承认该协议效力将导致明显的不公正,或者明显违背受理案件国家的公共秩序;基于当事人不可控制的特别原因,该协议不能合理得到履行;被选择法院已决定不审理此案。《公约》第 5 条第 3 款规定了两项被选择法院管辖权的例外,即涉及客体或索赔金额的管辖,以及对缔约国国内法院间管辖权的划分,当事人不能通过选择法院协议来确定这些问题的法院。但是,被选择法院在判断是否将案件移送时应合理考虑当事人的选择。

(3) 外国法院判决承认与执行的规定。建立统一的外国法院判决的承认与执行制度是《公约》所追求的目标之一。在这方面《公约》首先规定了缔约国承认与执行排他性选择法院协议所指定的其他缔约国法院所作判决的一般义务。然后,列举了可以拒绝承认或执行判决的一些例外情形:第一,该协议按被选择法院地法律是无效的和不能生效的;第二,按照被请求承认与执行地法律,一方当事人缺乏签订该协议的能力;第三,提起诉讼的文书或同等文件,包括请求的基本要素,没有在足够的时间内并以一定方式通知被告使其能够安排答辩,除非被告在原判决作出地出庭答辩但未就通知问题提出异议,而且判决作出地法律允许就通知提出异议;在被请求国通知被告的方式与被请求国有关文件送达的基本原则不符;第四,该判决是通过与程序事项有关的欺诈获得的;第五,承认或执行将会与被请求国的公共政策明显相悖,包括导致该判决的具体诉讼程序不符合被请求国基本的程序公正原则;第六,该判决与被请求国就相同当事人间争议所作的判决相冲突,或者该判决与先前第三国就相同当事人相同诉因所作出的判决相冲突,且这一判决满足在被请求国得到承认或执行的条件。

《公约》还禁止法院在承认与执行法院判决时对判决事实进行审查;被请求国法院受原审法院所认定的作为其行使管辖权基础的事实认定的约束。外国法院判决的承认与执行程序适用被请求国家的法律。被请求法院应快速办理。

《公约》第 10 条(先决问题)规定:如被第 2 条第 2 款或第 21 条所排除的事项作为先决问题产生,对该问题的裁定不应依据本《公约》获得承认与执行。如果判决系基于对被第 2 条第 2 款所排除的事项的裁定作出,则在该范围内可拒绝承认或执行该判决。但是，如果裁定的是版权或相邻权以外的知识产权的有效性问题，则只有在下列情况下才可以依据上款规定延迟或拒绝对判决的承认或执行：该裁定与知识产权依据其法律产生的国家有管辖权的机关所作裁决或决定不一致，或者在该国涉及知识产权有效性的程序尚在审理之中。如果判决系基于被请求国根据第21条所作声明而被排除的事项的裁定作出，则在该范围内可拒绝承认或执行该判决。

《公约》第11条规定：如果一个判决裁定损害赔偿，包括惩戒性或惩罚性损害赔偿，在赔偿不是补偿一方当事人的实际损失或所遭受的损害的情形下，则在该范围内判决的承认或执行可予拒绝。被请求法院应考虑原审法院所裁定的损害赔偿与否，以及在多大程度上涵盖所涉诉讼的费用和开销。《公约》第12条规定：排他性选择法院协议中所指定的缔约国法院批准的，或者在诉讼进行中在该法院所达成的，且在原审国可以如判决一样获得执行的司法和解，应如判决一样依据本《公约》获得执行。此外，对于判决的可分割部分应予承认与执行，只要该部分的承认与执行可适用本《公约》，或者仅判决的部分可以依据本《公约》获得承认与执行。

四、我国关于管辖权的有关规定

（一）一般原则

我国对涉外民事案件管辖权的确定，基本上也是以地域权限的划分为根据，并且与确定国内民事案件的管辖权也大致相同。我国民事诉讼法把管辖分为级别管辖、地域管辖以及移送管辖和指定管辖。级别管辖是区分各级人民法院对第一审民事案件的管辖范围，它是根据案件的性质、案情复杂程度、影响大小、标的额大小来确定的。我国原《民事诉讼法（试行）》规定涉外民事案件第一审归中级人民法院，但1991年公布的《民事诉讼法》规定涉外民事案件的第一审法院也可以是基层人民法院，只有重大涉外民事案件的第一审才由中级人民法院管辖。根据我国最高人民法院《关于适用〈中华人民共和国民事诉讼法〉若干问题的意见》第1条，所谓的重大涉外案件是指争议标的额大，或者案情复杂，或者居住在国外的当事人人数众多的涉外案件。

为排除地方干扰，正确审理涉外民商事案件，依法维护中外当事人的合法权益，提高中国法制的权威性和公信力，适应中国加入世界贸易组织的需要，根据我国《民事诉讼法》第19条的规定，最高人民法院于2002年2月发布了《关于涉外民商事案件诉讼管辖若干问题的规定》（以下简称《规定》），决定对涉外民商事案件进行集中管辖。它规定：第一审涉外民商事案件由下列人民法院管辖：(1)国务院批准设立的经济技术开发区人民法院；(2)省会、自治区首府、直辖市所在地的中级人民法院；(3)经济特区、计划单列市中级人民法院；(4)最高人民法院指定的其他中级人民法院;(5)高级人民法院。上述中级人民法院的区域管辖范围由所在地的高级人民法院确定(第1条)。对国务院批准设立的经济技术开发区人民法院所作的第一审判决、裁定不服的,其第二审由所在地中级人民法院管辖(第2条)。本《规定》适用于下列案件:(1)涉外合同和侵权纠纷案件;(2)信用证纠纷案件;(3)申请撤销、承认与强制执行国际仲裁裁决的案件;(4)审查有关涉外民商事仲裁条款效力的案件;(5)申请承认和强制执行外国法院民商事判决、裁定的案件(第3条)。发生在与外国接壤的边境省份的边境贸易纠纷案件、涉外房地产案件和涉外知识产权案件,不适用本《规定》(第4条)。涉及香港、澳门特别行政区和台湾地区当事人的民商事纠纷案件的管辖,参照本《规定》处理(第5条)。高级人民法院应当对涉外民商事案件的管辖实施监督,凡越权受理涉外民商事案件的,应当通知或者裁定将案件移送有管辖权的人民法院审理(第6条)。

2010年最高人民法院《关于进一步做好边境地区涉外民商事案件审判工作的指导意见》第1条指出,发生在边境地区的涉外民商事案件,争议标的额较小、事实清楚、权利义务关系明确的,可以由边境地区的基层人民法院管辖。

在2004年12月最高人民法院《关于加强涉外商事案件诉讼管辖工作的通知》(法[2004]265号)中,最高人民法院根据《规定》第1条第4项的规定,作出了如下通知:(1)受理边境贸易纠纷案件法院的上诉审中级人民法院,国务院批准设立的经济技术开发区法院的上诉审中级人民法院,以及其他中级人民法院,需要指定管辖一审涉外商事案件的,由其所在地的高级人民法院报请最高人民法院审批。(2)授权广东省和各直辖市的高级人民法院根据实际工作需要指定辖区内的基层人民法院管辖本区的第一审涉外(含涉港澳台)商事案件,明确基层人民法院与中级人民法院的案件管辖分工,并将指定管辖的情况报最高人民法院备案。(3)指定管辖一审涉外商事案件的法院,必须坚持标准。要设立专门的涉外商事审判庭或者合议庭,配备足够的审判力量,确保审判质量。需要管辖第一审涉外商事案件但暂不具备条件的,要加强法官培训,待符合条件后再报请指定。(4)指定管辖第一审涉外商事案件的法院,要及时确定其管辖区域,并向社会公布,确保最高人民法院《规定》的正确贯彻实施。

最高人民法院2005年印发的《第二次全国涉外商事海事审判工作会议纪要》对涉外商事、海事案件的管辖还作了如下补充说明:人民法院在审理国内商事纠纷案件过程中,因追加当事人而使得案件具有涉外因素的,属于涉外商事纠纷案件,应当按照最高人民法院的《规定》确定案件的管辖。当事人协议管辖不得违反前述规定。无管辖权的人民法院不得受理涉外商事纠纷案件;已经受理的,应将案件移送有管辖权的人民法院审理。涉及外资金融机构(包括外国独资银行、独资财务公司、合资银行、合资财务公司、外国银行分行)的商事纠纷案件,其诉讼管辖按照最高人民法院的《规定》办理。

应该说,从最高人民法院发布《规定》的基本目标和中国涉外审判的现状及其改革来看,实行集中管辖这种方式,对于优化中国司法资源配置、改善涉外民商事案件的审理环境、排除地方保护主义的干预等,具有一定的积极意义。但是,由于《规定》本身尚存一定不足,其实施也多有阻碍和压力,且实施过程中还难免产生一定的负面影响。[①] 尽管如此,不容否认的是,《规定》的发布一定是中国涉外民商事案件管辖权制度不断迈向改革的一个重要开端。

地域管辖则是根据地域标准在同一级人民法院之间划分它们对第一审民事案件的管辖权。地域管辖又可分为普通管辖、特别管辖、专属管辖、共同管辖等。

(二) 国内立法和司法实践

在对国际民事诉讼的地域管辖制度方面,我国《民事诉讼法》以及最高人民法院《关于适用〈中华人民共和国民事诉讼法〉若干问题的意见》中的有关规定具有很重要的意义。尽管其中的很多规定是针对国内民事案件的管辖作出的,但依国家的立法规定和司法实践,是都可以扩大适用于国际民事诉讼的。[②]

1. 普通地域管辖

我国民事诉讼法同大多数国家一样,也是以被告住所地作为普通管辖的依据,即采用原告就被告做法。凡是涉外民事案件的被告住所地在中国境内,我国法院就有管辖权。如果被告的住所地同其经常居住地不一致,只要其经常居住地在中国境内,中国法院也有管辖权。以上所称被告包括自然人、法人或其他经济组织在内。但是对不在中华人民共和国领域内居住的人以及下落不明或者宣告失踪的人提起的有关身份关系的诉讼则可由原告住所地以及原告经常居住地的中国法院管辖。此外,就涉外经济案件的普通管辖而言,中华人民共和国和最高人民法院于1989年印发的《全国沿海地区涉外涉港澳经济审判工作座谈会纪要》还指出,凡是被告在中国境内有住所、营业所或设有常驻代表机构的,或者被告在中国境内有非争议财产的,我国法院均可管辖。

2. 特别地域管辖

我国《民事诉讼法》第23条至第32条就特别地域管辖作了详细的规定,其内容有:

(1) 因合同纠纷提起的诉讼,除被告住所地法院可管辖外,合同履行地法院也具有管辖权;

[①] 对此,我国已有学者进行了较为客观、深入的分析和评价。参见黄进、杜焕芳:《2002年中国国际私法的司法实践述评》,载《中国国际私法与比较法年刊》(第六卷),法律出版社2003年版,第5—11页;丁伟:《我国对涉外民商事案件实行集中管辖的利弊分析》,载《法学》2003年第8期。

[②] 我国2012年修订的《民事诉讼法》第259条明确规定:"在中华人民共和国领域内进行涉外民事诉讼,适用本编规定,本编没有规定的,适用本法其他有关规定。"

（2）因保险合同纠纷提起的诉讼，除被告住所地法院可管辖外，保险标的物所在地法院也具有管辖权；

（3）因票据纠纷提起的诉讼，票据兑付地和被告住所地院均可管辖；

（4）因铁路、公路、水上、航空运输和联合运输合同纠纷提起的诉讼，运输始发地、目的地和被告住所地法院均可管辖；

（5）因侵权提起的诉讼，侵权行为地和被告住所地法院均可管辖，依中国的司法实践，侵权行为地包括加害行为地和结果发生地；

（6）因铁路、公路、水上和航空事故请求损害赔偿的诉讼，事故发生地、车辆或船舶最初到达地、加害船舶被扣留地及被告住所地法院均有管辖权；

（7）因船舶碰撞或其他海事损害而提起的赔偿诉讼，碰撞发生地、碰撞船舶最先到达地、加害船舶扣留地或被告住所地法院均有管辖权；

（8）因海难救助费用提起的诉讼，救助地、被救助船舶最初到达地法院均有管辖权；

（9）因共同海损提起的诉讼，船舶最先到达地、共同海损理算地或航程终止地法院均有管辖权。

我国《民事诉讼法》还就在中国领域内没有住所的被告提起的合同或财产权益纠纷的诉讼，规定中国法院可以行使管辖的多种连结因素，即如合同在中国领域内签订或履行，或诉讼标的物位于中国境内，或被告在中国领域内有可供扣押的财产，或被告在中国领域内设有代表机构，则合同签订地、合同履行地、标的物所在地、可供扣押的财产所在地、侵权行为地或代表机构所在地人民法院均可行使管辖权（《民事诉讼法》第265条）。2005年《第二次全国涉外商事海事审判工作会议纪要》第3条指出，一方当事人以外国当事人为被告向人民法院提起诉讼，该外国当事人在我国境内设有来料加工、来样加工、来件装配或者补偿贸易企业（以下简称"三来一补"企业）的，应认定其在我国境内有可供扣押的财产，该"三来一补"企业所在地有涉外商事案件管辖权的人民法院可以对纠纷行使管辖权。其第5条规定，中外合资经营企业合同、中外合作经营企业合同，合资、合作企业的注册登记地为合同履行地；涉及转让在我国境内依法设立的中外合资经营企业、中外合作经营企业、外商独资企业股份的合同，上述外商投资企业的注册登记地为合同履行地。根据我国《民事诉讼法》的规定，合同履行地的人民法院对上述合同纠纷享有管辖权。

另外，根据我国《民事诉讼法》第22条的规定，对不在中国领域内居住的人以及下落不明或宣告失踪的人提起的有关身份关系的诉讼，可由原告住所地或经常居住地的中国法院管辖。对此，最高人民法院《关于适用〈中华人民共和国民事诉讼法〉若干问题的意见》还作了进一步的补充和解释。

值得注意的是，对于网络域名民事纠纷案件管辖权，2001年最高人民法院

《关于审理涉及计算机网络域名民事纠纷案件适用法律若干问题的解释》第2条指出:涉及域名的侵权纠纷案件,由侵权行为地或者被告住所地的中级人民法院管辖。对难以确定侵权行为地和被告住所地的,原告发现该域名的计算机终端等设备所在地可以视为侵权行为地。涉外域名纠纷案件包括当事人一方或者双方是外国人、无国籍人、外国企业或组织、国际组织,或者域名注册地在外国的域名纠纷案件。在中华人民共和国领域内发生的涉外域名纠纷案件,依照《民事诉讼法》第四编的规定确定管辖。

3. 专属管辖

我国《民事诉讼法》还就专属管辖作了规定,其内容有:

(1) 因不动产纠纷提起的诉讼,由不动产所在地人民法院管辖;

(2) 因港口作业中发生纠纷提起的诉讼,由港口所在地人民法院管辖;

(3) 因继承遗产纠纷提起的诉讼,由被继承人死亡时住所地或者主要遗产所在地人民法院管辖;

(4) 因在我国履行中外合资经营企业合同、中外合作经营企业合同、中外合作勘探开发自然资源合同发生的纠纷提起的诉讼,中华人民共和国享有专属管辖权(《民事诉讼法》第33、266条)。

4. 协议管辖

我国《民事诉讼法》第34条和第127条确认了明示协议和默示承认两种方式的协议管辖。其内容为:合同或者其他财产权益纠纷的当事人可以书面协议选择被告住所地、合同履行地、合同签订地、原告住所地、标的物所在地等与争议有实际联系的地点的人民法院管辖,但不得违反本法对级别管辖和专属管辖的规定。人民法院受理案件后,当事人对管辖权有异议的,应当在提交答辩状期间提出。人民法院对当事人提出的异议,应当审查。异议成立的,裁定将案件移送有管辖权的人民法院;异议不成立的,裁定驳回。当事人未提出管辖异议,并应诉答辩的,视为受诉人民法院有管辖权,但违反级别管辖和专属管辖规定的除外。

(三) 国际条约

我国也是许多涉及国际民商事案件管辖权问题的条约的参加国。因而在有关案件方面,根据国际法上的"条约必须信守原则"和我国法律的规定,我国人民法院管辖权的确定应受条约规定的约束,例如:

我国参加了《统一国际航空运输某些规则的公约》。该公约适用于所有以航空器运送旅客、行李或货物而收取报酬的国际运输以及航空运输企业以航空器办理的免费运输。公约规定,承运人对旅客因死亡、受伤或身体上的任何其他损害而产生的损失,对于任何已登记的行李或货物因毁灭、遗失或损坏而产生的损失,以及对旅客、行李或货物在航空运输中因延误而造成的损失承担责任,原告有权在一个缔约国的领土内,向承运人住所地或其总管理机构所在地或签订合同的机构所在地法院提出,也可以向目的地法院提出。1999年《统一国际航空运输某些规则的公约》在原有四个法院管辖权的基础上,第33条第2款增加了专适用于旅客伤亡的第五管辖权,即旅客住所地法院的管辖权。

我国还是《国际铁路货物运输协定》的缔结国,依该协定第29条规定,凡有权向铁路提出赔偿请求的人,即有权根据运输契约提起诉讼。这种诉讼只能向受理赔偿请求的铁路国的适当法院提出。

第十四章 国际民事诉讼程序(下)

第一节 平行诉讼问题

一、平行诉讼的概念

平行诉讼,是指相同当事人就同一争议基于相同事实以及相同目的在两个以上国家的法院进行诉讼的现象。如果甲在美国法院以侵犯其美国专利为由对乙提起诉讼,而甲在德国法院以侵犯其德国专利为由对乙提起诉讼,这种情况就不属于平行诉讼,因为诉讼标的并不相同。

平行诉讼的产生与平行管辖紧密相连。各国立法规定的专属管辖和拒绝管辖的情况只是个别的,而更为广泛的案件都属于平行管辖的范畴。对于此类案件,国家在主张本国法院具有管辖权的同时,并不否认外国法院对同一案件享有管辖权。[①] 平行诉讼的产生固然使得一方当事人获得更多的诉讼机会,但在某些情况下,平行诉讼中的浪费、重复以及不公正现象也是非常严重的。它不仅影响当事人的私人利益,而且也影响到政府公共利益。更为重要的是,平行诉讼将给国际司法协助,尤其是判决的承认与执行带来许多难题。[②]

美国法院在处理平行诉讼问题时主要依据普通法原则。一般而言,美国大多数法院均认可允许同时并存的平行诉讼的规则,倾向于忽略与外国法院之间的管辖权竞合,而允许本国和外国的诉讼都作出判决,以其中首先作出的判决定案。然而,在某些情况下,平行诉讼带来的诸多问题,迫使美国法院确立普通法原则,以将国际民事诉讼限制于单一法院。第一种方式就是允许平行诉讼,并以首先作出的判决定案。第二种为采用不方便法院原则。第三种方式是适用未决诉讼命令原则(lis alibi pendens doctrine)。第四种方式为发布禁诉令(antisuit injunctions)。下面将主要以美国为例对后三种方式进行评述。

二、不方便法院理论

(一) 不方便法院理论的概念

在国际民事诉讼活动中,由于原告可自由选择一国法院而提起诉讼,他就可能选择对自己有利而对被告不利的法院。该法院虽然对案件具有管辖权,但如

[①] 李双元、谢石松:《国际民事诉讼法概论》,武汉大学出版社 2001 年版,第 332 页。
[②] 张茂:《国际民事诉讼中的诉讼竞合问题探讨》,载《法学研究》1996 年第 5 期。

审理此案将给当事人及司法带来种种不便之处,从而无法保障司法的公正,不能使争议得到迅速有效的解决,此时,如果存在对诉讼同样具有管辖权的可替代法院,则原法院可以自身属不方便法院为由,依职权或根据被告的请求作出自由裁量而拒绝行使管辖权。这就是国际民事诉讼活动中的不方便法院理论(forum non conveniens doctrine)。

不方便法院理论是一种带有较大随意性的理论,它试图对原告、被告以及法院的利益加以平衡。根据该理论,如果法院认为自己是"严重不方便"的法院,而指示原告去另一个更为方便的法院进行诉讼将可以最大程度地满足当事人及公众的利益,那么,法院就可拒绝行使管辖权。在国际民事诉讼活动中,由于原告一般可以自由选择一国法院提起诉讼,他就可能选择对其有利而对被告不利的法院。此时,原告选择法院的目的并非单单为了寻求公正,也企图给对方当事人带来苦恼、困扰或逼迫对方。近年来,该理论经常被用来拒绝受理外国原告的起诉,原因是他们进行诉讼的主要目的在于从更为有利的法律当中获取利益。[1]

不方便法院理论的适用与管辖权选择及法律选择问题之间有着重要联系。如前所述,当今各国的立法和司法实践中,一般都允许当事人享有选择法院的自由。原告对于法院的选择通常会受到重视,尤其当他所选法院为其本国法院时更是如此。在英国,当事人如协议选择英国法院,就构成英国法院为方便法院的初步证据。[2] 纽约州的法律规定,如果当事人原已选定纽约州法院,选择纽约州的法律作为准据法,而且案值达100万美元,则法院不可以不方便法院为由撤销诉讼。另一方面,一般认为,一国法院最为熟悉本国法律,懂得如何正确适用本国法律。因此,由争议事项准据法所属国法院来审理诉讼更为方便。

对于确定一国法院为不方便法院的标准,各国在立法上没有明确的规定,在司法实践中形成的做法也不尽一致。一般情况下,各国法院将综合与诉讼有关的各种因素,对之进行通盘考虑和细致分析,以权衡利弊。在这些因素中,一类涉及当事人私人权益;一类涉及公共利益。

法院一旦决定适用不方便法院理论,就会撤销原告在本院提起的诉讼,或中止该诉讼,直至同一诉讼请求能在另一更为合适的法院进行审理。撤销诉讼意味着该法院失去对案件的管辖权;而在中止诉讼的情况下,如果外国法院诉讼不当拖延,则该法院可重新恢复对案件的管辖权。[3]

(二)不方便法院理论的起源

关于不方便法院理论的历史起源,文献并无十分准确的记载。一般认为,早

---

[1] Fawcet, *Declining Jurisdiction in Private International Law*, Clarendon Press, 1995, p.402.
[2] Cheshire and North, *Private International Law*, 11th ed., Butterworths, 1992, pp.237—242.
[3] 韩德培、韩健:《美国国际私法导论》,法律出版社1994年版,第89页。

在19世纪中叶,苏格兰法院就已开始采用这一原则判案。由于它所使用的为拉丁语①,以致一些学者认为19世纪中叶的苏格兰法院一定是从大陆法系借鉴了不方便法院理论②,但事实上,罗马法或大陆法系当中并不存在这一原则。正如威希尔和诺思在《国际私法》一书中所指出的,普通法系有关管辖法律的一个突出特征就是,法院具有根据不方便法院理论而拒绝行使管辖权的自由裁量权;民法法系则不存在这种自由裁量权③。

在英国,苏格兰最早采用了不方便法院理论,而英格兰开始采用的则是方便法院原则(forum conveniens doctrine)。方便法院原则与不方便法院理论的区别在于:不方便法院理论中所抗辩的法院通常为合适的法院而在特定情况下却为不适当的法院;方便法院则是指通常不可获得而在特定情况下显示其为合适的法院。这两种原则的运用,取决于一国成文法或判例所规定的"自动法院"(automatic court)的数目多寡。如果自动法院的数量较少,则国际民商事获得的发展就需要采用"方便法院"原则;如果自动法院的数目过多,就需要采用不方便法院理论,以促进国际合作与国际礼让。这两种原则的出发点不同,但它们最终会产生相似的结果,可谓殊途同归。后来,英格兰也逐步接受了不方便法院理论。在1978年的麦克沙努诉罗克威尔玻璃有限公司(MacShanno v. Rockware Glass Ltd.)一案中,英格兰法院实际上已经采用了"不方便法院理论",并且在其1982年《民事管辖权和判决法》第49节引入了"不方便法院"这一术语。④ 1984年,英格兰法院更在阿比丁·达佛(The Abidin Daver)案中确认了不方便法院理论。

在其他国家中,有些也通过判例法确立了不方便法院理论,如加拿大、荷兰、澳大利亚等。⑤ 另外,还有一些国家在其司法实践中不同程度地运用了不方便法院理论。⑥

(三) 有关不方便法院理论的限制性条件

法院在适用不方便法院理论时要具备一定的条件,此处以美国为例加以说明。

---

① forum non conveniens 的英文表述为 inconvenient forum,它是指法院依据便利性和礼让来撤销诉讼,不同于因为没有管辖权的法院(forum non competens)撤销诉讼。
② Dicey and Morris, *The Conflict of Laws*, 12th ed., 1993, p.398.
③ Cheshire and North, *Private International Law*, 11th ed., Butterworths, 1987.
④ 该节规定内容为:"本法不应妨碍联合王国的法院根据不方便法院或其他原因而中止、撤销、驳回在本院进行的诉讼,只要这样做不违反1968年《布鲁塞尔公约》"。
⑤ J. P. Verheul, "The Forum Non Conveniens in England and Dutch Law and Under Some International Convention", *I. C. L. Q.*, Vol. 35, 1986, pp. 413—423.
⑥ 〔日〕兼子一、竹下守夫:《民事诉讼法》,白绿铉译,法律出版社1990年版,第166—171页。

1. 充分可替代法院要件

在吉尔伯特案中,美国联邦最高法院还明确了适用不方便法院理论的一项重要条件,即只有在存在另一充分可替代法院时,方可适用不方便法院理论。如果不存在可替代法院,不方便法院理论同样无法适用。它指出:"在所有适用不方便法院理论的案件中,事实上至少必须有两个法院可要求被告参加诉讼;不方便法院理论提供了在它们之间进行选择的标准。"在1981年的皮珀一案中,美国联邦最高法院再次确认了争议限制性条件。但是,对于何为"不充分的"外国法院,美国联邦最高法院并未予以明确界定。在司法实践中,如何判断是否存在一个更为合适的替代法院,是比较困难的。对于充分可替代法院的条件,一般认为应当包括:(1)对案件具有管辖权;(2)与诉讼的关系更为密切。美国法院通常将下列情况中的外国法院列为不充分的外国法院,其中包括:(1)外国法院对争议不具备诉讼标的管辖权;(2)原告无法在外国法院提起诉讼;(3)外国法院对被告不具备属人管辖权;(4)外国法院具有偏见或存在贪污腐化现象;(5)外国法院将适用不适当的实体规则或程序规则。有些判例主张,替代法院所属国实行的法律对原告是否有利,并不影响不方便法院理论的适用,因为如果要考虑到这一点,则必须进行复杂的法律选择分析。但是,如果替代法院所提供的救济明显不足或极不合理,以致原告没有救济可寻,则此种法律的变化所造成的不公正后果应当受到重视。① 在一起中国公民诉中国航空公司损害赔偿案中,美国审理法院即表明了这种观点。1990年3月20日,中国公民卢某在美国旧金山购票,搭乘一架中国航空公司的班机由美国旧金山飞抵北京。在离机时,卢某不慎受伤。卢某为按照美国有关法律获得更高金额的赔偿,便在美国纽约东区联邦地区法院对中国航空公司提起诉讼,要求对方承担损害赔偿。中国航空公司则认为中国为适当的法院地,因而请求美国法院根据不方便法院理论,驳回原告的起诉。1992年,美国纽约东区联邦地区法院作出判决,认为中国是充分可替代法院地,并据此驳回了原告的起诉。其理由是,虽然在某些情况下,如果另一法院地所提供的救济明显不能令人满意,则法院将不会根据不方便法院理论而驳回原告的起诉,但是,这种情况极为少见。原告在另一法院地所得到的赔偿较少,并不意味着该法院地所提供的救济明显不能令人满意。②

美国大多数法院要求被告在提出不方便法院抗辩时应承担举证责任,证明并不存在上述情形。一般而言,美国法院不愿意裁定外国法院为非充分法院。例如,美国联邦最高法院就曾经在皮珀一案的判决中指出:"通常,只要被告有

---

① Reese,Rosenburg,Hay,*Conflict of Laws*,9th ed., Foundation Press, 1990, p.195.
② 有关该案详情,参见龚柏华编著:《美中经贸法律纠纷案例评析》,中国政法大学出版社1996年版,第218—220页。

义务在其他国家的法院参加诉讼,就符合了充分可替代法院要件。"不过,正如后面所见,在一系列案件中,美国法院均以不符合充分可替代法院要件为由,拒绝了不方便法院抗辩。①

2. 公共政策限制

公共政策限制是指,法院地的公共政策禁止根据不方便法院理论撤销某些种类的诉讼。虽然皮珀一案的判决和美国《第二次冲突法重述》并没有提到对不方便法院抗辩的公共政策限制,但是,在理论上以及下级法院的判例中,都存在这一限制。

在美国大多数州,不方便法院理论是一项有关司法抑制的普通法原则或一条成文法规定。不过,在特定情况下,该原则必须服从法院地的某些公共政策。这种限制并不过分,它与适用于法院选择协议、法律选择条款以及外国判决承认与执行的公共政策规则是一致的。与这些公共政策规则一样,有关不方便法院理论的公共政策限制也具有不确定性和不可预见性。如果法院地的成文法禁止在特定种类的案件中提出不方便法院理论抗辩,或要求特定种类的诉讼请求只能在法院地进行诉讼,这种限制就较为明确。然而,美国却很少有法律明确提到不方便法院理论的可适用性,由于缺乏成文法的指引,有关不方便法院理论的公共政策限制就只能从成文法或普通法中加以推导。例如,当原告依据法院地诸如证券、反托拉斯、环保之类的成文法律规定提起诉讼时,法院就不能适用不方便法院理论,其理由是,立法机构在提供此类具体的法律保护时,必定越过了普通法中的不方便法院理论。但是,美国法院拒绝承认这种有关特定法律隐含禁止适用不方便法院理论的观点。

美国也有少数法院拒绝对某些以美国成文法为依据的诉讼适用不方便法院理论。最为突出的是,美国下级法院一致认为,在联邦反托拉斯诉讼中,不能适用不方便法院理论。而对于其他联邦成文法诉讼请求,则可以适用不方便法院理论。例如,在美国法院的司法实践中,就曾适用不方便法院理论撤销了以《海上货物运输法》和《琼斯法》为依据的诉讼请求。至于其他诸如依据《联邦证券法》、《欺诈性影响与腐败组织法》之类的诉讼请求,也是如此。

三、未决诉讼命令

未决诉讼命令是一种允许美国法院为支持在他国法院进行的涉及相同或类

---

① 不过,美国少数下级法院并不认为"充分可替代法院"是不可或缺的要件,而仅仅把它作为公共利益与私人利益平衡的一种重要因素来对待,并且指出,在某些情况下,即使不存在可替代法院,也可依据不方便法院理论撤销诉讼。参见 Chemie AG v. M/V Getafix,71 1 F.2d 1243(5th Cir.1983). 转引自 Gary B. Born, *Internctional Civil Litigation in United States Courts*, 3rd ed., Kluwer, 1996, p.351.

似当事人及争议事项的诉讼,中止本院诉讼的程序性手段。在发布未决诉讼命令中止令之后,外国法院可继续进行平行诉讼并作出判决,而且该判决通常将获得美国法院的承认。如果外国法院的诉讼没有继续进行下去,则美国法院的诉讼可以恢复。一般情况下,只有在外国诉讼先于美国诉讼开始时,才能发布未决诉讼命令中止令,但是,美国法律没有对此强加限制。实践中,有些美国法院为支持在后提起的外国诉讼而中止本院诉讼。未决诉讼命令中止令主要由审理案件的法院自由裁量。在联邦法院及大多数法院,未决诉讼命令是一种普通法规则,没有任何成文法或宪法规定作为依据。它与不方便法院原则密切相关,但它仅仅允许中止诉讼而不是直接撤销诉讼。中止诉讼的权力附随于各个法院的固有权力,法院有权为了自身、律师以及诉讼当事人节省时间和精力,对所受理案件的处分加以控制。美国联邦最高法院尚未考虑过国际民事诉讼中适用未决诉讼命令的问题。下级法院有关这一问题的判例也为数不多,而且采取了两种截然不同的方式。有些法院强调美国法院行使法定管辖权的义务,从而将未决诉讼命令的适用限制在极小的范围内;另外一些法院则十分重视平行诉讼所造成的问题,允许更为自由地批准中止诉讼命令。不过,大多数下级法院一致认为,发布中止诉讼命令的标准应由联邦法律支配。与此不同,州法院通常对未决诉讼问题适用州法。

美国大多数下级法院在国际民事诉讼案件中适用未决诉讼命令原则,采用了科罗拉多河水保护区诉合众国(Colorado River Water Conservation District v. United States)一案所确立的做法。科罗拉多河案件为一起美国国内诉讼,涉及两个印第安部落与一家州机构之间关于用水权的争议。联邦最高法院所要决定的问题是,美国联邦地区法院因为州法院的未决诉讼而中止本院诉讼是否适当。联邦最高法院推翻了初审法官的裁决,认为联邦地区法院的诉讼应当不顾州法院的诉讼而继续进行。

科罗拉多河一案强调联邦法院具有行使国会所赋予的管辖权的义务。联邦最高法院对两种情况下的平行诉讼加以区分:一是不同联邦法院之间的平行诉讼;一是联邦法院与州法院之间的平行诉讼。在前一种情况下,一般原则是避免重复性诉讼。而在后一种情况下,州法院的未决诉讼并不构成在具有管辖权的联邦法院就相同事项进行诉讼的障碍。科罗拉多河一案的裁决指出,在涉及联邦与州之间平行诉讼的案件中,联邦法院只有在例外情况下才可拒绝行使管辖权。联邦最高法院还确定了判断是否存在此类情况的一系列一般原则:"在就拒绝行使竞合性管辖权的适当性作出判断时,联邦法院可以考虑以下因素,诸如联邦法院的不方便;避免零碎诉讼的愿望;以及竞合法院取得管辖权的先后次序。没有任何一项因素具有决定性;经过缜密考虑的判决,既要顾及行使管辖权的义务,也要结合反对行使管辖权的各种因素。"

一些下级联邦法院在涉外平行诉讼案件中适用了科罗拉多河一案的做法。它们通常强调联邦法院有义务行使国会所赋予的管辖权,并将外国法院类推为美国的州法院,认为外国法院的诉讼所受尊重不应超出州法院的诉讼。

不过,少数法院没有采取科罗拉多河一案的做法。它们并未将美国与外国之间的平行诉讼类推为联邦与州之间的平行诉讼,而是遵循了兰狄斯诉北美公司(Landis v. North American Co.)一案。该案涉及两个不同联邦法院之间的平行诉讼。在该案中,联邦最高法院支持某一联邦地区法院中止诉讼,理由是此举属于该院自由裁量范围之内。与科罗拉多河一案截然不同的是,兰狄斯案并没有把例外情况的存在作为批准中止诉讼的条件。据此,这些法院便得出结论,在国际民事诉讼中,法院中止诉讼的权力附随于其固有权力,中止美国法院诉讼以尊重外国法院诉讼,当由初审法院自由裁量。法院在进行裁量时,通常要考虑以下因素:礼让原则;替代法院可施救济的充分性;对司法效率的促进;两个诉讼中当事人及争议事项的一致性;替代法院及时处理争议的可能性;当事人、律师以及证人的方便;歧视的可能性。

四、禁诉令

禁诉令是指,美国法院为使外国法院进行的诉讼终止而发布的命令,此类命令指示受美国法院属人管辖的一方当事人不得在外国法院起诉或参加预期的或未决的外国诉讼。禁诉令根源于英国法律。在早期的英格兰,王室法院和教会法院之间存在管辖权上的冲突,为了抑制教会法院扩张其管辖权,王室法院就以禁诉令状对教会法院的管辖权范围加以限定。该令状是一种由大法官以国王的名义发布的、因案件被告人就教会对争讼事件的裁判权能提出质疑而禁止教会法院继续审理此案的禁令。① 后来,衡平法院将此种救济方式作为特定情况下阻止当事人在普通法法院提起诉讼的手段,以免出现严重违反良知的情形。② 美国有学者认为,在国际民事诉讼中,禁诉令有时不失为一项具有吸引力的选择:它可以使当事人在本国的方便法院以及可能对自己具有同情心的法院获得此类命令,从而预先阻止在潜在的不方便或具有敌意的外国法院进行诉讼③。禁诉令是英国、美国、加拿大、澳大利亚以及我国香港特别行政区等英美法系国家和地区常用的一种对抗挑选法院和平行诉讼的措施,大陆法系的部分国家,如德国和法国也采用过禁诉令制度。此外,巴基斯坦等普通法系国家和巴西、阿根

---

① 〔美〕伯尔曼:《法律与革命》,贺卫方等译,中国大百科全书出版社1993年版,第321页。
② George A. Bermann,"The Use of Anti-Suit Injunctions in International Litigation",*Columbia Journal of Transnational Law*,Vol. 28,No. 3,1990,pp. 593—594.
③ Gary 3. Born,*International Civil Litigation in United States Courts*,3rd edtion,Kluwer,1996,p. 475.

廷、埃塞俄比亚、印度尼西亚和加拿大魁北克省等大陆法系国家和地区的法院还签发了阻止外国仲裁程序的禁诉令（该禁诉令更可取的名称应该是反仲裁禁令：anti-arbitration injunction）。①

中国当事人曾多次试图利用外国的禁诉令制度，如在美国法院审理的China Trade & Dev. Corp. v. M. V. Choong Yong 案中，中国当事人曾向美国纽约南区联邦地区法院成功申请了禁诉令。在 Gau Shan Co., Ltd. v. Bankers Trust Co. 案中，该法院为中国香港地区当事人签发了禁诉令。同时，中国当事人也遭受过外国法院签发的禁诉令，如在青岛海事法院审理的深圳市粮食集团有限公司诉美景伊恩伊公司（Future E. N. E）提单运输货物损害纠纷案期间，英国高等法院对中国当事人签发了禁止在中国法院进行诉讼，并只能根据仲裁条款向约定的英国仲裁机构提起仲裁的禁诉令。此外，在 First Laser Ltd. v. Fujian Enterprises（Holdings）Co. Ltd. & Jian an Investment Limited 案②中，中国澳门地区的当事人曾经向中国香港地区的法院申请禁诉令，禁止在福建省高级人民法院进行诉讼。③

在美国，禁诉令长期以来一直是各州之间处理彼此管辖权冲突的一种手段，有关这一问题的判例极为丰富。但是，目前美国没有关于国际禁诉令签发条件的成文法，联邦法院只在如下问题上达成了一致：(1) 联邦法院有权禁止其有属人管辖权的当事人在外国法院进行诉讼；(2) 禁止外国诉讼的权力必须得到如下公认主张的调和：针对相同的对人诉求，通常允许同时存在平行诉讼；(3) 决策方法必须考虑支持对竞争性管辖权的解决；(4) 决策方法还必须考虑国际礼让，因为"即使国际禁诉令只是针对当事人的，但它却有效地限制了主权国家法院的管辖权"。除此之外，有关国际禁诉令的规则在很大程度上是模糊的，法院对可适用的审查路径的争论已存在很长时间——指导性原则的缺乏导致了法院在何种情形下可以签发国际禁诉令的一些不确定性。这种不确定性最为明显的表现是：美国法院对国际禁诉令申请的审查没有统一的路径，而关于此问题美国联邦最高法院至今也没有作出有明确结论的判例。但归纳起来，对国际禁诉令的审查实践中主要有两种传统路径："自由主义路径"④与"保守主义路

---

① Emmanuel Gaillard, *Anti-suit Injunctions in International Arbitration* (IAI Seminar, Paris, November 21, 2003), 2005, pp. 1, 34—37, 66, 70.

② 2003 WL 17400 (CFI), [2003] HKEC 7, December 12, 2002, Court of First Instance Action No. 4414 of 2001, CFI, HCA 4414/2001.

③ 关于禁诉令，详见欧福永：《国际民事诉讼中的禁诉令》，北京大学出版社 2007 年版。

④ 例如 Kaepa, Inc. v. Aschilles Corp., 76 F. 3d 624 (5th Cir. 1996); Seattle Totems Hockey Club, Inc. v. Nat'l Hockey League, 652 F. 2d 852 (9th Cir. 1981); Cargill, Inc. v. Hartford Accident & Indem. Co., 531 F. Supp. 710 (D. Minn. 1982).

径"①,以及两种新路径:Quaak 案②的路径与 Paramedics 案③的路径。

一般而言,在美国法院的司法实践中,需要发布禁诉令的情况有以下几种:(1)在预期的美国诉讼中占有优势的一方当事人可以要求发布禁诉令,以阻止处于劣势的对方当事人在外国法院就同一争议事项再行起诉;(2)美国法院诉讼的一方当事人为阻止对方当事人在外国法院进行有关同一争议的未决诉讼或预期诉讼而要求发布禁诉令;(3)如果在两国法院提出相关但不相同的诉讼请求,一方当事人为了将诉讼合并在他所选择的法院进行,可要求发布禁诉令;(4)法院可发布反禁诉令(counter-injunction),以阻止一方当事人为反对在本院进行的诉讼而在外国法院取得一项禁诉令。

(一)两种传统路径

美国法院所确立的有关发布禁诉令的标准较为宽松,同时也不是过分苛刻。例如,第五巡回区和第九巡回区法院就认为,当事人以及争议问题的重复足以证明发布禁诉令的合理性。如果在两个诉讼中对同一争议问题进行审理将造成不必要的延误、不方便当事人和证人的不必要花费,以及不一致的裁决或竞相作出判决,发布禁诉令就属适当。此类标准主要关注对同一诉讼请求进行平行诉讼给当事人带来的不便以及对司法管理造成的不便。因此,美国也有学者从政策分析的角度将这类标准称为"基于方便性发布禁诉令"。④ 美国法院以基于方便性发布禁诉令的典型判例为卡吉尔公司诉哈特福特事故保险公司(Cargill,Inc. v. Hartford Accident & Indemnity Company)案。

与之不同的是,另外一些美国法院,包括哥伦比亚特区上诉法院、第二巡回区和第六巡回区上诉法院在内,认为一般不应发布禁诉令。其理由是,当事人及争议问题的重复本身并不足以证明发布禁诉令的合理性。相反,只有在下列情况下才可发布禁诉令:(1)保护法院自身的合法管辖权;(2)阻止当事人规避法院地的重大公共政策。采取这种立场的法院依据国际礼让观念,并类推适用国内判例,运用联邦法院针对州法院诉讼发布禁诉令的严格标准。美国学者将这

---

① 例如,Stonington Partners, Inc. v. Lernout & Hauspie Speech Prods., 310 F.3d 118 (3d Cir. 2002); Laker Airways, Ltd. v. Sabena, Belgian World Airlines, 731 F.2d 909 (D.C. Cir. 1984); China Trade & Dev. Corp. v. M.V. Choong Yong, 837 F.2d 33 (2d Cir. 1987); Gau Shan Co., Ltd. v. Bankers Trust Co., 956 F.2d 1349 (6th Cir. 1992).

② Quaak v. Klynveld Peat Marwick Goerdeler Bedrijfsrevisoren (361 F.3d 11 (1st Cir. 2004)).

③ Paramedics Electromedicina Comercial, Ltd. v. GE Medical Systems Information Technologies, Inc. (369 F.3d 645 (2d Cir. 2004)).

④ George A. Bermann, The Use of Anti-Suit Injunctions in International Litigation, *Columbia Journal of Transnational Law*, Vol.28, No.3, 1990, p.609.

类标准称为"根据公共政策发布禁诉令"①。采用此标准的典型案例是雷克航空公司诉比利时萨比纳世界航空公司(Laker Air-ways Ltd. v. Sabena,Belgium World Airlines)一案。

(二) 两种新路径

在2004年Quaak案和2004年Paramedics案中,美国联邦法院创立了国际平行诉讼中禁诉令审查的两种新路径。

审理Quaak案的联邦第一巡回法院(以下简称Quaak法院)试图为国际禁诉令审查确立如下首选路径,以便在这一困难领域指导地方法院:申请方必须首先满足在各法院进行的平行诉讼涉及相同的当事人和争议事项这一最低条件。如果这些条件没有得到满足,法院通常将终止审查,拒绝签发国际禁诉令。如果——并且只要——满足这一最低条件,法院就应该进一步考虑案件的所有因素和情形,以决定是否适合签发国际禁诉令。Quaak法院强烈反对签发国际禁诉令只是为了保护法院管辖权或维护某些重要公共政策的观点,此外相反,它坚持认为在每一案件中,法院都必须根据总体情形来决定是否签发国际禁诉令。它强调,虽然国际禁诉令只是针对当事人签发的,但却有效地限制了外国法院的管辖权。因此,在决定是否适于签发国际禁诉令这一敏感禁令的实践中,国际礼让②应发挥重要的作用,法院必须给予国际礼让考虑以实质性的权重,并且上述考虑通常确立一个可反驳的、不签发具有阻止外国司法程序效果的禁诉令的假定,即假定不应该签发禁诉令。在整个审查过程中,申请方负有推翻上述假定的责任。该假定可能会被某一案件特有的事实和因素抗衡,这些事实和因素包括(但无论如何不限于):两个诉讼的性质(它们仅仅是平行诉讼,还是外国诉讼更适合被归类为被禁止提起的诉讼一类,例如提起该诉讼将违反仲裁协议和排他性法院选择协议);在两个国家进行的诉讼的状态;当事人的行为(包括他们是善意还是恶意);诉讼中受到威胁的公共政策的重要性;以及外国诉讼可能影响美国法院公正快速作出判决的程度。

在Paramedics案的上诉阶段,Paramedics法院与Quaak法院一样,要求国际禁诉令申请方必须符合一定的最低条件,但在最低条件的内容上则要求有所不同。该院坚持认为为:在国际平行诉讼中签发禁诉令,首先要符合以下条件:(1)两个诉讼中的当事人相同;(2)签发禁诉令的法院对争议的解决可使将被

---

① George A. Bermann, The Use of Anti-Suit Injunctions in International Litigation, *Columbia Journal of Transnational Law*, Vol. 28, No. 3, 1990, p. 623.

② 美国最高法院将礼让定义为:"一个国家由于考虑到国际义务和便利、本国公民或受其法律保护的其他人的权利,在其领土内对别国的立法、行政或司法行为的承认。"Hilton v. Guyot, 159 U. S. 113, 164 (1895). Quaak法院详尽地讨论了礼让问题,认为礼让不是一种严格的义务,而是一个"尊重管辖权的、变化多端的概念"。Quaak, 361 F.3d 11, 19.

禁止的诉讼没有必要进行。申请方在满足上述最低条件以后,法院便会考虑是否有其他因素支持签发国际禁诉令。Paramedics 法院认为,这些因素包括:外国诉讼违反美国的某些公共政策;外国诉讼是无理困扰的;外国诉讼威胁美国法院的管辖权;外国诉讼损害其他衡平法上的利益;在不同的诉讼中裁决同一争议将导致的延误、不方便、花费、冲突或者争先作出判决的竞赛。①

此外,根据美国法院的司法判例,如果一方当事人违反法院选择协议、仲裁协议或其他类似承诺而在其他法院提起诉讼,美国法院就可以根据该当事人具有不在其他法院进行诉讼的义务,对其发布禁诉令。

五、《管辖权冲突示范法》中的有关规定

1989 年,为了解决国际社会以及美国各州所面临的"平行诉讼"问题,美国律师协会国际法律与实践分委会制定了《管辖权冲突示范法》(以下简称《示范法》)。该《示范法》的制定者认为,允许进行平行诉讼并不是解决多国诉讼问题的有效办法。立法管辖权和司法管辖权体现了不同的政策考虑,不必强求二者的一致性;如不损害他国主权而限制平行诉讼,就不能通过禁止当事人参加外国诉讼的方式,而应该通过限制外国判决的可执行性来实现这一目的。为此,《示范法》第 1 条规定:"本国的一项重要公共政策就是鼓励跨国民事争议尽早确定审理法院,不鼓励困扰诉讼,而且仅仅执行与困扰诉讼、平行诉讼或不方便法院诉讼无关的外国判决。"《示范法》第 2 条确立了两步骤分析法。第一步骤确定首先受理案件的有管辖权法院为审理法院,其中第 3 条又规定了判定适当审理法院所应参照的 14 种因素:(1) 当事人的司法权益以及世界范围的司法权益;(2) 对争议具有管辖权国家的公共政策,包括因诉讼在其法院进行而受到影响的法院地的利益;(3) 事件或交易发生地及受其影响地,或引发争议的交易或事件的发生地及受其影响地;(4) 当事人的国籍;(5) 可适用的实体法以及有关法院对该法的熟悉程度;(6) 获得救济的可能性以及最可能给予全面救济的法院;(7) 诉讼对有关法院司法制度的影响,以及被选定法院及时进行审理的可能性;(8) 证人所在地,以及获得强制性程序的可能性;(9) 文件及其他证据的所在地,以及取得、审查或移送此类证据的难易程度;(10) 首先提起诉讼的地方以及该地与争议的联系;(11) 选定法院对于作为诉讼标的的人或财产行使管辖权的资格;(12) 选定一家审理法院是否比以平行诉讼审理该项争议更为优越;(13) 对于该项争议已进行诉讼的性质和进展,选定一家审理法院是否会对当事人权益的裁判造成不当延误或歧视;(14) 对于重新组合的原告对法院的选择应尽量不予干涉。这些因素多为对当事人的权益、司法便利、国际礼让、各国公共

---

① 欧福永:《国际民事诉讼中的禁诉令》,北京大学出版社 2007 年版,第 86—92 页。

政策的综合考虑。第二步骤是关于审理法院所作判决的执行问题。《示范法》第2条确立了一般原则,即如果两个或两个以上的法院对同一争议同时进行审理,其中首先作出判决的法院为适当的审理法院,则对该判决应当予以执行。平行诉讼首先发生的法院有权对适当的审理法院作出书面的终局裁定;如果没有作出终局裁定,则被请求执行判决国家的法院可以依据《示范法》第3条和第4条来判定适当的审理法院。由此可见,《示范法》首先规定判断适当审理法院,然后运用判决的执行作为当事方自愿限制多重诉讼的威胁利诱。①

该《示范法》虽然不可能解决所有问题,但它毕竟提供了确立单一诉讼的机会,同时发展了通过判决的执行来鼓励国际民事诉讼当事人主动减少重复的、不必要的、浪费的诉讼方式,它可以减少各国直接在管辖权竞合的情况下主权和司法制度的冲突,为国际社会从超国家的角度解决平行诉讼问题提供了框架。该《示范法》与许多国家的实践及现存多数国际公约的做法相一致。例如《布鲁塞尔公约》和《洛迦诺公约》。《示范法》在原则上允许首先受理案件的有管辖权法院决定对后来的平行诉讼予以适当处置。

当然,任何示范法的成功有赖于各国现存法律制度的接纳。该《示范法》的制定者希望它能够被国际社会采纳为一项条约,或由美国国家法律委员会采纳为统一法,至少作为一项示范法能够为各国或美国各州所采用。1991年,美国康涅狄格州即采纳了该《示范法》,作为其《关于国际债务和诉讼程序公共法令》的一部分。该《示范法》所采取的做法,与许多国家的实践以及现存多数国际条约的规定是一致的。随着该《示范法》的进一步完善,它获得国际社会中多数国家接纳的可能性将是毋庸置疑的。②

六、我国有关平行诉讼问题的法律规定及其完善

在我国现存立法中,对于国际民事诉讼中的平行诉讼问题未见明确规定,但最高人民法院《关于适用〈中华人民共和国民事诉讼法〉若干问题的意见》(以下简称《意见》)中,有两条规定涉及了这一问题。首先,《意见》第306条规定:"中华人民共和国法院和外国法院都有管辖权的案件,一方当事人向外国法院起诉,而另一方当事人向中华人民共和国人民法院起诉的,人民法院可予受理。判决后,外国法院申请或者当事人请求人民法院承认和执行外国法院对本案作出的判决、裁定,不予准许;但双方共同参加或签订的国际条约另有规定的除外。"其次,《意见》第15条规定:"中国公民一方居住在国外,一方居住在国内,不论哪

---

① Louise Ellen Teitz, Taking Multiple Bites of the Apple: A Proposal to Resovle Conflicts of Jurisdiction and Multiple Proceedings, *The International Lawyer*, Vol.26, No.1, 1992, p.39.

② 张茂:《国际民事诉讼中的诉讼竞合问题探讨》,载《法学研究》1996年第5期。

一方向人民法院提起离婚诉讼,国内一方住所地的人民法院都有权管辖。如国外一方在居住国法院起诉,国内一方向人民法院起诉的,受诉人民法院有权管辖。"最高人民法院2005年印发的《第二次全国涉外商事海事审判工作会议纪要》第10条进一步指出:"我国法院和外国法院都享有管辖权的涉外商事纠纷案件,一方当事人向外国法院起诉且被受理后又就同一争议向我国法院提起诉讼,或者对方当事人就同一争议向我国法院提起诉讼的,外国法院是否已经受理案件或者作出判决,不影响我国法院行使管辖权,但是否受理,由我国法院根据案件具体情况决定。外国法院判决已经被我国法院承认和执行的,人民法院不应受理。我国缔结或者参加的国际条约另有规定的,按规定办理。"其第12条指出:涉外商事纠纷案件的当事人协议约定外国法院对其争议享有非排他性管辖权时,可以认定该协议并没有排除其他国家有管辖权法院的管辖权。如果一方当事人向我国法院提起诉讼,我国法院依照《民事诉讼法》的有关规定对案件享有管辖权的,可以受理。其第8、9条还对涉外主合同纠纷或者担保合同纠纷的管辖权协调问题作了规定。

然而,在国内民事诉讼中,我国法律对于"平行诉讼"问题的态度是截然相反的。我国《民事诉讼法》第35条规定:"两个以上人民法院都有管辖权的诉讼,原告可以向其中一个人民法院起诉;原告向两个以上有管辖权的人民法院起诉的,由最先立案的人民法院管辖。"《意见》第33条进一步规定:"两个以上人民法院都有管辖权的诉讼,先立案的人民法院不得将案件移送给另一有管辖权的人民法院。人民法院在立案前发现其他有管辖权的人民法院已先立案的,不得重复立案,立案后发现其他有管辖权的人民法院已先立案的,裁定将案件移送给先立案的人民法院。"可见,我国法院对于国内民事诉讼中的平行诉讼基本持否定态度,这与我国法院在国际民事诉讼中所奉行的政策是根本不同的。

值得欣喜的是,我国已采纳不方便法院原则。2005年《第二次全国涉外商事海事审判工作会议纪要》第11条指出:我国法院在审理涉外商事纠纷案件过程中,如发现案件存在不方便管辖的因素,可以根据"不方便法院原则"裁定驳回原告的起诉。"不方便法院原则"的适用应符合下列条件:一是被告提出适用"不方便法院原则"的请求,或者提出管辖异议而受诉法院认为可以考虑适用"不方便法院原则";二是受理案件的我国法院对案件享有管辖权;三是当事人之间不存在选择我国法院管辖的协议;四是案件不属于我国法院专属管辖;五是案件不涉及我国公民、法人或者其他组织的利益;六是案件争议发生的主要事实不在我国境内且不适用我国法律,我国法院若受理案件在认定事实和适用法律方面存在重大困难;七是外国法院对案件享有管辖权且审理该案件更加方便。

我国已经有运用不方便法院原则的司法实践。在一些案件中地方法院自觉或者不自觉运用不方便法院原则拒绝行使管辖权①,最高人民法院也有相关案例明确地适用了不方便法院原则:在1999年住友银行公司与新华房地产有限公司贷款合同纠纷案中,以中国既非当事人的注册成立地,又非合同的签订地、履行地,并且当事人双方又以协议的方式选择了合同的签订地(亦为履行地)的法院行使管辖权,因此受案法院不宜行使管辖权。在另一些案件中,中国法院驳回了当事人提出的适用不方便法院的请求。②

在我国与其他国家缔结的双边司法协助条约中,对平行诉讼问题作了两种不同的处理。多数双边条约规定,在提出司法协助请求时,如果被请求国对于相同当事人就同一标的的案件正在进行审理,可拒绝承认与执行外国法院的判决。依此规定,只要有关诉讼正在被请求国审理,无论被请求国法院和作出判决的法院谁先受理诉讼,被请求国均可拒绝承认与准许对方法院的判决。另一方面,根据我国与意大利、蒙古等国缔结的司法协助条约的规定,被请求国法院不能因为案件正在由其审理而当然地拒绝承认与执行外国法院的判决,只有在被请求国法院比作出判决的我国法院先受理该诉讼时,才能拒绝承认与执行外国法院的判决。③

由上述可见,我国目前关于国际民事诉讼中平行诉讼问题的规定还很不完善,其中多与当前国际社会的普遍实践不尽一致。我们认为,以下意见似为较合理的做法:(1)除我国缔结或者参加的国际条约另有规定外,在外国法院对相同当事人之间就同一诉讼标的进行的诉讼已经作出判决或者正在进行审理的情况下,我国法院对之一般不行使管辖权;已经受理的诉讼,应予中止,但外国法院不行使管辖,当事人合法权益无法得到有效保护,或将有损于我国的社会公共利益、法律基本原则的,则我国法院可以对同一诉讼行使管辖权。(2)如果我国法院对相同当事人之间基于相同事实就同一标的进行诉讼的案件已经作出了发生法律效力的判决,或者我国法院已经承认了第三国法院对同一案件作出的发生法律效力的判决的;我国法院对于相同当事人之间基于相同事实就同一标的进行诉讼的案件最先受理且正在进行审理的,则对外国法院作出的有关判决应予

---

① 例如赵碧琰确认产权案,1991年日本公民大仓大雄起诉要求与定居日本的中国籍妻子离婚案、1995年广东省高级人民法院再审的原审原告东鹏贸易发展公司诉被告亚银行有限公司信用证纠纷案、1997年蔡文祥与王丽心离婚案、1995年佳华国际有限公司、锐享有限公司与永侨企业有限公司、中侨国货投资有限公司股权纠纷案、2008年Baron Motorcycles Inc.(巴润摩托车有限公司)诉Awell Logistics Group,Inc.(美顺国际货运有限公司)海上货物运输合同货损赔偿纠纷案,2009年捷腾电子有限公司诉时毅电子有限公司买卖合同纠纷案。

② 例如2003年郭叶律师行诉厦门华洋彩印公司代理合同纠纷管辖权异议案和2014年宝力威(香港)有限公司与陈新明买卖合同纠纷案(参见中国裁判文书网:http://www.court.gov.cn/zgcpwsw/gd/gdsszszjrmfy/ms/201407/t20140701_1889498.htm)。

③ 费宗祎、唐承元主编:《中国司法协助理论与实践》,人民法院出版社1992年版,第12页以下。

拒绝承认与执行。

此外,我国在与外国缔结有关司法协助的双边条约中的第二种处理方法较为符合有关国际公约的精神,也更为有利于各国在这一领域的协调与合作,故此,我们建议政府有关部门日后在签订司法协助条约时,应当以第二种处理方式为标准。

第二节 期间、诉讼保全、证据和诉讼时效

一、期间

(一) 概述

期间是指由法律规定或者由法院依职权指定的,法院、当事人或其他诉讼参加人为一定诉讼行为的时间期限。期间可分为法定期间和指定期间。法定期间是各国民事诉讼立法明确规定的,法院、当事人和其他诉讼参与人都不得变更,所以又称为不变期间。指定期间是指法院依职权指定进行某项诉讼行为的期间。指定期间由法院依职权决定,视具体情况可长可短,故也称为可变期间。

在国际民事诉讼程序中,往往涉及国外当事人或者需要在国外完成一定诉讼行为,需时较长,为此各国的民事诉讼法律对国际民事诉讼中期间通常规定得比纯粹国内民事诉讼中的期间要长。如我国《民事诉讼法》第 268 条规定:"被告在中华人民共和国领域内没有住所的,人民法院应当将起诉状副本送达被告,并通知被告在收到起诉状副本后 30 日内提出答辩状。被告申请延期的,是否准许,由人民法院决定。"第 269 条又规定:"在中华人民共和国领域内没有住所的当事人,不服第一审人民法院判决、裁定的,有权在判决书、裁定书送达之日起 30 日内提起上诉。被上诉人在收到上诉状副本后,应当在 30 日内提出答辩状。当事人不能在法定期间提起上诉或者提出答辩状,申请延期的,是否准许,由人民法院决定。"这比较国内民事诉讼中的相应期间规定多了 15 天至 20 天[①],并且还可以申请延期。又如,依我国《民事诉讼法》第 149 条以及第 176 条的规定,人民法院适用普通程序审理的第一审案件和第二审案件应当自立案之日起分别在 6 个月内和 3 个月内审结;有特殊情况需要延长的,经批准后可以延长。而根据《民事诉讼法》第 270 条的规定,人民法院审理涉外民事案件的期间,则可以不受上述第 149 条和第 176 条规定的限制。

(二) 期间的计算

国际民事诉讼中的期间除了比国内民事诉讼中的期间长些外,在其他方面

---

① 参见我国《民事诉讼法》第 125 条、第 164 条。

二者都是相同的。即如期间的计算方法都是按各国的国内法规定,并且,各国对此的规定基本是接近的。期间通常用时、日、月、年计算。期间开始的时和日,不计算在期间内,期间届满的最后一日是假日的,以节假日后的第一日为期间届满的日期。期间不包括在途时间,诉讼文书在期满前交邮的,不算过期[①]。

（三）期间的迟误及其后果

在诉讼期间内法院或当事人应当进行某项诉讼行为而没有进行的,称为期间的迟误。迟误期间,是对法院规定的期限的直接违反,会引起一定的诉讼后果。就当事人而言,迟误诉讼期间的后果是不能再行使他原本可以行使的诉讼权利。例如,依我国《民事诉讼法》第 269 条的规定,住所在外国的当事人不服第一审人民法院判决,但未在判决书送达之日起 30 日内提起上诉,申请延期未获人民法院批准的,第一审判决就发生了法律效力,此后当事人就丧失了原可行使的上诉权。如果当事人迟误了诉讼期间是因为不可抗力或并非可归责于自己的原因造成的,各国法律一般都允许顺延期限。我国《民事诉讼法》第 83 条也规定,当事人因不可抗拒的事由或者其他正常理由耽误期限的,在障碍消除后 10 日内,可以申请顺延期限,是否准许,由人民法院决定。

二、诉讼保全

诉讼保全是指法院对于可能因当事人一方的行为或者其他原因,使判决难以执行或者造成当事人其他损害的案件,根据对方当事人的申请或者依职权,可以裁定对其财产进行保全、责令其作出一定行为或者禁止其作出一定行为。在国际民商事诉讼中,尤其那些涉及贸易、运输和海事争执的案件,不但案情复杂、争议金额大,而且诉讼周期长。因此,为了使法院日后作出的判决能得到执行,当今各国的民事诉讼法都规定了诉讼保全制度,而且同等地适用于内外国当事人。我国《民事诉讼法》第 101 条规定,利害关系人因情况紧急,不立即申请保全将会使其合法权益受到难以弥补的损害的,可以在提起诉讼或者申请仲裁前向被保全财产所在地、被申请人住所地或者对案件有管辖权的人民法院申请采取保全措施。申请人应当提供担保,不提供担保的,裁定驳回申请。

诉讼保全的申请,一般由有关诉讼中的利害关系人用书面形式向受诉法院提出。申请人应在申请书上简明陈述案件的有关情况,并详细说明日后难以或无法强制执行判决的理由。受诉法院在收到申请书后,经审查如认为不符合诉讼保全条件的,则裁定驳回其申请;如请求符合条件的,则立即作出采取诉讼保

---

① 参见我国《民事诉讼法》第 82 条。根据法国《民事诉讼法》第 642 条、德国《民事诉讼法》第 222 条规定,期间的最后一天是星期日、一般的节假日或者是星期六的,则以下一个工作日为期间届满的日期。

全的裁定并实施。当事人对此裁定不服的,可申请法院复议一次。

对于财产保全的范围和方法,各国的规定不尽相同。根据我国《民事诉讼法》第9章的规定,保全限于请求的范围,或者与本案有关的财物。财产保全采取查封、扣押、冻结或者法律规定的其他方法。人民法院保全财产后,应当立即通知被保全财产的人。财产纠纷案件,被申请人提供担保的,人民法院应当裁定解除保全。申请有错误的,申请人应当赔偿被申请人因保全所遭受的损失。

最高人民法院1989年印发的《全国沿海地区涉外、涉港澳经济审判工作座谈会纪要》还指出,实行诉讼保全的财物的价值不应超过诉讼请求的数额,而且必须是被申请人的财物或债权。对于被申请人租赁使用他人的财物,对于外国及港澳当事人在合资企业中的股金,均不得采取保全措施。但他们在合资企业中分得的利润以及他们在诉讼期间转让合资企业的股权,可应他方当事人的申请予以冻结。在国际货物买卖合同争议中,对中国银行开出的信用证,除非有充分证据证明外国卖方有意利用合同进行欺诈,且中国银行在合理期限内尚未对外付款时,才可应买方的请求,冻结该信用证下的款项。至于在远期信用证的情况下,如中国银行已承兑了汇票,因而其信用证上的责任已变为票据上的无条件付款责任,更不应加以冻结。

三、证据

在国际民事诉讼法中,确定证据可适用的法律,同样是最重要的问题之一。在这里,英美国家的学者们认为法院地法具有独一无二的权威,但流行于西方大陆法学论著中的观点并不主张只适用法院地法,而是允许有一些例外。

在国际民事诉讼中的证据领域,下列问题需要确定应适用的法律:(1) 举证责任;(2) 初步证据;(3) 有关证据的自由裁量权;(4) 举证方式的决定性效力;(5) 举证方式的可接受性和可适用性以及提出证据的方法和形式。另外,国际民事诉讼法还要解决在用推定、供认和承认的方法确立证据时应适用哪国诉讼法的问题。

研究这些问题的国际民事诉讼法学著作者们所持的观点常常截然相反。其中,一个极端是主张概依法院地法解决,而另一个极端是主张概依实体法律关系的准据法解决。第一类学说的出发点是基于这样一种考虑:适用法院地法于证据问题,能使当事人的实体权利得到最充分的保证。而第二类学说的学者们则认为,只有当独立于法院地法来确定支配他们之间法律关系的实体法和有关证据的诉讼法规范时,当事人的权利才能得到保证。前类学说没有看到主观权利和证实它的存在所必需的证据之间关系如此密切,以至于认为没有必要依据同一个法律来裁定有关权利和它的证据的问题。而第二类学说相信这种联系如此紧密,以致二者不能基于不同法律来决定,不能把证据和由它来证明的主观权利分开,任何主观权利对于当事人都没有价值,除非他能证明它的存在。

必须指出,在确定证据方面应适用的法律时,应像国际民事诉讼法中的所有其他问题一样,使用演绎法得出以法院地法原则作为出发点是不正确的。在这里,也应该分别地研究各种不同的证据法制度,以考虑适用与有关制度的法律性质最相一致的法律:有些证据法制度要求适用准据法,有些要求适用行为地法,也还有一些要求适用法院地法。证据法中一个很重要的部分常被识别为具有实体法性质这一事实并不能证明有理由适用外国法,因为整个证据法属于诉讼法的范畴。在这方面英美法学家们的理解相当正确。

四、诉讼时效

由于社会生活情况复杂多样,各国法院针对各种民事法律关系对时效长短的客观要求不同,通常都规定了一般诉讼时效、特殊诉讼时效、最长诉讼时效。并且,各国法律还对诉讼时效的起算时间、诉讼时效的中止、中断和延长等作了详细规定。

(一)诉讼时效的法律冲突

对于诉讼时效,各国法律一般均有规定。然而,由于各国文化传统、法律观念,乃至政治制度和经济制度的差异,不同国家对诉讼时效的规定是各不相同的。这些不同主要体现在以下几个方面:

(1)诉讼时效的期间。不同国家对诉讼时效长短的规定是不同的,有的规定长些,有的规定短些。法国和德国规定得最长,都是30年。例如,《法国民法典》第2262条就规定:"一切物权或债权的诉权,均经30年的时效而消失,援用此时效者无需提出权利证书,他人亦不得对其提出恶意的抗辩。"《日本民法典》对普通时效则定为20年。原苏联及若干东欧国家规定得最短,只有3年。对于特殊诉讼时效,《德国民法典》第196、197条区分不同情况分别规定为2年和4年;《日本民法典》则分别定为10年、5年、3年和1年(该法第168条至第174条)。我国《民法通则》也以专章规定了诉讼时效。该法第135条规定:"向人民法院请求保护民事权利的诉讼时效期间为2年,法律另有规定的除外。"这是我国规定的一般诉讼时效,也可称普通诉讼时效,它适用于除了法律另有规定以外的一切民事法律关系。而其所指的"法律另有规定的除外",则是指特殊诉讼时效了。例如,根据我国《民法通则》第136条的规定,身体受到伤害要求赔偿的、出售质量不合格的商品未声明的、延付或者拒付租金的、寄存财物被丢失或者毁损的,其诉讼时效只有1年。而根据我国《合同法》第129条规定,国际货物买卖合同和技术进出口合同争议提起诉讼或者仲裁的期限为4年。此外,我国《民法通则》第137条还规定"从权利被侵害之日起超过20年的,人民法院不予保护",这就是最长诉讼时效。

(2) 诉讼时效的中止、中断和延长。各国对此的规定也是很不相同的。例如《日本民法典》规定只限于停止事由发生于时效期间即将终了的时候,才产生诉讼时效中止的效力,所以又称为时效的不完成。① 而《法国民法典》则规定不管停止事由发生在时效进行的开始或进行中间,还是进行将终了的时候,均产生诉讼时效中止的效力。我国《民法通则》对诉讼时效中止的规定,跟德国法和日本法的规定相似,其第 139 条规定:"在诉讼时效期间的最后 6 个月内,因不可抗力或者其他障碍不能行使请求权的,诉讼时效中止。从中止时效的原因消除之日起,诉讼时效期间继续计算。"

对于诉讼时效中断的事由,《日本民法典》规定时效可因请求、扣押、假扣押或假处分、承认而中断,并且承认起诉外的催告也为诉讼时效中断的事由,但在催告后不在 6 个月内起诉的,则视为不中断;时效中断后,自中断事由消灭时起,重新开始进行,但因起诉而中断的,则在判决确定时起再重新开始进行②。《德国民法典》则规定,诉讼时效可因下列事由中断:承认、提出法律上的主张、申请先决判决、起诉等。③ 我国《民法通则》第 140 条:"诉讼时效因提起诉讼、当事人一方提出要求或者同意履行义务而中断。从中断时起,诉讼时效期间重新计算。"

我国《民法通则》第 137 条也规定:"……有特殊情况的,人民法院可以延长诉讼时效期间。"至于什么是"有特殊情况的",最高人民法院《关于贯彻执行〈中华人民共和国民法通则〉若干问题的意见(试行)》作了解释:权利人由于客观的障碍在法定诉讼时效期间不能行使请求权的,属于《民法通则》第 137 条规定的"特殊情况"。

(3) 诉讼时效的客体效力。根据《日本民法典》第 1 编第 6 章第 3 节的规定,诉讼时效的客体仅限于债权或所有权以外的财产权。《德国民法典》第 194 条规定,诉讼时效的客体是要求他人作为或不作为的请求权。而依我国《民法通则》第 135 条的规定,一切民事权利皆可适用诉讼时效。

关于诉讼时效的效力,根据《德国民法典》第 222 条的规定,时效完成后,义务人可以拒绝给付,但义务人即使不知道已经过了诉讼时效期间而履行给付义务的,不得请求返还。根据《日本民法典》第 145 条和第 167 条规定,债权和所有权以外的财产权,因时效届满而消灭,法院不得根据时效进行裁判,除非当事人援用时效。我国《民法通则》第 138 条规定:"超过诉讼时效期间,当事人自愿履行的,不受诉讼时效限制。"

---

① 参见《日本民法典》第 158—161 条。
② 参见《日本民法典》第 147 条、第 153 条、第 157 条。
③ 参见《德国民法典》第 208 条至第 211 条。

(二) 诉讼时效的准据法

对于诉讼时效期间届满后发生什么样的效力,有些国家如《日本民法典》认为是完全消灭实体权利,而有些国家如德国和中国的法律却认为丧失的仅仅是债权请求法院强制执行的权利,至于权利本身和起诉权并不丧失。因此,早先的学者往往将第一类诉讼时效定性为实体法规范,而把第二类诉讼时效识别为程序法规范,并且认为作为程序法规范的第二类诉讼时效通常应适用法院地法。① 不过,把第二类诉讼时效当作程序法规范的做法,在英国遭到了许多批评:(1) 权利和补救方法的区别并不实际,因为"无法寻求法律补救方法的权利算不上权利";(2) 可能会阻碍一项在其产生国仍为有效的权利要求,例如当法院国规定的诉讼时效期间比外国规定的短的时候;(3) 反之,如果法院国规定的诉讼时效期间比外国的长,而一个债务人根据该外国法已经销毁他的收据,从而在诉讼上对他不利;(4) 会助长"挑选法院"现象;(5) 法院国适用外国诉讼时效法规并不比适用其他外国法法规更困难。因此,根据法律委员会建议,英国于1948年颁布的《外国时效期限法》就已经规定:所有外国时效期限,无论该外国法定性为实体法规范还是程序法规范,就英国冲突法规则而言,均应定性为实体法规范。②

对于诉讼时效的准据法,各国的法律规定呈现出在国际私法领域少有的统一化趋势,即通常都规定诉讼时效适用该诉讼请求的准据法。例如,捷克斯洛伐克《国际私法与国际民事诉讼程序法》第 13 条第 1 款规定:"债务的消灭时效,依与该债务同一法律。"1987 年瑞士联邦《国际私法法规》第 148 条第 1 款也明确规定:"适用于债权的法律,支配它的时效和消灭。"其他如 2002 年俄罗斯《民法典》第 1208 条、1987 年德国《民法施行法》第 32 条第 4 款、原也门人民民主共和国《民法典》第 35 条第 2 款等也作了同样的规定。

此外,1984 年秘鲁《民法典》第 2091 条规定,在诉讼时效存续期间变更有体财产之所在地,其时效适用法律规定的期限届满时该有体物所在地法。在第 2099 条也规定,因不行为而产生的对人诉讼的时效,依支配主要债务的法律。

对于诉讼时效应适用的法律,我国 2010 年《涉外民事关系法律适用法》第 7 条也作了类似规定:"诉讼时效,适用相关涉外民事关系应当适用的法律。"

---

① 〔德〕沃尔夫:《国际私法》,李浩培等译,法律出版社 1988 年版,第 342 页。
② 〔英〕莫里斯:《法律冲突法》,李东来等译,中国对外翻译出版公司 1990 年版,第 454—455 页。

第三节 海事诉讼特别程序

在国际民事诉讼中,海事诉讼占有很大比例,而且往往有特别之处,加之我国已于1999年12月25日通过了《海事诉讼特别程序法》,所以有必要对它的一些重要内容作较系统的介绍。

一、管辖权

海事诉讼的地域管辖,依照我国《民事诉讼法》的有关规定。因海事侵权而提起的诉讼,除依照我国《民事诉讼法》第28条至第30条的规定外,还可以由船籍港所在地海事法院管辖;因海上运输合同纠纷提起的诉讼,除依照《民事诉讼法》第27条的规定外,还可以由转运港所在地海事法院管辖;因海船租用合同纠纷提起的诉讼,由交船港、还船港、船籍港所在地、被告住所地海事法院管辖;因海上保赔合同纠纷提起的诉讼,由保赔标的物所在地、事故发生地、被告住所地海事法院管辖;因海船的船员劳务合同纠纷提起的诉讼,由原告住所地、合同签订地、船员登船港或者离船港所在地、被告住所地海事法院管辖;因海事担保纠纷提起的诉讼,由担保物所在地、被告住所地海事法院管辖;因船舶抵押纠纷提起的诉讼,还可以由船籍港所在地海事法院管辖;因海船的船舶所有权、占有权、使用权、优先权纠纷提起的诉讼,由船舶所在地、船籍港所在地、被告住所地海事法院管辖。

此外,该法还就海事诉讼的专属管辖、协议管辖及其他与管辖有关的问题(包括间接管辖权问题)作有规定,即我国海事法院享有专属管辖权的有:(1)因沿海港口作业纠纷提起的诉讼,由港口所在地海事法院管辖;(2)因船舶排放、泄漏、倾倒油类或者其他有害物质,海上生产、作业或者拆船、修船作业造成海域污染损害提起的诉讼,由污染发生地、损害结果地或者采取预防污染措施地海事法院管辖;(3)因在中华人民共和国领域和有管辖权的海域履行的海洋勘探开发合同纠纷提起的诉讼,由合同履行地海事法院管辖。

海事纠纷的当事人都是外国人、无国籍人、外国企业或者组织,当事人书面协议选择中华人民共和国海事法院管辖的,即使与纠纷有实际联系的地点不在中华人民共和国领域内,中华人民共和国海事法院对该纠纷也具有管辖权。由此,中国海事诉讼中的协议管辖制度在一般涉外民事诉讼中协议管辖制度的基础上实现了一个重大突破,即取消了协议法院与案件之间联系的要求。这不仅是中国国际民事诉讼中协议管辖制度进一步发展和完善的良好开始,也为外国当事人选择中国海事法院处理其海事案件提供了便利。

当事人申请认定海上财产无主的,向财产所在地海事法院提出;申请因海上事故宣告死亡的,向处理海事事故主管机关所在地或者受理相关海事案件的海事法院提出。

海事法院与地方人民法院之间因管辖权发生争议,由争议双方协商解决;协商解决不了的,报请他们的共同上级人民法院指定管辖。

关于判决的承认与执行的管辖权(一般又称间接管辖权),该法是这样规定的:当事人申请执行海事仲裁裁决,申请承认和执行外国法院判决、裁定以及国外海事仲裁裁决;申请承认和执行外国法院判决、裁定以及国外海事仲裁裁决的,向被执行的财产所在地或者被执行人住所地海事法院提出,被执行的财产所在地或者被执行住所地没有海事法院的,向被执行的财产所在地或者被执行人住所地的中级人民法院提出。

此外,债权人基于海事事由请求债务人给付金钱或者有价证券,符合我国《民事诉讼法》有关规定的,可以向有管辖权的海事法院申请支付令。债务人是外国人、无国籍人、外国企业或者组织,但在中华人民共和国领域内有住所、代表机构或者分支机构并能够送达支付令的,债权人可以向有管辖权的海事法院申请支付令。提单等提货凭证持有人,因提货凭证失控或者消灭,可以向货物所在地海事法院申请公示催告。

二、海事请求保全

海事请求保全是指海事法院根据海事请求人的申请,为保障其海事请求的实现,对被请求人的财产所采取的强制措施。

当事人在起诉前申请海事请求保全,应当向被保全的财产所在地海事法院提出。海事请求保全不受当事人之间关于该海事请求的诉讼管辖协议或者仲裁协议的约束。海事请求人申请海事请求保全,应当向海事法院提交书面申请。申请书应当载明海事请求事项、申请理由、保全的标的物以及要求提供担保的数额,并附有关证据。海事法院受理海事请求保全申请,可以责令海事请求人提供担保。海事请求人不提供的,驳回其申请。海事法院接受申请后,应当在48小时内作出裁定。裁定采取海事请求保全措施的,应当立即执行;对不符合海事请求保全条件的,裁定驳回其申请。

当事人对裁定不服的,可以在收到裁定书之日起5日内申请复议一次。海事法院应当在收到复议申请之日起5日内作出复议决定。复议期间不停止裁定的执行。利害关系人对海事请求保全提出异议,海事法院经审查,认为理由成立的,应当解除对其财产的保全。海事请求人在本法规定的期间内,未提起诉讼或者未按照仲裁协议申请仲裁的,海事法院应当及时解除保全或者返还担保。海事请求保全执行后,有关海事纠纷未进入诉讼或者仲裁程序的,当事人就该海事请求,可以向采取海事请求保全的海事法院或者其他有管辖权的海事法院提起诉讼,但当事人之间订有诉讼管辖协议或者仲裁协议的除外。海事请求人申请海事请求保全错误的,应当赔偿被请求人或者利害关系人因此所遭受的损失。

在海事请求保全中,主要涉及船舶的扣押和拍卖以及船载货物的扣押与拍卖。

1. 船舶的扣押和拍卖

对于可申请扣押船舶的海事请求,我国《海事诉讼特别程序法》第 21 条采用列举的方式规定有 22 种。

此外,在有下列情况之一的,海事法院仍可扣押当事船舶:(1)船舶所有人对海事请求负有责任,并且在实施扣押时是该船的所有人;(2)船舶的光船承租人对海事请求负有责任,并且在实施扣押时是该船的光船承租人或者所有人;(3)具有船舶抵押权或者同样性质的权利的海事请求;(4)有关船舶所有权或者占有的海事请求;(5)具有船舶优先权的海事请求。

海事法院可以扣押对海事请求负有责任的船舶所有人、光船承租人、定期租船人或者航次租船人在实施扣押时所有的其他船舶,但与船舶所有权或者占有有关的请求除外。从事军事、政府公务的船舶不得被扣押。

海事法院裁定对船舶实施保全后,经海事请求人同意,可以采取限制船舶处分或者抵押等方式允许该船舶继续营运。

海事请求保全扣押船舶期限为 30 日。海事请求人在 30 日内提起诉讼或者申请仲裁以及在诉讼或者仲裁过程中申请扣押船舶的,扣押船舶不受上述期限的限制。

2. 船载货物的扣押与拍卖

海事请求人为保障其海事请求的实现,可以申请扣押船载货物。申请扣押的船载货物,应当属于被请求人所有。海事请求人申请扣押船载货物的价值,应当与其债权数额相当。

海事请求保全扣押船载货物的期限为 15 日。海事请求人在 15 日内提起诉讼或者申请仲裁以及在诉讼或者仲裁过程中申请扣押船载货物的,扣押船载货物不受前款规定期限的限制。

三、海事强制令

海事强制令是指海事法院根据海事请求人的申请,为使其合法权益免受侵害,责令被请求人作为或者不作为的强制措施。当事人在起诉前申请海事强制令,应当向海事纠纷发生地海事法院提出。海事强制令不受当事人之间关于该海事请求的诉讼管辖协议或者仲裁协议的约束。海事请求人申请海事强制令,应当向海事法院提交书面申请。申请书应当载明申请理由,并附有关证据。海事法院受理海事强制令申请,可以责令海事请求人提供担保。海事请求人不提供的,驳回其申请。

作出海事强制令,应当具备下列条件:(1)请求人有具体的海事请求;(2)需要纠正被请求人违反法律规定或者合同约定的行为;(3)情况紧急,不立即作出海事强制令将造成损害或者使损害扩大。

海事法院接受申请后,应当在48小时内作出裁定。裁定作出海事强制令的,应当立即执行;对不符合海事强制令条件的,裁定驳回其申请。

被请求人拒不执行海事强制令的,海事法院可以根据情节轻重处以罚款、拘留;构成犯罪的,依法追究刑事责任。海事请求人申请海事强制令错误的,应当赔偿被请求人或者利害关系人因此所遭受的损失。

海事强制令执行后,有关海事纠纷未进入诉讼或者仲裁程序的,当事人就该海事请求可以向作出海事强制令的海事法院或者其他有管辖权的海事法院提起诉讼,但当事人之间订有诉讼管辖协议或者仲裁协议的除外。

四、海事证据保全与海事担保

1. 海事证据保全

海事证据保全是指海事法院根据海事请求人的申请,对有关海事请求的证据予以提取、保存或者封存的强制措施。当事人在起诉前申请海事证据保全,应当向被保全的证据所在地海事法院提出。海事证据保全不受当事人之间关于该海事请求的诉讼管辖协议或者仲裁协议的约束。海事请求人申请海事证据保全,应当向海事法院提交书面申请。申请书应当载明请求保全的证据、该证据与海事请求的联系、申请理由。海事法院受理海事证据保全申请,可以责令海事请求人提供担保。海事请求人不提供的,驳回其申请。

采取海事证据保全,应当具备下列条件:(1)请求人是海事请求的当事人;(2)请求保全的证据对该海事请求具有证明作用;(3)被请求人是与请求保全的证据有关的人;(4)情况紧急,不立即采取证据保全就会使该海事请求的证据灭失或者难以取得。

海事法院接受申请后,应当在48小时内作出裁定。裁定采取海事证据保全措施的,应当立即执行;对不符合海事证据保全条件的,裁定驳回其申请。海事请求人申请海事证据保全错误的,应当赔偿被请求人或者利害关系人因此所遭受的损失。

海事证据保全后,有关海事纠纷未进入诉讼或者仲裁程序的,当事人就该海事请求,可以向采取证据保全的海事法院或者其他有管辖权的海事法院提起诉讼,但当事人之间订有诉讼管辖协议或者仲裁协议的除外。

2. 海事担保

海事担保包括本法规定的海事请求保全、海事强制令、海事证据保全等程序中所涉及的担保。担保的方式为提供现金或者保证、设置抵押或者质押。海事请求人的担保应当提交给海事法院;被请求人的担保可以提交给海事法院,也可以提供给海事请求人。海事请求人提供的担保,其方式、数额由海事法院决定。被请求人提供的担保,其方式、数额由海事请求人和被请求人协商;协商不成的,由海事法院决定。海事请求人要求被请求人就海事请求保全提供担保的数额,应当与其债权数额相当,但不得超过被保全的财产价值。

海事请求人提供担保的数额,应当相当于因其申请可能给被请求人造成的损失。具体数额由海事法院决定。担保提供后,提供担保的人有正当理由的,可以向海事法院申请减少、变更或者取消该担保。海事请求人请求担保的数额过高,造成被请求人损失的,应当承担赔偿责任。

设立海事赔偿责任限制基金和先予执行等程序所涉及的担保,可以参照上述规定处理。

五、送达及审判程序

(一) 送达

海事诉讼法律文书的送达,适用我国《民事诉讼法》的有关规定。有关扣押船舶的法律文书也可以向当事船舶的船长送达。有义务接受法律文书的人拒绝签收,送达人在送达回证上记明情况,经送达人、见证人签名或者盖章,将法律文书留在其住所或者办公处所的,视为送达。

(二) 审判程序

我国《海事诉讼特别程序法》就审理船舶碰撞案件、审理共同海损案件、海上保险人行使代位请求赔偿权、简易程序和督促程序以及公示催告程序作了规定。

六、海事赔偿责任限制基本程序

船舶所有人、承租人、经营人、救助人、保险人在发生海事事故后,依法申请责任限制的,可以向海事法院申请设立海事赔偿责任限制基金。船舶造成油污损害的,船舶所有人及其责任保险人或者提供财物保证的其他人为取得法律规定的责任限制的权利,应当向海事法院设立油污损害的海事赔偿责任限制基金。设立责任限制基金的申请可以在起诉前或者诉讼中提出,但最迟应当在一审判决作出前提出。

七、债权登记与受偿程序

海事法院裁定强制拍卖船舶的公告发布后,债权人应当在公告期间,就与被拍卖船舶有关的债权申请登记。公告期间届满不登记的,视为放弃在本次拍卖船舶价款中受偿的权利。海事法院受理设立海事赔偿责任限制基金的公告发布后,债权人应当在公告期间就与特定场合发生的海事事故有关的债权申请登记。公告期间届满不登记的,视为放弃债权。债权人提供其他海事请求证据的,应当在办理债权登记以后,在受理债权登记的海事法院提起确权诉讼。当事人之间有仲裁协议的,应当及时申请仲裁。海事法院对确权诉讼作出的判决、裁定具有法律效力,当事人不得提起上诉。

海事法院审理并确认债权后,应当向债权人发出债权人会议通知书,组织召开债权人会议。债权人会议可以协商提出船舶价款或者海事赔偿责任限制基金的分配方案,签订受偿协议。受偿协议经海事法院裁定认可,具有法律效力。债权人会议协商不成的,由海事法院依照我国《海商法》以及其他有关法律规定的受偿顺序,裁定船舶价款或者海事赔偿责任限制基金的分配方案。

八、船舶优先权催告程序

船舶转让时,受让人可以向海事法院申请船舶优先权催告,催促船舶优先权人及时主张权利,消灭该船舶附有的船舶优先权。受让人申请船舶优先权催告的,应当向转让船舶交付地或者受让人住所地海事法院提出。申请船舶优先权催告,应当向海事法院提交申请书、船舶转让合同、船舶技术资料等文件。申请书应当载明船舶的名称、申请船舶优先权催告的事实和理由。

船舶优先权催告期间为60日。船舶优先权催告期间,船舶优先权人主张权利的,应当在海事法院办理登记;不主张权利的,视为放弃船舶优先权。船舶优先权催告期间届满,无人主张船舶优先权的,海事法院应当根据当事人的申请作出判决,宣告该转让船舶不附有船舶优先权。

第四节 国际司法协助

一、国际司法协助概述

国际司法协助,一般是指一国法院或其他主管机关,根据另一国法院或其他主管机关或有关当事人的请求,代为或协助实施与诉讼有关的一定的司法行为。从当前各国的司法实践来看,司法协助涉及民事诉讼、刑事诉讼[1],在本书中,则专指民事司法协助。

从司法协助的内容或范围来看,有狭义和广义两种主张。持狭义观点的人

---

[1] 参见《中华人民共和国和波兰人民共和国关于民事和刑事司法协助的协定》《中华人民共和国和蒙古人民共和国关于民事和刑事司法协助的条约》《中华人民共和国和罗马尼亚关于民事和刑事司法协助的协定》《中华人民共和国和俄罗斯关于民事和刑事司法协助的条约》等。

认为,司法协助仅限于两国之间送达诉讼文书、代为询问当事人和证人以及收集证据。英美国家、德国和日本的学者多持此种观点。持广义观点的人认为,司法协助还应包括外国法院判决和外国仲裁机构裁决的承认与执行。法国法学界把司法协助作了更为广泛的理解,它基本上包含了在民事诉讼中的各国国际合作,以及免除外国人的诉讼费用和诉讼费用担保等。我国也是持广义司法协助做法的。我国现行《民事诉讼法》在第 4 编第 27 章"司法协助"的标题下对送达文书、调查取证和法院判决(仲裁裁决)的承认与执行作了比较详细的规定。在我国跟外国缔结的司法协助协定或条约中,一般都对(民事)司法协助的三项主要内容,即送达文书、调查取证以及外国法院民事判决的承认与执行一并加以规定。在我国跟法国缔结的司法协助协定中,更将"根据请求提供民事、商事法律、规定文本以及本国在民事、商事诉讼程序方面司法实践的情报资料"包括在内。① 但我国跟泰国、比利时等缔结的司法协助条约仅涉及送达文书和调查取证,而没有包括民事判决的域外承认与执行。

此外,我国跟外国缔结的司法协助条约中,出于实际需要,还往往包括如下内容:(1) 外国人在民事诉讼中的法律地位;(2) 交流法律情报资料;(3) 免除文书认证和文书证明效力;(4) 户籍文件的送交;(5) 外国仲裁裁决的承认与执行。② 本章作者对司法协助持广义观点,只是考虑到判决的域外承认与执行的重要性,而把它另外单列一节。

根据国际社会的一般看法,存在条约或互惠关系是进行司法协助的依据或前提。我国《民事诉讼法》第 276 条规定:"根据中华人民共和国缔结或者参加的国际条约,或者按照互惠原则,人民法院和外国法院可以相互请求,代为送达文书、调查取证以及进行其他诉讼行为。"因而,当我国跟外国存在有条约关系时,应根据条约的规定相互提供司法协助。根据我国《民事诉讼法》的上述规定,在我国跟有关外国没有缔结或参加有关司法协助的条约也可以按照互惠原则,相互提供司法协助。我国《民事诉讼法》第 277 条进一步规定,如果没有条约关系,请求和提供司法协助,应通过外交途径进行。

我国最高人民法院在 1992 年发布的《关于适用〈中华人民共和国民事诉讼法〉若干问题的意见》第 318 条还规定:当事人向中华人民共和国有管辖权的中级人民法院申请承认和执行外国法院作出的有法律效力的判决、裁定的,如果该所在国与中华人民共和国没有缔结或者共同参加国际条约,也没有互惠关系的,当事人可以向人民法院起诉,由有管辖权的人民法院作出判决,予以执行。

对于司法协助应适用的准据法,我国国内法和与外国缔结的司法协助条约

---

① 参见《中法司法协助协定》第 2 条。
② 参见《中意司法协助条约》第 2 条、条 6 条、第 7 条。

均作了明确规定。例如,我国《民事诉讼法》第 279 条前段就规定:"人民法院提供司法协助,依照中华人民共和国法律规定的程序进行。"《中华人民共和国和法兰西共和国关于民事、商事司法协助的协定》第 4 条"司法协助适用的法律"也规定:"缔约双方在本国领域内实施司法协助的措施,各自适用其本国法,但本协定另有规定的除外。"

相关的国际条约也作了类似规定。例如,我国参加的《关于向国外送达民事或商事司法文书和司法外文书公约》(简称《送达公约》)第 5 条规定,被请求方送达文书时应"按照其国内法规定在国内诉讼中对在其境内的人员送达文书的方法"进行。但这也不是绝对的。在一定情况下,被请求方司法机关也可以根据请求方的请求,适用请求一方的某些诉讼程序规则。我国《民事诉讼法》第 279 条后段对此就作了规定:"外国法院请求采用特殊方式的,也可以按照其请求的特殊方式进行,但请求采用的特殊方式不得违反中华人民共和国法律。"我国跟外国缔结的双边司法协助条约对此也作了类似规定。

在司法协助中,公共秩序是有其特殊的含义的,它是指如果请求国提出的司法协助事项跟被请求国的公共秩序相抵触,被请求国有权拒绝提供司法协助。

我国国内法以及我国跟外国缔结的双边司法协助条约中也肯定了公共秩序制度。只是在具体措辞上,一般是把公共秩序表述为"主权和安全"或"社会公共利益"或"公共秩序"或"法律的基本原则"等。例如,我国《民事诉讼法》第 276 条第 2 款规定:"外国法院请求协助的事项有损于中华人民共和国的主权、安全或者社会公共利益的,人民法院不予执行。"又如,《中华人民共和国和意大利共和国关于民事司法协助条约》第 19 条也规定,如果被请求的行为有损于被请求的缔约一方的主权、安全或违反其法律制度的基本原则,则拒绝提供协助。只是在此种情况下,被请求的缔约一方应将拒绝的理由通知提出请求的缔约一方。

二、国际司法协助的有关机关

(一)中央机关

司法协助的中央机关,是指一国根据本国缔结或参加的国际条约的规定而指定建立的司法协助中起联系或转递作用的机关。

往昔,一国法院需要外国法院代为执行有关司法行为,其请求通常要经过外交途径转递。① 为了方便各国之间司法协助请求的转递,减轻各国外交机关在司法协助上的工作压力,1965 年海牙国际私法会议成员国在缔结《送达公约》

---

① 现今,如果两国间无条约关系时,此种请求仍应通过外交途径进行,如我国《民事诉讼法》第 277 条的规定。

时,创建了"中央机关"制度,也即各缔约国应指定或组建中央机关取代外交机关作为司法协助专门的联系途径或工作机关。[①] 此后,有关的司法协助方面的国际条约以及各国间的双边司法协助条约纷纷仿效,普遍采用了中央机关制度。

我国1991年加入上述《送达公约》和1997年在加入《域外取证公约》时,均指定中华人民共和国司法部为中央机关和有权接收外国通过领事途径转递的文书的机关。但我国跟外国缔结的双边司法协助条约指定何为中央机关则有以下三种情形:(1)指定我国司法部作为中央机关;(2)同时指定各自的司法部和最高人民法院同为中国方面的中央机关;(3)同时指定各自的司法部和最高人民检察院为中国方面的中央机关。

(二)主管机关

司法协助中的主管机关,是指根据条约或国内法规定有权向外国提出司法协助请求并有权执行外国提出的司法协助请求的机关。

一般而言,各国通过司法协助程序完成的协助行为主要还是一种诉讼行为,因而,各国司法协助中主管机关主要也是司法机关。但由于各国国情和司法制度的差异,有些国家除了司法机关外,其他机关或人员也可以执行外国提出的司法协助请求。例如,在比利时等国,有关送达文书的请求,通常由司法执达员完成,而司法执达员只是司法助理人员。又如,在波兰,对于民商案件除了法院是主管机关外,公证处也有权处理数额不大的财产纠纷以及关于遗嘱有效性方面的纠纷。在我国,对于民商案件均由人民法院管辖,司法执行人员也属于法院工作人员,因此,在(民事)司法协助方面我国的主管机关是法院。

(三)外交机关

在司法协助中,根据条约和我国的司法实践,外交机关的作用主要有以下几个方面:

(1)作为司法协助的联系途径。在此种情形下,外交机关只起一个联系、转递的作用,其作用相当上述"中央机关"。国际社会普遍认为,如果没有缔结或参加有关司法协助方面的双边或多边条约,则两国之间的司法协助一般应通过外交途径进行。我国亦是如此。

(2)作为解决司法协助条约纠纷的途径。我国跟外国缔结的双边司法协助条约规定,因实施或解释条约而产生的困难或争议应通过外交途径解决。如我国和波兰司法协助协定第29条就规定:"本协定执行过程中所产生的任何困难均应通过外交途径解决。"

(3)查明外国法方面的作用。如根据我国和法国司法协定第28条的规定,

---

① 该《公约》第2条规定:每一缔约国应指定一个中央机关,负责根据该《公约》第3条至第6条的规定,接收来自其他缔约国的送达请求书,并予以转递。每一缔约国应依其本国法律组建中央机关。

"有关缔约一方法律、法规、习惯和司法实践的证明,可以由本国的外交或领事代表机关或者其他有资格的机关或个人以出具证明书的方式提交给缔约另一方法院。"

(4) 出具诉讼费用减免证明书方面的作用。根据我国跟外国缔约的双边司法协助条约,申请减免诉讼费用所需的证明书,在通常情况下,应由当事人住所或居所地的主管机关出具,但是,如申请人在缔约双方境内均无住所或居所时,亦可由其本国的外交或领事机关出具。①

三、域外送达

(一) 域外送达的概念

域外送达,是一国法院根据国际条约或本国法律或按照互惠原则将司法外文书和司法文书送交给居住在国外的诉讼当事人或其他诉讼参与人的行为。

司法文书的送达是一种重要的司法行为。因为只有合法送达了司法文书,法院才能行使司法审判权。同时,许多诉讼期间也是以有关司法文书的送达而开始计算的。

关于域外送达的国际立法最主要的是 1965 年在海牙订立的《送达公约》以及各国间缔结的大量的双边司法协助条约和领事条约。截至 2014 年 6 月 30 日,《送达公约》已有 68 个成员,中国 1991 年批准加入该《公约》,《公约》于 1992 年 1 月 1 日起对中国生效。

司法文书的域外送达是通过以下两种途径来进行的:其一是直接送达,即由内国法院根据内国法律和国际条约的有关规定通过一定的方式直接送达;其二是间接送达,即由内国法院根据内国法律和国际条约的有关规定通过一定的途径委托外国的中央机关代为送达。后一种方法是通过国际司法协助的途径来进行送达。

(二) 直接送达

一般而言,直接送达的方式,大概有以下几种:

(1) 外交代表或领事送达。一般来说,采用这种方式进行域外送达的对象只能是所属国国民,并且不能采取强制措施。

(2) 邮寄送达。即内国法院通过邮局直接将法律文书寄给国外的诉讼当事人或其他诉讼参与人。对于这种方式的送达,各国立法和司法实践所持的态度各不相同。有的采用,有的反对采用。

---

① 如我国和俄罗斯《关于民事和刑事司法协助条约》第 10 条第 2 款规定:"缔约一方国民申请免除诉讼费用,应由其住所或居所所在地的主管机关出具说明其身份及财产状况的证明书;如果该申请人在缔约双方境内均无住所或居所,亦可由其本国的外交领事代表机关出具上述证明书。"

(3) 个人送达。即内国法院将司法文书委托给具有一定身份的个人代为送达。这种个人可能是有关当事人的诉讼代理人，也有可能是当事人选定的或与当事人关系密切的人。个人送达方式一般为英美法系各国所承认和采用。

(4) 公告送达。即将需要送达的司法文书的内容用张贴公告或登报的方法告知有关的当事人或其他诉讼参与人，自公告之日起经过一定的时间即视为送达。许多国家的民事诉讼法都规定在一定条件下可适用公告送达的方式。我国也规定在一定条件下可采用公告送达。

(5) 按当事人协商的方式送达。这是英美法系国家所采用的一种送达方式，如依美国法规定，对外国国家的代理人或代理处，对外国国家或外国的政治实体的送达，可以依诉讼双方当事人间特别协商的办法进行。英国法甚至规定合同当事人可以在其合同中规定接受送达的方式。

(三) 间接送达

间接送达，也即通过国际司法协助的途径来进行送达，它必须按照双方共同缔结或参加的双边或多边条约的规定，通过缔约国的中央机关来进行。根据各国法律和有关司法协助的条约，此种间接送达必须经过特别的程序：

1. 请求的提出

(1) 有权提出请求的机关和人员。一般而言，对有权提出请求的主体，应根据请求国的法律来界定。对于我国而言，由于送达文书属于法院职权范围，因此，有权向外国提出请求的主体只能是法院。

(2) 提出请求的途径。我国最高人民法院、外交部、司法部1992年发布的关于执行上述《送达公约》有关程序的通知中规定，我国法院向外国提出文书送达请求，应通过统一的途径提出，即有关中级人民法院或专门人民法院应将请求书和所送司法文书送有关高级人民法院转最高人民法院，由最高人民法院送我国驻该国使馆转送给该国指定的中央机关。[1]

(3) 请求书的格式和要求。根据我国参加的1965年《送达公约》，送达请求书、送达证明书、被送达文书均必须以该公约所附的标准格式提出。

对于请求书内容和格式，首先应根据两国间有关司法协助的双边条约的规定办理，无双边条约而又同为1965年《送达公约》成员国的，则应按《送达公约》规定办理。没有条约关系的，一般可参照上述《送达公约》办理。

2. 请求的执行

根据上述《送达公约》和有关国家的实践，一国执行外国提出的送达请求，主要有以下三种方式：

(1) 正式送达。即被请求国中央机关按照其国内法规定的在国内诉讼中对

---

[1] 《最高人民法院公报》1992年第2期。

在其境内的人员送达文书的方法自行送达该文书,或安排经由一适当机构使之得以送达。

（2）特定方式送达。即文书可按照请求方要求采用的特定方法进行送达,但此种特定方法不得与被请求国的法律相抵触。特定送达方式主要有:亲手将文书递送给所指定的人;以书面回执确认文书的送达;送达人证实对照片所示的人进行送达。

（3）非正式递交。即在被送达人自愿接收时向其送达文书,而不必严格遵守公约所规定的有关译文等形式上的要求。但在被送达人拒绝时,再改用正式送达。

应指出的是,我国跟外国缔结的双边司法协助条约中,通常只规定正式送达和特定方式送达两类,而未规定非正式送达。因此,有双边条约的,当应按双边条约规定办理。

3. 送达结果的通知

根据《送达公约》规定,被请求国中央机关或该国为此目的可能指定的任何机关应依公约规定格式出具证明书。证明书应说明文书已经送达,并应包括送达的方法、地点和日期,以及文书被交付人。如文书并未送达,则证明书中应载明妨碍送达的原因。申请者可要求非中央机关或司法机关出具的证明书由上述一个机关副署。

4. 费用的承担

根据《送达公约》规定,发自缔约一国的司法文书的送达不应产生因文件发往国提供服务所引起的税款或费用的支付或补偿。但申请者应支付或补偿下列两种情况下产生的费用:其一是有司法助理人员或依送达目的地国法律主管人员的参加;其二是特定送达方法的费用。

我国跟外国缔结的双边司法协助条约一般规定,送达司法文书和司法外文书应当免费。[①] 未有条约关系时,在收费问题上我国采取对等原则,但根据请求方要求采用特殊方式送达文书所引起的费用,则由请求一方负担。

5. 对送达请求的异议

（1）地址不详。根据《送达公约》规定,"在文书的受送达人地址不明的情况下,本公约不予适用"。但我国跟外国缔结的双边司法协助条约对此问题,通常是这样规定的:如收件人地址不完全或不确切,被请求一方中央机关仍应努力满足向它提出请求。为此,它可要求请求一方提供能使其查明和找到有关人员的补充材料。如果经过努力,仍无法确定地址,被请求一方的中央机关应当通知

[①] 如我国和法国司法协助协定第10条、我国和波兰司法协助协定第9条第1款等。

请求一方,并退还请求送达的司法文书和司法外文书。①

(2)请求书不符合要求。根据《送达公约》规定,如被请求国中央机关认为请求书不符合原规定,应及时通知请求方,并说明其对请求书的异议。上述异议主要是涉及请求书的形式要件,如未附正式译本,文书没有一式两份等。请求文书因此而被退回后,请求方还可对请求书予以修正,使之符合公约规定的形式要件,被请求方一般也仍可接受请求方重新提出的请求。

(3)执行请求将有损于被请求国公共秩序。

(四)我国的域外送达制度

1.中国法院向域外送达诉讼文书

根据我国《民事诉讼法》第267条和有关司法解释的规定,对在中国境内没有住所的当事人送达诉讼文书,可通过以下七种方式:

(1)依受送达人所在国与中国缔结或共同参加的国际条约中规定的方式送达。2013年最高人民法院《关于依据国际公约和双边司法协助条约办理民商事案件司法文书送达和调查取证司法协助请求的规定》第1条规定,人民法院应当根据便捷、高效的原则确定依据海牙《送达公约》、海牙《取证公约》,或者双边民事司法协助条约,对外提出民商事案件司法文书送达和调查取证请求。该规定2013年的《实施细则(试行)》第4条规定,有权依据海牙《送达公约》、海牙《取证公约》直接对外发出司法协助请求的高级人民法院,应当根据便捷、高效的原则,优先依据海牙《送达公约》和海牙《取证公约》提出、转递本辖区各级人民法院提出的民商事案件司法文书送达和调查取证请求。为实施海牙《送达公约》,1992年3月最高人民法院、外交部、司法部曾发布了《关于执行海牙〈送达公约〉有关程序的通知》,1992年9月司法部、最高人民法院、外交部又联合发布了《关于执行海牙〈送达公约〉的实施办法》。根据上述实施办法,执行送达的法院不管文书中确定的出庭日期或期限是否已过,均应送达。对于国外按《公约》提交的未附中文译本而附英、法文译本的文书,法院仍应送达。除双边条约中规定英、法文译本为可接受文字者外,受送达人有权以未附中文译本为由拒收。当事人拒收的,送达法院应在送达回证上注明。另外,根据2003年最高人民法院办公厅《关于指定北京市、上海市、广东省、浙江省、江苏省高级人民法院依据海牙〈送达公约〉和海牙〈取证公约〉直接向外国中央机关提出和转递司法协助请求和相关材料的通知》,最高人民法院还指定了北京、上海、广东、浙江和江苏五省市的高级人民法院,依照海牙《送达公约》,直接向公约成员国中央机关提出和转递本院及下级人民法院依据公约提出的送达民事司法文书和司法外文书的请求书及相关材料。依照海牙《取证公约》,直接向公约成员国中接受我国加入

---

① 如我国和法国司法协助协定第8条等。

并且该公约已在我国与该国之间生效的成员国中央机关提出和转递本院及下级人民法院依据公约提出的涉外民事调查取证的请求书及相关材料。

（2）通过外交途径送达。1986年8月，最高人民法院、外交部、司法部发布了《关于中国法院和外国法院通过外交途径相互委托送达法律文书若干问题的通知》对此作了规定：中国法院通过外交途径向国外当事人送达法律文书，应按下列程序和要求办理：第一，要求送达的法律文书须经省、自治区、直辖市高级人民法院审查，由外交部领事司负责转递。第二，中国法院向在外国领域内的中国籍当事人送达法律文书，如该国允许我使、领馆直接送达，可委托我驻该国使、领馆送达。第三，中国法院和外国法院通过外交途径相互委托送达法律文书的收费，一般按对等原则办理。外国法院支付中国法院代为送达法律文书的费用，由外交部领事司转交有关高级人民法院；中国法院支付外国法院代为送达法律文书的费用，由有关高级人民法院交外交部领事司转递。但应委托一方要求用特殊方式送达法律文书所引起的费用，由委托一方负担。第四，中、日双方法院委托对方法院代为送达法律文书，除按上述有关原则办理外，还应依照最高人民法院1982年10月《关于中、日两国之间委托送达法律文书使用送达回证问题的通知》办理。

（3）向作为受送达人的自然人或者企业、其他组织的法定代表人、主要负责人直接送达。2006年最高人民法院《关于涉外民事或商事案件司法文书送达问题若干规定》第3条规定，作为受送达人的自然人或者企业、其他组织的法定代表人、主要负责人在中华人民共和国领域内的，人民法院可以向该自然人或者法定代表人、主要负责人送达。

（4）向受送达人委托的有权代其接受送达的诉讼代理人送达。2006年最高人民法院《关于涉外民事或商事案件司法文书送达问题若干规定》第4条规定，除受送达人在授权委托书中明确表明其诉讼代理人无权代为接收有关司法文书外，其委托的诉讼代理人为《民事诉讼法》第247条（2012年修订的《民事诉讼法》第267条）第4项规定的有权代其接受送达的诉讼代理人，人民法院可以向该诉讼代理人送达。

（5）向受送达人在中国境内设立的代表机构或有权接受送达的分支机构、业务代办人送达。此外，最高人民法院2002年6月发布的《关于向外国公司送达司法文书能否向其驻华代表机构送达并适用留置送达问题的批复》指出，在受送达人在中国境内设有代表机构时，便已不属于海牙《送达公约》第1条第1款所规定的须向外国送达文书的情形。因此，人民法院可以根据《民事诉讼法》第247条（2012年修订的《民事诉讼法》第267条）第5项的规定向受送达人在中国境内设立的代表机构送达文书，而不必依《送达公约》的规定向国外送达。同时，2006年最高人民法院《关于涉外民事或商事案件司法文书送达问题若干规定》第 12 条规定,人民法院向受送达人在中华人民共和国领域内的法定代表人、主要负责人、诉讼代理人、代表机构以及有权接受送达的分支机构、业务代办人送达司法文书,可以适用留置送达的方式。

(6) 邮寄送达。受送达人所在国法律允许邮寄送达的,可以邮寄送达;邮寄送达时应附有送达回证。受送达人未在送达回证上签收但在邮件回执上签收的,视为送达,签收日期为送达日期。自邮寄之日起满 3 个月,如果送达回证没有退回,佢根据各种情况足以认定已经送达的,视为送达。最高人民法院 2004 年还通过了《关于以法院专递方式邮寄送达民事诉讼文书的若干规定》。

(7) 公告送达。不能用上述方式送达的,公告送达。自公告之日起满 3 个月的,视为送达。2006 年最高人民法院《关于涉外民事或商事案件司法文书送达问题若干规定》第 9 条规定,人民法院依照《民事诉讼法》第 247 条(2012 年修订的《民事诉讼法》第 267 条)第 8 项规定的公告方式送达时,公告内容应在国内外公开发行的报刊上刊登。

(8) 通过传真、电子邮件等方式送达。人民法院可以通过传真、电子邮件等能够确认收悉的方式向受送达人送达。

2006 年最高人民法院《关于涉外民事或商事案件司法文书送达问题若干规定》还规定,按照司法协助协定、《送达公约》或者外交途径送达司法文书,自中国有关机关将司法文书转递受送达人所在国有关机关之日起满 6 个月,如果未能收到送达与否的证明文件,且根据各种情况不足以认定已经送达的,视为不能用该种方式送达。除公告送达方式外,人民法院可以同时采取多种方式向受送达人进行送达,但应根据最先实现送达的方式确定送达日期。受送达人未对人民法院送达的司法文书履行签收手续,但存在以下情形之一的,视为送达:一是受送达人书面向人民法院提及了所送达司法文书的内容;二是受送达人已经按照所送达司法文书的内容履行;三是其他可以视为已经送达的情形。2013 年最高人民法院《关于依据国际公约和双边司法协助条约办理民商事案件司法文书送达和调查取证司法协助请求的规定》第 5 条规定,人民法院委托外国送达民商事案件司法文书和进行民商事案件调查取证,需要提供译文的,应当委托中华人民共和国领域内的翻译机构进行翻译。译文应当附有确认译文与原文一致的翻译证明。翻译证明应当有翻译机构的印章和翻译人的签名。译文不得加盖人民法院印章。

2. 外国诉讼文书向中国的送达

根据我国《民事诉讼法》第 277 条的规定及有关司法解释,外国诉讼文书向中国的送达可以采用以下途径:

(1) 对与中国缔结有司法协助协定的国家,按司法协助协定处理。根据最高人民法院、外交部、司法部 1992 年《关于执行〈送达公约〉的通知》第 7 条,在同为中国对外签订的双边司法协助协定和海牙《送达公约》成员的国家之间,双边协定优先于《送达公约》适用。根据1988年最高人民法院《关于执行双边司法协助协定的通知》(已废止),缔约的外国一方通过我国司法部请求中国人民法院提供司法协助的,经我国司法部转递最高人民法院审查后,交有关高级人民法院指定有关中级人民法院(含专门人民法院,下同)办理。办妥后,有关中级人民法院应将有关材料及送达回证经高级人民法院退最高人民法院外事局。

(2) 对尚未与中国缔结司法协助协定的国家,只要其是1965年海牙《送达公约》的成员方,可根据《公约》进行送达。但中国于1991年3月2日批准加入1965年海牙《送达公约》时,作了一些声明与保留,例如,第一,指定中华人民共和国司法部为中央机关和有权接收外国通过领事途径转递的文书的机关。第二,外国驻华使领馆只能直接向其在华的本国国民(而非中国国民或第三国国民)送达法律文书。第三,反对采用《公约》第10条所规定的方式(即邮局直接送达;文件发送国主管司法人员、官员和其他人员,直接通过目的地国上述人员送达;诉讼利害关系人直接通过目的地国上述人员送达)在中华人民共和国境内进行送达。

(3) 外交代表或领事送达。根据我国《民事诉讼法》第277条第2款的规定,外国驻中国使领馆可以向该国公民送达文书,但不得违反中国法律,并不得采取强制措施。

(4) 既未与中国缔结司法协助协定,又非1965年海牙《送达公约》成员的国家,通过外交途径进行。最高人民法院、外交部、司法部1986年8月发布的《关于中国法院和外国法院通过外交途径相互委托送达法律文书若干问题的通知》对此作了详细规定:第一,凡已同中国建交国家的法院,通过外交途径委托中国法院向中国公民或法人以及在华的第三国或无国籍当事人送达法律文书,除该国同中国已订有协议的按协议办理外,一般根据互惠原则按下列程序和要求办理:由该国驻华使馆将法律文书交外交部领事司转递给有关高级人民法院,再由该高级人民法院指定有关中级人民法院送达给当事人。当事人在所附送达回证上签字后,中级人民法院将送达回证退高级人民法院,再通过外交部领事司转退给对方;如未附送达回证,则由有关中级人民法院出具送达证明交有关高级人民法院,再通过外交部领事司转给对方。第二,委托送达法律文书须用委托书。委托书和所送法律文书须附有中文译本。法律文书的内容有损中国主权和安全的,予以驳回;如受送达人享有外交特权和豁免,一般不予送达;不属于中国法院职权范围或因地址不明或其他原因不能送达的,由有关高级人民法院提出处理意见或注明妨碍送达的原因,由外交部领事司向对方说明理由,予以退回。第三,对拒绝转递中国法院通过外交途径委托送达法律文书的国家或有特殊限制的国家,中国可根据情况采取相应措施。

2013年最高人民法院《关于依据国际公约和双边司法协助条约办理民商事案件司法文书送达和调查取证司法协助请求的规定》第2条规定,人民法院协助外国办理民商事案件司法文书送达和调查取证请求,适用对等原则。其第3条规定,人民法院协助外国办理民商事案件司法文书送达和调查取证请求,应当进行审查。外国提出的司法协助请求,具有海牙《送达公约》、海牙《取证公约》或双边民事司法协助条约规定的拒绝提供协助的情形的,人民法院应当拒绝提供协助。其第4条规定,人民法院协助外国办理民商事案件司法文书送达和调查取证请求,应当按照我国《民事诉讼法》和相关司法解释规定的方式办理。请求方要求按照请求书中列明的特殊方式办理的,如果该方式与我国法律不相抵触,且在实践中不存在无法办理或者办理困难的情形,应当按照该特殊方式办理。

3. 区际送达

1999年《关于内地与香港特别行政区法院相互委托送达民商事司法文书的安排》、2001年《关于内地与澳门特别行政区法院就民商事案件相互委托送达司法文书和调取证据的安排》、2009年最高人民法院《关于涉港澳民商事案件司法文书送达问题若干规定》、2008年最高人民法院《关于涉台民事诉讼文书送达的若干规定》、2009年《海峡两岸共同打击犯罪及司法互助协议》和2010年最高人民法院《关于人民法院办理海峡两岸送达文书和调查取证司法互助案件的规定》为中国内地与香港、澳门和台湾地区之间通过区际司法协助的途径相互代为送达司法文书提供了明确的法律依据。

根据《关于内地与香港特别行政区法院相互委托送达民商事司法文书的安排》,内地法院和香港特别行政区法院委托送达司法文书的,均须通过各高级人民法院和香港特别行政区高等法院进行。最高人民法院司法文书可以直接委托香港特别行政区高等法院送达。委托方请求送达司法文书,须出具盖有其印章的委托书。委托书应当以中文文本提出。受委托方如果认为委托书与本《安排》的规定不符,应当通知委托方,并说明对委托书的异议。必要时可以要求委托方补充材料。不论司法文书中确定的出庭日期或者期限是否已过,受委托方均应送达。受委托方接到委托书后,应当及时完成送达,最迟不得超过自收到委托书之日起两个月。送达司法文书后,内地人民法院应当出具送达回证;香港特别行政区法院应当出具送达证明书。受委托方无法送达的,应当在送达回证或者证明书上说明妨碍送达的原因、拒收事由和日期,并及时退回委托书及所附全部文书。送达司法文书,应当依照受委托方所在地法律规定的程序进行。委托送达司法文书费用互免。但委托方在委托书中以特定送达方式送达所产生的费用,由委托方负担。

《关于内地与澳门特别行政区法院就民商事案件相互委托送达司法文书和调取证据的安排》中有关送达的规定与上述内地与香港达成的《安排》基本相同。不同的是,该《安排》第 8 条对请求的不予执行作了规定:受委托方法院收到委托书后,不得以其本辖区法律规定对委托方法院审理的该民商事案件有专属管辖权或不承认对该请求事项提起诉讼的权利为由,不执行受托事项。受委托方法院在执行受托事项时,如果该事项不属于法院职权范围,或者内地人民法院认为在内地执行该受托事项将违反其基本法律原则或者社会公共利益,或者澳门特别行政区法院认为在澳门特别行政区执行该受托事项将违反其基本法律原则或公共秩序的,可以不予执行,但应当及时向委托方法院说明不予执行的理由。

2009 年最高人民法院《关于涉港澳民商事案件司法文书送达问题若干规定》的主要规定有:人民法院审理涉及香港特别行政区、澳门特别行政区的民商事案件时,向住所地在香港特别行政区、澳门特别行政区的受送达人送达司法文书,适用本规定。作为受送达人的自然人或者企业、其他组织的法定代表人、主要负责人在内地的,人民法院可以直接向该自然人或者法定代表人、主要负责人送达。除受送达人在授权委托书中明确表明其诉讼代理人无权代为接收有关司法文书外,其委托的诉讼代理人为有权代其接受送达的诉讼代理人,人民法院可以向该诉讼代理人送达。受送达人在内地设立有代表机构的,人民法院可以直接向该代表机构送达。受送达人在内地设立有分支机构或者业务代办人并授权其接受送达的,人民法院可以直接向该分支机构或者业务代办人送达。人民法院向受送达人送达司法文书,可以邮寄送达。人民法院可以通过传真、电子邮件等能够确认收悉的其他适当方式向受送达人送达。人民法院不能依照本规定上述方式送达的,可以公告送达。除公告送达方式外,人民法院可以同时采取多种法定方式向受送达人送达。采取多种方式送达的,应当根据最先实现送达的方式确定送达日期。人民法院向在内地的受送达人或者受送达人的法定代表人、主要负责人、诉讼代理人、代表机构以及有权接受送达的分支机构、业务代办人送达司法文书,可以适用留置送达的方式。受送达人未对人民法院送达的司法文书履行签收手续,但存在以下情形之一的,视为送达:(1) 受送达人向人民法院提及了所送达司法文书的内容;(2) 受送达人已经按照所送达司法文书的内容履行;(3) 其他可以确认已经送达的情形。

为保障海峡两岸人民权益,维护两岸交流秩序,海峡两岸关系协会与财团法人海峡交流基金会 2009 年达成了《海峡两岸共同打击犯罪及司法互助协议》(以下简称《协议》),并于同年 6 月 25 日起生效。该《协议》第 7 条规定,双方同意依已方规定,尽最大努力,相互协助送达司法文书。受请求方应于收到请求书之日起 3 个月内及时协助送达。受请求方应将执行请求之结果通知请求方,并及时寄回证明送达与否的证明资料；无法完成请求事项者，应说明理由并送还相关资料。为落实《协议》，最高人民法院2010年通过了《关于人民法院办理海峡两岸送达文书和调查取证司法互助案件的规定》，自2011年6月25日起施行，其主要内容有：人民法院办理海峡两岸司法互助业务，应当遵循一个中国原则，遵守国家法律的基本原则，不得违反社会公共利益。人民法院和台湾地区业务主管部门通过各自指定的协议联络人，建立办理海峡两岸司法互助业务的直接联络渠道。人民法院向住所地在台湾地区的当事人送达民事和行政诉讼司法文书，可以采用该《规定》第7条规定的7种方式。人民法院协助台湾地区法院送达司法文书，应当采用我国《民事诉讼法》等法律和相关司法解释规定的送达方式，并应当尽可能采用直接送达方式，但不采用公告送达方式。审理案件的人民法院需要台湾地区协助送达司法文书的，应当填写"协议送达文书请求书"附录部分，连同需要送达的司法文书及时送交高级人民法院。高级人民法院经审查认为可以请求台湾地区协助送达的，高级人民法院联络人应当填写"协议送达文书请求书"正文部分，连同附录部分和需要送达的司法文书，立即寄送台湾地区联络人。

四、域外调查取证

（一）概述

根据目前的普遍实践，搜集调查证据，作为行使国家司法主权的一种行为，更具有属地性，如果没有外国的同意，是不能在该国领域内实施的。在国外提取证据一般也是通过直接、间接两种途径。其中直接取证是指受诉法院国在征得有关国家同意的情况下直接提取有关案件所需的证据；间接取证则是指受诉法院国通过司法协助的途径委托有关国家的主管机关进行取证。

直接取证，不涉及取证地国家主管机关的司法行为，其方式主要有如下三种：

（1）外交和领事人员取证。除葡萄牙和丹麦等少数国家不准允外国外交代表和领事官员在其境内自行取证以外，多数国家都在一定的条件下给予外国外交代表和领事官员这种权力，只是要求不尽相同。但外交和领事取证必须有条约依据，或存在互惠关系；取证行为不应违反内国有关法律的规定，不得采取强制措施；外国外交或领事代表只能向其派遣国国民提取有关证据等，则是比较一致的要求。

（2）当事人或诉讼代理人自行取证。这种取证方式主要存在于一些普通法系国家，特别是美国。1970年的海牙《取证公约》第23条规定：缔约国在签署、批准或加入时可以声明不执行普通法国家叫做"审判前文件调查"的程序。① 这种"审判前文件调查"的程序就是由诉讼当事人或其他代理人直接进行的。很显然,公约的规定表明它原则上并不否定普通法国家的这一取证方式,同时也允许各缔约国对这一取证方式提出保留。事实上,许多国家都对这一规定作出了极为强烈的反应,除美国以外的所有其他缔约国都在签署、批准或加入1970年海牙《取证公约》时作了保留声明。

(3) 特派员取证。它是指法院在审理涉外民商事案件时委派专门的官员去外国境内提取证据的行为。受诉法院的法官、书记员、律师,甚至取证地国的公职人员或律师都有可能被受诉法院委派为特派员。这一取证方式也为英美法系国家所采用,多数大陆法系国家一般都认为这种方式有损一国的司法主权。根据1970年海牙《取证公约》的规定,在民事或商事方面,被合法指定为特派员的人员,如果得到证据调查地国家特定的主管机关的概括许可或对特定案件的个别许可,并遵守主管机关许可时所规定的条件,可以在各缔约国境内不受约束地进行有关另一缔约国法院所受理的诉讼的取证行为。但如果没有取证地国家所指定的主管机关的协助,特派员实施取证行为时不能采取强制措施。特派员在调查取证时可以按照派遣国法律所规定的方式和程序进行,但这种方式和程序不能是取证地国家法律所明文禁止的。

由于在他国境内直接调查取证常受到种种限制,给取证带来不便,所以各国通常都是委托有关国家的主管机构,通过国际司法协助的途径间接提取处于国外的有关证据材料。

为了协调各国不同的取证制度,便于域外取证的开展,国际社会通过努力缔结了大量的双边和多边条约。在多边条约中,较有影响的有:(1) 1954年3月1日订于海牙的《民事诉讼程序公约》,该《公约》第二章专门规定了域外调查取证。截至2014年6月30日,该《公约》共有48个成员,已适用于中国澳门地区,但中国未加入。(2) 1970年海牙《取证公约》,截至2014年6月30日,已有58个国家或地区批准或加入了该《公约》。中国已于1997年7月3日作出了加入该《公约》的决定,《公约》自1998年2月6日起对中国生效,并已适用于中国香港地区和澳门地区。根据《公约》第39条第4款、第5款的规定,加入行为只在加入国和已声明接受该国加入的《公约》缔约国之间发生效力,且加入国和接受

---

① 普通法系国家民事诉讼中所需要的证据由当事人及其律师自行搜集,并在庭审时全部展示给法官和陪审团,不允许为补充新的证据而中止审理。为此,必须有适当的手段和途径帮助当事人和律师在审理之前获得所需证据。这一手段和途径即所谓的"审前调查程序"(Pretrial Discovery Procedure),它是指当事人一方在审判前对另一方或非当事人就有关事实和情况进行调查,以获取对自己有利的证据。如果需要向国外进行这类活动,而法院请求外国协助,这类请求书即为本公约所指的旨在进行审判前文件调查的请求书。

该国加入的国家之间自接受国交存接受声明后第 60 日起生效。截至 2014 年 6 月 30 日,共有荷兰、卢森堡、捷克、以色列、波兰、芬兰、德国、意大利、美国、斯洛伐克、法国、丹麦、西班牙、澳大利亚、挪威、阿根廷、葡萄牙、爱沙尼亚、瑞士、瑞典、拉脱维亚、希腊、塞浦路斯、摩纳哥、土耳其和墨西哥 26 个国家接受了中国的加入,另外,截至 2014 年 6 月 30 日,中国也在加入该《公约》以后接受了保加利亚、立陶宛、斯里兰卡、斯洛文尼亚、乌克兰、俄罗斯联邦、白俄罗斯、科威特、罗马尼亚、南非、波黑、马其顿、克罗地亚、阿尔巴尼亚、塞尔维亚、马耳他和摩洛哥 17 个国家的加入。因此,目前,《公约》已经在中国和上述 43 个国家之间生效。①

间接调查取证是海牙《取证公约》中规定的主要方式。《公约》第 1 条至第 14 条对这种域外调查取证方式的各项程序作出了明确和详尽的规定。

(1) 请求的提出。《公约》要求各缔约国指定一个中央机关,负责接受来自缔约另一国司法机关的请求书,并转交给内国的主管机关执行。在任何情况下,请求书均可送交中央机关。《公约》还规定请求书可直接送交被请求国中央机关,而无需通过请求国中央机关或任何其他机关转交。

(2) 请求的执行及执行情况的通知。《公约》明确规定请求书应得到迅速执行。至于执行情况的通知,《公约》则规定,证明执行请求书的文书应由被请求国机关,通过与请求国机关所采用的同一途径送交请求国机关。如请求书全部或部分未予执行,亦应通过同一途径及时将此通知请求国机关,并告知理由。

(3) 请求的拒绝。《公约》明确规定请求书仅得依以下理由拒绝执行:其一,请求书的执行在被请求国不属于司法机关的职权范围;其二,被请求国认为其主权或安全将会因此而受到损害。《公约》同时还明确规定不得仅依以下理由拒绝执行请求书:其一,被请求国依其本国法对请求书所涉及的诉讼标的享有专属管辖权;其二,被请求国法律规定不允许对请求书所涉及事项提起诉讼。

(二) 中国的域外调查取证制度

中国的域外调查取证制度,主要规定在中国所缔结或参加的涉及域外调查取证的国际条约及中国的国内立法和有关的司法解释中。

1. 直接调查取证

(1) 关于外交或领事人员取证。根据中国《民事诉讼法》第 277 条第 2 款及中国对外签订的双边司法协助协定和中国所参加的多边条约,如海牙《取证公约》的规定,中国接受并采取领事取证方式,不过,领事取证的对象仅限于领事所属国国民,而不允许外国领事在中国境内对中国公民或第三国公民取证,且不得违反中国法律和采取强制措施。

---

① 资料来源:http://www.hcch.net/index_en.php?act=status.accept&mid=493, visited on July 18, 2014.

(2) 关于特派员取证。中国对外签订的双边司法协助协定中均未规定特派员取证制度。而依中国《民事诉讼法》第 277 条第 3 款的规定，未经中国主管机关准许，任何外国机关或个人不得在中国境内调查取证。由此，中国原则上不允许外国特派员在中国境内调查取证。中国在加入海牙《取证公约》时也对《公约》第 17 条等条款中关于特派员取证制度的规定提出了保留。

(3) 关于当事人或诉讼代理人自行取证。同样根据中国《民事诉讼法》第 277 条第 3 款的规定，未经中国主管机关许可，任何外国当事人及其诉讼代理人都不得在中国境内自行调查取证。中国在加入海牙《取证公约》时也声明，对普通法系国家旨在进行审判前文件调查的请求书，仅执行已在请求书中列明并与案件有直接密切联系的文件的调查请求。对于不反对采用这种取证方式的国家和地区，中国当事人当然可以采用这种方式。事实上，中国人民法院在处理涉及港澳地区的案件时，对处于这些地区的案件，一般是责成有关当事人自行取证。中国《民事诉讼法》对于如何确认域外证据的真实性问题没有规定。2010 年最高人民法院《关于进一步做好边境地区涉外民商事案件审判工作的指导意见》第 3 条和第 5 条指出，境外当事人到我国参加诉讼，人民法院应当要求其提供经过公证、认证的有效身份证明。境外当事人是法人时，对其法定代表人或者有权代表该法人参加诉讼的人的身份证明，亦应当要求办理公证、认证手续。如果境外当事人是自然人，其亲自到人民法院法官面前，出示护照等有效身份证明及入境证明，并提交上述材料的复印件的，可不再要求办理公证、认证手续。当事人提供境外形成的用于证明案件事实的证据时，可以自行决定是否办理相关证据的公证、认证手续。

很多国家法院都承认外国法院的判决具有证明效力，可以作为证据使用，但必须符合一定的条件，例如符合判决作出地国法律关于其真实性的要件、不违反内国的公共秩序，但这些条件比承认和执行外国法院判决的条件要宽松很多（例如 2004 年《比利时国际私法》第 26、28 条）。通常，外国法院的民商事判决如果已经通过法定程序获得我国法院的承认，则可以作为证据在我国法院使用，可以直接采用该判决所认定的事实。我国一些地方法院在审判实践中对此有所突破，对于国外或港澳特别行政区法院作出的发生法律效力的裁判文书，直接作为证据使用，但要求该法律文书必须经过公证。2006 年《内地与澳门特别行政区关于相互认可和执行民商事判决的安排》第 3 条第 2 款规定，没有给付内容，或者不需要执行，但需要通过司法程序予以认可的判决，当事人可以向对方法院单独申请认可，也可以直接以该判决作为证据在对方法院的诉讼程序中使用。

2001 年《关于民事诉讼证据的若干规定》第 12 条规定："当事人向人民法院提供外文书证或者外文说明资料，应当附有中文译本。"对于当事人提交的外文书证或外文说明资料的中文译本，是否允许当事人自己翻译？从实践来看，应当责令当事人提交有资质的翻译公司的译本,并经公证认证,以防止当事人事后以翻译不准确为由反悔。

2. 间接调查取证

根据我国《民事诉讼法》第 276 条的规定,中国人民法院与外国法院可以依据两国缔结或共同参加的国际条约或按照互惠原则,相互请求代为调查取证。但外国法院请求中国人民法院代为调查取证的,不得损害中国的主权、安全或社会公共利益,否则不予执行。2013 年最高人民法院《关于依据国际公约和双边司法协助条约办理民商事案件司法文书送达和调查取证司法协助请求的规定实施细则(试行)》第 3 条规定,人民法院应当根据便捷、高效的原则,优先依据海牙《取证公约》提出民商事案件调查取证请求。如无条约关系存在,则可依互惠原则通过外交途径进行。就外交途径而言,中国前述 1986 年最高人民法院、外交部、司法部联合发布的《关于我国和外国法院通过外交途径相互委托送达法律文书若干问题的通知》指出,中国法院和外国法院通过外交途径相互委托代为调查取证的,可参照该《通知》的有关规定办理。

3. 区际调查取证

我国最高人民法院 2001 年《关于内地与澳门特别行政区法院就民商事案件相互委托送达司法文书和调取证据的安排》、2009 年《海峡两岸共同打击犯罪及司法互助办议》和 2010 年《关于人民法院办理海峡两岸送达文书和调查取证司法互助案件的规定》,为中国内地与澳门和台湾之间通过区际司法协助的途径相互代为调查取证提供了明确的法律依据。但是,目前我国内地与香港地区之间在关于民商事案件相互委托调查取证方面尚无规则可循。

2001 年的上述内地与澳门《安排》的主要内容有:委托方法院请求调取的证据只能是与诉讼有关的证据。代为调取证据的范围包括:代为询问当事人、证人和鉴定人,代为进行鉴定和司法勘验,调取其他与诉讼有关的证据。如委托方法院提出要求,受委托方法院应当将取证的时间、地点通知委托方法院,以便有关当事人及其诉讼代理人能够出席。受委托方法院在执行委托调取证据时,根据委托方法院的请求,可以允许委托方法院派司法人员出席。必要时,经受委托方允许,委托方法院的司法人员可以向证人、鉴定人等发问。受委托方法院完成委托调取证据的事项后,应当向委托方法院书面说明。受委托方法院可以根据委托方法院的请求,并经证人、鉴定人同意,协助安排其辖区的证人、鉴定人到对方辖区出庭作证,证人、鉴定人在委托方地域内逗留期间享有司法、行政豁免。上述所指出庭作证人员,在澳门特别行政区还包括当事人。受委托方法院取证时,被调查的当事人、证人、鉴定人等的代理人可以出席。受委托方法院可以根据委托方法院的请求代为查询并提供本辖区的有关法律。

2010 年的上述《规定》的相关内容有:人民法院办理海峡两岸调查取证司法

互助业务,限于与台湾地区法院相互协助调取与诉讼有关的证据。在不违反法律和相关规定、不损害社会公共利益、不妨碍正在进行的诉讼程序的前提下,人民法院应当尽力协助调查取证,并尽可能依照台湾地区请求的内容和形式予以协助。审理案件的人民法院需要台湾地区协助调查取证的,应当填写"《海峡两岸共同打击犯罪及司法互助协议》调查取证请求书"附录部分,连同相关材料及时送交高级人民法院。《规定》还对高级人民法院初步审查和最高人民法院最终审查的期限、证据的转交以及台湾地区请求人民法院协助调查取证的程序作了规定。

第五节 外国法院判决的承认与执行

一、概述

一国法院对涉外民商事案件所作的判决,本只能在法院地国发生效力,但是,由于国际交往的发展,任何国家为了自身的利益,又不得不通过适当的途径承认外国判决在本国具有法律效力。这种外国法院所作的判决在内国领域发生法律效力的事实,称为外国法院判决的承认与执行。对于"外国法院判决"中的"外国""法院""判决"措辞应作广义理解。"外国"有时还指同一主权国家内的另一法域;"法院"既包括具有民商事管辖权的普通法院,也包括劳动法院、行政法院、特别法庭,甚至被国家赋予一定司法权的其他机构。[①]"判决"不仅指民商事判决、裁定和调解书,也指就诉讼费用所作的裁决、对刑事案件中的有关损害赔偿事项所作的判决以及某些外国公证机关就特定事项所作的决定。

承认外国法院的判决与执行,是既有区别又有联系的两个问题。承认外国法院的判决是承认外国法院判决在确认当事人的权利和义务方面具有与本国法院判决同等的法律效力,其法律后果是,如果在本国境内他人就与判决相同的事项提出与该判决内容不同的请求,可以用该判决作为对抗他人的理由。而执行外国法院的判决则不但承认外国法院判决在本国的效力,而且就其应执行的部分,通过适当程序付诸执行,其法律后果是使判决中的财产部分得到实现。

承认外国法院判决,一般也就是执行外国法院判决的前提条件,但被承认的外国法院判决并非都有执行问题。例如,关于单纯的离婚判决,承认了它就意味着可以允许离婚当事人再行结婚,不需要强制执行。但如离婚判决中的有关财产部分以及有关给付子女扶养费的判决,则不仅要求承认,而且要求执行,即由

[①] 例如在波兰,公证处也有权处理数额不大的财产纠纷,以及关于遗嘱有效性、遗嘱保护方面的纠纷。1992年《罗马尼亚国际私法》也规定它所指的"外国判决",包括外国法院、公证机关或其他主管机关作出的判决。

法院采取强制措施使一方当事人按判决的规定把一定数量的财产或扶养费交给另一方当事人。

为了说明一个国家为什么要承认与执行外国法院判决，一些学者曾提出国际礼让说、一事不再理说、互惠说及义务说等种种理论。但究其实质，还是因为承认与执行外国法院判决符合国际民事关系发展的需要，因而世界各国为了加强在司法领域的国际合作，均在一定的条件下相互承认与执行外国法院判决，以使有关的民商事争议得以妥善而圆满地解决，使国际民事关系当事人的合法权益得到切实的保护。这已在各国国内立法和大量的国际条约中得到充分的反映。

就国内立法来说，多数国家都是在民事诉讼法中就内国法院承认与执行外国法院判决的义务作出了原则的规定，并规定了内国法院承认与执行外国法院判决的条件。还有一些国家甚至就此制定了单行法规。如英国为执行外国法院判决先后通过了五个专门的法令：1868年颁布的《判决延伸法》、1920年颁布的《司法管理法》、1933年颁布的《（互惠执行）外国判决法》、1982年为实施1968年《关于民商事案件管辖权和判决执行的布鲁塞尔公约》颁布的《民事管辖权和判决法》、为了实施欧盟理事会2000年《关于民商事件管辖权及判决承认与执行的规则》而制定2001年《民事管辖权和判决令》对1982年《民事管辖权和判决法》进行的修订。日本也在1926年修订的《民事诉讼法》第200条和1979年单独制定的《民事执行法》中规定了日本法院承认与执行外国法院判决的规范。

在国际立法方面，自从1869年法国和瑞士缔结世界第一个相互承认与执行对方法院判决的双边条约以后，国际社会为谋求制定统一的承认与执行外国法院判决的国际条约作出了不懈的努力。在目前存在的为数众多的国际司法协助条约中，绝大多数都规定了外国法院判决的承认与执行。我国同法国和波兰缔结的司法协定也分别于第四章和第三章对民事裁决的承认与执行作了较为详细的规定。但具有广泛的国际性和普遍性的国际公约还比较少，到目前为止只有1971年2月在海牙签订的《民商事案件中外国判决的承认和执行公约》及其附加议定书。而且，就这个《公约》来说，虽然《公约》第1条第1款规定公约适用于缔约国法院作出的民商事判决，但根据该第2款的规定，有关人身关系、家庭关系、扶养关系、继承关系方面的判决，有关法人成立、存在和法人机构的职权方面的判决，有关破产、清偿协议方面的判决，有关社会保障问题的判决以及有关核能所造成的损失或损害等方面的判决都被排除在外。但是，国际社会也在一些专门领域达成有若干个这方面的公约，如1958年在海牙签订的《关于扶养儿童义务判决的承认和执行公约》，1970年为协调1958年公约而在海牙签订的《关于扶养义务判决的承认和执行公约》等。此外，在一些专门性的国际公约中也规定了承认和执行外国法院判决的条款，以保证同该条约内容有关的案件的判决在缔约国得到承认和执行。这些条款,有 1969 年《国际油污损害民事责任公约》第 10 条、1970 年《国际铁路货物运输合同公约》第 58 条等。

二、各国承认与执行外国判决的条件

综观各国国内立法以及有关国际条约的规定,除了该判决必须是民事判决或刑事判决中的附带民事部分之外,承认和执行外国法院判决,通常还应具备以下条件:

(1) 原判决国法院必须具有合格的管辖权。

一国法院在什么样的情况下对有关案件具有管辖权的问题,各国立法规定差异很大,有关国际条约的规定也很不一致,因此,需要确定应适用哪一个国家的法律作为准据法来确定原判决作出国法院的管辖权问题。对此,主要有以下几种做法:其一,是规定原判决国法院的管辖权应依承认和执行判决地国家的内国法律来确定,这是包括德国、英国、原苏联和东欧国家在内的多数国家的做法。如依英国法律,外国法院的判决超出了其管辖外,则不予登记。德国法律也规定,如果外国判决作出国法院,依德国法是无管辖权的,则不予承认与执行。[①] 其二,是诸如匈牙利、西班牙等国的法律规定,只要根据承认和执行判决地国家的内国法并不排除有关外国法院的管辖就够了,并不要求外国法院根据判决承认与执行地国家的内国法应具有管辖权。如 2004 年《比利时国际私法》第 25 条第 7、8 项规定,如果比利时法院对诉讼请求享有专属管辖权,或外国法院的管辖权仅基于被告在该法院所在国出现或有财产位于该法院所在国,但是与争议本身没有任何直接联系,则外国判决应不予承认和执行。其三,是依判决作出国法律来判定其管辖权。例如,欧洲共同体国家于 1968 年缔结的《关于民商案件管辖权及判决执行公约》第 4 条就规定,如被告不住在一个缔约国时,除了专属管辖权以外,则每一缔约国法院的管辖权由各缔约国法律自行决定。其四,是如多数国际条约的规定,只要求原判决国法院依有关条约的规定具有管辖权,其他缔约国便应承认其具有管辖权。如 1928 年缔结的《布斯塔曼特法典》第 423 条、1971 年缔结的《关于承认与执行外国民事和商事判决的公约》第 4 条以及有关国家间的双边司法协助条约大多采用此种做法。

我国《民事诉讼法》对于应该依哪个国家的法律来确定判决国法院管辖权的问题未作任何规定。但从我国与外国缔结的双边司法协助条约来看,主要有三种不同的方式。第一种方式是我国与法国、波兰、蒙古、古巴、罗马尼亚等国签订的司法协助条约中所采用的,即依被请求国法律判断请求国法院是否具有管辖权。第二种方式是在我国与俄罗斯签订的司法协助条约中所采用的,即依被

---

① 参见《德国民事诉讼法》第 328 条第 1 款第 1 项。

请求国对案件是否具有专属管辖权来判断请求国法院是否有管辖权。第三种方式是在我国与意大利、西班牙签订的司法协助条约中所采用的，即专门规定若干项管辖权标准，只要作出裁决的法院符合该条约所列情形之一，即被视为具有管辖权。根据中国和埃及司法协助条约第 22 条、中国和意大利司法协助条约第 22 条、中国和西班牙司法协助条约第 21 条、中国和越南司法协助条约第 18 条的规定，有如下管辖权标准：在提起诉讼时，被告在该国境内有住所或居所；被告因其商业活动被提起诉讼时，在该国境内设有代表机构；被告已明示接受该缔约一方法院的管辖；被告就争议的实质问题进行了答辩，未就管辖权问题提出异议；在合同案件中，合同在作出裁决的缔约一方境内签订，或已经或应当在该缔约一方境内履行，或者诉讼的标的物在该缔约一方境内；在合同外侵权责任案件中，侵权行为或结果发生在该缔约一方境内；在身份关系诉讼中，在提起诉讼时，诉讼当事人在作出裁判的缔约一方境内有住所或居所；在扶养责任案件中，债权人在提起诉讼时在该缔约一方境内有住所或居所；在继承案件中，被继承人死亡时住所地或主要遗产所在地在作出裁判的缔约一方境内；争议的对象是位于作出裁判的缔约一方境内的不动产的物权。但是，上述司法协助条约一般又补充规定：本条第 1 款的规定不应影响双方法律规定的专属管辖权。缔约双方应通过外交途径以书面形式相互通知各自法律中关于专属管辖权的规定。

应该说，第三种方式与前两种方式相比，具有较大的优越性。它不是单纯地根据某一方法律来判断法院是否具有管辖权，而是在双方充分协商的基础上，就管辖权问题达成一种谅解和共识，因而更容易掌握和执行。

(2) 外国法院判决已经生效或具有执行力。

如果一项判决在作出国尚未生效或不具有执行力，显然，在其他国也不会被承认或执行的。因此，申请承认与执行的判决，必须是依判决作出国的法律已经生效和可以执行的。各国立法和有关条约普遍规定了这一点。例如，依日本 1979 年《民事执行法》第 24 条第 3 款规定，在没有证明外国法院判决是"已经确定的判决"时，应驳回执行请求。1982 年原南斯拉夫《法律冲突法》第 87 条也规定："如请求执行人于提起外国法院的判决的同时还提交了外国主管法院或其他机关的证明书，依判决作出国法律判决是终局和有约束力的，即应承认该外国法院的判决。"

我国跟外国缔结的双边协助把依判决作出判决已经生效或具有执行力作为承认与执行的必要条件之一。例如，中国和法国司法协助协定第 22 条、中国和波兰司法协助协定第 20 条、中国和蒙古国司法协助条约第 18 条、中国和罗马尼亚司法协助条约第 22 条、中国和意大利司法协助条约第 21 条以及中国和西班牙司法协助条约第 22 条等。我国《民事诉讼法》第 281 条也作了类似规定。

(3) 外国法院进行的诉讼程序是公正的。

基于对败诉方当事人的保护,各国立法和有关国际条约都规定,内国法院在承认或执行外国法院判决时,要求在判决作出的程序中,对败诉一方当事人的诉讼权利提供充分的保护。否则,便可以认定有关的诉讼因缺乏公正性而可以拒绝承认或执行其判决。作为败诉方而言,其诉讼权利可能因以下两种情形而受损害,其一是未得到合法传唤,从而未能出庭陈述自己的诉讼主张;其二是在无诉讼行为能力时未得到适当代理。因此,我国与其他国家缔结的双边司法协助条约均规定,如果根据作出判决一方的法律,未出庭的败诉一方当事人未经合法传唤,或在没有诉讼行为能力时未得到适当代理,则被请求方有权拒绝承认与执行外国法院就有关案件作出的判决。①

其他如德国法律规定,如果德国人被告由于未能得到出庭的传票或法院的命令而没有参与案件的审理程序所作出的外国法院的判决,德国不予承认。② 1971年海牙《关于承认与执行外国民事和商事判决的公约》第5条也规定:"在未给予任何一方当事人充分机会陈述其意见的情况下作出的"判决,缔约国可拒绝承认与执行。

(4) 外国法院判决必须合法取得。

有关国际条约和大多数国家的立法及司法实践规定,使用欺骗手段获得外国法院判决是不能在内国得到承认和执行的。如依英国1933年《外国判决相互执行法》(Foreign Judgments Reciprocal Enforcement Act)第1条、第2条、第4条的规定,如果外国法院判决是以欺诈方法取得的,即不予登记或撤销登记。印度、巴基斯坦、缅甸等国的民事诉讼法律也规定,承认和执行外国法院判决的条件之一便是判决不是以欺诈方法取得的。1971年在海牙缔结的《关于承认与执行外国民事和商事判决的公约》第5条第2款以及1973年于海牙缔结的《关于扶养义务判决的承认和执行公约》第5条第2款、2005年《协议选择法院公约》第9条第4项也都规定,如果外国法院判决是在诉讼程序中利用欺诈手段取得的,则可拒绝承认或执行。

(5) 不存在平行诉讼。

各国法律和有关国际公约都规定,如果出现平行诉讼的情形,即外国法院判决与内国法院就同一当事人之间的同一争议所作的判决或内国法院已经承认的第三国法院就同一当事人之间的同一争议所作的判决相冲突,内国法院可以拒绝承认与执行。如2005年《协议选择法院公约》第9条第6项和第7项规定,若

---

① 如我国和法国司法协助协定第22条、我国和波兰司法协助协定第20条、我国和蒙古国司法协助条约第18条等。

② 参见《德国民事诉讼法》第328条第2款第2项。

判决与被请求国法院所作的相同当事人间的争议的判决不一致；或者判决与另一国就相同当事人间涉及诉讼相同事由的先前的判决不一致，如果该先前判决满足在被请求国获得承认所需要的条件，则可以拒绝承认或执行该判决。

（6）承认与执行外国判决不违背内国公共秩序。

这是国际社会普遍公认的一个条件，各国法律及有关双边司法协助条约和国际公约都无一例外地对此作了明确规定。例如，1964年捷克斯洛伐克《国际私法与国际民事诉讼程序法》第64条规定："承认外国判决违反捷克公共秩序的"，则不得承认和执行。1987年瑞士联邦《国际私法法规》第27条第2款规定："如果对外国判决的承认明显地不符合瑞士的公共秩序，在瑞士应拒绝承认该判决。"1971年海牙《关于承认与执行外国民事和商事判决的公约》第5条第1款也规定："承认或执行判决与被请求国的公共秩序明显不相符，或者判决是经与被请求国所要求的正当法律程序不相容的程序作出的，或者是在未予任何一方当事人充分机会陈述其意见的情况下作出的"，可以拒绝承认和执行该外国法院的判决。

我国《民事诉讼法》第282条以及同外国缔结的双边司法协助条约规定，承认与执行外国法院判决不得违背我国的公共秩序。

（7）存在条约或互惠关系。

从当今国际社会的实践来看，除了允许内国法院对外国法院判决进行实质性审查的国家（如卢森堡、葡萄牙等国）以及只允许内国法院基于国际条约承认与执行外国法院判决的国家（如原苏联和斯堪的纳维亚各国）以外，其他国家一般都只规定内国法院可以基于互惠原则承认与执行外国法院的判决，因只规定内国法院可以基于互惠原则承认与执行外国法院的判决，因而在不存在互惠关系的情况下得拒绝承认与执行外国法院的判决，如1996年日本《民事诉讼法》第118条第4项的规定。但是，由于被请求承认和执行的外国法院判决往往与内国有十分密切的联系，一概强调互惠极有可能给自己造成不利。因此，近些年来，各国在承认与执行外国法院判决中对互惠原则的运用已趋于灵活，有些国家如阿根廷、巴西等拉美国家甚至已不再将互惠作为承认与执行外国法院判决的条件。在实践中，2009年美国加利福尼亚州联邦上诉法院在没有审查中国法律对美国法院判决的互惠待遇的情况下，同意执行湖北省高级人民法院的一项民事判决；2006年德国柏林高等法院根据德国《民事诉讼法》第328条承认了中国无锡市中级人民法院的一项民事判决，在中德法院间判决的执行上先迈出了第一步。[①]

（8）外国法院适用了内国冲突法规定的准据法。

一般来说，大多数国家并不把外国法院适用了内国冲突法指定的准据法作

---

① 杜涛：《国际私法原理》，复旦大学出版社2014年版，第429—430页。

为承认与执行外国法院判决的条件之一。但也有的国家有此种要求。不过,此类国家中的大多数也仅是要求外国法院在特定范围内的民事关系上适用内国的冲突法或不违背内国的冲突法,例如,1982年原南斯拉夫《法律冲突法》第39条规定:"如依本法对南斯拉夫公民个人身份的决定应适用南斯拉夫法,如若外国法院的判决已适用的外国法与适用于该问题的南斯拉夫法并无实质性不同,则应承认其判决。"又如根据2004年比利时《国际私法》第25条第3款的规定,在当事人不能自由处分其权利的案件中,当事人取得判决的目的只是为了规避适用根据本法确定的法律,外国判决应不予承认和执行。因此,为了协调各国的法律制度,促进司法协助的开展,1971年于海牙缔结的《关于承认与执行外国民事和商事判决的公约》作了折中处理,其第7条规定:"被请求国不得仅以请求国法院适用的法律不同于被请求国依照国际私法规则可适用的法律为理由而拒绝承认或执行。但是,如果请求国法院在作出判决前必须就一方当事人的身份或能力问题或当事人一方为公约第1条第2款第1项至第4项规定所不适用的其他方面权利问题作出决定,而此项决定与适用被请求国关于该问题的国际私法规则所得结果不同时,则可拒绝承认或执行。"

我国法律并不要求外国法院适用我国冲突法指定的准据法作为承认与执行外国法院判决的条件之一。因而,我国跟外国缔结的双边司法协助条约大多无此内容。只是基于对等原则,我国跟法国、西班牙缔结的双边司法协助协定中有此类内容。如我国和法国缔结的司法协助协定第22条第2款就规定:"在自然人的身份或能力方面,请求一方法院没有适用按照被请求一方国际私法规则应适用的法律"时,被请求一方可拒绝承认与执行请求一方所作出的裁决,"但其所适用的法律可以得到相同结果的除外"。我国和西班牙缔结的司法协助条约第22条第2款也作了上述类似的规定。

三、外国判决的承认与执行程序

(一)请求的提出

对于其他类型的司法协助,如域外送达文书和域外取证,一般均是由请求方法院或其他主管机关通过中央机关等途径向被请求方法院或其他主管机关提出。而对于承认与执行外国裁决,应由谁来提出,则各国规定各不相同。如有的国家规定只能由当事人提出,有的则规定只能由原判法院提出,也有的国家规定当事人或原判法院均可提出。依我国《民事诉讼法》第280条和第281条的规定,既可由当事人直接提出,也可按双方缔结或参加的条约办理。

各国法律和有关条约都规定,对于此种申请承认与执行外国法院判决的请求,不论通过何种途径,均须用书面形式,并附有关文书。依我国法律和对外缔结的双边司法协助条约的规定,申请承认与执行外国法院判决,除请求权外,通常还应提供:第一,经法院证明无误的判决副本,如果副本中没有明确指出判决已生效和可以执行,还应附有法院为此出具的证明书;第二,证明未出庭的当事人已经合法传唤或在其没有诉讼行为能力时已得到适当代理证明书;第三,请求书和上述第 1 项、第 2 项所指文件经证明无误的被请求文字或双方认可的第三国文字(通常为英文和法文)的译本。

(二) 对外国判决的审查

对请求承认与执行的外国法院判决的审查,国际上有实质性审查和形式性审查两种不同的方式。所谓实质性审查,是指对申请承认与执行的外国判决,从法律和事实两个方面进行充分的审核,只要审核国认为该判决认定事实或适用法律是不适当的,它就有权根据本国的法律部分变更或全部推翻或不予执行。形式性审查,则是指实行审查的国家不对原判决的事实和法律进行审查,它仅审查外国的判决是否符合本国法律规定的承认和执行外国判决的条件,不对案件判决的实质作任何变动,不改变原判决的结论。

但在承认与执行外国法院判决方面,目前普遍的实践是不对外国判决作实质审查,而仅就以上提到的是否有阻碍承认与执行情况的存在进行审查,如认为该判决合法有效且符合执行的其他条件,便可予以承认,并按被请求国法所规定的执行程序交付执行。如 2005 年《协议选择法院公约》第 8 条 2 款规定,在不影响适用本章的规定属于必要的审查的情况下,不应对原审法院所作的判决的事实进行审查。被请求法院应受原审法院的管辖权所基于的对事实的判断的约束,除非判决系缺席判决。其他如 1956 年《国际公路货物运输合同公约》、1969 年《国际油污损害民事责任公约》及 1970 年《国际铁路货物运输合同公约》均规定:"在各项手续中不允许重提该案的是非";1971 年海牙《关于承认与执行外国民事和商事判决的公约》第 8 条也规定,除被请求国法院可根据公约有关承认与执行外国判决的条件进行审查外,"对请求国送交的判决不应作实质性的任何审查"。

此外,申请的程序,一般应由被请求国法律支配。如海牙《关于承认与执行外国民事和商事裁决的公约》第 14 条第 1 款规定:"除本公约另有规定外,承认或执行外国判决的程序应适用被请求国法律。"我国与其他国家签订的双边司法协助条约一般也都规定,裁决的承认与执行,由被请求的缔约一方法院依照本国法律规定的程序决定。

(三) 承认与执行外国法院判决的具体程序

从各国的立法和实践来看,一国法院在承认与执行外国法院判决时所遵循的具体程序大致有以下几种:

(1) 执行令程序。这种程序一般为以法国、德国和俄罗斯为代表的大陆法系国家所采用。有关的内国法院在受理了当事人或其他利害关系人提出的请求之后,先对该外国法院判决进行审查,如果符合内国法所规定的有关条件,即由该内国法院作出一个裁定,并发给执行令,从而赋予该外国法院判决与内国法院判决同等的效力,并依与执行内国法院判决相同的程序予以执行。

(2) 登记程序和重新审理程序。这种程序主要为以英、美为代表的普通法系国家所采用。英国法院目前主要根据判决作出国的不同而分别采用登记程序或重新审理程序来承认与执行外国法院判决。根据英国、欧盟有关法律和英国与法国、比利时等国签订的司法协助条约的规定,有管辖权的英国法院对于英联邦国家和欧盟各国法院所作出的判决采用登记程序,即英国法院在收到有关利害关系人提交的执行申请书后,一般只要查明外国法院判决符合英国法院所规定的条件,就可以予以登记并交付执行。而对于其他不属于上述法律规定的国家的法院判决,英国法院都是采用判例法所确定的重新审理程序,即英国法院不直接执行这些国家的法院所作出的判决,而只是把它作为可以向英国法院重新起诉的根据,英国法院经过对有关案件的重新审理,确定外国法院判决与英国的有关立法不相抵触时,作出一个与该外国法院判决内容相同或相似的判决,然后由英国法院依英国法所规定的执行程序予以执行。这样,根据英国法官的理解,英国法院所执行的就是本国法院的判决,而不再是外国法院的判决。

在美国法院,一般是区分金钱判决和非金钱判决而采用不同的执行程序。对于金钱判决,大多数州的立法和实践都遵循英国判例法中的重新审理程序。① 至于非金钱判决的承认与执行,美国各州法院所采用的程序就很不统一了,基本上没有一致的原则可循,各州法院完全适用执行地法的有关规定。

四、我国关于外国判决相互承认与执行的规定

(一) 我国《民事诉讼法》的有关规定

关于我国人民法院和外国法院相互承认与执行判决的制度,我国《民事诉讼法》第 280 条、第 281 条和第 282 条作了三项原则规定:

(1) 人民法院作出的发生法律效力的判决、裁定,如果被执行人或其财产不在中华人民共和国领域内,当事人请求执行的,可以由当事人直接向有管辖权的外国法院申请承认和执行,也可以由人民法院依照中华人民共和国缔结或者参加的国际条约的规定,或者按照互惠原则,请求外国法院承认和执行。

(2) 外国法院作出的发生法律效力的判决、裁定,需要中华人民共和国法院

---

① 请求承认和执行外国法院判决的当事人或其他利害关系人既可以以有关的外国法院判决为依据提起一个要求偿付债务的诉讼,也可以以原来诉讼中的诉因为依据重新提起诉讼。在前一种情况下,请求人应向法院提供所能证实有关判决的相关文件,美国法院在审查了所有文件及有关情况后,认为不违反美国现行法律规定时,即作出一个责令债务人偿付有关债务的判决,并交付执行。在后一种情况下,则完全由美国法院重新审理有关案件,并作出判决,然后交付执行。

承认和执行,可以由当事人直接向中华人民共和国有管辖权的中级人民法院申请承认和执行,也可由外国法院依照该国与中华人民共和国缔结或者参加的国际条约的规定,或者按照互惠原则,请求人民法院承认和执行。

(3)人民法院对申请或请求承认与执行的外国法院作出的发生法律效力的判决、裁定,依照中华人民共和国缔结或参加的国际条约,或按照互惠原则进行审查后,认为不违反中华人民共和国法律的基本原则或者不危害国家主权、安全、社会公共利益的,裁定承认其效力,需要执行的,发出执行令,依照本法有关规定执行。违背中华人民共和国法律的基本原则或者危害国家主权、安全、社会公共利益的,不予承认和执行。

1992年最高人民法院《关于适用〈中华人民共和国民事诉讼法〉若干问题的意见》第319条规定,与我国没有司法协助协议又无互惠关系的国家的法院,未通过外交途径,直接请求我国法院司法协助的,我国法院应予退回,并说明理由。但作为一种补救措施,在此种情形下,当事人可以向中国人民法院起诉,由有管辖权的人民法院作出判决,予以执行。

但是,不能认为,对于当事人直接申请或外国法院请求我国法院承认和执行的判决,只依照共同受约束的国际条约或互惠以及公共秩序制度进行审查,再无其他具体限制和条件。无论从我国民事诉讼法的基本原则和基本制度来看,还是从当今国际社会的普遍实践来看,都必须认为,凡外国法院委托我国法院承认和执行的判决,必须是民(商)事判决,必须是由有管辖权的国家的具有审判涉外民事案件的权能的法院作出的,其审判程序必须是严格遵守了它自己的程序规则,并且为判决义务人提供了充分出庭应诉的机会,且不与正在我国国内进行或已经进行终了的诉讼相冲突等,则均应是审查外国判决时考虑的因素。对此,我国跟外国缔结的双边司法协助条约已作了明确规定,如中国和法国司法协助协定第22条、中国和波兰司法协助协定第20条、中国和蒙古国司法协助条约第18条、中国和罗马尼亚司法协助条约第22条等。

我国法院在接受委托协助执行外国法院判决时,依《民事诉讼法》的上述规定,既不对其作实质性的审查,也不需要申请人就原判决的执行重新提出一个诉讼,只需根据以上条件进行形式审查并认为符合执行条件时,即可作出裁定,承认其效力,发出执行令,然后依我国《民事诉讼法》执行程序的规定交付执行。我国跟外国缔结的双边司法协助条约也作了类似规定,如中国和法国司法协助协定第23条就规定:"被请求一方法院应审查请求执行的裁决是否符合本章规定,但不得对该裁决作任何实质性审查。"

(二)有关承认外国法院离婚判决的特别规定

(1)1991年最高人民法院《关于中国公民申请承认外国法院离婚判决程序问题的规定》。根据该《规定》,对与中国没有订立司法协助协议的外国法院作出的离婚判决,中国籍当事人可以根据该《规定》向人民法院申请承认该外国法院的离婚判决。外国法院离婚判决中的夫妻财产分割、生活费负担、子女抚养方面判决的承认执行,不适用该《规定》。当事人之间的婚姻虽经外国法院判决,但未向人民法院申请承认的,不妨碍当事人一方另行向人民法院提出离婚诉讼。

(2) 1999年最高人民法院《关于人民法院受理申请承认外国法院离婚判决案件有关问题的规定》。根据该《规定》,中国公民向人民法院申请承认外国法院离婚判决,人民法院不应以其未在国内缔结婚姻关系而拒绝受理。外国公民向人民法院申请承认外国法院离婚判决,如果其离婚的原配偶是中国公民的,人民法院应予受理;如果其离婚的原配偶是外国公民的,人民法院不予受理,但可告知其直接向婚姻登记机关申请再婚登记。当事人向人民法院申请承认外国法院离婚调解书效力的,人民法院应予受理,并根据1991年《关于中国公民申请承认外国法院离婚判决程序问题的规定》进行审查,作出承认或不予承认的裁定。

五、中国内地与香港、澳门和台湾地区法院判决的相互认可与执行

(一)中国内地与香港地区法院判决的相互认可与执行

一直以来,内地法院作出的涉及给付金钱的判决,只可根据普通法,在香港通过提出债务诉讼予以认可和执行。由于香港和内地实施不同法制及法律原则,这种诉讼程序在香港往往要经过长时间才完结并涉及高昂的费用。同时,香港法院的判决也不能得到内地法院的认可与执行。鉴于香港和内地的经济活动频繁,最高人民法院与香港特别行政区政府在2002年就相互执行法院判决一事进行咨询,经过讨论后,双方于2006年签署了《关于内地与香港特别行政区法院相互认可和执行当事人协议管辖的民商事案件判决的安排》(以下简称《安排》)。《安排》在内地由最高人民法院发布司法解释以及在香港特别行政区完成修改有关法律程序后,由双方公布生效日期并予以执行。最高人民法院于2006年7月以司法解释的形式公布了《安排》,香港立法会也于2007年3月对贯彻实施《安排》的《内地判决(交互强制执行)条例草案》进行了二读审议。[①]根据双方的一致意见,《安排》自2008年8月1日起生效。《安排》的主要内容有:

(1)《安排》的适用范围。内地人民法院和香港特别行政区法院在具有书面管辖协议的民商事案件中作出的须支付款项的具有执行力的终审判决,当事

---

① 参见香港律政司网站:http://sc.info.gov.hk/gb/www.doj.gov.hk/chi/new/. 对于律政司司长黄仁龙资深大律师在立法会会议席上动议二读《内地判决(交互强制执行)条例草案》致辞全文,参见 http://www.doj.gov.hk/chi/public/pdf/sj20070307c.pdf,2010年11月20日访问。

人可以根据《安排》向内地人民法院或者香港特别行政区法院申请认可和执行。

对于《安排》所称"具有执行力的终审判决",第一,在内地是指:最高人民法院的判决;高级人民法院、中级人民法院以及经授权管辖第一审涉外、涉港澳台民商事案件的基层人民法院依法不准上诉或者已经超过法定期限没有上诉的第一审判决,第二审判决和依照审判监督程序由上一级人民法院提审后作出的生效判决。第二,在香港特别行政区是指终审法院、高等法院上诉法庭以及原讼法庭和区域法院作出的生效判决。《安排》所称"书面管辖协议",是指当事人为解决与特定法律关系有关的已经发生或者可能发生的争议,自《安排》生效之日起,以书面形式明确约定内地人民法院或者香港特别行政区法院具有唯一管辖权的协议。上述"特定法律关系",是指当事人之间的民商事合同,不包括雇佣合同以及自然人因个人消费、家庭事宜或者其他非商业目的而作为协议一方的合同。

(2) 受理申请的法院。申请认可和执行符合《安排》规定的民商事判决,在内地向被申请人住所地、经常居住地或者财产所在地的中级人民法院提出,在香港特别行政区向香港特别行政区高等法院提出。被申请人住所地、经常居住地或者财产所在地在内地不同的中级人民法院辖区的,申请人应当选择向其中一个人民法院提出认可和执行的申请,不得分别向两个或者两个以上人民法院提出申请。被申请人的住所地、经常居住地或者财产所在地,既在内地又在香港特别行政区的,申请人可以同时分别向两地法院提出申请,两地法院分别执行判决的总额,不得超过判决确定的数额。

(3) 应当提交的文件。申请人向有关法院申请认可和执行判决的,应当提交以下文件:第一,请求认可和执行的申请书;第二,经作出终审判决的法院盖章的判决书副本;第三,作出终审判决的法院出具的证明书,证明该判决属于《安排》第2条所指的终审判决,在判决作出地可以执行;第四,身份证明材料。向内地人民法院提交的文件没有中文文本的,申请人应当提交证明无误的中文译本。执行地法院对于本条所规定的法院出具的证明书,无需另行要求公证。

(4) 法律适用和申请期限。申请人申请认可和执行内地人民法院或者香港特别行政区法院判决的程序,依据执行地法律的规定。《安排》另有规定的除外。

(5) 不予认可和执行的理由。对申请认可和执行的判决,原审判决中的债务人提供证据证明有下列情形之一的,受理申请的法院经审查核实,应当裁定不予认可和执行:第一,根据当事人协议选择的原审法院地的法律,管辖协议属于无效。但选择法院已经判定该管辖协议为有效的除外。第二,判决已获完全履行。第三,根据执行地的法律,执行地法院对该案享有专属管辖权。第四,根据原审法院地的法律,未曾出庭的败诉一方当事人未经合法传唤或者虽经合法传唤但未获依法律规定的答辩时间。但原审法院根据其法律或者有关规定公告送达的,不属于上述情形。第五,判决是以欺诈方法取得的。第六,执行地法院就相同诉讼请求作出判决,或者外国、境外地区法院就相同诉讼请求作出判决,或者有关仲裁机构作出仲裁裁决,已经为执行地法院所认可或者执行的。内地人民法院认为在内地执行香港特别行政区法院判决违反内地社会公共利益,或者香港特别行政区法院认为在香港特别行政区执行内地人民法院判决违反香港特别行政区公共政策的,不予认可和执行。

(6) 认可与执行的效力。当事人对认可和执行与否的裁定不服的,在内地可以向上一级人民法院申请复议,在香港特别行政区可以根据其法律规定提出上诉。根据《安排》而获认可的判决与执行地法院的判决效力相同。在法院受理当事人申请认可和执行判决期间,当事人依相同事实再行提起诉讼的,法院不予受理。已获认可和执行的判决,当事人依相同事实再行提起诉讼的,法院不予受理。对于根据《安排》第9条不予认可和执行的判决,申请人不得再行提起认可和执行的申请,但是可以按照执行地的法律依相同案件事实向执行地法院提起诉讼。

(7) 执行措施与费用。法院受理认可和执行判决的申请之前或者之后,可以按照执行地法律关于财产保全或者禁止资产转移的规定,根据申请人的申请,对被申请人的财产采取保全或强制措施。当事人向有关法院申请执行判决,应当根据执行地有关诉讼收费的法律和规定交纳执行费或者法院费用。

此外,最高人民法院《关于我国公民周芳洲向我国法院申请承认香港地方法院离婚判决效力我国法院应否受理问题的批复》(1991年9月20日(1991)民他字第43号)指出,我国公民周芳洲向人民法院提出申请,要求承认香港地方法院关于解除英国籍人卓见与其婚姻关系的离婚判决的效力,有管辖权的中级人民法院应予受理。受理后经审查,如该判决不违反我国法律的基本原则和社会公共利益,可裁定承认其法律效力。

(二) 中国内地与澳门地区法院判决的相互认可和执行

根据《澳门特别行政区基本法》第93条的规定,最高人民法院与澳门特别行政区经协商,达成了《内地与澳门特别行政区关于相互认可和执行民商事判决的安排》(以下简称《安排》)。《安排》已于2006年由最高人民法院通过,自2006年4月1日起生效。《安排》对其适用范围、受理申请的法院、请求认可和执行判决的申请书、不予认可的理由、认可和执行的效力等内容作了规定。

(三) 祖国大陆与台湾地区法院判决的相互认可和执行

2009年《海峡两岸共同打击犯罪及司法互助协议》第10条规定,双方同意基于互惠原则,于不违反公共秩序或善良风俗之情况下,相互认可及执行民事确定裁判与仲裁裁决(仲裁判断)。

1. 祖国大陆法院判决在台湾地区的认可和执行

我国台湾地区1992年颁布的"台湾地区与大陆地区人民关系条例"(后经多次修改)对祖国大陆法院民商事判决在台湾的承认和执行作了规定。其第74条规定,在大陆地区作成之民事确定裁判、民事仲裁判断,不违背台湾地区公共秩序或善良风俗者,得申请法院裁定认可。前项经法院裁定认可之判决或判断,以给付为内容者得为执行名义。前两项规定以在台湾地区作成之民事确定裁判、民事仲裁判断,得申请大陆地区法院裁定认可或为执行名义者始适用之。1998年5月,台湾"行政院"又对"两岸关系条例施行细则"第54条(2003年修订后为第68条)增加了以下规定:"依本条例第74条规定申请法院裁定认可之民事确定裁判、民事仲裁判断,应经行政院设立或指定之机构或委托之民事团体验证。"这一规定实际上增加了台湾认可祖国大陆民事判决的法律环节。

据台湾学者考察,1997—2007年间,第三人向台湾地区高等法院申请裁定认可祖国大陆法院判决的案件,共25件。[1] 1999年10月15日,台湾板桥地方法院民事二庭裁定认可海口市中级人民法院(1995)海中法经字第54号民事判决,从而启动了祖国大陆法院的生效判决在台湾申请强制执行的程序。

2. 我国台湾地区法院判决在祖国大陆的认可和执行

(1) 1998年最高人民法院《关于人民法院认可台湾地区有关法院民事判决的规定》(以下简称《规定》)及其补充规定。其主要内容有:台湾地区有关法院的民事判决,当事人的住所地、经常居住地或者被执行财产所在地在其他省、自治区、直辖市的,当事人可以根据本《规定》向人民法院申请认可。申请人应提交申请书,并须附有不违反"一个中国"原则的台湾地区有关法院民事判决书正本或经证明无误的副本、证明文件。人民法院审查申请后,对于台湾地区有关法院民事判决不具有本《规定》第9条所列情形的,裁定认可其效力。案件虽经台湾地区有关法院判决,但当事人未申请认可,而是就同一案件事实向人民法院提起诉讼的,应予受理。对人民法院不予认可的民事判决,申请人不得再提出申请,但可以就同一案件事实向人民法院提起诉讼。人民法院作出民事判决前,一方当事人申请认可台湾地区有关法院就同一案件事实作出的判决的,应当中止诉讼,对申请进行审查。经审查,对符合认可条件的申请,予以认可,并终结诉讼;对不符合认可条件的,则恢复诉讼。

1998年最高人民法院《关于认真贯彻执行〈关于人民法院认可台湾地区有关法院民事判决的规定〉的通知》指出:在目前一段时间内,当事人申请认可台

---

[1] 黄国昌:《一个美丽的错误:裁定认可之中国大陆判决有无既判力?》,载台湾《月旦法学杂志》2009年第157期,第193页。

湾地区有关法院的民事判决,人民法院在裁定认可或者不予认可之前,应当报请本辖区所属高级人民法院进行审查。高级人民法院经审查同意或不同意认可,均应当及时予以答复,并报最高人民法院备案。

2009年《关于人民法院认可台湾地区有关法院民事判决的补充规定》指出:为了更好地解决认可台湾地区有关法院民事判决的相关问题,维护当事人的合法权益,现对最高人民法院《关于人民法院认可台湾地区有关法院民事判决的规定》作出补充规定。申请人同时提出认可和执行台湾地区有关法院民事判决申请的,人民法院应按规定对认可申请进行审查。经人民法院裁定认可的台湾地区有关法院民事判决,与人民法院作出的生效判决具有同等效力。申请人依裁定向人民法院申请执行的,人民法院应予受理。申请认可的台湾地区有关法院民事判决,包括对商事、知识产权、海事等民事纠纷案件作出的判决。申请认可台湾地区有关法院民事裁定、调解书、支付令,以及台湾地区仲裁机构裁决的,适用《规定》和本补充规定。申请人向被执行财产所在地中级人民法院申请认可的,应当提供被执行财产存在的相关证据。申请人申请认可台湾地区有关法院民事判决,应当提供相关证据,以证明该判决真实并且效力已确定。申请人提出认可台湾地区有关法院民事判决的申请时,或者在案件受理后、人民法院作出裁定前,可以提出财产保全申请。申请人申请财产保全的,应当向人民法院提供有效的担保。申请认可台湾地区有关法院民事判决的案件,应根据案件的不同类型,由相关民事审判庭的审判人员组成合议庭进行审理。人民法院经审查能够确认该判决真实并且效力已确定,且不具有《规定》第9条所列情形的,裁定认可其效力;不能确认的,裁定驳回申请人的申请。申请认可台湾地区有关法院民事判决的,应当在该判决效力确定后2年内提出。当事人因不可抗拒的事由或者其他正当理由耽误期限而不能提出认可申请的,在障碍消除后的10日内,可以申请顺延期限。人民法院受理申请人申请后,应当在6个月内审结。

1999年民政部《关于认定台湾地区有关法院离婚判决书和离婚调解书效力的通知》指出:凡持台湾地区有关法院离婚判决书或离婚调解书的当事人申请再婚,当事人或其原配偶是大陆居民的,该离婚判决书或离婚调解书须经人民法院裁定认可。离婚判决书或离婚调解书未经认可,或被裁定不予认可的,视该离婚判决书或离婚调解书不具有法律效力,婚姻登记管理机关不能为当事人办理再婚登记。根据最高人民法院函《申请确认在台湾离婚协议效力问题》(1996年8月29日),对于当事人自愿在台湾当局的主管部门进行的协议离婚,人民法院对认可该离婚协议效力的申请,缺乏受理依据,应不予受理。当事人申请再婚登记或变更户籍婚姻登记等应由主管部门处理。如其向人民法院起诉离婚,有管辖权的法院应依法受理。

（2）1999 年最高人民法院《关于当事人持台湾地区有关法院民事调解书或者有关机构出具或确认的调解协议书向人民法院申请认可人民法院应否受理的批复》。该《批复》指出：对台湾地区有关机构（包括民间调解机构）出具或确认的调解协议书，当事人向人民法院申请认可的，人民法院不予受理。

1998 年《规定》颁行之后，内地各级人民法院依据该《规定》受理申请认可台湾地区民事判决、仲裁裁决、调解书、支付令的案件已达 200 余件[①]，并已经认可了一批台湾地区法院的裁判。

六、惩罚性损害赔偿判决的承认与执行

（一）惩罚性损害赔偿的概念

惩罚性损害赔偿，又称惩戒性损害赔偿，是指除开补偿性或名义性损害赔偿之外判给的金钱，通常是因为被告实施了特别加重的不法行为。此类损害赔偿可追溯到《汉穆拉比法典》，按照该法典的规定，如果某人从寺庙偷了一头牲畜，他就必须以 30 倍偿还寺庙。《圣经》中的《出埃及记》则规定，如果某人偷了一头牛或一只羊，并将其杀死或出售，他就应当偿还 5 头牛或 4 只羊。此外，巴比伦的法律、印度的《摩奴法典》以及古希腊的法律也有类似规定。惩罚性损害赔偿最初用于惩罚和制止某些行为，而不是维护一方当事人的契约交易。因此，只有当一方当事人的不法行为出于故意或心怀恶意时，才能作出惩罚性损害赔偿判决。随着时间的推移，惩罚性损害赔偿判决的目的得以扩展，涵盖了另外四项功能：制止他人实施同样的行为；不鼓励受害人采取自助救济；补偿受害人以其他方式无法得到补偿的损失；以及返还原告所无法追索的诉讼费用。

许多学者对惩罚性损害赔偿提出批评。反对此类救济者认为，惩罚性损害赔偿实际上是不公正的，因为它们使原告大发横财。此外，他们认为惩罚性损害赔偿判决可能远远超过对同一行为的最高刑事处罚，声称在某些情况下惩罚性损害赔偿使被告受到双重处罚，并侵犯了被告的正当程序权利。在英美国家的法律当中，对刑事处罚规定的证据标准是"超出合理怀疑"（beyond reasonable doubt），而对于民事制裁的证据标准仅规定为"证据优势"（balance of probability）。由此不难看出，民事证据标准，与刑事证据标准相比较，较为宽松。"如果再去加上庞大的惩罚性赔偿，以相对低多了的举证责任，常会造成混乱，轻率，不公情况。"

惩罚性损害赔偿在普通法系国家的法律中已有二百多年的历史。采用该制度的普通法系国家有：美国、加拿大、澳大利亚、新西兰、英国（仅指英格兰、威尔

[①] 参见刘仁山：《我国大陆与台湾地区民商事判决相互承认与执行现状、问题及思考》，载《中国国际私法学会 2009 年年会论文集（下册）》，第 1043 页。

士和北爱尔兰)、爱尔兰。例如,在英格兰、加拿大及新西兰,诸如毁损名誉、人身攻击以及非法拘禁一类的侵权诉讼当中,只要被告实施的侵害特别严重,就可对其作出惩罚性损害赔偿判决。在违约案件中则很少给予此类救济。

惩罚性损害赔偿在美国的适用最为广泛。大多数州都允许惩罚性损害赔偿,尽管据之给予此种救济的情况有所不同。美国许多联邦成文法律明确允许对于特定的违法行为给予惩罚性救济,诸如《克莱顿法》、《公平信用报告法》、《欺诈与腐败组织法》(即RICO法案)等。

民法法系一般对民事诉讼中追索的损害赔偿加以限制,其金额仅可使一方当事人恢复到受损害前的状态。因此,在民法法系国家,通常无法获得惩罚性救济。例如,在法国、德国以及瑞士,侵权与合同诉讼请求的损害赔偿仅限于使当事人恢复到损害事件未发生时的状态,或合同得以正确履行时的状态。这些国家允许追索非金钱损失,其中包括精神损害、侵犯隐私、偿还法律费用等。然而,此类非金钱损害赔偿在性质上没有被视作惩罚性的,因为这些损害赔偿并非用来制裁或惩罚不法行为者,而是为了给受害人以补偿。在大多数民法法系国家,只有在刑事诉讼程序当中才能判决带有惩罚性的制裁。

惩罚性损害赔偿在两大法系的不同境遇有其特定的历史原因。这种不同可以通过对两大法系审理方式的比较来加以说明。在英格兰,最初由了解争议的当地居民组成的陪审团决定审理结果及损害赔偿的金额。此类陪审团比之法官,更倾向于对感情遭伤害、尊严受损或被侮辱的当事人给予补偿。这一做法有时也会导致损害赔偿超出实际受损的金额。尽管根据普通法上述非金钱损害无法补偿,但英国法院并不愿意推翻陪审团的裁决。它们认为陪审团比法官更为了解所涉争议,更有资格确定损害赔偿金额。随着时间推移,这种做法逐步得以确立,而惩罚性损害赔偿也就成为普通法的一种救济方式。

相反,在民法法系国家,是由法官裁决争议。根据传统,法官只能援引成文法律规定作为其决定的基础,而这些国家的成文法大多不允许给予惩罚性损害赔偿救济。

(二) 对惩罚性损害赔偿判决承认与执行的国际协调

对于惩罚性损害赔偿判决的承认与执行问题,各国多以公共政策保留加以解决。但是,仅仅利用公共政策保留是不足以完全解决问题的。为此,国际社会就需要对此予以协调。1999年6月18日,在海牙国际私法会议特别委员会临时通过的《关于民事管辖权和判决的承认与执行公约》草案中,第31条对惩罚性损害赔偿判决的承认与执行作出了专门规定。该条规定将惩罚性损害赔偿和过分损害赔偿统称为非补偿性损害赔偿,其中规定:

"(1) 对于包括惩罚性损害赔偿判决在内的非补偿性损害赔偿判决而言,若在被请求国可以作出类似损害赔偿判决,则其应为被请求国承认。

(2) 如果通过债权人获得听审机会的诉讼程序，债务人可以向被请求法院证实在原判决国家的诉讼中作出的损害赔偿判决极为过分，则可将对此判决的承认限定在较低金额范围内。

在任何情况下，被请求法院在承认判决时，其金额不得低于被请求国在与原判决国相同情况下所能作出的裁决金额。

(3) 在适用第 1 款或第 2 款规定时，被请求法院应当考虑原判决法院所裁决的损害赔偿是否以及在多大程度上能够追索与诉讼有关的成本和费用。"

从上述规定可以发现，公约草案对惩罚性损害赔偿判决的承认与执行问题原则上给予了肯定，但同时也附加了一定的限制性条件。遗憾的是，由于各国对 1999 年公约草案分歧太大而未能通过，代之以制定一个仅规范商事交往中排他选择法院协议的"小公约"的新计划。根据该计划制定出来的《协议选择法院公约》于 2005 年 6 月 30 日在海牙国际私法会议第 20 届会议上获得通过。《协议选择法院公约》第 11 条对惩罚性判决的承认与执行作了规定，如果判决确定的损害赔偿，包括惩戒性或者惩罚性赔偿，并非赔偿当事人的实际损失或者所受伤害，则可以并得在此限度内拒绝承认或者执行该判决。被请求法院应考虑原审法院判定的赔偿是否以及在何种程度上涵盖诉讼所涉及的费用和开支。

(三) 我国对此问题应采取何种立场

在我国学术界，对于损害赔偿是否可以具有惩罚性，存在两种不同观点。一种观点认为，损害赔偿应当同时具有补偿性和惩罚性；另一种观点则认为补偿性是损害赔偿的一般属性，惩罚性仅仅适用于例外情况。不过，有关惩罚性损害赔偿的规定，在我国立法中已有所体现。我国 2013 年修订的《消费者权益保护法》第 55 条就是关于惩罚性损害赔偿的规定。该条第 1 款规定："经营者提供商品或者服务有欺诈行为的，应当按照消费者的要求增加赔偿其受到的损失，增加赔偿的金额为消费者购买商品的价款或者接受服务的费用的 3 倍；增加赔偿的金额不足 500 元的，为 500 元。法律另有规定的，依照其规定。"该项规定，是对我国以往赔偿实际损失原则的突破，表明我国已在立法上确认了惩罚性损害赔偿。我国《食品安全法》第 96 条规定："违反本法规定，造成人身、财产或者其他损害的，依法承担赔偿责任。生产不符合食品安全标准的食品或者销售明知是不符合食品安全标准的食品，消费者除要求赔偿损失外，还可以向生产者或者销售者要求支付价款 10 倍的赔偿金。"因此，我国法院依据此类法律作出的判决，可以视为惩罚性损害赔偿判决。在涉外案件中，这种惩罚性损害赔偿判决可能需要在国外执行，从而不可避免产生判决的域外承认与执行问题。另一方面，在司法实践中，我国法院也有可能被请求承认与执行外国的惩罚性损害赔偿判决。对此，我国在立法和司法层面上究竟应当采取何种立场，是值得审视的。

我国有关我国判决承认与执行的现行法律规定,并未明确排除承认与执行外国惩罚性损害赔偿判决。一般而言,如果外国判决不违反我国法律的基本原则,或者不危害我国国家主权、安全和社会公共利益的,人民法院就可裁定承认其效力,发出执行令。这里便使人产生疑问:惩罚性损害赔偿判决是否违反我国法律的基本原则?在我国民事法律当中业已存在惩罚性损害赔偿规定的情况下,我们是否还能把外国惩罚性损害赔偿判决视为刑事判决而拒绝承认与执行?这些问题,迫切需要在我国的立法与司法实践中得到回答。

第十五章　国际商事仲裁

　　许多国家都把通过诉讼解决民事争议作为最具效力的程序,但也还有其他一些可供选择的民事争议解决方法,即"替代性(或选择性)争议解决方法"(alternative dispute resolution,简称为 ADR)。关于替代性争议解决方法的含义,与国际上对它的含义的不同理解一样,目前在中国国内理论界也有两种不同的观点,广义的观点(通说)认为,ADR 是指司法诉讼以外的解决争议的各种方式的总称;而狭义的观点则认为,ADR 是指除仲裁外的各种非诉讼解决争议的方法的总称。本书取广义的观点。

　　有学者认为,虽然早先在美国,认为 ADR 一般是指在法院外的第三人参加下,当事人自主解决争议的方式,但 20 世纪末以来,美国一些州法院在法院内也开始附设仲裁和调解等第三人解决纠纷的方法。美国 1998 年《选择性争议解决方法法》(Alternative Disputes Resolution Act, 1998)要求每个联邦地区法院应允许在所有的民事案件中使用 ADR,建立各自的 ADR 计划并制定相应的保障程序,这些 ADR 被称为"附设在法院的 ADR",其范围包括"法院附设调解"(court-sponsored mediation)和"法院附设仲裁"(court-annexed arbitration)、早期的中立评估程序(early neutral evaluation)以及无约束力的简易陪审团审理或法官审理(non-binding summary jury or bench trials,其中陪审团审理作出的判决称为"参考判决"——advisory judgement)。而"非法院附设的 ADR",才是完全的"民间的 ADR",包括仲裁、调解、小型审理和借用法官(指退休法官)程序等。①

　　一些著名的国际组织热心致力于推广、倡导 ADR,制定了一些规则。最早的有国际商会 1975 年和 1988 年的两个《任择性调解规则》(ICC Optional Conciliation Rules),它现在已被 2014 年《国际商会调解规则》所取代。此外还有 2014 年世界知识产权组织《调解规则》、《仲裁规则》和《快速仲裁规则》、联合国国际贸易法委员会 1980 年《调解规则》和 2002 年《国际商事调解示范法》等。

　　当然,现在各国的实践中,除和解、调解和仲裁之外,也都还有其他一些 ADR 形式。但无论怎样,在国际商事争议的解决方面,仲裁已成为一种甚至比诉讼都更具重要性的解决方法。

---

① 美国的上述做法,参见白绿铉:《美国民事诉讼法》,经济时报出版社 1998 年版,第 110—118 页;〔美〕J. C. 哈泽德、M. 塔伊鲁:《美国民事诉讼法导论》,张茂译,法律出版社 1998 年版,第 126—128、175—178 页。

第一节 概 述

一、国际商事仲裁的概念

国际商事仲裁,是指在国际经济贸易活动中,当事人双方依事先或事后达成的仲裁协议,将有关争议提交给某临时仲裁庭或常设仲裁机构进行审理,并作出具有约束力的仲裁裁决的制度。

仲裁最早在国内法中出现,已有悠久的历史。早在古罗马时期,就有了采用仲裁方法解决有关争议的做法。国际商事仲裁也早在13、14世纪意大利各城邦国家林立时期就出现了。但是,仲裁作为一种国际社会普遍认同的解决国际商事争议的一种常见方法,却是19世纪末叶20世纪初期以后的事。此时,随着国际贸易与经济合作在全球范围的广泛开展,国际商事争议随之增多,世界各国普遍把仲裁作为解决国际商事争议的一种有效方式,纷纷制定仲裁法,专门规定国际商事仲裁的有关问题,设立常设仲裁机构,受理或专门受理国际商事仲裁案件。如瑞典在1887年制定了第一个仲裁法令,并于1919年作了重要修改,1929年又在上述修改后的仲裁法令的基础上颁布了《瑞典仲裁法》,还同时颁布了《瑞典关于外国仲裁协议和仲裁裁决的条例》,专门就国际商事仲裁中的有关问题作了规定。1892年英国的伦敦成立了伦敦仲裁院,1917年瑞典在其首府成立了斯德哥尔摩商会仲裁院,1922年美国成立了美国仲裁协会,1923年在法国巴黎成立了国际商会仲裁院,都受理国际商事仲裁案件。与此同时,为了协调世界各国有关仲裁制度的冲突,统一仲裁的有关法律制度,国际社会经过不懈努力,先后于1923年在日内瓦缔结了《仲裁条款议定书》,于1927年在日内瓦缔结了《关于执行外国仲裁裁决的公约》,于1958年在纽约缔结了《承认及执行外国仲裁裁决公约》,从而使得国际商事仲裁制度日趋完善。

各国通常是把国内仲裁与国际商事仲裁二者分开的。综观国际条约及各国立法与实践,对于国际性的仲裁的认定,一般有以下几种做法:

(1)以单一的住所或惯常居所作为连结因素,当事人中至少一方的住所或惯常居所不在内国的,则为国际仲裁。例如,1987年瑞士联邦《国际私法法规》第12章"国际仲裁"第176条第1款规定:"本章的规定适用于所有仲裁庭在瑞士的并且至少有一方当事人在缔结仲裁协议时在瑞士既没有住所也没有惯常居所的仲裁。"

(2)以单一的国籍作为连结因素,当事人中至少一方的国籍是非内国国籍的,则为国际仲裁。例如,根据1965年《关于解决国家和他国国民之间投资争端公约》第25条的规定,解决投资争端国际中心的仲裁管辖权限于缔约国和另一缔约国国民之间直接因投资而产生的任何法律争端。

（3）以国籍、住所、合同履行地、标的物所在地等多种连结因素作为界定标准,只要上述连结因素之一不在内国的,则为国际仲裁。2006年修正的联合国国际贸易法委员会《国际商事仲裁示范法》也采取了复合标准,该法第1条第3款规定:"仲裁如有下列情况即为国际仲裁:(A) 仲裁协议的当事各方在缔结协议时,他们的营业地点位于不同的国家;或(B) 下列地点之一位于当事各方营业地点所在国以外:(a) 仲裁协议中确定的或根据仲裁协议而确定的仲裁地点;(b) 履行商事关系的大部分义务的任何地点或与争议标的关系最密切的地点;或(C) 当事各方明确地同意,仲裁协议的标的与一个以上的国家有关。"

正如同如何界定国际商事仲裁的国际性一样,如何界定国际商事仲裁中的"商事"也是存有争议的。而有些国家的法律及许多国际条约规定只允许商事争议的当事人才可以提起仲裁和执行该裁决。1958年《纽约公约》第1条第3款规定,任何缔约国可声明,本国只对根据本国法律属于商事的法律关系——不论是否是合同关系——所引起的争议适用本公约。由于该公约没有对"商事"一词作统一规定,何种法律关系属于商事关系将依法院地法确定。如果一项仲裁裁决欲在根据公约规定提出了商事保留的缔约国得到执行,争议根据该国法律要属于商事争议。因而,正确界定"商事"的含义,在国际商事仲裁中同样具有很重要的意义。

联合国国际贸易法委员会在起草《国际商事仲裁示范法》过程中,曾就商事定义问题展开讨论,但却难以形成一致意见,最后因无法形成正式条文,只好对商事一词作了注释说明,并列举了一系列被认为是商事关系的交易事项,即对"商事"一词应作广义解释,使其包括不论是契约或非契约性的一切商事性质的关系所引起的种种事情。商事性质的关系包括但不限于下列交易:供应或交换货物或服务的任何贸易交易;销售协议;商事代表或代理;租赁;建造工厂;咨询;工程;许可证;投资;筹资;银行;保险;开发协议或特许;合营和其他形式工业或商业合作;货物或旅客的天空、海上、铁路或公路的载运。①

我国最高人民法院2005年印发的《第二次全国涉外商事海事审判工作会议纪要》第71条指出:"对在我国境内依法成立的仲裁委员会作出的仲裁裁决,人民法院应当根据案件是否具有涉外因素而适用不同的法律条款进行审查。……是否具有涉外因素,应按照最高人民法院《关于贯彻执行〈中华人民共和国民法通则〉若干问题的意见(试行)》第178条的规定确定。"可见,我国是以争议的"国际性"或"涉外性"来确定有关的仲裁是国际(涉外)仲裁还是国内仲裁的;而对于何种争议具有"国际性"或"涉外性",也作广义的理解,且将涉及我国台

---

① 见联合国《国际商事仲裁示范法》第1条第1款对"商事"的注释。

湾地区、香港地区、澳门地区的商事仲裁,也作"国际性"仲裁对待。

一般而言,多数国家对"商事"是尽可能作广义的解释的。依我国于1986年12月2日加入《承认及执行外国仲裁裁决公约》时所作的商事保留的声明,我国只对根据我国法律认定为属于契约性和非契约性商事法律关系所引起的争议适用该公约。"所谓契约性和非契约性的商事关系",具体是指由于合同、侵权或者根据有关法律规定而产生的经济上的权利义务关系。例如,货物买卖、财产租赁、工程承包、加工承揽、技术转让、合资经营、合作经营、勘探开发自然资源、保险、信贷、劳务、代理、咨询服务和海上、民用航空、铁路、公路的客货运输以及产品责任、环境污染、海上事故和所有权争议等。但不包括外国投资者与东道国政府之间的争端。① 根据1994年我国《仲裁法》的规定,可以仲裁的事项包括平等主体间的合同纠纷及其他财产权益纠纷,只将婚姻、收养、监护、扶养、继承和依法应由行政机关处理的行政争议排除在外。可见,我国对国际商事仲裁中的"商事"也是作广义解释的。

二、国际商事仲裁的特点

国际商事仲裁的特点,可通过它跟国际民事诉讼、国际仲裁和国内仲裁的比较而反映出来。

1. 国际商事仲裁不同于国际民事诉讼

尽管国际社会普遍承认,国际商事仲裁和国际民事诉讼都是解决国际商事争议的常用的有效方法,但二者本身却是有着本质的区别的。

第一,就机构的性质而言,国际商事仲裁机构只具有民间团体的性质,各仲裁机构是相互独立的,彼此没有上下级隶属关系,也不存在级别管辖、地域管辖等限制。而审理国际民事纠纷的法院,则是国家司法机关,是国家机器的重要组成部分,法院之间有上下级关系等。

第二,就管辖权来源而言,国际商事仲裁机构的管辖权完全来自双方当事人的合意,它的管辖权是非强制性的,是建立在双方当事人自愿达成的仲裁协议的基础上。而法院审理国际民事诉讼的管辖权则来自国家的强制力,是由法律赋予的,则非当事人双方的授权,只要一方当事人提起诉讼,法院就可以管辖,而不必有双方当事人的合意。

第三,就审理程序的公开性而言,国际商事仲裁程序一般都是不公开进行的,即使双方当事人要求公开审理,也仍由仲裁庭作出是否公开审理的决定。而法院审理国际民事争议,除极少数涉及国家秘密或个人隐私的外,原则上是必须公开进行的。

---

① 参见最高人民法院《关于执行我国加入的〈承认及执行外国仲裁裁决公约〉的通知》。

第四,就当事人的自治性而言,国际商事仲裁中当事人的自治性大大超过国际民事诉讼中当事人的自治性,例如:(1)国际商事仲裁中的双方当事人(即使依某国规定属于法院的专属管辖的案件中的当事人)可以选择仲裁机构和仲裁的组织形式(即是常设的还是临时的仲裁机构);而国际民事诉讼中的当事人仅在很小范围内有选择受诉法院的自由,一般都要求选择跟案件有实际联系的法院,而不放任当事人自由选择,并且,当事人的协议选择不能排除法院的专属管辖。(2)国际商事仲裁中的当事人可以选择仲裁的地点,而国际民事诉讼中的当事人则不能选择审理的地点,除非法院根据需要决定在法院所在地以外的地点进行审理。(3)国际商事仲裁中的当事人可以选择审理案件的仲裁员,而国际民事诉讼的当事人则不能选择审理案件的法官。(4)国际商事仲裁中的双方当事人可以合意选择仲裁程序,而国际民事诉讼中的当事人则无权选择诉讼程序,而必须遵守法院地国家的诉讼程序法。

第五,就裁决而言,国际商事仲裁裁决一般实行一裁终局制,任何一方当事人均不得向法院起诉;在国际民事诉讼中则一般实行二审终审制,只有二审判决或过了上诉期未上诉的一审判决才具有法律效力。

2. 国际商事仲裁不同于国际仲裁

国际商事仲裁属于国际私法的范畴,它只解决具有涉外因素的自然人或法人之间的商事争议,以及自然人或法人与他国国家之间的商事争议。通常,国际商事仲裁中的双方当事人根据合意把上述争议提交给某个常设仲裁机构或临时仲裁机构去仲裁,而仲裁庭作出的仲裁裁决是终局性的,对双方当事人均有约束力,如一方不履行裁决规定的义务,另一方当事人可以根据国际条约或国内法的有关规定申请有关法院强制执行。而国际仲裁则属于国际公法的范畴,它是指各主权国家发生争端时,由各当事国选出一个或几个仲裁员组成仲裁庭,根据国际公法或者依照公平原则处理该项争议的一种制度,是国际社会用法律手段和平解决国际争端的两大方法之一。早在1899年第一次海牙会议就通过了《和平解决国际争端公约》,1890年据此在荷兰海牙正式成立了国际常设仲裁法院。此后,1907年第二次海牙会议把原公约有关仲裁部分的条文作了增补,1928年在日内瓦订立的《和平解决国际争端总议定书》又对仲裁法庭的组织和规则作了规定。国际仲裁的审理范围,1907年于海牙修订的《和平解决国际争端公约》第38条作了规定:"关于法律性质的问题,特别是关于国际公约的解释或适用问题,各缔约国承认仲裁是解决外交手段所未能解决的争端的最有效而且也是最公平的方法。因此,遇关于上述问题的争端发生时,各缔约国最好在情况许可的范围内将争端提交仲裁。"由于主权国家享有司法豁免权,因此,国际常设仲裁法院作出的国际仲裁无强制力,其裁决的履行只能靠当事国的"自助",即当事国的自觉履行。

3. 国际商事仲裁不同于国内经济仲裁

国际商事仲裁是一种涉及国际因素的仲裁制度,其"国际"性表现为当事人双方或一方不是内国公民或住所不在内国,设立、变更或终止民商事法律关系的法律事实发生在内国境外。国际商事仲裁一般涉及国际贸易、经济合作、运输、海事等方面关系中所发生的争议,其裁决通常会遇到需要外国予以承认和执行的情况。而且,从事国际商事仲裁的仲裁机构往往还聘请了非内国籍人担任仲裁员,以体现其"国际"性。而国内经济仲裁只是一种适用于内国当事人之间的仲裁制度,一般只涉及国内经济贸易方面的争议,有的国家还规定只有法人或其他经济组织之间的争议才能提交仲裁,仲裁员也一般来自内国公民,其裁决也只在内国执行。

三、国际商事仲裁的性质

关于国际商事仲裁的性质,迄今为止主要有四种理论。传统学说认为仲裁具有司法性,或者认为具有契约性,或者认为仲裁兼具司法性和契约性,即混合理论,而第四种理论则是在20世纪60年代以后发展起来的自治理论。

(一) 司法权理论

司法权理论认为,国家具有监督和管理发生在其管辖领域内的一切仲裁的权力。该理论虽然也承认仲裁源于当事人之间的协议,但同时却强调,在仲裁协议的效力、仲裁员的权力、仲裁员的仲裁行为以及仲裁裁决的承认和执行等方面,其权威性均取决于有关国家的法律,是国家承认和授权的结果。该理论还认为,审判权是一种国家主权职权,只有国家才能行使审判权。如果没有仲裁地国家法律的授权,仲裁员是不能行使通常只能由法院或法官才能行使的权力。假如仲裁地国家的法律允许当事人通过仲裁解决他们之间的争议,则仲裁员才能像法院或法官一样从仲裁地法中取得此种权力和授权,并且,在此种情形下,仲裁员就类似于法官,仲裁裁决跟法院判决一样都具有强制执行力。

(二) 契约理论

契约理论,也称为民事法律行为理论,该理论认为仲裁是基于当事人的意志和同意创立的,是完全建立在当事人合意达成的仲裁协议的基础上,没有仲裁协议就没有仲裁,具有契约性。例如,是否通过仲裁解决当事人之间的纠纷,取决于当事人的合意,即应有仲裁协议;当事人双方不仅可以协议选择仲裁机构和仲裁地点,而且在仲裁规则和仲裁实质问题准据法的确定上,当事人也享有较大的自主权;仲裁员也是由当事人直接或间接选定的,其权力不是源于法律,而是从当事人那里获得的;仲裁员是当事人的代理人,他作出的裁决就是代理人为当事人所订立的契约,对当事人具有约束力;当事人有义务自动执行,否则胜诉方可将仲裁裁决作为一种合同之债向法院申请强制执行。

契约理论否认国家对仲裁的影响,认为"依当事人的愿望和合意而使仲裁成立"是仲裁的本质。仲裁既然来源于仲裁协议,而是否订立仲裁协议以及如何订立仲裁协议则完全由当事人双方自主决定,订立一项仲裁协议跟订立一项合同并无实质差别,因此,仲裁协议和仲裁裁决的约束力均属于合同约束力的范畴。仲裁协议跟合同一样,其约束力均来自"当事人的合约必须信守执行"这一古训,而无国家的任何授权。

(三) 混合理论

混合理论认为,尽管从表面上看,司法权理论和契约理论好像是两种相互对立的理论,但从仲裁实践上而论,这两种貌似对立的理论却是可以协调的,也就是说,仲裁中的司法性和契约性是同时存在的,并且不可分割。现实中的仲裁明显地具有司法性和契约性双重性质:一方面,仲裁来源于仲裁协议,而仲裁协议无疑是一种契约,因而,仲裁协议的效力应依适用于契约的同一准则去确定,并且,仲裁员的任命、仲裁规则的选择、仲裁实质问题准据法的确定等也主要取决于当事人之间订立的仲裁协议;但是,另一方面,仲裁协议一般都要遵循仲裁地法,仲裁不可能超越于所有法制之外,仲裁协议的有效性以及仲裁裁决的承认与执行最终也归由法院裁判。因此,如果仲裁事项依有关法律是不可仲裁的,或者仲裁裁决违反了法院地公共秩序,有关法院则将行使否定权,拒绝承认和执行该项仲裁裁决。

(四) 自治理论

自治理论是 20 世纪 60 年代发展起来的一种新学说。自治理论既反对将仲裁制度归结为纯司法性或者纯契约性,也反对混合论的观点,而是主张不能把仲裁跟司法权或契约联系起来判断仲裁的性质,仲裁实际上是超越司法权或契约的,具有自治性。持自治理论的学者们把仲裁的产生和发展归为是商人们注重实效的实践的结果,是商人首先在不顾及法律的情况下创设并发展了仲裁,而后才得到了法律的承认。他们认为,仲裁中奉行的当事人自治原则既不是基于仲裁的契约性,也不是基于司法性,而是完全出于仲裁制度的实际需要;仲裁协议和仲裁裁决之所以具有强制性,既不是因为是契约,也不是因为执行仲裁协议或仲裁裁决的法院所属国法律的授权或让与,而是因为这是国际商业关系的基本需要或内在要求。

四、国际商事仲裁的分类

关于国际商事仲裁的类别或种类,依据不同标准可以作不同的划分。

(一) 临时仲裁和机构仲裁

以仲裁机构的组织形式作为标准,可以把仲裁分为临时仲裁和机构仲裁。

1. 临时仲裁

临时仲裁,又称特别仲裁,是指根据双方当事人的仲裁协议,在争议发生后由双方当事人推荐的仲裁员临时组成仲裁庭,负责审理当事人之间的有关争议,并在审理终结作出裁决后即行解散仲裁庭。

临时仲裁跟机构仲裁相比较,具有极大的灵活性,而且费用低廉,速度较快,在临时仲裁中,仲裁程序的每一个环节均由当事人双方共同进行控制。当事人双方不但可以决定仲裁庭的人数和仲裁员的产生办法及其权力,也可以决定仲裁地点和仲裁程序的进行。并且,仲裁地点也是由双方当事人共同选择,可以选择某一具体的地点,也可以指定仲裁员或当事人一方的住所地作为仲裁地点。仲裁程序也任由双方当事人共同选择,既可以选择现在的某一国家或某一机构的仲裁规则,也可以由双方当事人另行确定,或者选择某一现在的仲裁规则,但对它进行若干修改。临时仲裁的主要缺点是:临时仲裁缺乏必要的监督管理,其有效性及其优势的发挥取决于双方一致,如一方当事人拖延时间不愿合作,会导致程序的拖沓甚至是无法进行下去。

依我国1994年《仲裁法》第16条的规定来看,我国并不采用临时仲裁。不过1995年我国最高人民法院在《关于福建省生产资料公司与金鸽航运有限公司国际海运纠纷一案中提单仲裁条款效力问题的复函》中,却承认外国临时仲裁机构或非常设仲裁机构仲裁条款赋予临时仲裁的效力。最高人民法院2005年印发的《第二次全国涉外商事海事审判工作会议纪要》第91条也指出,外国仲裁机构或者临时仲裁庭在我国境外作出的仲裁裁决,一方当事人向人民法院申请承认与执行的,人民法院应当依照《民事诉讼法》第269条(2012年修订后为第283条)的规定办理。

2. 机构仲裁

机构仲裁是指由常设的仲裁机构进行的仲裁。常设仲裁机构,是指依据国际公约或一国国内立法所成立的,有固定的名称、地址、组织形式、组织章程、仲裁规则和仲裁员名单,并具有完整的办事机构和健全的行政管理制度,用以处理国际商事争议的仲裁机构。

机构仲裁的优点在于:一是它实行专业化管理;二是有确定的仲裁规则;三是便于选择仲裁员;四是其仲裁裁决的履行更能得到司法支持。

常设仲裁机构自19世纪中叶产生后得到了迅速发展,到今天,几乎遍布世界上所有主要国家,而其业务更涉及国际商事法律关系的各个领域。根据其性质、管辖业务和影响范围等的不同,常设仲裁机构一般可作如下不同的分类:综合性常设仲裁机构和专业性常设仲裁机构;全球性常设仲裁机构、区域性常设仲裁机构和全国性常设仲裁机构。

全球性常设仲裁机构是依某一国际组织作出的决议或某项国际条约,为处理一定范围的国际商事争议而成立的常设仲裁机构。这类仲裁机构不隶属于任何特定的国家,而是附设于某一国际组织或机构之下,其影响涉及世界各国或某一地区。巴黎国际商会下设的国际商会仲裁院、世界银行下设的解决投资争端国际中心,即属于全球性常设仲裁机构。全国性常设仲裁机构大都附设在各国商会或其他类似的工商团体内,即使由国家设立,也均属民间性组织,许多也受理国际商事争议。其中颇有名气的如中国国际经济贸易仲裁委员会、美国仲裁协会和瑞典斯德哥尔摩商会仲裁院等。而专业性常设仲裁机构一般是指附设于某一行业组织内专门受理各该行业内部的争议案件的仲裁机构,如伦敦黄麻协会、伦敦油脂商业协会、荷兰鹿特丹毛皮交易所等行业组织内部都设有仲裁机构。此类仲裁机构一般为非开放性的,即不受理非会员之间的争议案件。但有些不附设于某一行业组织内部的专业性仲裁机构则是开放性的,如英国的伦敦海事仲裁员协会、中国海事仲裁委员会等便属于这类专业性的仲裁机构。

(二)依法仲裁和友好仲裁

如果以仲裁庭是否必须按照法律作出裁决为标准,可将仲裁分为依法仲裁和友好仲裁。

依法仲裁,是指仲裁员或仲裁庭依照法律作出仲裁裁决。友好仲裁,也称友谊仲裁,是指在国际商事仲裁中,不适用任何法律,而允许仲裁员或仲裁庭根据公平和善意原则或公平交易和诚实信用原则对争议实质问题作出裁决。

是否进行友好仲裁主要取决于当事人的愿望,如果未经双方当事人授权,仲裁庭就不得进行友好仲裁。但同时,是否能进行友好仲裁还得受仲裁地法的制约,如果仲裁地法不允许友好仲裁,就不得进行。我国《仲裁法》第7条规定:"仲裁应当根据事实,符合法律规定,公平合理地解决纠纷。"按照该条规定,在中国内地是不承认友好仲裁的,裁决应根据法律作出,除非所应适用的法律或惯例没有明确规定,方可依据公平合理原则作出相应裁决。从国际上看,许多国际条约和许多国家的法律均允许友好仲裁。例如1965年在华盛顿缔结的《关于解决国家和他国国民之间投资争端公约》第42条第3款、1961年《欧洲国际商事仲裁公约》第7条第2款、2010年修正的《联合国国际贸易法委员会仲裁规则》第35条第2款、2006年修正的联合国《国际商事仲裁示范法》第28条第3款等都规定了如果双方当事人授权仲裁庭进行友好仲裁,仲裁庭可以按照公平合理的原则对争议作出裁决。此外,如意大利、法国、德国、荷兰、比利时、西班牙、美国和英国等国家亦均在民事诉讼法或其他法律中规定允许友好仲裁。

(三)私人间仲裁和非私人间仲裁

如果以当事人双方是否为私人作标准,可将仲裁分为私人间仲裁和非私人间仲裁。

私人间仲裁是指争议双方当事人均是自然人或法人的仲裁。私人间仲裁在国际商事仲裁中是最为普遍的。有些国家法律和仲裁机构的仲裁规则还明确规定,只受理私人间仲裁。例如我国《仲裁法》第 2 条就规定,只有"平等主体的公民、法人或其他经济组织之间发生的合同纠纷和其他财产权益纠纷,可以仲裁"。

非私人间仲裁,是指一方当事人为私人、另一方当事人为国家的仲裁。非私人间仲裁,由于一方当事人是国家,涉及的问题较多,尤其是国家及其财产豁免问题更是复杂,因而大多数常设仲裁机构并不受理。但在国际上,也有些常设仲裁机构(主要是全球性常设仲裁机构)受理非私人间仲裁,而且受案数量还不小。例如,设在巴黎的国际商会仲裁院,而在临时仲裁中,当事人一方或双方是国家的则更多。根据 1965 年在华盛顿成立的"解决投资争端国际中心",则是专门受理一方当事人为国家、另一方当事人为私人的投资争议的常设仲裁机构。

五、国际商事仲裁的国内与国际规则

国际经贸关系比较发达的国家,目前许多都设立有国际商事(或海事)仲裁机构,或者在自己的国内仲裁机构中同时受理国际商事仲裁案件。因而在这些国家,都有各自的仲裁法或国际商事仲裁法,以及这些仲裁机构的仲裁规则。它们构成了国际商事仲裁的国内法渊源。

国际社会还缔结了各种各样的国际条约,试图尽可能统一仲裁规则,如 1976 年制定、2010 年修正的《联合国国际贸易法委员会仲裁规则》供当事人选择采用,而仅起自律法的作用。但如 1965 年《关于解决国家和他国国民之间投资争端公约》(简称《华盛顿公约》)和 1958 年《承认及执行外国仲裁裁决公约》,则对缔约国在有关事项上是必须遵守的法律。截至 2014 年 6 月,《承认及执行外国仲裁裁决公约》已有 150 个国家和地区批准加入,成为当前有关承认和执行外国仲裁裁决最有影响的国际公约。[①] 我国已于 1986 年 12 月加入了该公约,该公约自 1987 年 4 月 22 日起对我国生效。

第二节　主要的国际商事仲裁机构

一、解决投资争端国际中心

解决投资争端国际中心(International Center for Settlement of Investment Dispute,简称 ICSID,网址:https://icsid.worldbank.org/ICSID/Index.jsp),是根据

---

① http://www.uncitral.org/uncitral/en/uncitral_texts/arbitration/NYConvention_status.html,visited on July 18,2014.

1965 年签署的《关于解决国家和他国国民之间投资争端公约》而设立的一个全球性常设仲裁机构,它是在国际复兴开发银行(简称世界银行)的赞助下建立的,地址就在美国华盛顿国际复兴开发银行内。中心的宗旨是依照公约的规定为各缔约国和其他缔约国的国民之间的投资争端提供调停和仲裁的便利,促进相互信任的气氛,借以鼓励私人资本的国际流动。中心设有一个行政理事会和一个秘书处并有一个调停人小组和一个仲裁人小组。截至 2014 年 6 月,已有 159 个国家批准公约。我国于 1990 年 2 月 9 日签署,并于 1992 年 6 月成为中心的成员。

依《公约》第 25 条规定,中心的管辖权只限于缔约国和另一缔约国国民之间直接因投资而产生的任何"法律争端",而该争端经双方书面同意提交给中心。而当双方表示同意后,则不得单方面撤销其同意。"法律争端"这一措词明确了只有权利冲突属于中心的管辖范围,而纯粹的利益冲突不在中心管辖之列。争端必须是有关法律权利或义务的存在与范围,或者是有关由于违反法律义务而作出赔偿的性质或范围。

仲裁庭一般由双方当事人同意任命的独任仲裁员或任何非偶数的仲裁员组成。仲裁庭的权限,原则上由仲裁庭自行决定。任何仲裁程序,均应依照公约规定,除双方当事人另有协议外,按照双方同意仲裁之日有效的仲裁规则进行。如发生公约或仲裁规则或双方同意的规则均未作出规定的程序问题,则该问题由仲裁庭决定。在进行仲裁时首先应适用双方当事人合意选择的法律;当事人未作选择或未能达成一致意见时,仲裁庭可以适用争议一方缔约国(一般是指东道国)的法律,以及可以适用的有关国际法规则。在双方当事人授权时,仲裁庭还可依"公平和善意"进行裁决,即进行友好仲裁。

《公约》第 48 条规定,仲裁庭应以其全体成员的多数票对问题作出裁决,并且未经双方的同意,中心不得公布裁决。每一个缔约国应承认依照公约作出的裁决具有约束力,并在其领土内履行该裁决所加的金钱上的义务,如同该裁决是在该国法院的最后判决一样。

二、国际商会国际仲裁院

国际商会国际仲裁院(International Court of Arbitration of International Chamber of Commerce,简称 ICC International Court of Arbitration,网址:http://www.iccwbo.org/products-and-services/arbitration-and-adr)于 1923 年成立,是附属于国际商会的一个全球性国际常设仲裁机构,总部设在法国巴黎。国际商会是一个国际性的民间组织,国际商会国际仲裁院本身也具有民间性质,有很大的独立性。国际商会国际仲裁院的宗旨是通过处理国际性商事争议,促进国际间的合作与发展。仲裁院理事会和秘书处对提交仲裁的案件进行监督和管理,但其成员不得担任仲裁案件中的仲裁员或代理人。该院现在适用的是 2012 年生效的《国际商会仲裁规则》和 2014 年生效的《国际商会调解规则》。

国际商会国际仲裁院作为一个全球性的国际常设仲裁机构,具有极为广泛的管辖范围,任何国家的当事人,不管其是否为国际商会成员国的当事人,都可以通过仲裁协议将有关争议提请国际商会国际仲裁院仲裁。而且当事人任何一方既可以是个人,也可以是法人,甚至可以是国家和政府的企业、机构或国家和政府本身。就案件的性质而言,虽然国际商会国际仲裁院最初受理的案件主要是有关货物买卖合同和许可证贸易中所发生的争议,但最近几十年却有了重大的变化,其管辖范围极为广泛,几乎包括因契约关系而发生的任何争议。

三、其他重要国际性仲裁机构

以下几个重要的国际性常设仲裁机构尽管是从属于某一国家(地区),但其影响却已超出一个国家(地区)的范围而具有国际声望或国际影响。

(一)瑞典斯德哥尔摩商会仲裁院

瑞典斯德哥尔摩商会仲裁院(Arbitration Institute of the Stockholm Chamber of Commerce,简称 The SCC Institute,网址:http://www.sccinstitute.com/uk/Home)成立于 1917 年,是斯德哥尔摩商会属下的一个专门处理商事争议的独立机构。由于瑞典在政治上处于中立地位,加之该仲裁院历史悠久,有一整套完善的仲裁法规,具有丰富的仲裁经验,还愿意根据《联合国国际贸易法委员会仲裁规则》等其他任何规则来审理裁决有关当事人提交给它的任何商事争议,因而在保证仲裁程序迅速及时地进行与仲裁的独立性和公正性方面,该仲裁院在国际社会享有很高声誉。而且,瑞典参加了有关仲裁方面的多个国际公约,未作任何保留,容易承认和执行其他国家作出的仲裁裁决,因而斯德哥尔摩商会仲裁院作出的裁决也能得到世界上很多国家与地区的承认和执行。该仲裁院已成为当今东西方国家间国际经济贸易仲裁的中心。我国的中国国际经济贸易仲裁委员会与该仲裁院已经建立了业务联系,中国国际经济贸易仲裁委员会建议,涉外经济合同中当事人双方打算选择第三国仲裁机构时,可给该院以优先考虑。该仲裁院现行的仲裁规则是 2010 年 1 月 1 日生效的仲裁规则和加速仲裁规则以及 2014 年 1 月 1 日生效的调解规则。

(二)瑞士商会仲裁院

为了推进瑞士的国际仲裁,2004 年,瑞士的多个商业与工业协会(巴塞尔、伯尔尼、日内瓦、提契诺、沃州和苏黎世商业与工业协会①)成立了联合商会(纳沙泰尔商业与工业协会后来加入),并共同成立了瑞士商会仲裁院(Swiss Chambers' Arbitration Institution,网址:https://www.swissarbitration.org/sa/en),以按照共同制定的《瑞士国际仲裁规则》(2004年制定,2012年修订)管理国际仲裁案件。瑞士商会仲裁院通过七个区域秘书处提供仲裁服务。各个商会都需要指定其秘书处协助对其负责的仲裁案件进行日常管理和监督。各区域秘书处必须确保在收到仲裁申请书之后迅速处理每一个案件。各商会都必须指定一个区域仲裁委员会负责瑞士仲裁规则在该商会负责的各具体案件中的适用。

(三) 美国仲裁协会

美国仲裁协会(American Arbitration Association,简称AAA,网址:http://www.adr.org)成立于1926年,总部设在纽约,并在美国的主要城市设有分支机构,是一个民间性的常设仲裁机构。它是美国综合性的仲裁机构,主要受理国内一般商事案件,兼理美国同外国当事人之间的商事争议。对于国际争议,它目前适用的是2013年10月1日修改并生效的《商事仲裁规则和调解程序》(包括独立的调解和仲裁规则)。

(四) 英国伦敦国际仲裁院

英国伦敦国际仲裁院(London Court of International Arbitration,简称LCIA,网址:http://www.lcia.org)成立于1892年,是英国伦敦国际商会所管辖的一个常设仲裁机构,在国际社会享有很高声望。伦敦国际仲裁院对于提交给它的任何性质的国际商事争议都予以受理,而不管有关争议发生在哪个国家以及跟英国有无联系。伦敦国际仲裁院的仲裁员名册中列入了来自许多国家的具有丰富经验的仲裁员,以供当事人选择。如果当事人没有就仲裁员的选择达成合意,则由仲裁院在其仲裁员名册中加以指定。而在当事人双方是不同国籍的人时,该仲裁院总是指定非当事人国籍国的仲裁员来担任首席仲裁员或独任仲裁员。目前仲裁庭按照1998年生效的伦敦国际仲裁院《仲裁规则》和2012年生效的《调解规则》三持有关的程序。1996年英国颁布了新的《仲裁法》,对仲裁作出了许多支持性的规定,在很大程度上限制或削弱了法院对仲裁的干预或监督权。

(五) 新加坡国际仲裁中心

为了改善新加坡的法制体系并加快解决商事争议的速度,1986年新加坡加入了1958年《承认及执行外国仲裁裁决公约》,并于1990年成立了新加坡国际

---

① 在2004年1月1日之前,1911年成立的苏黎世商会仲裁院(Court of Arbitration of the Zurich Chamber of Commerce)根据1989年生效的《苏黎世商会国际仲裁规则》进行工作。由于瑞士在政治上处于中立地位,从而使得苏黎世商会仲裁院的仲裁公正性较易为不同社会制度的国家当事人所认同,逐渐成为处理东西方国家之间国际商事争议的一个重要中心,在国际商事仲裁机构中颇有地位。

仲裁中心(Singapore International Arbitration Centre,简称 SIAC,网址:http://www.siac.org.sg)。中心的宗旨是为国际和国内的商事和海事仲裁和调解提供服务,促进仲裁和调解广泛使用于解决商事争议,并培养一批熟悉国际仲裁法律和实践的仲裁员和专家。中心目前适用 2013 年 4 月 1 日起生效的《新加坡国际仲裁中心仲裁规则》。

四、中国的国际(涉外)仲裁机构

(一) 中国国际经济贸易仲裁委员会

中国国际经济贸易仲裁委员会(China International Economic and Trade Arbitration Commission, CIETAC,网址:http://www.cietac.org)又称中国国际商会仲裁院(The Court of Arbitration of China Chamber of International Commerce, CCOIC Court of Arbitration),是中国国际贸易促进委员会(中国国际商会)属下的一个具有世界影响的常设仲裁机构,成立于 1956 年,总部设在北京。它设立了深圳分会(2004 年改为华南分会)、上海分会、天津分会、西南分会和香港仲裁中心,同时在经济比较发达的城市设立了仲裁办事处,同时设有粮食行业争议仲裁中心和网上争议解决中心。同时在各地贸促会内及经济比较发达的城市设立了仲裁办事处。它现在适用中国国际商会修订的《中国国际经济贸易仲裁委员会仲裁规则(2012 年版)》和《中国国际经济贸易仲裁委员会网上仲裁规则(2009 年版)》。中国国际商会还于 2003 年制定了《中国国际经济贸易仲裁委员会金融争议仲裁规则》,并于 2008 年进行了修订。此外,中国国际经济贸易仲裁委员会 2000 年 12 月还成立了"域名争议解决中心",并制定了《中国国际经济贸易仲裁委员会域名争议解决中心域名争议解决程序规则》。2012 年《中国国际经济贸易仲裁委员会仲裁规则》第 3 条规定:仲裁委员会受理下列争议案件:国际的或涉外的争议案件;涉及香港特别行政区、澳门特别行政区或台湾地区的争议案件;国内争议案件。中国国际经济贸易仲裁委员会备有仲裁员名册,近年已陆续增加了外国和港澳地区的仲裁员。

值得注意的是,2012 年,中国国际经济贸易仲裁委员会华南分会更名为华南国际经济贸易仲裁委员会和深圳国际仲裁院,两者对外宣称是独立的仲裁机构,发布了《仲裁规则》,并制定了仲裁员名册。为此,中国国际经济贸易仲裁委员会认为两个分会是其派出机构,分会的上述行为均没有法律依据,属于无效。而两个分会认为自己自始是独立的仲裁机构,有权更名和制定自己的仲裁规则。此外,根据我国 1994 年《仲裁法》,我国组建了各中心城市独立于行政机关的仲裁机构。对于新组建的各地仲裁委员会对涉外案件的管辖问题,《仲裁法》虽未作明文规定,但根据该法第 66 条规定,涉外仲裁机构可以由中国国际商会组织设立,在行文上,它并未排除地方设立受理涉外案件的仲裁机构的可能性;加之 1996 年 6 月国务院办公厅《关于贯彻实施〈中华人民共和国仲裁法〉需要明确的几个问题的通知》第 3 条明确指出："涉外仲裁案件的当事人自愿选择新组建的仲裁委员会仲裁的，新组建的仲裁委员会可以受理。"由此，各地仲裁委员会在当事人自愿选择的情况下，也有权受理涉外仲裁案件。这有利于仲裁机构之间形成竞争的局面，增强仲裁的独立性和公正性。按照我国《仲裁法》的规定，中国仲裁协会应负责制定统一的仲裁规则，在此之前各地仲裁委员会可以制定本身的仲裁暂行规则。1995 年国务院法制局会同有关单位拟定了《仲裁委员会仲裁暂行规则示范文本》，供各地仲裁委员会研究采用。目前各地仲裁委员会基本上都各自制定了仲裁规则。目前受案量较多的仲裁机构有北京仲裁委员会（英文缩写 BAC）、上海仲裁委员会、深圳仲裁委员会、武汉仲裁委员会、广州仲裁委员会等。

（二）中国海事仲裁委员会

中国海事仲裁委员会（China Maritime Arbitration Commission，CMAC，网址：http://www.cmac-sh.org）。该仲裁委员会是中国国际贸易促进委员会属下的受理海事争议的专门的常设仲裁机构，成立于 1959 年（原名为中国国际贸易促进委员会海事仲裁委员会，1988 年改为现名），总部设在北京，在上海、天津、重庆设立了分会。分会可以独立受理案件和审理案件，极大方便了分会所在地及其周边地区的当事人进行仲裁。在沿海城市大连、天津、宁波、广州、青岛均设有办事处，提供咨询服务，方便当事人就近参加开庭审理活动。为促进渔业生产持续稳定发展，及时有效解决渔事争议，"中国海事仲裁委员会渔业争议解决中心"于 2003 年成立，设在上海分会内，中国国际商会为之制定了《中国海事仲裁委员会仲裁规则关于渔业争议案件的特别规定》。"中国海事仲裁委员会物流争议解决中心"也于 2004 年在北京正式成立，其受案范围包括国际国内各种类型的物流或与物流有关的一切争议。为充分发挥"民间调解"及"海事调解与仲裁相结合"解决海上事故纠纷的重要作用，中国海事仲裁委员会于 2006 年在上海成立了中国海事仲裁委员会上海海事调解中心。该中心的成立，能够更好地推动仲裁与调解相结合的做法，为海事事故当事人提供一种新的选择。中国海事仲裁委员会主要受理海上船舶互相救助报酬、海上船舶碰撞、海上船舶租赁与代理业务、海上船舶运输和保险、海洋环境污染损害和船舶买卖、修造、拖航等方面的争议以及当事人协议要求仲裁的其他海事争议。中国海事仲裁委员会仲裁庭根据 2004 年《中国海事仲裁委员会仲裁规则》对有关案件进行审理。

（三）香港国际仲裁中心

香港国际仲裁中心（Hong Kong International Arbitration Centre，HKIAC，网址：http://www.hkiac.org/HKIAC/HKIAC_English/main.html）成立于 1985 年。它是根据香港公司法注册的非营利性公司，是为配合亚洲地区对仲裁服务的需要而设立的。中心的理事会由不同国籍的具有多方面专长和资历的商界、法律界和其他各界专业人士组成。中心的仲裁事务由理事会下属的管理委员会通过中心的秘书长负责管理。中心的仲裁事务分为本地仲裁和国际仲裁,均适用2013年11月1日起生效的《香港国际仲裁中心机构仲裁规则》。此外,香港国际仲裁中心还制定有2012年《本地仲裁规则》(适用于临时仲裁)、1993年《证券仲裁规则》、2002年《电子交易仲裁规则》、1992年《简易形式仲裁规则》和2005年《国际仲裁管理程序》。

附:部分仲裁机构受案数量表①

	ICC International Court of Arbitration	SCC Institute	AAA	LCIA	SIAC	CIETAC 国际/国内	HKIAC	BAC 国际/国内
2013		86*		290	259	375/1256	260	44/1627
2012	759	92*	约900	265	235	331/1060	293	26/1473
2011	795	96*	994	224	188	470/1435	275	38/1471
2010	793*	91*	888	246	198	418/1352	291	32/1566
2009	817*	96*	836*	272	160	559/1482	429	72/1830

*统计数字只包括国际仲裁(据香港国际仲裁中心所知)

第三节 国际商事仲裁的准据法

一、仲裁程序的法律适用

(一)当事人意思自治

仲裁程序的法律适用完全不同于诉讼程序。在国际民事诉讼中,对于诉讼程序问题,国际社会的习惯做法是只适用法院地国的诉讼程序法。而在国际商事仲裁中,由于仲裁本身固有的性质,各国立法与实践却是普遍允许国际商事仲裁中的双方当事人合意选择仲裁程序,而在无此合意选择时,则往往适用仲裁机构自身的仲裁规则或仲裁地的仲裁规则,或者由仲裁人或仲裁机构来决定适用的仲裁程序规则。

1987年瑞士联邦《国际私法法规》第182条规定,在国际商事仲裁中,当事人可以使仲裁程序服从于他们所选择的程序法;如果当事人没有规定此种仲裁程序,必要时将由仲裁庭直接规定或援引某一法律或某一仲裁规则加以规定。在实践中,瑞士联邦和州的判例也承认国际商事仲裁中双方当事人有合意选择

---

① 数据来源于香港国际仲裁中心网站(http://www.hkiac.org/sc/hkiac/statistics/case-statistics/case-statistics/case-statistics,2014年7月22日访问,对于1992年至2008年的部分仲裁机构数据统计也可以通过该网址查看)和相关仲裁机构的官方网站。

适用于仲裁程序规则的自由,而在当事人没有选择时,对于程序问题,则适用仲裁所在地国家的法律。

关于仲裁的国际公约,对于仲裁应适用的程序规则,也在很大程度上赋予当事人以选择权。[①]

（二）有关仲裁法的理论问题

在国际商事仲裁中,所谓仲裁法便是指调整仲裁程序方面种种问题的法律。正如上文所述,国际商事仲裁中的当事人是具有相当的灵活性和自主选择权的。但是不管怎样,仲裁并不是只受双方当事人意思表示的约束,在程序问题上,仍然要受到仲裁法即仲裁地法的支配。

仲裁法不仅支配仲裁的内在程序,诸如文件的提示、证人的证言以及其他类似的程序,而且还支配仲裁行为的外在标准,例如,它还决定可以因仲裁员的歧视、偏见而撤销他的资格,或因仲裁庭越权或未能适用本应适用的程序规则而宣告仲裁裁决无效。

仲裁法是仲裁程序的准据法,而在一般情况下,仲裁法也就是仲裁地的法律。但是,在如何确定仲裁法的问题上,近来日益增长的趋势是一种"非地方化理论"。该理论认为尽管仲裁会受到仲裁所在地法的制约,如特定国家的法律禁止在其领域内进行仲裁活动,仲裁就不能在该国进行,或者某国禁止某种争议在该国进行仲裁,则该项争议也不得在该国进行仲裁;但是,仲裁跟法院的审判活动毕竟是不同的,法院的审判活动通常是要受法院地法支配的,而仲裁则应与仲裁所在地法律的管辖适当分离,从而主张仲裁法应该是"超越国家的""跨国的""非国家的""非属地的",甚至据此而称"漂流的"仲裁,"漂流的"的裁决。这种观点在国际商会的仲裁规则中也有所反映,例如2102年《国际商会仲裁规则》第19条规定,仲裁庭审理案件的程序受本仲裁规则管辖;本仲裁规则没有规定的,受当事人约定的或当事人没有约定时仲裁庭确定的规则管辖,不论是否因此而援引适用于该仲裁的某一国内法的程序规则。支持此种观点的理由,首先是认为,国际商事仲裁不应受彼此歧异的国内法的影响,特别是不应受那些根本不适宜于国际商事仲裁的国家的国内法的支配;其次是认为,对仲裁程序的法律调整,不应来自仲裁地的国家,而只应来自裁决被寻求执行的国家,只有裁决执行地国家在认为执行裁决将违反它的公共秩序时,方可拒绝承认和执行,并且在此时,裁决执行国也是不会去理会仲裁地的法律的。

但是,上述"非地方化理论"也遭到了人们的批判。批判者认为这种观点实

[①] 例如,1923年订于日内瓦的《仲裁条款议定书》第2条规定,仲裁程序,包括仲裁庭的组织在内,应当依照当事人的意志和仲裁地国的法律。另见1958年《承认及执行外国仲裁裁决公约》第5条第1款第4项。

际上等于说仲裁可以不受任何法律的调整,有了"当事人法"就可以解决仲裁程序中的所有问题。然而在实际生活中,不但会出现当事人达不成应适用的程序法的协议的情况,而且在许多问题上有关国家也不赋予当事人自主约定的权利,例如,当事人未达成一致意见时仲裁员的产生、仲裁员未履行其职责或出现不宜担任仲裁员的情况时的撤换、仲裁中财产保全措施等。

"非地方化理论"主张的仲裁不应受仲裁地法的支配而只应受其裁决执行地国家法律约束的观点,跟当前的仲裁国际实践也是不相吻合的。1958年订于纽约的《承认及执行外国仲裁裁决公约》第5条第1款也规定,仲裁庭的组成或仲裁程序同当事人间的协议不符,或者当事人间未订此种协议时,又与进行仲裁的国家的法律不符,缔约国得拒绝承认和执行该裁决。2010年修订的《联合国国际贸易法委员会仲裁规则》第1条第3款也规定:"仲裁应受本规则的支配,但本规则的任何规定如与双方当事人必须遵守的适用于仲裁的法律规定相抵触时,应服从法律的规定。"2009年《美国仲裁协会国际仲裁规则》第1条第2款也作了类似规定。

综上所述,国际商事仲裁只有在当地法不加限制并允许时,它才能存在和活动,而事实上各个国家都不愿意对仲裁采取放任态度而不作出限制。任何一个仲裁裁决,如果违反所在地国的强行法,它就会被所在地国宣告无效或遭到被寻求执行国拒绝承认和执行的危险。这就是仲裁程序应受仲裁地法支配的观点至今仍处主导地位的原因之一。仲裁地法仍被肯定的另一个原因,在于仲裁地法提供了一个确定仲裁裁决的"国籍"的客观标准,而这种裁决的国籍通常是依据有关公约得以在非国籍国承认和执行的重要依据。

二、实体问题的法律适用

在国际商事仲裁中,对实体问题的法律适用,在基本的方面跟法院确定涉外合同或国际合同的法律适用是相近的,但国际商事仲裁中关于实体问题的法律适用仍然跟法院确定国际合同的法律适用有许多不同的地方。

(一)适用合同当事人自主选择的法律

在国际商事仲裁中,解决实体问题的准据法选择,一个最基本的原则,是合同当事人的意思自治,即适用双方当事人合意选择的那一个法律。有关仲裁的国际公约也肯定了这一点。例如,1961年《关于国际商事仲裁的欧洲公约》第7条、1965年订于华盛顿的《关于解决国家和他国国民之间投资争端公约》第42条第1款、2010年《联合国国际贸易法委员会仲裁规则》第35条都规定,仲裁庭应适用当事人双方预先指定的适用于争端实体的法律。联合国《国际商事仲裁示范法》第28条也规定仲裁庭应当按照当事人各方选定的适用于争议实体的法律规则对争议作出决定。各国的法律也大多明确规定了这一点。例如,1987

年瑞士联邦《国际私法法规》第187条就规定"仲裁庭裁决时依据当事人所选择的法律规则。"其他如德国、日本、英国、法国、奥地利、比利时、瑞典、西班牙、意大利、卢森堡、希腊、荷兰、挪威、葡萄牙等国也在国际商事仲裁中肯定了当事人意思自治原则。

对争议实体问题的准据法选择，当事人通常是指定适用某一国家的国内法。然而，在选择国内法作为争议实质问题准据法时，往往会遇到某一国家的国内法不完善、不宜适用于国际商事关系等情况。所以，在国际商事仲裁中，也允许当事人约定适用国际法规则，特别是当事人为主权国家的合同关系中的一方。如世界银行在与有关国家出面担保的私人贷款者之间的协议中，便有这种选择。

（二）当事人未作选择时的法律适用

在国际商事仲裁中，尽管各国法律明确规定当事人可以协议选择争议实质问题应适用的法律，然而在现实生活中，当事人似乎并未积极地行使此项自主选择权，国际合同中缺少法律适用条款的现象屡见不鲜。出现这种情况时，主要有两种解决方法：一是根据仲裁地所属国的冲突规则确定合同的准据法，二是授权仲裁庭去决定合同的法律适用。

采取前一类做法的国家，其中的大多数国家冲突法规定，当事人未选择的，合同适用与合同具有最密切联系的国家的法律，比如瑞士、英国、瑞典、中国等。例如，1987年瑞士联邦《国际私法法规》第187条第1款就规定，仲裁庭依当事人选择的法律进行裁决；未作选择的，依与争议有最密切联系的法律裁决。至于如何确定与合同有最密切联系的法律，不同的国家，以及在不同的案件中，其做法各有不同，一般是根据个案的具体情况，在合同缔结地法或合同履行地法、当事人国籍国法或住所地法中去选定。

第二类做法是授权仲裁庭去决定合同的准据法。仲裁庭可以直接确定适用其认为适当的法律或者适用其认为适用的法律冲突规范所确定的法律。例如，2010年《联合国国际贸易法委员会仲裁规则》第35条第1款就规定，当事人未选择合同法律适用的，仲裁庭应适用其认为适当的法律。2012年《国际商会仲裁规则》第21条第1款也作了类似规定。但是，2006年联合国《国际商事仲裁示范法》第28条第2款规定，当事人没有指定任何可适用的法律，仲裁庭应当适用其认为可适用的法律冲突规范所确定的法律。奥地利、挪威等国法律也规定，合同当事人未合意选择法律适用的，可由仲裁庭完全自由地认为最合适的法律冲突规则进行选择。

1965年《关于解决国家和他国国民之间投资争端公约》第42条第1款规定："仲裁法庭应依照双方可能同意的法律规则判定一项争端。如果无此种协议，仲裁法庭应适用争端一方的缔约国的法律（包括其关于冲突法的规则）以及可适用的国际法规则。"至于国际法规则，具体是指哪些，在一些法律文件中，常认为适用于国际商事仲裁的国际法,应理解为《国际法院规约》第 38 条第 1 款所包含的全部内容,即包括国际条约、国际惯例、一般法律原则、司法判例及学说。

最后,特别应指出的是,在国际商事仲裁中,在缺乏当事人协议选择法律适用时,更常见和普遍的做法是适用以各种贸易术语为主要内容的国际贸易惯例或国际商事惯例。例如,《联合国国际贸易法委员会仲裁规则》第 35 条第 3 款明确规定:"在所有案件中,有合同条款的仲裁庭应按照合同条款进行裁决,并应考虑到适用于该具体交易的贸易惯例"。联合国《国际商事仲裁示范法》第 28 条第 4 款、2012 年《国际商会仲裁规则》第 21 条第 2 款也作了类似规定。在德国、法国、卢森堡、芬兰等国的国际商事仲裁实践中,如果当事人未作法律选择时,仲裁庭在选择适用于争议实体的法律方面具有更大的自由度,而他们往往是广泛地引用国际商事惯例去判定案件。

第四节 仲 裁 协 议

一、仲裁协议的概念和种类

仲裁协议(arbitration agreements)是国际商事仲裁得以发生的根本依据,它是指双方当事人合意将他们之间已经发生或者将来可能发生的国际商事争议交付仲裁解决的一种书面协议。根据各国有关的仲裁法规和国际公约的规定,仲裁协议是仲裁庭或仲裁机构受理双方当事人的争议的依据。正因如此,仲裁协议有国际商事仲裁的基石之说法。

国际条约和各国立法一般都对仲裁协议的形式作了规定。根据其表现形式的不同,仲裁协议主要可分为仲裁条款和仲裁协议书,以及其他表示提交仲裁的文件。

仲裁条款(arbitration clause),是指双方当事人在签订有关国际贸易与经济合作或海运方面的条约或合同时,在该条约或合同中订立的约定把将来可能发生的争议提交仲裁解决的条款。仲裁条款都是订立于争议发生之前,从而构成有关条约或合同的一部分,但同时又具有与条约或合同中其他条款不同的特殊的性质和效力。因而即使是合同的其他条款无效,仲裁条款也并不一定随之无效。

仲裁协议书(submission to arbitration agreements),是指在争议发生前或争议发生后有关当事人双方经过平等协商,共同签署的一种把争议提交仲裁解决的专门性文件。从形式上看,仲裁协议书跟有关的合同是完全分开、彼此独立的。在大多数情况下都是由于有关的国际商事合同中没有规定仲裁条款,发生争议后,双方当事人为求仲裁解决而共同协商签订的这种仲裁协议书。有些是在根本不存在合同关系的国际商事争议发生后而订立的。这种争议的发生是当事人不能预见的,也不希望发生的,因此就不可能预先订立仲裁条款,而只能在争议发生后,双方当事人在无法自行协商解决后,为寻求仲裁解决而共同协商签订的专门协议。

其他表示提交仲裁的文件通常是指双方当事人针对有关合同关系或其他没有签订合同的国际商事法律关系而相互往来的信函、电传、电报以及其他书面材料。此种文件中含有双方当事人同意把他们已经发生或将来可能发生的有关争议提交仲裁解决的意思表示。这些文件从形式上看是多种多样的,但只要能证明双方当事人有同意提交仲裁的意思表示即可。

二、仲裁协议的内容

各国立法和有关国际条约对一项有效的仲裁协议应该包括哪些内容,规定不尽相同,但是为了使有关仲裁程序得以顺利进行,并能获得各方当事人所预期的效果,一项完备的仲裁协议一般具备以下五个方面的内容:

(一)提交仲裁的事项

仲裁协议首先应该明确规定把什么样的争议提交仲裁。这既是有关的仲裁庭行使仲裁管辖权的重要依据之一,也是有关当事人申请有关国家法院协助承认和执行仲裁裁决时必须具备的一个重要条件。在仲裁实践中,当事人只有把载入仲裁协议中的争议提请仲裁,有关仲裁机构方能受理。如果一方当事人申请仲裁的争议事项不属于仲裁协议所约定的争议事项范围,另一方当事人有权对仲裁庭的管辖权提出异议,并拒绝参与仲裁;即使在仲裁审理终结并作出实质性裁决以后,另一方当事人也有权拒绝履行该裁决所规定的义务。

根据我国《仲裁法》第 16 条的规定,仲裁协议的内容应该包括约定的仲裁事项。该法第 18 条进一步明确规定:"仲裁协议对仲裁事项或者仲裁委员会没有约定或者约定不明确的,当事人可以补充协议;达不成补充协议的,仲裁协议无效。"2006 年最高人民法院《关于适用〈中华人民共和国仲裁法〉若干问题的解释》第 2 条规定:"当事人概括约定仲裁事项为合同争议的,基于合同成立、效力、变更、转让、履行、违约责任、解释、解除等产生的纠纷都可以认定为仲裁事项。"

(二)仲裁地点

仲裁地点是指进行仲裁程序和作出仲裁裁决的所在地。仲裁地点是仲裁协议的主要内容之一,在国际商事仲裁中确定仲裁地点很重要。这主要是因为仲裁地点与仲裁所适用的程序法以及按哪一国的冲突规则来确定合同的实体法都有密切关系,而且仲裁地点也关系到仲裁协议是否有效和仲裁裁决的国籍并影响到裁决能否得到承认和执行。通常,在当事人没有明示仲裁依特定规则进行或者当事人在协定中没有自己拟定仲裁程序规则时,只有仲裁地法支配当事人和仲裁程序。

在仲裁实践中,仲裁地点通常跟仲裁机构所在地是同一的。当事人选择某个常设仲裁机构,一般也都包含有以该常设仲裁机构所在地作为仲裁地点的意思。因而,当事人未对仲裁地点作出明示选择,仲裁庭通常也是把仲裁机构所在地作为仲裁地。

(三) 仲裁机构

在国际商事仲裁中,对于仲裁机构的选择有两种做法,其一是组成临时仲裁庭,其二是选择某个常设仲裁机构。近年来在国际贸易中,大部分仲裁案件都是在常设仲裁机构的主持下进行仲裁的,只有少数案件是采用临时仲裁的方式解决的。如果约定选择临时仲裁,则应在仲裁协议中具体写明仲裁庭的组成人数及如何指定仲裁员,以及采用什么仲裁程序规则审理等,如果约定在常设仲裁机构仲裁,则应具体写明双方选定的那个常设仲裁机构在订立仲裁协议时所使用的全称。

根据我国《仲裁法》第18条的规定,仲裁协议中没有约定仲裁机构或者约定不明确,后又无法达成补充协议的,该仲裁协议无效。针对实践中仲裁协议对仲裁机构约定不明的各种情形,2006年最高人民法院《关于适用〈中华人民共和国仲裁法〉若干问题的解释》第3—7条作了比较详尽的规定:(1)仲裁协议约定的仲裁机构名称不够准确,但能够确定具体的仲裁机构的,应当认定选定了仲裁机构。(2)仲裁协议仅约定纠纷适用的仲裁规则的,视为未约定仲裁机构,但当事人达成补充协议或者按照约定的仲裁规则能够确定仲裁机构的除外。(3)仲裁协议约定两个以上仲裁机构的,当事人可以协议选择其中的一个仲裁机构申请仲裁;当事人不能就仲裁机构选择达成一致的,仲裁协议无效。(4)仲裁协议约定由某地的仲裁机构仲裁且该地仅有一个仲裁机构的,该仲裁机构视为约定的仲裁机构。该地有两个以上仲裁机构的,当事人可以协议选择其中的一个仲裁机构申请仲裁;当事人不能就仲裁机构选择达成一致的,仲裁协议无效。(5)当事人约定争议可以向仲裁机构申请仲裁也可以向人民法院起诉的,仲裁协议无效。但一方向仲裁机构申请仲裁,另一方未在仲裁庭首次开庭前提出异议的除外。

(四) 仲裁规则

仲裁规则是指当事人和仲裁员在仲裁过程中必须遵守的操作规则。它包括仲裁申请的提出、仲裁员的选定、仲裁庭的组成、仲裁的审理、仲裁裁决的作出等内容。为确保仲裁程序的顺利进行,当事人在签订仲裁协议时,应明确约定有关仲裁所应适用的仲裁规则。

各常设仲裁机构都制定了自己的仲裁规则。国际社会的实践表明,在大多数情况下,在订立仲裁条约时约定在某仲裁机构进行仲裁便也意味着同时约定适用该仲裁机构的仲裁规则。有些仲裁机构即作了此种规定。例如,1998年《国际商会仲裁规则》第15条第1款规定:"仲裁庭审理案件的程序适用本规则。"但也有些常设仲裁机构允许按双方当事人的约定,采用该仲裁机构以外的仲裁规则。

而在选择临时仲裁时,无现成的仲裁规则可供采用,一般是选择某个仲裁机构的仲裁规则或《联合国国际贸易法委员会仲裁规则》,或者对上述仲裁规则作修改后再采用,或者重起炉灶另行拟定仲裁规则。如果是另行拟定仲裁规则,则更需仔细考虑,力争具体,并且要注意不与仲裁地法或裁决执行地法的有关规定相抵触。

根据1958年《纽约公约》(《承认及执行外国仲裁裁决公约》)第5条的规定,仲裁程序应同当事人之间的协议相符,或者当事人之间未订立此种协议时,应与仲裁地国家的法律相符。否则,被请求承认和执行裁决的主管机关可以根据当事人的请求,拒绝承认和执行该项裁决。正因仲裁程序规则也影响到日后仲裁裁决的承认与执行,故在订立仲裁协议时也应认真考虑,妥善处理。

(五)裁决的效力

裁决的效力是指仲裁机构就有关争议所作出的实质性裁决是否为终审裁决,对双方当事人有无约束力,有关当事人是否有权向法院起诉请求变更或撤销该项裁决。裁决的效力跟裁决的定案效力既有联系,又有区别。

关于仲裁裁决的效力问题各国的仲裁立法和各常设仲裁机构及国际组织所制订的仲裁规则一般都有明确规定。就较普遍的实践来看,仲裁庭就有关争议所作出的实质性裁决具有终审裁决的效力,是终局性的。例如,2010年《斯德哥尔摩商会仲裁院仲裁规则》第40条规定,裁决一经作出,即为终局,并对当事人具有约束力。同意根据本规则进行仲裁,当事人即承诺毫不迟延地履行裁决。但也有少数仲裁立法和仲裁规则规定了仲裁裁决不具有终局性而可以向法院上诉。如1981年法国《仲裁法令》第36条规定:"仲裁裁决一经作出,便对所作裁决的争执具有已决案件的权威性。"但该法令第42条却规定:"除非当事人已在仲裁协议中放弃上诉,可以对仲裁裁决提起上诉。但如仲裁员是作为友好仲裁员接受仲裁裁决任务的,则除非当事人在仲裁协议中明确保留了这种权利,不得对裁决提起上诉。"

以上五个方面是完备仲裁协议应具备的基本内容。除此以外,仲裁协议还可以视具体情况,规定其他方面的内容,如仲裁的提起、仲裁员的任命、仲裁庭的权限、仲裁费用的承担等。例如,在临时仲裁情况下,特别是涉及国家作为当事人商事争议,双方往往在有关条约或协定中拟订了详尽的仲裁条款。

为了便于双方当事人在合同中订立合格的仲裁条款,目前,许多仲裁机构都拟定有示范仲裁条款,供当事人采用。如中国国际经济贸易仲裁委员会拟定的示范仲裁条款(一)为:"凡因本合同引起的或与本合同有关的任何争议,均应提交中国国际经济贸易仲裁委员会,按照申请仲裁时该会现行有效的仲裁规定进行仲裁。仲裁裁决是终局的,对双方均有约束力。"

三、仲裁协议有效性的确定及其准据法

(一) 仲裁协议的有效要件

仲裁协议的有效要件,是指一项有效的仲裁协议必须具备的基本条件。一项有效的仲裁协议的存在,是当事人提起仲裁、仲裁机构受理仲裁、仲裁庭审理仲裁以及仲裁裁决能够得到承认和执行的重要条件或先决条件。

关于仲裁协议的有效要件,各国法律和有关国际公约的规定并不完全一致。根据《纽约公约》第2条和第5条的有关规定,一项有效的仲裁协议需满足六个条件:(1) 是书面协议;(2) 是处理当事人之间已发生或可能发生的争议的协议;(3) 这种争议与一个特定的法律关系有关;(4) 这种争议是有关一个能用仲裁方式解决的事项;(5) 根据对他们适用的法律,当事人在签订协议时有完全行为能力;(6) 协议不是无效的、未生效的或不可能执行的。而根据法国的《仲裁法令》第3条第2款和第8条第2款,如果仲裁条款和仲裁协议未指定仲裁员,或未规定指定仲裁员的方式,都是无效的。尽管各国仲裁立法和国际公约对仲裁协议的有效要件的规定不尽相同,但对构成有效仲裁协议的基本条件的规定还是一致的。一般而言,主要涉及以下三个问题:

1. 仲裁协议的形式

一项有效的仲裁协议必须有合法的形式。尽管各国对此规定并非一致,但绝大多数国家的法律都要求仲裁协议必须用书面形式作成。例如,1950年英国《仲裁法》第32条规定,除非另有规定,仲裁协议是指将已经发生或可能发生的争议提交仲裁的书面协议。1980年法国《仲裁法令》第3条和第39条规定:仲裁条款应在主要协议中或主要协议所援引的文件中书面规定之,否则无效;仲裁协议以书面确认之,可在仲裁员与当事人签字的笔录中确认。我国现行《民事诉讼法》第271条、《仲裁法》第16条均规定,仲裁协议是指在合同中订立的仲裁条款或者以其他书面方式在纠纷发生前或纠纷发生后达成的请求仲裁的协议。

在国际条约方面,1958年《纽约公约》第2条规定,仲裁协议应该是书面的,并且是缔约国承认和执行仲裁协议的条件之一。1975年《美洲国家间国际商事仲裁公约》第1条也规定,仲裁协议应用书面订立。2006年修正的联合国国际贸易法委员会《国际商事仲裁示范法》第7条第2款也规定,仲裁协议必须是书

面的。

在 2006 年修正的《国际商事仲裁示范法》第 7 条（备选案文一）第 2 款虽然一方面指出"仲裁协议应是书面的"，但该条第 3—6 款规定，仲裁协议的内容以任何形式记录下来的，即为书面形式，无论该仲裁协议或合同是以口头方式、行为方式还是其他方式订立的。电子通信所含信息可以调取以备日后查用的，即满足了仲裁协议的书面形式要求。另外，仲裁协议如载于相互往来的索赔声明和抗辩声明中，且一方当事人声称有协议而另一方当事人不予否认的，即为书面协议。在合同中提及载有仲裁条款的任何文件的，只要此种提及可使该仲裁条款成为该合同一部分，即构成书面形式的仲裁协议。

但也有极少数国家的法律对仲裁协议的形式不作特别要求。例如，根据德国《民事诉讼法典》第 1027 条的规定，具有完全商人资格的当事人之间按照商事交易惯例订立的仲裁协议无需具体形式，如果当事人惯常在一个有关的贸易机构进行仲裁，可以口头订立协议，甚至默示订立仲裁协议。瑞典等国也未对仲裁协议的具体形式作出要求。

联合国国际贸易法委员会第 39 届会议 2006 年 7 月 6 日通过的《关于 1958 年 6 月 10 日在纽约制定的〈承认及执行外国仲裁裁决公约〉第 2 条第 2 款和第 7 条第 1 款的解释的建议》指出，考虑到《公约》第 7 条第 1 款的一个目的是使外国仲裁裁决在最大程度上得以执行，特别是通过承认任何利害关系方有权寻求在一国依赖该裁决的情况下援用该国的法律或条约，包括所规定的制度比公约更有利的法律或条约，考虑到电子商务的广泛应用，考虑到各项国际法律文书，例如后来特别对其第 7 条第 2 款作出修订的 1985 年《国际商事仲裁示范法》、1996 年《电子商务示范法》、2001 年《电子签名示范法》和 2005 年《国际合同使用电子通信公约》，还考虑到所颁布的一些国内立法以及判例法，在仲裁协议的形式要求、仲裁程序和执行仲裁裁决方面，它们比《公约》更有利，认为在解释《公约》时必须考虑到促进仲裁裁决的承认和执行的必要，第一，建议"适用 1958 年 6 月 10 日在纽约制定的《承认及执行外国仲裁裁决公约》第 2 条第 2 款，认识到其中所述情形并非详尽无遗"；第二，还建议"适用 1958 年 6 月 10 日在纽约制定的《承认及执行外国仲裁裁决公约》第 7 条第 1 款，以便允许任何利害关系方运用寻求在一国依赖一仲裁协议的情况下根据该国的法律或条约而可能享有的权利，寻求该仲裁协议的有效性获得承认。"

在我国，2006 年最高人民法院《关于适用〈中华人民共和国仲裁法〉若干问题的解释》第 1 条进一步具体规定，《仲裁法》第 16 条规定的"其他书面形式"的仲裁协议，包括以合同书、信件和数据电文（包括电报、电传、传真、电子数据交换和电子邮件）等形式达成的请求仲裁的协议。最高人民法院 2005 年印发的《第二次全国涉外商事海事审判工作会议纪要》第 66 条指出，当事人在订立的涉外合同中援引适用其他合同、文件中的有效仲裁条款的,是书面形式的仲裁协议。其第 67 条指出,一方当事人向仲裁机构或者仲裁庭申请仲裁,对方当事人未提出管辖异议且按照仲裁规则的要求指定仲裁员并进行实体答辩的,视为当事人同意接受仲裁。

2. 仲裁协议当事人的行为能力

订立仲裁协议当事人的行为能力也是决定仲裁协议效力的有效要件之一。根据国际社会普遍的观点,无行为能力的人所为的一切行为都是没有法律效力的。因而,仲裁协议的一方或双方当事人在订立仲裁协议时是无行为能力的,则所订立的仲裁协议即为无效。例如,1958 年《纽约公约》第 5 条第 1 款中规定,如果订立仲裁协议的"当事人依对其适用之法律有某种无行为能力情形者",缔约国可以拒绝承认与执行该仲裁裁决。2006 年联合国国际贸易法委员会《国际商事仲裁示范法》第 36 条也规定,缔约国拒绝承认或执行裁决的理由之一便是"仲裁协议的当事人一方欠缺行为能力"。

但是,上述 1958 年《纽约公约》并未明确规定当事人订立仲裁协议的行为能力应该适用何国法律作为准据法,它仅是规定"当事人依对其适用之法律有某种无行为能力情形者",而把此问题留待各缔约国自行决定。一般而言,对于当事人缔结仲裁协议的能力,除了适用有关国际条约外,应依据各缔约国的冲突法作出决定。对此,各国通常适用当事人一般行为能力的同一准据法,即当事人的属人法。

3. 争议事项的可仲裁性

争议事项的可仲裁性,是指当事人订立的仲裁协议中约定的提交仲裁的事项,必须是有关国家法律所允许采用仲裁方式处理的事项。如果当事人约定提交仲裁的事项属于有关国家法律规定的不可仲裁的事项,则该仲裁协议便是无效的,有关仲裁机构也不能受理,即使受理了并据此作出了仲裁裁决,该仲裁裁决也是无效的。

根据我国《仲裁法》第 3 条的规定,对于婚姻、收养、监护、扶养、继承纠纷,以及依法应当由行政机关处理的行政争议不能仲裁。其他国家一般也规定,涉及婚姻家庭和继承问题的争议不能仲裁。1958 年《纽约公约》第 1 条第 3 款规定,缔约国可以声明本国只对根据本国法属于商事的法律关系,不论其为契约性质与否,所引起的争议适用该公约,从而把非商事争议排除在适用《纽约公约》之外。《纽约公约》第 5 条第 2 款还规定,如果根据仲裁裁决承认执行地国家的法律,争议事项系不能以仲裁解决者,则该国可以拒绝承认和执行裁决。

(二) 认定仲裁协议有效性的机构及其准据法

1. 认定仲裁协议有效性的机构

根据有关国际公约、国内立法及仲裁实践,有权认定仲裁协议是否存在及其有效性的机构主要有以下几种：

许多国家的仲裁立法和国际条约都规定仲裁机构有权认定仲裁协议是否有效。这是认定仲裁协议效力最主要、最普遍的机构。如我国《仲裁法》第20条也规定，当事人对仲裁协议的效力有异议的，可以请求仲裁委员会作出决定；并且，此种异议，应当在仲裁庭首次开庭前提出。但是，如果双方当事人对订立的仲裁协议有效性发生争执，一方当事人就属于仲裁协议规定的事项的争议向法院提起诉讼，法院能否受理？在这种情况下，根据1958年《纽约公约》第2条第3款的规定，法院有权认定仲裁协议是否有效。如果法院查明仲裁协议是无效的、未生效的或不可能执行的，法院是可以受理此案的；如果法院查明仲裁协议是有效的，则依一方当事人的请求，命令当事人把案件提交仲裁。我国《仲裁法》第20条第1款又规定："当事人对仲裁协议的效力有异议的，可以请求仲裁委员会作出决定或者请求人民法院作出裁定。一方请求仲裁委员会作出决定，另一方请求人民法院作出裁定的，由人民法院裁定。"

根据我国最高人民法院2006年《关于适用〈中华人民共和国仲裁法〉若干问题的解释》第13—15条的有关规定，当事人在仲裁庭首次开庭前没有对仲裁协议的效力提出异议，而后向人民法院申请确认仲裁协议无效的，人民法院不予受理。仲裁机构对仲裁协议的效力作出决定后，当事人向人民法院申请确认仲裁协议效力或者申请撤销仲裁机构的决定的，人民法院不予受理。我国《仲裁法》第26条规定的"首次开庭"是指答辩期满后人民法院组织的第一次开庭审理，不包括审前程序中的各项活动。人民法院审理仲裁协议效力确认案件，应当组成合议庭进行审查，并询问当事人。此外，上述2006年《解释》第12条规定：(1) 申请确认涉外仲裁协议效力的案件，由仲裁协议约定的仲裁机构所在地、仲裁协议签订地、申请人或被申请人住所地的中级人民法院管辖。(2) 涉及海事海商纠纷仲裁协议效力的案件，由仲裁协议约定的仲裁机构所在地、仲裁协议签订地、申请人或者被申请人住所地的海事法院管辖；上述地点没有海事法院的，由就近的海事法院管辖。

此外，1995年我国最高人民法院《关于人民法院处理与涉外仲裁及外国仲裁事项有关问题的通知》（法发[1995]18号）决定对人民法院受理具有仲裁协议的涉外经济纠纷案、不予执行涉外仲裁裁决以及拒绝承认和执行外国仲裁裁决等问题建立报告制度。凡起诉到人民法院的涉外、涉港澳和涉台经济、海事海商纠纷案件，如果当事人在合同中订有仲裁条款或者事后达成仲裁协议，人民法院认为该仲裁条款或者仲裁协议无效、失效或者内容不明确无法执行的，在决定受理一方当事人起诉之前，必须报请本辖区所属高级人民法院进行审查；如果高级人民法院同意受理，应将其审查意见报最高人民法院。在最高人民法院未作答复前，可暂不予受理。

根据《纽约公约》第 5 条第 1 款的规定,被请求承认和执行裁决的主管机关是有权对仲裁协议是否有效作出判断的。

2. 认定仲裁协议有效性所依据的法律

尽管在判定一项仲裁协议是否有效时,有时会适用当事人选择的法律,有时也可能适用仲裁协议订立地法或当事人的属人法,但仲裁地法是确认仲裁协议所适用的主要法律,特别是当事人没有选择应适用的法律的情况下。根据《纽约公约》第 5 条第 1 款第 1 项的规定,在双方当事人没有选定适用的法律的情况下,根据作出裁决的国家的法律,仲裁协议是无效的,那么被请求承认和执行裁决的主管机关可以根据当事人的请求拒绝承认和执行该项裁决。仲裁地法对仲裁协议的约束主要体现在以下几个方面:第一,仲裁协议的形式。第二,仲裁协议的内容。第三,仲裁协议的可仲裁性。

我国最高人民法院 2006 年《关于适用〈中华人民共和国仲裁法〉若干问题的解释》第 16 条规定:"对涉外仲裁协议的效力审查,适用当事人约定的法律;当事人没有约定适用的法律但约定了仲裁地的,适用仲裁地法律;没有约定适用的法律也没有约定仲裁地或者仲裁地约定不明的,适用法院地法律。"我国 2010 年《涉外民事关系法律适用法》第 18 条规定:"当事人可以协议选择仲裁协议适用的法律。当事人没有选择的,适用仲裁机构所在地法律或者仲裁地法律。" 2012 年最高人民法院《关于适用〈中华人民共和国涉外民事关系法律适用法〉若干问题的解释(一)》第 14 条规定,当事人没有选择涉外仲裁协议适用的法律,也没有约定仲裁机构或者仲裁地,或者约定不明的,人民法院可以适用中华人民共和国法律认定该仲裁协议的效力。

四、仲裁协议的法律效力

仲裁协议是双方当事人约定将争议提交仲裁的一种共同意思表示。仲裁协议之所以具有法律效力,是因为有关国际条约和各国国内法赋予了仲裁协议以法律效力。根据有关国际条约和大多数国家的法律规定,一项有效的仲裁协议在国际商事仲裁中具有以下法律效力:

(1) 对双方当事人具有严格的约束力。一方面,因仲裁协议约定的特殊法律关系发生的争议,只能通过仲裁方式解决,任何一方不得就该争议向法院起诉。许多国家的法律和有关国际公约都有这种规定。例如,我国《民事诉讼法》第 271 条第 1 款规定:"涉外经济贸易、运输和海事中发生的纠纷,当事人在合同中订有仲裁条款或者事后达成书面协议,提交中华人民共和国涉外仲裁机构或者其他仲裁机构仲裁的,当事人不得向人民法院起诉。"另一方面,任何一方原则上都只能就仲裁协议所规定的事项提交仲裁,而对于任何超出仲裁协议范围以外的事项,对方当事人都有权自由决定是否承认和参与涉及该项争议的仲裁,有权对仲裁庭就该项争议所进行的仲裁提出异议。

（2）可以排除有关国家法院的管辖权。各国的仲裁立法和有关的国际条约都毫无例外地规定：一项有效的仲裁协议能排除法院的管辖权。我国《仲裁法》第 26 条规定，当事人达成仲裁协议，一方向人民法院起诉未声明有仲裁协议，人民法院受理后，另一方在首次开庭前提交仲裁协议的，人民法院应当驳回起诉，但仲裁协议无效的除外；另一方在首次开庭前未对人民法院受理该案提出异议的，视为放弃仲裁协议，人民法院应当继续审理。德国《民事诉讼法》第 1027 条规定："法院受理诉讼案件，而当事人对诉讼中的争议订有仲裁契约时，如果被告提出仲裁契约，法院应以起诉为不合法而驳回之。"1958 年《纽约公约》更是协调了各国在这一问题上的立场。《公约》第 5 条第 3 款规定如果缔约国法院受理一个案件，而就这个案件所涉及的事项，当事人已达成本条意义的协议时，除非该法院查明该协议是无效的、未生效的或不可能实行的，应该依一方当事人的请求，命令当事人把案件提交仲裁。

需要指出的是，一项有效的仲裁协议排除有关国家法院管辖权的前提是，至少有一方当事人坚持适用仲裁协议。如果双方当事人都拒绝适用仲裁协议，应该认为仲裁协议不能完全排除法院的管辖权。例如，1999 年瑞典《仲裁法》第 5 条就规定：当事人应被视为放弃援引仲裁协议以排除法院程序的权利，如果该当事人：曾经反对申请仲裁；未在适当的期限内委任仲裁员；未在适当的期限内提供其应分担的对仲裁员报酬的担保。

（3）是有关仲裁机构行使仲裁管辖权的依据。仲裁机构的管辖权完全依赖于当事人双方所签订的仲裁协议。这一方面表现为如果双方当事人没有签订将他们之间的争议提交仲裁的仲裁协议，有关仲裁机构就无权受理当事人之间的争议。如根据 2007 年土耳其《国际私法与国际民事诉讼程序法》第 62 条第 1 款的规定，在无仲裁协议或者在主合同中未订明仲裁条款时，法院应驳回执行外国仲裁裁决的申请。另一方面表现为仲裁机构的管辖权受到仲裁协议的严格限制，它只能受理仲裁协议所规定的争议，只能就当事人按仲裁协议的约定所提交的争议进行仲裁审理，并作出裁决。世界各国的仲裁立法及有关国际条约都对此作了极为明确的规定。如根据 2007 年土耳其《国际私法与国际民事诉讼程序法》第 62 条第 8 款的规定，仲裁裁决所涉及的事项，在仲裁协议或仲裁条款中未作规定，或者超越了仲裁协议或者仲裁条款规定的范围，法院有权驳回请求执行外国仲裁裁决的申请。《纽约公约》第 5 条也规定，当有关裁决所处理的争议不是交付仲裁的标的或不在有关仲裁协议范围之内，或裁决载有关于交付仲裁范围以外事项的决定时，有关国家的法院可以基于一方当事人的申请而拒绝承认和执行该项裁决。

（4）是强制执行仲裁裁决的依据。一项有效的仲裁协议是强制执行仲裁裁决的法律依据。国际公约及很多国家的国内法都规定,如果一方当事人拒不履行仲裁裁决,另一方当事人可以向有关国家的法院提交有效的仲裁协议和裁决书,申请强制执行该裁决。例如,2007 年土耳其《国际私法与国际民事诉讼程序法》第 61 条规定,请求执行外国仲裁裁决的申请人需向法院提交仲裁协议或仲裁条款原本,或经过公证的副本。《纽约公约》第 4 条规定：为获得仲裁裁决的承认和执行,申请承认和执行仲裁的当事人应该在申请的时候提供仲裁协议正本或经正式证明的副本。

此外,无效的仲裁协议也是构成有关国家拒绝承认和执行有关裁决的理由之一。根据有关国际条约和各国国内法,一国法院都必须以当事人订立的仲裁协议中的约定为根据执行有关仲裁裁决。并且,拒不执行仲裁裁决的一方当事人也有权以不存在有效的仲裁协议为理由对法院的强制执行提出抗辩。例如我国现行《民事诉讼法》第 274 条和《仲裁法》第 58 条就作了这种规定。

五、未签字仲裁协议的法律效力

仲裁的基石是当事人之间的合意,当事人就仲裁事宜达成一致的表现形式则是仲裁协议,而仲裁协议又必须是书面的方为有效。顺理成章的后果是,一方当事人如果没有在书面的仲裁协议上签字,就不受仲裁协议的约束。这是一项人所共知和公认的原则。但是由于社会经济生活的复杂多样性,伴随着法学理论的更新、改良乃至法律的改进,特别是 20 世纪 70 年代以来各国相继革新仲裁立法、鼓励仲裁发展的潮流的出现和不断扩大,在某些情况下,不少国家的立法、司法和仲裁实践、仲裁理论逐步承认仲裁条款对未签字的当事人具有法律约束力。在一定程度上,仲裁协议的效力正在"伸长"。

根据我们目前所掌握的资料,至少在下述情况下,一些国家的立法或者司法实践承认仲裁协议对未签字的当事人具有法律约束力：

（1）通过灵活解释"书面"的含义,以使仲裁协议未经签字即生效。

1958 年《纽约公约》对仲裁协议的形式作了统一规定。根据该公约第 2 条第 2 款,书面仲裁协议,"谓当事人所签订或在互换函电中所载明的契约仲裁条款或仲裁协定"。据此,《纽约公约》规定的书面仲裁协议有两类：一是当事人双方签字的仲裁协议；一是当事人通过书信往来确认的仲裁协议。随着商业实践的发展以及科技的进步,《纽约公约》的这种规定日显狭窄、苛刻,脱离实际,在某种程度上成为仲裁发展的阻碍。正因为如此,联合国国际贸易法委员会第 39 届会议 2006 年通过了前述《关于 1958 年 6 月 10 日在纽约制定的〈承认及执行外国仲裁裁决公约〉第 2 条第 2 款和第 7 条第 1 款的解释的建议》。

目前各国趋向于灵活和宽泛地解释"书面"的含义,其中具有代表性的是英国上诉法院 1986 年在 Zambia Steel v. Clark Eaton 案中的解释:仲裁协议以书面形式表现出来,但是当事人同意或者接受该条款无须通过书面形式,只要通过口头的、书面的、当事人的行为或者其他证据说明的,亦为有效。

(2) 法人合并与分立。

法人合并有新设合并和吸收合并两类。无论是在新设合并还是吸收合并,新设的法人或存续的法人,对因合并而消灭的法人的权利义务的承受都是概括的、全部的承受,不得进行选择。这是各国的普遍实践,在我国立法上也是相当明确的。例如,我国《公司法》规定,公司合并时,合并各方的债权、债务,应当由合并后存续的公司或者新设的公司承继。我国《合同法》规定,当事人订立合同后合并的,由合并后的法人或其他组织行使合同权利、履行合同义务。最高人民法院在《关于适用〈中华人民共和国民事诉讼法〉若干问题的意见》中明确规定,企业法人合并的,因合并前的民事活动发生的纠纷,以合并后的企业为当事人。

法人的分立有创设式分立和存续式分立之别。前者,一个法人分成两个以上的法人,原法人消灭;后者,原法人存续,但分出一部分财产设立新法人。因分立而消灭的法人的权利义务由分立后的法人承受。这得到了各国的普遍接受,在我国也是如此。例如,我国《合同法》规定,当事人订立合同后分立的,除债权人和债务人另有约定的以外,由分立的法人或者其他组织对合同的权利和义务享有连带债权,承担连带债务。根据上述理论,我国最高人民法院《关于适用〈中华人民共和国仲裁法〉若干问题的解释》第 8 条进一步明确规定:"当事人订立仲裁协议后合并、分立的,仲裁协议对其权利义务的继受人有效。当事人订立仲裁协议后死亡的,仲裁协议对承继其仲裁事项中的权利义务的继承人有效。前两款规定情形,当事人订立仲裁协议时另有约定的除外。"

(3) 合同转让时仲裁条款的效力问题。

合同转让分为合同承受、债务承担和债权让与三种情形。

合同承受,是指合同的转让人经合同另一方或者其他方当事人的同意,将其在合同中的权利义务概括移转给受让人,如果原合同中订有仲裁条款,该仲裁条款对合同的受让人与合同的其他方当事人具有约束力,除非在合同的转让过程中,受让人或合同的其他方当事人有相反的意思表示。即在合同承受的情况下,适用的是仲裁条款"自动移转规则"(automatic assignment rule)。这在国内外不存在大的争议。

合同的债务承担(即只作债务的转让),是指债务人转让债务同样需要得到合同的另外一方当事人(即债权人)的同意,因此,原合同中的仲裁条款对受让人和债权人应当具有约束力,除非受让人或者债权人双方或者一方有相反的意思表示。这与合同承受的情形类似。

债权让与时仲裁条款的效力问题是合同转让中分歧较大、疑问较多的问题。

因为转让人将其债权让与受让人,不需要得到合同的另外一方当事人(即债务人)的同意,所以,大多数国家否定了仲裁条款对受让人和债务人的效力。但是,近来也有国家承认在债权让与时,原合同中的仲裁条款对受让人和债务人即合同的另外一方当事人同样有效。

2006年我国最高人民法院《关于适用〈中华人民共和国仲裁法〉若干问题的解释》第9条规定:"债权债务全部或者部分转让的,仲裁协议对受让人有效,但当事人另有约定、在受让债权债务时受让人明确反对或者不知有单独仲裁协议的除外。"

(4)提单的转让和租约仲裁条款并入提单。

有的国家承认,提单在转让后,其中的仲裁条款对受让人有效,只要受让人在接受提单时对其中的仲裁条款没有表示反对。例如,在 Vimar Segurosy Reaseg. v. M/V Sky Reefer 案中,美国最高法院没有否定提单中仲裁条款对作为受让人的提单持有人(即买主)的效力。在该案中,纽约的果品经销商 Bacchus Associates(Bacchus)与摩洛哥的生产商 Galaxie Negoce, S. A.(Galaxie)订约购买一批摩洛哥产柑橘和柠檬。买方 Bacchus 租用 M/V Sky Reefer 轮负责承运,并向保险人办理了保险。货交承运人后,承运人向卖方 Galaxie 签发了提单(其中订有仲裁条款),Galaxie 又将提单交给买方 Bacchus。后在运输途中发生货损,货损值超过100万美元;保险人向买方 Bacchus 赔付了73万多美元,在赔偿范围内取得了代位权,保险人与买方(提单持有人)根据提单共同在马萨诸塞州法院向被告提出对物诉讼。被告则主张提单中的仲裁条款以对抗法院管辖权。原告否定仲裁条款的效力,主张仲裁条款规定在东京仲裁,违反了美国《海上货物运输法》第3条第8款的有关规定。美国最高法院最终判定仲裁条款有效。从双方当事人提交的材料以及法院的判决来看,当事人和法院似乎并不认为,提单中的仲裁条款对作为受让人的提单持有人即买方以及买方的清偿代位人有效是一个可以争论的问题。

各国对租约仲裁条款并入提单的效力问题采取的态度各不相同。特别是当提单发生转让后,这种并入条款对承租人以外的提单持有人是否具有约束力,由于缺乏明确的法律规定,我国在理论与实践上一直存在不同的观点和做法。近年来,最高人民法院通过对个案的请示答复,审查标准已经逐渐趋于统一。最高人民法院在1995年《关于福建省生产资料总公司与金鸽航运有限公司国际海运纠纷一案中提单仲裁条款效力问题的复函》中指出:"本案上诉人福建省生产资料总公司虽然不是租船合同和海上货物运输合同的签约人,但其持有承运人签发的含有合并租约和仲裁条款的提单,并明示接受该仲裁条款,因此,该条款对承运人和提单持有人均有约束力。"最高人民法院在2009年《关于中国中化集团公司诉海里公司海上货物运输合同货损赔偿纠纷所涉仲裁条款效力问题的请示的复函》中认为:"涉案提单为租船合同项下的格式提单,提单正面载明'与租船合同合并使用',但并没有明确记载被并入提单的租船合同当事人名称及订立日期。由于并入提单的租船合同记载不明确,提单背面条款约定'租船合同中的所有条件、条款、权利和免责,包括法律适用和仲裁条款,已经并入本提单'也就失去了事实依据。涉案提单正面记载以及提单背面条款约定不产生租船合同仲裁条款并入提单并约束提单持有人的效力。"最高人民法院在2009年《关于北京中钢天铁钢铁贸易有限公司、唐山百工实业发展有限公司诉中远航运股份有限公司海上货物运输合同纠纷所涉仲裁条款效力问题的请示的复函》中认为:"涉案提单为与租约合并使用的简式提单,但提单正面并未明示记载将租约包括仲裁条款并入提单,中远航运股份有限公司认为租约包括仲裁条款已经并入提单的主张没有事实和法律依据。因此,租约中的仲裁条款对本案原告不具有约束力。"

从上述请示答复不难看出,最高人民法院对租约仲裁条款并入提单对提单持有人的效力问题持相对谨慎的态度,强调当事人双方将争议事项提交仲裁的合意是最高人民法院认定仲裁条款效力的主要标准。

(5) 代位清偿。

所谓代位清偿,是指与债的履行有利害关系的第三人,在为债务人向债权人作出清偿以后,而取得代位权,他可以在其清偿的范围内,就债权人权利以自己的名义代位行使。例如,保险公司在向投保人作出赔付之后,则在赔偿范围内取得了投保人的地位,可以"代替"投保人向相对人进行追偿。在保证、出口信贷、连带债务中也经常出现代位清偿的情况。

如果被代位权人与原债务人之间订有仲裁条款,该仲裁条款对代位权人与原债务人是否具有约束力呢?一些国家的立法例和司法实践持肯定的态度。例如,在前述 Vimar Segurosy Reaseg. v. M/V Sky Reefer 案中,原告 Vimar Segurosy Reaseg. 是一家保险公司,他在向货主 Bacchus 作出赔偿后取得了代位权,进而以自己的名义向被告追偿。由于提单中订有仲裁条款,美国最高法院判定仲裁条款对原、被告有效,并没有因为保险人是代位权人,就否定其效力。

(6) 国际公约中的仲裁条款的适用。

2005年我国最高人民法院《关于适用〈中华人民共和国仲裁法〉若干问题的解释》第11条第2款规定:"涉外合同应当适用的有关国际条约中有仲裁规定的,发生合同争议时,当事人应当按照国际条约中的仲裁规定提请仲裁。"

六、仲裁中的第三人

目前,对于仲裁中能否允许第三人参与和合并仲裁在国内外存在争论。

荷兰、美国一些州的仲裁法允许第三人参与仲裁。例如《荷兰民事诉讼法》

第1045条规定,经与仲裁程序的结果有利害关系的第三人书面申请,仲裁庭可允许该第三人参加或介入仲裁程序;如果第三人根据他与仲裁协议当事人之间的书面协议参加仲裁,其参加、介入或联合索赔仅可在仲裁庭在听取当事人的意见后许可;一旦获准参加、介入或联合索赔的,第三人即成为仲裁程序的一方当事人。2012年《国际商会仲裁规则》第7条规定,如果任何当事人希望追加仲裁当事人,应向秘书处提交针对该追加当事人的仲裁申请书。秘书处收到追加仲裁当事人申请之日在各种意义上均应视为针对该追加当事人的仲裁开始之日。确认或任命任何仲裁员之后,不得再追加仲裁当事人,除非包括追加当事人在内的全体当事人另行同意。提交追加仲裁当事人申请的期限,可由秘书处确定。国际商事仲裁实践中已经出现涉及仲裁中第三人或合并审理的案例。[①]

我国立法对此没有规定,最高人民法院在1998年"关于江苏物资集团轻工纺织总公司诉(香港)太子发展有限公司侵权损害赔偿纠纷上诉案"和1999年"东方国际集团上海对外贸易有限公司与兰州金城旅游服务(集团)有限责任公司保证合同关系确认纠纷上诉案"的判决中均否认仲裁协议之外的第三人参加仲裁或者受仲裁裁决的约束。从我国以往的仲裁实践来看,仲裁机构和仲裁庭对此也持谨慎态度,除非得到所有当事人同意,一般不允许非仲裁协议签字者的第三方参与仲裁程序。

七、仲裁协议与法院专属管辖的关系

当事人通过协议选择法院管辖,不能改变本应服从的国家的专属管辖。这是国际民事诉讼法所肯定的,也是我国《民事诉讼法》所一再强调的。但是,在国家的法律规定某些案件应归其法院专属管辖时,当事人是否仍有权在有关合同中达成仲裁条款,或于争议发生后,达成仲裁协议,将案件提交给该国或其他国家的仲裁机构仲裁呢?

对于这个问题,在最高人民法院1989年印发的《全国沿海地区涉外涉港澳经济审判工作座谈会纪要》中,曾针对在我国境内履行的中外合资经营企业合同及合作勘探开发自然资源合同所发生的纠纷,一方面指出它们应属中国法院专属管辖的案件,同时又指出,如果这些合同中订有仲裁条款或当事人另有仲裁协议,约定将合同纠纷提交中国或其他国家仲裁机构仲裁的,则只要该仲裁条款或仲裁协议合法有效,当事人向我国人民法院起诉的,应不予受理或驳回起诉,"不能以属于我国法院专属管辖为由对抗或否定当事人间仲裁条款或仲裁协议的效力"。

但是对涉及位于我国境内的不动产的争议,对在我国境内港口作业中发生

[①] 参见刘晓红:《国际商事仲裁协议的法理与实证》,商务印书馆2005年版,第252—256页。

的争议,当事人是否也有权事前或事后通过仲裁条款或仲裁协议,将它们提交给中国或其他国家的仲裁机构仲裁,在 1992 年最高人民法院《关于适用〈中华人民共和国民事诉讼法〉若干问题的意见》第 305 条①中,不但已作了肯定的回答,而且把被继承人死亡时住所地在我国或主要遗产在我国的只能由我国法院专属管辖的遗产继承案件也包括在其中了。但后来我国 1994 年《仲裁法》第 3 条规定,继承纠纷不能仲裁。

但是,也还有一种观点认为,凡属合同性质的争议,当事人才有权通过协议提交仲裁,而不管法律是否规定专属管辖。如果这种观点是正确的,则在我国法律所规定的几种专属管辖中,涉及位于我国的不动产争议及在我国境内港口作业的非属于合同性质而是属于物权或行政管辖的那些方面的争议,就不应该允许提交给国际商事仲裁机构仲裁,至于上述遗产继承诉讼就更非可通过仲裁协议而提交给国际商事仲裁机构仲裁了。

八、仲裁条款自治理论

在国际商事交往中,为了使国际商事争议得到及时妥善解决,当事人往往在国际商事合同中订有争议解决条款。但随之也带来一个问题,即当包含有仲裁条款的国际商事合同被确认为无效时,仲裁条款是否仍然有效?对于这个问题,主要有两种不同的主张。第一种主张认为,如果合同在订立时是有效的,只是后来由于某种原因变得无效,其中的仲裁条款并不因主合同的无效而无效;但如果商事合同自始无效,则其中的仲裁条款也当然无效。第二种主张认为,当国际商事合同因为不符合法律规定而被确认为无效时,仲裁条款依然存在,并不当然无效。这就是所谓的"仲裁条款自治理论"。这一理论认为以仲裁条款的形式出现的仲裁协议应被视为与当事人之间有关合同的其他部分相分离的单独协议,即一个包含仲裁条款的合同,应被视为由两个相对独立的合同构成,其中一个为主合同,规定当事人双方在商业利益方面的权利义务关系,另一个为次要的或从属的合同,即以仲裁条款形式出现的仲裁协议。次要合同得以实施的前提条件是双方当事人之间发生合同中约定的特定争议,它得以实施的结果是建立一个仲裁庭,并按照约定的程序依据可适用的法律或公平原则裁定双方当事人根据主要合同的有效或无效而拥有的权利和应承担的义务。次要合同的履行或实施,必须以主合同的履行发生困难或争议为前提,并作为主合同不能履行或不能完全履行时的一种救济手段而存在。

---

① 最高人民法院《关于适用〈中华人民共和国民事诉讼法〉若干问题的意见》第 305 条规定:"依照民事诉讼法第 34 条和第 246 条规定,属于中华人民共和国人民法院专属管辖的案件,当事人不得用书面协议选择其他国家法院管辖。但协议选择仲裁裁决的除外。"

仲裁条款自治理论被许多国家的立法和有关国际条约所采用。如根据瑞士联邦《国际私法法规》第178条第3款规定,对仲裁协议的有效性不得以主合同可能无效为理由而提出异议。2010年《联合国国际贸易法委员会仲裁规则》第23条第1款规定,构成合同一部分的仲裁条款,应作为独立于合同中其他条款的一项协议对待。仲裁庭作出合同无效的裁定,不应自动造成仲裁条款无效。《国际商会仲裁规则》第6条第9款规定:"如无另外规定,仲裁员不得以断言合同无效或不存在为理由停止执行其仲裁职责,仲裁员应坚持仲裁协议的合法性。即使合同本身可能不存在或无效,仲裁员仍应继续行使其仲裁权以确定当事人各自的权利,并对他们的请求进行裁决。"我国的有关立法也承认仲裁条款自治理论。如我国《仲裁法》第19条第1款从法律上肯定:"仲裁协议独立存在,合同的变更、解除、终止或者无效,不影响仲裁协议的效力。"2006年我国最高人民法院《关于适用〈中华人民共和国仲裁法〉若干问题的解释》第10条规定:"合同成立后未生效或者被撤销的,仲裁协议效力的认定适用仲裁法第19条第1款的规定。当事人在订立合同时就争议达成仲裁协议的,合同未成立不影响仲裁协议的效力。"

第五节 仲裁程序

仲裁程序是指国际商事仲裁中自一方当事人提请仲裁到作出终局裁决这一整个过程中,有关仲裁机构、仲裁员、仲裁庭、申诉人、被诉人、证人、鉴定人、代理人等其他仲裁参与人进行仲裁活动所必须遵循的程序。其内容一般包括仲裁申请的提出和受理以及答辩和反请求、仲裁员的选定、指定和仲裁庭的组成、仲裁审理、仲裁中的和解和调解以及仲裁裁决的作成、仲裁费用的分担和给付等。

一、仲裁申请的提出和受理

(一)仲裁申请的提出

仲裁申请是指仲裁协议中所约定的争议事项发生以后,仲裁协议的一方当事人依据该项协议将有关争议提交他们所选定的仲裁机构,从而提起仲裁程序的行为。提出仲裁申请是开始仲裁程序最初的法律步骤。一些国家的仲裁法律明确规定,仲裁机构受理仲裁案件的依据除了仲裁协议外,还必须要有当事人一方的申请。

仲裁申请的提出,必须以书面形式进行,各国仲裁立法和仲裁规则大都对此作了明确规定。例如,2012年《中国国际经济贸易仲裁委员会仲裁规则》第13条第1款也明确规定:"仲裁委员会根据当事人在争议发生之前或者在争议发生之后达成的将争议提交仲裁委员会仲裁的仲裁协议和一方当事人的书面申请,受理案件。"我国《仲裁法》第 22 条也规定:"当事人申请仲裁,应当向仲裁委员会递交仲裁协议、仲裁申请书及副本。"其第 23 条规定,仲裁申请书应当载明下列事项:(1) 当事人的姓名、性别、年龄、职业、工作单位和住所,法人或者其他组织的名称、住所和法定代表人或者主要负责人的姓名、职务;(2) 仲裁请求和所根据的事实、理由;(3) 证据和证据来源、证人姓名和住所。

（二）仲裁的受理

仲裁机关在收到申请人提交的仲裁申请书及有关材料后,应立即进行初步审查以决定是否立案受理。一般来说,审查事项包括:(1) 仲裁条款或仲裁协议是否有效,该仲裁机构是否享有对该争议的管辖权。(2) 请求仲裁事项是否属于仲裁协议范围之内或是否能进行仲裁。(3) 有否超过仲裁时效,在国际上,仲裁时效期限与诉讼时效期限一般是一致的。例如,1996 年英国《仲裁法》第 13 条第 1 款规定,时效法同时适用于仲裁和诉讼程序。1999 年瑞典《仲裁法》第 45 条规定:"如根据法律或协议,当事人须在一定期间内提起诉讼,但争讼事项属于仲裁协议的范围,则当事人应当在规定的期间内根据第 19 条申请仲裁。"我国《仲裁法》第 74 条规定,法律对仲裁时效有规定的,适用该规定。法律对仲裁时效没有规定的,适用诉讼时效的规定。由于我国对仲裁时效没有单独规定,仲裁时效适用诉讼时效的规定。如联合国《国际货物买卖时效期限公约》规定买卖合同的时效为 4 年,我国《合同法》也规定国际货物买卖合同申请仲裁的期限为 4 年,如果我国涉外仲裁机构受理案件时,超过了这一时效,将不予受理。(4) 仲裁协议当事人的名称和仲裁申请书中的申请人和被申请人名称是否一致等。如符合上述各项条件,仲裁机构即正式立案受理,否则将仲裁申请书及有关材料退回申请人,并说明其不予受理的理由。如仅是某些形式要件不符规定,仲裁机构可要求申请人予以完备。

仲裁机构受理案件后,应即向申请人发出受案通知,并向被申请人发出仲裁通知,同时将仲裁申请书副本及其附件送达给被申请人,还应将仲裁机构的仲裁规则及仲裁员名册和仲裁费用表各一份同时发送给被申请人。如果当事人对仲裁协议书或仲裁案件管辖权持有异议,则其抗辩一般应当在仲裁庭首次开庭前提出;对书面审理的案件的管辖权的抗辩,应当在第一次实体答辩前提出。

（三）仲裁文件的提交与交换和仲裁代理人

2012 年《中国国际经济贸易仲裁委员会仲裁规则》第 18 条规定,当事人的仲裁文件应提交至仲裁委员会秘书局。仲裁程序中需发送或转交的仲裁文件,由仲裁委员会秘书局发送或转交仲裁庭及当事人,当事人另有约定并经仲裁庭同意或仲裁庭另有决定者除外。其第 20 条规定,当事人可以授权中国及/或外国的仲裁代理人办理有关仲裁事项。当事人或其仲裁代理人应向仲裁委员会秘书局提交授权委托书。

（四）国际商事仲裁程序开始的时间

如前所述,仲裁程序必须在有关的时效期间内开始。对于仲裁程序开始的时间,各有关仲裁的国内、国际立法及仲裁规则一般都作有规定,但不尽相同。大体为：

第一,仲裁程序依当事人约定的时间开始。例如,英国1996年《仲裁法》第14条第1款即规定:"当事人可以自由约定仲裁程序何时被视为开始。"1998年德国《民事诉讼法典》第1044条亦规定,除非当事人另有约定,仲裁程序的开始依法律的规定来确定。

第二,仲裁程序自一方当事人向另一方当事人送达提交争议或指定仲裁员的书面通知之日开始。在当事人没有就仲裁程序的开始作出约定的情况下,一些国家和地区的仲裁立法采这种做法,如1996年英国《仲裁法》第14条第2款至第5款。

第三,仲裁程序自被诉方当事人收到仲裁通知之日开始。目前,许多仲裁立法和仲裁规则都如此规定。例如,1998年德国《民事诉讼法典》第1044条规定:"除非当事人另有约定,有关特定争议的仲裁程序应从被诉方当事人收到要求将该争议提交仲裁的申请之日起开始。"此外,1999年瑞典《仲裁法》第19条、2006年联合国《国际商事仲裁示范法》第21条、2010年《联合国国际贸易法委员会仲裁规则》第3条第2款、2000年美国《统一仲裁法》第9条第1款、2011年香港《仲裁条例》第49条第1款等也均作了类似规定。

第四,仲裁程序自仲裁机构收到仲裁申请书之日开始。例如,2010年《斯德哥尔摩商会仲裁院仲裁规则》第4条规定:"仲裁自仲裁院收到仲裁申请书之日开始。"此外,2012年《国际商会仲裁规则》第4条第2款、2013年《美国仲裁协会国际仲裁规则》第4条第1款、1998年《伦敦国际仲裁院仲裁规则》第1条第2款等也均作了类似规定。

以上几种不同规定,似以第四种更为妥当,因为诉讼时效的中断亦以一方当事人起诉之时开始。不过,有的仲裁机构规定,如果当事人未按其规定预缴仲裁费,则视为没有收到当事人的仲裁申请书,仲裁程序也视为未曾开始。例如1998年《伦敦国际仲裁院仲裁规则》第1条第1款第6项。

关于仲裁程序的开始,我国《仲裁法》虽未涉及,但有关仲裁委员会的仲裁规则就仲裁程序开始的时间作了规定。如2004年《中国海事仲裁委员会仲裁规则》第13条规定:"仲裁程序自仲裁委员会或其分会发出仲裁通知之日起开始。"但2012年《中国国际经济贸易仲裁委员会仲裁规则》第11条则规定:"仲裁程序自仲裁委员会或其分会收到仲裁申请书之日起开始。"

二、答辩和反请求

(一) 答辩

在收到仲裁通知之日后一定的时间内,被申请人应向仲裁委员会提交答辩书及有关证明文件。答辩书的内容应针对申请人在仲裁申请书中提出的请求、陈述的事实和依据的理由,加以回答、抗辩和反驳。通常,仲裁答辩书跟仲裁申请书一样,也应该写明案情经过,答辩的事实、理由及证明,争议的焦点,被申请人对上述问题的看法等等。

2012年《中国国际经济贸易仲裁委员会仲裁规则》第14条规定:被申请人应自收到仲裁通知后45天内提交答辩书。被申请人确有正当理由请求延长提交答辩期限的,由仲裁庭决定是否延长答辩期限;仲裁庭尚未组成的,由仲裁委员会秘书局作出决定。仲裁庭有权决定是否接受逾期提交的答辩书。被申请人未提交答辩书,不影响仲裁程序的进行。

(二) 反请求

反请求是仲裁过程中被申请人用来保护自身利益的重要手段。在仲裁程序进行过程中,双方当事人具有完全平等的地位,被申请人有权提出自己独立的反请求来抵消申请人的请求权利,甚至反过来要求申请人赔偿被申请人的损失。

2012年《中国国际经济贸易仲裁委员会仲裁规则》第15条规定:被申请人如有反请求,应自收到仲裁通知后45天内以书面形式提交。被申请人确有正当理由请求延长提交反请求期限的,由仲裁庭决定是否延长反请求期限;仲裁庭尚未组成的,由仲裁委员会秘书局作出决定。仲裁委员会秘书局认为被申请人提出反请求的手续已完备的,应向双方当事人发出反请求受理通知。申请人应在收到反请求受理通知后30天内对被申请人的反请求提交答辩。申请人确有正当理由请求延长提交答辩期限的,由仲裁庭决定是否延长答辩期限;仲裁庭尚未组成的,由仲裁委员会秘书局作出决定。仲裁庭有权决定是否接受逾期提交的反请求答辩书。申请人对被申请人的反请求未提出书面答辩的,不影响仲裁程序的进行。

2012年《中国国际经济贸易仲裁委员会仲裁规则》第16条规定:申请人可以申请对其仲裁请求进行更改,被申请人也可以申请对其反请求进行更改;但是仲裁庭认为其提出更改的时间过迟而影响仲裁程序正常进行的,可以拒绝其更改请求。其第17条规定,经一方当事人请求并经其他各方当事人同意,或仲裁委员会认为必要并经各方当事人同意,仲裁委员会可以决定将根据本规则进行的两个或两个以上的仲裁案件合并为一个仲裁案件,进行审理。

通常,在受理反请求后,为了节省时间、人力和物力,仲裁庭把申请人提起的原请求跟被申请人提起的反请求合并审理。因此,即使提出仲裁申请的申请人,在审理过程中撤回仲裁申请,也不影响反请求审理的继续进行。这是应该提醒仲裁当事人注意的。

三、仲裁员的选定、指定和仲裁庭的组成

（一）仲裁员的资格

能否聘请外国人担任仲裁员,各国对此规定不尽相同。有的国家,如葡萄牙、西班牙等规定外国人不能担任仲裁员。有的国家,如美国则规定首席仲裁员或独任仲裁员的国籍不能跟双方当事人国籍相同。外国人不能担任仲裁员的规定容易使外国籍当事人对仲裁庭的公正性产生顾虑,不利于国际商事仲裁的发展。因此,近年来不少国家已放弃了过去的做法,相继立法确认外国人具有被任命为仲裁员的资格。有些国际公约如1975年《美洲国家间关于国际商事仲裁公约》第2条也明确规定:"仲裁人可以是本国人也可以是外国人。"

除国籍限制外,还有一些国家对仲裁员的资格作了其他的限制。如阿根廷和荷兰的仲裁立法则规定法官不能担任仲裁员。

我国《仲裁法》第13条规定:仲裁委员会应当从公道正派的人员中聘任仲裁员。仲裁员应当符合下列条件之一:(1)从事仲裁工作满8年的;(2)从事律师工作满8年的;(3)曾任审判员满8年的;(4)从事法律研究、教学工作并具有高级职称的;(5)具有法律知识、从事经济贸易等专业工作并具有高级职称或者具有同等专业水平的。仲裁委员会按照不同专业设仲裁员名册。

（二）仲裁员的选定或指定

一般说来,如果仲裁庭由独任仲裁员组成,那么毫无疑问,该独任仲裁员由双方当事人共同指定。但如果是合议仲裁庭,除了双方各指定一名仲裁员外,还需选定一名首席仲裁员。关于首席仲裁员的选定,各国仲裁立法和仲裁规则作了规定。有的仲裁立法和仲裁规则,如《联合国国际贸易法委员会仲裁规则》、《美洲国家商事仲裁委员会仲裁规则》和《瑞典仲裁法》规定,在由当事人各自任命一名仲裁员后,由这两名仲裁员来选择充当仲裁法庭首席仲裁员。但有的仲裁立法和仲裁规则规定由当事人双方通过协议直接选派第三名仲裁员。如1965年《华盛顿公约》第37条第2款第2项中规定,解决投资争端国际中心在组织仲裁法庭审理有关争议时,作为仲裁法庭庭长的第三名仲裁员由当事人协议任命之。

2012年《中国国际经济贸易仲裁委员会仲裁规则》第25条规定,申请人和被申请人应当各自在收到仲裁通知之日起15天内选定一名仲裁员或者委托仲裁委员会主任指定。当事人未在上述期限内选定或委托仲裁委员会主任指定的,由仲裁委员会主任指定。第三名仲裁员,即首席仲裁员由双方当事人在被申请人收到仲裁通知之日起15天内共同选定或者共同委托仲裁委员会主任指定。

2012年《中国国际经济贸易仲裁委员会仲裁规则》第28条规定,仲裁委员会主任根据本规则的规定指定仲裁员时,应考虑争议的适用法律、仲裁地、仲裁语言、当事人国籍,以及仲裁委员会主任认为应考虑的其他因素。

根据世界各主要仲裁机构的仲裁规则,仲裁庭一般有权根据当事人的申请,发出以保全财产或证据为目的的临时措施指令,向申请方提供临时救济。但在实践中,仲裁庭的组成通常耗时较长,有的长达数月,当事人在组庭前对"临时性救济"的需求往往不能从目前的仲裁程序中得到满足。为此,国际商会仲裁院、美国仲裁协会、斯德哥尔摩商会仲裁院、新加坡国际仲裁中心和瑞士商会仲裁院等仲裁机构在其仲裁规则中规定了"紧急仲裁员制度",上海国际经济贸易仲裁委员会2014年《中国(上海)自由贸易试验区仲裁规则》则规定了紧急仲裁庭制。例如2012年《国际商会仲裁规则》第9条第1款规定,一方当事人需要不待组成仲裁庭而采取紧急临时或保全措施("紧急措施")的,可根据附件五(共8条规定)中列明的紧急仲裁员规则,请求采取该等措施。不论申请人是否已提交仲裁申请书,只要秘书处在根据第16条将案卷移交仲裁庭之前收到该请求,就应予以受理。

(三) 仲裁庭的组成

在国际商事仲裁中,仲裁庭的组成一般有两种类型,一种是独任仲裁庭,由一名仲裁员进行仲裁;一种是合议仲裁庭,一般由三名仲裁员组成。如果当事人双方没有就仲裁庭的组成作出明确的约定,有关的仲裁机关有权根据法律或仲裁规则对此作出决定,只是各国的仲裁立法和各仲裁规则对这一问题的规定不尽相同。其一是如瑞典《斯德哥尔摩商会仲裁院仲裁规则》第12条、瑞士联邦《仲裁协定》第10条第1款、《美洲国家商事仲裁委员会仲裁规则》第5条和《联合国国际贸易法委员会仲裁规则》第5条规定,如果双方当事人没有事先约定仲裁员的人数,在被申请人收到仲裁通知书后一定期限内又未曾商定仲裁员仅为一人,则应由双方当事人和有关的仲裁机构选定三名仲裁员组成合议仲裁庭审理有关仲裁案件。其二是如1996年英国《仲裁法》第16条、2013年《美国仲裁协会国际仲裁规则》第16条、2012年《国际商会仲裁规则》第12条第2款和2014年《日本商事仲裁协会商事仲裁规则》第26条规定,当事人双方没有约定仲裁员的人数或未能就仲裁员的人数达成协议时,除非有关的仲裁机构认为有理由任命三名仲裁员来审理有关争议,应由有关的仲裁机构指定一名仲裁员组成独任仲裁庭。

2012年《中国国际经济贸易仲裁委员会仲裁规则》第23条规定,仲裁庭由一名或三名仲裁员组成。除非当事人另有约定或本规则另有规定,仲裁庭由三名仲裁员组成。但在我国实践上,由独任仲裁员单独审理案件的情况并不很多,绝大多数案件都是由三名仲裁员组成合议庭进行审理作出裁决。

(四) 仲裁员的披露和回避

在国际商事仲裁中,由于仲裁员是仲裁审理的直接执行者,起着类似于法官的作用,不仅仲裁员的品质、知识等因素对案件有重要影响,而且,仲裁员和当事人之间的关系也会直接影响仲裁案件的审理,因此,各国仲裁立法和仲裁规则都对仲裁员的回避作了明确规定。例如,《联合国国际贸易法委员会仲裁规则》第12条第1款规定:"如遇足以使人对任何仲裁员的公正或独立引起正当怀疑的情况存在,可对该仲裁员提出异议。"中国《仲裁法》第34条规定,仲裁员有下列情形之一的,必须回避,当事人也有权提出回避申请:(1)是本案当事人或者当事人、代理人的近亲属;(2)与本案有利害关系;(3)与本案当事人、代理人有其他关系,可能影响公正仲裁的;(4)私自会见当事人、代理人,或者接受当事人、代理人的请客送礼的。其第35条规定,当事人提出回避申请,应当说明理由,在首次开庭前提出。回避事由在首次开庭后知道的,可以在最后一次开庭终结前提出。其第36条规定,仲裁员是否回避,由仲裁委员会主任决定;仲裁委员会主任担任仲裁员时,由仲裁委员会集体决定。其第37条规定,仲裁员因回避或者其他原因不能履行职责的,应当依照本法规定重新选定或者指定仲裁员。因回避而重新选定或者指定仲裁员后,当事人可以请求已进行的仲裁程序重新进行,是否准许,由仲裁庭决定;仲裁庭也可以自行决定已进行的仲裁程序是否重新进行。其第38条规定,仲裁员有本法第34条第4项规定的情形,情节严重的,或者有本法第58条第6项规定①的情形的,应当依法承担法律责任,仲裁委员会应当将其除名。

2012年《中国国际经济贸易仲裁委员会仲裁规则》第29条规定,被选定或者被指定的仲裁员应签署声明书,向仲裁委员会书面披露可能引起对其公正性和独立性产生合理怀疑的任何事实或情况。在仲裁过程中出现应当披露情形的,仲裁员应当立即书面向仲裁委员会披露。仲裁委员会将仲裁员的声明书及/或披露的信息转交各方当事人。

四、仲裁审理

仲裁审理是指仲裁庭以一定的方式和程序收集和审查证据、询问证人、鉴定人,并对整个争议事项的实质性问题进行全面审查的仲裁活动。仲裁审理在整个仲裁程序中占有重要地位。仲裁审理一般涉及以下一些问题:

对于仲裁审理的方式,除英国等少数国家外,大多数国家都允许当事人双方

---

① 第58条第6项规定为:仲裁员在仲裁该案时有索贿受贿,徇私舞弊,枉法裁决行为的。为此,我国2006年通过的《刑法修正案(六)》第20条规定,在刑法第399条后增加一条,作为第399条之一:"依法承担仲裁职责的人员,在仲裁活动中故意违背事实和法律作枉法裁决,情节严重的,处3年以下有期徒刑或者拘役;情节特别严重的,处3年以上7年以下有期徒刑。"

通过协议确定，只有在当事人没有就审理方式问题作出约定时，才授权有关的仲裁庭依法作出决定。仲裁审理的方式大体上分为两种，一种是口头审理，又称开庭审理，另一种是书面审理，又称不开庭审理。我国《仲裁法》第39条规定，仲裁应当开庭进行。当事人协议不开庭的，仲裁庭可以根据仲裁申请书、答辩书以及其他材料作出裁决。

如果确定案件需要进行开庭审理时，仲裁庭需要向双方当事人发送开庭通知。2012年《中国国际经济贸易仲裁委员会仲裁规则》第35条规定，(1)开庭审理的案件，仲裁庭确定第一次开庭日期后，应不晚于开庭前20天将开庭日期通知双方当事人。当事人有正当理由的，可以请求延期开庭，但应于收到开庭通知后5天内提出书面延期申请；是否延期，由仲裁庭决定。(2)当事人有正当理由未能按上述第(1)款规定的期限提出延期开庭申请的，是否接受其延期申请，由仲裁庭决定。(3)再次开庭审理的日期及延期后开庭审理日期的通知及其延期申请，不受上述第(1)款中期限的限制。违反仲裁程序的法律后果，则是导致所作出的裁决可以申请撤销或不予执行。我国《民事诉讼法》和《仲裁法》明确规定了这一点。

书面审理是双方当事人或者他们的代理人可以不必亲自开庭，仲裁庭只根据双方当事人提供的书面证据材料如仲裁申请书、答辩书、合同、双方往来函电以及证人、专家报告等书面证据材料，对争议案件进行审理。

根据我国现行《仲裁法》和2012年《中国国际经济贸易仲裁委员会仲裁规则》的规定，进行书面审理必须经双方当事人申请或者征得双方当事人同意，并且仲裁庭也认为不必开庭审理的，仲裁庭才可以只依据书面文件进行审理并作出裁决。书面审理可缩短周期，快速结案，同时还可以节省双方当事人往返旅途的时间和费用。但实践上，一般不常进行书面审理。通常，只有那些争议金额小、案情简单明了、事实清楚的案件才进行书面审理。

开庭审理时，确定开庭地点也很重要。2012年《中国国际经济贸易仲裁委员会仲裁规则》第34条规定，当事人约定了开庭地点的，仲裁案件的开庭审理应当在约定的地点进行，但出现本规则第72条第3款①规定的情形除外。除非当事人另有约定，由仲裁委员会秘书局或其分会/中心秘书处管理的案件应分别在北京或分会/中心所在地开庭审理；如仲裁庭认为必要，经仲裁委员会秘书长同意，也可以在其他地点开庭审理。

缺席审理，是指在开庭审理时，当事人或者其他代理人接到开庭通知，没有

---

① 该款规定，当事人约定在仲裁委员会或其分会/中心所在地之外开庭的，应预缴因此而发生的差旅费、食宿费等实际费用。在仲裁委员会规定的期限内未预缴此实际费用的，则在仲裁委员会或其分会/中心所在地开庭。

正当理由而不到庭,或者未经仲裁庭许可中途退庭,仲裁庭在该当事人或其代理人不出席的情况下进行的审理。我国《仲裁法》第 42 条规定,申请人经书面通知,无正当理由不到庭或者未经仲裁庭许可中途退庭的,可以视为撤回仲裁申请。被申请人经书面通知,无正当理由不到庭或者未经仲裁庭许可中途退庭的,可以缺席裁决。

关于仲裁庭开庭审理案件是否公开进行的问题,各仲裁法和仲裁规则一般规定除当事人双方同意公开审理的外,仲裁审理应不公开进行。如果双方当事人要求公开审理,则由仲裁庭作出是否公开审理的决定。并且,由仲裁庭决定不公开审理的案件,双方当事人及其代理人、证人、翻译、仲裁员、仲裁庭咨询的专家和指定的鉴定人、仲裁委员会及其秘书局的人,均不得对外界透露案件实体和程序进行的情况。仲裁审理,之所以原则上不公开进行,是基于保护商业秘密的需要。而在实践中,当事人双方要求公开审理的也极少见。

在仲裁审理中,当事人应当对自己的主张提供证据,双方当事人都会提出对自己有利的证据材料,而对自己不利的证据当然不会主动提交给仲裁庭。因而,在双方当事人提交的证据不充分或不足以证明事实真相的情况下,就得由仲裁庭自行调查事实,收集证据。仲裁庭自行调查事实,收集证据时,认为有必要通知双方当事人到场的,应及时通知双方当事人到场,经通知而一方或双方当事人不到场的,仲裁庭自行调查事实和收集证据的行为不受其影响。仲裁庭对专门性问题认为需要鉴定的,可以交由当事人约定的或仲裁庭指定的鉴定部门鉴定。根据当事人的请求或者仲裁庭的要求,鉴定部门应当派鉴定人参加开庭。当事人经仲裁庭许可,可以向鉴定人提问。证据应当在开庭时出示,当事人可以质证。

五、仲裁中的和解和调解

对于和解,我国《仲裁法》第 49—50 条规定,当事人申请仲裁后,可以自行和解。达成和解协议的,可以请求仲裁庭根据和解协议作出裁决书,也可以撤回仲裁申请。当事人达成和解协议,撤回仲裁申请后反悔的,可以根据仲裁协议申请仲裁。

仲裁中的调解是指在仲裁过程中,经双方当事人的请求或同意,在仲裁机构或仲裁庭的主持下,由双方当事人自愿协商,互谅互让,达成和解,以解决争议的活动。我国《仲裁法》第 51—52 条规定,仲裁庭在作出裁决前,可以先行调解。当事人自愿调解的,仲裁庭应当调解。调解不成的,应当及时作出裁决。调解达成协议的,仲裁庭应当制作调解书或者根据协议的结果制作裁决书。调解书与裁决书具有同等法律效力。调解书应当写明仲裁请求和当事人协议的结果。调解书由仲裁员签名,加盖仲裁委员会印章,送达双方当事人。调解书经双方当事人签收后,即发生法律效力。在调解书签收前当事人反悔的,仲裁庭应当及时作出裁决。

很多仲裁立法或规则都规定,如果调解不成功,任何一方当事人均不得在其后的仲裁程序、司法程序和其他任何程序中援引对方当事人或仲裁庭在调解过程中曾发表的意见、提出的观点、作出的陈述、表示认同或否定的建议或主张作为其请求、答辩或反请求的依据。

六、仲裁裁决

(一)仲裁裁决的概念

仲裁裁决是指仲裁庭对仲裁当事人提交的争议事项进行审理终结后作出的结论性意见。仲裁庭作出最终裁决后,整个仲裁程序即宣告终结。

除作出最终裁决(终局裁决)外,根据需要,仲裁庭还可以作出中间裁决或部分裁决。例如,《联合国国际贸易法委员会仲裁规则》第34条第1款就规定,除作出最终裁决外,仲裁庭可在不同时间对不同问题作出裁决。2012年《中国国际经济贸易仲裁委员会仲裁规则》第48条规定,如果仲裁庭认为必要或者当事人提出请求经仲裁庭同意时,仲裁庭可以在作出最终仲裁裁决之前就当事人的某些请求事项作出部分裁决。一方当事人不履行部分裁决,不影响仲裁程序的继续进行,也不影响仲裁庭作出最终裁决。

最终裁决,又称终局裁决。仲裁庭在审理终结后,对争议的所有问题或遗留下的问题,作出最终裁决。最终裁决一经作出,即具有法律约束力,当事人既不能向法院起诉,也不能请求其他机构变更仲裁裁决。

部分裁决是指仲裁庭在案件审理过程中,如果认为案件的某部分事实已经查清,并且有必要先行作出裁决的,就对该部分事实作出裁决。部分裁决一经作出,即具有法律约束力,在性质上和终局裁决一样。已经在部分裁决中裁决的事项,在终局裁决中就不得再次进行裁决。

中间裁决,又称为临时裁决。仲裁庭认为有必要或当事人提出请求并经仲裁庭同意时,可以在仲裁过程中的任何时候,就案件的任何问题作出中间裁决。中间裁决不对当事人的责任问题作出结论,它只是仲裁庭查清事实或对案件重要问题作出临时性措施的一种手段,以便仲裁庭作出最后裁决。例如,根据2012年《中国国际经济贸易仲裁委员会仲裁规则》第21条第2款、2013年《美国仲裁协会国际仲裁规则》第37条第2款的规定,对财产保全措施,仲裁机构便是用中间裁决的方式作出的。应当指出的是,任何一方当事人履行中间裁决,不影响仲裁程序的进行,也不影响仲裁庭作出终局裁决。

此外,在仲裁审理中,当事人或其代理人接到开庭通知而又没有理由不到庭,仲裁庭在一方当事人或其代理人不出席的情况下作出了裁决,称为缺席裁决。各仲裁规则都赋予仲裁庭作出缺席裁决的权力,并且规定缺席裁决和当事人出席作出的裁决具有同样的效力。

对于仲裁庭依照双方当事人达成的和解协议所作出的裁决,称为合意裁决。

(二) 裁决的形式和内容

无论什么类型的裁决,各国仲裁立法和仲裁规则都要求以书面形式作成。

仲裁裁决应由仲裁庭全体或多数仲裁员签字,但各国对此规定有所不同。例如,《联合国国际贸易法委员会仲裁规则》第34条第4款和《美洲国家商事仲裁委员会仲裁规则》第32条第4款明确规定,如果三名仲裁员中有一人未能在裁决书上签字,则应在裁决中说明未能签字的原因。1976年瑞典《仲裁法》第17条和第20条更是严格规定,裁决书应由仲裁员签字;在裁决书由多数仲裁员签字的情况下,只有在该裁决书上附有没签字的仲裁员曾参加裁决的证明时,该项裁决才属有效裁决。2012年《中国国际经济贸易仲裁委员会仲裁规则》第47条规定,除非裁决依首席仲裁员意见或独任仲裁员意见作出,裁决应由多数仲裁员署名。持有不同意见的仲裁员可以在裁决书上署名,也可以不署名。作出裁决书的日期,即为裁决发生法律效力的日期。

仲裁裁决书的内容,一般应包含如下几项:(1)仲裁机构的名称、裁决书编号、仲裁员的姓名和地址、当事人双方的名称和住所地、代理人和其他参与人的姓名,以及作出仲裁裁决的准确日期和地点;(2)简述有关裁决背景的事实情况,如双方当事人之间所签订的国际商事合同及其发生的争议、仲裁协议、仲裁申请和仲裁庭的组成情况、仲裁双方当事人的仲裁要求和支持其要求的根据;(3)仲裁庭根据当事人双方的申请、抗辩、证据和可适用的法律对案件作出的评价以及从这种评价中得出的关于判定双方当事人权利的结论;(4)当事人需支付的仲裁费用和仲裁员报酬;(5)由仲裁员在裁决书上签名,并加盖仲裁机构的印章,并且要载明裁决是终局裁决。

为了保证仲裁裁决的质量,一些仲裁机构建立了仲裁裁决的核阅制度,例如2012年《国际商会仲裁规则》第33条规定,仲裁庭应在签署裁决书之前,将其草案提交仲裁院。仲裁院可以对裁决书的形式进行修改,并且在不影响仲裁庭自主决定权的前提下,提醒仲裁庭注意实体问题。裁决书形式未经仲裁院批准,仲裁庭不得作出裁决。根据2012年《中国国际经济贸易仲裁委员会仲裁规则》第49条的规定,仲裁庭应在签署裁决前将裁决书草案提交仲裁委员会核阅。在不影响仲裁员独立裁决的情况下,仲裁委员会可以就裁决书的有关问题提请仲裁庭注意。

(三) 裁决的决定

对于裁决的决定,一般都是依多数票作出的。如果有三名仲裁员组成的仲裁庭,三人各抒己见,对裁决形不成多数意见时,又如何办理呢?很多仲裁规则规定,在此种情况下,依首席仲裁员的意见作出裁决。例如,2012年《国际商会仲裁规则》第31条规定,仲裁庭由三名仲裁员组成时,裁决得依多数票决定之。如达不到多数时,应由首席仲裁员单独作出。1998年《伦敦国际仲裁院仲裁规则》第26条规定,如果仲裁员人数在一个以上而不能就任何事项达成一致,则应由多数作出决定。如果未能达成多数一致,则首席仲裁员就应单独作出裁决,就如同他是独任仲裁员一样。如果一个仲裁员拒绝或未曾在裁决书中签字,只要对该仲裁员的没有签字的理由作了说明,则多数的签字就足够了。

2012年《中国国际经济贸易仲裁委员会仲裁规则》第47条规定:由三名仲裁员组成的仲裁庭审理的案件,裁决依全体仲裁员或多数仲裁员的意见作出。少数仲裁员的书面意见应当附卷,并可以附在裁决书后,但该书面意见不构成裁决书的组成部分。仲裁庭不能形成多数意见时,裁决依首席仲裁员的意见作出。

(四)裁决理由的说明

对于作出的裁决,是否要附具裁决所依据的理由,各国仲裁规则对此规定不尽一致。但总的来说,一般是要求附具理由的。例如,《斯德哥尔摩商会仲裁院仲裁规则》第36条、《伦敦国际仲裁院仲裁规则》第26条第1款规定,除非双方当事人另有约定,应当说明裁决所依据的理由。《联合国国际贸易法委员会仲裁规则》第34条第2款、联合国《国际商事仲裁示范法》第31条第2款也作了上述相同规定。

2012年《中国国际经济贸易仲裁委员会仲裁规则》第47条第3款规定,仲裁庭在其作出的裁决中,应当写明仲裁请求、争议事实、裁决理由、裁决结果、仲裁费用的承担、裁决的日期和地点。当事人协议不写明争议事实和裁决理由的,以及按照双方当事人和解协议的内容作出裁决的,可以不写明争议事实和裁决理由。仲裁庭有权在裁决中确定当事人履行裁决的具体期限及逾期履行所应承担的责任。

(五)裁决的期限

各国仲裁立法和仲裁规则对于裁决作出的期限,规定并不一致。2012年《国际商会仲裁规则》第30条规定,仲裁庭必须作出裁决的期限为6个月。该期限应从仲裁庭或当事人最后签署审理范围书之日或在第23条第3款的情况下由秘书处将仲裁院批准审理范围书告知仲裁庭之日起算。根据仲裁庭的合理要求或仲裁院自行决定有必要时,仲裁院可以延长此期限。2010年瑞典《斯德哥尔摩商会仲裁院仲裁规则》第37条规定,最终裁决应当在不迟于案件根据第18条规定移交仲裁庭之日起6个月内作出。理事会基于仲裁庭合理的请求或者认为另有必要,可以延长该时限。2012年《中国国际经济贸易仲裁委员会仲裁规则》第46条规定:仲裁庭应当在组庭之日起6个月内作出裁决书。在仲裁庭的要求下,仲裁委员会主任认为确有正当理由和必要的,可以延长该期限。

（六）裁决的效力

裁决的效力是指裁决的定案效力。一项终局裁决只要是合法有效的，即可定案。任何一方当事人都无权向法院起诉或请求其他机构变更裁决，法院和任何其他机构都必须承认该项裁决是对案件中已决定的事项所作的正确的解决，而且，除非当事人双方一致同意，任何一方都无权不理会或否定该项裁决。各国立法和仲裁规则对此作了比较一致的规定。例如，1998年《伦敦国际仲裁院仲裁规则》第26条第9款规定，所有裁决均是终局并对当事人有拘束力。同意按照本规则进行仲裁，当事人即承诺立即和无拖延地履行裁决［仅受制于第27条（裁决的更正和补充裁决）］；且在当事人可以有效放弃其权利的范围内，当事人不可撤回地放弃了向任何国家法院或其他司法机构提出任何形式的上诉、再审或追诉的权利。其他如《国际商会仲裁规则》第34条、《联合国国际贸易法委员会仲裁规则》第34条第2款等也都规定仲裁裁决是终局性的。

我国《民事诉讼法》第273条也明确规定："经中华人民共和国涉外仲裁机构裁决的，当事人不得向人民法院起诉。"我国《仲裁法》第9条第1款也明确规定："仲裁实行一裁终局的制度。裁决作出后，当事人就同一纠纷再申请仲裁或者向人民法院起诉的，仲裁委员会或者人民法院不予受理。"

当然，仲裁裁决的终局效力不是绝对的，很多国家的仲裁立法规定，当事人可以根据法律规定的某些理由，请求法院撤销裁决或者宣布裁决无效。还有少数国家，例如法国和意大利等还允许对裁决不服的当事人向法院或上级仲裁机构上诉。美国仲裁协会为了方便那些协议对仲裁裁决可提出上诉的当事人，2013年还制定了《选择性上诉仲裁规则》。

（七）裁决的解释、更正和补充

裁决作出以后，当事人如果认为对裁决内容有不清楚之处，可以在一定期限内请求仲裁庭予以解释。2010年《联合国国际贸易法委员会仲裁规则》第38—39条规定，在收到裁决后30天内，任何一方当事人，经通知他方，得要求仲裁庭就该裁决进行解释；仲裁庭应于收到要求后45天内作出书面解释。此项解释应构成裁决的一部分。如果裁决作出后，当事人或仲裁庭发现裁决书上存在计算或打字上的错误，或任何类似性质的错误或遗漏，则可以对裁决内容加以更正。如果裁决作出后，当事人发现裁决内容遗漏了已在仲裁程序中提出且经仲裁审理的事项，则可在一定期限内申请仲裁庭作出补充裁决。2012年《中国国际经济贸易仲裁委员会仲裁规则》第51条、第52条也对裁决的更正和补充作了规定。

（八）对国际商事仲裁裁决的异议和撤销

虽然大多数国家的仲裁立法没有赋予当事人就仲裁裁决的法律或事实上的问题提起完全上诉的权利，但相当多的国家都允许当事人通过另一条途径向法院提出申诉。这一途径通称为裁决的异议程序。根据法律中关于异议裁决程序的规定，当事人可以就仲裁过程中影响了仲裁裁决的一些基本的不当行为作为理由，向法院提出异议仲裁裁决的申请。如果当事人异议成立，法院将撤销仲裁裁决或依照法律规定，将裁决发回给仲裁庭重新审理。①

1. 对仲裁裁决提出异议的时间和理由

对仲裁裁决提出异议，是由当事人对仲裁裁决的有效性提出否定看法，要求管辖法院对裁决进行司法审查。提出异议的当事人的目的在于希望通过这一方式撤销裁决或至少能在某些方面改动裁决。如果裁决被撤销，其将失去法律效力，在被申请承认与执行裁决地国也将成为一项无法执行的裁决。如果裁决未被撤销，法院依法要求仲裁庭重新审理或由法院直接审理，那么作出的裁决或判决将取代原裁决。关于裁决的异议一般是向裁决作出地国法院提出，至于管辖法院的级别则由各国国内法自行规定。

仲裁裁决作出后，如果裁决作出地国法律允许对裁决持有异议的当事人提出撤销裁决的申请，则对当事人可提出撤销裁决申请的时间多有限制，以免当事人有意拖延时间，影响裁决的承认和执行。总的来看，各国法律对可提出异议的时限都规定得较短，从28天（英国1996年《仲裁法》第70条第3款）到3个月（1998年德国《民事诉讼法典》第1059条第3款、联合国《国际商事仲裁示范法》第34条第3款）不等。我国《仲裁法》第59条规定，当事人申请撤销裁决的，应当自收到裁决书之日起6个月内提出。这个时限相对较长，显然有必要作相应的缩短。

对仲裁裁决提出异议的理由在各国法律中一般都有明确规定，但各国规定的理由不尽相同。总的来看，主要有四类：裁决本身的问题、管辖权问题、其他仲裁程序问题和公共政策问题。分述如下：

（1）裁决本身的问题。在裁决作出地法院，当事人一般会以裁决本身不符合当地法律为由反对仲裁裁决。提出异议的当事人可能主张裁决在法律适用和事实认定上有错误，但这种异议在大多数国家是得不到支持的。因为依照大多数国家仲裁法的规定，当事人只能就程序问题对裁决提出异议，而不能涉及法律适用和事实认定这些实体问题。另外，当事人还可能基于裁决不符合法定的形式或内容要求，如裁决中未署明当事人和仲裁员的姓名或仲裁机构的名称，或者没有附具裁决理由等。实践中，法院在审查此类异议理由时多作严格解释，不轻易采纳以否定裁决。

（2）管辖权问题。仲裁庭的管辖权源于当事人之间的仲裁协议，如果仲裁庭在完全没有管辖权的情况下，或在部分无管辖权如仲裁庭超越其权限就仲

---

① 参见韩健：《现代国际商事仲裁法的理论与实践》，法律出版社2000年版，第359页。

协议范围以外的争议事项进行管辖并作出裁决,当事人是可以就裁决的效力提出异议的。对于前一种情形,当事人可申请法院宣布裁决全部无效;对于后一种情形,则可申请法院宣布裁决部分无效,只要裁决中对提交仲裁的事项所作的决定和对未提交仲裁的事项所作的决定能清楚地分开。①

至于仲裁庭没有审理当事人依仲裁协议提交仲裁的所有事项,即出现了漏裁,当事人是否可以因此对裁决提出异议,各国的做法不尽相同。有的国家将此作为一项对裁决提出异议的理由,并据以撤销裁决。有的国家虽将此作为一项对裁决提出异议的理由,但从严掌握以维持裁决的终局效力。还有的国家不将此作为对裁决提出异议的一项理由,但允许当事人在一定期限内申请仲裁庭补正,作出补充裁决。

(3) 其他仲裁程序问题。除仲裁管辖权外,当事人还常就其他一些仲裁程序问题对裁决提出异议,主要包括:仲裁庭的组成是否适当;仲裁程序是否符合当事人仲裁协议中的约定;是否给予当事人以适当的开庭和听审通知;双方当事人是否得到平等对待;是否给予双方当事人充分和适当的机会进行申辩,等等。

(4) 公共政策问题。国际商事仲裁违反可仲裁性或公共政策要求,也是当事人对裁决提出异议的一项理由。也就是说,一项裁决作出后直至执行,在仲裁事项可仲裁性和公共政策方面有可能受到仲裁地法院和被申请承认与执行地法院依其各自法院地法进行的双重审查。

2. 中国的涉外仲裁裁决异议和撤销制度

(1) 确定中国涉外仲裁裁决的标准

关于中国涉外仲裁裁决,无论是从原修订前的《民事诉讼法》还是从《仲裁法》的有关规定的措辞来看,均是以作出裁决的仲裁机构的性质为认定标准,即中国涉外仲裁裁决是指由中国涉外仲裁机构或涉外仲裁委员会对涉外争议作出的裁决。② 当初之所以确立上述仲裁机构性质标准,一个很重要的原因就是,早先中国仲裁机构的性质与其可受理案件的性质是一致的,即只有涉外仲裁机构有权受理涉外案件,而非涉外仲裁机构只能受理国内案件。然而这种情况在1996 年就发生了变化,根据 1996 年 6 月国务院办公厅发布的《关于贯彻实施〈中华人民共和国仲裁法〉需要明确的几个问题的通知》第 3 条,新组建的国内仲裁委员会也可以受理涉外案件。其后,1998 年 5 月中国国际商会修订并通过的《中国国际经济贸易仲裁委员会仲裁规则》第 2 条也将该仲裁委员会的受案范围扩大至某些国内争议。而中国海事仲裁委员会历来都是既可以受理涉外海

---

① 参见联合国《国际商事仲裁示范法》第 34 条第 2 款第 3 项。

② 参见 2012 年修订前的《中华人民共和国民事诉讼法》第 258—260 条和《中华人民共和国仲裁法》第 66—68、72 条。

事案件,也可以受理国内海事、航运等案件的。至此,在中国,无论是涉外仲裁机构还是所谓的非涉外仲裁机构,都既可以受理涉外案件,又可以受理国内案件,从而出现了仲裁机构的性质与其可受理案件的性质不一致的现象。从这个意义上看,也表明仲裁机构性质标准早已过时。

上述标准还与当今国际上的通行做法也大相径庭。如前所述,当今各国主要是依实质性连结因素或争议的国际性质来界定"国际"或"涉外"仲裁,尚没有哪个国家是采用仲裁机构的性质标准。况且,由中国涉外仲裁机构作出的裁决并不一定就是中国的涉外仲裁裁决,而有可能是一个外国仲裁裁决。例如,根据领土标准,中国涉外仲裁机构下成立的仲裁庭依当事人的约定在某外国进行仲裁并作出的裁决,就不是中国的仲裁裁决而是一个外国的仲裁裁决。由此可见,以中国仲裁机构的性质作为确定中国涉外仲裁裁决的标准,是不合理的。为此,中国最高人民法院2005年印发的《第二次全国涉外商事海事审判工作会议纪要》第71条指出:"对在我国境内依法成立的仲裁委员会作出的仲裁裁决,人民法院应当根据案件是否具有涉外因素而适用不同的法律条款进行审查。……是否具有涉外因素,应按照《最高人民法院关于贯彻执行〈中华人民共和国民法通则〉若干问题的意见(试行)》第178条的规定确定。"可见,中国目前是以争议的"国际性"或"涉外性"来确定有关的仲裁是国际(涉外)仲裁还是国内仲裁的。

(2) 中国涉外仲裁裁决的异议和撤销

中国对内国的涉外仲裁裁决和内国的国内仲裁裁决实行不同的异议制度,即对涉外仲裁裁决实行形式审查制,对国内仲裁裁决实行实质审查制。最高人民法院2005年印发的《第二次全国涉外商事海事审判工作会议纪要》第71条指出,对在我国境内依法成立的仲裁委员会作出的不具有涉外因素的仲裁裁决,按照《仲裁法》第5章(申请撤销裁决)①、第6章(执行)和《民事诉讼法》第217条(2012年修订的《民事诉讼法》第237条)的规定审查;上述仲裁委员会作出的具有涉外因素的仲裁裁决,按照《仲裁法》第7章(涉外仲裁的特别规定)和《民事诉讼法》第28章(2012年修订的《民事诉讼法》第26章)的规定进行审查。2006年最高人民法院《关于适用〈中华人民共和国仲裁法〉若干问题的解释》第17条补充规定,当事人以不属于《仲裁法》第58条或者《民事诉讼法》第260条(2012年修订的《民事诉讼法》第274条)规定的事由申请撤销仲裁裁决的,人民

---

① 《中华人民共和国仲裁法》第58条规定:"当事人提出证据证明裁决有下列情形之一的,可以向仲裁委员会所在地的中级人民法院申请撤销裁决:(一)没有仲裁协议的;(二)裁决的事项不属于仲裁协议的范围或者仲裁委员会无权仲裁的;(三)仲裁庭的组成或者仲裁的程序违反法定程序的;(四)裁决所根据的证据是伪造的;(五)对方当事人隐瞒了足以影响公正裁决的证据的;(六)仲裁员在仲裁该案时有索贿受贿,徇私舞弊,枉法裁决行为的。人民法院经组成合议庭审查核实裁决有前款规定情形之一的,应当裁定撤销。人民法院认定该裁决违背社会公共利益的,应当裁定撤销。"

法院不予支持。

中国1994年《仲裁法》第7章第70条明确规定:"当事人提出证据证明涉外仲裁裁决有民事诉讼法第260条(2012年修订的《民事诉讼法》第274条)第1款规定的情形之一的,经人民法院组成合议庭审查核实,裁定撤销。"2012年修订的《民事诉讼法》第274条第1款规定:(1)当事人在合同中没有订有仲裁条款或者事后没有达成书面仲裁协议的;(2)被申请人没有得到指定仲裁员或者进行仲裁程序的通知,或者由于其他不属于被申请人负责的原因未能陈述意见的;(3)仲裁庭的组成或者仲裁的程序与仲裁规则不符的;(4)裁决的事项不属于仲裁协议的范围或者仲裁机构无权仲裁的。最高人民法院2006年《关于适用〈中华人民共和国仲裁法〉若干问题的解释》第19条规定,当事人以仲裁裁决事项超出仲裁协议范围为由申请撤销仲裁裁决,经审查属实的,人民法院应当撤销仲裁裁决中的超裁部分。但超裁部分与其他裁决事项不可分的,人民法院应当撤销仲裁裁决。中国《仲裁法》第9条第2款规定:"裁决被人民法院依法裁定撤销或者不予执行的,当事人就该纠纷可以根据双方重新达成的仲裁协议申请仲裁,也可以向人民法院起诉。"

最高人民法院2005年印发的《第二次全国涉外商事海事审判工作会议纪要》第74—80条对中国涉外仲裁裁决的撤销作出了进一步说明。

此外,2004年最高人民法院《关于当事人对驳回其申请撤销仲裁裁决的裁定不服而申请再审,人民法院不予受理问题的批复》指出:当事人对人民法院驳回其申请撤销仲裁裁决的裁定不服而申请再审的,人民法院不予受理。1997年最高人民法院《关于人民法院裁定撤销仲裁裁决或驳回当事人申请后当事人能否上诉问题的批复》指出:对人民法院依法作出的撤销仲裁裁决或驳回当事人申请的裁定,当事人无权上诉。1999年最高人民法院《关于当事人对人民法院撤销仲裁裁决的裁定不服申请再审人民法院是否受理的批复》指出:"对人民法院撤销仲裁裁决的裁定不服,申请再审的,人民法院不予受理。"2004年最高人民法院《关于下级法院撤销仲裁裁决后又以院长监督程序提起再审应如何处理问题的复函》指出:撤销仲裁裁决的法院不应以院长发现撤销仲裁裁决的裁定确有错误为由提起再审。2000年最高人民法院《关于人民检察院对撤销仲裁裁决的民事裁定提起抗诉人民法院应如何处理问题的批复》指出:"检察机关对发生法律效力的撤销仲裁裁决的民事裁定提起抗诉,没有法律依据,人民法院不予受理。"

(3)撤销中国涉外仲裁裁决的报告制度

1998年最高人民法院《关于人民法院撤销涉外仲裁裁决有关事项的通知》指出,为严格执行《仲裁法》和《民事诉讼法》,保障诉讼和仲裁活动依法进行,对人民法院撤销中国涉外仲裁裁决建立报告制度。

七、简易程序

当事人都希望在尽可能短的时间内通过仲裁解决争议,因而各仲裁机构还规定了诸如"简易仲裁""快速仲裁""速办程序""小额争议仲裁"等做法,适用于一些案情较为简单、争议金额不大,而双方当事人都希望仲裁程序进行的时间尽可能缩短的案件。

我国 2005 年《中国国际经济贸易仲裁委员会仲裁规则》第四章对"简易程序"作了规定。跟普通仲裁程序相比,简易程序主要有以下特点:

(1)简易程序的适用。除非当事人另有约定,凡争议金额不超过人民币 200 万元的,或争议金额超过人民币 200 万元,经一方当事人书面申请并征得另一方当事人书面同意的,适用本简易程序。没有争议金额或者争议金额不明确的,由仲裁委员会根据案件的复杂程度、涉及利益的大小以及其他有关因素综合考虑决定是否适用本简易程序。

(2)仲裁通知。申请人向仲裁委员会提出仲裁申请,经审查可以受理并适用简易程序的,仲裁委员会秘书局或其分会秘书处应向双方当事人发出仲裁通知。

(3)仲裁庭的组成。适用简易程序的案件,依照本规则第 26 条的规定成立独任仲裁庭审理案件。

(4)答辩和反请求。被申请人应在收到仲裁通知之日起 20 天内向仲裁委员会提交答辩书及有关证明文件;如有反请求,也应在此期限内提交反请求书及有关证明文件。申请人应在收到反请求书及其附件后 20 天内对被申请人的反请求提交答辩。仲裁庭认为有正当理由的,可以适当延长此期限。

(5)审理方式。仲裁庭可以按照其认为适当的方式审理案件;可以决定只依据当事人提交的书面材料和证据进行书面审理,也可以决定开庭审理。

(6)开庭审理。对于开庭审理的案件,仲裁庭确定第一次开庭日期后,应在开庭前 15 天将开庭日期通知双方当事人。当事人有正当理由的,可以请求延期开庭,但必须在收到开庭通知后 3 天内提出书面延期申请。是否延期,由仲裁庭决定。第一次开庭审理后的开庭审理日期及延期后开庭审理日期的通知,不受 15 天和 3 天的限制。

(7)作出裁决的期限。仲裁庭应当在组庭之日起 3 个月内作出裁决书。在仲裁庭的要求下,仲裁委员会主任认为确有正当理由和必要的,可以对上述期限予以延长。

(8)程序变更。仲裁请求的变更或反请求的提出,不影响简易程序的继续进行。经变更的仲裁请求或反请求所涉及争议的金额超过人民币 200 万元的,除非当事人约定或仲裁庭认为有必要变更为普通程序,继续适用简易程序。

八、仲裁中的语文和费用

我国 1956 年《对外贸易仲裁委员会仲裁程序暂行规则》和 1988 年《中国国际经济贸易仲裁委员会仲裁规则》仅规定,仲裁委员会以中文为正式语文。但为了适应进一步对外开放的需要,方便都是外国籍双方当事人在我国提起仲裁,1994 年《中国国际经济贸易仲裁委员会仲裁规则》有一个重要突破,即允许在仲裁中使用外国语言文字。2012 年《中国国际经济贸易仲裁委会仲裁规则》第 75 条作了类似规定:(1) 当事人对仲裁语言有约定的,从其约定。当事人没有约定的,仲裁程序以中文为仲裁语言,或以仲裁委员会视案件的具体情形确定的其他语言为仲裁语言。(2) 仲裁庭开庭时,当事人或其代理人、证人需要语言翻译的,可由仲裁委员会秘书局提供译员,也可由当事人自行提供译员。(3) 当事人提交的各种文书和证明材料,仲裁庭或仲裁委员会秘书局认为必要时,可以要求当事人提供相应的中文译本或其他语言译本。

2005 年《中国国际经济贸易仲裁委员会仲裁规则》第 69 条规定,仲裁委员会除按照其制定的仲裁费用表向当事人收取仲裁费外,可以向当事人收取其他额外的、合理的实际开支费用,包括仲裁员办理案件的特殊报酬、差旅费、食宿费以及仲裁庭聘请专家、鉴定人和翻译等的费用。当事人选定了需要开支差旅费、食宿费等实际费用的仲裁员,在仲裁委员会规定的期限内未预缴实际费用的,视为其没有选定仲裁员。当事人约定在仲裁委员会或其分会/中心所在地之外开庭的,应预缴因此而发生的差旅费、食宿费等实际费用。在仲裁委员会规定的期限内未预缴此实际费用的,则在仲裁委员会或其分会/中心所在地开庭。当事人约定以两种或两种以上语言为仲裁语言的,或根据本规则第 54 条的规定适用简易程序的案件但当事人约定由三人仲裁庭审理的,仲裁委员会可以向当事人收取额外的、合理的费用。

九、仲裁中的财产保全和证据保全

仲裁中的财产保全,是指法院或仲裁机构根据仲裁案件当事人的申请,就有关当事人的财产作出临时性强制措施,以保全申请人的权益,保证将来作出的裁决能够得到执行。仲裁中的财产保全是强制性和临时性的,这些措施包括查封、扣押、冻结、责令提供担保或者法律规定的其他方法,财产一经保全,当事人就不得再行处分。但是,如果被申请人提供有效的担保,或者案件已经审结,财产保全措施应即解除。仲裁中的财产保全,通常是由当事人在仲裁申请时一并提出,但也可在仲裁审理过程中提出。

各国仲裁立法和仲裁规则大都规定了财产保全制度,但由谁可采取财产保全则规定不尽相同。其一是规定只能由法院作出财产保全措施;其二是规定可由仲裁机构作出财产保全决定；其三是规定视不同情况，由法院或仲裁庭分别作出财产保全的决定。

根据我国《民事诉讼法》第272条规定，当事人申请采取财产保全的，中华人民共和国的涉外仲裁机构应当将当事人的申请提交被申请人住所地或者财产所在地的中级人民法院裁定。

根据需要，在仲裁过程中，当事人还可以申请证据保全。如我国《仲裁法》第46条和第68条规定，在证据可能灭失或者以后难以取得的情况下，当事人可以申请证据保全。涉外仲裁的当事人申请证据保全的，涉外仲裁委员会应当将当事人的申请，提交证据所在地的中级人民法院执行。

第六节 外国仲裁裁决的承认与执行

一、裁决国籍的确定

在一般情况下，如果一个国际商事仲裁裁决是由某一常设仲裁机构作出的，是不会发生该裁决的国籍难以确定的问题的。比如，一个在伦敦国际仲裁院或美国仲裁协会作出的裁决，在中国申请执行，对中国来说，很显然这是一个外国裁决。但是对于一个由临时仲裁庭作出的裁决而言，由于其中的许多因素，诸如双方当事人的国籍或住所、仲裁员的国籍或住所、仲裁员进行活动所依据的法律或规则、仲裁程序的进行地、仲裁实体争议问题所适用的准据法等等，是多变的，因而就难以用其中的某一因素作为判定该裁决是内国裁决还是外国裁决。实际上，一直到现在，即令已出现许多承认和执行外国仲裁裁决的国际公约，可是对这个问题，仍未能得到一个明确标准。

1927年《关于执行外国仲裁裁决的日内瓦公约》仅是在其第1条中规定，它适用于任何缔约国领土内根据一项为解决现有或将来的争端的协议而作成的仲裁裁决，伹以此种裁决在缔约国之一领土内作成，而针对的是处于缔约国之一的管辖之下的人为限，并没有规定仲裁裁决国籍的识别依据。到1958年缔结《纽约公约》时，尽管作了很大努力，也未能如愿在仲裁裁决国籍的确定问题上达成共识。

对于仲裁裁决国籍的确定，1958年《纽约公约》实际上是采取了领域标准和非内国裁决标准。领域标准，或者说是仲裁地标准，采用的是一种排除法，即只要不是在内国领域内作成的裁决均为外国裁决。显然，采用此种认定标准具有较强的明确性，在一般情况下是完全能够确定某项裁决是否属外国裁决的。当然在某些例外的情形下，如仲裁裁决是以通讯方式作出的，采用此标准会因为各国的解释不同而具有某种不确定性。另外，更重要的一个原因是，在某些国家，如法国、德国的法律或判例都表明,在本国但依外国仲裁程序法进行仲裁而作出的裁决不属于本国裁决,而是一项外国裁决。在这些国家的要求下,公约又同时确立了非内国裁决标准,即虽在内国但依外国仲裁法进行仲裁而作出的裁决属于非内国裁决。

这里应注意的是,在领域标准与非内国裁决标准二者关系上看,《纽约公约》是首先并且主要采用领域标准,只要仲裁地不在内国,即可认定为外国裁决。因此,这两种标准不是一种平行关系,而是一种主从关系。非内国裁决标准只是领域标准的一种补充或延伸,而不能取代领域标准,它的作用在于扩大公约的适用范围。在任何情况下,缔约国承认和执行在另一国领域内作出的裁决都应适用公约;即使另一国领域内作出的裁决在承认和执行国被认为属于其内国裁决也不例外。对于非内国裁决的认定,《纽约公约》基本上是采用仲裁所适用的仲裁法为标准,但从各缔约国的立法和司法实践看,在认定非内国裁决标准问题上,许多国家都作出了更广义的解释。在这些国家里,除了所适用的仲裁法是外国法以外,当裁决解决的争议其内国法院不具有管辖权或因某些其他原因,裁决与该国无充分联系时,该国也有可能认为在其领域内作出的该裁决不是其内国裁决。

值得注意的是,尽管德国和法国在20世纪50年代起草《纽约公约》的过程中极力主张通过仲裁程序适用的法律决定仲裁裁决的国籍,但是这两国在其修订的民事诉讼法中,均抛弃了上述标准,而采用仲裁地点作为决定国际商事仲裁裁决国籍的标准。因此,可以认为,现代国际商事仲裁实践中,仲裁地点决定国际商事仲裁裁决国籍,已成为各国公认的标准。[①]

二、承认与执行外国仲裁裁决的依据、条件和程序

（一）承认与执行外国仲裁裁决的依据

由于仲裁裁决需经法院承认和执行,各国一般都将外国仲裁裁决的承认与执行纳入了国际民事司法协助的范围。由此,承认与执行外国仲裁裁决的依据便基本同于承认与执行外国法院判决的依据,即有关的国际条约和互惠原则。《纽约公约》作为内容专门涉及外国仲裁裁决的承认与执行、在目前拥有最大数目成员且运作最为成功的一个国际条约,无疑是各国承认与执行外国仲裁裁决的最主要依据。

（二）承认与执行外国仲裁裁决的条件

关于承认与执行外国仲裁裁决的条件,在许多方面与外国法院判决的承认与执行有类似之处,因而在某些双边司法协助条约或多边国际条约中,甚至将两

[①] 赵秀文:《国际商事仲裁法》,中国人民大学出版社2012年版,第332页。

者一并作规定,或作类推适用的规定。然而两者之间还是存在着某些重要的区别,而且各国的要求也不尽相同。基于《纽约公约》的普遍影响,下面主要根据《纽约公约》的规定对此问题加以论述。

1958年《纽约公约》以排除的方式规定了承认与执行外国仲裁裁决的条件,如果被请求承认与执行的裁决具有公约规定的排除情形时,被请求执行国家有权拒绝承认和执行,即凡外国仲裁裁决有下列情形之一的,被请求承认和执行的机关依据仲裁裁决的执行义务人的请求和证明,有权予以拒绝承认和执行[①]:

(1) 仲裁协议无效。根据《纽约公约》第5条第1款第1项的规定,如果订立仲裁协议的当事人依对其适用的法律为无行为能力,或者依仲裁协议选定的准据法,或者在未指明以何种法律为准时,根据裁决地所在国法律,该项仲裁协议是无效的,则可以拒绝承认与执行有关裁决。这是因为国际商事仲裁完全以争议双方自愿提交仲裁为基础,国际商事仲裁庭的管辖权完全取决于当事人双方合意订立的仲裁协议。如果双方当事人没有订立或没有有效地订立愿意将争议提交仲裁的仲裁协议,仲裁庭就没有受理争议的法律依据。所以,各国在制定国内法和参与缔结有关国际条约时,都把有关仲裁庭行使管辖权所依据的仲裁协议的有效存在作为承认与执行外国仲裁裁决的重要条件之一。

(2) 未给予适当通知或未能提出申辩。根据1958年《纽约公约》第5条第1款第2款的规定,如果对作为裁决执行对象的当事人未曾给予有关指定仲裁员或者进行仲裁程序的适当通知,或者作为裁决执行对象的当事人由于其他情况未能提出申辩,则可拒绝承认与执行该项裁决。被申请人拒绝参加仲裁或者在仲裁中持不积极的态度,则认为被申请人是有意放弃其陈述案情的机会。在适当通知后照常进行的缺席仲裁并不妨碍裁决的效力。至于当事人未能在仲裁过程中提出申辩,应该是指该当事人自身的过失以外的原因而使他未能提出申辩。

(3) 仲裁庭超越权限。根据《纽约公约》第5条第1款第3项的规定,如果裁决中处理的事项为未交付仲裁的标的或者未在仲裁协议中列举的事项,或者

---

① 根据《纽约公约》第5条,裁决存在该条列举的情形之一时,承认与执行地法院"始得"(may be refused)而不是"必须"(must or should)拒绝承认与执行,这赋予了法院自由裁量权。范·邓·伯格指出,《纽约公约》第5条规定的事由服从于法院的自由裁量权,如果执行地法院确信执行该裁决是适当的,即使裁决存在第5条规定的情形,执行地法院也可予以执行。在司法实践中,各国和各地区法院不是在外国仲裁裁决一有《公约》第5条规定的情形,就不予承认和执行,而是视具体情况,分别处理。这种做法显然有助于《公约》目标的实现。See Van den Berg, The New York Convention of 1958, Kluwer Law and Taxation Publishers, 1981, p.365. 例如,法国法院在一系列案件中,均承认与执行了已被外国法院撤销的仲裁裁决,尤其是Chromally公司案中的国际商事仲裁裁决在被埃及法院撤销后,又先后在美国和法国得到承认和执行。参见程永强:《论被撤销外国仲裁裁决的承认与执行》,厦门大学法学院2009年硕士学位论文。

裁决中载有超出仲裁协议规定范围的事项的裁决内容,则请求承认与执行的机关可依仲裁裁决的执行义务人的请求和证明,拒绝予以承认和执行。此外,《纽约公约》第5条第1款第3项还规定,如果交付仲裁事项的裁决内容可与未交付仲裁的事项分开的,则裁决中关于交付仲裁事项的裁决内容仍应予以承认和执行。

(4) 仲裁庭的组成和仲裁程序不当。依照《纽约公约》第5条第1款第4项之规定,如果仲裁庭的组成或者仲裁程序与双方当事人的仲裁协议的规定不相符合,或者在双方当事人无仲裁协议时与仲裁地所在国的法律不相符合,则请求承认与执行的机关可依仲裁裁决的执行义务人的请求和证明,有权予以拒绝承认和执行。

例如,香港最高法院于1989年6月29日作出判决,准许广东省进出口公司(原告)提出的请求,对一香港公司(被告)强制执行中国国际经济贸易仲裁委员会深圳分会于1988年7月12日作出的仲裁裁决。这是自1987年4月22日《纽约公约》对我国生效以来,我国的仲裁裁决首次在境外得到承认和执行。在该案中,被告曾就拒绝执行裁决提出两点抗辩理由:第一,仲裁协议规定的仲裁机构(中国贸促会对外贸易仲裁委员会)与最后作出裁决的机构(中国贸促会对外经济贸易仲裁委员会,现改称中国国际经济贸易仲裁委员会)不一致,该裁决不得强制执行;第二,因为签订仲裁协议时中国还未加入《纽约公约》,因而该裁决不是"公约裁决",亦不得强制执行。但是,香港最高法院在判决书中对被告的上述两点抗辩均给予驳回,指出:从原告提交的证据中可以很清楚地看出,"合同规定的仲裁机构与作出裁决的仲裁机构"事实上是同一个机构,仅仅是由于中国国际贸易促进委员会改变了其名称,而且很明显被告接受了改名后的那个机构的仲裁并参加了仲裁程序。判决还指出,裁决是在中国加入公约之后作出的,所以无论仲裁协议是在何时签订,该裁决都应认为是公约裁决。①

为了防止以后再出现如上述案例中的名称之争,我国自1994年始在《中国国际经济贸易仲裁委员会仲裁规则》第2条作了明确而详尽的规定:"中国国际经济贸易仲裁委员会(原名中国国际贸易促进委员会对外贸易仲裁委员会,后改名中国国际贸易促进委员会对外经济贸易仲裁委员会,现名中国国际经济贸易仲裁委员会,以下简称仲裁委员会)以仲裁的方式,独立、公正地解决产生于国际或涉外的契约性或非契约性的经济贸易等争议……"

(5) 裁决不具约束力或已被撤销、停止执行。根据《纽约公约》第1条第1款第5项的规定,如果仲裁裁决对当事人未发生拘束力,或者仲裁裁决已被裁决地所在国或者据其法律作出裁决的国家的主管机关撤销或者停止执行的,则请

---

① 李双元主编:《国际私法》,北京大学出版社1991年版,第533页。

求承认和执行的机关可依仲裁裁决的执行义务人的请求和证明，拒绝予以承认和执行。

此外，根据《纽约公约》第5条第2款的规定，如果被请求承认和执行外国仲裁裁决的国家的主管机关，认为按照该国法律，有下列情形的，可以主动予以拒绝承认和执行：(1) 裁决的事项不能以仲裁方法处理；(2) 承认或执行裁决违反该国公共政策。

（三）承认与执行外国仲裁裁决的程序

根据《纽约公约》第3条的规定，执行仲裁裁决的程序规则依被申请执行地国的法律。各缔约国在承认或执行外国仲裁裁决时，不得比承认和执行国内仲裁裁决附加更为苛刻的条件或者征收过多的费用。显然公约只是作了原则性的规定，在执行外国仲裁裁决的程序方面，具体规定仍依各缔约国国内法。

《纽约公约》第4条规定，申请承认和执行裁决的当事人应当提供：经正式认证的裁决正本或经正式证明的副本；仲裁协议正本或经正式证明的副本。如果上述裁决或协议不是用被请求承认或执行的国家的文字作成，则申请人应提供译文，该译文应由一个官方的或宣过誓的译员或外交或领事人员证明。

综观各国立法，可将其承认和执行外国仲裁裁决的程序规则分为三类。其一是将外国仲裁裁决作为外国法院判决对待。这是部分国家的做法。其二是将外国仲裁裁决作为合同之债对待，这是英美法系国家比较普遍的做法，要求有关当事人提起一个请求履行仲裁裁决中规定的义务或请求损害赔偿的诉讼来获得在内国境内承认和执行外国仲裁裁决的执行令。其三是将外国仲裁裁决作为内国仲裁裁决对待，把适用于执行内国仲裁裁决的规则扩大及于外国仲裁裁决的执行。

三、我国关于国际商事仲裁裁决承认与执行的制度

我国关于国际商事仲裁裁决承认与执行的制度，主要体现在我国缔结或参加的有关国际条约、《民事诉讼法》《仲裁法》、最高人民法院《关于适用〈中华人民共和国民事诉讼法〉若干问题的意见》以及最高人民法院针对仲裁实践所作的司法解释中。

总的来看，上述制度主要涉及以下问题：(1) 我国涉外仲裁裁决在我国的承认与执行；(2) 我国涉外仲裁裁决在外国的承认与执行；(3) 外国仲裁裁决在我国的承认与执行。

（一）我国涉外仲裁裁决在我国的承认与执行

1. 拒绝承认与执行我国涉外仲裁裁决的理由

我国对内国的涉外仲裁裁决和内国的国内仲裁裁决实行不同的承认与执行制度，即对涉外仲裁裁决实行形式审查制，对国内仲裁裁决实行实质审查制。这

表明我国目前对仲裁裁决实行的是一种"内外有别"的双轨制监督机制。

对于我国涉外仲裁裁决的承认与执行,《民事诉讼法》第273条规定,经中华人民共和国涉外仲裁机构裁决的,当事人不得向人民法院起诉,一方当事人不履行仲裁裁决的,对方当事人可以向被申请人住所地或者财产所在地的中级人民法院申请执行。但2002年最高人民法院《关于涉外民商事案件诉讼管辖若干问题的规定》对申请执行或者不予执行我国涉外、涉港澳台仲裁裁决的案件的管辖法院作了新的规定。[①] 根据我国《仲裁法》第71条、《民事诉讼法》第274条第1款,有管辖权的人民法院经审查认定中国涉外仲裁裁决存在下列情形之一的,裁定不予执行[②]:第一,当事人在合同中没有订立仲裁条款或事后没有达成书面仲裁协议的;第二,被申请人没有得到指定仲裁员或进行仲裁程序的通知,或由于其他不属于被申请人负责的原因未能陈述意见的;第三,仲裁庭的组成或仲裁的程序与仲裁规则不符的;第四,裁决的事项不属于仲裁协议的范围或仲裁机构无权仲裁的。

此外,2006年最高人民法院《关于适用〈中华人民共和国仲裁法〉若干问题的解释》第28条规定,当事人请求不予执行仲裁调解书或者根据当事人之间的和解协议作出的仲裁裁决书的,人民法院不予支持。其第26条规定,当事人向人民法院申请撤销仲裁裁决被驳回后,又在执行程序中以相同理由提出不予执行抗辩的,人民法院不予支持。1998年最高人民法院《关于未被续聘的仲裁员在原参加审理的案件裁决书上签名人民法院应否执行该仲裁裁决书的批复》(法释[1998]21号)指出:对于未被续聘的仲裁员继续参加审理并作出裁决的案件,人民法院应当根据当事人的申请对该仲裁裁决书予以执行。依照我国《仲裁法》第9条的规定,仲裁裁决被人民法院依法裁定撤销或不予执行后,当事人可以重新达成仲裁协议申请仲裁,也可以向人民法院提起诉讼。

2. 拒绝承认和执行我国涉外仲裁裁决的报告制度

1995年最高人民法院《关于人民法院处理与涉外仲裁及外国仲裁事项有关问题的通知》对人民法院不予执行我国涉外仲裁委员会作出的裁决建立了报告制度。《通知》指出:凡一方当事人向人民法院申请执行我国涉外仲裁机构裁决,如果人民法院认为我国涉外仲裁机构裁决具有《民事诉讼法》第260条(2012年修订的《民事诉讼法》第274条)情形之一的,在裁定不予执行之前,必须报请本辖区所属高级人民法院进行审查;如果高级人民法院同意不予执行,应将其审查意见报最高人民法院。待最高人民法院答复后,方可裁定不予执行。

---

① 详见本书第十三章第四节"我国关于管辖权的有关规定"部分。
② 根据我国《仲裁法》第70条的规定,人民法院裁定撤销我国涉外仲裁裁决的理由与不予执行的理由完全相同。

（二）我国涉外仲裁裁决在外国的承认与执行

我国《仲裁法》第72条、《民事诉讼法》第280条第2款均规定,对于涉外仲裁机构作出的已发生法律效力的裁决,当事人请求执行的,如果被执行人或其财产不在中国境内,应由当事人直接向有管辖权的外国法院申请承认和执行。由此,我国涉外仲裁裁决在外国的承认与执行存在两种情况:一是在《纽约公约》成员国境为的承认与执行;二是在非《纽约公约》成员国境内的承认与执行。

我国于1986年12月2日正式加入《纽约公约》,该公约已于1987年4月22日对我国生效。我国涉外仲裁裁决在公约其他成员国境内的承认与执行,无疑应按《纽约公约》的有关规定办理。在被请求承认与执行地国是非《纽约公约》成员国的情况下,如果我国与对方国家存在相互承认与执行仲裁裁决的双边条约或互惠关系,则我国涉外仲裁裁决也可依有关的双边条约或互惠原则在对方国家得到承认与执行。值得注意的是,在我国与对方国家既存在承认与执行仲裁裁决的双边条约,又同为《纽约公约》成员国的情况下,一般应优先适用双边条约中的规定①,尤其在双边条约中规定的承认与执行的条件或程序更为优惠和便利时更是如此。

（三）外国仲裁裁决在我国的承认与执行

最高人民法院2005年印发的《第二次全国涉外商事海事审判工作会议纪要》第81条指出:外国仲裁机构或者临时仲裁庭在我国境外作出的仲裁裁决,一方当事人向人民法院申请承认与执行的,人民法院应当依照《民事诉讼法》第269条(2012年修订的《民事诉讼法》第283条)的规定办理。即国外仲裁机构的裁决,需要我国人民法院承认和执行的,应由当事人直接向被执行人住所地或其财产所在地的中级人民法院申请,人民法院应依我国缔结或参加的国际条约,或按互惠原则办理。最高人民法院上述2005年《纪要》第82—84条还指出:对具有执行内容的外国仲裁裁决,当事人仅申请承认而未同时申请执行的,人民法院仅对应否承认进行审查。承认后当事人申请执行的,人民法院应予受理并对是否执行进行审查。经当事人提供证据证明外国仲裁裁决尚未生效、被撤销或者停止执行的,人民法院应当拒绝承认与执行。外国仲裁裁决在国外被提起撤销或者停止执行程序尚未结案的,人民法院可以中止承认与执行程序;外国法院在相同情况下不中止承认与执行程序的,人民法院采取对等原则。外国仲裁裁决裁决当事人向仲裁员支付仲裁员费用的,因仲裁员不是仲裁裁决的当事人,其无权申请承认与执行该裁决中有关仲裁员费用的部分,但有关仲裁员可以单独就仲裁员费用以仲裁裁决为依据向有管辖权的人民法院提起诉讼。

---

① 《纽约公约》第7条明确承认了缔约国另外签订的有关承认与执行裁决的多边或双边条约的优先效力。

1. 确定外国仲裁裁决的标准

从我国《民事诉讼法》的措辞来看,我国对外国仲裁裁决的确定则同样采用了作出裁决的仲裁机构标准,即国外仲裁机构作出的裁决就是外国仲裁裁决。这不仅与《纽约公约》中确立的标准大相径庭,严重脱离了当今国际上的通行做法,而且使我国仲裁实践中对外国仲裁裁决的确定陷入了矛盾和混乱。

根据我国加入《纽约公约》时提出的互惠保留,我国对外国仲裁裁决的确定显然只采用了领土标准而没有同时采用非内国裁决标准,即我国只对在另一缔约国领土内作出的仲裁裁决的承认与执行适用《纽约公约》,对在我国领土内作出的仲裁裁决的承认与执行则不适用《纽约公约》。也就是说,仲裁裁决的国籍应依其作出地确定,在外国领土内作出的仲裁裁决就是外国仲裁裁决,无论其是由国外仲裁机构作出的还是由我国仲裁机构作出的;在我国领土内作出的仲裁裁决就是我国仲裁裁决,无论其是由我国仲裁机构作出的还是由国外仲裁机构作出的。但是,如依我国《民事诉讼法》第 283 条中确立的仲裁机构标准,则凡由国外仲裁机构作出的裁决均为外国仲裁裁决,即使有关裁决是在我国领土内作出的,我国也仍须将它们作为外国仲裁裁决承认与执行。这无疑是荒唐的,无异于作茧自缚,并与我国加入《纽约公约》时未接受非内国裁决标准的做法相悖。同样,由我国仲裁机构在外国领土内作出的裁决,则不能被归入外国仲裁裁决,但其在我国的承认与执行却要适用《纽约公约》,这显然又是不合逻辑的。①

因此,应该认为,我国应及早取消《民事诉讼法》中的仲裁机构标准,而采用《纽约公约》中的领土标准,以实现与国际普遍实践的一致,同时消除我国仲裁实践中确定外国仲裁裁决和履行条约相关义务方面所存在的尴尬和不利影响。

2. 《纽约公约》裁决在我国的承认与执行

为保证《纽约公约》在我国的有效实施,最高人民法院于 1987 年 4 月 10 日发布了《关于执行中国加入的〈承认及执行外国仲裁裁决公约〉的通知》。《纽约公约》无疑为我国承认与执行其他缔约国仲裁裁决提供了明确的法律依据和可靠的法律基础。

第一,可在我国依《纽约公约》承认与执行的裁决范围。我国加入《纽约公

---

① 正因为如此,在实践中,我国学者和法院对外国仲裁机构在我国作出的仲裁裁决的国籍存在分歧。学者们的观点主要分为三派:"非内国裁决"派、否定"非内国裁决"派、我国涉外仲裁裁决派。在"宁波工艺品案"中,2009 年宁波市中级人民法院认定国际商会仲裁院在北京作出的裁决为《纽约公约》中的"非内国裁决",并根据《纽约公约》进行了审查和执行;在 2004 年"旭普林公司案"中,无锡市中级人民法院认为国际商会仲裁院在上海作出的裁决为《纽约公约》中的"非内国裁决";在 2001 年"山西天利公司案"中,2004 年最高人民法院认为国际商会仲裁院在香港特别行政区作出的裁决应根据《纽约公约》进行审查和执行。此外,对于国际商会仲裁院在 1999 年"TH&T 国际公司案"中于美国洛杉矶作出的裁决,成都市中级人民法院认定为法国裁决。

约》时提出了两项保留,即互惠保留和商事保留。根据互惠保留,我国只在互惠基础上对在另一缔约国领土内作出的仲裁裁决的承认与执行适用该《公约》。根据商事保留,我国只对依我国法律认定为属于契约性和非契约性商事法律关系所引起的争议提交仲裁所作出的仲裁裁决的承认与执行适用该《公约》。

第二,管辖法院。根据最高人民法院《关于执行中国加入的〈承认及执行外国仲裁裁决公约〉的通知》,对于当事人的申请应由我国下列地点的(中级)人民法院受理:被执行人为自然人的,为其户籍所在地或者居所地;被执行人为法人的,为其主要办事机构所在地;被执行人在我国无住所、居所或者主要办事机构,但有财产在我国境内的,为其财产所在地。但 2002 年最高人民法院《关于涉外民商事案件诉讼管辖若干问题的规定》对申请撤销、承认与强制执行国际仲裁裁决的案件的管辖法院作了新的规定。

第三,我国承认与执行《纽约公约》裁决的程序。根据《纽约公约》第 4 条和第 5 条及最高人民法院《关于执行我国加入的〈承认及执行外国仲裁裁决公约〉的通知》第 4 条和第 5 条,申请我国法院承认和执行在另一缔约国领土内作出的仲裁裁决,由仲裁的一方当事人提出,当事人应当提交经我国驻外使领馆认证或经我国公证机关公证的仲裁裁决书的中文文本。申请应当在《民事诉讼法》第 239 条规定的 2 年申请执行期限内提出。我国有管辖权的人民法院在接到一方当事人的申请后,应对申请承认与执行的仲裁裁决进行审查。审查的事项仅限于《纽约公约》第 5 条所规定的事项:一是根据被申请执行人的主张和提供的证据,审查是否具有《纽约公约》第 5 条第 1 款所列举的情形;二是主动审查裁决是否具有《纽约公约》第 5 条第 2 款所列举的情形。经审查,如果人民法院认为裁决不具有《纽约公约》第 5 条第 1 款和第 2 款所列举的情形,应裁定承认其效力,并依我国《民事诉讼法》中规定的程序予以执行;反之,人民法院应裁定驳回当事人的申请,拒绝承认与执行。当事人依照《纽约公约》第 4 条规定的条件申请承认和执行外国仲裁裁决,受理申请的人民法院决定予以承认和执行的,应在受理申请之日起 2 个月内作出裁定,如无特殊情况,应在裁定后 6 个月内执行完毕。

第四,拒绝承认和执行外国仲裁裁决的报告制度。1995 年《关于人民法院处理与涉外仲裁及外国仲裁事项有关问题的通知》指出:凡一方当事人向人民法院申请承认和执行外国仲裁机构的裁决,如果人民法院认为申请承认和执行的外国仲裁裁决不符合我国参加的国际公约的规定或者不符合互惠原则的,在裁定拒绝承认和执行之前,必须报请本辖区所属高级人民法院进行审查;如果高级人民法院同意拒绝承认和执行,应将其审查意见报最高人民法院。待最高人民法院答复后,方可裁定拒绝承认和执行。

3. 非《纽约公约》裁决在我国的承认与执行

除《纽约公约》外,我国与许多国家签订的双边条约,如双边贸易协定、双边投资保护协定以及双边司法协助协定,都规定有相互承认与执行仲裁裁决的内容。由此,如果裁决作出地国不是《纽约公约》成员国,但与我国存在关于承认与执行仲裁裁决的双边条约,则其裁决在我国的承认与执行可依该双边条约的规定办理。

在裁决作出地国既非《纽约公约》成员国,又与我国不存在关于承认与执行仲裁裁决的双边条约时,根据《民事诉讼法》第283条的规定,我国仍可按互惠原则对其裁决予以承认和执行。实践中,我国法院一般是参照承认和执行外国法院判决的程序和条件对此类裁决进行审查的。

第七节 中国内地与中国香港、澳门和台湾地区仲裁裁决的相互认可与执行

一、香港、澳门回归前及两岸目前区际仲裁裁决的承认与执行

香港、澳门回归前以及两岸目前,香港、澳门、台湾的仲裁裁决在中国内地是参照外国仲裁裁决予以认可和执行的。

1975年,英国批准了《纽约公约》,并于1977年将该《公约》拓展适用于香港。由此,在《纽约公约》自1987年4月22日对中国内地生效后,香港和内地的仲裁裁决即可作为《纽约公约》裁决依《公约》相互被认可与执行。据统计,从1989年中国国际经济贸易仲裁委员会所作裁决在香港高等法院得到执行开始,到1997年7月1日,已有大约150个内地仲裁裁决向香港地区申请承认与执行。同一时期,也有13件香港仲裁裁决得到内地法院的承认与执行。[①]

澳门回归前,作为葡萄牙的殖民地,主要产业为赌博业,经济发展严重畸形,虽说也算一个繁荣的商业社会,但民商事法律关系的发展却长期停滞不前。在这种情况下,澳门地区的民商事纠纷除了通过中国民间的传统方式解决外,主要通过诉讼的方式解决。澳门仲裁制度最早可追溯至葡萄牙1961年《民事诉讼法典》第四卷对仲裁的专门规定,该法典自1963年1月1日起延伸适用于澳门。但是,澳门地区一直没有民商事仲裁的案例和仲裁机构,直到1996年颁布《仲裁法律制度》(第29/96/M号法令)确立澳门本地仲裁制度,1998年颁布《涉外商事仲裁专门制度》(第55/98/M号法令)建立起澳门涉外商事仲裁制度。葡萄牙虽于1995年加入了《纽约公约》,但未将该《公约》拓展适用于澳门。因此,在澳

---

① 参见香港《文汇报》1999年6月22日第13版对时任最高人民法院副院长沈德咏的访谈。

门作出的仲裁裁决就不能依《纽约公约》在内地认可与执行,而只能依我国《民事诉讼法》的有关规定,由人民法院按互惠原则办理。

两岸长期的隔阂与对立,使得两地之间相互认可与执行仲裁裁决的问题更为复杂,也更容易受到政治等非法律因素的影响。1992 年台湾地区颁布的"台湾地区与大陆地区人民关系条例",允许台湾地区法院认可与执行在祖国大陆作出的仲裁裁决。最高人民法院 1998 年发布的《关于人民法院认可台湾地区有关法院民事判决的规定》第 19 条则规定,在人民法院申请认可与执行台湾地区仲裁机构仲裁裁决也适用该《规定》。由于该《规定》主要在于解决台湾地区法院判决在祖国大陆认可与执行的问题,并未充分考虑到台湾地区仲裁裁决在祖国大陆认可与执行时的具体情况,因而其内容对后者显然缺乏足够的针对性和适应性。尽管如此,该《规定》还是为台湾地区仲裁裁决在祖国大陆的认可与执行提供了相应的法律依据。

二、香港、澳门回归后及两岸统一后区际仲裁裁决的认可与执行

香港、澳门回归后,其相互之间以及其各自与内地之间的关系即从原先的国际关系转变为区际关系,《纽约公约》作为一个规范主权国家之间关系的国际条约,显然不适合作为三地相互认可与执行仲裁裁决的直接依据,虽然中国已将该《公约》分别扩大适用于回归后的香港和澳门。同时,三地之间也不能相互将对方仲裁裁决作为本地裁决予以认可和执行,毕竟三地分属于三个不同的法域。由此,在有其他更适当的法律依据出现之前,三地相互认可与执行仲裁裁决实际上进入了一个法律的"真空期"。

香港回归后相当长一个时期,内地与香港之间相互执行仲裁裁决处于一种"冻结"状态。这种状况曾引起两地各界的广泛关注和焦虑。考虑到两地存在长期依《纽约公约》相互认可与执行仲裁裁决的良好基础,学者们纷纷主张应参照《纽约公约》确立两地相互认可与执行仲裁裁决的法律依据,并提出了诸多有益的建议:(1) 通过司法解释确认参照适用《纽约公约》;(2) 两地依照《纽约公约》的内容签订双边协议;(3) 两地分别将《纽约公约》的内容纳入各自的仲裁法。① 最后,经过一年多的磋商,两地终于在 1999 年 6 月就《关于内地与香港特别行政区相互执行仲裁裁决的安排》(以下简称"安排")达成一致意见,并签署了备忘录。该《安排》在内地已由最高人民法院以发布司法解释的形式于 2000 年 1 月 24 日公布,自 2000 年 2 月 1 日起施行;在香港,则由特别行政区立法会于 2000 年 1 月对其仲裁立法进行修订,纳入了《安排》的内容,并形成了现行的 2000 年《仲裁(修订)条例》,并于 2000 年 2 月 1 日起施行。显然,该《安排》的

---

① 参见韩健:《现代国际商事仲裁法的理论与实践》,法律出版社 2000 年版,第 480 页。

出台及付诸实施基本上是综合采用上述第二种和第三种建议中的思路的结果，即依照《纽约公约》的内容制定区际性安排，并交由两地分别纳入各自的仲裁法律制度，形成两地相互执行仲裁裁决的有效机制。该《安排》的主要内容如下：

（1）管辖法院。在内地和香港特别行政区作出的仲裁裁决，一方当事人不履行的，另一方当事人可以向被申请人住所地或者财产所在地的有关法院申请执行。有关法院，在内地指被申请人住所地或者财产所在地的中级人民法院，在香港指高等法院。被申请人的住所地或者财产所在地，既在内地又在香港特别行政区的，申请人不能同时分别向两地有关法院提出申请。只有一地法院不足以偿还其债务时，可就不足部分向另一地法院申请执行。两地法院先后执行的总额，不得超过裁决数额。

（2）应提交的文书。申请人向有关法院申请执行在内地或者在香港特别行政区作出的仲裁裁决的，应提交以下文书：执行申请书；仲裁裁决书；仲裁协议。执行申请书应当以中文文本提出，裁决书或者仲裁协议没有中文文本的，申请人应当提交正式证明的中文译本。

（3）期限和法律适用。申请人向有关法院申请执行内地或者香港特别行政区仲裁裁决的期限依据执行地法律有关时限的规定。有关法院在接到申请人申请后，应当按执行地法律程序处理及执行。

（4）不予执行的根据。在内地或者香港特别行政区申请执行的仲裁裁决，被申请人接到通知后，提出证据证明有下列情形之一的，经审查核实，有关法院可裁定不予执行：第一，仲裁协议当事人依对其适用的法律属于某种无行为能力的情形；或者该项仲裁协议依约定的准据法无效；或者未指明以何种法律为准时，依仲裁裁决地的法律是无效的。第二，申请人未接到指派仲裁员的适当通知，或者因他故未能陈述意见的。第三，裁决所处理的争议不是交付仲裁的标的或者不在仲裁协议条款之内，或者裁决载有关于交付仲裁范围以外事项的决定的；但交付仲裁事项的决定可与未交付仲裁的事项划分时，裁决中关于交付仲裁事项的决定部分应当予以执行。第四，仲裁庭的组成或者仲裁庭程序与当事人之间的协议不符，或者在有关当事人没有这种协议时与仲裁地的法律不符。第五，裁决对当事人尚无约束力，或者业经仲裁地的法院按仲裁地的法律撤销或停止执行的。有关法院认定依执行地法律，争议事项不能以仲裁裁决解决的，则可不予执行该裁决。内地法院认定在内地执行该仲裁裁决违反内地社会公共利益，或者香港特别行政区法院认定在香港地区执行该仲裁裁决违反香港特别行政区的公共政策，则可不予执行该裁决。

（5）费用。申请人向有关法院申请执行在内地或者香港特别行政区作出的仲裁裁决，应当根据执行地法院有关诉讼收费的办法交纳执行费用［根据最高人民法院2005年印发的《第二次全国涉外商事海事审判工作会议纪要》第73

条规定,涉及执行香港特别行政区、澳门特别行政区、台湾地区仲裁裁决的收费及审查期限问题,参照最高人民法院《关于承认和执行外国仲裁裁决收费及审查期限问题的规定》办理]。

(6)适用范围。1997年7月1日以后申请执行在内地或者香港特别行政区作出的仲裁裁决按本《安排》执行。最高人民法院于2009年《关于香港仲裁裁决在内地执行的有关问题的通知》指出:当事人向人民法院申请执行在香港特别行政区作出的临时仲裁裁决、国际商会仲裁院等国外仲裁机构在香港特别行政区作出的仲裁裁决的,人民法院应当按照《安排》的规定进行审查。

澳门在回归祖国之前,葡萄牙没有将《纽约公约》延伸适用于澳门。澳门回归祖国以后,我国政府在1999年12月20日起适用于澳门的多边国际条约清单中,也不包括1958年《纽约公约》①。由于与内地没有共同适用的条约和协议,澳门很长一段时间并没有认可和执行内地仲裁裁决。1999年澳门《涉外商事仲裁专门制度》对认可与执行外国仲裁裁决作了规定。它采用了1985年联合国国际贸易法委员会《国际商事仲裁示范法》的普遍主义,同时规定了互惠或对等原则。只要符合它规定的条件,在互惠或对等的基础上,包括我国内地在内的任何国家或地区的仲裁裁决都可在澳门得到认可和执行。同时,由于内地与澳门没有共同适用的条约和协议,内地对澳门仲裁裁决的执行也只能依互惠原则办理。值得欣慰的是,最高人民法院与澳门特别行政区经协商,达成《关于内地与澳门特别行政区相互认可和执行仲裁裁决的安排》(法释(2007)17号),并于2007年10月30日签署。该《安排》已于2007年9月由最高人民法院审判委员会第1437次会议通过,自2008年1月1日起实施。

内地与港澳之间在相互认可与执行仲裁裁决问题上通过大胆摸索和尝试取得的上述成功经验,为回归后的澳门与香港,以及两岸统一后大陆与台湾、台湾与香港、台湾与澳门之间认可与执行仲裁裁决提供了有益的借鉴和参考的模式。当然,在四地增进了解和信任的基础上,由四地共同达成统一安排则应是更理想也是必然的选择。

三、不予执行涉外仲裁裁决的报告制度的适用

2008年最高人民法院《全国法院涉港澳商事审判工作座谈会纪要》第28条和第29条为当事人向人民法院申请撤销、执行内地仲裁机构作出的涉港澳仲裁裁决或者申请认可和执行香港特别行政区、澳门特别行政区仲裁机构作出的仲裁裁决或者临时仲裁庭在香港特别行政区、澳门特别行政区作出的仲裁裁决,建

---

① 我国政府2005年7月19日才宣布,按照中国加入《纽约公约》之初所作的声明,《纽约公约》适用于澳门地区。

立了报告制度:人民法院经审查认为裁决存在依法撤销或者通知仲裁庭重新仲裁、不予执行或者不予认可和执行的情形,在作出裁定前,应当报请本辖区所属高级人民法院进行审查;如果高级人民法院同意撤销、不予执行或者不予认可和执行,应将其审查意见报最高人民法院,待最高人民法院答复后,方可作出裁定。其第30条指出:当事人申请内地人民法院撤销香港特别行政区、澳门特别行政区仲裁机构作出的仲裁裁决或者临时仲裁庭在香港特别行政区、澳门特别行政区作出的仲裁裁决的,人民法院应不予受理。

鉴于中国大陆与台湾地区的民商事关系,目前大陆地区在处理时适用现行有效的涉外法律规定。1995年最高人民法院《关于人民法院处理与涉外仲裁及外国仲裁事项有关问题的通知》确立的撤销、不予执行或拒绝承认执行涉外仲裁裁决的报告制度应该可适用于涉及台湾地区的仲裁裁决。

主要参考书目和学习资料

一、教科书

1. 李双元、欧福永主编:《国际私法》("十一五"国家级规划教材),北京大学出版社2015年版。
2. 韩德培主编:《国际私法》,高等教育出版社、北京大学出版社2007年版。
3. 黄进主编:《国际私法》,法律出版社2005年版。
4. 肖永平:《国际私法原理》,法律出版社2007年版。
5. 章尚锦、徐青森主编:《国际私法》,中国人民大学出版社2011年版。
6. 赵相林主编:《国际私法》,中国政法大学出版社2011年版。
7. 张仲伯主编:《国际私法学》,中国政法大学出版社2010年版。
8. 董立坤:《国际私法论》,法律出版社2000年修订版。
9. 余先予主编:《国际私法学》,中国财政经济出版社2004年版。
10. 丁伟主编:《国际私法学》,上海人民出版社2010年版。
11. 屈广清主编:《国际私法导论》,法律出版社2011年版。
12. 杜涛:《国际私法原理》,复旦大学出版社2014年版。
13. 李浩培:《国际民事程序法概论》,法律出版社1996年版。
14. 杜新丽主编:《国际民事诉讼和商事仲裁》,中国政法大学出版社2009年版。
15. 谢石松主编:《商事仲裁法学》,高等教育出版社2003年版。
16. 胡正良主编:《海事法》,北京大学出版社2009年版。
17. 王传丽主编:《国际贸易法》,法律出版社2008年版。
18. 梅仲协:《国际私法新论》,台湾三民书局2008年版。
19. 马汉宝:《国际私法总论》,台湾汉林出版社1982年版。
20. 赖来焜:《海事国际私法学》,台湾神州图书出版有限公司2002年版。
21. 衾冬根:《国际私法》,北京大学出版社2013年版。
22. 曾陈明汝原著,曾宛如续著:《国际私法原理》(上集,总论篇)》,台湾新学林出版公司2008年第8版改订本。
23. 曾陈明汝原著,曾宛如续著:《国际私法原理》(续集,各论篇)》,台湾新学林出版公司2012年修订3版。
24. 蒋新苗主编:《国际私法学》,北京师范大学出版社2012年版。
25. 霍政欣:《中国国际私法(英文)》,法律出版社2010年版。

二、案例教材

1. 李双元、欧福永主编:《国际私法教学案例》,北京大学出版社2012年版。

2. 赵相林主编:《国际私法教学案例评析》,中信出版社 2006 年版。
3. 王军主编:《国际私法案例选评》,对外经济贸易大学出版社 2009 年版。
4. 黄惠康、黄进:《国际公法国际私法成案选》,武汉大学出版社 1987 年版。
5. 最高人民法院中国应用法学研究所编:《人民法院案例选——民事卷(下)》(1992—1999 年合订本),中国法制出版社 2000 年版。
6. 吕伯涛主编:《涉外商事案例精选精析》,法律出版社 2004 年版。
7. 吕伯涛主编:《涉港澳商事案例精选精析》,法律出版社 2006 年版。
8. 吕伯涛主编:《海事案例精选精析》,法律出版社 2004 年版。
9. 上海市第一中级人民法院民四庭:《涉外商事审判疑难案例解析》,上海交通大学出版社 2013 年版。
10. 中国国际经济贸易仲裁委员会编:《中国国际经济贸易仲裁裁决书选编(2003—2006)》(全两册),法律出版社 2009 年版。
11. 中国国际经济贸易仲裁委员会编:《中国国际经济贸易仲裁裁决书选编(1995—2002)》(全书共三卷),法律出版社 2002 年版。
12. 中国国际经济贸易仲裁委员会编:《中国国际经济贸易仲裁委员会网上争议解决中心裁决书选编(2005—2008 年)》,中国民主法制出版社 2010 年版。
13. 中国国际经济贸易仲裁委员会域名争议解决中心编:《中国国际经济贸易仲裁委员会域名争议解决中心裁决书选编(2003—2004 年)》,中国民主法制出版社 2005 年版。

三、教学参考资料

1. 李双元、欧福永、熊之才编:《国际私法教学参考资料选编》(上、中、下册),北京大学出版社 2002 年版。
2. 黄进、何其生、萧凯编:《国际私法:案例与资料》,法律出版社 2004 年版。
3. 中国国际私法学会:《中国国际私法示范法》,法律出版社 2000 年版。
4. 邹国勇译注:《外国国际私法立法精选》,中国政法大学出版社 2011 年版。
5. 中华人民共和国外交部条法司:《海牙国际私法会议公约集(中外文对照)》,法律出版社 2012 年版。
6. 杜焕芳主编:《国际私法学关键问题》(21 世纪法学课程学习与考试指导·法学关键问题系列),中国人民大学出版社 2012 年版。

四、连续出版物

1. 中国国际私法学会主办:《中国国际私法与比较法年刊》第 1—15 卷,法律出版社和北京大学出版社出版。
2. 中国人民大学《复印报刊资料·国际法学》。
3. 李双元主编:《国际法与比较法论丛》第 1—23 辑,中国方正出版社、中国检察出版社和法律出版社出版。
4. 万鄂湘主编、最高人民法院民事审判第四庭编:《中国涉外商事海事审判指导与研究》2001 年第 1 卷至 2003 年第 6 卷,人民法院出版社出版。《涉外商事海事审判指导》2004 年第

7 辑至 2014 年第 26 辑,人民法院出版社出版。

5.《环球法律评论》《武大国际法评论》《法学评论》《政法论坛》《武汉大学学报》《国际经济法论丛》《国际商法论丛》和《民商法论丛》等。

6. 最高人民法院公报编辑部:《最高人民法院公报》。

五、学术专著

1. 韩德培主编:《国际私法问题专论》,武汉大学出版社 2004 年版。
2. 李双元:《国际私法(冲突法篇)》,武汉大学出版社 2001 年修订版。
3. 肖永平:《肖永平论冲突法》,武汉大学出版社 2002 年版。
4. 李双元、徐国建主编:《国际民商新秩序的理论建构》,武汉大学出版社 1998 年版。
5. 李双元:《走向 21 世纪的国际私法——国际私法与法律的趋同化》,法律出版社 1999 年版。
6. 李双元:《李双元法学文集(上下册)》,中国法制出版社 2009 年版。
7. 李双元主编:《中国与国际私法统一化进程》,武汉大学出版社 1998 年版。
8. 李双元主编:《市场经济与当代国际私法趋同化问题研究》,武汉大学出版社 1994 年版。
9. 黄进主编:《中国的区际法律问题研究》,法律出版社 2001 年版。
10. 李双元、谢石松:《国际民事诉讼法概论》,武汉大学出版社 2001 年版。
11. 蒋新苗:《国际私法本体论》,法律出版社 2005 年版。
12. 李双元、蒋新苗主编:《现代国籍法》,湖南人民出版社 1999 年版。
13. 王葆莳:《国际私法中的先决问题研究》,法律出版社 2007 年版。
14. 杜涛:《国际私法的现代化进程——中外国际私法改革比较研究》,上海人民出版社 2007 年版。
15. 霍政欣:《不当得利的国际私法问题》,武汉大学出版社 2006 年版。
16. 宋晓:《当代国际私法的实体取向》,武汉大学出版社 2004 年版。
17. 沈涓:《中国区际冲突法研究》,中国政法大学出版社 1999 年版。
18. 朱揽叶、刘晓红主编:《知识产权法律冲突与解决问题研究》,法律出版社 2004 年版。
19. 郭玉军:《国际贷款法》,武汉大学出版社 1998 年版。
20. 徐冬根:《国际私法趋势论》,北京大学出版社 2005 年版。
21. 李先波:《合同有效成立比较研究》,湖南教育出版社 2000 年版。
22. 郑远民:《现代商人法研究》,法律出版社 2001 年版。
23. 刘仁山:《加拿大国际私法研究》,法律出版社 2001 年版。
24. 王国华:《海事国际私法原论》,北京大学出版社 2007 年版。
25. 许军珂:《国际私法上的意思自治》,法律出版社 2007 年版。
26. 邓正来:《美国现代国际私法流派(修订版)》,中国政法大学出版社 2006 年版。
27. 韩德培、韩健:《美国国际私法(冲突法)导论》,法律出版社 1994 年版。
28. 陈卫佐:《瑞士国际私法法典研究》,法律出版社 1998 年版。
29. 董丽萍:《澳大利亚国际私法研究》,法律出版社 1999 年版。

30. 袁泉:《荷兰国际私法研究》,法律出版社 2000 年版。
31. 刘卫翔:《欧洲联盟国际私法》,法律出版社 2001 年版。
32. 邹龙妹:《俄罗斯国际私法研究》,知识产权出版社 2008 年版。
33. 孙建:《国际关系视角下的国际私法问题》,人民出版社 2007 年版。
34. 陈小云:《英国国际私法本体研究》,知识产权出版社 2008 年版。
35. 邹国勇:《德国国际私法的欧盟化》,法律出版社 2007 年版。
36. 杜涛:《德国国际私法——理论、方法和立法的变迁》,法律出版社 2006 年版。
37. 朱伟东:《南非共和国国际私法研究——一个混合法系国家的视角》,法律出版社 2006 年版。
38. 罗剑雯:《欧盟民商事管辖权比较研究》,法律出版社 2003 年版。
39. 何其生:《电子商务的国际私法问题》,法律出版社 2004 年版。
40. 王瀚:《华沙国际航空运输责任体制法律问题研究》,陕西人民出版社 1998 年版。
41. 石静遐:《跨国破产的法律问题研究》,武汉大学出版社 1999 年版。
42. 吕国民:《国际贸易中 EDI 法律问题研究》,法律出版社 2001 年版。
43. 韩健:《现代国际商事仲裁法的理论与实践》,法律出版社 2000 年版。
44. 高菲:《中国海事仲裁的理论与实践》,中国人民大学出版社 1998 年版。
45. 杨良宜:《国际商务仲裁》,中国政法大学出版社 1997 年版。
46. 宋连斌:《国际商事仲裁管辖权研究》,法律出版社 2000 年版。
47. 朱克鹏:《国际商事仲裁的法律适用》,法律出版社 1999 年版。
48. 赵健:《国际商事仲裁的司法监督》,法律出版社 2000 年版。
49. 宋航:《国际商事仲裁裁决的承认与执行》,法律出版社 2000 年版。
50. 赵秀文:《国际商事仲裁及其适用法律研究》,北京大学出版社 2002 年版。
51. 刘晓红:《国际商事仲裁协议的法理与实证》,商务印书馆 2005 年版。
52. 邓杰:《伦敦海事仲裁制度研究》,法律出版社 2002 年版。
53. 龚刃韧:《国家豁免问题比较研究》,北京大学出版社 2005 年版。
54. 屈广清、欧福永主编:《国际民商事诉讼程序导论》,人民法院出版社 2004 年版。
55. 李双元、欧福永主编:《现行国际民商事诉讼程序研究》,人民出版社 2006 年版。
56. 欧福永:《英国民商事管辖权制度研究》,法律出版社 2005 年版。
57. 张茂:《美国国际民事诉讼法》,中国政法大学出版社 1999 年版。
58. 李旺:《国际诉讼竞合》,中国政法大学出版社 2002 年版。
59. 欧福永:《国际民事诉讼中的禁诉令》,北京大学出版社 2007 年版。
60. 徐伟功:《不方便法院原则研究》,吉林人民出版社 2002 年版。
61. 徐宏:《国际民事司法协助》,武汉大学出版社 2006 年版。
62. 何其生:《域外送达制度研究》,北京大学出版社 2006 年版。
63. 贺晓翊:《英国的外国法院判决承认与执行制度研究》,法律出版社 2008 年版。
64. 吕伯涛主编:《中国涉外商事审判实务》,法律出版社 2006 年版。
65. 吕伯涛、李琦主编:《中国涉外商事审判热点问题探析》,法律出版社 2004 年版。
66. 吕伯涛主编:《涉港澳商事审判热点问题探析》,法律出版社 2006 年版。

67. 李双元:《涉外民事关系法律适用法的制定研究》,湖南人民出版社 2013 年版。
68. 陈卫佐:《比较国际私法》,法律出版社 2012 年版。
69. 黄进、姜茹娇主编:《〈涉外民事关系法律适用法〉释义与分析》,法律出版社 2011 年版。
70. 齐湘泉:《〈涉外民事关系法律适用法〉原理与精要》,法律出版社 2011 年版。
71. 杜涛:《〈涉外民事关系法律适用法〉释评》,中国法制出版社 2011 年版。
72. 吴用:《儿童监护国际私法问题研究》,对外经济贸易大学出版社 2009 年版。
73. 王思思:《柯里的利益分析理论研究》,武汉大学出版社 2012 年版。
74. 张磊:《涉外保证的国际私法问题研究》,法律出版社 2012 年版。
75. 崔华强:《网络隐私权利保护之国际私法研究》,法律出版社 2012 年版。
76. 徐国建:《国际统一私法总论》,法律出版社 2011 年版。
77. 屈广清等:《国际私法之弱者保护》,商务印书馆 2011 年版。
78. 马德才:《国际私法中的公共秩序研究》,法律出版社 2010 年版。
79. 王淑敏:《新型贸易融资的国际私法统一法源研究》,水利水电出版社 2006 年版。
80. 贺连博:《反致问题研究》,水利水电出版社 2006 年版。
81. 马志强:《国际私法中的最密切联系原则研究》,人民出版社 2010 年版。
82. 涂广建:《澳门国际私法》,中国社会科学文献出版社 2013 年版。
83. 屈广清等:《弱势群体权利保护的国际私法方法研究》,知识产权出版社 2009 年版。
84. 李智:《国际私法中互联网管辖权制度研究》,厦门大学出版社 2009 年版。
85. 曲波:《国际私法本体下弱者利益的保护问题》,法律出版社 2009 年版。
86. 胡敏飞:《跨国环境侵权的国际私法问题研究》,复旦大学出版社 2009 年版。
87. 邢钢:《国际私法视野下的外国公司法律规制》,知识产权出版社 2009 年版。
88. 萧凯:《跨国证券交易的国际私法问题》,武汉大学出版社 2008 年版。
89. 刘萍:《无单放货中国际私法问题研究》,法律出版社 2008 年版。
90. 刘益灯:《跨国消费者保护的法律冲突及其解决对策》,法律出版社 2008 年版。
91. 高晓力:《国际私法上公共政策的运用》,中国民主法制出版社 2008 年版。
92. 屈广清、陈小云主编:《国际私法发展史》,吉林大学出版社 2005 年版。
93. 胡晓红、梁琳、王赫:《网络侵权与国际私法》,工人出版社 2006 年版。
94. 詹礼愿:《中国区际商事仲裁制度研究》,中国社会科学出版社 2007 年版。
95. 林一飞:《中国国际商事仲裁裁决的执行》,对外经济贸易大学出版社 2006 年版。
96. 齐湘泉:《涉外民事关系法律适用法总论:学理·实证·判例》,法律出版社 2005 年版。
97. 齐湘泉:《涉外民事关系法律适用法:侵权论》,法律出版社 2006 年版。
98. 齐湘泉:《涉外民事关系法律适用法:婚姻、家庭、继承论》,法律出版社 2005 年版。
99. 李建忠:《古代国际私法溯源》,法律出版社 2011 年版。
100. 徐鹏:《冲突规范任意适用研究》,厦门大学出版社 2010 年版。
101. 石现明:《国际商事仲裁当事人权利救济制度研究》,人民出版社 2011 年版。
102. 齐湘泉:《外国仲裁裁决承认及执行论》,法律出版社 2010 年版。

103. 王芳:《英国承认与执行外国仲裁裁决制度研究》,中国政法大学出版社 2012 年版。
104. 林一飞:《中国国际商事仲裁裁决的执行》,对外经济贸易大学出版社 2006 年版。
105. 杨良宜、莫世杰、杨大明:《仲裁法》,法律出版社 2010 年版。
106. 丁颖:《美国商事仲裁制度研究》,武汉大学出版社 2007 年版。

六、译著和外文原著

1. 〔英〕莫里斯:《法律冲突法》,李东来等译,中国对外翻译出版公司 1990 年版。
2. 〔英〕莫里斯主编:《戴西和莫里斯论冲突法》,李双元等译,中国大百科全书出版社 1998 年版。
3. 〔德〕马丁·沃尔夫:《国际私法》,李浩培等译,法律出版社 1988 年版。
4. 〔日〕北胁敏一:《国际私法——国际关系法 Ⅱ》,姚梅镇译,法律出版社 1989 年版。
5. 〔德〕萨维尼:《现代罗马法体系》(第 8 卷),李双元、张茂、吕国民、郑远民、陈卫东译,法律出版社 1999 年版。
6. 〔法〕巴迪福、拉加德:《国际私法总论》,陈洪武等译,中国对外翻译出版公司 1989 年版。
7. 〔法〕巴迪福:《国际私法各论》,曾陈明汝译,台湾正中书局 1979 年版。
8. 〔苏联〕隆茨、马蕾舍娃、萨季科夫:《国际私法》,吴云琪、刘楠来、陈绥译,法律出版社 1986 年版。
9. 〔加拿大〕威廉·泰特雷:《国际冲突法——普通法、大陆法及海事法》,刘兴莉译,黄进校,法律出版社 2003 年版。
10. 〔美〕布里梅耶等:《冲突法案例与资料》,中信出版社 2003 年版(案例教程影印系列)。
11. Peter North, Fawcett and Carruthers, Cheshire, North & Fawcett Private International Law, 14th ed., Oxford: Oxford University Press, 2008.
12. Lawrence Collins and Others, Dicey, Morris and Collins on the Conflict of Laws, 15th ed., London: Sweet & Maxwell, 2012.
13. Symeon C. Symeonides, Private International Law at the End of the 20th Century: Progress or Regress? The Hague: Kluwer Law International, 2000.
14. Symeonides, American Private International Law, Kluwer Law International, 2008.
15. Ernst Rabel, The Conflict of Laws: A Comparative Study, Vol. 1—4, 2nd ed., Ann Arbor: University of Michigan Press, 1958—1964.
16. J. J. Fawcett, Reform and Development of Private International Law: Festschrift for Sir Peter North, Oxford: Oxford University Press, 2002.
17. Shelby R. Grubbs, International Civil Procedure, Kluwer Law International, 2003.
18. Michael Pryles, Dispute Resolution in Asia, Kluwer Law International, 2002.
19. Martin A. Frey, Alternative Methods of Dispute Resolution, Delmar Learning, 2003.
20. Gray B. Born, International Civil Litigation in the United States, 2008.
21. Dennis Campbell, Serving Process and Obtaining Evidence Abroad, London, 1998.

22. Dennis Campbell, International Execution against Judgment Debtors(Binder 1,2,3), New York, 1999.

23. Alexander Layton, European Civil Practice, 2nd Revised edition, Sweet & Maxwell, 2004.

24. Gerhard Walter and Samuel P. Baumgartner, Recognition and Enforcements of Foreign Judgements Outside the Scope of the Brussels and Lugano, Kluwer Law International, 2000.

25. Symeonides(S.), Recent Codifications of Private International Laws, Martinus Nijhoff Publisher, 2013.

26. Symeonides S., Perdus(W.), Conflict of Laws: American, Comparative, International, Thomson-West, American Casebook Series, 3 Ed., 2012.

七、相关网站

1. http://www.court.gov.cn/,最高人民法院网站。
2. http://www.ccmt.org.cn/,中国涉外商事海事审判网。
3. http://www.hcch.net/,海牙国际私法会议。
4. http://www.unidroit.org/,罗马国际统一私法学会。
5. http://www.uncitral.org/,联合国贸易法委员会。
6. http://www.cisg.law.pace.edu/,《联合国国际货物销售合同公约》。
7. http://www.unilex.info/,《国际商事合同通则》。
8. http://translaw.whu.edu.cn/,武汉大学国际法研究所。
9. http://lsypil.hunnu.edu.cn/index.asp/,李双元国际私法网。
10. http://www.civillaw.com.cn/,中国民商法律网。
11. http://www.chinalawinfo.com/,北大法律信息网。
12. http://www.ielixmu.org/,厦门大学国际经济法研究所。
13. http://www.china-arbitration.com/,中国仲裁网。
14. http://www.iolaw.org.cn/,中国法学网。
15. http:www.lawinnovation.com/,中国法学创新网。
16. http://www.court.gov.cn/zgcpwsw/,中国裁判文书网。

21 世纪法学系列教材书目

"21 世纪法学系列教材"是北京大学出版社继"面向 21 世纪课程教材"(即"大红皮"系列)之后,出版的又一精品法学系列教科书。本系列丛书以白色为封面底色,并冠以"未名·法律"的图标,因此也被称为"大白皮"系列教材。"大白皮"系列是法学全系列教材,目前有 15 个子系列。本系列教材延续"大红皮"图书的精良品质,皆由国内各大法学院优秀学者撰写,既有理论深度又贴合教学实践,是国内法学专业开展全系列课程教学的最佳选择。

- **法学基础理论系列**

英美法概论:法律文化与法律传统	彭 勃
法律方法论	陈金钊
法社会学	何珊君

- **法律史系列**

中国法制史	赵昆坡
中国法制史	朱苏人
中国法律思想史(第二版)	李贵连 李启成
外国法制史(第三版)	由 嵘
西方法律思想史(第三版)	徐爱国 李桂林
外国法制史	李秀清

- **民商法系列**

民法学	申卫星
民法总论(第三版)	刘凯湘
债法总论	刘凯湘
物权法论	郑云瑞
侵权责任法	李显冬
英美侵权行为法学	徐爱国
商法学——原理·图解·实例(第三版)	朱羿锟
商法学	郭 瑜
保险法(第三版)	陈 欣
保险法	樊启荣
海商法教程(第二版)	郭 瑜
票据法教程(第二版)	王小能
票据法学	吕来明

物权法原理与案例研究	王连合
破产法（待出）	许德风

- **知识产权法系列**

知识产权法学（第六版）	吴汉东
商标法	杜　颖
著作权法（待出）	刘春田
专利法（待出）	郭　禾
电子商务法	李双元　王海浪

- **宪法行政法系列**

宪法学（第三版）	甘超英	傅思明	魏定仁
行政法学（第三版）		罗豪才	湛中乐
外国宪法（待出）			甘超英
国家赔偿法学（第二版）		房绍坤	毕可志

- **刑事法系列**

刑法总论			黄明儒
刑法分论			黄明儒
中国刑法论（第五版）	杨春洗	杨敦先	郭自力
现代刑法学（总论）			王世洲
外国刑法学概论		李春雷	张鸿巍
犯罪学（第三版）		康树华	张小虎
犯罪预防理论与实务		李春雷	靳高风
犯罪被害人学教程			李　伟
监狱法学（第二版）			杨殿升
刑事执行法学			赵国玲
刑法学（上、下）			刘艳红
刑事侦查学			张玉镶
刑事政策学			李卫红
国际刑事实体法原论			王　新
美国刑法（第四版）		储槐植	江　溯

- **经济法系列**

经济法学（第六版）	杨紫烜	徐　杰
经济法学原理（第四版）		刘瑞复

经济法概论(第七版)　　　　　　　　　　　　刘隆亨
北欧税法通论　　　　　　　　　　　　　　　刘剑文
税事组织法　　　　　　　　　　　　　　　　翟继光
多国税收概论(第五版)　　　　　　　　　　　吴志攀
银行与税收概论(第六版)　　　　　　　　　　刘隆亨
证券税法(第三版)　　　　　　　　　　　　　朱锦堂
多媒体电子税通　　　　　　　　　　　　丁邦开 周仲飞
会计法(第二版)　　　　　　　　　　　　　　刘燕
税收法(第二版)　　　　　　　　　　　　　　黄俊杰
民间税收　　　　　　　　　　　　　　　　　孟雁北
中国北欧税收鉴：道通与案例　　　　　　　　刘剑文
经济法通论与实务(第四版)　　　　　　　　　张守文

● 财税法系列

财政法学　　　　　　　　　　　　　　　　　刘剑文
税法学(第四版)　　　　　　　　　　　　　　刘剑文
国际税法学(第三版)　　　　　　　　　　　　刘剑文
财政税收普理世界(第二版)　　　　　　　　　刘剑文
财税法成案世界　　　　　　　　　　　　　　刘剑文 等

● 国际税系列

国际税(第二版)　　　　　　　　　　　　　　白佳桃
国际税收学(第三版)　　　　　　　　　　　　李九云 陈远水
国际税管法　　　　　　　　　　　　　　　　冯大同
国际经营税法　　　　　　　　　　　　　　　王家国
国际经营管理法　　　　　　　　　　　　　　王军
国际投资法　　　　　　　　　　　　　　　　王家国
国际商事仲裁法(第二版)　　　　　　　　　　王军
国际经济法的理论与实务(第二版)　　　　　　张文文

● 商法系列

民事诉讼法(第二版)　　　　　　　　　　　　潘剑锋
国际商事诉讼法(第五版)　　　　　　　　　　王国枢
外国刑事诉讼法律法选编(新编本)　　　　　　王以真 吴德祥
民事执行法学(第二版)　　　　　　　　　　　潘剑锋

2014年8月重磅

● **原理与案例系列**

国家赔偿法：原理与案例 沈岿
专利法：原则、案例和演进 崔国斌

● **通选课系列**

法学通论九讲（第二版） 吕忠梅
法学概论（第三版） 张文显
法律基础教程（第三版）（修订） 夏利民
人权法学 白桂梅 可持梅

● **专业通选课系列**

法律英语（第二版） 郑文华
法律文献检索（第二版） 于丽英
法学入门——法学资料与研究方法 杨桢
模拟审判：原理、剧本与技巧（第二版）
廖永安 唐东楚 陈文曲

● **双语系列**

英汉法学导国法与经校法导论 张新宝
Learning Anglo-American Law: A Thematic
Introduction（英美法导论）（第二版） 李国刚

● **特色课系列**

世界通史法 刘红嘴
医事法学 古津博 邱美荣
法律思维学（第二版） 刘红嘴
民族法学 杨文引

● **审判法学（第二版）**
外国刑事诉讼法 宋英辉 孙长永 井志林
律师法学 贝金鑫
公证法学 贝金鑫

教师反馈及教材、课件申请表

尊敬的老师：

您好！感谢您一直以来对北京大学出版社图书的关心。北京大学出版社以"教材优先、学术为本，服务教育"为宗旨，出版了大量优秀教材及学术专著。为了更好地为您服务，满足教师教学需要，请您填好下表后通过电话、邮件或信件反馈给我们，我们将及时为您赠送相关教材样书（教师培训以下条件者可获赠样书：任课教师，需要教材 60 册以上）。另有任何要求也请写在需求建议栏中，我们将尽力满足您的要求。衷心感谢您的支持！

姓名/书名	
所需要的教材及教辅资料课件	
您的院校名	
院	
系	
您所主授课程的名称	
每学期学生人数	学时
您目前采用的教材	书名 _____ 作者 _____ 出版社 _____
您的联系地址	
联系电话	
E-mail	
您对北大出版社及本书的建议或需求	

我们的联系方式：

北京大学出版社及译事业部

地 址：北京市海淀区成府路 205 号　　联系人：李娜
电 话：010-62752027　　传 真：010-62556201
电子邮件：bjdxcbs1979@163.com
网 址：http://www.pup.cn
北京大学出版社培养教材中心网站：www.pupbook.com